Zweisimmen
Simmental
Matten
Lenk
Adelboden
Engstligental
Frutigen
Kander
Kandergrund
tal
Kandersteg
Lohner
paß
Wildstrubel
Doldenhorn
Gasteretal
Blümlis-
alp
Mont Bonvin
Gemmipaß
Balmhorn
Birghorn
Leukerbad
Lötschenpaß
Lötschental
Blatten
Sierre
Leuk
Goppenstein
Wilerhorn
Bietschh.
Turtmann
Gampel
Bietschtal
Visp

GEBIETSFÜHRER BERNER ALPEN

WERNER UND MARGRIT MUNTER

Berner Alpen

Gebietsführer für Wanderer, Bergsteiger und Kletterer

Vom Sanetschpaß zur Grimsel

Die beliebtesten Anstiege auf die wichtigsten Gipfel
mit Beschreibung aller empfehlenswerten
Skihochtouren

Mit 72 Bildern und 9 Anstiegsskizzen
sowie einer Übersichtskarte im Maßstab 1:150 000

Verfaßt nach den Richtlinien der UIAA

BERGVERLAG RUDOLF ROTHER GMBH · MÜNCHEN

Umschlagbild:
Das Finsteraarhorn vom Scheuchzerhorn.
Nach links zieht der SO-Grat, nach rechts der NW-Grat hinab.
Foto: Werner Munter

Bildnachweis (Seitenzahlen):
Foto Axt 221; Foto Gyger 201, 215, 337; Foto Klopfenstein 239, 269;
alle übrigen 65 Aufnahmen von W. Munter.

Sämtliche Skizzen: W. Munter

Die Ausarbeitung aller in diesem Führer beschriebenen Anstiege und Routen erfolgte nach bestem Wissen und Gewissen der Autoren. Die Benützung dieses Führers geschieht auf eigenes Risiko. Soweit gesetzlich zulässig, wird eine Haftung für etwaige Unfälle und Schäden jeder Art aus keinem Rechtsgrund übernommen.

Die Vorschriften der UIAA zur Erstellung von Kletterführern beziehen sich nur auf die Gliederung der Routenbeschreibungen und auf die Erstellung der sogenannten Beschreibungsköpfe, die die wichtigsten Angaben zu den Kletterführen, der Routenbeschreibung vorangestellt, beinhalten.

10. überarbeitete Auflage 1995
ISBN 3-7633-2415-1
Gesamtherstellung Rother Druck GmbH, München
(2435 / 51087)

Inhaltsverzeichnis

Verzeichnis der Fotos

Verzeichnis der Skizzen

Glückliche Tage auf hohen Bergen

„Bergsteigen in seiner vollendeten Form ist nicht Leistungssport und damit ein getreues Abbild unserer Leistungsgesellschaft (schon gar nicht Wettkampfsport!), sondern Spiel, eine freie, lustbetonte Tätigkeit außerhalb des alltäglichen Lebens, die keinerlei materiellen Nutzen bezweckt.
Bergsteigen als Spiel bedeutet:
zu Fuß zurück zur Natur;
sanfter Tourismus (nur Fußstapfen hinterlassen ...);
ungelebte Möglichkeiten ausleben und verkümmerte Fähigkeiten entfalten;
sich in einer faszinierenden Wüste aus Stein und Eis zurechtfinden und im unwegsamen Gelände eine Route suchen;
sich den Wind um die Nase wehen lassen, Hitze und Kälte ertragen, den Unbilden der Witterung trotzen;
sich in den Rhythmus von Tag und Nacht einordnen;
die Urelemente Licht, Luft, Wasser und Erde sinnlich erfahren;
nachts den Sternenhimmel betrachten und sich in die Weite, Tiefe und Stille des unendlichen Raumes verlieren;
sich von den Steinen Jahrmillionen der Erdgeschichte erzählen lassen, bis sich schwindelerregende Abgründe von Zeit und Raum öffnen;
im lebensfeindlichen Reich der Mineralien und Kristalle den Urformen pflanzlichen Lebens begegnen und ahnen, was Leben auf diesem winzigen Planeten bedeutet angesichts der ungeheuerlichen Leere des Kosmos;
Ruhe und Stille einatmen (und aushalten!), Einöde und Einsamkeit als Droge, als Stimulans des Geistes erproben;
seine Kräfte an wachsenden Schwierigkeiten spielerisch entfalten, das Prickeln der Gefahr kosten und wohl auch hie und da das Leben in der Schwebe wagen.
Kurz: das Leben in seiner Ursprünglichkeit und Einfachheit erfahren, seine Intensität und Spannung aushalten, hieße das vielleicht — Glück?“

Werner Munter

Vorwort zur 9. Auflage 1990

Wie schnell sich auch in den Bergen alles ändert, merkt man am besten bei der periodischen Überarbeitung eines Führerwerkes: eine wahre Sisyphus-Arbeit! Aber „da man sich Sisyphus als einen glücklichen Menschen vorstellen muß“ (Camus), freuen sich die Autoren nach erfolgter Revision am erneuten Herabrollen des Steins...

Die **Text-Änderungen** gegenüber der 8. Auflage beschränken sich diesmal auf Detail-Korrekturen innerhalb des Umbruchs (Zeitangaben, Schwierigkeitsbewertungen, Anpassungen an die neuen Landeskarten, Telefonnummern- und Adreßänderungen u. ä.), sowie auf einige **Textergänzungen**. Auch die **Abbildungen** wurden teilweise erneuert (S. 171, 333, 383, 393 und 441) und um zwei Fotos ergänzt.
Hinsichtlich der **Infrastruktur** sind folgende Änderungen erwähnenswert:

1. Die **Dépendance der Mittellegihütte**: eine Biwakschachtel neben der alten Hütte bietet Platz für 12 Personen. Diese zusätzlichen Schlafplätze sind für Bergführer und deren Gäste reserviert. Schlüsseldepot für Berechtigte im Bergführerbüro Grindelwald und in der Mönchsjochhütte.
2. Die neue **Wiwannihütte** oberhalb Außerberg (R 704).
3. Die **Bewartung der Baltschiederklause** während der Sommermonate.

Gletscherveränderungen nötigen zu erheblichen Routenänderungen:
1. Auf dem **Langgletscher** (Zugang zur Lötschenlücke und zur Hollandiahütte, R 535).
2. Auf dem **Großen Aletschgletscher** (Zugang von der Riederfurka zur Oberaletschhütte R 707, resp. auf Belalp R 715).
3. Route von der Glecksteinhütte über **Beesibärgli** auf das Plateau des Obern Grindelwaldgletschers, R 1551.

Die Auswahl beschränkt sich weiterhin auf **klassische Touren alpinen Charakters**. Für die modernen Sportkletterrouten (vor allem am Sanetschpaß, im Ueschenetälli und am Ueschenegrat, am Eiger und am Grimselsee) sei auf die Spezialliteratur verwiesen (siehe Literaturverzeichnis).

Zum Schluß ein herzliches Dankeschön an alle, die zum Gelingen der 9. Auflage beigetragen haben!

Bern, im Juli 1989 Margrit und Werner Munter

Vorwort zur 10. Auflage 1995

Während die Wissenschaftler ihre Klimamodelle zum x-ten Mal modifizieren, hektisch Klimaverläufe simulieren und hochrechnen, und die Politiker weiter untätig auf unumstößliche Beweise für das künftige Treibhausklima warten, steigen kälteliebende Pflanzen in den Alpen seit 100 Jahren langsam, aber stetig in die Höhe (2—3 m pro Jahrzehnt), und die Wälder wandern nach Norden. Gletscher ziehen sich unübersehbar zurück, Eiswände apern aus, und Schneecouloirs werden zu gefährlichen Schuttrinnen, nicht erst im Spätherbst, sondern schon im Frühsommer! Der Bergsteiger braucht nicht computersimulierte Horrorszenarien, er erlebt täglich hautnah die Folgen der Erwärmung der Erde. Sollte auch noch der Permafrost auftauen, dann werden die Alpen wohl unbewohnbar. Wer an Stelle gleißender Eiswände häßliche Geröllhalden vorfindet, über die in regelmäßigen Abständen Steinlawinen niederdonnern und riesige Staubwolken verursachen, für den ist die globale Erwärmung nicht länger Gegenstand von wissenschaftlichen Debatten und politischen Palavern, sondern unumstößliche Tatsache mit schwerwiegenden Konsequenzen. Alte klassische Routen sind nicht mehr begehbar wegen unüberschreitbarer Randklüfte und Bergschründe oder wegen zu großer Steinschlaggefahr. Eiswände sind nur noch im Winterhalbjahr ersteigbar, auf klassischen Grattouren verschwinden plötzlich Gendarmen, Podeste rumpeln in den Abgrund, die seit Generationen als Standplatz dienten. Die Erosion hinterläßt sichtbare Spuren nicht im Zeitraum von Jahrhunderten, sondern Jahrzehnten, als ob die Zeit plötzlich schneller liefe ... Führerautoren hinken mit Routenbeschreibungen der Entwicklung hoffnungslos hinterher.

Unser Ratschlag: Die momentanen Verhältnisse und die im Hier und Jetzt empfehlenswerte Routenführung beim Hüttenwart erfragen, auf Eiswände und kombinierte Wände verzichten, Grate bevorzugen und Zustiegscouloirs besonders sorgfältig beurteilen. Vor allem die Abstiege am Nachmittag müssen gut überlegt werden. Kritische Zu- und Abstiege nur nach kühlen Nächten wagen (das heißt auf seltene Gelegenheiten warten ...). Früh starten ist auch nach warmen Nächten ein Vorteil! Nicht stur nach Tourenprogramm vorgehen, sondern sich an Ort und Stelle flexibel den rasch wechselnden Verhältnissen anpassen und schon vorab Alternativen einplanen. Und wenn die Hochsommernächte einfach zu warm sind, die Gletscher zu Sümpfen werden und Steinsalven periodisch die nächtliche Stille zerreißen, dann ist es klüger, in die zahlreichen und gut eingerichteten Klettergärten abzusteigen. Wer jedoch unbedingt hochalpine Touren unternehmen will, soll seinen Urlaub in den Spätsommer und Herbst verlegen, wenn die Nächte länger und kühler werden (September/Oktober): Er nimmt dann wohl größere Schwierigkeiten in Kauf (Blankeis, Randklüfte, Gletscherspalten), dafür sind die objektiven Gefahren (Stein- und Eisschlag) deutlich geringer. Auch die Gewitteraktivitäten sind weniger heftig, und das Wetter insgesamt stabiler.

Seit 1990 sind im Gebiet drei Privathütten erbaut worden:

1. Am Märjelensee am Rande des Aletschgletschers, 2363,1 m. 40 Plätze, geöffnet Juli bis Oktober, Auskunft Tel. 028/711488. In der Hütte kein Telefon.
2. Am Lac des Audannes am Südfuß des Wildhorns (neue Hütte an Stelle des kleinen Hüttleins), siehe R 126 und 127.
3. Am Anusee im Lötschental, 2355 m. Koordinaten 636340/144900. 51 Plätze. Tel. 028/491764.
   Erreichbar von der Fafleralp über Guggisee (markierter Pfad) in 2 Std. Hüttenwart Frühjahr bis Herbst. Klettergärten in Hüttennähe.
   Nur der Hüttenbau im Lötschental scheint einem echten Bedürfnis entsprungen zu sein.

Mit großer Sorge beobachten wir die Übererschließung der Alpen und das scheinbar unaufhaltsame Vordringen des Massentourismus in die hintersten Winkel und Ecken und wir fragen uns ernsthaft, ob wir mit diesem Führerwerk nicht eine Entwicklung fördern, die wir zutiefst ablehnen. Wir bearbeiteten diese Auflage deshalb nur mit schlechtem Gewissen und bitten unsere Leser inständig, der Natur Sorge zu tragen (siehe Seite 29). Was sind das für Zeiten, wo die Bekanntmachung von Naturschönheiten einen Verrat an der Natur darstellt! Es gibt keine unschuldigen Führerwerke und keine unschuldigen Fotos ...

Bern, im April 1995 — Werner und Margrit Munter

Das UIAA-Gütezeichen

Die UIAA (Union Internationale des Associations d'Alpinisme) hat Richtlinien für Schwierigkeitsbewertung und Routenbeschreibung herausgegeben. Ist ein Kletterführer nach diesen Richtlinien verfaßt, erhalten Autor und Verlag das Recht, dies durch Abdruck des UIAA-Gütezeichens kundzutun.

Was beinhalten die Richtlinien?

- Alle besonderen Routenmerkmale wie Schwierigkeitsgrad, Zeit, Länge und/oder Höhe des Anstiegs, Art der Kletterei, besondere Gefahren usw. sind im Beschreibungskopf, der Routenbeschreibung vorangestellt, anzuführen.
- Zugang und Anstieg sind voneinander zu trennen und separat zu beschreiben.
- Die Beschreibung des Routenverlaufs ist kurz und eindeutig (wenn möglich, in Seillängen gegliedert) abzufassen.
- Normalwege sind auch in Abstiegsrichtung zu beschreiben.
- Die Bildgestaltung muß unmißverständlich sein.
- Routenskizzen müssen die internationalen Symbole aufweisen.
- Werden Routenbeschreibungen durch Skizzen ergänzt, müssen beide miteinander übereinstimmen.
- Und weitere Forderungen.

Die Überprüfung von Text, Bildern und Skizzen gemäß UIAA-Richtlinien erfolgt durch den DAV (Sicherheitskreis), der die Belange der UIAA in der Bundesrepublik vertritt.

Die Richtlinien verlangen **keine** Überprüfung der Richtigkeit aller Angaben und Routenbeschreibungen. Dies wäre bei der Fülle der Führer und bei der Vielzahl der Routenbeschreibungen jedes einzelnen Führers auch gar nicht möglich. So können sich auch bei UIAA-geprüften Führern nach wie vor noch unrichtige Beschreibungsdetails einschleichen. Autor und Verlag sind angehalten, möglichst gewissenhaft zu arbeiten.

Pit Schubert
Sicherheitskreis im DAV

Einleitung

A. Geographische und historische Bemerkungen

Die mächtige, rund 85 km lange Kette der Berner Hochalpen verläuft vom Sanetschpaß in nordöstlicher Richtung bis zur Grimsel. In keinem anderen Gebiet der Westalpen finden wir eine gleiche topographische Vielfalt, wie sie hier in faszinierendem Wechsel auf nur kleinem Raum besteht.
Leslie Stephen, der Erstbesteiger von Bietschhorn und Schreckhorn, schreibt in seinem Buch „The Playground of Europe" über das Berner Oberland folgendes:
„Aber weder Chamonix noch Zermatt können sich meiner Meinung nach messen mit der Großartigkeit und der Genialität des Entwurfes des Berner Oberlandes. Kein Gebilde der Natur, das ich jemals sah, ist vergleichlich mit der Erhabenheit jener überwältigenden Bergmauer, die, scheinbar in der Luft schwebend, sich dem entzückten Auge in Lauterbrunnen und Grindelwald zeigt. Die Hügel zu ihren Füßen, der Dünung vergleichbar vor den Granitklippen der englischen Westküste, stehen in einem höchst wirkungsvollen Gegensatz zur ernsten Großartigkeit dieser Berge. Im ganzen Bereich der Alpen gibt es keinen Eisstrom, der den Adel des Aletschgletschers erreicht, wie er in einer königlichen Kurve sich herabschwingt von der Kammhöhe des Gebirges in die Wälder des Rhônetales. Und kein anderer Berg, keine der Nadeln der Montblanc-Gruppe, noch selbst das Matterhorn, besitzt eine schönere Linie als der Eiger, der wie ein Ungeheuer sich gen Himmel reckt."
Die Schönheit dieser Berge und Täler ins Bewußtsein seiner Zeitgenossen gerückt zu haben, verdanken wir allerdings nicht einem Bergsteiger. Es war der Naturforscher und Dichter Albrecht von Haller (1708—1777), der 1729 mit seinem Gedicht „Die Alpen" die eigentliche Entdeckung der Alpen einleitete. Standen bei diesem noch die „unverdorbenen" Hirten im Mittelpunkt, so ließ J.-J. Rousseau (1712—1778) „nur mehr" Natur gelten („Ich brauche Sturzbäche, Felswände, Urwälder, Gebirge, schwindelerregende Pfade und schreckliche Abgründe . . ."). Angeregt durch Rousseaus naturphilosophische Schriften, reisten die Gebildeten, Dichter, Maler und Komponisten aus ganz Europa in die Alpen. Das „Zeitalter der Schweizerreisen" begann, dessen Einfluß sich auch Goethe nicht entziehen konnte. Die romantische Landschaftsmalerei löste die akademischen Ideallandschaften ab, und die Maler begannen draußen im Gelände „nach der Natur" zu ma-

len und zu zeichnen. In der zweiten Hälfte des 18. und zu Beginn des 19. Jahrhunderts besuchten sie vor allem das Oberhasli (Grimsel, Lauteraargebiet, Handegg, Rosenlaui) und die Lütschinentäler. So Caspar Wolf, Gabriel Lory, Vater und Sohn, Joseph Anton Koch und William Turner, um nur die bekanntesten zu nennen. In Lauterbrunnen war der Staubbachfall obligates Motiv.

In der ersten Hälfte des 19. Jahrhunderts betraten die Naturforscher die Szene. Auf dem Unteraargletscher wurden die ersten glaziologischen Feldstudien unternommen. 1827 baute der Solothurner Geologe und Alpenforscher Franz Josef Hugi dort — auf 3143 m ü.M. — die erste notdürftige Behausung. 13 Jahre später folgten die Neuenburger Louis Agassiz, Eduard Desor und Gefährten seinem Beispiel. Sie errichteten eine „Forschungsstation“ unter einem riesigen Felsblock, den Caspar Wolf schon 1775 gemalt hatte. Sie nannten diese primitive Unterkunft auf dem Gletscher „Hôtel des Neuchâtelois“. Der Felsblock ist erst kürzlich zerbrochen und nach mehrhundertjähriger Reise im Grimselsee versunken.

In dieser Region wurden etliche Berge nach Männern benannt, die sich um die Erforschung der Alpen Verdienste erworben haben: Agassizhorn, Altmann, Desorstock, Escherhorn, Grunerhorn, Hugihorn, Scheuchzerhorn und Studerhorn. — Heute zählt der Unteraargletscher zu den bestbekannten und genauest vermessenen Alpengletschern. Die Kraftwerke Oberhasli registrieren nun den Wasserhaushalt dieser Region mit Hilfe fest installierter automatischer Kameras und Meßgeräte.

Die Naturforscher unternahmen auch Bergbesteigungen: So gelangte Franz Josef Hugi 1829 am Finsteraarhorn bis zum Sattel, der seither seinen Namen trägt. 1842 bestiegen Hans Conrad Escher und Eduard Desor als erste das Lauteraarhorn, und Gottlieb Studer stand zwischen 1823 und 1883 auf 643 Gipfeln.

Die eigentliche bergsteigerische „Erschließung“ und sportliche „Eroberung“ begann jedoch erst 1857 mit der Erstbesteigung des Mönchs und endete 1885 mit der erstmaligen Begehung des Hinter Fiescherhorns und Großhorns. Dazwischen wurden alle bedeutenden Gipfel „bezwungen“: Eiger, Bietschhorn, Aletschhorn, Schreckhorn und Groß Fiescherhorn.

Die Entdeckung und Aneignung der Berner Alpen fand also in drei Phasen statt: Der ästhetischen Entdeckung durch Schwärmer, Dichter und Maler folgte die naturwissenschaftliche Erforschung, die wiederum abgelöst wurde durch die bergsteigerisch-sportliche „Eroberung“ mit allen Attributen der „kriegerischen“ Landnahme (Wettrennen, Fahnenhissen, Steinmänner bauen etc.) im sogenannten „Goldenen Zeitalter“ des Alpinismus.

War noch im Jahre 1750 der Pfarrer in Grindelwald der einzige im Ort, der Fremdenbetten anzubieten hatte (allerdings nicht aus christlicher Nächstenliebe, wie schon Gruner 1749 ironisch bemerkte), entstanden im „Zeitalter der Schweizerreisen“ zahlreiche Gaststätten, und es setzte eine touristische Entwicklung ein, die noch heute das Gesicht des Berner Oberlandes prägt.

Das „Berner Oberland“ ist ein politischer Begriff und bezeichnet das Gebiet auf bernischem Boden. Das ist, in grober Annäherung, der Nordabfall des Hauptkamms. Dieser Kamm bildet zugleich die Wasserscheide zwischen Mittelmeer (Rhône) und Nordsee (Aare—Rhein). Die Grenze zwischen den Kantonen Wallis und Bern verläuft vom Sanetschpaß über Wildhorn — Wildstrubel — Altels — Balmhorn — Petersgrat — Breithorn — Gletscherhorn — Jungfrau — Mönch — Groß Fiescherhorn — Finsteraarhorn — Oberaarhorn zur Grimsel. Die Kantonsgrenze ist für den Bergsteiger deshalb wichtig, weil Unfälle im Kanton Wallis der Polizei gemeldet werden müssen, während im übrigen Gebiet der Schweizer Alpen die Unfallmeldung meist direkt an die REGA erfolgt (oder an die örtliche Meldestelle), siehe Telefonnummern S. 26). Der größte Teil der Berner Alpen gehört demnach zum Kanton Wallis.

„Berner Alpen“ ist ein geographischer Begriff, mit dem man die Berge nördlich der Rhône vom Sanetschpaß bis zur Grimsel bezeichnet. Er umfaßt also auch die Südabdachung des Hauptkamms, das Oberaletschgebiet und das Lötschental. Die Grenze zwischen den Berner Hochalpen und den Berner Voralpen verläuft ungefähr von Gsteig über Lauenen, Lenk, Adelboden, Kandersteg, Griesalp, Lauterbrunnen und Grindelwald nach Meiringen. Die übriggebliebene Naturlandschaft ist im Grimselgebiet erneut in Gefahr. Die Kraftwerke Oberhasli wollen hier nämlich das größte Pumpspeicherwerk der Schweiz errichten. Dazu sollen u.a. im heutigen Grimselsee eine neue Staumauer (Kronenhöhe auf ca. 2200 m!) und im Trift-, Gauli- und Sustengebiet die dafür nötigen Wasserfassungen entstehen. Da Umweltverträglichkeitsprüfung wie Bedarfsnachweis negativ ausfielen, bleibt ein Schimmer Hoffnung übrig, die Elektrizitätslobby werde diesmal den kürzeren ziehen, weil es letztlich nicht um die Sicherung der Landesversorgung, sondern um einen lukrativen Stromhandel mit dem Ausland geht.

Die Berner Alpen weisen neun Viertausender auf: es sind das Finsteraarhorn 4273,9 m, das Aletschhorn 4195 m, die Jungfrau 4158,2 m, der Mönch 4099 m, das Schreckhorn 4078 m, das Groß Fiescherhorn 4048,8 m, das Groß Grünhorn 4043,5 m, das Lauteraarhorn 4042 m und das Hinter Fiescherhorn 4025 m.

B. Verkehrsverbindungen

Bahnlinien

Im Norden ist das Berner Oberland an die Bahnlinie Bern — Thun — Interlaken — Meiringen — Brünig — Luzern angeschlossen. Im Süden verläuft die Linie Genf — Lausanne — Martigny — Brig, und die Furka-Oberalpbahn verbindet Brig via Andermatt mit Chur. Dank des neuen Furkatunnels verkehrt die Furka-Oberalpbahn (FO) jetzt ganzjährig. Mit dem Autoverlad durch den Furkatunnel wurde eine wintersichere Autoverbindung aus dem Oberwallis in die Innerschweiz geschaffen. Diese neue Verkehrsmöglichkeit wird durch den Gotthard-Straßentunnel noch attraktiver (Andermatt — Göschenen — Airolo). — Die Bern-Lötschberg-Simplonbahn (BLS) stellt die Querverbindung zwischen Spiez und Brig her. Auch hier ermöglicht der Autoverlad durch den Lötschbergtunnel den Autoverkehr. — Eine andere Bahn führt von Spiez durch das Simmental nach Zweisimmen. Von hier geht eine Schmalspurbahn nach der Lenk, und die Montreux-Oberlandbahn (MOB) verbindet Zweisimmen via Gstaad — Château d'Oex mit Montreux am Lac Léman (Genfersee). — Eine Zahnradbahn führt von Interlaken nach Grindelwald und nach Lauterbrunnen (BOB). Die Wengernalpbahn (WAB) verbindet Lauterbrunnen mit Wengen und führt weiter über die Kleine Scheidegg nach Grindelwald. Die Jungfraubahn (JB) schließlich fährt von der Kleinen Scheidegg durch Eiger und Mönch hindurch auf das Jungfraujoch, die höchstgelegene Bahnstation Europas (3454 m). Außer Wengen und Mürren können alle wichtigen Ausgangsorte mit Pkw erreicht werden.

Wichtige Autobusverbindungen (meist PTT-Linien)

Gstaad — Gsteig, Gstaad — Lauenen (— Lauenensee*), Frutigen — Adelboden, Reichenbach — Kiental (— Griesalp*), Lauterbrunnen — Stechelberg, Grindelwald — Große Scheidegg — Rosenlaui — Meiringen*, Meiringen — Innertkirchen — Guttannen (— Grimselpaß — Gletsch*), Goppenstein — Blatten (— Fafleralp*), Leuk — Leukerbad, Sierre — Montana — Sion, Sion — Barrage du Rawil* (Lac de Tseuzier) und Sion — Barrage du Sanetsch* (Sanetschpaß).

---

* nur Sommerbetrieb

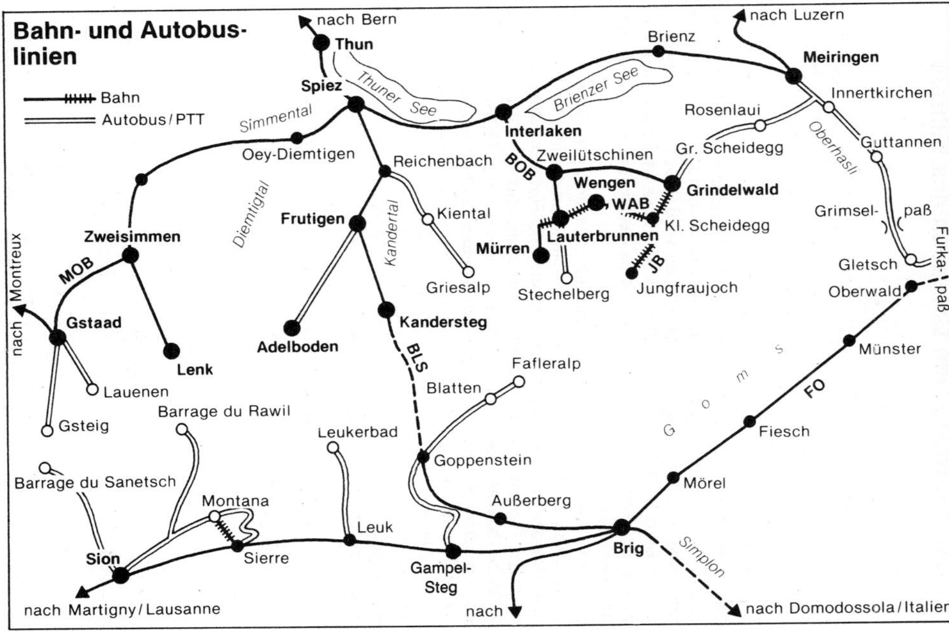
Bahn- und Autobus-linien
Bahn
Autobus/PTT
nach Bern
Thun
Spiez
Thuner See
Simmental
Oey-Diemtigen
Diemtigtal
Zweisimmen
MOB
nach Montreux
Gstaad
Lenk
Lauenen
Gsteig
Barrage du Rawil
Barrage du Sanetsch
Montana
Sion
nach Martigny/Lausanne
Sierre
Leuk
Leukerbad
Reichenbach
Frutigen
Kandertal
Adelboden
Kandersteg
BLS
Kiental
Griesalp
Blatten
Fafleralp
Goppenstein
Gampel-Steg
Außerberg
nach
Brig
Simplon
nach Domodossola/Italien
Mörel
Fiesch
FO
Münster
Oberwald
Goms
Interlaken
Brienzer See
Brienz
BOB
Zweilütschinen
Wengen
WAB
Grindelwald
Lauterbrunnen
Mürren
Stechelberg
Kl. Scheidegg
JB
Jungfraujoch
Gr. Scheidegg
Rosenlaui
nach Luzern
Meiringen
Innertkirchen
Oberhasli
Guttannen
Grimsel-paß
Gletsch
Furka-paß

C. Hinweise zum Gebrauch des Führers

Einteilung

Die Untergruppen-Einteilung (13 Gebietsabschnitte) beginnt beim Sanetschpaß im Westen und endet in der Region des Grimselpasses im Osten der Berner Alpen.

Karten

Alle Routenbeschreibungen dieses Führers basieren auf der Landeskarte 1 : 50 000 (abgekürzt LK50), die vom Bundesamt für Landestopographie, 3084 Wabern / Bern, herausgegeben wird, und in der Schweiz in den meisten Buchhandlungen erhältlich ist. **Diese LK bildet einen integralen Bestandteil des Führers und ist zu dessen Verständnis absolut unentbehrlich.**

Beim Kauf der Karten achte man darauf, daß sie den Jg. 80 aufweisen oder jünger sind. Karten älterer Jahrgänge können nicht benutzt werden, weil sie in bezug auf Namengebung und Höhenangaben von den jüngeren Ausgaben z.T. erheblich abweichen. Ab Jg. 80 stimmen die meisten Höhenkoten in der LK50 mit denen in der LK25 (1 : 25 000) überein. **Alle Routenbeschreibungen können deshalb sowohl mit der LK50 als auch mit der LK25 gelesen werden, vorausgesetzt, sie sind nicht älter als 1980.** Ist ein für die Routenbeschreibung wichtiger Vermessungspunkt nur auf der LK25 verzeichnet — steht z.B. „über die Brücke (= P. 2060 / LK25 = KS 596250 / 134760)" — so kann der Benutzer der LK50 den wichtigen P. 2060 vermittels des Koordinatenschnittpunkts (abgekürzt KS) auf die LK50 übertragen. Diese Bestimmung des KS geschieht aber nicht erst im Gelände, möglicherweise bei Kälte und Sturm, sondern zu Hause oder in der Hütte beim Studium des Führers und der Karte. Am besten wird die ganze Route mit Bleistift auf der Karte eingetragen. Dank dieser Maßnahme muß man im Gelände den Führer weniger oft konsultieren.

Im allgemeinen wird man mit der LK50 auskommen und nur in Spezialfällen die LK25 zu Rate ziehen müssen. Während sieben LK50 unser Gebiet abdecken, braucht es siebzehn LK25 zum gleichen Zweck. Im folgenden eine Zusammenstellung dieser Karten (die LK50 haben dreistellige und die LK25 vierstellige Nummern):

Nr. 273 Montana (1980)	Nr. 1306 Sion (1980)
	Nr. 1286 St. Léonard (1980)
	Nr. 1287 Sierre (1980)

Nr. 274 Visp (1981)	Nr. 1288 Raron (1980) Nr. 1289 Brig (1981)
Nr. 263 Wildstrubel (1980)	Nr. 1266 Lenk (1980) Nr. 1247 Adelboden (1980) Nr. 1267 Gemmi (1980)
Nr. 264 Jungfrau (1986)	Nr. 1268 Lötschental (1980) Nr. 1269 Aletschgletscher (1986) Nr. 1248 Mürren (1986) Nr. 1249 Finsteraarhorn (1980)
Nr. 265 Nufenenpaß (1981)	Nr. 1250 Ulrichen (1981)
Nr. 254 Interlaken (1981)	Nr. 1228 Lauterbrunnen (1981) Nr. 1229 Grindelwald (1987)
Nr. 255 Sustenpaß (1980)	Nr. 1210 Innertkirchen (1980) Nr. 1230 Guttannen (1980)

Die Jahrzahlen zeigen die jeweils neuesten Jahrgänge an, die den Autoren bei der Bearbeitung der 9. Auflage zur Verfügung standen.
Die beiden **Kartenzusammensetzungen** im Maßstab 1 : 50 000 „Berner Oberland" (Nr. 5004) und „Gstaad—Adelboden" (Nr. 5009) können ab Jg. 80 ebenfalls benutzt werden.
Die LK Nr. 273, 274, 263, 264 und 265 sind auch mit rot aufgedruckten **Skirouten** erhältlich. Die Routeneintragungen (verantwortlich zeichnet der Schweizerische Skiverband) zeugen jedoch nicht in jedem Fall von großer Gebietskenntnis und sind nur mit Vorsicht zu verwenden. Die in früheren Auflagen üblichen Ortsbezeichnungen, z.B. „am Buchstaben i des Wortes ‚Tierberg' vorbei", wurden alle durch Koordinatenschnittpunkte (abgekürzt KS) ersetzt. Weil der Aufdruck der Namen vom Maßstab und Jahrgang abhängt, war die alte Methode nicht selten irreführend. Ein paar Bemerkungen zu den Koordinaten: Letztere dienen dazu, einen Geländepunkt auf der Karte exakt und unabhängig vom Kartenmaßstab zu definieren. Die LK ist mit einem **Koordinatennetz** überzogen, dessen Linien am Kartenrand numeriert sind und einen Abstand von 1 km (im Gelände) haben. Der **Nullpunkt** des Koordinatensystems liegt außerhalb der Schweiz in Südfrankreich, dergestalt, daß die Abszissen (waagrechte Linien) und die Ordinaten (senkrechte Linien) nicht miteinander verwechselt werden können. Der **Koordinatenschnittpunkt** (KS) 660 550 / 174 800 z.B. bedeutet, daß dieser Geländepunkt 660 km und 550 m östlich (Abszisse) und 174 km und 800 m nördlich (Ordinate) des Nullpunktes liegt. Beim Maßstab 1 : 50 000 betragen 2 cm auf der Karte 1 km in der Natur, beim Maßstab 1 : 25 000

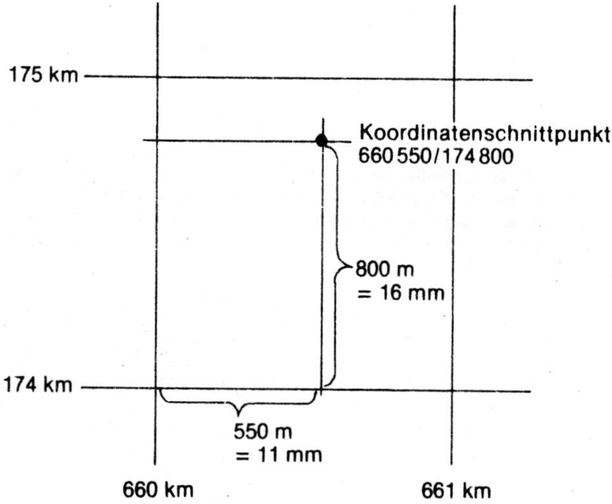
175 km
Koordinatenschnittpunkt
660 550/174 800
800 m
= 16 mm
174 km
550 m
= 11 mm
660 km
661 km

sind es 4 cm. Die erste Dreiergruppe der sechsstelligen Zahlen bedeutet die Anzahl km und die zweite Dreiergruppe die Anzahl m. Dividiert man die zweite Dreiergruppe (also Anzahl m) durch die Zahl 50, so ergibt sich die Anzahl mm auf der Karte im Maßstab 1:50000, beim Maßstab 1:25000 dividiert man durch die Zahl 25.

Talorte und Ausgangspunkte

Diese Abschnitte enthalten nur knappe Hinweise über Anfahrt mit Bahn oder Autopost (Bergbahnen werden jeweils bei der Beschreibung des Hüttenweges erwähnt). Die Telefonnummer des Verkehrsbüros (Touristeninformation) findet sich in dieser Rubrik. In allen angeführten Talorten ist Unterkunft möglich in Gasthäusern, Pensionen oder Hotels. Darüber hinaus sind in den größeren Talorten Campingplätze vorhanden.

Wetterbericht und Lawinenbulletin

Sich vor Antritt einer Bergtour über Wetter- und Lawinenverhältnisse zu informieren, ist eine Selbstverständlichkeit. Dazu wähle man die **Telefonnummern 162** (Wetterbericht) **und 187** (Lawinenbulletin). **Alpenwetterbericht 157/126218.**
Um die Wetter- und Lawinensituation an Ort und Stelle selbständig beurteilen zu können, seien folgende Lehrschriften empfohlen:
Werner Munter, Neue Lawinenkunde, SAC-Verlag, 2. Auflage 1992.
Helmut Bauer, Lawinen, Bergverlag Rudolf Rother, 6. Auflage 1993.

Hütten

Die SAC-Hütten (ausgenommen die sektionseigenen) sind grundsätzlich das ganze Jahr über geöffnet und stehen allen Personen zur Verfü-

gung. Die Biwaks sind mit Wolldecken versehen, doch der Kocher muß mitgenommen werden (sich auf einen angeblich vorhandenen zu verlassen, kann böse Überraschungen zeitigen). Die Mehrheit der vielbesuchten SAC-Hütten in den Berner Alpen ist in der Saison (Skitouren- und Sommerbetrieb) bewartet. Daneben gibt es Hütten, in denen man den Hüttenwart zu dieser Zeit nur übers Wochenende antrifft, und einige Hütten werden lediglich ab und zu (z.B. nach Anmeldung einer größeren Gruppe) bewartet. Man erkundigt sich am besten direkt beim Hüttenwart (Hüttentelefon oder private Nummer, siehe Tabelle im Anhang). Eine telefonische Voranmeldung, falls möglich, empfiehlt sich in jedem Fall; bei dieser Gelegenheit erkundige man sich, in welchem Ausmaß der Hüttenwart in der Lage ist, Essen abzugeben. Bei Hochbetrieb erleichtert man ihm die Arbeit, wenn das angebotene Menü bestellt wird. Möchte man trotz allem nicht auf das eigene Essen verzichten, ist der Hüttenwart nach Reglement verpflichtet, ein solches zuzubereiten, bzw. muß eine Möglichkeit bestehen, wo der Hüttenbesucher dies selber tun kann. In der allgemeinen Gebühr (für Brennmaterial, Licht, Kehrichtabfuhr, evtl. Zubereitung des Essens für Selbstverpfleger u.a.m.) ist die Bereitstellung von warmem Wasser zu den Mahlzeiten inbegriffen. Deshalb kann man sich mit eigenem Tee und Zucker teure Teerechnungen sparen.
Nachfolgend ein paar Anhaltspunkte zur Hüttenbelegung: Laut Statistik zählen die Mönchsjochhütte, Konkordiahütte, Finsteraarhornhütte*, Blümlisalphütte** und Lämmerenhütte* zu den meistbesuchten und überbelegten Hütten.
Zu den schwachbesuchten Hütten gehören Grubenhütte, Berglihütte, Silberhornhütte, Rottalhütte, Balmhornhütte, Lohnerhütte, Stockhornbiwak, Oberaletschhütte und Bietschhornhütte.

*vor allem in der Skitourensaison
**nur im Sommer

Routennummern / Randzahlen

Die Ortschaften, Ausgangspunkte, Hütten, Übergänge und Routenbeschreibungen sind mit Nummern versehen. Abkürzung für Routennummer oder Randzahl = R. Ein Teil der Randzahlen wurde für eventuelle Ergänzungen offengelassen.

• Routenbezeichnungen

Wie allgemein üblich tragen die Führen geographische Bezeichnungen, also etwa „Südkante“; ziehen durch eine Wand mehrere Führen, dann werden sie durch geeignete Zusätze unterscheidbar gemacht, wie zum Beispiel „Westgipfel-Nordwestrippe (Lauperroute)“.

● **Abstiegsbeschreibung**
Alle Abstiegsmöglichkeiten, auf denen auch bevorzugt abgestiegen wird, sind in Richtung des Abstiegs beschrieben und tragen bei der Randzahl den Buchstaben **A.**

● **Varianten**
Varianten sind durch dieselbe Randzahl wie der Originalweg gekennzeichnet, jedoch vermehrt um a (und b..., falls erforderlich).

● **Skitouren**
Routen, die auch als **Skitouren** in Frage kommen, tragen vor ihrer Randzahl einen Stern, beispielsweise:

★ 73 **Rote Chumme — Rote Totzlücke**

Aufbau einer ausführlichen Routenbeschreibung

Eine ausführliche Routenbeschreibung, die überall in diesem Führer (also auch bei leichten Normalwegen und Steiganlagen) angestrebt wurde, hat folgendes Aussehen:
Am Anfang befindet sich der sogenannte Beschreibungskopf, der alle Charakteristika der Route (sofern bekannt) enthält. Weiter folgen in wenigen Sätzen der etwaige Verlauf der Führe und nach der Erläuterung des Zuganges (mit Zeitangaben) schließlich die Beschreibung der eigentlichen Führe, gegebenenfalls aufgeschlüsselt nach einzelnen Seillängen. Bei gewöhnlichen Wegen wurden oft Übersicht, Zugang, Führe unter der Überschrift Anstieg zusammengefaßt.

Zeitberechnung

(Vgl. Tabelle Sonnenauf- und -untergänge im Anhang)

Die Zeitangabe steht meist im Kopf der Routenbeschreibung, sie versteht sich als die **Zeit mit Rasten** vom Ausgangspunkt bis zum Ziel. Gute Witterungs- und Geländeverhältnisse vorausgesetzt, ist sie berechnet für eine trainierte Zweier-Seilschaft, die den Schwierigkeiten gewachsen ist, aber die Tour nicht kennt. Die Zeiten sind eher reichlich bemessen und können von einer ortskundigen Seilschaft leicht unterboten werden.

Richtungsangaben

Die Richtungsangaben (rechts, links) sind stets in der Richtung des beschriebenen Anstieges zu verstehen, bei Wasserläufen, Gletschern, Moränen und Couloirs sind sie aber im orografischen Sinn (vom Berg ins

Tal) gemeint. Um fatale Mißverständnisse bei Couloirs etc. zu vermeiden, ist immer das abgekürzte Wort „orogr." beigefügt, wie z. B. orogr. rechter (N) Rand oder orogr. linke (O) Begrenzungsrippe usw.

Ausrüstung

Eine der Tour angemessene Ausrüstung wird vorausgesetzt. In den Berner Hochalpen können nur wenige Gipfel ohne Pickel und Steigeisen bestiegen werden. **Sechs Ausrüstungsgegenstände sind unentbehrlich und gehören auf jede Tour: die Landeskarte, der Höhenmesser, der Kompaß, der Biwaksack, die Taschenlampe und die Taschenapotheke!** Für fast alle Touren wird ein 40-m-UIAA-Einfachseil empfohlen.

Schwierigkeiten

Die Bewertung von Bergtouren im hochalpinen Gelände ist in Kapitel D, S. 30 ff. abgehandelt. Hier ein paar kurze praktische Angaben:
In den Berner Alpen gibt es keine leichten Viertausender wie in den Walliser Alpen. Auch die leichteren verlangen Vertrautheit mit zerschrundenen Gletschern, mit steilen Firn- und Eishängen. Alle Normalrouten auf die Viertausender in diesem Führer müssen deshalb mindestens mit G3 oder mehr eingestuft werden. Die Vielzahl der tödlichen Unfälle an den fälschlicherweise als „leicht" eingestuften Viertausendern, z. B. am Mönch und an der Jungfrau, sprechen eine deutliche Sprache. **Ohne westalpine Erfahrung* ist die Besteigung eines Viertausenders in den Berner Alpen ein unverantwortlicher Leichtsinn!**
Farbklecks-Markierungen von der Hütte auf den Berg fehlen meist, und Sicherungen durch fixe Seile bestehen nur bei ein paar häufig begangenen Normalrouten: es sind dies der NW-Grat des Gspaltenhorns, der Galletgrat, der Rottalgrat und der Mittellegigrat. Sicherungsstangen und fixe Haken findet man neuerdings in der Eiger-Westflanke, an der Jungfrau-Normalroute (Rottalsattel), am Blümlisalphorn (Rothornsattel) und am Fründenhorn-NW-Grat. Diese Sicherungsmittel wurden dort angebracht, wo sich in den letzten Jahren immer wieder tödliche Unfälle ereigneten. — In der Unfallstatistik rangieren Jungfrau, Eiger, Blümlisalp und Fründenhorn an der Spitze. Die Jungfrau wird gesamtschweizerisch nur gerade vom Matterhorn übertroffen.

* die man sich an Dreitausendern oder an leichten Walliser Viertausendern holt —

Eislawinen

Eislawinen können zu jeder Tages- und Nachtzeit abbrechen! Die Tagesschwankungen der Temperatur haben keinen Einfluß auf die Fließgeschwindigkeit des Gletschers. Einzige Maßnahme: den gefährdeten Bereich so rasch wie möglich passieren, auch frühmorgens, wenn alles noch beinhart gefroren ist!

Kraftwerke / Stauseen

Um von der Kohle unabhängig zu sein, entstanden in der Schweiz Wasserkraftwerke, wie man sie in ihrer gigantischen Größe anderswo selten antrifft. Im Berner Oberland sind es die Kraftwerke Oberhasli (KWO), die durch ein riesiges Verbundsystem alle Gletscherabflüsse in diesem Gebiet zusammenfassen. So fließt z. B. das Wasser des Gruben- und Bächligletschers in den Grimselsee, und die Wasser des Gauligletschers werden vom Mattenalpsee unter dem Ritzlihorn durch nach der Handegg geleitet.
Die Stauseen bilden u. U. eine Gefahrenquelle für den Bergsteiger: Gebirgsbäche können schlagartig anschwellen, und im Winter bildet sich nicht immer eine zuverlässige Eisdecke wegen täglicher Seespiegelschwankungen. Letzteres gilt vor allem für den Grimsel- und Oberaarsee. Beide bilden Bestandteile des Pumpspeicherwerkes Oberaar-Grimsel. Beim Betrieb dieses Kraftwerkes wird einerseits Wasser vom Oberaarsee in den Grimselsee geleitet (Turbinenbetrieb) und andererseits Wasser vom Grimselsee in den Oberaarsee gefördert (Pumpbetrieb). Dadurch treten in diesen beiden Seen ständig und während des ganzen Jahres Seestandsschwankungen und Strömungen auf, die die Bildung der Eisdecke auf den beiden erwähnten Seen beeinträchtigen können. Das Betreten der Eisdecke ist gefährlich und erfolgt wie bei sämtlichen Stauanlagen auf eigene Verantwortung. Die Kraftwerke Oberhasli AG lehnen jegliche Haftung für allfällige Unfälle ausdrücklich ab. Auskunft über den Zustand der Eisdecken erteilen die KWO Innertkirchen Telefon 036 / 72 61 31.

Gebirgsfliegerei

Folgende Landeplätze für Personentransporte sind im Gebiet der Berner Alpen bewilligt:

Gstellihorn	Koordinaten	586 775 / 132 400
Wildhorn		594 150 / 133 500
Langgletscher		637 200 / 144 800
Petersgrat		629 700 / 146 300
Kanderfirn		629 920 / 148 350
Ebnefluh		639 250 / 150 850
Jungfraujoch		642 300 / 155 300
Rosenegg		653 700 / 164 200

Dazu kommen drei weitere Landeplätze in den Voralpen: Wallegg, Gumm und Staldenhorn. Die Landeplätze konzentrieren sich auf das Saanenland (Gstaad als Zentrum). Diese Gegend ist im Frühjahr mit Fluglärm dermaßen verseucht, daß man das Saanenland in dieser Zeit meiden sollte. Es ist eine Schande, daß sich auch Bergführer dazu hergeben, auf diese Art und Weise die Bergwelt zu „erschließen"! Dieses Flug-Unwesen kann nur auf eine einzige Art eingedämmt werden: Jeder / jede geht zu Fuß und hilft durch seinen / ihren Boykott mit, die Verkehrsvereine zur Besinnung zu bringen!

Rettungsdienst

Bei Unfällen wird am besten die zentrale Alarmstelle der Schweizerischen Rettungsflugwacht (REGA) benachrichtigt. Falls der Unfall auf dem Kantonsgebiet Wallis passiert ist, muß er der Alarmzentrale Sitten gemeldet werden. Die angerufene Alarmstelle sorgt für die medizinisch bestmögliche Art der Hilfeleistung (Helikopter oder Rettungskolonne).

Telefonnummern der Alarmstellen:

Schweizerische Rettungsflugwacht, Zürich Tel. 01 / 3 83 11 11
Alarmzentrale für den Kanton Wallis Tel. 027 / 22 56 56
(Kantonspolizei Sitten)

Unfallmeldung:

Nur eine vollständige Unfallmeldung ermöglicht den Rettern einen op-

INTERNATIONALE ALARMSIGNALE IM GEBIRGE
SEGNALI INTERNAZIONALI D'ALLARME IN MONTAGNA
SIGNAUX INTERNATIONAUX D'ALARME EN MONTAGNE
SENALES INTERNACIONALES DE ALARMA EN MONTANA

JA
OUI
SI

Rote Rakete oder Feuer
Razzo rosso o luce rossa
Fusée ou feu rouge
Cohete de luz roja

Rotes quadratisches Tuch
Quadrato di tessuto rosso
Carré de tissu rouge
Cuadro de tejido rojo

WIR BITTEN UM HILFE
OCCORRE SOCCORSO
NOUS DEMANDONS DE L'AIDE
PEDIMOS AYUDA

NEIN
NON
NO

WIR BRAUCHEN NICHTS
NON ABBIAMO BISOGNO DI NIENTE
NOUS N'AVONS BESOIN DE RIEN
NO NECESITAMOS NADA

Diese Zeichen dienen der Verständigung mit der Hubschrauberbesatzung. Sie ersetzen nicht das Alpine Notsignal.

timalen Einsatz ihrer Hilfsmittel. Die Meldung umfaßt folgendes: Name, Standort und Telefonnummer.
Rückruf des Einsatzleiters abwarten.
Antworten auf folgende Fragen vorbereiten:

- **WER** meldet?
- **WAS** ist **WANN** geschehen? (Kurze Beschreibung, Anzahl der Verletzten, Art der Verletzungen.)
- **WO?** Genaue Ortsbezeichnung / Koordinaten.
- **WOHNORT** und **NAME** der Verunfallten.
- **ANZAHL HELFER** auf dem Unfallplatz.
- **WELCHE** Polizei oder Rettungsstation ist eventuell schon benachrichtigt worden?
- **WETTER** im Unfallgebiet, hell oder bedeckt, Wolkenhöhe, Windrichtung und -stärke, Sichtweite und Schneeart.

Alpine Notsignale:

Sechsmal in der Minute Zeichen geben (Rufen, Trillerpfeife, Schwenken eines auffälligen Kleidungsstückes, Blinken mit Licht), dann eine Minute warten und von neuem beginnen. Rote Rakete aufsteigen lassen.

Antwort auf Notsignale:

Möglichst die gleichen optischen und akustischen Signale dreimal in der Minute senden, eine Minute aussetzen und wiederholen.

Hubschrauberbergung

Der Einsatz von Rettungshubschraubern ist von den Sichtverhältnissen abhängig.

Für eine Landung ist zu beachten:

- Hindernisse im Radius von 100 m dürfen nicht vorhanden sein.
- Es ist eine horizontale Fläche von etwa 30 × 30 m erforderlich. Mulden sind für eine Landung ungeeignet.
- Gegenstände, die durch den Luftwirbel des anfliegenden Hubschraubers umherfliegen können, sind vom Landeplatz zu entfernen.
- Der anfliegende Hubschrauber wird mit dem Rücken zum Wind von einer Person in „Yes-Stellung“ eingewiesen.
- Dem gelandeten Hubschrauber darf man sich nur von vorne und erst auf Zeichen des Piloten nähern.

Schutz der Natur vor dem Menschen

Die Alpen stellen ein hochempfindliches Ökosystem dar, und Tiere und Pflanzen leben in der „Kampfzone" am Existenzlimit. Es geht schon längst nicht mehr darum. Naturschutzgebiete auszusondern, in denen seltene Pflanzen nicht gepflückt werden dürfen. Naturschutz heißt *Schutz der Natur vor dem Menschen.* Bergsteiger sind leider in der Regel keine Naturschützer, sondern *rücksichtslose Naturnutzer*, die mit dem Auto hunderte von Kilometern fahren, um ein paar Seillängen zu klettern und wehe, wenn ein Kletterfelsen gesperrt werden soll, damit seltene Vogelarten ungestört nisten können! Die bergsteigerischen Aktivitäten haben sich in den letzten Jahren vervielfacht, „multiloisir" ist Trumpf:

Wandern, Klettern, Langlaufen, Skitouren, Heliskiing, Wildwasserfahren, Canyoning, Gleitschirmfliegen, Moutainbiken, Geröllhaldenskifahren und andere Späße. Am störendsten sind wohl die Gleitschirmflieger, die plötzlich und lautlos am Himmel auftauchen und riesige Flächen überstreichen. Vor allem Gemsen fliehen panikartig und können sich am gleichen Tag kaum mehr beruhigen. Sie scheinen sich auch nicht an die neuartigen Feinde zu gewöhnen.

Bergsteiger, hier gibt es nur eins: Treten wir nicht in lärmenden Horden auf, verzichten wir auf Flug- und Fortbewegungsgeräte aller Art, gehen wir zu Fuß, damit wir für die Tiere wenigstens zu berechenbaren Störenfrieden werden! Und lassen wir uns von Altmeister Julius Kugy ins Gewissen reden:

„Hämmern, bauen, markieren, sichern wir nicht zu viel. Je mehr wir in dieser Weise ‚erschließen', um so mehr zerstören wir. Erschließen wir nicht mit Schanzzeug, Maurerkelle, mit roter Farbe und Bierwirtschaften, tun wir es mit liebevollem, klarblickendem Auge und mit reinem, begeistertem Herzen. Wir wollen die lieben Berggeister nicht aus ihren Wohnungen verscheuchen. Treten wir leise auf. Rufen wir nicht, sondern horchen wir. Stören wir sie nicht in ihrem stillen, freundlichen Walten. Sie werden es uns danken und lohnen!"

D. Zur Bewertung von Bergtouren im hochalpinen Gelände

Die Schwierigkeitsbewertung nach UIAA

Soweit über eine Führe genügend Unterlagen zur Verfügung standen, wurden die UIAA-Richtlinien für Schwierigkeitsbewertung angewendet.

Nach Einführung des VII. Grades und der Öffnung der Schwierigkeitsskala nach oben im Mai 1979 durch die UIAA sind die Schwierigkeitsgrade I—X wie folgt definiert:

I = Geringe Schwierigkeiten. Einfachste Form der Felskletterei (kein leichtes Geh-Gelände!). Die Hände sind zur Unterstützung des Gleichgewichtes erforderlich. Anfänger müssen am Seil gesichert werden. Schwindelfreiheit bereits erforderlich.

II = Mäßige Schwierigkeiten. Hier beginnt die Kletterei, die Drei-Punkte-Haltung erforderlich macht.

III = Mittlere Schwierigkeiten. Zwischensicherungen an exponierten Stellen empfehlenswert. Senkrechte Stellen oder gutgriffige Überhänge verlangen bereits Kraftaufwand. Geübte und erfahrene Kletterer können Passagen dieser Schwierigkeit noch ohne Seilsicherung erklettern.

IV = Große Schwierigkeiten. Hier beginnt die Kletterei schärferer Richtung. Erhebliche Klettererfahrung notwendig. Längere Kletterstellen bedürfen meist mehrerer Zwischensicherungen. Auch geübte und erfahrene Kletterer bewältigen Passagen dieser Schwierigkeit gewöhnlich nicht mehr ohne Seilsicherung.

V = Sehr große Schwierigkeiten. Zunehmende Anzahl der Zwischensicherungen ist die Regel. Erhöhte Anforderungen an körperliche Voraussetzungen, Klettertechnik und Erfahrung. Lange hochalpine Routen im Schwierigkeitsgrad V zählen bereits zu den ganz großen Unternehmungen in den Alpen und außeralpinen Regionen.

VI = Überaus große Schwierigkeiten. Die Kletterei erfordert weit überdurchschnittliches Können und hervorragenden Trainingsstand. Große Ausgesetztheit, oft verbunden mit kleinen Standplätzen. Passagen dieser Schwierigkeit können in der Regel nur bei guten Bedingungen bezwungen werden. (Häufig kombiniert mit künstlicher Kletterei: A 0 bis A 4).

VII = Außergewöhnliche Schwierigkeiten. Ein durch gesteigertes Training und verbesserte Ausrüstung erreichter Schwierigkeitsgrad. Auch die besten Kletterer benötigen ein an die Gesteinsart angepaßtes Training, um Passagen dieser Schwierigkeit zu meistern. Neben akrobatischem Klettervermögen ist das Beherrschen ausgefeilter Sicherungstechnik unerläßlich.

VIII, IX, X = Eine verbale Definition erscheint hier sowohl problematisch als auch nicht notwendig. Es handelt sich dabei um eine weitere Steigerung der zu bewältigenden Schwierigkeiten, die an das Kletterkönnen und an den notwendigen Krafteinsatz immer höhere Anforderungen stellen.

Ab dem Schwierigkeitsgrad III gelten die Zwischenstufen „—" und „+" für die untere und die obere Grenze eines Schwierigkeitsgrades.

Die Bewertung der Schwierigkeit künstlicher Kletterei erfolgt nach der fünfstufigen Skala A0 bis A4 (A = artificiel).

A0

Die einfachste Form künstlicher Kletterei. Haken oder andere Zwischensicherungen (Holz- oder Klemmkeile, Sanduhr- oder Zackenschlingen) in vorwiegend freien Routen müssen als Griff oder Tritt benutzt werden, Trittleitern jedoch sind nicht erforderlich. Auch die Benutzung von Selbstzug, die Anwendung von Pendeltechnik und die des Seilzugquerganges zur Fortbewegung fällt unter künstliches Klettern A0.

A1

Haken und andere technische Hilfsmittel sind relativ leicht anzubringen und die Passage verlangt relativ wenig Kraft, Ausdauer und Mut. Die Verwendung einer Trittleiter pro Seilpartner, die mehrfach eingehängt wird, ist ausreichend, eine zweite ist nicht erforderlich.

A2—A4

Größere Schwierigkeiten beim Hakensetzen und Anbringen anderer technischer Hilfsmittel (kompakter Fels, geschlossene Risse, brüchiger und kleinsplittriger Fels) und / oder größere körperliche Leistungen beim Überwinden der Kletterstelle (Überhang, Dach, großer Hakenabstand) und / oder große Ausgesetztheit, welche vom Kletterer immer größere Fähigkeiten verlangen. Zwei Trittleitern notwendig.

Die **Gesamtbewertung** einer Bergtour ist ein komplexes Problem, und die neue **UIAA-Skala** hat nur ein Teilproblem gelöst, nämlich die Bewertung der klettertechnischen Schwierigkeiten **einzelner Felspassagen.** Hauptverdienst der UIAA-Skala ist die strikte Trennung von **künstlicher** (A0—A4) und **freier** Kletterei (I—VII). Das größere Problem der Gesamteinschätzung einer Bergtour wird von der neuen Skala außer acht gelassen. Eine Bergtour ist aber mehr als die Summe der einzelnen Kletterstellen. Eine Lösung des Problems ist um so dringlicher, als es gerade für Touren im hochalpinen Gelände eine **Vielzahl von Faktoren** zu berücksichtigen und untereinander abzuwägen gilt. Das ganze Drum und Dran ist für eine Einschätzung oft ausschlaggebender als die schwierigste Kletterstelle. Alle bisherigen Versuche einer Gesamtbewertung sind unserer Auffassung nach daran gescheitert, daß eine strikte Trennung zwischen Schwierigkeitsskala einerseits und Gesamtbewertungsskala andererseits in inhaltlicher und formaler Hinsicht unterblieb. Obwohl eine Parallelisierung nie beabsichtigt war — im Gegenteil! — wird es aus den folgenden Gründen immer wieder zu einer solchen Fehlleistung kommen:

Skala für die Gesamtbewertung im neuen SAC-Führer			**UIAA-Skala für die Schwierigkeit einzelner Felspassagen**	
Gesamtbewertung franz.	deutsch	Umschreibung mit Worten	UIAA-Skala	Umschreibung mit Worten
F	**L**	leicht	**I**	Geringe Schwierigkeiten
PD	**WS**	wenig schwierig	**II**	Mäßige Schwierigkeiten
AD	**ZS**	ziemlich schwierig	**III**	Mittlere Schwierigkeiten
D	**S**	schwierig	**IV**	Große Schwierigkeiten
TD	**SS**	sehr schwierig	**V**	Sehr große Schwierigkeiten
ED	**AS**	äußerst schwierig	**VI**	Überaus große Schwierigkeiten
EX	**EX**	extrem schwierig	**VII**	Außergewöhnliche Schwierigkeiten

Neben der gleichen Anzahl Stufen wird in beiden Skalen eine feinere Unterteilung durch Zusatz von + bzw. — erzielt. Neben der sprachlichen Umschreibung mit z.T. gleichen Worten gibt es zu bedenken, daß die verwendeten Ausdrücke zusätzlich durch die Welzenbach-Skala vorbelastet sind. Dem Bergsteiger wird es schwer fallen, die Gesamtbewertung ZS+ als etwas ganz anderes aufzufassen als eine mit III+ bezeichnete Kletterstelle, tönen doch beide Bewertungen in verbalisierter Form genau gleich: „ziemlich schwierig, obere Grenze".

Es scheint uns unlogisch, eine Gesamtbewertung (also eine Vielzahl von Faktoren wie schwierig, anstrengend, gefährlich etc.) mit dem Wort „schwierig“ zu umschreiben, das doch nur einen Teilaspekt des Ganzen darstellt. Der uneinheitliche Gebrauch des Begriffs „schwierig“ führt dann beispielsweise dazu, daß eine Tour mit „sehr schwierig“ eingestuft wird, weil sie gefährlicher oder länger ist als eine „schwierige“, obwohl beide den gleichen Schwierigkeitsgrad aufweisen. Um schwerwiegende Mißverständnisse zu vermeiden, scheint es uns sinnvoll, eine völlig **neue Skala** zu verwenden, die weder mit der alten Welzenbach- noch mit der UIAA- noch mit der SAC-Skala verwechselt werden kann.

Die Skala für die Gesamtbewertung

In den **Berner Alpen** scheinen 20 Stufen ausreichend zu sein, um einerseits die nötige Feinabstufung und andererseits die Wahrung der Trennschärfe zu gewährleisten. Die Skala von 1—20 bleibt aber grundsätzlich **nach oben offen** und kann bei Bedarf aufgestockt werden.

Als Signatur dient ein großes G für Gesamtbewertung mit anschließender arabischer Ziffer. Die Skala reicht von G1 (Hockenhorn-Normalroute) bis zu G20 (Eiger-Direttissima). **Zwischenwerte sind möglich,** z.B. G6—7 (= G 6½). Auf eine Umschreibung mit Worten (die Hauptquelle von Mißverständnissen!) wird verzichtet. Anstelle einer solchen Umschreibung folgt anschließend eine Tabelle mit Musterbeispielen klassischer Touren aus den Berner Alpen. Ein Vergleich mit Touren aus anderen Gebirgsgruppen ist nicht vorgesehen. Ein vernünftiger Bergsteiger wird in einer fremden Region nicht gleich die schwierigsten Touren unternehmen, sondern zuerst ein paar Eingehtouren, um den besonderen Gebirgscharakter, die herrschenden Verhältnisse und die speziellen meteorologischen Gegebenheiten kennenzulernen. Nach ein paar Touren hat jeder festgestellt, in welchem Bereich der neuen Skala er sich mit Vorteil und Genuß bewegt, und wo seine subjektiven Grenzen liegen.

Die vier **maßgebenden Faktoren** in unserer Gesamtbewertungsskala sind die folgenden:
— Schwierigkeitsgrad
— alpiner Charakter
— objektive Gefahren
— Kraftaufwand / Länge der Tour

Mit **alpinem Charakter** meinen wir die Höhenlage, schwierige Eisbrüche und Spaltensysteme, die Abhängigkeit von guten Verhältnissen, die Vereisungsgefahr und die Exposition (Nord). Anzumerken ist, daß die

kombinierten Fels-Eistouren höher eingestuft worden sind als die reinen Felstouren.
Je nach Charakter einer Tour werden noch **zusätzliche Kriterien** zu berücksichtigen sein:

- Anzahl, Aufeinanderfolge und Länge der schwierigen Stellen
- Felsqualität
- vorhandene Ausstattung mit Sicherungs- und eventuellen Fortbewegungshaken
- Möglichkeit, Sicherungspunkte (Haken, Keile, Friends) anzubringen
- Rückzugsmöglichkeit
- Abstieg
- Häufigkeit der Begehung
- Schwierigkeit der Routenwahl (Orientierungsproblem)

Unsere Gesamtbewertung stellt das **Produkt** dar aus den vier maßgebenden Faktoren:

G = Schwierigkeitsgrad × alpiner Charakter × objektive Gefahren × Länge der Tour.

Die zusätzlichen Kriterien (siehe oben) dienen anschließend zur Auf- oder Abrundung des errechneten Wertes.
Die vier Faktoren sind einerseits im Beschreibungskopf voneinander getrennt, z. B. technisch leicht, aber objektiv gefährlich — andererseits in der Gesamtbewertung miteinander in Beziehung gebracht und gewichtet.

Die Bestimmung des Schwierigkeitsgrades — die maßgebende Grundgröße — bleibt jedoch auch in Zukunft eine **subjektive Schätzung** und als solche weit entfernt von einer objektiven Messung.

Um die Umstellung zu erleichtern, seien alte und neue Gesamtbewertungen gegenübergestellt:

7. Auflage	8. Auflage
wenig schwierig	G 1 — G 2
mäßig schwierig	G 2 — G 3
ziemlich schwierig	G 3 — G 6
sehr schwierig	G 6 — G 9
besonders schwierig	G 9 — G 12

Der Unterschied zwischen Hockenhorn-Normalroute und Eiger-Nordwand (1938) beträgt in der neuen Skala nicht mehr vier Stufen wie früher, sondern 13 Stufen, was den Größenordnungen in der Wirklichkeit doch um einiges näher kommen dürfte!

Beispiele von Gesamtbewertungen

G 1	Hockenhorn vom Lötschenpaß, Tierhörnli, Rohrbachstein, Ferdenpaß-Traversierung, Chindbettipaß-Lämmerenhütte, Oberaletschhütte von Belalp.
G 2	Tschingellochtighorn (Hauptgipfel, Normalweg), Trugberg (Südgipfel von Konkordia), Wildstrubel von Lämmerenhütte, Wildhorn von Wildhornhütte. Gr. Rinderhorn vom Rindersattel, Grünhornlücke-Traversierung, Gaulipaß-Traversierung, Fellenberglücke-Traversierung.
G 2—3	Tschingelhorn-Normalroute, Ankebälli von Gauli, Wildhorn von Gelten (Normalweg), Wildstrubel von Engstligenalp, Gr.-Wannenhorn-Normalroute, Balmhorn-Zackengrat, Doldenhorn-Normalroute.
G 3	Hienderstock-Normalroute, Fründenhorn-Normalroute, Finsteraarhorn-Normalroute, Mönch-SO-Grat, Dossen(horn)-Nordgrat, Blümlisalphorn-Normalroute, Vord.-Lohner-Westgrat.
G 3—4	Jungfrau-Normalroute (vom Rottalsattel), Gr. Grünhorn via Grünegghorn, Kl. und Gr. Tschingelhorn-Traversierung, Berglihütte von Grindelwald (Challi), Hiendertelltihorn-Nordgrat, Gr.-Fiescherhorn-SO-Grat von Finsteraarhornhütte, Mönch-SW-Grat, Aletschhorn vom Mittelaletschbiwak.
G 4	Eiger-Westflanke, Wetterhorn von Gleckstein (Normalroute), Aletschhorn von Oberaletsch (Normalroute), Fründenhütte — Öschinenhorn — Blümlisalphorn, Gelten — Chatzegraben — Wildgrat — Wildhorn, Kl.-Diamantstock-Nordgrat, Wildhorn-Germannrippe, Hienderstock-Traversierung-O-W.
G 4—5	Balmhorn-Wildelsigen, Gr.-Fußhorn-ganzer-Westgrat, Dreieckhorn-Ostflanke / NO-Grat, Gr.-Diamantstock-Ostgrat, Gr.-Fiescherhorn-NW-Grat, Aletschhorn-SO-Grat.
G 5	Bietschhorn-Westgrat, Eiger-Mittellegigrat, Schreckhorn-SW-Grat, Jungfrau-Rottalgrat, Kl.-Ankebälli-Südgrat, Balmhorn-Gitzigrat, Kamm-Westgrat, Hiendertelltihorn-Ostgrat, Bärglistock-Westflanke, Hockenhorn-Petersgrat, Südl.-Jägihorn-SO-Grat.
G 5—6	Fiescher-Gabelhorn-NO-Grat, Gr.-Grünhorn-SO-Wand, Ober-Torberg-Ostsporn, Aletschhorn-Haslerrippe, Bärglistock-Nordgrat, Fründenhorn-West- und -Ostgrat, Kl. und Gr. Wellhorn, Wetterhorn-NW-Grat.

G 6	Lauterbrunnen-Breithorn-Südgrat, Mönch-Nollen, Ochs-Ostflanke, Nördl.-Baltschiederhorn-Südgrat, Brandlammhorn-Südgrat, Stockhorn-Südgrat, Blümlisalphorn-Nordflanke, Öschinenhorn-SW-Grat, Schönbühlhorn — Gr. Wannenhorn.
G 6—7	Schreckhorn-Andersongrat, Tschingelspitz-Ostgrat, Morgenhorn-Ostgrat, Gr.-Grünhorn-Nordgrat, Finsteraarhorn-ganzer-SO-Grat, Lötschentaler-Breithorn-Blanchetgrat, Kl.-Wellhorn-SO-Wand, Ochs-Nordgrat.
G 7	Aletschhorn-Nordflanke, Dreieckhorn-Nordflanke, Balmhorn-Nordflanke, Jungfrau-Rotbrettgrat, Kl.-Wannenhorn-SO-Wand, Nesthorn-SO-Grat von Belalp, Lauterbrunnen-Breithorn-Chervetrippe, Jungfrau-Guggiroute, Doldenhorn-Südgrat, Kl.-Schreckhorn-NW-Grat, Gspaltenhorn-Rote-Zähne, Doldenhorn-Nordwand.
G 7—8	Lauteraarhorn-Ostwandrippe, Ebnefluh-Nordwand, Schreckhorn-Lauteraarhorn.
G 8	Doldenhorn-Ostgrat, Schreckhorn-Südpfeiler, Gr.-Grünhorn-Ostpfeiler, Bietschhorn-SO-Grat, Jungfrau-ganzer-NO-Grat, Tschingelspitz-Südwand, Nesthorn-Südgrat, Lauteraarhorn-direkter-SW-Grat, Studerhorn-Nordwand.
G 8—9	Bietschhorn-Südwand.
G 9	Großhorn-Lauperrippe, Gr.-Fiescherhorn-Nordwandrippe (Schumacher / Amstutz), Finsteraarhorn-Ostsporn.
G 9—10	Mönch-Lauperroute, Jungfrau-Lauperroute.
G 10	Eiger-SO-Wand, Eiger-NO-Wand mit Ausstieg auf Mittellegi, Schreckhornkamm-Gesamtüberschreitung (vom Mättenberg zu den Lauteraar-Rothörnern).
G 10—11	Großhorn-Nordwand.
G 11	Nesthorn-Nordwand.
G 11—12	Ochs-NW-Wand, Gletscherhorn-Nordwand (Matterhorn-Nordwand).
G 12	Gspaltenhorn-direkte-NW-Wand, Eiger-NO-Wand (Original-Lauperroute), Scheideggwetterhorn-Westpfeiler.
G 13	(Grandes Jorasses, Walkerpfeiler).
G 14	Eiger-Nordwand (1938).
G 15—20	Eiger-Nordwand-Direktrouten.

Die Klassifizierung der Bergwege

Für Bergwanderer und Hüttenbesucher schien es uns notwendig, auch die Bergwege, Hüttenwege und Paßübergänge zu klassifizieren. Wir unterscheiden drei Kategorien:
BW1 / BW2 und BW3 (BW = Bergweg)
Diese klassifizierten Bergwege sind in der Regel markiert und an schwierigen Stellen mit Sicherungen versehen. Sie werden unterhalten und gepflegt.

BW1 Leichte Bergwege
Sie sind für Bergwanderer problemlos begehbar.
Beispiele: Geltenhütten-, Wildhornhütten- und Bächlitalhüttenweg; der Übergang über den Rawilpaß.

BW2 Mittelschwere Bergwege
Diese eignen sich nur für guttrainierte Bergwanderer. Sie sind länger, steiler und anstrengender als BW1, doch bei normalen Verhältnissen (keine Schneefelder, Weg trocken) ohne besondere Schwierigkeiten.
Beispiele: Blümlisalphütten- und Gaulihüttenweg; die Übergänge über Ammerten- und Chindbettipaß.

BW3 Schwierige Bergwege
Sie stehen nur trittsicheren und schwindelfreien Berggängern offen. Diese Bergwege sind z.T. mit künstlichen Steiganlagen (Tritte, Stifte, Drahtseile, Ketten, Leitern etc.) versehen und teilweise exponiert, u.U. ist leichte Kletterei (Gebrauch der Hände) erforderlich. Bei Neuschnee oder Nässe sind diese Wege gefährlich und schwierig zu begehen.
Beispiele: Lohnerhütten-, Schreckhornhütten-, Dossenhütten-, Rottalhütten- und Stockhornbiwakweg; Übergang Lohnerhütte — Engstligenalp; Larschitritt.

Hüttenwege, die über Gletscher führen oder eigentliche Klettereien erfordern, werden mit G bewertet:

G 1 Oberaletschhütte, Lauteraarhütte, Gruebenhütte.
G 2 Finsteraarhornhütte, Jungfraujoch — Berglihütte.
G 3 Mittellegihütte von Grindelwald aus (via Challi).

1. Wildhorn — Wildstrubel — Groß Lohner

(vom Sanetschpaß zur Gemmi)

A. Begrenzung

Gsteig — Sanetschpaß — La Morge im W, Lauenen — Lenk — Hahnenmoospaß — Adelboden — Bunderchrinde im N, Kandersteg — Schwarenbach — Gemmipaß — Leukerbad — Dala im O und die Rhône im S.

B. Karten

LK 50 Nr. 263 Wildstrubel und Nr. 273 Montana.

C. Allgemeine Beschreibung

Vom Sanetschpaß erhebt sich die Hauptkette der Berner Alpen zum Arpelistock und verläuft in ONO-Richtung über Wildhorn und Schnidehorn zum Rawilpaß. Vom Arpelistock zweigt eine Nebenkette nach N ab zum Spitzhorn. Diese Nebenkette schließt mit der Hauptkette den Geltenkessel ein, der gegen N geöffnet ist. Die Wasser fließen aus dem Kessel über den Geltenschuß (berühmter Wasserfall) nach Lauenen und münden bei Gstaad in die Saane. Diese imposanten Wasserfälle im Rottal und der Geltenschuß prägen zusammen mit dem Tungelschuß das Antlitz dieser einmalig schönen Landschaft im hintersten Lauenental. Daß diese Wasserfälle heute noch rauschen und tosen, verdanken wir dem vorbildlichen Kampf der Lauener gegen ein Kraftwerkprojekt, das die Wasser im Rottal durch einen Stollen in den Sanetsch-Stausee leiten wollte. Die Lauener verzichteten der Natur zuliebe auf die lukrativen Wasserzinsen, und seit 1957 steht die Landschaft unter Naturschutz.
Vom Wildhorn zweigt eine Kette nach S ab zur Crêta Besse. Der Rawilpaß, ein alter Übergang über die Hauptkette, ist nur im Sommer begehbar und führt von der Lenk nach Ayent im Wallis; heute ist er ein beliebtes Tourenziel von Bergwanderern. Die Walliser Betonlobby wollte hier einen Tunnel bauen und weiter durch das ganze Simmental bis

nach Wimmis-Spiez eine vierspurige Autobahn anlegen. Da nun aber die Gesteine im Gebiet des Rawilpasses von exzellenter Brüchigkeit sind, wurde dieses unsinnige Projekt aus dem Zeitalter der Autobahneuphorie gottlob fallen gelassen.
Vom Rawilpaß erhebt sich die Hauptkette nicht sehr ausgeprägt und mehr oder weniger aufgelöst zum Wildstrubelmassiv. Vom Westgipfel zieht die Hauptkette nach OSO über Schneehorn und Schwarzhorn zum Daubenhorn, wo sie steil zum Gemmipaß abfällt. Vom Ostgipfel streicht eine wichtige Verbindungskette über Steghorn, Tierhörnli und Tschingellochtighorn zum wuchtigen Groß Lohner, der ein Bergmassiv für sich bildet. Im N des Wildstrubels liegt die Engstligenalp, ein ehemaliges Seebecken. Zwei Hotels bieten hier gastliche Unterkunft. Im W des Wildstrubels breiten sich die weiten Gletscherflächen der Plaine Morte aus, und am Fuße des hufeisenförmig nach O geöffneten Gebirgsstocks liegt die Lämmerenalp. Im S der Hauptkette erheben sich zahlreiche kleinere, aber aussichtsreiche Gipfel, die im Rahmen dieses Auswahlführers nicht beschrieben werden können. Über die Hauptkette der westlichen Berner Alpen führen drei leichte und schneefreie Übergänge aus dem Berner Oberland ins Wallis: der Sanetschpaß, der Rawilpaß und der Gemmipaß. Letzterer ist seit dem Bau der Luftseilbahn Leukerbad — Gemmipaß ganzjährig „begehbar". Ortelenpaß und Chindbettipaß führen über den Verbindungsgrat Steghorn — Groß Lohner (= Engstligengrat). Die ganze Gebirgsgruppe ist von N und O her leicht zugänglich und gut erschlossen: Geltenhütte, Wildhornhütte, Wildstrubelhütte, Lämmerenhütte und die Hotels auf der Engstligenalp bilden die Stützpunkte auf dieser Seite. Auf der Südseite fehlen solche Unterkünfte mit Ausnahme des Sanetschhotels und der Cabane des Violettes. Dafür führt eine Luftseilbahn von Montana auf den Glacier de la Plaine Morte, die eine Wildstrubelbesteigung von dieser Seite zur Halbtagstour degradiert. Bei der Zwischenstation der Luftseilbahn befindet sich die Cabane des Violettes des SAC inmitten der Masten und Kabel einer mit Bergbahnen und Skiliften übererschlossenen Gegend: der Skizirkus von Montana breitet sich unaufhaltsam wie eine Seuche aus und „erschließt" immer noch „Landschaft", wo längst nur noch Gegend übriggeblieben ist. Die Wildhorn-Wildstrubel-Gruppe eignet sich hervorragend für **Skitouren:**
Beliebt ist die Traversierung Wildhorn — Wildstrubel (Zwischenstation in der Wildstrubelhütte) mit anschließender Abfahrt durchs Ueschenentäli nach Kandersteg. Alle Skitouren können jedoch auch als leichte Gletschertouren im Sommer durchgeführt werden. Die Lämmerenhütte ist gut geeignet für einen mehrtägigen Aufenthalt: Von hier aus können Daubenhorn, Schwarzhorn, Schneehorn, Wildstrubel und Steghorn be-

stiegen werden. Beliebt ist die Abfahrt vom Schwarzhorn nach Montana. Die Traversierung Wildhorn — Wildstrubel kann via Gemmipaß — Leukerbad — Gitzifurgge ins Lötschental fortgesetzt werden. Auf diese Weise ist eine echte **Oberländer Haute Route** möglich:
Geltenhütte (oder Wildhornhütte) — Wildhorn — Rawilpaß — Wildstrubelhütte — Glacier de la Plaine Morte — Wildstrubel — Lämmerenhütte — Gemmipaß — Leukerbad (mit Luftseilbahn) — Gitzifurgge — Lötschental — Lötschenlücke — Konkordiaplatz — Grünhornlücke — Finsteraarhornhütte — Oberaarjoch — Oberaarsee — Grimsel oder Oberaarjoch — Scheuchzerjoch — Lauteraarhütte — Hühnertälijoch — Obere Bächlilücke — Bächlitalhütte — Räterichsbodensee — Guttannen oder Hühnertälijoch — Gaulihütte — Wätterlimmi — Rosenlauigletscher — Rosenlaui!
Eine andere empfehlenswerte Skitour besteht darin, von der Engstligenalp über den Chindbettipaß in die Lämmerenhütte zu gelangen und am nächsten Tag auf den Wildstrubel zu steigen mit anschließender Abfahrt nach N auf die Engstligenalp zurück (zweitägige Rundtour). Auch die schwierige Abfahrt vom Glacier de la Plaine Morte (oder vom Wildstrubel) durchs Ammertentäli nach Lenk bietet interessante Kombinationsmöglichkeiten. Aus der Lenk gelangt man über den Hahnenmoospaß (zahlreiche Skilifte) zurück nach Adelboden. Der Ammertenpaß mit anschließender Längstraversierung am Nordfuß der Wildstrubel-Nordwand entlang auf den Rezligletscher stellt eine sehr interessante und wenig bekannte Verbindung zwischen der Engstligenalp und der Wildstrubelhütte her, die auch mit Ski begangen werden kann und von N den wohl kürzesten Winterzugang zu diesem Stützpunkt ermöglicht.
Eine landschaftlich außergewöhnlich schöne und abwechslungsreiche Sommertour ist die Längsüberschreitung des Wildstrubels vom Ost- über den Mittel- auf den Westgipfel mit anschließendem Abstieg am Fluhseeli vorbei nach Lenk.
Schöne **Klettertouren** sind selten, das Gestein (durchwegs Kalk) ist fast überall sehr brüchig. Lohnende Ausnahmen finden sich an der Germannrippe am Wildhorn und am Tschingellochtighorn. Auch der **Groß Lohner** ist ein Kletterberg mit viel losem Gestein. Die klassischen Routen sind jedoch dank der zahlreichen Begehungen einigermaßen „sauber" geworden und unbedingt lohnend. Von selteneren Touren in diesem Massiv muß jedoch abgeraten werden. Die Lohnerhütte und die Hotels auf der Engstligenalp bilden ideale Ausgangspunkte für alle empfehlenswerten Lohner-Besteigungen.
Die schönsten klassischen Felsklettereien in gutem Fels findet man ohne Zweifel am Gällihorn bei Kandersteg. Ein langgestrecktes Felsband im Ueschenetal am SO-Fuß des Klein Lohner ist in den letzten Jahren

zum internationalen Tummelplatz der Sportkletterer geworden. Da mit Ausnahme von Wildhorn, Wildstrubel und Groß Lohner markante oder hohe Berge fehlen, sind **Traversierungen** in diesem ausgedehnten und vielgestaltigen Gebiet oft interessanter als die eigentlichen Gipfelbesteigungen. Das Kapitel „Pässe und Übergänge“ wurde deshalb besonders ausführlich behandelt.

D. Talorte und Ausgangspunkte

● 1 **Gstaad,** 1050 m

Einer der bekanntesten und ohne Zweifel der mondänste Fremdenkurort des Berner Oberlandes. Zentrum des Heli-Skiings und des Tennissports. Gstaad bildet mit Saanenmöser, Schönried und Saanen zusammen das größte Zentrum für Wintersport im westlichen Berner Oberland. Alle umliegenden Berge sind denn auch mit Bergbahnen und Skiliften völlig vernetzt und verkabelt. Auf den nahen Diablerets ist Sommerskifahren möglich. Das Saanenland ist außerdem ein beliebtes Sommer-Bergwandergebiet. Je nach gesellschaftlichem Status und Rang in der Hierarchie geht man nach Gstaad, um zu sehen oder um gesehen zu werden, erst in zweiter Linie, um dem Ski- oder Tennissport zu huldigen. Bergsteiger trifft man kaum an, und wenn, dann fallen sie am allermeisten auf.
Verkehrsverbindungen: Gstaad liegt an der Montreux-Oberland-Bahn (MOB), die Zweisimmen mit Montreux verbindet. Ausgangspunkt für Lauenen (R 3), Gsteig (R 2) und für den Col du Pillon (Talstation der Diablerets-Luftseilbahn). Tel. Verkehrsbüro 030 / 4 10 55.

● 2 **Gsteig,** 1184 m

Kleine Ortschaft 10 km südl. von Gstaad, an der Autostraße Gstaad-Col du Pillon—Les Diablerets. Postautoverbindung mit Gstaad und mit Les Diablerets. Ausgangspunkt für Sanetschpaß (R 45). Übergang über die Chrine (1659 m) nach Lauenen. Tel. Verkehrsbüro 030 / 5 12 31.

● 3 **Lauenen,** 1241 m

Kleine Ortschaft 6 km SSO von Gstaad, zuhinterst im Lauenental. Postautoverbindung mit Gstaad. Ausgangspunkt für die Geltenhütte (R 16) und für die Wildhornhütte (R 18). Tel. Verkehrsbüro 030 / 5 30 01.

● 4 **Lenk,** 1068 m

Großer Fremdenkurort zuhinterst im Simmental. Bahnverbindung mit

Zweistimmen. Bedeutendes Wintersportzentrum, durch Skizirkus über den Hahnenmoospaß mit Adelboden verbunden. Im Sommer sehr schönes Bergwandergebiet. Ausgangspunkt für die Wildhornhütte (R 18), die Wildstrubelhütte (R 23), und den Rawilpaß (R 55). Tel. Verkehrsbüro 030 / 3 15 95. Kleinbus-Betrieb Gobeli Tel. 030 / 3 14 12.

● 5 **Adelboden,** 1348 m

Fremdenkurort im Engstligental, einem Nebental des Kandertals. Sommer- und Winterbetrieb. Zahlreiche Bergbahnen und Skilifte. Schöne Terrassenlage vis-à-vis Lohner. Autobuslinie Frutigen—Adelboden. Mineralquelle. Ausgangspunkt für die Engstligenalp (R 28) und die Lohnerhütte (R 29). Tel. Verkehrsbüro 033 / 73 22 52.

● 6 **Kandersteg,** 1176 m

Station der Bern-Lötschberg-Simplon-Bahn (BLS). Zuhinterst im Kandertal, am Nordportal des Lötschbergtunnels gelegen. Auskunft Autoverlad Tel. 033 / 75 12 53. Straüe von Spiez über Frutigen. Wichtigstes Bergsteigerzentrum des westlichen Berner Oberlandes im Sommer und Winter. Ausgangspunkt für das Hotel Schwarzenbach (R 31) und die Lämmerenhütte (R 36), die Lötschenpaßhütte (R 235), Balmhornhütte (R 237), Mutthornhütte (R 343), Doldenhornhütte (R 352), Fründenhütte (R 356) und Blümlisalphütte (R 359). Übergänge über den Gemmipaß nach Leukerbad und den Lötschenpaß ins Lötschental. Tel. Verkehrsbüro 033 / 75 12 34 und 75 13 60.

● 7 **Leukerbad,** 1401 m

Bekannter Walliser Kurort mit Thermalbädern. Wintersportbetrieb am Torrenthorn (Abfahrt) und auf dem Gemmipaß (Loipen). Straße von Leuk, mit Autobusverbindung. Luftseilbahn auf den Gemmipaß und auf die Torrentalp. Ausgangspunkt für die Lämmerenhütte (R 36). Übergang über den Gemmipaß nach Kandersteg. Tel. Verkehrsbüro 027 / 62 11 11.

● 8 **Montana,** 1471 m

Mondäner Fremdenkurort und Wintersportplatz. Abschreckendes Beispiel einer völlig verfehlten Fremdenverkehrspolitik. Standseilbahn Sierre—Montana und Straße von Sierre mit Autobusverbindung. Luftseilbahn auf die Pte. de la Plaine Morte. Ausgangspunkt für die Cabane des Violettes und die Wildstrubelhütte. Tel. Verkehrsbüro 027 / 41 30 41.

● 9 **Sion,** 491 m

Hauptort des Kantons Wallis. Schnellzugstation und Ausgangspunkt der Postautokurse (im Sommer) nach dem Sanetschpaß und zum Tseuzier-Stausee am Rawilpaß. Tel. Verkehrsbüro 027 / 22 31 61.

E. Clubhütten und Berghotels

● 14 Buvette mit Massenlager bei der Staumauer des Lac de Sénin (= Endpunkt der Sanetschstraße). Nur Sommerbetrieb (Besitzer: Jean-Maurice Luyet).

● 15 **Hôtel du Sanetsch,** 2047 m

Auf der Walliser Seite des Sanetschpasses gelegen. KS 589400 / 129980. Tel. 027 / 36 11 61, wenn k. Antw. Sion 027 / 22 16 06. Nur im Sommer geöffnet. 5 Min. von der Haltestelle des Postautokurses Sion—Barrage du Sanetsch. Ausgangspunkt für Arpelistock und Wildhorn. Übergang über den Sanetschpaß nach Gsteig und über den Col du Brochet nach der Geltenhütte.

● 16 **Geltenhütte,** 2002 m

Auf der Geltenalp gelegen, KS 592325 / 135360. Tel. 030 / 5 32 20. Sektion Oldenhorn (Gstaad) des SAC, 87 Plätze. Hüttenwart nur zeitweilig im Sommer anwesend. Nur Getränke und einfache Mahlzeiten erhältlich. Übergänge: über den Col du Brochet (R 47) zum Hôtel du Sanetsch und in die Wildhornhütte (R 51).

★ 17 **Von Lauenen**

Einer der schönsten Hüttenwege (bez.) der Berner Alpen! 3½ Std. von Lauenen und 2¼ Std. vom Ghs. Büel. BW 1.

Auf neuer Straße auf der rechten Talseite über Tüffi-Bochte zur Legerlibrücke (P. 1379 LK 25 = KS 592500 / 138040). Hier Endstation des Postautokurses Gstaad—Lauenen—Lauenensee (nur Sommerbetrieb), im Winter ist die Straße ab Rohrbrücke (etwa 500 m S von Lauenen) gesperrt. Zu Fuß benutzt man nicht die neue Straße, sondern man folgt ab Rohrbrücke dem Louibach durch das Rohr (schönes Hochmoor). (Von der Legerlibrücke nach W in 5 Min. zum Ghs. Büel am südöstl. Ende des Lauenensees, von wo aus man einen herrlichen Blick auf den Tungelschuß genießt. Das Gasthaus ist nur im Sommer geöffnet.)
Vom Gasthaus etwa 300 m nach S und nach links über die Brücke. Nun am orogr. rechten Ufer des Geltenbachs entlang nach S auf die Alp Feisseberg, wo man den Geltenbach nochmals überschreitet. Weiter

dem Bach entlang nach S.
Der Geltenschuß (mit Wasserfall) wird rechts ausholend umgangen. Im Zickzack nach SW aufsteigen bis etwa 1830 m, wo man einen Bach nach S quert.
Weiter nach SO über Geröll zu einem Felsriegel und ihm entlang nach links aufwärts queren (unter einem Wasserfall durch, der aus einem Felsloch sprudelt) auf eine Grasschulter oberhalb des Geltenschusses. Nach SO leicht absteigend zum Geltenbach, den man auf einer Brücke nach O überschreitet. Nach SW empor auf die Hügelkuppe, auf der die neue Hütte steht.
Im Winter folgt man der Sommerroute.
Der ganze Aufstieg ist lawinengefährdet und darf nur bei guten Verhältnissen riskiert werden.

• 18 **Wildhornhütte,** 2303 m

Zuoberst im Iffigtal gelegen, KS 596100 / 136425.
Tel. 030 / 3 23 82. Sektion Moléson (Fribourg) des SAC, 110 Plätze. Hüttenwart im Sommer und in der Skitourensaison am Wochenende.
Übergänge: Über das Schnidejoch zum Lac de Tseuzier, über Schnidejoch—Rawilpaß oder über Iffigenalp—Rawilpaß zur Wildstrubelhütte und über Stigle—Alp Chüetungel in die Geltenhütte.

• 19 **Von Lauenen**

Im Winter nicht begehbar. 5 Std. von Lauenen, 4 Std. von Büel. BW 2.

Auf R 17 bis zum Ghs. Büel am Lauenensee. Über die Ebene nach S und nach links den Geltenbach queren (hier zweigt R 17 nach rechts ab). Im Zickzack nach SO durch steilen Wald empor auf die Alp Chüetungel. Nach links über den Tungelbach zu den Alphütten P. 1796. Nach O aufsteigen zur Steilstufe von Stigle am Nordfuß des Niesehorns. Der Felsstufe entlang nach O, bis man sie vermittels einer leichten Verschneidung überwinden kann. Nun über Gras- und Schutthänge nach links aufsteigen zum P. 2271. Weiter durch kleines Tälchen nach O in Grassattel (= P. 2381 / LK 25) zwischen P. 2377,9 und P. 2469,3. Vom Sattel kurzer Abstieg nach O, dann lange Querung der steilen O-Flanke des Niesehorns zur Wildhornhütte.

• 20 **Von Lenk-Iffigenalp (Sommerweg)**

2½ Std. BW 1.

Vom Ghs. Iffigenalp, 1584 m (siehe R 22), folgt man dem Iffigbach nach SW zur Hütte von Groppi, 1741 m. Weiter nach SW entweder durch Tälchen südl. von Egge und Einschnitt (= P. 2086) zum Iffigsee, 2065 m, oder über den Rücken von Egge (etwas länger, aber schöner, siehe R 21). Am Nordufer entlang nach Stieren-Iffigen und weiter nach SW der Talachse folgend zur Hütte empor.

★ 21 Von Lenk-Iffigenalp (Winterweg)
4—4½ Std. von Pöschenried; Abfahrt 2—2½ Std.

Im Winter ist das Sträßchen ab Pöschenried, P. 1210 (beim Ghs. „Alpenrösli"), für den allgemeinen Verkehr gesperrt. Wer trotzdem auf die Iffigenalp fahren will, muß sich in Lenk ein Taxi besorgen. Andernfalls mit Pkw bis Pöschenried und zu Fuß dem Fahrsträßchen entlang auf die Iffigenalp, etwa 1 Std. Weiter auf dem Sommerweg zur Hütte von Groppi. Nun besser über den Rücken von **Egge** mit kurzer Abfahrt zum Iffigsee (lawinensicherer als der Sommerweg durch das Tälchen). Bei tragfähigem Eis direkt über den See und dann auf dem Sommerweg in die Hütte.

● 22 Iffigenalp, 1584 m

Hotel (nur im Sommer geöffnet), KS 600150 / 138710, Tel. 030 / 3 13 33, wenn k. Antw. Tel. 030 / 2 11 73. Straße von Lenk (im Winter ab Pöschenried, P. 1210, gesperrt) mit Busbetrieb ab Bahnhof Lenk (nur Sommerbetrieb). Ausgangspunkt für Rawilpaß, Wildstrubelhütte und Wildhornhütte.

● 23 Wildstrubelhütten, 2793 m

Die beiden Hütten liegen etwa 60 m voneinander entfernt. Das südlich gelegene „Rohrbachhaus" ist nur bei Anwesenheit des Hüttenwarts geöffnet. Hüttenwart an Ostern und Pfingsten und im Juli / August. KS 602250 / 136840, Tel. 030 / 4 33 39. Sektion Bern des SAC, total 76 Plätze.
Übergänge: Über das Schnidejoch in die Wildhornhütte, über das Schneejoch in die Lämmerenhütte, über den Ammertenpaß auf die Engstligenalp, über die Weißhornlücke nach Montana und über den Rawilpaß nach Iffigenalp resp. zum Lac de Tseuzier.

● 24 Von Lenk-Iffigenalp (nur Sommer)
3½—4 Std. BW 1—2.

Von Iffigenalp, 1584 m, dem Rawilpaß folgend nach S durch Wald an die Steilstufe, die auf einem künstlich in den Fels gesprengten Pfad nach O querend überwunden wird. Oberhalb der Stufe erreicht man die Blattihütte, 2029 m. Weiter nach S im Zickzack über einen Rücken empor zum P. 2280, wo sich der Weg verzweigt (Wegweiser). Nach links abbiegen und nach SO aufsteigen zu den Rawilseeleni, P. 2489. Nach S an eine Rampe, die sich zwischen zwei Rippen zu den Hütten emporzieht. Über diese Rampe nach links aufsteigen zu den Hütten.

★ 25 Von der Bergstation der Luftseilbahn Montana—Plaine Morte

1¼ Std. G 1. **Bester Zugang im Winter.** Siehe auch R 64 über den Ammertenpaß.

In den Sattel zwischen Pte. de la Plaine Morte und Tothorn. Über den Gletscher nach NNW zum P. 2761 und am P. 2812 vorbei in eine Mulde am Fuße des Weißhorns. Nach W in die Weißhornlücke empor (ohne Namen in der LK 50 = KS 602030/136550, etwa 2850 m). Von der Lücke kurzer Abstieg zur Hütte.

Achtung: Bei Neuschnee ist der Steilhang von den Hütten in die Weißhornlücke fast immer lawinengefährlich. Es gibt in diesem Fall keine Ausweichmöglichkeit und man bleibt in den Hütten eingeschlossen!

● 26 Gasthaus Rezliberg, 1405 m

Bei den Simmenquellen gelegen, KS 603970/140625. Kein Telefon. Restaurant mit Massenlager (12 Plätze), nur Sommerbetrieb. Ausgangspunkt für Ammertenpaß und Wildstrubel über Flueseeli.

● 27 Von Oberried

Gut bez. Weg, 1 Std. BW 1.

Straße von Lenk bis Oberried, P. 1102,8, mit Busbetrieb im Sommer ab Bahnhof Lenk. Auf einem sehr schönen Weg den Simmenfällen entlang (Barbarabrücke).

● 28 Engstligenalp, 1954,4 m

Wintersportzentrum mit Skiliften und Loipen. Zwei Hotels mit Massenlager und Betten. Berghotel Christian Oester-Müller, Tel. 033/732291, wenn k. Antw. Tel. 033/733451. Berghaus Hansueli Bärtschi, Tel. 033/731373, wenn k. Antw. Tel. 033/732255. Im Winter von der Adelbodner Seite nur mit Luftseilbahn zugänglich, im Sommer guter Alpweg. Der Engstligenbach stürzt sich in einem imposanten Wasserfall (Engstligenfall) über die Steilstufe und bildet die Attraktion dieses leichten Aufstiegs. Straße von Adelboden zur Talstation „Unter dem Birg“, mit Busbetrieb ab Adelboden. Ausgangspunkt für Besteigungen im Lohnermassiv, am Tschingellochtighorn und Wildstrubel.

Übergänge: Über Ammertenpaß nach Lenk, über Ammertenpaß — Rezligletscher auf den Glacier de la Plaine Morte, über Luser in die

Lohnerhütte, über Ortelenpaß nach Kandersteg, über Ortelenpaß—Schwarzgrätli zum Hotel Schwarenbach, über Chindbettipaß—Rote Totzlücke in die Lämmerenhütte.

● 29 Lohnerhütte, 2171 m

Auf der NW-Seite des Lohners gelegen, KS 612370 / 147035. Kein Hüttenwart. Notfunk. Sektion Wildstrubel (Adelboden) des SAC, 46 Plätze. Im Winter nicht zugänglich. Die großartige Lage der Hütte in wilder Umgebung lohnt allein einen Besuch.

● 30 Von Adelboden

Sehr schöner und abwechslungsreicher Hüttenweg, weiß-grün bez., stellenweise sehr schmal und exponiert. Pickel empfehlenswert. Nur für trittsichere und schwindelfreie Berggänger. 3—3½ Std. BW 3. Siehe Abb. S. 90/91.

Von der Bushaltestelle Oey nach O über zwei Brücken und via Eggetli ins Bunderletäli zur Brücke über das Bunderlebächli. P. 1368 (KS 611380 / 148300). Hier Fahrverbot und Parkplatz. Auf gutem Alpweg nach O (z. T. Abkürzungen) zur Alphütte „I de Louene“, 1689 m, und auf die Schrickmatte, 1807 m, der südwestl. Ecke der Bunderalp. Hier traversiert man auf einer Ebene nach S an den Fuß des Nünihorn-Nordgrats. Der gute Pfad führt vorerst horizontal der untersten bewachsenen Steilstufe entlang nach S, dann von links nach rechts ansteigend über die erste Felsstufe, dabei mehrere tief eingeschnittene Rinnen und Rippen auf- und absteigend traversieren. Zwei Steilstufen werden vermittels einer Leiter überwunden. Schließlich gelangt man auf die steilen Schafweiden oberhalb der Felsstufe. Diese Weiden nach rechts ansteigen, dann über einen steilen Graben nach S auf eine markante grasige Rippe mit Schafhütte, 1917 m. Der Weiterweg bis ins Tierchumi führt über die orogr. linke Begrenzung des soeben überschrittenen Grabens. Vorerst über grasigen Rücken an den Fuß einer steilen Rippe. Diese wird links (N) umgangen (erste Kette). Gerade empor in Schutthalde, die oben von einer steilen Felsstufe abgeschlossen wird. Diese Steilstufe („Zürchertritt“) mit Hilfe der zweiten Kette empor und nach rechts hoch auf eine flache, grasige Rippe (= P. 2166 / LK 25) am unteren Rand des Tierchumis, einer weiten Schuttmulde zwischen Hind. und Mittl. Lohner. Diese Mulde in einem Bogen nach links ausholend über mehrere Gräben und Rippen hinweg nach SW querend, erreicht man den schmalen Rücken, auf dem die Hütte steht. Zuletzt kurzer Abstieg zur Hütte. NB: Dieser Weg über die Leitern ist interessanter als derjenige über das „Krachli“, der oberhalb der Leitern verläuft (siehe LK). Siehe auch Zugang von Engstligenalp R 208.

● 31 Hotel Schwarenbach, 2060 m

Am Gemmipaß gelegen, auf Walliser Boden, ehemaliges Zollhaus. Hotel mit Massenlager, nur Frühjahrs- und Sommerbetrieb. In der übrigen Zeit steht ein Winterraum (50 Plätze) zur Verfügung, Einrichtung wie SAC-Hütten, Telefon benutzbar. KS 614350 / 142300. Tel. 033 / 75 12 72. Übergänge: Über Schwarzgrätli—Ortelenpaß auf die Engstligenalp, über Rote Chumme—Chindbettipaß auf die Engstligenalp. Ausgangspunkt für Altels, Balmhorn, Groß Rinderhorn und Lämmerenhütte.

★ 32 Von Sunnbüel
Luftseilbahn Kandersteg (Eggeschwand)—Stock—Sunnbüel. 1¼ Std., BW 1.

Guter Weg über die Ebene der Spittelmatte via P. 1901 bis zum Steilhang des Chli Rinderhorn, dann nach rechts ansteigen in kleinen Paßeinschnitt (= P. 2072,5 / LK 25). Anschließend horizontale Traverse nach W, unter Hochspannungsleitung hindurch, zum Hotel.

● 33 Hotel Wildstrubel (Gemmipaß), 2314 m

150 m W der Bergstation der Luftseilbahn Leukerbad—Gemmipaß gelegen, KS 613500 / 138430. Tel. 027 / 61 12 01. Hotel mit Massenlager, Sommer- und Winterbetrieb. Langlaufloipen auf dem Daubensee und auf dem Lämmerenboden. Ausgangspunkt für Groß Rinderhorn, Daubenhorn, Schwarzhorn, Wildstrubel und Lämmerenhütte.

★ 34 Vom Schwarenbachhotel
Auf dem Gemmipaßweg. 1½—2 Std. BW 1.

● 35 Von Leukerbad
2½—3 Std. BW 2.

● 36 Lämmerenhütte, 2507 m

Im Osten des Wildstrubels gelegen, KS 610475 / 138860. Tel. 027 / 61 25 15. Sektion Angenstein (Basel) des SAC, 78 Plätze. Hüttenwart in der Frühjahrs-Skitourensaison und im Sommer.
Übergänge: Über das Schneejoch in die Wildstrubelhütte, über Rote Totzlücke—Chindbettipaß auf die Engstligenalp, über Rote Totzlücke—Ueschenetäli nach Kandersteg (Skiabfahrt).

★ 37 Vom Gemmipaß
1 1/2 Std. BW 1.

Nach W auf den Lämmerenboden. Diese Schwemmlandebene in westl. Richtung überqueren an den Fuß der Steilstufe, auf der die (von unten sichtbare) Hütte steht (= P. 2312 / LK 25). Nun zwei Möglichkeiten:
a) Sommerweg. Am orogr. rechten Ufer des Abflusses aus dem Lämmerental im Zickzack über einen Steilhang nach NW direkt zur Hütte empor (Weg auf der LK eingezeichnet).
b) Winterweg. Vom Einstieg des Sommerwegs in den letzten Steilhang etwa 100 m horizontal nach SW traversieren in die Fallinie eines auffälligen Felsbollwerks, KS 610550 / 138500. Links ansteigend sehr steil an diesem Bollwerk vorbei auf kleine Terrasse empor. Weiter in gleicher Richtung den Felsbändern so lange nach links ausweichen, bis man ohne Schwierigkeiten auf die oberste große Terrasse am Fuße des Lämmerenhorns aufsteigen kann, auf der die Hütte steht. Scharf nach rechts abbiegen und in NO-Richtung zur Hütte (große Steinmänner).

★ 38 Vom Hotel Schwarenbach
3—3 1/2 Std. BW 1.

Man folgt entweder dem guten Gemmipaßweg bis auf den Paß und weiter auf R 37 zur Hütte oder vom nördl. Ende des Daubensees (Seesturz) dem W-Ufer des Daubensees entlang und der Lämmerendalu folgend auf den Lämmerenboden. Weiter auf R 37 (etwas kürzer, aber weniger guter Weg).
Im Winter quert man den See in seiner ganzen Länge und folgt der Lämmerendalu bis auf den Lämmerenboden (Achtung auf die oft sehr großen Wächten am Ostrand der Lämmerenalp!).
Der kürzeste Winterzugang von N ist R 65 (Engstligenalp—Chindbettipaß—Rote Totzlücke).
NB: Bei Daubensee und Lämmerenboden im Winter Langlaufloipen.

● 39 Cabane des Violettes, 2204 m

Bei der Mittelstation der Luftseilbahn Montana—Plaine Morte gelegen, Sektion Montana-Vermala des SAC, 40 Plätze. Diese Hütte ist heute zweckentfremdet und wird nur der Vollständigkeit halber erwähnt. Tel. 027 / 41 39 19.

F. Pässe und Übergänge

● 45 Sanetschpaß, 2251 m

Zwischen Sanetschhorn und Arpelistock gelegen. Leichter, schneefreier Übergang von Gsteig nach Conthey / Sion. Im N des Passes befindet sich ein Stausee.
Aus dem Wallis führt eine Fahrstraße über den Sanetschpaß bis zur Staumauer. Postautoverbindung Sion—Barrage du Sanetsch (nur Sommerbetrieb). Im Sommer Übernachtungsmöglichkeit, siehe R 14.

Von Norden

★ 46 Von Gsteig (1184 m)
2½—3 Std. auf die Staumauer. BW 1.

a) Sommerweg. Nach SO einem Sträßchen folgend nach Innergsteig bis zum Elektrizitätswerk am Fuße des Nordabfalls. Ein guter Saumpfad überwindet die erste Steilstufe.
Nach Überquerung der Brücke beim P. 1478 gelangt man in einen kleinen Kessel. Der folgende Steilhang wird in SO-Richtung in zahlreichen Kehren überwunden. Man erreicht schließlich P. 2002 (Kantonsgrenze). Nach S zur Staumauer des Lac de Sénin und der Straße folgend auf den Paß.

b) Winterweg. Auf dem Sommerweg zur Brücke P. 1478 und nach S in den kleinen Kessel.
Nach W an die abschließende Felsstufe und diese im N umgehen. Kurz vor dem Saanengraben im Wald über drei Leitern empor und oberhalb der Felsstufe nach SO etwa 100 m zurückqueren.

Dann nach S, beim Seilbahnmasten vorbei, zur Alphütte von Brapire (etwa 1850 m). Weiter nach S aufsteigen zum Felsband W P. 2024.1, das im südlichen Teil vermittels eines fixen Drahtseils überwunden wird. Nach O auf Ebene abfahren (= P. 1953 / LK 25). Weiter in gleicher Richtung, den Rücken N P. 2062,9 links ausholend überqueren und auf die Staumauer empor. Nur bei sehr guten Schnee- und Lawinenverhältnissen ratsam.
Für Notfälle steht das Telefon der Werkseilbahn Gsteig—Staumauer zur Verfügung (Bergstation beim P. 2062,9). Auch die Seilbahn ist im Notfall benutzbar.

● 47 **Col du Brochet,** 2759 m

Zwischen Geltenhorn und Wildhorn gelegener leichter Gletscherpaß, Übergang von der Geltenhütte auf den Sanetschpaß (Sanetschhotel). Mit Ski begehbar: auf der Nordseite oft Piste vom Heli-Skiing auf das Wildhorn!

Von Norden

★ 48 **Von der Geltenhütte**
3—3½ Std. G 1—2.

Auf gutem Pfad nach NO im kleinen Tälchen aufsteigen bis etwa 2040 m, dann scharf nach rechts abbiegen und die folgende Stufe von links nach rechts aufwärts ins Rottal empor. Auf Grasrücken leicht nach S absteigen und auf Brücke über den wasserreichen Geltenbach (Brücke = P. 2060 / LK 25 = KS 592425 / 134960). Nun am westl. Rand der Rottalebene entlang nach SW bis zum großen Graben, der von rechts her einmündet. Den Graben überqueren und an seinem orogr. rechten (S) Ufer einem steilen, begrasten Moränenkamm nach SW folgen (Pfadspur) bis etwa 2300 m, wo die Moräne eine kleine Terrasse bildet. Nach links (S) die Moräne verlassen und leicht absteigen, einen Graben nach S überqueren und über Moränenschutt (Pfadspur) an den Fuß des auffälligen Schuttkegels P. 2425. Linkshaltend über leichte Felsstufen auf die Rampe, die sich vom P. 2425 zum P. 2578,5 erstreckt. Nach O dieser Rampe folgen (schuttbedeckte Platten, Schuttbänder und Schneefelder), linkerhand die senkrechten Abstürze der Rottalflühe, rechterhand die nördl. Stirnseite des Geltengletschers, bis oberhalb P. 2578,5, wo man den Geltengletscher selbst betritt. In einem Bogen nach links ausholend über den hier spaltenarmen Gletscher in den Col du Brochet.
Mit Ski folgt man nicht dem begrasten Moränenrücken, sondern man steigt S davon direkt durch den Graben empor.

NB: Fehlt im Frühsommer die Brücke über den Geltenbach (P. 2060), muß man in einem weiten Bogen am Südrand des Rottals entlang alle Zuflüsse einzeln überqueren. Im Abstieg folgt man bei fehlender Brücke dem Pfad W des großen Wasserfalls unterhalb P. 2060 und gelangt direkt auf die Ebene S der Geltenhütte.

Von Südwesten

★ 49 **Über die Arête de l'Arpille**
2½—3 Std. vom Sanetschpaß. G 1.

Vom Sanetschpaß nach O und über den Arpille-Grat bis zum P. 2652. Leicht absteigende Querung ins Tsanfleuronne-Tälchen zum P. 2598. Nun ungefähr der Höhenkurve 2600 folgend (dürftige Markierungen) die S-Hänge des Geltenhorns traversieren in die Fallinie des Col du Brochet zum P. 2673. Nach N über Geröll und Schnee zum Paß.

● 50 **Durch das Tsanfleuronne-Tälchen**
3 Std. vom Sanetschhotel. G 1.

Vom Hotel (2047 m) zur Paßstraße und nach NO über Steilstufe ins Tsanfleuronne-Tälchen. In der Achse des Tales aufsteigen zum P. 2598 und weiter auf R 49 zum Paß.

● 51 **Übergang von der Gelten- in die Wildhornhütte über Chüetungel—Stigle**
Diese Route folgt einem markierten Bergweg und ist in beiden Richtungen empfehlenswert. Nur Sommerweg. 3½—4 Std. BW 2.

Von der Geltenhütte nach NO über den Rücken bis etwa 2040 m, dann nach links in die steile Flanke des Hahnenschritthorns. Diese Flanke wird leicht absteigend traversiert zu den Alphütten Usseri Gelten (= P. 1927 / LK 25). Weiter in gleicher Richtung die Flanke des Follhore annähernd horizontal traversieren bis in die Felsen, dann exponierter Abstieg auf die Alp Chüetungel. Die unterste Felsstufe wird vermittels einer Leiter überwunden (Geltentritt). Weiter auf R 19.

● 52 **Schnidejoch,** 2756 m

Am Fuß des Schnidehorn-SW-Grates gelegen, ohne Kote in der LK 50, KS 596160 / 135220. Leichter Gletscherpaß, Übergang aus dem oberen Iffigtal (Wildhornhütte) auf den Rawilpaß bzw. zum Lac de Tseuzier. Kürzester Sommerzugang aus dem Wallis in die Wildhornhütte (R 54). Meist benutzt als Übergang von der Wildhorn- in die Wildstrubelhütte und umgekehrt (R 53).

★ 53 Übergang von der Wildhorn- in die Wildstrubelhütte

5 Std. G 1—2.

a) Von der Wildhornhütte (2303 m) folgt man R 119 auf den Chilchligletscher. Über den Gletscher (einige Spalten) nach SO zum Joch empor, 1½ Std. Nach SO durch Schuttälchen hinab und N oberhalb des Seelis, P. 2440 (Lac de Ténéhet), leicht abwärts traversieren zum P. 2482,6 (Steinmann). Nun in allgemein ONO-Richtung leicht absteigend die Karrenfelder über Mulden und Rücken traversieren, dabei ungefähr der Höhenkurve 2400 folgend, zum KS 598 / 135. Hier ein weites grasiges Couloir in einem Bogen nach links ausholend durchqueren auf die Ebene N P. 2379,9 und weiter zum Seeli, P. 2367, wo man auf den Rawilpaßweg trifft (vom P. 2482,6 bis hierher Wegspuren). Dem Weg etwa 600 m nach NO folgen über die Rawilpaßebene, dann pfadlos nach O abbiegen, S am Sumpf, P. 2379, vorbei in ein Tälchen. In der Achse des Tälchens nach O aufsteigen zu den Rawilseeleni, wo man auf R 24 trifft. 3½ Std. vom Schnidejoch in die Wildstrubelhütte.

Im Winter folgt man im wesentlichen der Sommerroute mit zwei Abweichungen:

1. Vom Schnidejoch fährt man bis zum Seeli, P. 2440, ab und steigt zum P. 2482,6 auf. Man vermeidet auf diese Weise die lawinengefährdeten Steilhänge NO des Seelis.

2. Von der Rawilpaßebene steigt man das Täli nach O hoch und gewinnt über einen Steilhang nach SO aufsteigend die Gletschermulde im S der Wildstrubelhütten (in der LK 25 Wyßhorngletscher genannt). Die Hütten werden aus der Gletschermulde von S her erreicht.

b) Vom Wildhorn kommend, braucht man das Schnidejoch nicht zu betreten. Man steigt vom Glacier de Ténéhet direkt zum Seeli, P. 2440, ab:

Im Sommer folgt man dem Couloir S der KL 135 und quert auf 2600 m nach links in die vom Schnidejoch herabziehende Schuttmulde, wo man auf R 53a trifft.

Im Winter fährt man durch dasselbe Couloir bis zum Seeli ab (man kann auch die Hänge S des Couloirs befahren) und steigt anschließend zum P. 2482,6 auf.

● 54 Vom Lac de Tseuzier ins Schnidejoch

Nur Sommerweg. 3—3½ Std. von der Staumauer. G 1.

Dem W-Ufer des Stausees entlang nach Lourantse. Hier einen Bach überschreiten und an seinem linken Ufer vorerst pfadlos aufsteigen bis etwa 2000 m, wo man von neuem auf einen Pfad trifft. Die folgenden Felsköpfe links ausholend umgehen und nach N über Schutt- und Grashänge zum Seeli, P. 2440, empor. Vom Seeli durch die Schuttmulde direkt ins Schnidejoch.

● 55 **Rawilpaß**, 2429 m

Einer der vier schneefreien Pässe, die über die Hauptkette der Berner Alpen führen (neben Sanetsch, Gemmi und Grimsel). Der Weg ist gut ausgebaut (alter Saumweg) und ohne Schwierigkeiten zu begehen, die Markierungen und Wegweiser sind reichlich vorhanden. Eine genaue Beschreibung erübrigt sich deshalb. Die Ausgangspunkte sind **Iffigenalp** (1584 m) im Norden und **Barrage du Rawil** (1779 m) im Süden, sie sind mit Autobus von Lenk, resp. mit Postauto von Sion erreichbar. Der Rawilpaß ist häufiges Ziel von Schul- und Gruppenreisen. Die Traversierung N—S erfordert etwa 5 Std., in umgekehrter Richtung etwa 4 Std. BW 1—2. Im Winter nicht begehbar.
NB: Zwei primitive Schutzhütten bieten Unterschlupf bei hereinbrechendem Unwetter: die Blattihütte (2029 m) auf der Nordseite oberhalb der Felsstufe und eine weitere direkt auf der Paßhöhe (2429 m).

● 56 A **Von der Wildstrubelhütte ins Wallis**

Der Übergang von der Wildstrubelhütte über die Weißhornlücke ins Wallis ist ohne besondere Schwierigkeiten und wird auch von Schulen gemacht (Variante R 57 A), ist aber anspruchsvoller als der Rawilpaß. Er führt teilweise über Schnee und ist im oberen Stück ohne Pfad und ohne Markierungen. Pickel mitnehmen. Von Luton aus sind drei Varianten möglich:
a) Zum **Lac de Tseuzier** (R 57 A), leichteste Route, ohne Schwierigkeiten und nirgends exponiert.
b) Über den Col du Pochet nach **Montana** (R 58 A), mit einer exponierten Passage.
c) Der alten Bisse du Ro (Wasserleitung) entlang nach **Crans** (schwierigste Variante, R 59 A), Weg über lange Strecken exponiert.

● 57 A **Zum Lac de Tseuzier**

3½—4 Std. von der Wildstrubelhütte. BW 1—2.

Von der Wildstrubelhütte nach SO über ein Firnfeld in die Weißhornlücke (siehe R 25). Über Firn rechts ausholend durch Mulde nach O absteigen zum kleinen Moränenseeli O P. 2812. Vom Seeli nach S zu kurzer Steilstufe, wo ein Steinmann den Weg weist. Durch eine Rinne abwärts auf die Schnee- und Schutthänge. Rechts ausholend zum Seeli (2572 m). Am Ostufer entlang und kurzer Aufstieg nach S in Sattel. In gleicher Richtung absteigen über den folgenden Steilhang, wobei man einer schwarzen Wasserleitung folgt. Man erreicht so die alte, von weitem sichtbare Wasserleitung, die sehr bequem nach S talauswärts führt. Die Abzweigung zum Lac de Tseuzier ist markiert (Aufschrift auf Felsplatte). Man verläßt den alten Wasserleitungsweg und quert das Tälchen nach SW (schmaler, aber sehr gut markierter Pfad, nur in der LK 25 eingezeichnet), dann schwach aufsteigend S am P. 2518 vorbei an den Rand des Plateaus. Den folgenden Abhang diagonal nach SW absteigen auf Grasterrasse, etwa 2300 m, wo man scharf nach links abbiegt und nach SO absteigt in den Grassattel N P. 2220,3. Auf diesem Punkt steht ein Kreuz. Der Hügel kann O oder W umgangen werden. So gelangt man auf die Alp Mondralèche, wo ein Alpsträßchen erreicht wird, das in zwei weit ausholenden Kehren zum Lac de Tseuzier führt.

● 57a A Variante

Sehr empfehlenswert, wenn man das Alpsträßchen meiden möchte.

Vom Grassattel N P. 2220,3 kann man direkt nach SW über Alpweiden absteigen (Pfadspuren) auf einen Pfad, etwa 1980 m, den man nach NW leicht aufsteigend durch lichten Wald verfolgt, einen tiefen Graben überschreitet und unter großen gelben Überhängen durch auf die Alp Tseuzier quert. Absteigen auf das Alpsträßchen und nach W zur Staumauer.
PS: Die Kombination von R 24, R 57 A und R 55 ergibt eine lohnende zweitägige Rundtour mit Übernachtung in der Wildstrubelhütte (Wildstrubelhütte — Lac de Tseuzier — Rawilpaß — Iffigenalp, etwa 8 Std).

● 58 A Über den Col du Pochet nach Montana

4½—5 Std. BW 2—3.

Vorerst auf R 57 A auf die alte Wasserleitung in der Ebene von Luton. Man folgt dem Wasserleitungsweg weiter nach S zu einem Reservoir. Von hier führt ein schmaler und auf einer Strecke von etwa 100 m exponierter Pfad nach O ins Ertentse-Tal. Das Tal queren (ungefähr der Höhenkurve 2400 folgend) und über steilen Geröllhang nach SO in den Col du Pochet (2500 m) aufsteigen. Jenseits auf gutem Pfad nach SO durch Mulde absteigen und einem breiten Band entlang nach S zur Mittelstation der Seilbahn Montana — Plaine Morte. Von hier führen mehrere gute Alpwege und -sträßchen nach Montana.

● 58a A Variante

2½ Std. BW 3.

Vom Col du Pochet auf Bella Lui. Vom Col nach S (markierter Bergweg) an die felsige Steilstufe, die östl. der Kante in gutgestuftem Fels erstiegen wird (Steiganlage). Nun alles über den breiten Gipfelfirst nach SW auf die Bella Lui zur Bergstation der Luftseilbahn.

● 59 A Der alten Bisse du Ro entlang nach Crans

4½—5 Std. BW 3.

Vorerst auf R 57 A nach Mondralèche. Nach S absteigen bis Er de Chermignon, wo man die Ertentse überschreitet (Brücke, P. 1733). Nach S das Tal absteigen auf die alte Wasserleitung (von weitem sichtbar), die ungefähr der Höhenkurve 1600 entlang nach Crans führt. Streckenweise exponierte Kunstbauten.

● 60 **Ammertenpaß**, 2443 m

In der LK 50 ohne Namen, aber kotiert. KS 606985 / 142075. Tiefster Punkt im Ammertengrat. Übergang von der Engstligenalp nach Lenk (R 62) oder in die Wildstrubelhütte (R 64). Mit Ski begehbar, Lenkerseite nur als Abfahrt empfehlenswert. Von Osten leicht erreichbar.

Von Osten

★ 61 Vom Hotel auf der Engstligenalp

2 Std. BW 1.

Auf Pfad in südwestl. Richtung über Grashänge zum P. 2013 (Roßfärich) und weiter in Richtung P. 2613,4. In etwa 2400 m Höhe biegt der Steig scharf nach S zum Ammertenpaß ab.

★ 62 Von Lenk durch das Ammertentäli

Die ganze Route ist durchgehend rot-weiß markiert und mit Wegweisern versehen. Das oberste Drittel vom Ammerten-Schafberg auf den Paß ist ziemlich steil und anstrengend. Etwa 5¼ Std. von Lenk, 4 Std. vom Hotel Simmenfälle. BW 2.

Vom Bahnhof Lenk mit Autobus zum **Hotel Simmenfälle,** P. 1102,8, zuhinterst im Talgrund von Oberried (ungefährer KS 603 / 142). Nun dem markierten Pfad folgend zu den **Simmenfällen,** wo man die Simme auf einer Brücke überschreitet. Weiter Richtung Rezliberg nach SO durch Wald und Weiden bis zur Abzweigung nach Staldenweid (Wegweiser, etwa 100 m vor der Brücke über den Ammertenbach). Nun nach NO auf die Staldenweid und auf etwa 1480 m über den Ammertenbach zur Hütte, P. 1501,2. Von hier dem südlichen Bachufer entlang bis etwa 1635 m aufsteigen, wo man wieder auf das nördliche Ufer wechselt. Nun bleibt man am nördlichen Ufer und steigt über einen Steilhang zu einer Jägerhütte, etwa 1800 m, und weiter in gleicher Richtung zum P. 1931,7 (Überreste einer Hütte). Über die Geröllhänge nach O empor und über einen Steilhang auf die östliche Randmoräne des Ammertengletschers, etwa 2300 m. Hier wendet man sich nach N und gewinnt den Fuß einer felsigen Stufe kurz unter dem Ammertengrat. Gerade empor nach N auf einen grasbewachsenen Felskopf, dann

Querung nach links aufwärts über weiches, schieferiges Gestein auf den Ammertengrat, den man bei einem Wegweiser erreicht. Vom Wegweiser etwa 150 m nach WNW über den Gratrücken zum eigentlichen Paßübergang, P. 2443.
NB: Das letzte Stück über das schieferige Gestein kann bei Nässe heikel sein und ist dann nicht ungefährlich. Kein Pfad in diesem obersten Stück!

● 63 A Abstieg vom Ammertenpaß nach Westen

2½ Std. vom Ammertenpaß zum Hotel Simmenfälle im Oberried. BW 2.

Man hüte sich, vom P. 2443 direkt nach W abzusteigen. Vielmehr verfolge man den Ammertengrat nach O etwa 150 m bis zum Wegweiser. Hier verläßt man den Grat und quert pfadlos (Spuren) schräg rechts abwärts über weiches schiefriges Gestein auf einen grasbewachsenen Felskopf. Vom Felskopf steigt man direkt nach S auf die Geröllhänge (Moränen) ab, wo man wieder auf den Pfad trifft.
Skiabfahrt: Siehe R 164.

★ 64 Engstligenalp—Ammertenpaß—Glacier de la Plaine Morte—Wildstrubelhütte

Sehr interessante und abwechslungsreiche Längstraversierung. Selten begangen. Vor allem im Frühsommer empfehlenswert, wenn die ausgedehnten Moränen auf der Wildstrubel-Nordseite noch mit Schnee bedeckt sind. Einfache Gletschertour ohne besondere Schwierigkeiten. Auch mit Ski lohnend bei sicheren Lawinenverhältnissen, aber bei Nebel ist die Orientierung in diesem Gelände ohne markante Richtpunkte erschwert! Etwa 7 Std. G 1.

Vom Ammertenpaß auf R 62 absteigen auf die östl. Randmoräne des Ammertengletschers. W dieser Moräne nach S durch Moränentälchen aufsteigen (dabei die Moränenhügel P. 2360 und P. 2486 rechterhand) bis in kleinen Einschnitt unmittelbar SO vom P. 2486. Leicht absteigen nach rechts, unter einem Eisabbruch (Eisschlag) durch und jenseits über einen Schneehang nach links (SW) hoch in den weiten Sattel zwischen Ammertenhorn und Wildstrubel-Mittelgipfel (= P. 2598 / LK 25). Abstieg in gleicher Richtung an einigen kleinen Moränenseeli vorbei in die Mulde, P. 2449. Kurzer Aufstieg nach SW in kleinen Geröllsattel (rechterhand auffälliger runder Moränenhügel = P. 2509 / LK 25). Vom Sattel etwa 300 m nach S annähernd horizontal queren in weiten schwach ausgeprägten Sattel O P. 2505 (O Felsstufen aus auffällig gelbroten Felsen). Auf einer breiten Terrasse nach S und nach SW aufsteigen zum Rezligletscher, den man an geeignetem Ort betritt (etwa 2650 m). Darauf die weite Gletscherhochfläche des Glacier de la Plaine Morte nach W nur schwach ansteigend traversieren und S am Weißhorn vorbei in die Weißhornlücke. Nach NW zur Hütte absteigen.

★ 65 **Engstligenalp—Chindbettipaß—Rote Totzlücke—Lämmerenhütte**

Im Sommer leichte Gletscherwanderung (der Tälligletscher ist praktisch spaltenfrei), im Winter kürzester Zugang von Norden in die Lämmerenhütte, aber nur bei lawinensicheren Verhältnissen möglich. Im Chindbettipaß ist ein Rettungsschlitten deponiert. Im Winter 3 Std. (mit Liftbenutzung). In umgekehrter Richtung gleicher Zeitaufwand. Im Sommer eine Stunde länger. G 1.

Vom Hotel Engstligenalp über die Ebene zu den Alphütten von Märbenen (1963 m). Ein guter Pfad führt nach OSO über z.T. ziemlich steile Hänge zum Paß (2623 m) empor. Jenseits kurzer und steiler Abstieg um einen Felskopf herum, dann lange abfallende Querung der Steilhänge unter dem Tierhörnli hindurch auf den Tälligletscher. Über den sanftgeneigten Gletscher nach S in die Rote Totzlücke. Nach SW ins Lämmerental absteigen zur Hütte.

Im Winter folgt man im wesentlichen der Sommerroute, mit folgenden Abweichungen:

1. Man benutzt den Skilift bis in den Sattel O P. 2374,4. Vom Sattel entweder kurze Abfahrt nach NO auf die Sommerroute oder vom Sattel aus die Steilhänge direkt nach O aufsteigen in den Paß.

2. Bei Lawinenverdacht ist es besser, vom Chindbettipaß in der Fallinie ins Tälli abzufahren und in der Talsohle aufzusteigen. Man vermeidet auf diese Weise ohne großen zeitlichen Mehraufwand die lange Querung unter dem Tierhörnli durch.

3. Im Lämmerental hält man sich mit Vorteil links auf dem Lämmerengrat.

● 66 **Ortelenpaß,** 2511,9 m

Ohne Namen in der LK, aber kotiert. Zwischen Tschingellochtighorn und Vord. Lohner gelegener Übergang von der Engstligenalp ins Ueschenetäli nach Kandersteg. Selten begangen, auf der Westseite teilweise nur schwache Wegspuren in den steilen Flyschhängen, aber durchgehend rot-weiß markiert. Im Winter nicht begehbar. P. 2511,9 ist ein runder Hügel, der den Paß in zwei Teile teilt. Der tiefste Punkt befindet sich NO vom P. 2511,9.

● 67 **Von der Engstligenalp**

Pickel empfehlenswert, vor allem wenn noch Schnee liegt. 2 Std. BW 2.

Vom Hotel Engstligenalp nach NO auf den Ärtelengrat, der zum Tschingellochtighorn emporleitet. Über den breiten Gratrücken empor (guter Pfad) bis etwa 2400 m. Hier verläßt man den Grat und quert nach links (NO) auf Pfadspuren die steilen Flyschhänge. Richtungspunkt ist ein riesiger viereckiger Block inmitten eines Bergsturzes: der Pfad führt oberhalb dieses auffälligen Blocks mitten durch den Bergsturz und verliert sich dann wieder in den darauf folgenden Flyschhängen. Weiter nach NO auf den Grat empor, den man SW P. 2511,9 erreicht.

● 68 **Von Kandersteg**

4½ Std. von Eggeschwand und 3½ Std. von Usser Ueschene. BW 2.

Von Eggeschwand (1194 m, Talstation der Luftseilbahn Kandersteg—Stock, Busverbindung ab Bahnhof) folgt man dem Alpsträßchen (mit Fußgängerabkürzungen) auf die Alp Usser Ueschene zur Abzweigung P. 1595. Bis hierher taxpflichtiges Sträßchen, ab Bahnhof mit Taxi möglich. Auf dem Sträßchen ins Ueschenetäli bis zum Endpunkt I de lange Böde (= P. 1960,8). Über lange Grashänge nach W aufsteigen, N eines Wasserfalls über Steilstufe empor auf Terrasse und über den letzten Hang in den Paß SW vom P. 2511,9.

● 69 **Schwarzgrätli,** 2383 m

Übergang vom Hotel Schwarenbach über den Ueschenegrat ins Ueschenetäli resp. ins Tälli (Tälliseeli, P. 2405). Vom Tälli über den Engstligengrat und Ärtelengrat auf die Engstligenalp. Bei sehr guten Schneeverhältnissen mit Ski begehbar, wobei u.U. im Winter ein Seil nötig ist, um die Nordseite von P. 2383 zu überwinden. P. 2383 = KS 613375 / 142870 = tiefster Punkt zwischen Felsenhorn und Wyssi Flue. Die Nordseite des Übergangs besteht aus schwarzem Mergelschiefer und Flysch, daher der Name Schwarzgrätli.

★ 70 **Vom Hotel Schwarenbach (2060 m)**

Etwa 3 Std. auf die Engstligenalp. BW 2.

Nach W über den Steilhang in die Mulde von Tschalmeten. Am Nordrand der Mulde nach W zum P. 2383, dem tiefsten Punkt zwischen der senkrechten Felswand linkerhand und der Wyssi Flue rechterhand, markiert mit Stange und Steinmann. Über steile Schiefer- und Flyschhänge nach W absteigen in kleines Täli. Hier entweder Abstieg nach N ins Ueschenetäli oder das Täli bis etwa 2400 m empor. Nach W, ungefähr der KL 143 entlang, über Steilhang auf den Engstligengrat empor und über den Grat zum Tschingellochtighorn. Dieses links (SW) umgehen auf den Ärtelengrat. Über ihm absteigen auf die Engstligenalp.

● 71 Rote Chumme

Die Rote Chumme liegt ungefähr beim KS 613 / 141. Zwischen Rotem Totz und Felsenhorn, unmittelbar N von P. 2628,3, befindet sich ein leichter Übergang aus der Roten Chumme ins Tälli, der in Verbindung mit dem Chindbettipaß eine häufig begangene Traversierung vom Gemmipaß auf die Engstligenalp ermöglicht. Mit Ski besser auf R 73.

● 72 Vom Gemmipaß

Etwa 4 Std. vom Gemmipaß auf die Engstligenalp. BW 2.

Dem Westufer des Daubensees entlang bis fast zum nördlichen Ende. Dann folgt man der Roten Chumme (markanter Einschnitt) nach WNW in ziemlich gerader Linienführung bis 2400 m. Der Felsriegel wird nach links ausholend umgangen, dann durch die oberste Mulde zum Übergang empor. Abstieg nach W auf das Ende des Tälligletschers, 2500 m. Den geröllbedeckten Gletscher ohne Schwierigkeiten nach N überschreiten auf die Seitenmoräne. Dem hier beginnenden Pfad folgend nach NNW in den Chindbettipaß.

★ 73 Rote Chumme — Rote Totzlücke

Bei sehr guten Schneeverhältnissen empfehlenswert, auch als Abfahrt. 2 Std. vom Daubensee.

Vom nördl. Ende des Daubensees (Seestutz) durch die Rote Chumme aufsteigen bis 2400 m. Hier scharf nach links abbiegen und durch muldenförmiges Tälchen nach SSO aufsteigen bis 2600 m (= P. 2605 / LK 25). Ein Schneeband am Fuße der Ostwand des Roten Totz entlang etwa 400 m horizontal queren, bis man nach rechts aufsteigen kann in eine kleine Mulde S des Gipfels des Roten Totz, etwa 2750 m. Aus der Mulde nach NW auf den Grat und über ihn nach S in die Rote Totzlücke.

★ 74 Lämmerenhütte—Rote Totzlücke—Ueschenetäli—Kandersteg

Sehr schöne und lange Abfahrt. Bei lawinensicheren Verhältnissen dem Weg über Daubensee — Schwarenbach — Stock vorzuziehen. Klassische Frühjahrsskitour im Anschluß an eine Wildstrubelbesteigung. 3—4 Std. nach Eggeschwand.

Von der Lämmerenhütte in NO-Richtung über den Lämmerengrat in die Lücke unmittelbar O von P. 2900. Nun Abfahrt über den sanftgeneigten Tälligletscher nach N bis etwa 2550 m, dann auf der östlichen Talseite leicht abfallend queren (ungefähr der Bezeichnung „Tälli" entlang) zum KS 612700 / 142750 und abfahren in kleines Tälchen (in der LK Wegspur eingezeichnet), das sich weiter unten nach NO zu einem Kessel öffnet. Abfahren zur Hütte, etwa 2290 m, hier Rettungsschlittendepot (Übergang über das Schwarzgrätli R 69). Von der Hütte etwa 100 m Richtung Schwarzgrätli bis zu Wegweiser am Beginn des Steilhangs, der sich vom Schwarzgrätli zum Talboden von Üschene erstreckt. Diesen Steilhang in der Fallinie abfahren (evtl. Lawinengefahr) und dem Alpsträßchen entlang über die Alpen Unterbächen, Uf der Egge und Balme zum P. 1548. Weiter auf der Straße abfahren (Abkürzungen) bis nach Eggeschwand im hintersten Kandertal. Der großen Straße entlang zur Talstation der Stock-Seilbahn. Ab hier Autobus nach Kandersteg.
NB: Im Ueschenetäli müssen zwischen den Alpen „Uf der Egge" und „Balme" meist mehrere sehr große Lawinenkegel überquert werden.

● 75 **Lämmerenjoch,** 3125 m

Die Namengebung stammt aus einer Zeit, in der Lämmeren- und Wildstrubelgletscher noch eine einzige zusammenhängende Eismasse bildeten, die Lämmerengletscher hieß. Heute ist das Lämmerenjoch wegen des Gletscherrückgangs kein Übergang mehr (ist aber auf älteren Skiroutenkarten immer noch als solcher eingezeichnet!). KS 607175 / 138575.

● 76 **Schneejoch,** 3020 m

Zwischen Schneehorn und Rothorn gelegener Gletscherpaß, der den Lämmerengletscher mit dem Glacier de la Plaine Morte verbindet. KS 609550 / 136820. Relativ einfacher Übergang, sehr schön mit Ski.

Von Norden

★ 77 **Von der Lämmerenhütte (2507 m)**

Etwa 2 Std., je nach Zustand der Spalten. G 2.

Über die Terrasse nach NW zum Moränenseeli am Abfluß des Wildstrubelgletschers absteigen. Über die Moräne, die sich Richtung P. 2707 zieht, bis unter die Felsen, dann unter den Felsen durch nach links empor auf den Lämmerengletscher. Nach S aufsteigen zum Steilhang mit großen Spalten (zwischen 2700 und 2800 m). In der Mitte oder am orogr. rechten (O) Rand über die Spalten in die flache Mulde oberhalb der Steilstufe (diese Mulde kann auch vom Wildstrubelgletscher aus erreicht werden, indem man ungefähr der Höhenkurve 2800 folgt = Band in der Schneehorn-Ostflanke). Durch die Mulde nach S, zuletzt evtl. über Geröll ins Joch.

Von Westen

★ 78 Von der Wildstrubelhütte
Etwa 2½ Std. ins Schneejoch. G 1.

Aufstieg in die Weißhornlücke (siehe R 25) und leichter Abstieg nach SO auf die weite spaltenarme Hochfläche des Glacier de la Plaine Morte, dann nach O am Faverges-Kamm entlang, zuletzt über eine kleine, talartige Firnmulde ins Joch.

Im Winter folgt man auf beiden Seiten der Sommerroute.

★ 79 Lämmerenhütte—Schwarzhorn (P. 3005)—Montana
Klassische Frühjahrsabfahrt durchs Outannes-Tal nach Montana, nur bei lawinensicheren Verhältnissen unternehmen. Der eigentliche Übergang W des Schwarzhorns ist mit 3005 kotiert = KS 610370 / 137000. Etwa 4 Std.

Von der Lämmerenhütte über die Schneejoch-Route (R 77) bis etwa 2900 m. Nun in östlicher Richtung in den Sattel P. 3005.
Vom P. 3005 fährt man in SW-Richtung ins Tal Les Outannes bis zum P. 2304 (vom P. 2304 kann man zum P. 2794 aufsteigen und unter dem Sex Mort hindurch die Plaine Morte erreichen!). Den P. 2304 umfährt man in einem W ausholenden Bogen und erreicht durch ein enges Tälchen in O-Richtung die Tièche und ihr entlang nach S abfahrend die Ebene mit den Alphütten von Tièche. Dann am NO-Hang des Pit M. Bonvin entlang über P. 1972 und 1878 nach Crêta d'Asse, wo man die Fahrstraße erreicht. Der Straße entlang bis zur Talstation der Seilbahn auf den Pit M. Bonvin und mit Autobus nach Montana.

★ 80 Lämmerenhütte—Daubenjoch—Varnerschneide—Montana
Interessanter und abwechslungsreicher Übergang in einsamer Gegend. Nur für geübte Berggänger mit Orientierungssinn im Gelände. Teilweise Pfad, hie und da Wegspuren, G 1. Bei besten Schnee- und Lawinenverhältnissen auch mit Ski begehbar (Variante c). Beide Übergänge sind ohne Namen und Kote in der LK. Daubenjoch KS 612200 / 137000 und Varnerschneide KS 610900 / 134750.

Von der Lämmerenhütte auf R 188 ins Daubenjoch. Nach SW über steile Geröllhänge absteigen auf die grasige Ebene von Truble, etwa 2500 m. Diese Ebene nach S traversieren und nach rechts in das kleine Tälchen NW vom P. 2557. Kurzer Aufstieg im Tälchen nach W, dann nach S queren und über den obersten Steilhang (Wegspuren) auf die Varnerschneide, etwa 2710 m, ein horizontales Gratstück im Verbindungsgrat Trubelstock—Tschajetuhorn. Jenseits über Gras- und Geröllhänge nach SW absteigen auf Ebene, etwa 2630 m, dann O eines Bachs nach S absteigen, wo man auf einen Pfad trifft, der auf die Varneralp führt. Hier drei Möglichkeiten:

a) Nach Leukerbad (nur Sommerweg). Auf der Varneralp nach O zur Hütte von Plammis (2146 m) und Abstieg nach OSO bis Pfarschong. Hier führt ein Pfad nach N über ein Fluhband zum P. 1661,5. Lange leicht fallende Hangtraverse (guter Pfad) auf die Alp Larschi (1583 m). Auf Alpsträßchen über den Bennonggraben und über die Alpen Kluscheten und Birchen nach Leukerbad. $5^1/_2$—6 Std.

Variante: Von der Varnerschneide folgt man ohne besondere Schwierigkeiten dem Grat aufs Tschajetuhorn (2777 m) und steigt vom Gipfel über die Südflanke auf die östliche Varneralp.

b) Nach Salgesch oder Leuk im Rhônetal. Von Pfarschong (siehe a) auf Alpsträßchen ins Tal absteigen nach Salgesch oder Leuk-Susten.

c) Nach Montana (auch Winterweg). Von der Varneralp oberhalb der Waldgrenze lange Querung, z. T. durch lichten Wald über Bevron in den Kessel von Sex, wo man die Tièche überschreitet. Einer Wasserleitung nach S folgend, erreicht man Cave de Sex (1878 m) und bald darauf die große Straße nach Montana. 6—7 Std. (Sommer).

★ 81 Daubenjoch—P. 3005 (rund um das Schwarzhorn)

Diese selten begangene Verbindung zwischen den beiden Übergängen ermöglicht eine interessante Rundtour um das Schwarzhorn mit Ausgangspunkt Lämmerenhütte oder Gemmipaß. Bei günstigen Schneeverhältnissen mit Ski begehbar. Genaue Lage der Übergänge siehe R 79 und R 80. Etwa $1^1/_2$ Std. vom Daubenjoch. Ganze Rundtour G 1.

Vom Daubenjoch (siehe R 188) nach SW einem Felsband entlang absteigen bis etwa 2740 m. Hier ermöglicht eine Unterbrechung, nach W zu queren und nach N auf ein Schuttband oberhalb des Felsbands zu steigen. Ungefähr der Höhenkurve 2800 entlang nach W queren bis an die Felsen des Schwarzhorns (= Schwarzgrat / LK 25). Diese Felsen links (S) umgehend, erreicht man eine breite Geröllrinne, in der man nach NW in die Mulde zum P. 2842 aufsteigt. Auf dieser Mulde nach N zum tiefsten Punkt, 3005 m, zwischen Rothorn und Schwarzhorn.

NB: Mit Ski vom Daubenjoch direkt auf die Ebene von Truble und Aufstieg um P. 2611 herum in die Geröll-Schneerinne.

● 82 Larschitritt

Abenteuerlicher Aufstieg durch die wilden Flühe im W von Leukerbad auf die Ebene von Truble. Ein echter Gemsjägersteig! Nur für gute Berggänger, die sich im unübersichtlichen Gelände selbst orientieren können. Im Abstieg schwieriger zu finden als im Aufstieg. 3¹/₂ Std. von Leukerbad. BW 3. Der Aufstieg kann mit R 80 oder 81 kombiniert werden. Mit R 80b zusammen schöne Rundtour von Leukerbad aus.

Von Leukerbad auf gutem Alpsträßchen (parallel zur Hauptstraße nach S über Birchen und Kluscheten auf die Alp Larschi (1583 m). Von Larschi nw der Wasserleitung entlang in den Bennonggraben zu P. 1627. Dem Graben entlang bis 1700 m, dann nach links abzweigen, einem trockenen Bachbett folgend und nach SW durch ein tiefeingeschnittenes Couloir über die unterste Steilstufe zu P. 1898. Über ein breites Grasband nach N, den Bennonggraben überschreiten und jenseits über eine Grasrippe empor zum Einstieg in die Felsen, ca. 2000 m (rot-weiße Markierung). Über die kurze Felsstufe empor, dann linkshaltend zur südlichen Ecke der zweiten Stufe. Um diese Ecke links herum (rot-weiße Markierung) in schwachausgeprägtes Couloir, das man in der Fallinie ersteigt (heikle abwärtsgeschichtete Felsen) bis kurz unter zwei auffällige schwarze Felslöcher (wichtige Orientierungspunkte). Nun rechts zum eigentlichen „Larschitritt": Ein plattiges Band führt schräg rechts aufwärts auf einen Felsvorsprung, ca. 2120 m (rot-weiße Markierung). Nun im Gras gerade empor und nach links auf Grasrippe, ca. 2180 m. Über Schafweiden nach N, einigen Felsköpfen nach rechts ausweichend, auf große Wiese (ca. 2300 m) mit auffällig gelbem viereckigem Felsblock (wichtiger Orientierungspunkt im Abstieg). Ab hier nach NW, vorerst über Gras, später über Schutt (Pfadspuren) n an einigen auffälligen Felstürmchen vorbei auf den Trubelboden, den man knapp n P. 2475 erreicht (weiße Stange zur Markierung des Abstiegs).

● 83 **Gemmipaß,** 2322 m

Der höchste Punkt befindet sich N des Gemmipaßhotels (2314 m). Einer der meistbegangenen Pässe im Berner Oberland. Leichter und schneefreier Übergang. Beliebtes Ziel von Schul- und anderen Gruppenreisen. Ausgangspunkte: Leukerbad im Süden (Luftseilbahn Leukerbad—Gemmipaß) und Kandersteg im Norden (Luftseilbahn Kandersteg—Stock und Eggeschwand-Sunnbüel). Unterkunft im Hotel Schwarenbach (R 31) oder im Hotel Wildstrubel auf dem Gemmipaß. Eine genaue Beschreibung erübrigt sich. Der gute Weg (ehemaliger Saumpfad) ist markiert, mit Wegweisern versehen und gleicht an schönen Ferientagen einer Heerstraße. Siehe auch R. 33.

● 84 Von Leukerbad
2¹/₂— 3 Std. BW 2.

★ 85 Von Kandersteg-Station
5—6 Std. ohne Seilbahnbenutzung. BW 1.

G. Gipfelbesteigungen

• 100 **Arpelistock,** 3035,4 m

SW-Eckpunkt der Hauptkette der Berner Alpen. Lohnender Aussichtsberg. Von der Geltenhütte aus der meistbesuchte Gipfel im Sommer wie im Winter. Im Sommer oft kombiniert mit einer Überschreitung aufs Geltenhorn.

★ 101 **Arête de l'Arpille.**
3 Std. vom Sanetschpaß. G 1—2.

Dieser fast 3 km lange Grat zieht sich vom Sanetschpaß in einem halbmondförmigen Bogen zum Arpelistock hinauf. Er kann ohne besondere Schwierigkeiten auf der ganzen Länge begangen werden. Wenn nötig, sind die Felsstufen oberhalb P. 2823 O umgehbar. Bei guten Schneeverhältnissen auch als Skitour geeignet.

★ 102 **Von der Geltenhütte durchs Furggetäli**
3½ Std. G 1. Auch Skiroute.

Von der Geltenhütte nach S zu den Alphütten absteigen, dann nach SW die Ebene traversieren, indem mehrere Bäche überschritten werden (linkerhand der mächtige Wasserfall aus dem Rottal). Nun in gleicher Richtung dem Furggebächli entlang, das Furggetäli aufwärts und nach links über ein Firnfeld in den Sattel, P. 2685, SW des Hühnerhörnlis. Von hier über den Geltengletscher vorerst nach S, einigen Felsen nach rechts ausweichend, dann nach SW auf den NW-Grat und über diesen auf den Gipfel.

★ 103 **Von der Geltenhütte durchs Rottal**
3½ Std. G 1.

Von der Geltenhütte auf R 48 ins Rottal und über den begrünten Moränenkamm bis zur Terrasse, wo R 48 nach links abzweigt. Weiter über den Rücken empor auf den Geltengletscher und über diesen in den Sattel, P. 2685. Weiter auf R 102 auf den Gipfel.
Mit Ski folgt man meist nicht dem Moränenrücken, sondern steigt im Graben links (S) davon auf den Geltengletscher. Zur Abfahrt wird das Furggetäli bevorzugt.

• 107 **Geltenhorn,** 3065 m

Schöner Firngipfel. Beliebte Skitour von der Geltenhütte aus. Im Sommer meist vom Arpelistock her begangen.

● 108 Westgrat
II und I, brüchiger Fels. 1¼ Std. vom Arpelistock. G 2.

Der Grat ist teilweise schmal und exponiert, bietet aber im Fels keine großen Schwierigkeiten. Der Firngrat vor dem Geltenhorn kann in der Nordflanke begangen werden. Bei starker Ausaperung kommen sehr brüchige Felsen zum Vorschein.

★ 109 Nordflanke
3½—4 Std. von der Hütte. G 1—2. Gute Abstiegsroute.

Auf R 48 bis etwa 2700 m. Hier zieht sich eine Firnterrasse oberhalb einer Felsinsel gipfelwärts. Man folgt der spaltenarmen Terrasse bis etwa 2900 m. Hier wird der Bergschrund nach links (O) gequert und über einen Firnhang auf den Ostgrat gestiegen. Dieser wird ungefähr in der Mitte zwischen P. 3004 und Gipfel erreicht. Über den Firngrat auf den Gipfel.

● 112 **Wildhorn,** 3247,6 m

Dieser schöne Firngipfel ist bekannt für seine prächtige Aussicht auf die Walliser Alpen. Höchster Gipfel zwischen Sanetschpaß und Gemmi. Früher idealer Skigipfel, heute leider zum offiziellen Landeplatz für Heli-Skiing degradiert. Wer auch im Gebirge Benzinabgase nicht missen möchte, dem sei der Gipfel bei Flugwetter bestens empfohlen. — Die hochgelegenen Gebiete um den Lac des Audannes und um die Grand'Gouilles (im S des Col du Brochet) sind nach schneereichen Wintern bis weit in den Sommer hinein schneebedeckt, und in den Moränenseen schwimmen kleine Eisberge, was der rauhen und einsamen Landschaft einen arktischen Charakter verleiht. — Die leichteste Route (auch meistbegangene Skiroute) ist die Normalroute von der Wildhornhütte aus. Der Aufstieg von der Geltenhütte aus ist länger und schwieriger. Am anspruchsvollsten ist der Wildgrat, sei es von der Geltenhütte aus durch den Chatzegrabe oder von der Wildhornhütte her über die Germannrippe. — Eine prächtige Skiabfahrt führt nach S über Les Audannes nach Les Rousses (R 120).

● 113 Vom Col du Brochet (Sommerroute)
1½—2 Std. G 2—3.

Vom Col du Brochet nach O, die untersten Felsstufen N umgehend (von der Geltenhütte steigt man nicht ganz in den Col), auf einem schwach ausgeprägten Pfad oberhalb der Stufe nach rechts (S) auf den breiten Schutt / Schneerücken, der nach NO zu den Gipfelfelsen aufsteigt. Am Fuß der Felsen (etwa 3080 m) steht ein markanter gelber Felsturm. Links (N) des Turms in breitem Couloir in den Sattel hinter dem Turm. Im untersten Wandteil der folgenden senkrechten Felswand ziehen zwei parallele Felsbänder nach N um die Felskante herum. Beide Bänder sind durch eine mannshohe kompakte Felsstufe getrennt. Auf dem unteren geröllbedeckten Band nach N aufsteigen und links um die Kante herum in ein Couloir, das sich bis auf den Südgrat emporzieht. Das Couloir bietet im aperen Zustand keine besonderen Schwierigkeiten, kann aber bei Schnee oder Vereisung heikel sein. Man steigt das Couloir empor und quert nach rechts auf einen Felskopf (hier ist eine Abseilschlinge angebracht, um bei Vereisung eventuell abseilen zu können). Vom Felskopf auf den Südgrat empor, den man bei großem Steinmann erreicht. Über den Grat leicht auf den Hauptgipfel.

★ 114 Vom Col du Brochet (Winterroute)

Die Skiroute vom Col du Brochet führt in einem weiten Umweg nach S um den Mont Pucel herum. (Kann auch im Frühsommer von Vorteil sein, wenn die Gipfelfelsen von R 113 noch verschneit und vereist sind.) Vom Col du Brochet vorerst wie bei R 113 nach N ausholend um die unterste Felsstufe herum und nach rechts auf den breiten Rücken oberhalb der Felsen zurückqueren. Dann nach SSO über den Glacier du Brochet an den Fuß des SW-Grates des Mont Pucel (kleiner Sattel, etwa 3010 m). Nun rechts um den Mont Pucel herum zwischen Felsköpfen hindurch, dann leicht absteigend auf die Ostseite, bis man nach links über Steilhang den Glacier des Audannes gewinnen kann. Über die weiten Firnfelder leicht auf den Hauptgipfel.

● 115 Nordgrat (= Wildgrat)

III—, II und I. Etwa 3 Std. von der Geltenhütte in den Silberritzenpaß und etwa 2½ Std. vom Silberritzenpaß auf das Wildhorn. G 4. Dieser Grat zieht sich vom Silberritzenpaß auf den Nordgipfel, 3246,3 m. Er ist mehr als 2 km lang bei 500 m Höhendifferenz. Die Überkletterung des P. 2949 bietet leichte und z.T. exponierte hochalpine Kletterei. Der Rest besteht vorwiegend aus Schutt und Schnee. Der P. 2449 kann von der Wildhornhütte aus auch direkt über die Nordrippe (= Germannrippe) erklettert werden. Siehe Abb. S. 69.

Übersicht: Der Silberritzenpaß ist die tiefste Scharte im Verbindungsgrat Hahnenschritthorn—Wildhorn. Ohne Namen und Kote in der LK, ungefähr auf der KL 135200 liegend. Aus der Scharte fällt eine tiefeingeschnittene Rinne (= Chatzegrabe) nach W ab auf das mächtige Geröllband der Hahnenschritthorn-Westflanke und vermittelt den Zustieg von dieser Seite. Der Zugang von O ist leicht und auch mit Ski begeh-

bar. Der Chatzegrabe bildet vor allem den Zugang von der Geltenhütte zum Hahnenschritthorn-SW-Grat und zum Wildhorn-Nordgrat (= Wildgrat). Die Überschreitung des Passes in O-W Richtung ist weniger empfehlenswert.
Zugang: Von der Geltenhütte auf R 48 ins Rottal und nach NO über den grasigen Rücken der Rottalegg. Vom Rücken aus erkennt man rechterhand eine mächtige Geröllhalde, die sich vom Geröllband des Hahnenschritthorns ins Rottal herunterzieht. Am N Rand dieser Geröllhalde empor zur couloirartigen Verengung. Der orogr. rechte (N) Couloirrand wird von einem brüchigen Felsgrat gebildet, der auf der LK 25 den P. 2371 trägt (= KS 593125 / 135030). Im Couloir empor, bis man nach links aufwärts auf einen Absatz oberhalb P. 2371 queren kann. Nun über den Grat (evtl. Umgehungen in der Südflanke) bis auf das Geröllband unter den Gipfelfelsen des Hahnenschritthorns. Am unteren Rand dieses steilen Bandes nach rechts (S) absteigen (der Gesteinsschichtung folgend), bis man den Chatzegrabe erblickt. Nun schräg rechts aufwärts zur Mündung aufsteigen. S der Mündung steht eine auffällige gelbe Felswand, die schon von der Hütte aus gut sichtbar ist. Der Auslauf des Chatzegrabens ist meist bis in den Sommer hinein mit Schnee gefüllt.
Führe: E direkt durch die Schmelzwasserrinne (III—, guter kompakter Fels) oder S über die Begrenzungswand (leichter) in den eigentlichen Graben. Im Graben empor über plattige, abwärtsgeschichtete Felsen in teilweise heikler Kletterei (I und II) in den Silberritzenpaß. **Der Steinschlaggefahr wegen für Gruppen völlig ungeeignet!** Wilde, eindrückliche Umgebung.
Vom Silberritzenpaß auf die Ostseite des Grates zum P. 2738. Nach O über den zunehmend schärfer werdenden Grat auf den P. 2949. In die tiefste Scharte abklettern. Der folgende Turm hängt nach N über und wird knapp W in einer steilen, aber gut gestuften Verschneidung umgangen. Ein Schutthang (Pfadspuren) leitet über zu einem weniger steilen Gratstück, das an den Gipfelhang heranführt. Über den steilen Schutthang an den Fuß der Felsen des Vorgipfels, P. 3246,3. Ein schmales Eiscouloir nach links (O) queren und über leichte gebrochene Felsen auf das große Firnplateau. Über dieses nach SW auf den Vorgipfel und über den Verbindungsgrat leicht auf den Hauptgipfel.

Hahnenschritthorn (2833,6 m) von Südwesten
Der Aufstieg von der Geltenhütte durch den Katzengraben in den Silberritzenpaß (mit Fortsetzung über den Wildgrat aufs Wildhorn) ist in seiner ganzen Länge überblickbar.

Silberritzenpass
Hahnenschritthorn
Wildgrat
Chalzegrabe
x P. 2431
2371
115
Rottalegg
zur Hütte
x P. 2060

● 116 A Abstieg vom Wildhorn zur Geltenhütte
Siehe R 113, R 48.

Vom Hauptgipfel über den Gipfelgrat nach SW absteigen in kleinen Sattel. Jenseits kurzer Aufstieg auf runde Schulter zu großem Steinmann, der den Abstieg nach W markiert. Der Steinmann ist vom Gipfel aus sichtbar in etwa 200 m Entfernung. Auf der Schulter ändert der Grat seine Richtung und biegt nach SSO ab.

● 117 Von der Wildhornhütte über den Nordgrat
II (einige Stellen). 4½ Std. von der Hütte auf den Gipfel. G 2—3.

Von der Wildhornhütte vorerst auf R 119 über den Moränenkamm und nach W abbiegen in den weiten Sattel zwischen Niesenhorn und Chilchli (= P. 2495). Ungefähr der Höhenkurve 2500 entlang über Schnee S am Moränensee (2465 m) vorbei auf die Schuttebene O des Hahnenschritthorns. Über die Geröllhänge ohne Schwierigkeiten nach SW auf den Nordgrat, den man ungefähr bei P. 2738 erreicht. Der Silberritzenpaß braucht nicht betreten zu werden. Weiter wie R 115.

● 118 Nordnordost-Rippe von P. 2949 (= Germannrippe)
IV— und III. 3 Std. vom E. G 4.
Die Germannrippe ist die schwierigste der klassischen Routen am Wildhorn. Der Kalkfels ist teilweise brüchig, aber für die Gegend überdurchschnittlich fest. Oft begangen, häufig im Frühsommer mit Ski bis zum E.

Übersicht: Vom P. 2949 im Wildgrat (siehe R 115) fällt eine ausgeprägte Felsrippe 300 m nach NNO ab und fußt auf 2640 m. Sie wird möglichst direkt über die Kante erklettert.

Zugang: Von der Wildhornhütte in die tiefste Senke zwischen Chilchli und Niesehorn = P. 2495 und über Moränen und Firnfelder nach SW zum E. 1½ Std. von der Hütte.

Führe: Am besten verfolgt man die Rippe vom Fußpunkt weg in ihrer ganzen Länge. Den untersten Teil kann man auch auf einem markanten Firn-(Schutt-)band von O her erreichen. Dann linkshaltend auf die eigentliche Kante, die man direkt verfolgt bis auf eine kleine Terrasse in zwei Drittel Höhe. Über den nächsten Aufschwung direkt oder leicht links ausholend empor. Über die anschließende Platte (sich links haltend, IV—) und über die obersten Felsen auf P. 2949.

Abstieg: Fortsetzung auf R 115 über den Wildgrat aufs Wildhorn oder über den Wildgrat nach W absteigen zum P. 2738. Von hier leicht zu E zurück oder Besteigung des Hahnenschritthorns (R 132).

★ 119 Von der Wildhornhütte

3—3½ Std. von der Hütte. G 2. Dies ist auch die Skiroute. Meistbegangene Route aufs Wildhorn im Sommer und Winter. Leichtester Aufstieg. Einfache Gletschertour, Spaltengefahr.

Von der Wildhornhütte führt ein Pfad nach SW über einen Moränenkamm unter die Felsen des Chilchli. Querung nach links (O) auf den Chilchligletscher, wie der unterste Teil des Tungelgletschers auch genannt wird. Über den hier leicht verschrundeten Gletscher nach S in die Einsattelung O P. 2912.2 (= P. 2815 LK 25), wo man den Glacier de Ténéhet betritt. Nach SW über den spaltenarmen Gletscher ohne Schwierigkeiten auf den Vorgipfel und über den Verbindungsgrat auf den Hauptgipfel.

● 119a Variante

Man kann auch den Felsen des Chilchli entlang nach links aufwärts queren über schuttbedeckte Bänder und Absätze in eine Rinne, welche auf den NO-Sporn des Chilchli führt. Vom Sporn nach SO absteigen auf den Tungelgletscher. Diese Variante ist nur empfehlenswert, wenn der Chilchligletscher zu stark verschrundet ist (Spätsommer).

★ 119b Abfahrtsvariante mit Ski

Vom Wildhorngipfel nach Pöschenried 4—5 Std.

Von der Wildhornhütte fährt man häufig nicht ins Iffigtal ab, sondern steigt auf zum **Iffighorn,** um über Hohberg direkt nach Pöschenried zu gelangen. Diese Variante ist sehr empfehlenswert. — Von der Wildhornhütte fährt man nach NO ins kleine Tälchen ab bis auf die Ebene, etwa 2200 m. Nun etwa 30 m aufsteigen in NO-Richtung und die steilen O-Hänge von P. 2469,3 ungefähr horizontal queren, bis man zum P. 2183 abfahren kann. (Bei Lawinengefahr Abfahrt zum Iffigsee und Aufstieg zum P. 2183.) Von hier weiter über die steilen SW-Hänge auf den Gipfel des Iffighorn 2378,4 m. Abfahrt in ONO-Richtung über Hohberg bis etwa 1940 m zu einem Wegweiser (ungefährer KS 598650 / 138900). Von hier nach W abbiegen und durch die steile Lindechäle (ohne Namen in der LK 50, aber mit eingezeichnetem Pfad) abfahren. (Im Nebel ist diese Lindechäle schwer zu finden, sie bietet aber das einzige Durchkommen über die steilen Felsstufen der Hohberg-Nordflanke. Einige Markierungsstangen erleichtern das Auffinden des Weges.) Nun nach NO zur Alp Pöris und über P. 1636 und P. 1337 nach Pöschenried, wo bei P. 1210 die Fahrstraße erreicht wird.

★ 120 **Skiabfahrt ins Wallis**

Sehr lohnende Abfahrt mit 1450 m Höhendifferenz, nur bei lawinensicheren Verhältnissen ratsam. Im Aufstieg selten begangen. 2 1/2 Std. vom Wildhorngipfel.

Vom Wildhorngipfel nach S abfahren, O am Mont Pucel vorbei (siehe R 114), weiter über einen Steilhang nach S und dann in einer Steilmulde nach O bis etwa 2800 m. Wieder nach S abschwenken (O am P. 2827 vorbei) und zum Seeli im NO der La Selle (= P. 2657 / LK 25). Nach O fast horizontal (ungefähr der KL 132 folgend) traversieren auf Rippe. Von hier nach SO abfahren in Mulde. Nun ungefähr der Höhenkurve 2580 m folgend nach SO, dabei knapp W am P. 2588 vorbei, in das schmale Hochtal, das vom Sex Rouge steil nach O abfällt und im S von den Felswänden der La Motte und Pte. d'Hérémence begrenzt wird. In diesem Tal abfahren in ein ausgedehntes Bergsturzgebiet (P. 2047), dann nach SO über die Alpen Poédasson und Sérin **nach Les Rousses** (1767 m). Les Rousses ist die Talstation eines Sessellifts, der nur im Winter in Betrieb ist. Ab Les Rousses Busverbindung mit Anzère, resp. Sion. (Im Winter ist die Straße auf die Staumauer des Lac de Tseuzier nur bis Les Rousses geöffnet.)

● 126 **Six des Eaux Froides** (Rawilhorn), 2905,2 m

Abgelegener, selten bestiegener Gipfel (ungefährer KS 597 / 133). Für Liebhaber der großen Einsamkeit vor allem im Frühsommer empfehlenswert, wenn die langen Schutthalden noch schneebedeckt sind und auf dem Lac des Audannes Eisberge schwimmen: man fühlt sich mitten in die Arktis versetzt! Der Kessel von Les Audannes und die Hänge von Ténéhet sind sehr coupiert, und ausgedehnte Karrenfelder erschweren die Orientierung, aber das macht gerade den Reiz dieser Besteigung aus. Im W des Lac des Audannes steht eine neue Privathütte. Ausgangspunkt: Les Rousses (1767 m), Postautohaltestelle der Strecke Sion—Barrage du Rawil. Hier am besten zelten.

● 127 **Von Les Rousses**

Etwa 4 1/2 Std. auf den Gipfel. G 2.

Nach W, einem guten Alpweg folgend über Sérin nach Poédasson in den Sattel S P. 2187. Auf einem Band nur leicht ansteigend nach W, einer Wasserleitung folgend, ins Hochtal Les Andins. Das Tal in einem Bogen nach N queren und die Steilstufe SW P. 2519,8 über Geröll, Gras und leichte Felsen (Wegspur) aufsteigen auf das Hochplateau Les Audannes. Dieses Plateau ist stark coupiert und zerrissen. Man folgt einer markierten Wegspur durch die Karrenfelder nach NW zum **Lac des**

Audannes (2453 m).Etwa 2½ Std. von Les Rousses zum See. BW 2. Vom Lac des Audannes nach N über leichte Schutthänge in den **Col des Eaux Froides** (2648 m). Jenseits nach O einer Felsstufe entlang (unterhalb P. 2781) absteigen bis etwa 2600 m, wo man nach rechts Richtung Gipfel aufsteigen kann auf das Gletscherchen im N des Gipfels. Auf diesem in der unteren flacheren Hälfte nur leicht ansteigend nach OSO traversieren und in der Fallinie (evtl. Steinschlag vom Gipfel) in die kleine Einsattelung W P. 2798 (Neuvermessung 2812) im O-Grat. Über den brüchigen Grat auf den Gipfel. 2 Std. vom Lac des Audannes.
NB: Vom Col des Eaux Froides zu Glacier de Ténéhet und Wildhornhütte durch NO-Abstieg ins Tälchen und östl. des Felskammes von P. 2844,3 über Karrenfelder aufsteigen.

● 127A Abstieg vom Col des Eaux Froides zum Lac de Tseuzier
1½—2 Std. G 1—2. Schwierige Orientierung.

Vom Col nach NO in Schuttälchen absteigen Richtung P. 2457 bis ungefähr 2550 m. Man verläßt das Tälchen und quert ungefähr auf gleicher Höhe nach N über Karrenfelder in Paralleltälchen (ungefähr KL 134), das ebenfalls zum Lac de Tseuzier abfällt und direkt abgestiegen werden kann, aber Kletterei erfordert. Um diese zu vermeiden, steigt man im Tälchen nur ungefähr 100 m ab, verläßt es nach N und quert ungefähr auf der Höhenlinie 2420 m die Karrenfelder. Man erreicht auf diese Weise ohne Schwierigkeiten (von der Orientierung abgesehen!) etwa 200 m SO des Lac de Ténéhet (2440 m) den Pfad, der vom Lac de Tseuzier ins Schnidejoch führt (= R 54).

● 128 Pas de Maimbré — Chamossaire — Sex Rouge — La Selle — Col des Eaux Froides — Lac de Tseuzier (Rundtour)
Etwa 6 Std. G 1—2. 3 Stellen I. Route nicht bez.
Einsame Hochgebirgswanderung am SO-Fuß des Wildhorns. Leichte Kletterei (kurzes Seil empfehlenswert) erforderlich. Für Firnabschnitte Pickel mitnehmen. Im Abstieg schwierige Orientierung.

Von Anzère (Postauto ab Sion) mit Luftseilbahn (zu Fuß 2 Std.) und ab Bergstation zu Fuß auf Pas de Maimbré (2386 m). Über den SW-Grat auf *Chamossaire* (2616,3 m). Zum Sattel abklettern (I). Nächsten W-Flankenaufschwung umgehen in tiefsten Punkt und über Schiefergrat zu Steilstufe (ca. 2760 m), die links umgangen wird: Ca. 80 m am Fuß der Felsen nach links queren bis zu Schuttanstieg. Durch kurzen Kamin (I) und über Schutt zu P. 2831 und P. 2818. — Abklettern (I) zur W-Scharte und über O-Grat auf *Sex Rouge* (2893 m). 2½ Std. Dann Abstieg über den leichten NW-Grat in den Sattel (= La Selle),

2709 m. Vom Sattel umgeht man die Karrenfelder von Les Audannes in einem Bogen nach N ausholend (coupiertes Gelände) und gewinnt S an P. 2589 vorbei den Firn des Col des Eaux Froides (ungefähr KS 596 / 133). Über den Schutthang 150 m in den Paß empor. Abstieg zum Lac de Tseuzier auf R 127A. Vom Lac de Tseuzier mit Postauto zurück.

● **128a** **Variante**
Vom Lac des Audannes auf R 127 (in umgekehrter Richtung) nach SW durch die wilde Karstlandschaft ins Andins-Tal und nach Les Rousses (Postautohaltestelle).

● **131** **Hahnenschritthorn,** 2833,6 m

Eigentlich ein Ausläufer des Wildhorn-Nordgrates. Beherrschender Gipfel der Alp Chüetungel. Durch seine Nordflanke zieht sich R 138. Das Gestein ist sehr brüchig und deshalb nur die Normalroute über den SSW-Grat von allgemeinem Interesse.

● **132** **Vom Silberritzenpaß**
I. Etwa 2 Std. von der Wildhornhütte. G 1.

Dieser Ausgangspunkt kann von der Geltenhütte durch den Chatzegrabe und von der Wildhornhütte über die Osthänge erreicht werden (siehe R 115 und R 117). Mit Ski von O bis etwa 2750 m begehbar. Die obersten 100 m direkt auf dem SSW-Grat oder O der Gratschneide.

● **135** **Niesehorn,** 2776 m

Hausberg der Wildhornhütte. Lohnender Aussichtspunkt. Über den Südgrat leicht erreichbar. Rassige Steilabfahrt mit Ski vom Gipfel über die SO-Flanke direkt zur Hütte!

★ **136** **Von der Wildhornhütte**
Nach SW zum Moränenseeli P. 2390 und weiter in gleicher Richtung auf die Wasserscheide P. 2495 am Fuße des Südgrates. Über diesen Grat auf den Gipfel (evtl. die Ski streckenweise tragen). Vom Gipfel zuerst ein kurzes Stück über den breiten Ostgrat und dann direkt über die sehr steile SO-Flanke zum Moränenseeli P. 2390 abfahren. Nur bei ganz günstigen Frühjahrsschneeverhältnissen unternehmen.

● **138** **Große-Niesehorn-Rundtour**
II und I. 8—9 Std. G 2—3. Höhendifferenz 1400 m, lange und abwechslungsreiche Tour an der Grenze zwischen Vor- und Hochalpen. Pickel empfehlenswert. Route: Lauenensee

— Chüetungel — Hahnenschritthorn (Nordflanke) — P. 2495 — Niesehorn — Stigle — Chüetungel — Lauenensee.

Vorerst auf R 19 auf die **Alp Chüetungel,** etwa 1800 m. Am linken (W) Ufer des Tungelbachs entlang nach SW aufsteigen an den Fuß der Hahnenschritthorn-Nordflanke. Einstieg etwa 200 m W des Tungelbaches (= Abfluß des Dürrsees). Hier zieht sich ein schwaches Band von rechts nach links hoch und ermöglicht die Überwindung der ersten Felsstufe. Man erreicht die untersten Grashänge, die man nach rechts zum höchsten Punkt ansteigt, am Fuße der zweiten Felsstufe. Diese wird über einen Rücken rechterhand erklettert. Der mittlere, grasige und bemooste Hang wird gerade aufwärts erstiegen bis an den Fuß der Felsen vom P. 2340 (etwa 2240 m). Den Felsen entlang nach rechts in großen Graben. Diesen hoch und über Geröll auf den obersten Grashang unter dem Ostgrat des Hahnenschritthorns. Den Hang links hinauf unter die Felsen des Ostgrates und ihnen entlang leicht abwärts nach O zum P. 2445 am Fuße des Ostgrates. Nun zum Seeli, P. 2465, und weiter am N-Ufer entlang nach O in die Senke, P. 2495, zwischen Niesehorn und Chilchli. Dann über den leichten Südgrat auf den Gipfel des Niesehorns (2776 m). Etwa 5 Std. vom Lauenensee.
Abstieg über den Ostgrat via P. 2720 (z.T. leichte Kletterei) zum P. 2469,3. Über kurzen Steilhang nach NW in den Sattel N P. 2377,9. Auf R 19 auf die Alp Chüetungel zurück.

● 141 **Schnidehorn,** 2937,3 m

Gipfel S der Wildhornhütte. Ermöglicht im Winter eine interessante Traversierung mit Abfahrt auf den Rawilpaß. Bei sicheren Schneeverhältnissen ist sie dem Weg über das Schnidejoch (R 53) vorzuziehen.

● 142 **Vom Schnidejoch**

2½ Std. von der Wildhornhütte. G 1—2.

Über den Grat bis etwa 2900 m, wo einige Felsen in leichter Kletterei auf den Gipfel leiten.

★ 143 **Über die Westflanke**

2 Std. von der Wildhornhütte. G 1—2.

Von der Wildhornhütte auf R 119 auf den Chilchligletscher, den man nach O überquert. Über die steile Westflanke aufsteigen, zuoberst zu Fuß oder Ski tragen.

★ 144 **Abfahrt vom Schnidehorn auf den Rawilpaß**

Interessante Abfahrt bei sicheren Lawinenverhältnissen.

Vom Gipfel nach O abfahren, N am P. 2793 vorbei in das enge Tälchen (ungefähre KL 136), das bei etwa 2600 m eine Steilstufe aufweist. Nach dieser weiter nach O abfahren zum P. 2499, wo eine steile Rinne nach SO auf Plan des Roses führt. Hier trifft man auf R 53 (diese führt in die Wildstrubelhütte).

• 147 **Rohrbachstein,** 2950,2 m

Kecker Felsgipfel im SW der Wildstrubelhütte. Oft bestiegen, auch mit Ski. Halbtagsausflug von der Wildstrubelhütte aus. Bester Aussichtspunkt der Gegend.

★ 148 **Von der Wildstrubelhütte**

II und I (Gipfelkopf). 1 Std. von der Hütte auf den Gipfel. G 1.

In SO-Richtung in die Weißhornlücke aufsteigen, etwa 2850 m (ohne Namen und Kote in der LK), die sich SW eines markanten Felskopfes im Weißhorn-SW-Grat befindet (siehe R 25). Diese Lücke bildet den Übergang von der Wildstrubelhütte zum Glacier de la Plaine Morte. Von der Lücke über den leichten Grat bis an den felsigen Gipfelkopf. Dieser wird im S oder N umgangen und von SW über brüchigen Fels erklettert.
Mit Ski über die gleiche Route bis zu den Gipfelfelsen, hier Skidepot. Zu Fuß die S-Flanke queren und von SW her die Gipfelfelsen erklettern.

• 150 **Gletscherhorn,** 2943,3 m

Markanter Felsgipfel am NW-Rand des Glacier de la Plaine Morte. Kletterberg mit mehreren sehr schwierigen Routen. Viel brüchiges Gestein. Lohnende Halbtagstour von der Wildstrubelhütte aus.

★ 151 **Von der Wildstrubelhütte**

1 Std., einige Gletscherspalten. G 1—2.

In die Weißhornlücke aufsteigen (siehe R 25) und nach O auf den Glacier de la Plaine Morte absteigen. Am Fuße des Weißhorns entlang ins Tierbergjoch queren (ohne Namen und ohne Kote in der LK), am Fuße des Gletscherhorn SW-Grates. Nun über den SW-Grat oder rechts (S) vom Grat in der Flanke auf den Gipfel (brüchiger Fels). **Mit Ski** über die gleiche Route, Skidepot im Tierbergjoch.

• 156 **Wildstrubel,** 3243,5 m

Der Wildstrubel bildet einen fast 3½ km langen, von SW nach NO gerichteten, in der Mitte geknickten First, dessen höchste Erhebungen nahezu gleich hoch sind. Wir unterscheiden den **Westgipfel,** 3243,5 m (auf der LK als „Wildstrubel" bezeichnet, aber in Bergsteigerkreisen auch „Lenkerstrubel" genannt), den **Mittelgipfel,** 3243,5 m und den **Ostgipfel,** 3242,6 m (auf der LK „Großstrubel" genannt). Nach N (Engstligenalp) und nach NW (Lenk) fällt das Massiv in rund 500 m hohen Steilwänden ab, die im Sommer bei Ausaperung ziemlich abschreckend aussehen. Die klassischen und viel begangenen Routen am Wildstrubel sind vorwiegend einfache Gletschertouren und verlangen nur ausnahmsweise leichte Felskletterei. Des sehr brüchigen Gesteins wegen sind die schwierigen Kletterrouten (Ostgrat, Nordwand u.a.) nicht empfehlenswert. Sie werden kaum je begangen. Der Wildstrubel ist ein **idealer Skiberg,** der im Frühjahr von Engstligenalp und Lämmerenhütte sehr oft bestiegen wird. Die Luftseilbahn Montana — Plaine Morte ermöglicht die Wildstrubelbesteigung als Halbtagstour, allerdings auf einer Route, die für den Skifahrer nicht besonders attraktiv ist, wenn man wieder zur Bergstation zurückkehren muß. — Die Abfahrt über den Wildstrubelgletscher zur Lämmerenhütte ist die leichteste und über den Ammertengletscher und durchs Ammertentäli nach Lenk die schwierigste.

★ 157 Westgipfel von der Wildstrubelhütte (resp. Seilbahnstation Plaine Morte)

3 Std. G 2 (Sommerroute); 3½ Std. (Skiroute). Einfache Gletschertour. Diese häufig begangene Route (Normalroute) führt über den ausgedehnten Glacier de la Plaine Morte und über den SW-Grat auf den Gipfel. Im Nebel schwierige Orientierung auf dem Gletscher!

a) Sommerroute. Von der Wildstrubelhütte nach SO in die Weißhornlücke (siehe R 25) und nach O absteigen auf den Glacier de la Plaine Morte. Der spaltenarme Gletscher ist fast 4 km breit und wird zuerst schwach absteigend genau nach O begangen (ungefähr zum KS 606 / 137), dann linkshaltend ungefähr horizontal zum Fuß des SW-Rückens, etwa 2800 m. Ein Pfad führt links (N) vom Rücken über ausgedehnte Schutthalden (im Frühsommer Schnee) auf den Gipfel.

Wildstrubel von Norden (folgende Doppelseite)
Im Vordergrund die Engstligenalp, ein ehemaliges Seebecken. Die Normalroute (R 158) gewinnt den „Frühstücksplatz" auf dem Ammertengrat über den westl. Seitenarm des Strubelgletschers. Ist dieser im Spätsommer arg verschrundet, wird die direkte Variante über Flyschweng bevorzugt (R 158a).

Grossstrubel
3042
3138
Frühstücks
160
Strubelgletscher
1944.9
Engstligen

Mitt. Gipfel
Ammerlengrat
158
2445
158a
158

b) Skiroute über den Schneehornpaß. Die Sommerroute (R 157a) kann auch mit Ski begangen werden. Der SW-Rücken weist jedoch selten gute Schneeverhältnisse auf (meist stark verblasen und stellenweise aper), in diesem Fall ist der Variante über den Schneehornpaß der Vorzug zu geben. Schöne Gratüberschreitung ohne großen zeitlichen Mehraufwand. Vor allem zum Aufstieg empfehlenswert. Auch im Sommer lohnend (siehe R 163). — Auf R 157a bis zum KS 606 / 137. Hier geradeaus Richtung Schneehorn. Über einen etwa 150 m hohen Steilhang in den Schneehornpaß, 3063 m (ohne Namen in der LK 50). Nun in leichtem Auf und Ab nach NW über den Gratrücken via P. 3146 und P. 3129,4 ins Lämmerenjoch, 3125 m. Gerade empor auf den Gipfel oder am Fuß des Gipfelaufschwungs entlang nach N traversieren in den Sattel, 3162 m, zwischen Wildstrubel und Mittelgipfel. Von hier leicht auf den Wildstrubel.

NB: Der Aufstieg ins Lämmerenjoch (auf älteren Skiroutenkarten eingetragen!) ist seit Jahren nicht mehr begehbar.

● 158 Großstrubel von Engstligenalp

Einfache Gletschertour, Normalroute im Sommer. 4½—5 Std. von Engstligenalp. G 2—3. Siehe Abb. S. 78 / 79.

Vom Hotel Engstligenalp nach SW zum Roßfärich, 2013 m. Weiter in gleicher Richtung über Schönbüel bis etwa 2100 m. Hier biegt man nach links ab und ersteigt via P. 2150 eine Moräne nach SO auf den Strubelgletscher. Über den schmalen Gletscher empor, sich ungefähr in der Mitte haltend, auf eine kleine Gletscherterrasse, etwa 2800 m. Hier biegt man scharf nach rechts ab und ersteigt den Steilhang auf den Frühstücksplatz, etwa 2860 m auf dem Ammertengrat, der die Grenze zwischen Strubel- und Ammertengletscher bildet. Vom Frühstücksplatz dem Grat kurz nach SO folgen und darauf schräg rechts (SW) über Schnee, Eis und Fels (Wegspur) auf den Ammertengletscher oberhalb von Abbrüchen und Spalten. Nach SO auf die Gipfelabdachung und allmählich nach O abbiegend über diese auf den Großstrubel.

● 158a Variante

Ist der Strubelgletscher arg verschrundet, zieht man die Variante über die Flyschweng vor, wo ein Pfad ungefähr der KL 608750 entlang (auf der LK eingezeichnet) auf den Strubelgletscher führt. Siehe Abb. S. 78 / 79.

★ 158b Skiroute

Diese folgt im wesentlichen der Normalroute. Nach dem Frühstücksplatz quert man aber meist ziemlich horizontal nach SW auf den Ammertengletscher oberhalb der Abbrüche und ersteigt den hier schmalen Gletscher ungefähr in der Mitte (einige Spalten) nach S auf die Gipfelabdachung.

★ 159 **Mittelgipfel von der Lämmerenhütte aus**
Einfache Gletschertour, etwa 2½—3 Std. Normalroute im Sommer und Winter. G 2.

Von der Lämmerenhütte über die Schutterrasse nach SW leicht absteigend, die unterste Felsstufe des Lämmerenhorns rechterhand, zum Abfluß des Wildstrubelgletschers. Über die östliche Seitenmoräne nach N auf den Wildstrubelgletscher, den man auf etwa 2600 m betritt. Weiter am Innenbogen der geschweiften Moräne entlang (diese rechterhand) nach NW an den Fuß des vom P. 3172 nach S abfallenden Felssporns. S an diesen Felsen vorbei über eine Steilstufe im Gletscher (einige Spalten) nach W auf die weite Firnhochebene O des West- und Mittelgipfels, etwa 3100 m. Über Firnhänge auf den Mittelgipfel.

★ 160 **Lämmerenhütte — Mittelgipfel — Engstligenalp**
Lohnende Überschreitung. 5—6 Std. G 2—3.
Siehe Abb. S. 78 / 79.

Auf R 159 auf den Mittelgipfel. Nun nach O über den teilweise schmalen und verwächteten Grat ins Strubeljoch, 3092 m. Abstieg auf R 158. **Auch mit Ski** sehr schön. Vor allem dann empfehlenswert, wenn man die Lämmerenhütte von Engstligenalp aus erreicht hat (zweitägige Rundtour).

● 161 **Von der Lämmerenhütte direkt ins Strubeljoch (3092 m)**
Kürzer als R 160, aber weniger empfehlenswert.

Auf R 159 auf den Wildstrubelgletscher bis etwa 2700 m. Hier nach N abschwenken und über steile Schutt- und Schneehänge direkt ins Strubeljoch empor.

● 162 **Längstraversierung O—W von Engstligenalp mit Abstieg über Flueseeli nach Rezliberg**
11—12 Std. von Engstligenalp. G 2—3.
Eine der schönsten und abgerundetsten Touren im Wildstrubelmassiv! Lange, sehr abwechslungsreiche Tour ohne besondere Schwierigkeiten.

Von Engstligenalp auf R 158 auf den Großstrubel. Die Längstraversierung erfolgt auf dem Verbindungsgrat auf den Mittelgipfel (streckenweise schmal, hie und da verwächtet) und nach S auf den Westgipfel. Diese Traversierung ist sehr genußreich mit leichtem Auf und Ab. Abstieg vom Westgipfel auf R 157a bis etwa 3000 m. Hier verläßt man den Pfad und quert Westhänge nach rechts (W) abwärts (Geröll / Schnee) ins Rottäli (P. 2535 LK 25 = KS 605500 / 138700). Abstieg ins Rottäli nach W Richtung Rezligletscherseeli (bis etwa 2320 m) in ein Moränentälchen, das nach NW verläuft. Man folgt der Achse dieses Tälchens und stößt bald darauf auf den rot-weiß markierten Pfad (Steinmänner), der zum Flueseeli, 2045 m, führt (sehr schöner Rastplatz). Von hier führt ein steiler Pfad über die Abhänge des Flueschafbergs (schöne Arven) auf den Rezliberg zu Gasthaus, 1405 m. (Von hier kurzer, lohnender Abstecher zu den Simmenquellen „Bi de sibe Brünne".) Vom Rezliberg auf gutem Alpweg nach NO über den Ammertenbach und Abstieg O der Simme zu den Simmenfällen. Nun nicht weiter dem Alpweg folgen, sondern unbedingt nach links die „stiebende Brücke" (Barbarabrücke genannt) überschreiten, auf etwa 1240 m. Dann auf gutem Pfad weiter unmittelbar den imposanten Simmenfällen entlang zum Hotel Simmenfälle, 1102,8 m. Ab hier Busverbindung nach Lenk.

★ 163 Lämmerenhütte — Schneehorn — Westgipfel

5—6 Std. für die ganze Rundtour. G 2—3. Ebenfalls lohnende Traversierung über einen einfachen Grat mit Zu- und Abstieg über Gletscher. In beiden Richtungen empfehlenswert. Auch sehr schön mit Ski.

Auf R 77 ins Schneejoch. Nun über den aus Schutt und Schnee bestehenden SO-Grat (Felsen W umgehend) aufs Schneehorn, 3177,8 m. Dann 100 m absteigen in den Schneehornpaß (siehe R 157b) und über P. 3146 und P. 3129,4 ins Lämmerenjoch, 3125 m. Direkt über den Grat oder rechts ausholend auf den Westgipfel, 3243,5 m.
Abstieg über den Wildstrubelgletscher (R 159) zur Hütte.

★ 164 Skiabfahrt durchs Ammertentäli nach Lenk

Es handelt sich um eine rassige hochalpine Abfahrt, die nur bei sehr lawinensicheren Verhältnissen gewagt werden darf. Die Hänge sind sehr hoch und sehr steil.

Das Ammertentäli liegt zwischen Ammertenhorn und Ammertengrat und wird auf R 62 und R 165 betreten. Der Ammertenbach fließt vom östl. Teil des Ammertengletschers nach W in die Simme. Die Skiabfahrt folgt ziemlich genau dem Ammertenbach auf die Staldenweid und benutzt dann den Alpweg W der Simme ins Oberried. Die Abfahrt kann von verschiedenen Punkten aus erreicht werden: Von Engstligenalp über den **Ammertenpaß** (R 61), vom **Frühstücksplatz** (R 158) aus, vom **Glacier de la Plaine Morte** (R 64) aus.

Vom Frühstücksplatz fährt man nach NNW dem Gletscherrand entlang (rechterhand den Ammertengrat und linkerhand Abbrüche zwischen 2600 und 2500 m) in den kleinen Moränensattel unmittelbar SO von P. 2486. Vom Sattel nach SW bis in die Nähe der Gletscherbrüche, ohne jedoch den Eisschlagbereich zu berühren. Hier dem Ammertenbach entlang über die sehr steile Stufe abfahren (knapp O am KS 607 / 141 vorbei) auf die Ebene des Ammertenschafbergs, etwa 2000 m. (Variante: Man kann auch zwischen P. 2486 und P. 2360 nach NW auf den Ammertenschafberg abfahren, steiler.) Weiter dem Ammertenbach entlang durch steile Runse Richtung W nach Ammerten. Über den Ammertenbach queren auf die Staldenweid. Hier sind die Schwierigkeiten zu Ende. Von Staldenweid ungefähr dem Sommerweg entlang (Alpweg), O der Simme bleibend, **zum Hotel Simmenfälle,** 1102,8 m.

● 165 Rezliberg — Flueseeli — P. 2505 — Ammertentäli

7—8 Std. G 1. Abwechslungsreiche Rundtour an der Grenze zwischen Vor- und Hochalpen. Landschaftlich außergewöhnlich schöne, hochalpine Wanderung ohne besondere technische Schwierigkeiten. Eine kurze eisschlaggefährliche Passage. Die Tour führt teilweise über Firn. Pickel mitnehmen. Keine Spalten. Siehe auch R 166 und R 62.

Vom Gasthaus Rezliberg (1405 m) einem markierten, steilen Pfad in allgemeiner SO-Richtung folgend über den steilen Flueschafberg zum Flueseeli (2045 m). Der Pfad führt weiter in den Grassattel SO des Flueseehöri (kurzer Abstecher auf diesen Aussichtspunkt lohnend) und nach SO über Moränen (z.T. Schnee) in ein flaches Moränentälchen O des Rezligletscherseelis (2261 m). Dem Tälchen nach SO folgend und an dessen Ende über Schneehang Richtung Wildstrubel aufsteigen, bis man nach links in den weiten Sattel O P. 2505 gelangen kann (Kontaktzone zwischen auffällig hellem und rötlich-gelbem Kalkstein). Nun nach N ungefähr horizontal in den ausgeprägten Schuttsattel SO eines auffällig runden Moränenhügels (P. 2509, LK 25 = KS 605320 / 139500). Nach NO absteigen in Mulde, an mehreren Moränenseeli vorbei, und über Schutt und Schnee in den flachen Sattel empor zwischen Ammertenhorn und Wildstrubel-Mittelgipfel (= P. 2598, LK 25). Über die Schutthochebene nach NO, dann nach rechts (O) absteigen in weites Schneecouloir des Ammertengletschers. Das Couloir nach N hinab und unterhalb von Eisabbrüchen (Achtung auf Eisschlag!) kurze horizontale Traverse nach O auf einen Moränenrücken. Diesen überqueren und weiter in gleicher Richtung in einen Einschnitt unmittelbar SO von P. 2486. Von hier über Schnee nach N absteigen, O am P. 2360 vorbei auf den Ammertenpaß-Pfad, den man auf etwa 2300 m erreicht.

Nun auf R 62 absteigen nach Oberried zum Hotel Simmenfälle. Mit Bus nach Lenk.

● 166 Rezliberg — Flueseeli — Rezligletscher — Tierberggrat — Firstli — Rezliberg

8—9 Std. G 1. Außergewöhnlich schöne hochalpine Wanderung an der Grenze zwischen Vor- und Hochalpen. Die Route ist ohne technische Schwierigkeiten, führt aber teilweise über Firn. Pickel mitnehmen. Keine Spalten. Der Abstieg über das Firstli bei Nässe ist heikel! Die Traverse vom Rezligletscher zum Tierberg ist landschaftlich hochinteressant, man fühlt sich in eine arktische Landschaft versetzt. Sehr einsame Gegend. Nur für trittsichere und schwindelfreie Berggänger, die sich im Gelände ohne Pfad und ohne Markierungen zurechtfinden.

Vom Gasthaus Rezliberg (1405 m) vorerst auf R 165 ins flache Moränentälchen O des Rezligletscherseelis (2261 m) auf etwa 2320 m. Man verläßt das Tälchen ungefähr in der Mitte und steigt über Buckel und Mulden zum Nordende des Rezligletschers. Der Gletscherbach ist meistens nicht überschreitbar, so daß man die schuttbedeckte Gletscherzunge oberhalb des Gletschertors überschreiten muß (Eisschlag!). Nach W über Felsbuckel und Firnfelder auf Terrasse unmittelbar S P. 2415, LK 25 (= KS 604415 / 138320). Von der Terrasse nach W leicht absteigend unter dem Gletscherhorn durchqueren in die weite Tierbergmulde (mehrere Möglichkeiten). Den Bach auf etwa 2350 m überschreiten und nach W über den Steilhang (soweit möglich über Gras) in den Sattel, P. 2577, LK 25, im Tierberggrat (= KS 602615 / 138225) am Fuß des Laufbodenhorn-Südgrats.

(Vom Sattel aus kurzer Abstecher in die **Tierberghöhle,** etwa 2610 m, am Südfuß des Tierberggrinds (= P. 2662, LK 25), eines etwa 50 m hohen, klobigen Malmklotzes im Tierberggrat. KS der Höhle = 602460 / 137800. Kleine Balm, von Jägern aus der Jungsteinzeit als Sommerlager benutzt, höchste Fundstelle im Alpengebiet! Diente vor Erstellung der Wildstrubelhütte als Biwakplatz für die Besteigung des Wildstrubels. Auch von den Rawilseeleni aus über den Tierberggrat in 1 Std. leicht erreichbar.

Vom Sattel nach NW über steile Schutthänge auf die Laufbödne und in gleicher Richtung eine Mulde querend (ungefähr der Höhenkurve 2420 entlang) auf das **Firstli** (die Verlängerung des Laufbodenhorn NW-Grates), das sich auf Ritzmad zieht und auf einer Länge von rund 1000 m eine Höhendifferenz von 500 m überwindet. Auf dem breiten Grat absteigen bis zum ersten Turm, der senkrecht nach N abbricht.

Hier in die Westflanke absteigen auf Pfad, der alle Türme umgeht. Der Pfad ist stellenweise schmal und exponiert, obwohl es sich um den **alten Rawilübergang** handelt. Nach den Türmen folgt ein breiter, aber immer noch steiler Grasrücken. Vom Fuß des Firstlis über flache Alpweiden nach NO zur Alphütte **Langermatte** (1856 m). Von hier einem markierten Bergweg folgend nach O absteigen über Alp Langer (1703 m) in den Wald, wo sich der Weg verzweigt (Wegweiser). Nach links durchs Chäli und N an der Birgflue (1555 m) vorbei und beim P. 1292 über die Simme (Brücke), wo man auf den Rezliberg-Alpweg trifft. Dieser Weg führt nach Oberried zum Hotel Simmenfälle zurück.

● **175** **Steghorn,** 3146,4 m

Das Steghorn ist der nordöstliche Eckpfeiler des Wildstrubelmassivs. Vom Gipfel zieht sich der Engstligengrat nach N zum Lohnermassiv. Der Gipfel ist von SW über den Steghorngletscher ohne Schwierigkeiten erreichbar. Lohnender Skiberg von der Lämmerenhütte aus. Vom Schwarenbach kommend, ersteigt man das Steghorn im Sommer über Rote Chumme (R 71) und SO-Grat (R 178).

★ **176** **Von Südwesten (über den Steghorngletscher)**
Einfache Gletschertour. 2 Std. von der Lämmerenhütte. G 1. Normal- und Skiroute.

Von der Lämmerenhütte vorerst auf R 159 auf den Wildstrubelgletscher bis etwa 2600 m. Hier zweigt man nach rechts ab und ersteigt nach NNO (dabei die W-Hänge des Lämmerenhorns rechterhand) über Schutt- und Schneehänge auf den Steghorngletscher. Über den spaltenarmen Gletscher (sich ungefähr in der Mitte haltend) in NO-Richtung ohne Schwierigkeiten auf den Gipfel.

● **177** **Über das Leiterli**
Diese Sommer-Variante ist etwas steiler, aber kürzer als die Normalroute.

Von der Lämmerenhütte nach N ins Lämmerental und den Pfadspuren folgend an das Felsband, das sich aus der Lämmerenhorn-Ostflanke bis zur Steghorn-Südflanke hinzieht. Diese Stufe empor (ungefähr beim KS 610520 / 139680). Oberhalb der Stufe nach links, einen Moränenkamm queren und nach NW auf den Steghorngletscher. Auf den Gipfel wie unter R 176 beschrieben.

● **178** **Südostgrat**
II und I. 1¼ Std. von der Lücke. G 2

Von der Roten Totzlücke (siehe R 65) über den Grat klettern auf

P. 2900 (I und II). Dem flachen Gratrücken folgend an den felsigen Steilaufschwung. Den ersten Turm rechts (N) umgehen in einen Sattel. Von hier in die Südflanke queren (rechterhand steile Felsen) in das erste Couloir, das die Steilstufe durchzieht. Dieses Felscouloir erklettern (I und II) auf Firnterrasse am Fuß des Gipfels. Über den letzten Aufschwung leicht auf den Gipfel.

● 178a Variante

Vom Tälligletscher braucht man nicht bis in die Rote Totzlücke hinauf, sondern man kann schon vorher direkt über die Schneehänge auf das flache Mittelstück aufsteigen.

● 183 **Schwarzhorn,** 3104,9 m

Lohnende Skitour von der Lämmerenhütte aus über den Lämmerengletscher. Der Gletscher ist in der Steilstufe zwischen 2700 und 2800 m stark verschrundet. Skiabfahrt siehe R 79.

★ 184 Von der Lämmerenhütte

2—2½ Std. von der Lämmerenhütte. G 2—3, je nach Verhältnissen im Eisbruch.

Auf R 77 auf dem Lämmerengletscher bis oberhalb der Steilstufe. Hier verläßt man R 77 und steigt nach OSO über sanfte und spaltenarme Firnhänge auf den Vorgipfel und über den etwa 150 m langen Verbindungsgrat auf den Hauptgipfel. (Achtung auf die Wächte!)

● 187 **Daubenhorn,** 2941,7 m

Das Daubenhorn ist der südöstliche Eckpfeiler des Wildstrubelgebiets. Sein NO-Grat zieht sich in steilen Absätzen elegant zum Gemmipaß. Der Berg fällt in steilen und wilden Flühen auf Leukerbad ab und bietet einen packenden Tiefblick. Die NW-Flanke ist vom Lämmerenboden aus leicht zugänglich. Hier führt die Normal- und Skiroute auf den Gipfel, letztere wird im Frühjahr mit Ski sehr oft gemacht.

★ 188 Nordwestflanke

Etwa 2½ Std. von der Lämmerenhütte oder vom Gemmipaß. G 1—2. Normal- und Skiroute. Am Gipfelgrat Seil empfehlenswert.

Von der Lämmerenhütte oder vom Gemmipaß auf den Lämmerenboden zum KS 611 / 138. Über ein steiles Schutt-(Schnee-)band von rechts nach links hoch auf den Daubenhorngletscher (dieses Firnfeld ist in der LK 50 ohne Namen und bildet eine Terrasse W des felsigen Gipfelaufbaus, etwa 2840 m). Die Terrasse nach O queren, über die Westflanke auf den Südgrat knapp S des Gipfels und in leichter aber exponierter Kletterei auf den Gipfel (im Winter oft große Wächten!) zum Kreuz.

● **191** **Tierhörnli,** 2894,4 m

Kleiner Gipfel im Engstligengrat. Wird oft mit Ski bestiegen. Halbtagstour von Engstligenalp aus mit rassiger, steiler Abfahrt. Bis auf die Terrasse von Tossen mit Skilift.

★ **192** **Vom Skilift**
I, 1½ Std. G 1.

Direkt über die steilen NW-Hänge zum felsigen Gipfelkopf. Skidepot. Durch ein Couloir auf der W-Seite (leichte Kletterei) auf den Gipfel.

● **195** **Chindbettihorn,** 2691 m

Unbedeutender Felsgipfel im Engstligengrat N des Chindbettipasses. Kaum selbständiges Ziel, aber hie und da „mitgenommen" beim Überschreiten des Chindbettipasses.

● **196** **Vom Chindbettipaß (2623 m)**
II und I. G 1—2.

In leichter Kletterei über den Schrofengrat auf den Südgipfel. Der Verbindungsgrat auf den Nordgipfel erfordert exponierte Kletterei (II).

● **198** **Tschingellochtighorn,** 2735 m

Kühner und stark zerklüfteter Felsgipfel im Engstligengrat, dem Verbindungsgrat zwischen Steghorn und Vorder Lohner. Viel besuchter Kletterberg mit zahlreichen Routen, wovon nur einige wenige öfter begangen werden, die übrigen weisen viel brüchigen Fels auf. Der Berg besteht aus horizontal geschichtetem, schiefrigem Kalkstein.

● **199** **Von der Engstligenalp**
III—. Normalroute, auf gutem Fels. 15—20 Min. von der Scharte, etwa 2½ Std. von der Engstligenalp auf den Gipfel. G 2. Siehe Skizze S. 88.

Zugang: Auf Pfad über den Ärtelengrat (siehe R 67) bis kurz unter die ersten Felsen. Nun nach rechts queren und über die gestufte und schuttbedeckte SW-Flanke direkt unter die senkrechte Westwand des Hauptgipfels aufsteigen. Am Fuße der Wand nach links (N) in die Scharte zwischen N- und Hauptgipfel. Aus der Scharte steigt man an die senkrechte Nordkante des Hauptgipfels. Hier beginnt die Kletterei.
Führe: 1. SL: knapp rechts der Kante einige Meter empor und rechtshaltend in Verschneidung. Diese hoch und rechts auf einen Absatz.

Tschingellochtighorn von Westen

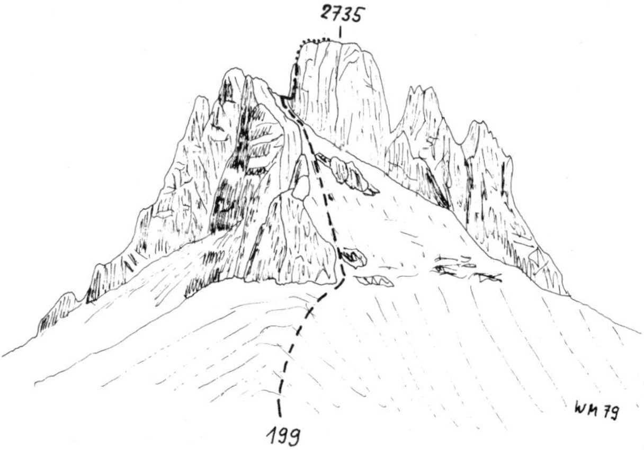

Über abwärts geschichteten Fels nach rechts in Kamin, diesen erklettern und wieder nach rechts auf Band zu Stand. **2. SL:** Über das Band zu einer Rinne, die an guten Griffen direkt auf den Gipfelgrat hinauf erklettert wird. Über den Grat in wenigen Metern auf den Gipfel. Im Abstieg kann man das letzte Stück zur Scharte abseilen (10 m).

● 205 **Groß Lohner,** 3048,7 m

Der Groß Lohner ist ein selbständiges Gebirgsmassiv mit drei Gipfeln. Es besteht fast durchwegs aus sehr brüchigem Kalkgestein. Der etwa 2 km lange Verbindungsgrat ist SW—NO orientiert. Der SW-Gipfel ist der Hauptgipfel (3048,7 m), er wird **Vorder Lohner** genannt. Der **Mittler Lohner** ist mit 3002 m und der **Hinder Lohner** mit 2929 m vermessen. Letzterer fällt als langer, mit abenteuerlichen Türmen gespickter Grat zur Bunderchrinde ab. Er wird der sehr brüchigen Felsen wegen nur äußerst selten erklettert. Im NW des Hinder Lohners erhebt sich das Nünihorn (2717 m), das ab und zu aus der Scharte zwischen Nünihorn und Hinder Lohner bestiegen wird. Aus derselben Scharte zieht sich der Nordgrat auf den Hinder Lohner. Er wird durchschnittlich nur einmal pro Saison „gemacht“. Öfter besucht wird eigentlich nur der Vorder Lohner über den bekannten Westgrat von der Lohnerhütte aus.

Dabei wird jeweils das Mittaghorn (sehr schöner Einblick in das ganze Massiv und imposanter Tiefblick auf Adelboden) mitbestiegen. Der Auswahlführer beschränkt sich auf die Beschreibung dieser, mit Recht als klassisch geltenden Lohnerbesteigung.

• 206 Vorder Lohner über Westgrat von der Lohnerhütte aus

II und I, z.T. exponiert. 4½ Std., von der Lohnerhütte (inkl. Mittaghorn). G 3. Klettertour mit hochalpinem Charakter (viel Geröll). Der ganze Grat kann von einer geübten Seilschaft am kurzen Seil gemeinsam gehend erklettert werden. Lohnendste und meistbegangene Route im Lohnermassiv. 1 Pickel pro Seilschaft mitnehmen. Siehe Abb. S. 90/91.

Zugang: Von der Lohnerhütte auf Pfad am Fuße der Westwand des Mittler Lohners entlang und die folgende Geröllhalde (Witi Chume) nach W queren. Dann auf schwach ausgeprägtem Moränenrücken in der Fallinie empor zu den untersten felsigen Ausläufern des Mittaghorn-O-Grates (Pfadspuren). Diese steilen Felsen links im Schneecouloir umgehen (Steinschlag), bis man bequem nach rechts zurückqueren kann. Nun über Felsen nach W aufsteigen (parallel zum Couloirrand), dann über einen Moränenkamm. Vom Kopf der Moräne nach rechts in Sekundärcouloir (das Hauptcouloir zieht sich direkt in den weiten Sattel empor, nicht empfehlenswert). Das Sekundärcouloir ersteigen und annähernd horizontal nach links in den **weiten Sattel** queren (tiefster Punkt zwischen Mittaghorn und Vorder Lohner). Von hier lohnender Abstecher auf das Mittaghorn. Vom Sattel über schiefrige Felsen nach SO zum Beginn des Grates. Hier beginnt die eigentliche Kletterei.
Führe: Direkt über den Grat über steile, aber gut gestufte gelbliche Felsen auf den **ersten Aufschwung.** Der **zweite Aufschwung** wird vorwiegend rechts (W) der Gratkante erstiegen, z.T. Pfad im Geröll. Kurzer Abstieg in Sattel. Der **dritte Aufschwung** ist vorerst sehr brüchig, plötzlich aber abrupter Wechsel zu festem, hellem Kalk. Es folgt ein annähernd **horizontaler Gratfirst,** z.T. sehr schmal und exponiert, mit kleinen Türmchen, die alle überklettert werden. Diese schöne Gratstrecke

Groß Lohner von Westen (folgende Doppelseite)
Am Fuße des Mitt. Lohners steht die Lohnerhütte. Das imposante dreigipflige Massiv kulminiert im Vord. Lohner auf 3048,7 m. Es besteht zur Hauptsache aus brüchigem Gestein. Der Westgrat auf den Vord. Lohner ist trotzdem eine lohnende Klettertour mit alpinem Charakter. Die großartige Lage der exponierten Hütte in wilder Umgebung lohnt allein einen Besuch. Für trittsichere Geher empfiehlt sich der Übergang auf die Engstligenalp (R 208).

Mitt. Lohner
2929
Hint. Lohner
Nünihorn
Tierchumi
30
1917
Holzberg

Balmhorn
Vord. Lohner
206
2677,8
206
206
208
Witi Chume
Fläckli

wird abgeschlossen durch eine etwa 9 m hohe senkrechte Abseilstelle in kleine Scharte (fest montierter Abseilring). Nun leichter alles über die Gratkante oder z.T. über Bänder auf der Südseite auf den Gipfel. 2—2½ Std. vom Mittaghorn.

● 207 A Abstieg über den Südgrat

I. 1½ Std. vom Gipfel an den Fuß des Südgrates. G 2.

Vorerst leicht über den Schuttgrat (Pfad) bis zu Steinmann auf etwa 2780 m. Hier nach links (O) über steile, plattige, abwärtsgeschichtete Stufe (abschüssig und heikel, keine Sicherungsmöglichkeiten) auf Schutthang. Nach S in Couloir, dieses absteigen und auf einem Band leicht aufsteigen in Sättelchen mit großem Steinmann. Jenseits in leichter Kletterei nach S in den markanten Sattel N P. 2662 (LK 25). Von hier **zwei Möglichkeiten: a)** Entweder nach O durch tiefeingeschnittenes Couloir absteigen und über Schutt den Felswänden entlang nach S queren an den Fuß des Südgrates oder **b)** nach W durch ein weites Couloir auf die obersten Weidehänge von Ärtelen.
Weiterer Abstieg nach Engstligenalp siehe Ortelenpaß (R 67).

● 208 Von der Lohnerhütte auf die Engstligenalp

Bei Nässe heikel, nur für trittsichere und schwindelfreie Berggänger. 2 Std. BW 3.

Von der Lohnerhütte zieht sich zwischen 2200 und 2300 m ein steiles Schuttband um das Mittaghorn herum auf die Ärtelenalp. Auf diesem Band verläuft ein schmaler, teilweise exponierter Pfad. Pickel mitnehmen, um im harten Firn oder im Schiefergestein und harten Moränenschutt Stufen zu schlagen. Siehe Abb. S. 90/91.

Von der Lohnerhütte dem Pfad folgend nach S am Fuße der Westwand des Mittler Lohners entlang in die Witi Chume. Diese in einem schwachen Bogen nach links ausholend queren (häufig Firn) an den Fuß der Mittaghorn-NNO-Flanke. Dieser entlang nach rechts leicht aufsteigend queren auf die ausgeprägte NW-Kante, etwa 2300 m. Dann nach S leicht absteigend mehrere Rippen und Couloirs überschreitend (teilweise steil und heikel) auf die nördlichsten Weidehänge von Ärtelen. Auf grasigem Grat nach W in Sattel O Luser (2180 m) und nach S über Weiden absteigen zum Ärtelenbach. Von hier **zwei Möglichkeiten:**
1. Direkt nach NW absteigen nach Unter dem Birg (Talstation der Luftseilbahn), markierter Bergweg.
2. Den Ärtelenbach überschreiten und nach SW an Alphütte vorbei auf den Ärtelengrat. Ein guter Alpweg führt um den Grat herum auf die Engstligenalp.

2. Rinderhorn — Balmhorn — Ferdenrothorn

A. Begrenzung

Im W Dala — Leukerbad — Gemmipaß — Schwarenbach — Stock, im N Gasterental, im O Lötschenpaß — Ferden — Goppenstein — Lonza, im S die Rhône.

B. Karten

LK Nr. 263 Wildstrubel, Nr. 264 Jungfrau, Nr. 273 Montana und Nr. 274 Visp.

C. Allgemeine Beschreibung

Der Hauptkamm schwingt sich vom Gemmipaß über die Plattenhörner zum **Rinderhorn** (3453 m) und **Balmhorn** (3699 m) auf und fällt dann steil ab zum Lötschenpaß. Der **Altels** (3629,4 m) ist dem Balmhorn NW vorgelagert und mit ihm durch einen exponierten Schneegrat verbunden. Die prachtvoll vergletscherte Nordflanke des Balmhorns bildet mit dem Altels zusammen den auf zahlreichen Postkarten und Kalenderbildern festgehaltenen Abschluß des Kandertals. Der Altels wird — weil die Normalroute etwas mühsam und eintönig ist — meist in Verbindung mit dem Balmhorn bestiegen, wobei die Normalroute als Abstieg dient. Die Altels-Nordflanke (R 296) verdient unbedingt stärkere Beachtung als bisher: Hier bietet sich eine gute Möglichkeit, überfüllte Hütten zu meiden und von einem Biwak aus die Besteigung zu unternehmen. Übrigens zählt die Balmhornhütte (Wochenenden ausgenommen) zu den schwachbesuchten Hütten der Berner Alpen. Die meistbegangenen Touren am Balmhorn sind (in der Reihenfolge der Schwierigkeit): Normal- und Skiroute vom Schwarenbach aus, Wildelsigengrat und Gitzigrat. Die Balmhorn-Nordflanke ist in den letzten Jahren durch den massiven Gletschervorstoß schwieriger und gefährlicher geworden. Am Rinderhorn wird eigentlich nur die Normalroute vom Rindersattel aus öfter begangen, vor allem auch im Frühjahr mit Ski. Hie

und da wird der Westgrat zum Abstieg benützt, um eine Überschreitung zu ermöglichen. Die Nordflanke wird — obwohl sie zu den interessanteren Eistouren der Berner Alpen zählt — nur selten durchstiegen, wohl weil sie etwas versteckt ist. Die übrigen Anstiege am Rinderhorn werden kaum je begangen. Geologisch gehört die Hauptgruppe Rinderhorn — Balmhorn — Altels zur Doldenhorndecke, die aus jüngeren Sedimenten besteht. Charakteristisch ist die nach NW abfallende Gesteinsschichtung (Plattenschüsse am Altels!). Der Fels ist leider überall brüchig und wird vom Bergsteiger eher gemieden. Er bevorzugt die Anstiege über Schnee und Eis. Eine Ausnahme bildet eigentlich nur der Gitzigrat am Balmhorn, der neben brüchigem Fels auch verhältnismäßig festes Gestein aufweist.
Die Ferdenrothorngruppe im S des Balmhorns zieht sich von der Gitzifurgge (Wasserscheide zwischen Dala und Ferdenbach) über den Hauptgipfel des **Ferdenrothorns** (3180,2 m) nach SW zum **Majinghorn** (3053,6 m). Südlich des Majinghorns, beim P. 2965, verzweigt sich die Kette: Ein Ast streicht weiter nach SW zum **Torrenthorn** (2997,8 m) im O von Leukerbad, der andere zieht sich vorerst nach O zum **Mauerhorn** (2944 m), dann nach S über **Restirothorn** (2969,1 m), **Laucherspitzen** (2843 m), **Faldum-Rothorn** (2832 m) zum **Einig Alichji** (2769,2 m). Nicht weniger als 7 Übergänge führen aus dem Dalatal über die Kette ins Lötschental, nämlich **Gitzifurgge** (2919 m), **Ferdenpaß** (2824 m), **Oberferdenpaß** (2896 m), **Galmpaß** (2869 m), **Restipaß** (2626 m), **Faldumpaß** (2640 m) und **Niwenpaß** (2602 m). Alle Gipfel und Pässe sind leicht erreichbar und deshalb auch für Skitouren sehr gut geeignet. Mit Ausnahme des Torrenthorns (Luftseilbahn) werden die Gipfel eher selten besucht, obwohl sie alle prächtige Aussicht auf die Walliser Alpen bieten. Lohnende **Klettereien** gibt es in diesem Gebiet kaum, der Fels ist überall brüchig. Für Bergsteiger mit alpinistischem Ehrgeiz kommen am ehesten folgende Traversierungen in Frage: Torrenthorn — P. 2996 — Majinghorn — Ferdenrothorn — Gitzifurgge und Mauerhorn bis Einig Alichji. Beide Touren weisen den I. und II. Grad auf, mit IIIer-Stellen. Wer hingegen **hochalpine Wanderungen** bevorzugt, findet hier ein ideales Betätigungsfeld und dank der vielen Pässe schier unbegrenzte Kombinationsmöglichkeiten. Um die Phantasie anzuregen, sei hier nur die Kombination „Rund um das Torrenthorn" (R 268) erwähnt. Für alle Wanderungen an der 3000er Grenze (Torrenthorn ausgenommen) wird die Mitnahme eines Pickels dringend empfohlen, vor allem im Vorsommer. Im Winter fehlen leider hochgelegene Ausgangspunkte. Die meisten **Skitouren** auf der Ostseite müssen deshalb von Ferden (1374 m) aus unternommen werden, was Höhendifferenzen zwischen 1600—1700 m ergibt. In Mode gekommen ist seit Erstellung des Skilifts

auf Lauchernalp die Überschreitung Hockenhorn — Lötschenpaß — Gitzifurgge — Leukerbad von der Skilift-Bergstation Gandegg aus. Ferdenrothorn, Majinghorn und Mauerhorn werden von Ferden aus mit Ski bestiegen (im Sommer von der hochgelegenen Kummenalp her). Das Mauerhorn kann auch vom Hotel Torrenthorn oder von der Rinderhütte aus bestiegen werden (Luftseilbahn von Leukerbad) über Wysse und Schwarze See und das Einig Alichji von Jeizinen aus mit Skiliftbenutzung. Auch die Traversierung des Galmpasses (kombiniert mit einer Gipfelbesteigung) vom Hotel Torrentalp (oder Rinderhütte) nach Ferden ist ein lohnendes Ziel für den Skibergsteiger.

D. Talorte und Ausgangspunkte

● **220** **Kandersteg,** siehe R 6.

● **221** **Leukerbad,** siehe R 7.

● **222** **Goppenstein,** siehe R 509.

● **223** **Ferden,** siehe R 510.

● **224** **Jeizinen,** 1526 m

Kleines Dorf oberhalb Gampel. Von Gampel mit Luftseilbahn erreichbar. Straßenverbindung mit Leuk. Skilift. Pension Eberhardt, 15 Betten, Tel. 028/422042, wenn k. Antw. 028/421117. Burgerhaus, Matratzenlager für 50 Personen, Tel. 028/421583.
Ausgangspunkt für Wanderungen in der südlichen Ferdenrothorngruppe. Lohnende Skitour auf Einig Alichji. Schöner Wanderweg nach Goppenstein.

● **225** **Leuk,** 713 m

Im Rhônetal zwischen Sitten und Brig, Schnellzugstation der Strecke Lausanne — Martigny — Brig — Mailand. Der Bahnhof (624 m) von Leuk befindet sich am orogr. linken Rhôneufer, während die Ortschaft Leuk sich zwischen Weinbergen jenseits der Rhône terrassenartig ausbreitet. Straße nach Leukerbad und Jeizinen.

E. Clubhütten, Berggasthäuser und Hotels

● **230** **Hotel Wildstrubel,** Gemmipaß, siehe R 33.

● **231** **Hotel Schwarenbach,** siehe R 31.

● **232** **Hotel Waldhus,** 1358 m

Am Ausgang des Gasterentals. Zu Fuß in 1/2 Std. von Eggeschwand durch die Chlus (Wanderweg der Kander entlang) erreichbar oder auf taxpflichtigem Sträßchen mit Pkw. Ausgangspunkt für die Altels-Nordflanke. Tel. 033/751273.

● **233** **Selden im Gasterental,** etwa 1540 m

Gebührenpflichtige Straße von Kandersteg mit zeitlich geregelten Berg- und Talfahrten. Busbetrieb im Sommer ab Bahnhof Kandersteg. Im Winter ist die Straße gesperrt. Zwei Hotels mit insgesamt 160 Plätzen, geöffnet Mai bis Oktober. Tel. 033/751163 und 033/751162. Zu Fuß 3 Std. ab Bahnhof Kandersteg und 2 1/2 Std. ab Eggeschwand. Ausgangspunkt für Lötschenpaß und Mutthornhütte. Auf der LK 50 ist das hintere Hotel mit 1552 m kotiert.

● **234** **Gfällalp,** 1847 m

4 Std. ab Bahnhof Kandersteg zu Fuß, Bus ab Bahnhof bis Selden. Am Weg von Kandersteg zum Lötschenpaß gelegen. Hotel mit 65 Plätzen, geöffnet Juli bis September, Tel. 033/751161. Ausgangspunkt für Lötschenpaß, Hockenhorn und Gitzigrat.

● **235** **Lötschenpaßhütte,** 2690 m

Privathütte, ganzjährig geöffnet und wie SAC-Hütten eingerichtet, 35 Plätze. Ausgangspunkt für Ferdenrothorn, Hockenhorn und Balmhorn über den Gitzigrat. Übergang über die Gitzifurgge nach Leukerbad. 3 1/2 Std. von Selden, 2 Std. von Kummenalp. Anmeldung Tel. 028/491887.

● **236** **Kummenalp,** 2083 m

Von Ferden erreichbar auf dem Lötschenpaßweg, 1 1/2 Std. von Ferden. Berghotel, 40 Plätze, geöffnet Juli bis September, Tel. 028/491280, wenn keine Antw. 028/491178. Ausgangspunkt für Ferdenrothorn, Hockenhorn und Balmhorn über den Gitzigrat. Übergänge über den Lötschenpaß nach Kandersteg und über die Gitzifurgge nach Leukerbad.

• 237 **Balmhornhütte,** 1955,5 m

Sektion Altels des SAC, auf Wildelsigen gelegen. 28 Plätze, Hüttenwart im Sommer am Wochenende. Standort KS 619290/144450. Kein Telefon. Kein Zugang im Winter. Auch im Sommer nur für trittsichere und schwindelfreie Berggänger geeignet.

• 238 **Von Kandersteg**
2½ Std. von Eggeschwand und 3¼ Std. vom Bahnhof Kandersteg. BW 3.

Von Kandersteg nach Eggeschwand im Talhintergrund. Nun dem gebührenpflichtigen Fahrsträßchen entlang durch die Klus (Chluse) ins Gasterental. Beim P. 1352 nach rechts über die Brücke und zum Hotel Waldhus, 1358 m. Nun Richtung SO gasterentaleinwärts auf breiter Straße bis zu Wegweiser. Hier nach S abbiegen und durch lichten Wald an die steile Felsstufe. Diese Stufe wird erstiegen (z.T. Weg in den Fels gesprengt, Leitern, Drahtseile) und in langer Querung nach links (SO) eine Mulde erreicht. Bis hierher ist der Weg z.T. sehr exponiert! Am orogr. linken Rand der Mulde über Moränen ansteigen, einen Bach nach O überschreiten, wieder aufsteigen zu großem Steinmann, kurz oberhalb des Steinmanns wird ein weiterer Bach nach O gequert. Nun horizontal, z.T. leicht absteigend in NO-Richtung zur Hütte. Achtung: Die Querung dieser großen Mulde ist dem Eisschlag ausgesetzt!
Die Balmhornhütte ist Ausgangspunkt für den Wildelsigengrat und für die Nordflanke aufs Balmhorn.

• 239 **Hotel Torrenthorn,** 2459,4 m

Am Westhang des Torrenthorns, oberhalb Leukerbad. 20 Min. oberhalb der Bergstation der Luftseilbahn Leukerbad-Rinderhütte. Ausgangspunkt für Touren in der Ferdenrothorngruppe. Betten und Matratzenlager. Tel. 027/611117. Fast durchgehend geöffnet.

• 240 **Rinderhütte,** 2310 m

Bergstation der Luftseilbahn Leukerbad — Rinderhütte. Matratzenlager. Tel. 027/611944. Ausgangspunkt: wie R 239.

F. Pässe und Übergänge

• 245 **Lötschenpaß,** 2690 m

Zwischen Balmhorn und Hockenhorn gelegener alter Paßübergang aus dem Gasteren- in das Lötschental. Standort der Lötschenpaßhütte. Auf beiden Seiten ohne Schwierigkeiten begehbar. Gut ausgebauter Weg. Auf der Nordseite wird der harmlose Lötschengletscher gequert. Der Paß kann der Sommerroute entlang auch mit Ski begangen werden.

Von Norden

★ 246 Von Selden
3½ Std. BW 1.

Über die Kander und dem gut ausgebauten Weg folgend auf die Gfällalp (1847 m, Berggasthaus). Nach NW über die Hänge von Schönbühl und nach W über den Steilhang von Balm, wo man auf 2400 m den Lötschengletscher betritt. Dieser wird ohne Schwierigkeiten nach SO gequert. Weiter am Ostufer entlang über die sanften Hänge auf die Paßhöhe (markiert).

Von Süden

★ 247 Von Ferden
4½ Std. BW 1.

Nach NW auf die Kummenalp (2083 m, Berggasthaus). Nach W über einen Rücken am P. 2414,8 vorbei und nach N über den Stierstutz, an mehreren Seeli vorbei, auf die Paßhöhe.

★ 247a Variante

Von Wiler mit der Luftseilbahn auf die Lauchernalp und nach W via Hockenalp auf die Kummenalp.

● 250 Gitzifurgge, 2915

Zwischen Ferdenrothorn und Balmhorn, Übergang aus dem Dalatal (Leukerbad) in das Lötschental (Ferden), oder in Verbindung mit dem nahegelegenen Lötschenpaß (siehe oben) in das Gasteren- und Kandertal (Kandersteg). Wichtiger Übergangssattel und Ausgangspunkt eines schönen Balmhorn-Aufstiegs (SO-Grat). Von beiden Seiten wenig schwierig zu erreichender Sattel, auch mit **Ski** begehbar.

Von Osten

★ 251 Von Ferden
5 Std. von Ferden; 1 Std. vom Lötschenpaß. G 1.

Auf R 247 über die Kummenalp bis zum P. 2414,8. Nun entweder von diesem weglos in nordwestl. Richtung, dem Abfluß des kleinen Ferdengletschers folgend und an einem kleinen See vorbei (diesen zur Rechten) zum genannten Gletscher empor und über diesen, zuletzt steil, zur Gitzifurgge. Oder vom P. 2414,8 dem Pfad zum Lötschenpaß folgend (R 247) über den Felshang des „Stierstutz" und oberhalb davon nach W abschwenkend zum Ferdengletscher, über den man bis zur Sattelhöhe der Gitzifurgge, zuletzt steil, emporsteigt. Oder vom Lötschenpaß in W-Richtung über P. 2678 zum Ferdengletscher und über diesen empor zur Gitzifurgge.

Von Westen

★ 252 Von Leukerbad
4½ Std. G 1.

Nach NO talein in das Dalatal. Man kann entweder den orogr. linken oder rechten Talhang bis zur Flüekapelle (2070 m) begehen. Der Weg über die **linksseitige** Tallehne führt nach der Überschreitung des Mantschetgrabens durch Wald zur Majingalp (1759 m) und zur Flüealp (2040 m), derjenige über den **rechtsseitigen** Talhang auf dem ersten Streckendrittel etwas durch Wald zur **Clabinualp.** In gleichbleibender NO-Richtung wird nach dieser Alp der wasserführende Lemänglu- und Taubgraben überquert und nach letzterem bald das orogr. rechte Ufer des Dalabaches erreicht. Diesem Bach entlang steigt man zur Flüekapelle auf. Nun **gemeinsam:** Von der Flüekapelle ersteigt man weglos in NO-Richtung das weite halbrunde Tschalkar zum Dalagletscher, über den man, sich zuerst an seinem orogr. rechten (N-)Rand haltend, dann nach SO abbiegend, die Gitzifurgge erreicht. Mit **Ski** begeht man die erste Variante über die Majingalp.

● 255 Ferdenpaß, 2824 m

Zwischen Majinghorn und Ferdenrothorn; Übergang vom Dalatal (Leukerbad) in das Lötschental (Ferden). Dieser Sattel ist von beiden Seiten im Gegensatz zur Gitzifurgge (siehe R 251 und R 252) ohne Gletscherberührung zu erreichen. Von beiden Seiten wenig schwierig, auch mit **Ski** begehbar. R 261 und 255 ergibt eine interessante Rundtour, auch mit Ski.

Von Osten

★ 256 Von Ferden
4½ Std. G 1.

Wie bei R 247 bis zur Kummenalp. Hier verläßt man den Lötschenpaßweg, hält sich in WNW-Richtung an das orogr. linke Ufer des Ferdenbaches und gewinnt damit bei P. 2250/2251 (diesen zur Linken) die

Unterferdenhänge. Der vielfach unterbrochene Pfad biegt nun in WSW-Richtung zu den Oberferdenhängen ab. In gleichbleibender Richtung wird das orogr. linke (N) Ufer des schmalen Oberferdengletschers über Geröll, Schutt- und Trümmerhänge begangen, die zum Ferdenpaß emporführen.

Von Westen

★ 257 Von Leukerbad
4—4½ Std. G 1.

Man begeht wie R 252 den Weg, der an der orogr. linksseitigen Tallehne zur Majingalp und Flüealp führt. Nun entweder von letzterer oder schon vor dieser Alp ostwärts abbiegend, werden in dieser Richtung die steiler werdenden Geröllhänge zum Ferdenpaß erstiegen.

● 260 Galmpaß, 2869 m

Ohne Namen in der LK 50, KS 620010/137220, zwischen Majinghorn (P. 2965) und Mauerhorn (P. 2944) gelegener leichter Übergang von der Alp Galm auf die Kummenalp. Für erfahrene Bergwanderer lohnend (Pickel empfehlenswert), vor allem in Kombination mit dem Ferdenpaß. Auch mt Ski begehbar.

Von Süden

★ 261 Vom Hotel Torrenthorn oder von Alp Galm
2½—3 Std. vom Hotel Torrenthorn. G 1. Dies ist auch die Skiroute.

Auf gutem Pfad zum Wysse See am Südfuß des Torrenthorns. Nun Wegspuren folgend nach NO über Stieralpji zum Schwarze See (2601 m). Weiter nach NO über Geröllhänge bis 2800 m und nach links empor zum Paß.
Variante mit Ski: Vom Torrenthorn P. 2889 nach SO abfahren (Steilhang) zum Wysse See.

Von Norden

★ 262 Vom Ferdenpaß

Über den Oberferdengletscher ohne Schwierigkeiten in den Paß.

● 265 Restipaß, 2626 m

Zwischen Restirothorn und Laucherspitzen gelegener leichter Übergang von der Alp Galm nach Ferden. Die Skiroute folgt im wesentlichen dem Sommerweg.

Von Osten

★ 266 **Von der Restialp** (2098 m)
Mark. Weg, 2 Std. BW 1.

Am linken Ufer des Dornbaches entlang in den Paß.

Von Westen

★ 267 **Vom Wysse See (R 261)**
2½ Std. vom Hotel Torrenthorn. BW 1.

SO am P. 2380,9 vorbei auf gutem Pfad über Dorbeggen in das Tälchen, das in NO-Richtung zum Paß emporführt.

● 268 **Rund um das Torrenthorn**
Nur für erfahrene Bergwanderer, die sich im Gelände auch ohne Markierungen und Wegweiser zurechtfinden. Pickel mitnehmen. Ganze Rundtour 5—6 Std. G 1.

Vom Hotel Torrenthorn auf markiertem Weg Richtung Torrenthorn bis knapp unterhalb P. 2650 auf dem Westgrat. Von hier führt ein Pfad nur leicht ansteigend quer durch die steile Nordflanke des Torrenthorns auf die Schutthänge im N des Majinggletschers. Weiter in gleicher Richtung in ein Schuttälchen, das nach NO zum Oberferdenpaß (P. 2896 m) führt (ohne Namen in der LK). Vom Paß in ½ Std. über Schutt und schiefrige Hänge aufs Majinghorn (3053,6 m). Vom Oberferdenpaß nach S horizontal in den namenlosen Paß in der Mitte zwischen P. 2899 und P. 2965.
Abstieg nach S (im Frühsommer Rutschpartie im Firn) zum Schwarze See (2601 m). Den Pfadspuren nach SW folgend über Stieralpji zum Wysse See. Nun auf gutem, mark. Pfad ums Torrenthorn herum via P. 2394 (Schnydi) und P. 2347 zurück ins Hotel Torrenthorn oder zur Bergstation Rinderhütte.

G. Gipfelbesteigungen

● 275 **Chli Rinderhorn,** 3003 m

● 276 **Vom Rindersattel über den Südostgrat**
II, brüchiger Fels. 1½ Std. vom Sattel auf den Gipfel. G 3. Abstieg am besten über die gleiche Route. Siehe Abb. S. 103 und 105.

Vom Rindersattel (R 280) umgeht man die ersten drei Felstürme im W, indem man über Geröll der Felswand entlang leicht absteigt zu einem großen Couloir, das hinter den Türmen auf den SO-Grat emporführt. Durch das Couloir auf den Grat und über sämtliche Türme hinweg auf den Gipfel.

● 279 **Rinderhorn**, 3453 m

Lohnender Firngipfel mit prachtvoller Aussicht.
Wie alle Gipfel der Balmhorn-Gruppe fällt auch das Rinderhorn mit einer steilen Felswand nach S ab, während auf seiner N-Seite drei schmale Gletscher abfließen. Rassiger **Skiberg.** Die interessanteste Route führt über die vergletscherte Nordflanke (R 283).

★ 280 Nordgrat

Normalweg. Der Nordgrat zieht vom Rinderhorngipfel zum Rindersattel hinab. Etwa 4½ Std. vom Schwarenbach-Hotel. G 2. Dies ist auch die Skiroute, wobei die Ski im Rindersattel oder bei guten Verhältnissen auf etwa 3200 m am Beginn des steilen Gipfelhanges zurückgelassen werden. Nur bei sehr günstigen Verhältnissen können die Ski bis auf den Gipfel genommen werden. Siehe Abb. S. 103 und 105.

Vom Berghotel Schwarenbach folgt man dem Gemmipaßweg bis zum N-Ufer des Daubensees (P. 2229,4) und steigt von hier in ONO-Richtung durch eine zwischen Chly Rinderhorn und Rinderhorn eingebettete talartige Geröllkarmulde über steile Schutt- und Trümmerhänge zum Rindersattel (2909 m) auf; 2½—3 Std. Sich hier rechts (SSO) wendend, folgt man dem etwas geschweiften N-Grat des Rinderhorns zuerst über Geröll, das weiter oben von einem Firnkamm und einem steilen Firnhang (oft vereist) abgelöst wird; dieser führt direkt zum Gipfel.

● 281 A Westgrat im Abstieg

Der Westgrat, praktisch nur im Abstieg begangen, wird deshalb im Abstiegssinn beschrieben. Die Route weist eine 20 m hohe Abseilstelle auf (im Aufstieg IV+). Etwas schwieriger als die Normalroute. 2½—3 Std. vom Gipfel nach Schwarenbach resp. auf den Gemmipaß. Siehe Abb. S. 103.

Vom Gipfel nach W über Firn und Schutt zum Abbruch, über den 20 m

Rinderhorn von Westen (Winteraufnahme)
Die Normal- und Skiroute führt vom Rindersattel aus über den Nordgrat. Der Abstieg über den Westgrat (R 281) ermöglicht die einfachste Überschreitung des Berges (eine Abseilstelle). Ausgangspunkte sind Schwarenbach und Gemmipaß.

Doldenhorn
Rindersattel
Altels
295
Rinderhorn
276
280
281 A
280
281 A
281 A (Var.)
Furggentälli
Daubensee
Lämmerenalp

abgeseilt wird. Weiter in leichter bis mäßig schwieriger Kletterei dem Grat folgen, dabei den P. 2974 überschreitend, in eine Scharte vor einem Turm. Von hier **zwei Möglichkeiten:**

a) Nach NW über steile Schneehänge und plattige Felsen in die Mulde zwischen Westgrat und Westsporn und in ihr zum Seestutz am nördl. Ende des Daubensees, wo man auf den Gemmipaßweg stößt. Nur bei guten Schneeverhältnissen ratsam, vor allem im Frühsommer.

b) Bei starker Ausaperung ist Variante a) heikel und es empfiehlt sich, den Turm im SW auf Schuttbändern zu umgehen.

● 282 Über den Ostgrat

III+, Steinschlaggefährdet. 2—3 Std. vom Zackenpaß auf den Gipfel. G 5—6. Siehe Abb. S. 105.

Übersicht: Dieser schwierige Firn- und Felsgrat schwingt sich in zwei Stufen vom Zackenpaß auf den Gipfel. Die Felsen sind leider schlecht, aber der Grat ermöglicht eine interessante Überschreitung des Berges (Aufstieg Ostgrat, Abstieg Normalroute).

Zugang: Auf R 301 in den Zackenpaß.

Führe: Vom Zackenpaß (3036 m, ohne Namen und Kote in der LK, siehe R 301) quert man über heikle und unangenehme Schuttbänder in die Südflanke in ein Couloir, das sich in den Schneesattel W P. 3235 emporzieht. Am orogr. rechten Rand der Rinne auf den ersten Gratabsatz empor. Der zweite Aufschwung wird direkt der Gratkante nach erklettert (einzelne Stufen können in der S-Flanke umgangen werden). Das letzte Stück des Grates besteht aus Firn.

● 283 Über die Nordflanke

Interessante Eistour mit einem sehr schwierigen Eisabbruch. Die Route benützt den Hängegletscher, der direkt vom Gipfel gegen N abfließt und auf etwa 2800 m abbricht. Nicht zu verwechseln mit dem O gelegenen, parallel abfließenden Hängegletscher, der auf einer markanten Gratschulter des O-Grates beginnt. Schwierigster Anstieg auf das Rinderhorn. Eisschlaggefahr. Etwa 8 Std. vom Schwarenbach auf den Gipfel. Die Durchsteigungszeit ist sehr von den jeweili-

Rinderhorn von Norden
Die 1000 m hohe Nordflanke (R 283) des Rinderhorns wird selten durchstiegen: der Eisbruch (Bildmitte) ist eisschlaggefährlich und sehr schwierig zu übersteigen. Der SO-Grat aufs Klein Rinderhorn (R 276) kann bei einer Rinderhornbesteigung vom Sattel aus „mitgenommen“ werden.

Rinderhorn
3235
282
Ostgrat
280
283
Klein Rinderhorn
Rindersattel
276
Altels
NW-Flanke
Schwarzgletscher

gen Verhältnissen abhängig (Zustand des Abbruchs, Spalten). G 7 — G 8, je nach Verhältnissen. Siehe Abb. S. 105.

Auf R 301 auf die westliche Seitenmoräne des Schwarzgletschers. Dann in SSO-Richtung über steiles Geröll- und Schneeband (in der LK eingezeichnet) unter den großen Abbruch des Hängegletschers. Unter dem Abbruch Querung nach links auf eine Felsrippe: Diese Querung ist **eisschlaggefährlich!** Nun sehr schwierig über den 15—20 m hohen senkrechten Abbruch auf den Hängegletscher empor: evtl. Eiskletterei im Eiskamin, sonst mit Eishaken in künstlicher Kletterei. Der Hängegletscher wird an den Fuß der steilen Gipfelwand erstiegen (große Spalten!). An der günstigsten Stelle über den Bergschrund und über die steilen Eishänge der Schlußwand (45—50 Grad) auf den Ostgrat, den man knapp unter dem Gipfel erreicht. Je nach Schnee- und Eisverhältnissen kommen in dieser Schlußwand brüchige Felsen zum Vorschein.

● 286 Tatelishörner

Diese unbedeutenden Gipfel erheben sich in der NW-Flanke des Altels. Das untere Tatelishorn (2497,4 m) wird öfter mit **Ski** erstiegen von der Spittelmatte aus:

⋆ 287 Von Kandersteg auf das Unter Tatelishorn

2½ Std. von Sunnbüel auf den Gipfel. G 1.

Mit der Stockbahn und dem Sessellift bis Sunnbüel. Von hier abfahren zur Skilift-Talstation. Nun über die Ebene von Spittelmatte in SW-Richtung bis zum P. 1901. Dieser Punkt ist auch von Schwarenbach erreichbar. Vom P. 1901 steigt man Richtung Altels am Südrand des Sagiwalds bis etwa 1960 m und quert dann das Wäldchen nach NO auf die Terrassen von Tatelen. N vom P. 2217 übersteigt man einen tiefen Graben und gewinnt von neuem die Terrassen. Zuletzt steigt man über den Steilhang direkt auf den Gipfel des unteren Tatelishorns.

⋆ 288 Skiaufstieg auf das Ober Tatelishorn

Bei sehr günstigen Schneeverhältnissen kann auch das Ober Tatelishorn (2961,6 m) mit Ski bestiegen werden. Nur für gute Skifahrer.

Vom Unter Tatelishorn über die 35 Grad steile NW-Flanke auf den Gipfel. Etwa 1½ Std.

● 293 Altels, 3629,4 m

Ein dem Balmhorn-Hauptkamm NW vorgeschobener Gipfel. Das nahegelegene Balmhorn ist mit dem Altels durch einen mäßig schwierigen, scharfen Firngrat verbunden. Eine schöne und interessante Balm-

horn-Altels-Überschreitung läßt sich ausführen, wenn man das Balmhorn entweder von der Balmhornhütte über den NO-Grat oder vom Schwarenbach-Hotel über den SW-Grat besteigt, vom Balmhorn den Übergang zum Altels durchführt und von diesem über den W-Grat zum Gemmipaßweg absteigt (R 294). Man kann dabei über die bei R 294 erwähnten und im Aufstieg sehr ermüdenden Schutthänge schnell absteigen.
Die Normalroute über die NW-Flanke kann bei besten Verhältnissen auch mit **Ski** begangen werden. Steile und rassige Abfahrt mit 1500 m Höhendifferenz.

★ 294 Nordwestflanke und Westgrat

Normal- und Abstiegsroute. 5—6 Std. von der Spittelmatte. G 2. Siehe Abb. S. 109.

Vom südl. Ende der **Spittelmatte** (P. 1901) über den Schwarzbach und nach SO, dem Sagiwald entlang (Pfad) zum KS 616/143. Nach O queren, dabei die untersten Felsausläufer des NW-Grates links (N) umgehend, an den Fuß der Nordwestflanke. Diese Flanke wird mühsam erstiegen, immer N der Gratkante bleibend und N an P. 2961 vorbei (Schutthalden und geröllbedeckte Platten mit Pfadspuren). Auf etwa 3200 m quert man nach rechts auf den Grat, den man in einem kleinen Sattel erreicht. Vom Sattel weg folgt man dem Westgrat, zuerst über geröllbedeckte Felsen (kurze plattige Stufe beim P. 3418), dann über die steile Firnkante auf den Gipfel.
Dies ist auch die **Skiroute,** wobei die Ski meist unterhalb P. 3418 deponiert werden (bei besten Schneeverhältnissen kann die sehr steile Gipfelflanke auch direkt befahren werden).

● 295 Südostgrat

II, teilweise ausgesetzt. Schöner und interessanter Gratübergang, meist über Firn führend. 1½—2 Std. G 3. Übergang vom Balmhorn zum Altels. Siehe Abb. S. 103 und 109.

Vom Balmhorn-Hauptgipfel (3699 m) sich W wendend, steigt man über einen kurzen Firngrat in eine Firnmulde ab und erreicht von dieser P. 3669 (Balmhorn-Vorgipfel). Nun in nordwestl. Richtung dem Firngrat folgend in den Firnsattel zwischen P. 3669 und Altels hinab. Ein scharfer Firngrat führt zu einem Felskopf empor, nach dessen direkter Überschreitung man nochmals einen Firnsattel betritt. Über eine steile Firnkante ansteigend, wird eine weitere markante Graterhebung erreicht, wobei man mehr links derselben in der SW-Seite bleibt. Ein scharfer und oft überwächteter Firngrat führt schließlich zum Fuß des felsigen Gipfelaufbaues des Altels. Hier quert man für eine kurze

Strecke unter den Felsen nach links (W) und erreicht durch eine gut begehbare Rinne, sich schräg halbrechts haltend, wieder den Grat, über dessen leichte Felsen man zum Vorgipfel ansteigt. Ein luftiger Verbindungsgrat führt schließlich zum Altels-Hauptgipfel.

● 296 Nordflanke und Nordgrat

Der interessanteste Aufstieg auf den Altels führt vom Gasterental aus über Nordflanke und Nordgrat. Landschaftlich hervorragend schöne Tour, vor allem im Frühsommer empfehlenswert. Die sehr lange Tour (2600 m Höhendifferenz) wird am besten mit einem Biwak abgekürzt. Zu Unrecht sehr selten begangen. 8—9 Std. vom Gasterental. G 4—5. Siehe Abb. S. 109.

Von Waldhus (1353 m) im Gasterental folgt man dem alten Gemmipaßweg bis etwa 1540 m. Nun auf Wegspuren nach SO zum Lerchi (kleines Wäldchen). Über einen Graben nach O auf einen Moränenrücken und über ihn empor in die Nähe von P. 2122 / LK 25 (KS 617675 / 144640), wo sich mehrere günstige Biwakplätze finden. Weiter nach SO über Grashänge und Felsstufen links aufwärts querend, erreicht man den Abbruch des Gletschers (ohne Namen), der sich vom Altels herabzieht, etwa 2500 m. Der Schwierigkeitsgrad des Gletscherüberganges ist schwankend. Über den Gletscher (große Spalten) empor in den Sattel zwischen Ober Tatelishorn und Altels (= P. 2955 / LK 25). Weiter über den steilen und schönen Firngrat auf den Gipfel.

● 300 Balmhorn, 3699 m

Kulminationspunkt der nach ihm benannten Gruppe. Vielbesuchter Gipfel, der interessante Zugänge, auf den gewöhnlichen Anstiegswegen keine sonderlichen Schwierigkeiten, und dem Bergsteiger außerdem eine der schönsten Schweizer Rundsichten bietet. Rassiger **Skiberg.**

Balmhorn – Altels von Norden
Die prächtige, vergletscherte Nordflanke des Balmhorns wird östl. begrenzt durch den Wildelsigengrat (R 303), der sehr oft bestiegen wird und nach einer heiklen Felspassage in der Ostflanke vom P. 3008 weg über einen schönen Firngrat verläuft. Die Originalroute durch die Nordflanke (. . . .) ist heute wegen Eisschlaggefahr praktisch aufgegeben. Der große Abbruch wird heute respektvoll östl. umgangen und man quert erst in halber Höhe in die eigentliche Flanke. In der Nordflanke des Altels (R 296) ist man garantiert allein: ein Biwak im „Lerchi“ kürzt den sehr langen Aufstieg aus dem Gasterental ab. Die Tatelishörner werden vor allem mit Ski bestiegen von der Spittelmatte (Skilift Sunnbühl) aus.

Balmhorn
Altels
295
3418
294
303
3008
Ob. Tatelishorn
305
Unt. Tatelishorn
296

★ **301** **Südwestgrat (Zackengrat)**

Üblicher Anstieg. Bei guten Verhältnissen etwa 6 Std. vom Hotel Schwarenbach. G 2—3.

Man hat vorerst den Zackenpaß (3036 m, ohne Namen und Kote in der LK 50) zwischen P. 3235 und P. 3117,6 zu erreichen. Dies geschieht vom Schwarenbach-Hotel am nördl. Gemmipaßweg, indem man vom Hotel dem nach Kandersteg führenden Weg etwa 500 m folgt, dort den Gemmipaßweg verläßt und in allgemeiner O Richtung einen Pfad verfolgt, der den NW-Fuß des Chly Rinderhorns quert und zur orogr. linken Randmoräne des Schwarzgletschers führt. Man betritt diesen Gletscher in etwa 2350 m Höhe und ersteigt ihn in SO-Richtung, zuletzt über einen Steilhang, bis zum oben erwähnten Sattel. Etwa 3 Std.
Vom Sattel sich nordostwärts wendend, wird der aus Schutt bestehende Zackengrat (Pfadspuren) erstiegen; dieser wird nach dem P. 3326 von Firn abgelöst, über den man zum P. 3669 ansteigt. Von diesem Vorgipfel in O-Richtung in einen muldenartigen Sattel (oft großer Bergschrund) hinab, von dem ein Firngrat zum Hauptgipfel emporführt.
Will man im **Abstieg** nicht zurück ins Hotel Schwarenbach, sondern ohne Umweg nach Kandersteg, dann steigt man über die orogr. rechte Seitenmoräne des Schwarzgletschers (Pfadspuren) ab und gelangt direkt zum P. 1901 in der Ebene von Spittelmatte. Auch mit Ski.
Skiroute: Bei sehr guten Schneeverhältnissen kann die steile Westflanke vom Schwarzgletscher aus direkt begangen werden, wobei man auf etwa 3400 m nach S auf den Zackengrat queren kann.

● **302** **Nordwestgrat**

Übergang Altels — Balmhorn, siehe R 295. Dort in Gegenrichtung beschrieben, da dieser Gratübergang meistens von SO nach NW ausgeführt wird. Siehe Abb. S. 109.

● **303** **Nordostgrat (Wildelsigengrat)**

Stellen **III—**, meist II. Klassische Tour, oft begangen, viel brüchiger Fels, bei mehreren Partien stellenweise sehr steinschlaggefährlich. Bei Neuschnee und Wassereis muß von der Tour abgeraten werden, weil der kleinsplittrige und abwärtsgeschichtete Kalk sich nur sehr schwer zum Klettern mit Steigeisen eignet. Zudem sind die Sicherungsmöglichkeiten in den schwierigen Kletterstellen unzureichend. 7 Std. von der Hütte auf den Gipfel bei guten Verhältnissen. G 4—5.

Übersicht: Dieser lange Fels- und Firngrat bildet die linke Begrenzung der mächtigen vergletscherten Nordflanke.
Zugang: Von der Balmhornhütte dem guten Weglein folgend im Zick-

zack über die begraste Moräne aufsteigen, dann weniger steil Richtung P. 3402 (im obersten Teil des Wildelsigengrates) bis etwa 2060 m und zu mannshohem Steinmann. Hier biegt man nach links ab und ersteigt über Geröll die Hänge bis unter eine senkrechte Felsstufe.
Führe: Am Fuße der senkrechten Felsstufe traversiert man nach rechts in kleine Rinne, verläßt diese nach rechts auf einen Felskopf, etwa 2130 m. Noch etwa 30 m rechtshaltend, dann scharf nach links abbiegen und in längerer ansteigender Linksquerung den breiten grasigen Rücken gewinnen, etwa 2200 m. Über diesen Rücken empor bis zu großen Felsblöcken, etwa 2340 m, diese rechts (N) umgehen, auf etwa 2490 m wechselt man bei Steinmann auf die östliche Seite des Grates. Nach einer Querung über Schuttbänder steigt man wieder nach rechts auf den schuttbedeckten breiten Gratrücken, den man über P. 2643 verfolgt bis zum P. 2821,7. Abstieg in Scharte in der Nordflanke. In der Scharte wechselt man auf die Ostseite und umgeht auf Schuttbändern einen Turm. Es folgt eine glatte Platte, die man an der linken Kante erklettert. Anschließend über Geröll auf den nächsten Aufschwung. Es folgt ein horizontales Gratstück, oft verfirnt. Über den anschließenden Geröllhang empor an den Fuß eines auffälligen dreieckigen Turmes, der senkrecht abfällt (Erinnerungstafel von Steiger). Etwa 3 Std. Nun beginnen die eigentlichen Schwierigkeiten. Der Turm wird O umgangen und ein Sattel erreicht. Weiter in der Ostflanke auf Schuttbändern leicht absteigend traversieren in einen zweiten Sattel mit Steinmann (etwa 70 m). Vom Sattel über ein gutgestuftes Grätchen (verhältnismäßig fester Fels) emporklettern bis hinter kleinen Felskopf (2 SL, II). Vom Felskopf nach links in enge Schnee (Eis-)rinne traversieren und in ihr steil empor auf den Grat zurück (40 m, schwierigste Stelle, schlechte Sicherungsmöglichkeiten, große Steinschlaggefahr bei mehreren Seilschaften!). Man steht nun auf dem Gipfel des ersten großen Aufschwungs. Ab hier wird der Grat bis auf den Gipfel verfolgt, mehrere Felsaufschwünge wechseln ab mit Firnfeldern und Firngraten. Der Felsaufschwung zum P. 3402 wird in der brüchigen Ostflanke erklettert. Vom P. 3402 weg zieht sich ein geschlossener Firngrat in mehreren Aufschwüngen auf den Gipfel (schönster Teil des Grates, aber oft große Wächten auf der Ostseite!)
NB: Bis zum P. 2643 kann man ohne weiteres nachts mit der Stirnlampe gehen, der Weg ist bis dorthin sehr gut mit Steinmännern und Holzpflöcken markiert. Etwa 2 Std. von der Hütte.

● 304 Südostgrat (Gitzigrat)

III + (Stellen), III und II. Interessante Kletterei. Sehr schöne Tour. Oft begangen. 6—7 Std. von der Gitzifurgge. G 5.

Übersicht: Dieser Grat zieht vom Balmhorn über P. 3412/LK 25 zur Einsattelung der Gitzifurgge hinab.
Zugang: Von der Gitzifurgge wendet man sich nach N und erreicht über einen Firnkamm, der bald felsig wird und nach Nordwesten abbiegt, eine kleine, fast eben verlaufende Gratschulter und damit den Beginn des Gitzigrates.
Führe: Direkt vom Ansatzpunkt des Grates etwa 5 m über abwärtsgeschichtete Platten, etwas heikel (III—), zu einer Eisenleiter mit Drahtseil, die auf einen Absatz und zum eigentlichen Grateinstieg führt. 10 m gerade empor (anfangs III+) auf eine geräumige Terrasse. Nun 30 m gerade aufwärts (II, 1 H), 2 m nach links in eine Rinne und durch diese (II, brüchig) auf den ersten Gratabsatz. Der zweite Aufschwung wird zunächst etwas rechts (O) der Kante über eine Plattenrampe erklettert (20 m, II). Wo diese endet, kurze Querung nach O und gerade empor zum Grat zurück (III—). Weiter der Gratschneide folgend 40 m steil empor zu Haken (III—). Wenige Meter in gleicher Richtung weiter, dann in der Ostflanke empor zum zweiten Gratabsatz (II). Über Schutt und Schnee an den Fuß des dritten Aufschwunges, der ebenfalls direkt erklettert wird: 20 m in einer Verschneidung empor, zuletzt etwas links heraus (III+) zu Haken. Hier setzt ein Kamin an, der in herrlicher Kletterei (fester, griffiger Fels) überwunden wird (III+). Über unangenehme, lose aufliegende Platten in ein Couloir, das den oberen Teil des Steilaufschwunges, etwas links der Gratkante, durchreißt. Im Couloir nur mäßig schwierig (II), aber gefährlich (brüchiges Gestein) hinauf. Oben auf schmalem Band sehr ausgesetzt in die Ostflanke hinaus (30 m, II, 3 H). Vom Ende des Bandes über schlecht geschichteten Fels zuerst gerade, dann links haltend (II) auf den dritten Gratabsatz. Der abzweigende vierte Grataufschwung wird zuerst an seiner Ostkante (rechts im Sinne des Aufstieges) erklettert, dann durch eine halblinks befindliche Rinne zum Grat zurückgekehrt (III+). Dieser Aufschwung kann auch mühsam W umgangen werden. Nun wieder gemeinsam: wenig schwierig an den Fuß des fünften Grataufschwunges. Man quert etwas nach links in die Westflanke und steigt etwa 20 m W der Gratkante ein. Im wesentlichen gerade empor auf die Höhe des Aufschwunges (III). Auch den letzten, kleineren Aufschwung kurz vor dem Gipfel erklettert man direkt, wobei oben über einen kleinen Überhang (III+) ausgestiegen wird (brüchig). Nun über Firn und leichte Felsen auf den Gipfel des Balmhorns.

● 305 Nordflanke

Sehr schöner und verhältnismäßig oft begangener Eisanstieg. 8—9 std. G 7. Infolge des sehr starken Gletschervorstoßes der letzten Jahre ist die Route der Erstbegeher praktisch aufgegeben, die Eisschlaggefahr ist einfach zu groß geworden. Siehe Foto mit eingezeichneter Originalroute. Die heute gebräuchliche Route vermeidet den gefährlichsten unteren Wandteil und quert erst auf etwa 2900 m in die eigentliche Flanke. Diese wird O begrenzt durch ein schmales Felsband, das vom P. 3402 im Wildelsigengrat steil nach NNW abfällt. Die Route führt parallel zu diesem Felsband bis etwa 2900 m und quert dann vermittels eines hier angebrachten fixen Kabels nach rechts in die Flanke. Siehe Abb. S. 109.

Von der Balmhornhütte (1955 m) folgt man vorerst dem Pfad, der auf den Wildelsigengrat führt. Dort, wo er scharf nach links abbiegt (etwa 2060 m) folgt man einem Moränenkamm nach S, bis man bequem nach rechts zum Balmhorngletscher absteigen kann. Nun dem Gletscherrand entlang (dabei einer Felsstufe nach rechts ausweichend) bis etwa 2450 m. Hier verläßt man den Gletscher und steigt über schuttbedeckte und z.T. plattige Felsen und Schneehänge nach SO, immer parallel zum vorerwähnten Felsband, bis etwa 2900 m. Mit Hilfe des Kabels wird das Band an seiner schmalsten Stelle nach rechts (W) überstiegen und der östl. Rand der Firnflanke erreicht. Nun **zwei Möglichkeiten:**
a) Schräg rechts hoch ins Zentrum der Flanke queren und gerade hoch auf den Gipfel. Die Flanke ist sehr stark verschrundet. Die großen Eisbrüche auf etwa 3500 m können direkt erklettert oder auf einer Firnterrasse nach links auf den Wildelsigengrat umgangen werden. Durchschnittsneigung der Flanke 45 Grad.
b) Parallel zum Felsband aufsteigen zum P. 3402 und über den Wildelsigengrat auf den Gipfel. Leichter als a).

• 308 **Ferdenrothorn,** 3180,2 m

• 309 Nordgrat

II, etwa 2 Std. vom Sattel. G 2.

Zugang: Von der Gitzifurgge (R 250) wendet man sich südwärts und begeht, hart unter dem N-Grat bleibend (diesen zur Rechten) den obersten Teil des Ferdengletschers. Wo man in dieser Richtung auf vorspringende Felsen stößt, wird eine Rinne erstiegen (die zweite, die man von der Gitzifurgge aus passiert), die zum brüchigen N-Grat emporführt.
Führe: Dem N-Grat ohne besondere Schwierigkeiten folgend, wird der Ferdenrothorn-Gipfel erreicht, indem nur im oberen Gratdrittel notwendig erscheinende Umgehungen W auszuführen sind.

★ 310 **Südsüdwestgrat**

I, 3½ Std. von der Kummenalp; Von der Kummenalp aus kann man das Ferdenrothorn über die Gitzifurgge zum Ferdenpaß in einem halben Tag (hin und zurück 6—7 Std.) überschreiten; G 1.

Führe: Vom Ferdenpaß wendet man sich nach NO und ersteigt den verwitterten Felsgrat bis zum Gipfel.
Abkürzung: Kommt man von der Kummenalp, braucht man nicht bis auf den Ferdenpaß zu gehen, sondern man kann von Oberferden aus den Schneesattel NO P. 3055 im SW-Grat auch direkt erreichen, indem man auf 2600 m in NW-Richtung über steile Gras- und Geröllhänge emporsteigt. Für den Abstieg weniger geeignet.
Mit Ski benützt man die terrassenartige Mulde, die sich SO der Gratkante zum P. 3055 emporzieht. Vom P. 3055 über den breiten Gratrücken bis zum Beginn des Felsgrates (etwa 3120 m), wo man die Ski zurückläßt und den Gipfel zu Fuß gewinnt.
Diese Skiroute eignet sich im **Sommer** auch gut für den **Abstieg** vom Gipfel auf die Kummenalp.

● 313 **Majinghorn,** 3053,6 m

Lohnender Skigipfel mit prächtiger Aussicht.

★ 314 **Von der Kummenalp**

3 Std.

Mit Ski über den Oberferdengletscher und über einen steilen Firnhang auf den Oberferdenpaß P. 2896. Von hier über die Südhänge auf den Gipfel.

● 316 **Torrenthorn,** 2997,8 m

Schöner Aussichtspunkt. Früher bekannte Skitour im Frühjahr von Leukerbad aus. Heute ist die Westseite des Berges in den Skizirkus von Leukerbad einbezogen und deshalb für den ernsthaften Alpinisten nur noch von untergeordnetem Interesse. Der Gipfel ist vom Hotel Torrenthorn (2459,4 m) leicht erreichbar.

● 317 **Überschreitung Torrenthorn—Majinghorn—Ferdenrothorn**

III (Stellen) und II. G 3. Etwa 6 Std. vom Torrenthorn in die Gitzifurgge.

Vom Torrenthorn folgt man dem ONO-Grat bis zum tiefsten Punkt. Es folgt das schwierigste Gratstück der Überschreitung, die Traversierung des Klein Torrenthorns (2996 m, ohne Namen in der LK). Der Grat ist stellenweise schmal und stark zerrissen, die Felsen sind brüchig, einige Stellen III. Der NO-Grat des Majinghorns ist nicht begehbar (senkrechter Absturz) und wird im O umgangen: vom Oberferdenpaß (2896 m, ohne Namen in der LK) steigt man über einen steilen Firnhang auf den Oberferdengletscher ab und quert nach NO in den Ferdenpaß. Das Ferdenrothorn wird auf R 310 und R 309 überschritten.

● 319 Mauerhorn, P. 2944 (ohne Namen in der LK)

Lohnender Skigipfel mit prächtiger Aussicht, ungefähr 500 m N des Restirothorns.

★ 320 Von der Kummenalp

2½—3 Std. G 1.

Mit Ski über den Oberferdengletscher auf den Galmpaß (R 260) und über die SW-Hänge auf den Gipfel.
Im Sommer zu Fuß über die gleiche Route.

● 321 Überschreitung Mauerhorn—Einig Alichji

III (Stellen) und II. 5—6 Std. G 3.

Führe: Vom Mauerhorn (2944 m) leicht nach S in die Lücke (ca. 2840 m) absteigen und über den Nordgrat in leichter Kletterei auf das **Restirothorn** (2969,1 m). Abstieg über den SW-Grat, bis man ohne besondere Schwierigkeiten nach links in die Südflanke absteigen kann. Über eine Schutthalde hinunter und nach O in den Restipaß (2626 m) queren. Vom Paß nach O schräg links hoch in die Tellifurgge (2711 m) und über den NO-Grat (leichte Kletterei, Stellen II) auf die **Laucherspitzen** (2843 m). Über einen breiten Schutt- und Grasrücken nach S in den Faldumpaß (2640 m) absteigen. Es folgt das schwierigste Stück der Überschreitung, der Nordgrat des Faldum-Rothorns. Der erste Aufschwung wird rechts (W) umgangen und durch ein Couloir auf den Grat zurückgekehrt. Über eine Rippe aus hellgrauen Felsen (III) und einige brüchige Stufen zu einer Reihe von Felszacken, die man links umgehen kann (ein Kamin III—). Zurück auf den Grat und über die festen Felsen des Gipfelaufschwungs (III) auf das **Faldum-Rothorn** (2832 m). Abstieg über die Südflanke (zuerst einige Felsen, dann steile Grashänge mit Wegspuren) in ein Schuttcouloir. Dieses absteigen und nach O in den Niwenpaß (2602 m) queren. Vom Paß ohne Schwierigkeiten direkt über den Grat aufs Einig Alichji (2769,2 m).
Abstieg: Entweder nach O über den Grat zum P. 2757 und nach NO dem breiten Rücken folgend via P. 2585 und Hornläger nach Faldumalp oder nach S über Fäsilalpu nach Jeizinen (siehe R 322).

★ 322 **Einig Alichji von Süden**
1½—2 Std. von der Skilift-Bergstation.

Von Jeizinen (1526 m) mit Skilift bis Grindji, etwa 2200 m. Nach N über die Oberi Fäsilalpu aufsteigen, O an P. 2476 vorbei in die Mulde im S vom Einig Alichji. Nach NW über die immer steiler werdenden Hänge auf den Gipfel.
Abfahrt: über die Aufstiegsroute.

3. Doldenhorn-Blümlisalp-Gspaltenhorn-Kette

(Berge nördlich des Kander- und Tschingelfirns)

A. Begrenzung

Kandersteg im W, Hohtürli—Sefinenfurke im N, Lauterbrunnental im O und Kanderfirn—Tschingelfirn im S.

B. Karten

LK Nr. 263 Wildstrubel und Nr. 264 Jungfrau, evtl. Nr. 253 Gantrisch.

C. Allgemeine Beschreibung

Die mehr als 10 km lange, auffällig geradlinige Kette zieht sich vom Doldenhorn nach NO über Blümlisalp und Gspaltenhorn zum Tschingelspitz. Die Fisistöcke im W und der Tschingelturm im O bilden die markanten Eckpunkte. Die Kette wird durch Kanderfirn und Tschingelfirn von der Hauptkette der Berner Alpen getrennt. Gamchigletscher und Gamchilücke trennen die Kette in zwei Teile und ermöglichen den einzigen leichten Übergang. Zwei Pässe führen im N der Kette entlang und bieten eine genußreiche Wanderung in unmittelbarer Hochgebirgsnähe: vom Oeschinensee über das Hohtürli in den wilden Gamchikessel und von hier über die Sefinenfurgge ins Sefinental. Kander, Gamchibach und Lütschine bilden die Hauptabflüsse des Massivs. Die Kette gehört geologisch (wie die Balmhorngruppe) zur Doldenhorndecke, die aus Sedimenten besteht. Der Dogger bildet die steilen Südabstürze und der Malm formt die Gipfelzonen und die plattigen Nordabdachungen. Die prähistorischen Bergstürze von Kandersteg sind Zeugnisse gewaltiger gebirgsbildender Kräfte: von den Fisistöcken lösten sich annähernd 2 Kubikkilometer (!) Gestein, stürzten zu Tal und hinterließen Trümmer bis Kandergrund. Ausbruchnische und Gleitflächen sind oberhalb

der Doldenhornhütte heute noch gut sichtbar. Ein zweiter Bergsturz ereignete sich unterhalb des Doldenhorngletschers und staute den Oeschinensee.
Die ganze Kette fällt nach S in steilen Felswänden ab, in denen auf einer Höhe von rund 3000 m schmale terrassenähnliche Gletscher eingelagert sind. Die Nordabdachung ist weniger steil, mit Ausnahme des Gspaltenhorns größtenteils verfirnt und bildet den Hauptblickfang von den Voralpengipfeln aus. Doldenhorn und Blümlisalp zählen zu den schönsten Gipfeln der Berner Alpen und werden entsprechend häufig besucht. Die **Normalrouten** führen ohne Ausnahme von NW auf die Hauptgipfel. Für **Skitouren** ist die Kette wenig geeignet: Ausnahmen bilden die Fisistöcke, Doldenhorn, Morgenhorn und Bütlasse, die man im späten Frühjahr mit Ski besteigen kann. Die großzügigsten **Klettereien** findet man am Doldenhorn (Südgrat und Ostgrat), am Fründen- und Oeschinenhorn (die SW-Grate), am Morgenhorn (Ostgrat und Südwandrippe), am Tschingelspitz (Südwand) sowie am Gspaltenhorn (Rote Zähne und NO-Wand). Die gewaltige Gspaltenhorn NO-Wand kann nur mit der Eiger-Nordwand verglichen werden. Die großen klassischen Eisfahren sind Galletgrat und Nordwand aufs Doldenhorn, die Gesamtüberschreitung des Blümlisalpmassivs und die Nordflanke aufs Blümlisalphorn. Sämtliche Südanstiege werden selten ausgeführt. Die Ausgangspunkte liegen sehr tief und zwingen zum Biwak, dazu kommt, daß die Touren in „tonangebenden Kreisen“ keine klingenden Namen haben. Zumindest der Südgrat aufs Doldenhorn und die Südwand des Tschingelspitz verdienen jedoch größere Beachtung; und wem es ernst ist mit der Vermeidung von Modetouren, findet hier ein weites Betätigungsfeld. Die Nordseite dagegen ist sehr gut erschlossen (Doldenhornhütte, Fründenhütte, Blümlisalphütte und Gspaltenhornhütte), der Andrang entsprechend groß und die Blümlisalphütte gleicht in der Sommerhochsaison einem Heerlager. Die Fründenhorn-Blümlisalp-Gruppe zählt denn auch zu den unfallträchtigsten Bergen der Schweizer Alpen; nicht weil die Berge besonders schwierig oder gefährlich wären, sondern weil sich allzuviel Volk tummelt, dem die nötige Erfahrung und Reife für Westalpentouren fehlt. Die Hauptattraktionen des bergbahngestützten Massentourismus auf der Nordseite der Kette sind der Oeschinensee und das Schilthorn.

D. Talorte und Ausgangspunkte

Im Kandertal

● **330** **Gasterental,** siehe R 233.

● **331** **Kandersteg,** siehe R 6.

● **332** **Reichenbach,** 707 m

Bahnstation der BLS, Halt nur für Personenzüge. Postautoverbindung nach Kiental — Griesalp. Winterbetrieb nur bis Kiental. Tel. Verkehrsbüro 033 / 76 12 49.

Im Kiental

● **333** **Kiental (Dorf),** 958 m

Für die Weiterfahrt mit Pkw nach Griesalp muß in der Bäckerei Aellig eine Bewilligung gelöst werden. Im Winter ist die Straße nur bis Tschingel offen. Tel. Verkehrsbüro 033 / 76 10 10.

● **334** **Griesalp,** 1407 m

Postauto-Endstation von Reichenbach. Ab hier Fahrverbot. Ausgangspunkt für Bergfahrten in der Gspaltenhorn-, Breithorn- und Blümlisalpgruppe. Hotel auch im Winter offen. Tel. 033 / 76 12 31.

Im Lauterbrunnental

● **335** **Lauterbrunnen,** siehe R 504.

● **336** **Stechelberg,** siehe R 506.

● **337** **Mürren,** siehe R 505.

E. Clubhütten, Berggasthäuser und Hotels

Im Süden

● **340** **Hotel Selden,** ca. 1540 m

Im Gasterental. Siehe R 233. Nur Sommerbetrieb.

• 341 **Gasthaus Heimritz,** 1635 m

Im Gasterental (20 Min. talein von Selden), 30 Betten, nur Sommerbetrieb. Tel. 033 / 75 14 34. Die beiden Talunterkünfte liegen auf der Wegstrecke Kandersteg — Gasteren — Mutthornhütte (s. R 343) und sind Ausgangspunkte für Bergfahrten in der Blümlisalp- und Doldenhorngruppe (S-Anstiege) und in der Hockenhorn-Petersgrat-Gruppe (NW-Anstiege).

• 342 **Mutthornhütte,** 2898 m

Sektion Weißenstein des SAC. KS 630075 / 148400. Tel. 036 / 53 13 44. Halbpension möglich. Die Hütte, 100 Plätze bietend, ist während der Sommermonate ständig von einem Hüttenwart betreut und liegt am O-Fuß des Mutthorns. Die Hütte ist von vier Tälern aus erreichbar (Kien-, Gasteren-, Lötschen- und Lauterbrunnental). Ausgangspunkt für Fahrten im Petersgratzug, für das Lauterbrunnen Breithorn, Gspalten- und Morgenhorn. Nur über Gletscher erreichbar!

• 343 **Aus dem Kandertal bzw. Gasterental**

Einige Spalten auf dem Kanderfirn! Etwa 5 Std. von Selden. G 1.

Wie bei R 233 durch das Gasterental zum Hotel Selden. Von Selden behält man noch das orogr. rechte Ufer der Kander bei und erreicht nach etwa 20 Min. das Berggasthaus Heimritz (R 341). Etwa 400 m talein wird die Kander überschritten und jenseits des Gletscherbaches der Weg verfolgt, der in nordöstl. Richtung zur ehemaligen Stirnmoräne des zurückgewichenen Kanderfirns ansteigt. Der Weg erreicht mit einigen Kehren bei P. 2411,3 einen Felsabsatz, nach dessen Durchsteigung man in gleichbleibender NO-Richtung über den Alpetligletscher (= unterer Teil des Kanderfirns) und über den flachen Kanderfirn in Richtung Mutthorn aufsteigt. Die Hütte liegt rechts (im Sinne des Aufstiegs) am Mutthorn und zwar an dessen Fuß.

• 344 **Aus dem Kiental**

Spaltengefahr. 6 Std. von Griesalp-Gorneren. G 2.Winterweg 6—7 Std.

Von Griesalp-Gorneren, R 334, geht man O über den Gamchibach und steigt jenseits des Baches in mäßiger Steigung nach Golderli auf (Pension mit Gaststätte). Hier begeht man in SO-Richtung einen Saumweg, der über Steinenberg (mit Berggasthaus) und die Untere Dürrenbergalp zu den Weiden von Gamchi (1672 m) führt. Der Weg leitet nun unter überhängenden Felsen, von denen stets viel Wasser herabfließt, in gleicher Richtung über mehrere felsige Steilstufen zur orogr.

rechten (O) Randmoräne des Gamchigletschers, wo man den Weg zur Gspaltenhornhütte zur Linken läßt und der Seitenmoräne aufwärts folgt. Nach einer Steilstrecke betritt man den Gletscher selbst und ersteigt diesen, sich meist an seinem orogr. rechten (O) Rand haltend, bis zur Gamchilücke (2837 m) (mit Biwakunterstand, s. R 382), die man zuletzt über einen steilen Firnhang, Schiefergeröll und leichte Felsen erreicht. Jenseits führt eine steile Geröllrinne (mit fixen Ketten) in südl. Richtung zum Tschingelpaß hinab (Grenze zwischen Tschingelfirn und Kanderfirn), von dem aus man das Mutthorn W umgeht (dieses also zur Linken) und über mäßig geneigte Firnhänge zur Mutthornhütte aufsteigt.

★ 344a Winterweg mit Ski

Nur bei ganz lawinensicheren Verhältnissen zu empfehlen.

Von der Griesalp der Straße folgend nach Golderli und nach SO abbiegen über Steinenberg zum Bundsteg P. 1488, wo man den Gamchibach überschreitet. In südlicher Richtung auf die Obere Bundalp, P. 1840, den Bundbach traversieren und weiter zum KS 626070 / 152575 (Sommerweg) auf einer ausgeprägten Rippe, die überschritten wird. Eine weite Mulde traversieren und ungefähr der Höhenkurve 2000 der LK entlang die Hänge der Zahmen Frau queren bis auf den Gamchigletscher. Über den Gletscher und an dessen orogr. rechtem Rand aufsteigen, zuletzt einen steilen Firnhang empor in die Gamchilücke. Jenseits absteigen (eventuell die Ski ein Stück tragen) und zum Tschingelpaß queren. W ums Mutthorn herum und zur Hütte. Bester Winterzugang siehe R. 552.

● 345 Aus dem Lauterbrunnental

Im Spätherbst können Spalten erhebliche Schwierigkeiten und Umgehungen verursachen! Etwa 7 Std. von Stechelberg. G 1.

Von Lauterbrunnen auf dem Weg über Stechelberg-Trachsellauenen zu den Berghotels „Tschingelhorn" und „Obersteinberg" und von dort zum P. 1829 (Schafläger). Zwischen P. 1792 und P. 2065 hält man an einer Wegabzweigung den nach S führenden Weg ein — der linke Weg führt zur Oberhornalp — und gewinnt bald darauf über den kleinen Oberhornsee die orogr. rechte (O) Moräne des Tschingelfirns. Über diese eine kurzes Stück empor, bis man den O-Rand des Tschingelfirns selbst betreten kann. Den Fuß von P. 3003 N umgehen, dann in Richtung Mutthorn, weiter oben nach SW (halblinks) zur Mutthornhütte.

● 346 Aus dem Lötschental über den Petersgrat

Siehe R 549—551 und 547. Kürzester und sicherster Zugang im Winter: siehe R 552.

● 347 Mutthornhütte — Gspaltenhornhütte (über die Gamchilücke)

3¼ Std. von der Mutthornhütte. G 2.

Von der Mutthornhütte SW um das Mutthorn herum in die weite, flache Firneinsattelung des Tschingelpasses, von dem aus man in nördl. Richtung über Firn, zuletzt durch eine kurze Geröllrinne (Ketten) und über wenig schwierige Felsen in etwa 1 Std. die **Gamchilücke** (2837 m, mit Biwakunterstand, s. auch R 382) erreicht. Jenseits der Lücke nach NW zuerst über Schiefergeröll, leichte Felsen und einen steilen Firnhang hinab zum Gamchigletscher, über den man — meist seinen orogr. rechten Rand begehend — bis in etwa 2400 m Höhe absteigt (dabei P. 2513 zur Rechten). Hier verläßt man den Gletscher und begeht einen in N-Richtung führenden Pfad, der einen von den „Roten Zähnen" abstreichenden Rücken quert und ohne viel ab- oder anzusteigen zur Gspaltenhornhütte (2458 m) führt.

● 348 Mutthornhütte — Blümlisalphütte (über die Gamchilücke)

Schwierige Orientierung. 5 Std. von der Mutthornhütte. G 2. Siehe Abb. S. 123.

Von der Mutthornhütte auf R 347 zum Gamchigletscher. Am orogr. rechten (O) Rand des Gletschers absteigen auf etwa 2300 m. Nun den Gletscher leicht abwärts queren an sein westliches Ufer, das man auf 2200 m Höhe dort erreicht, wo sich eine Felsstufe in nördlicher Richtung in die Hänge der „Zahmen Frau" hinauszieht. Am südlichen Ende dieser Felsstufe steigt man über ein steiles Schneefeld (evtl. Geröll) empor (linkerhand große Spalten) unter eine senkrechte zweite Felsstufe, etwa 2320 m. Am Fuße dieser Felsstufe entlang führt ein Pfad in leichter Steigung zuerst in nördlicher Richtung, dann allmählich nach W abschwenkend um die Hänge der „Zahmen Frau" herum (einige Steinmänner) in das große und weite Couloir, das sich von der Blümlisalphütte in den Kessel von Gamchi hinabzieht. Dieses Couloir wird nach W gequert bis an eine Felsstufe, die den orogr. linken Rand des Couloirs bildet. Hier stößt man bei etwa 2550 m auf den markierten Hüttenweg, der von der Griesalp auf die Hütte führt (R 360).

Wilde Frau von Nordosten

Der interessante Übergang von der Blümlisalphütte (Hohtürli) in die Gamchilücke über die Hänge der Zahmen Frau ist nicht leicht zu finden. Wegspuren und Steinmänner erleichtern die Wegsuche. Auf dieser hochalpinen Wanderung sind Steigeisen und Pickel mitzuführen.

Wilde Frau
3134
Blümlisalphütte
2834 m
altes Hohtürli
2703
Dündenhorn
Schnattweng

● 352 **Doldenhornhütte,** 1915 m

Sektion Emmental des SAC. KS 619875 / 148425. 54 Plätze. Tel. 033 / 75 16 60. Hüttenwart während der Sommersaison anwesend. Die Hütte liegt SO von Kandersteg an den Oberbiberghängen.

● 353 **Von Kandersteg**
In beiden Fällen 2¾ Std. BW 1.

a) Vom Bahnhof Kandersteg zur Kirche an der Hauptstraße. Auf dieser nach links (N) bis zur Brücke über den Öschibach. Am linken Ufer des Baches entlang aufsteigen Richtung Oeschinensee bis etwa 1340 m, wo ein Wegweiser die Abzweigung markiert. Nun in S-Richtung in Kehren steil über eine Felsstufe empor. Der Hüttenweg führt nun in mehr westl. Richtung durch Wald nach Unter Biberg zu einer Brücke, nach deren Überschreitung man dem linken Bachufer in vielen Wegkehren (SO-Richtung) aufwärts folgt. In etwa 1820 m Höhe biegt der Weg nach NO zur Hütte ab, der ab der neueingeschlagenen Richtung nur mehr in mäßiger Steigung die Hänge des Oberbiberges quert.
b) Oder **vor** der Häuseransammlung Filfalle (15—20 Min. S von Kandersteg) einem ebenen Wiesenweg in östl. Richtung bis zum Berghang folgend, dann steil durch Wald in Kehren zu einer Wegkreuzung empor, etwa 1440 m. Hier wird der Weg nach links beibehalten (der rechte führt mit gelber Markierung zur Fisialp). Nun in nordöstl. Richtung immer durch Wald zum P. 1532/LK 50 (Biberghütte) und zur obenerwähnten Brücke, die nicht überschritten wird. Nun wie oben zur Doldenhornhütte.
Dies ist auch der Zugang mit **Ski,** wobei die Ski bis zur Biberghütte getragen werden müssen. Es empfiehlt sich deshalb, die Hütte erst dann zu besuchen, wenn die Schneegrenze auf etwa 1600 m liegt und die Zugangswege größtenteils aper sind.

● 355 **Fründenhütte,** 2562 m

Sektion Altels des SAC. KS 623275 / 148075. Tel. 033 / 75 14 33. 90 Plätze. Hüttenwart während der Hochsommermonate Juli und August (in Vor- und Nachsaison nur am Samstag und Sonntag) anwesend. Die Hütte liegt auf einer blockbedeckten, kanzelartigen Felserhebung direkt am Fuße des Fründengletschers, welche die Zunge dieses Gletschers teilt. Im Winter nicht zugänglich.

● 356 Von Kandersteg

Sehr schöner Hüttenweg. 2½ Std. vom Oeschinensee; 4½ Std. von Kandersteg. BW 2. Siehe Abb. S. 148 / 149.

a) Mit der Sesselbahn Kandersteg — Oeschinen zur Bergstation (etwa 1680 m) und von dieser in 20 Min. auf gutem Weg zum Oeschinensee.
b) Oder zu Fuß: Von Kandersteg in östl. Richtung den rotmarkierten Wegen am N- oder S-Ufer des Oeschibaches folgend, die sich erst in 1400 m Höhe vereinigen, und nun am nördl. Bachufer zu den Gasthäusern am W-Ufer des Oeschinensees, P. 1593 m. 1½—2 Std.
Nun gemeinsam: Man begeht das südl. Seeufer auf einem Pfad, der durch lichten Wald führt, bald aber nach einigen Kehren in OSO-Richtung über Schafweiden und grasdurchsetzte Geröllhänge zum P. 1878 („In den Fründen") emporführt und dabei die Abflüsse des Doldenhorn- und Fründengletschers überschreitet (teilweise Eisschlaggefahr!). Von hier führt der Weg in vielen Kehren in allgemein südöstl. Richtung über felsdurchsetztes Schuttgelände über zwei terrassenartige Hangabsätze, zuletzt als reiner Felssteig zum Hüttenplatz in Form eines Felskopfes.

● 358 Blümlisalphütte, 2834 m

Sektion Blümlisalp des SAC. KS 625575 / 151023, Tel. 033 / 76 14 37, 100 Plätze. Während der Sommermonate Hüttenwart. Die Hütte steht auf einem Gratrücken, der vom Gipfel der Wilden Frau in nordwestl. Richtung zur Einsattelung Hohtürli und zum Schwarzhorn hinunterzieht. Halbpension möglich. In der Hochsaison meist überfüllt.

● 359 Von Kandersteg

4 Std. vom Oeschinensee. BW 2. Im Winter nicht ratsam, R 360 ist vorzuziehen. Siehe Abb. S. 152 / 153.

Von Kandersteg zum Oeschinensee siehe R 356. Vorerst am Nordufer des Sees entlang durch Wald, dann nach NO aufsteigen auf Unter Bergli und über Steilstufe auf Ober Bergli (1973 m). Einen Bach überschreiten und nach O abbiegen. Über die N Randmoräne des Blümlisalpgletschers auf ein Band O P. 2411, das zwischen Felsstufen steil emporführt auf die Schutthänge unterhalb des Hohtürlis. Diese nach O ersteigen in den Paßübergang 150 m NW der Hütte (P. 2778 der LK = neues Hohtürli). Über den breiten Schutt-(Schnee-)rücken zur Hütte.
PS: Das alte Hohtürli befindet sich etwa 500 m nordwestlich vom neuen Übergang und ist auf der LK 25 mit 2703 m vermessen, siehe R 360b.

★ 360 **Von Griesalp**

4½ Std. von der Griesalp. BW 2. Bester Winterzugang, aber nur bei sehr günstigen Lawinenverhältnissen ratsam.

Vom Hotel Griesalp (1408 m) zwei Möglichkeiten:
a) Via Golderli-Steinberg und auf dem Bundsteg (1488 m) über den Gamchibach.
b) Vom Hotel am linken Ufer des Gamchibachs bleibend über Dündenessli zu den Alphütten W des Bundstegs.
Nun gemeinsam: Nach S auf die Obere Bundalp (1840 m). In gleicher Richtung den Bundbach überqueren und über die Schnattweng auf Rippe, die in gerader Linie nach NO in den Gamchikessel abfällt. Diese Rippe auf etwa 2500 m überschreiten ins Couloir, das die Rippe O begrenzt. Im 40 Grad steilen Couloir über Schutt (Schnee) empor ins neue Hohtürli (siehe R 359) und über den breiten Schutt-(Schnee)-rücken zur Hütte. Im **Winter** ist es oft besser, das steile Schlußcouloir zu meiden, indem man N der Rippe und parallel zu ihr aufsteigt ins alte Hohtürli (2703 m) und über die SW-Hänge unterhalb des Verbindungsgrates ins neue Hohtürli quert.

● 361 **Blümlisalphütte — Mutthornhütte (über die Gamchilücke)**

4 Std. Siehe R 348 (dort in Gegenrichtung beschrieben).

● 362 **Blümlisalphütte — Gspaltenhornhütte**

Orientierungssinn erforderlich. 2¾ Std. G 1—2.

Von der Blümlisalphütte wie bei R 348 (dort in Gegenrichtung beschrieben) auf einem undeutlichen Pfad die N-Hänge der „Zahmen Frau“ zwischen P. 2815 und P. 2297,4 absteigend querend zum orogr. linken (W) Ufer des Gamchigletschers hinab. Diesen Gletscher quert man zum jenseitigen Ufer (etwa der dickmarkierten, blaugedruckten Höhenkurve „2200“ folgend). Am Gamchigletscher-O-Ufer angelangt, steigt man vorerst weglos über Schutt- und Trümmerhänge in O-Richtung etwa 150 m auf. Man trifft dann auf einen Pfad (= Verbindungsweg Gspaltenhornhütte — Mutthornhütte (R 347) auf welchem man in nordöstl. Richtung bald die Gspaltenhornhütte erreicht.

Sefinenfurgge von Südwesten
Die Sefinenfurgge verbindet das hinterste Kiental mit dem Lütschinental und bildet die Grenze zwischen Vor- und Hochalpen. Die Kombination Oeschinensee - Hohtürli - Zahme Frau - Gspaltenhornhütte - Sefinenfurgge - Stechelberg ist eine 2-3 tägige, anspruchsvolle Wanderung in unmittelbarer Nähe des Hochgebirges.

368
zur Gspaltenhornhütte
ca. 2670
Sefinenfurgge
2612
2860
zur Griesalp 393

● 364 Gspaltenhornhütte, 2458 m

Sektion Bern des SAC. KS 628500 / 151325. Tel. 033 / 76 16 29. Die 50 Plätze bietende Hütte ist während der Sommersaison bewartet. Sie steht auf einem Felssporn in der Westflanke des Gspaltenhorns.

● 365 Von Griesalp
3—3½ Std. BW 1. Siehe Abb. S. 161.

Man folgt R 344 auf die orogr. rechte Seitenmoräne des Gamchigletschers, wo man in etwa 2100 m Höhe (Wegweiser) den Anstieg zur Mutthornhütte rechts läßt. Der Weg führt nun ostwärts über Grasplanken und Schutt empor, mit dem Büttlassen-W-Grat parallell laufend, und erreicht zuletzt die Hütte von N her.

● 366 Gspaltenhornhütte — Mutthornhütte (über die Gamchilücke)
4 Std. Siehe R 347 (dort in Gegenrichtung beschrieben).

● 367 Gspaltenhornhütte — Blümlisalphütte
3 Std. Siehe R 362 (dort in Gegenrichtung beschrieben).

● 368 Gspaltenhornhütte — Rotstockhütte (über Sefinenfurgge)
3 Std. BW 2. Siehe Abb. S. 127 und 161.

Von der Gspaltenhornhütte steigt man auf dem Hüttenweg nach NW ab bis etwa 2330 m. Hier verläßt man den Hüttenweg und quert annähernd horizontal auf Wegspuren (von der Hütte aus gut sichtbar) auf die Trogegg: das ist das Schuttband zwischen dem ersten und zweiten senkrechten Aufschwung im Büttlassen-Westgrat. Um den Gratrücken herumquerend, erreicht man die Augstkumme. Am Fuße der NW-Wand der Büttlassen entlang steigt man in den Sattel, der zwischen P. 2632 (höchster Punkt des Dürrenbühl-Rückens) und der Vorderen Büttlassen liegt. Vom Sattel quert man fast horizontal in NO-Richtung über Geröll (evtl. Schnee) in einen Felswinkel am Fuße des NW-Grates der Vorderen Büttlassen, etwa 2640 m. Aus dem Felswinkel über eine Platte mit Eisenstiften nach N kletternd, gewinnt man den NW-Grat, der hier einen Schuttrücken bildet (ca. 2670 m). Über diesen Schutt absteigend, erreicht man die Sefinenfurgge, 2612 m. 2¼ Std. Nun wie bei R 395, letzter Absatz (dort in Gegenrichtung beschrieben), in 45 Min. von der Sefinenfurke in nordöstl. Richtung zur Rotstockhütte auf der Boganggen-Alp hinab.

● 369 Rotstockhütte, 2039 m

Ski-Club Stechelberg, KS 630650 / 154950. 55 Plätze. Tel. 036 / 55 24 64, Winterraum mit Kochgelegenheit. 33 Plätze. Die Hütte ist im

Sommer bewartet und liegt auf der Boganggen-Alp am Südfuß des Schilthorns, unmittelbar neben dem Weg auf die Sefinenfurgge (R 395 / 393). Sommerzugänge siehe R 395.
Im **Winter** ist die Rotstockhütte auf drei Routen erreichbar.

★ 370 Vom Schilthorngipfel (Seilbahn ab Stechelberg)
Schönster und teuerster Zugang im Winter. 2½ Std. vom Schilthorngipfel.

Zu Fuß über den Westgrat (Drahtseile und Leitern) in den kleinen Sattel O vom P. 2828. Nun abfahren in den tiefsten Punkt im Verbindungsgrat Schilthorn—Hundshorn, etwa 2640 m. Dann dem breiten Gratrücken Richtung Hundshorn folgen, dabei P. 2748 und P. 2859,9 NW umgehend. Ungefähr halbwegs zwischen letzterem Vermessungspunkt und Hundshorngipfel verläßt man den Grat und fährt nach O in eine Mulde ab, gefolgt von einem steilen Couloir. Nun weniger steil nach SO abbiegend, gewinnt man den Sommerweg in die Sefinenfurgge, dem man bis zur Hütte folgt.
Achtung: Man hüte sich, vom Schilthorngipfel aus die sehr steilen Südhänge unterhalb der Westgrattürme zu befahren; dies ist nur bei außerordentlich günstigen Schnee- und Lawinenverhältnissen möglich!

★ 371 Vom Schiltgrat (Skilift ab Mürren)
Kürzester Winterzugang, aber nur bei sehr lawinensicheren Verhältnissen gangbar. 1½—2 Std. vom Schiltgrat.

Abfahrende Querung der Steilhänge unterhalb der Schiltflühe zum Schiltbach, den man auf etwa 2000 m überschreitet. Aufstieg nach SW auf die oberste flache Schulter der Wasenegg, etwa 2270 m. Abfahrt nach S auf den Sommerweg und ihm entlang nach W leicht abfallend unter den Poganggenflühen durch zur Hütte.

★ 372 Von Gimmelwald
Längster, aber sicherster Winterzugang. Auch Sommerweg, wobei das Sefinental auch von Stechelberg aus erreicht werden kann. 3 Std. von Gimmelwald. BW 1.

Nach WSW dem Sträßchen folgend ins Sefinental und der Sefinen Lütschine entlang bis Firten (Fürten). Weiter dem Sommerweg folgend nach N über die Alpen Ozen und Oberberg zur Hütte.

● 373 **Rotstockhütte — Gspaltenhornhütte,** siehe R 395 und R 369.

● 374 **Hotel Obersteinberg,** siehe R 522.

F. Pässe und Übergänge

● 376 **Fründenjoch,** 2987 m

Zwischen Doldenhorn und Fründenhorn, Übergang vom Oeschinensee ins Gasterental. Die Gasterentalseite wird selten begangen, obwohl sie landschaftlich sehr interessant ist, aber die Orientierung in dieser reich gegliederten und unübersichtlichen Flanke ist sehr schwierig, ohne Pfad. Von N hingegen wird das Fründenjoch oft begangen als Zugang zum Doldenhorn-Ostgrat und zum Fründenhorn-SW-Grat.

● 377 **Von der Fründenhütte**
Spaltengefahr. 1¼ Std. G 1. Siehe Abb. S. 141.

Man steigt über Schutt auf den O-Arm des Fründengletschers ab, umgeht die untersten Spalten im O und steigt dann über den Gletscher ins Fründenjoch auf.

● 379 **Oeschinenjoch,** 3172 m

Zwischen Fründenhorn und Oeschinenhorn, Übergang von der Fründenhütte zur Mutthornhütte.

● 380 **Von der Fründenhütte**
3 Std. von der Fründenhütte. G 3. Siehe Abb. S. 148 / 149.

Man steigt über Schutt auf den O-Arm des Fründengletschers ab und quert ihn horizontal an den orogr. rechten Rand. Der Randkluft entlang leicht absteigend, gelangt man zu einem fixen Seil, mit dessen Hilfe man eine meist vereiste Steilstufe (Fels) überwindet. Nun horizontal über Platten (fixes Seil) auf den schuttbedeckten NW-Rücken des Fründenhorns. Weiter in gleicher Richtung queren auf die westliche Seitenmoräne des Oeschinengletschers. Nun am orogr. linken Rand des Gletschers aufsteigen bis etwa 2800 m. Dann quert man nach links in die Gletschermitte und ersteigt die immer steiler werdenden Firn- und Eishänge bis ins Joch empor.
PS: Ist der letzte Steilhang unter dem Joch stark vereist oder verschrundet, kann man ihn in der Oeschinenhorn-SW-Flanke umgehen, wo man über aufsteigende Schuttbänder, unterbrochen von Felsstufen, ins Joch gelangen kann.

● 381 **Von der Mutthornhütte**
Selten begangen. 3½ Std. G 3.

Man steigt in SW-Richtung über den Kanderfirn ab zum P. 2555,4 im S des Oeschinenjochs. Von hier ersteigt man das Schneefeld, das sich vom P. 2555,4 Richtung Oeschinenjoch emporzieht, bis an sein oberes Ende. Dann hält man über Felsen nach rechts und gewinnt eine ausgeprägte Felsrippe. Über diese Rippe empor auf ein Schuttband, das man bis ins Joch verfolgt.

• 382 **Gamchilücke,** 2837 m

Zwischen Morgenhorn und Gspaltenhorn. Aus dem Kiental (Griesalp) zum Tschingelpaß (Mutthornhütte) und von dieser entweder in das Lauterbrunnental oder in das Gasterental. In der Gamchilücke befindet sich seit einigen Jahren ein Biwak-Notunterstand. Die Lücke ist von beiden Seiten mit **Ski** begehbar.

Von Nordosten

• 383 **Aus dem Lauterbrunnental — Mutthornhütte,** siehe R 345.

Von Nordwesten

• 384 **Von Griesalp (Kiental),** siehe R 344.

• 385 **Von der Gspaltenhornhütte,** siehe R 347.

• 386 **Von der Blümlisalphütte,** siehe R 348.

Von Südosten

• 387 **Vom Tschingelpaß — Mutthornhütte,** siehe R 347.

Von Südwesten

• 388 **Aus dem Gasterental,** siehe R 343.

• 390 **Büttlassenlücke,** 3020 m

Zwischen Büttlassen und Gspaltenhorn. Übergang aus dem Sefinental in das Kiental (Gspaltenhornhütte). Die Büttlassenlücke wird als selbständiger Übergang fast nie überschritten. Die Sefinenfurgge bietet einen viel bequemeren Übergang. Die Büttlassenlücke wird bei den Anstiegen auf die Büttlassen (S-Grat) und auf das Gspaltenhorn (NW-Grat) von W her betreten.

Von Westen

• 391 **Von der Gspaltenhornhütte,** siehe R 466.

● 392 Sefinenfurgge, 2612 m

Zwischen der Vorderen Büttlassen und dem Hundshorn. Übergang aus dem Lauterbrunnental in das Kiental (Griesalp-Gorneren). Auch Übergang von der Rotstockhütte zur Gspaltenhornhütte (R 368).

Von Westen

● 393 Von Griesalp-Gorneren
3½ Std. BW 1. Siehe Abb. S. 127.

R 365 (Hüttenweg in die Gspaltenhornhütte) bis zur Unteren Dürrenbergalp, wo ein Wegweiser die Abzweigung markiert. Der Weg berührt nach einem kurzen O-Anstieg nach S ausbiegend P. 1842, kehrt wieder nach N zurück und steigt zur Oberen Dürrenbergalp (1995 m — Unterkunftsmöglichkeit) empor, wo er kurz vor dieser Alp den von der Sefinenfurgge abfließenden Bach überschreitet. Nun am orogr. rechten Bachufer entlang in OSO-Richtung über Gras, weiter oben über Geröllhänge empor durch das Dürrenbergtal zur Einsattelung der Sefinenfurgge, deren Übergangsstelle rechts (S) in unmittelbarer Nähe eines steilen, etwa 6 m hohen Gratturmes liegt.

★ 394 Von der Griesalp mit Ski
Nur bei lawinensicheren Verhältnissen möglich.

Von der Griesalp folgt man dem Alpweg über Golderli — Steinenberg — Bürgli bis zum Oberen Dürrenberg. Hier verläßt man den Weg und steigt über den Rücken von Dürrenbühl bis auf eine Terrasse, etwa 2400 m, wo man nach O haltend die Sefinenfurgge erreicht.

Von Osten

★ 395 Von Mürren bzw. Gimmelwald oder Stechelberg
4 Std. von Mürren; 6 Std. von Stechelberg. BW 1.

a) Vom Bahnhof **Mürren** durch die untere Straße an das westl. Dorfende. Nach der Mürrenbachüberschreitung wird in südwestl. Richtung die Häuseransammlung Schönegg, und, den obersten Waldstreifen querend, Gimmeln (1815 m) erreicht.
b) Hierher auch von **Gimmelwald,** wo man das nach Mürren führende Sträßchen nach W verläßt und einem steilen Weg folgt, der zuerst über offene Hänge, dann durch Wald nach Gimmeln emporführt (Gimmelwald — Gimmeln etwa 1½ Std.).
Nun gemeinsam: Von Gimmeln entweder zum Ghs. Spielbodenalp, den Bründli-O-Rücken S umgehend, oder die obere Brücke des Schiltbaches überschreitend und in Kehren empor zum Rücken. Beide Wege

vereinigen sich weiter oben wieder. In W-Richtung werden nun die Wasenegg-Hänge der weiten Sefinen-Alpmatten beinahe horizontal gequert und damit die Rotstockhütte (2039 m) an der Boganggenalp erreicht. 2 Std. von Mürren.
c) Hierher auch durch das Sefinental von **Stechelberg,** wo man vom Hotel rechts zum Naturfreundehaus abzweigt. Der markierte Alpweg führt im Zick-Zack südl. der Sefinen-Lutschine durch die bewaldete Steilstufe empor. Nach diesem ersten Steilaufschwung in mäßigem Anstieg hinein in das Sefinental und über den Bach (Brücke). Der Weg zur Rotstockhütte führt nach der Brücke am orogr. linken Ufer der Sefinen-Lütschine entlang in westl. Richtung talein und überquert bei der „Säge" den hier einmündenden Schiltbach. Weiter durch Wald, die Sefinen-Lütschine unten zur Linken, erreicht man die Tal-Weide. Die Talsohle wird erst kurz vor Fürten verlassen, wo der Weg über die nordseitige Tallehne in weitausholenden Kehren über Ozen und Oberberg in NW-Richtung zur Rotstockhütte an der Boganggenalp emporführt. 4 Std. von Stechelberg.
Von der Rotstockhütte zuerst in W-, dann in SW-Richtung am orogr. linken (N) Hang des Hochtales entlang über Gras- und Feinschutthänge zur Sefinenfurgge. Die Übergangsstelle dieses Passes liegt links (S) in unmittelbarer Nähe eines steilen, etwa 6 m hohen Gratturmes. 2 Std. von der Rotstockhütte.
Mit Ski ist die Sefinenfurgge von der Rotstockhütte aus auf dem Sommerweg ohne Schwierigkeiten erreichbar.

G. Gipfelbesteigungen

• 398 **Äußerer Fisistock,** 2945,6 m

Markanter Felsgipfel im NW-Abhang des Doldenhorn-Massivs. Fällt mit senkrechten und bis zu 500 m hohen Felswänden zur Doldenhornhütte ab. Lohnender Aussichtspunkt. R 399 und R 400 ermöglichen eine interessante Überschreitung des Berges.

• 399 **Vom Bibergpaß**
Siehe R 405.

Man quert die Schutthänge der Fisistock-Südflanke unter den Gipfelfelsen durch auf den SW-Rücken und steigt über Schutt (Wegspuren) auf den Gipfel.

● 400 Von der Doldenhornhütte aus über die Fisialp und das Brünnlital

4 Std. von der Doldenhornhütte, 5—6 Std. von Kandersteg. G 1.

Von der Hütte auf dem Hüttenweg absteigen bis etwa 1820 m, wo er nach N abbiegt. Hier weiter geradeaus unter die senkrechte Felswand und rechts ansteigend auf z.T. ausgehauenem Pfad mit Drahtseilen gesichert, bis etwa 1880 m. Hier Abstieg und Wiederaufstieg bis zur Einmündung des Alpweges, der von Kandersteg (Filfalle) auf die Fisialp führt. An der Einmündung steht ein Wegweiser, etwa 1820 m (= Punkt, wo der Fisialpweg scharf nach SW abbiegt). Auf diesem Alpweg auf die Fisialp und weiter in SSW-Richtung dem rot-weiß markierten Weglein folgend auf Grasterrasse an der Mündung des Brünnlitales, etwa 2100 m. Nun das zuerst steile und enge, später breiter und flacher werdende Brünnlital empor bis etwa 2600 m (im Frühsommer liegt hier meist noch Schnee). Nach O über Steilstufe (abwärtsgeschichteter Fels) auf Schutthänge empor. Diese werden erstiegen bis an den Südfuß des Gipfels. Nun W ausholend über Schutt (Wegspuren) über den SW-Rücken auf den Gipfel.

★ 401 Besteigung mit Ski

Im späten Frühjahr empfehlenswert, wenn die Hänge bis auf die Fisialp schneefrei sind.

Man folgt ab Kandersteg (Filfalle) dem Sommerweg durch den steilen Wald (Ski tragen) auf die Fisialp. Auf R 400 auf den Gipfel.

● 404 Klein Doldenhorn, 3475 m

Dieser Gipfel läßt sich als westl. Vorgipfel des Doldenhorns betrachten. Obwohl selten unternommen, kann man das Kleindoldenhorn interessant überschreiten und zugleich das Doldenhorn „mitnehmen“, indem man vom Faulengletscher das Kleindoldenhorn ersteigt, von diesem in die Scharte zwischen den beiden Doldenhörnern ab- und dann zum Doldenhorn wieder ansteigt.

● 405 Westflanke

III und II. 5—6 Std. von der Hütte auf den Gipfel. G 4—5. Siehe Abb. S. 136 / 137.

Von der Doldenhornhütte auf R 409 bis auf die große Moräne W des Staubbachs und über sie auf 2400 m, wo der Pfad zum Spitzstein nach links abbiegt. Nun pfadlos über die Moräne empor auf Terrassen, etwa 2500 m, und weiter rechtshaltend über Schutt- und Schneehalden an den Fuß der Doldenstock-NW-Wand. Hier ziehen sich Schuttbänder

von den Eisabbrüchen linkerhand quer durch die Wand bis in den Bibergpaß. Der E auf die Bänder erfolgt am einfachsten O der Fallinie von P. 2922 / LK 25 (erste Schulter im Doldenstock-Westgrat) vermittels eines Couloirs. Dann über die stark geneigten Bänder nur wenig ansteigend etwa 200 m nach rechts queren (heikel!) auf die untersten Ausläufer des Doldenstock-Westgrates, etwas oberhalb des Bibergpasses. Etwa 3 Std. von der Hütte. (Die Route in den Felsen ist gelb markiert.) Nach SW auf den Faulengletscher (leicht absteigend) und über ihn an den Fuß der Kleindoldenhorn-Westflanke. Ein markantes Firncouloir in der südl. Hälfte vermittelt den weiteren Aufstieg. Eine Felsstufe wird ohne besondere Schwierigkeiten erklettert und der Gipfel über die oberste Firnflanke direkt erreicht.
NB: Der Faulengletscher kann auch einfacher und ohne großen zeitlichen Mehraufwand auf R 400 erreicht werden. Der Bibergpaß (ohne Namen und Kote in der LK) ist der tiefste Punkt zwischen Doldenstock und Äußerem Fisistock, etwa 2830 m. KS 620900 / 146800. Als Übergang nicht gebräuchlich.

• 406 Ostgrat

II. Dieser Verbindungsgrat zum Doldenhorn ist brüchig und teilweise exponiert. ½ Std. vom Sattel, 5—6 Std. von der Doldenhornhütte. G 3. Siehe Abb. S. 141.

Von der Doldenhornhütte auf R 409 in den tiefsten Punkt zwischen Kleindoldenhorn und Doldenhorn, etwa 3435 m. Vom Sattel alles über den Grat auf den Gipfel.

• 408 Doldenhorn, 3643 m

Das Doldenhorn gehört zu den interessantesten Gipfeln der Berner Alpen. Die Nordseite ist völlig vergletschert und die Südseite fällt in steilen und wilden Felswänden ins Gasterental ab, in denen sich nur kleinere Gletscher halten können. Von N gesehen, etwa vom Dündenhorn, präsentiert sich das Doldenhorn als prachtvolle ebenmäßige Berggestalt, die sich mit zwei Gratschultern (Kleindoldenhorn und

***Doldenhorn von Nordwesten** (folgende Doppelseite)*
Diese prächtige Pyramide ist einer der interessantesten Gipfel der Berner Alpen und bietet dem erfahrenen Alpinisten eine Fülle von großen und anspruchsvollen Touren in Fels und Eis. Nur der Normalaufstieg über die schmale Gletscherrampe in der Bildmitte (R 409) ermöglicht einen verhältnismäßig einfachen Zugang, doch auch er kann im Spätsommer wegen mächtiger Spalten erhebliche Schwierigkeiten bereiten. Der Galletgrat (R 410) zählt zu den rassigsten Eisgrattouren der Berner Alpen.

Fründenhorn
SW-Grat
3480
3382
410
Spitzstein
2973

Doldenhorn
Doldenstock
Kleindoldenhorn
405
Äuss. Fisistoc
2922
Bibergpass
405

P. 3480) zum Bibergpaß und Fründenjoch absetzt. Die Normalroute (und Skiroute) führt von NW über eine schmale Gletscherrampe, die in den letzten Jahren zunehmend verschrundete und vor allem in der Spätsaison ernsthafte Hindernisse aufweisen kann (evtl. fixe Leiter vorhanden). Der Galletgrat ist einer der schönsten Eisgrate der Berner Alpen, und die Nordwand zählt zu den klassischen Eiswänden. Ost-und Südgrat sind sehr schwierige Felsrouten, die nur selten bestiegen werden, und dem routinierten Westalpen-Bergsteiger vorbehalten bleiben. Darüber hinaus ist das Doldenhorn ein rassiger Skigipfel für erfahrene Skibergsteiger: Es weist jedoch meist erst im Spätfrühling / Frühsommer günstige Verhältnisse auf!

● 409 Normalroute von Nordwesten

5—6 Std. von der Doldenhornhütte. G 2—3. Siehe Abb. S. 136 / 137 und 141.

a) Von der **Doldenhornhütte** auf markiertem Pfad zum Spitzstein: zuerst in östlicher Richtung auf eine Moräne, diese empor bis etwa 2350 m, nach O queren auf zweite Moräne, diese etwa 50 m hoch und links ansteigend zum Staubbach traversieren. Man überschreitet den Bach auf etwa 2480 m. Nun in SO-Richtung weiter auf Pfad zum Spitzstein empor, den man W umgeht. Weiter über einen Gratrücken zu Felsstufe. Diese wird rechtshaltend erklettert und ein Buckel am Rande des Gletschers erreicht, etwa 2970 m. Hier betritt man die Gletscherrampe, die sich in SO-Richtung bis auf den Gipfel des Doldenhorns hinaufzieht und den Anstieg vermittelt. Zuerst über den anfangs flachen Gletscher an den Fuß von riesigen Spalten, die sich quer durch die ganze Rampe ziehen und mitunter im Spätsommer beträchtliche Schwierigkeiten bereiten können. Man quert nach rechts und sucht hart am Rande der Felswand des Kleindoldenhorns einen Durchschlupf. Oberhalb der Spaltenzone wieder ohne Schwierigkeiten über die Rampe empor in den Sattel zwischen Klein Doldenhorn und Doldenhorn, etwa 3435 m. Von hier direkt auf den Gipfel, der oft aus einer großen, nach N überhängenden Wächte besteht. **b)** Der Spitzstein kann auch von der **Fründenhütte** aus wie folgt erreicht werden: auf R 410 auf den NNW-Sporn zum Steinmann, 2650 m. Von hier nach W leicht absteigend zum Doldenhorngletscher queren und ihn annähernd horizontal traversieren. Vom westlichen Gletscherrand ersteigt man über Fels und Schutt die Osthänge zum Spitzstein empor; G 2—3. Weiter wie R 409a.
Mit Ski hält man sich W des Staubbaches und steigt in SO-Richtung bis etwa 2800 m. Die nun folgende Steilstufe (ein östl. Ausläufer des Doldenstockes) wird durch ein steiles (bis 45°) Schneecouloir erstiegen (Ski tragen!) Danach wie im Sommer auf den Gipfel. Etwa 7 Std. mit Ski.

● 410 Galletgrat

Die Begehung des Galletgrates zählt zu den schönsten Eistouren der gesamten Berner Alpen. Die Schwierigkeiten werden jedoch gerne unterschätzt! Ist eine gute Spur vorhanden, ist die Tour mit G 5 einzustufen. Man rechne in diesem Falle 5—6 Std. von der Fründenhütte auf den Gipfel. Muß die Spur selbst gelegt werden oder sind viele Blankeisstellen vorhanden, dann handelt es sich um eine lange und ernsthafte Fahrt, die 7—8 Std. erfordert und mit G 6 zu bewerten ist. Vom P. 3382 weg ist der Grat stellenweise sehr exponiert und meist stark verwächtet. Siehe Abb. S. 136/137 und 141.

Übersicht: Von der markanten Schulter P. 3480 im Ostgrat zieht sich ein Grat nach N, der die Nord- von der NO-Wand trennt und nach dem Erstbegeher Galletgrat genannt wird. Er ist größtenteils verfirnt und weist nur 100 m unter dem Vereinigungspunkt mit dem Ostgrat einen markanten, etwa 100 m hohen Felsturm auf, der in der LK 25 mit 3382 kotiert ist und dessen Erkletterung die Hauptschwierigkeit darstellt. Aus der Scharte hinter dem Turm schwingt sich ein elegant gebogener Firngrat zum Ostgrat empor. Der obere Teil des Ostgrates ist völlig verfirnt und weist drei Steilstufen auf.

Zugang: Von der Fründenhütte nach S auf den Gletscher und oberhalb einer Spaltenzone nach W an den Fuß des Galletgrates queren.

Führe: Dem Grat entlang etwas nach NW absteigen auf einen Firnlappen, der auf ein Felsband leitet. Mit Hilfe eines fixen Drahtseils wird das Felsband auf den Gratrücken begangen. Das Felsband (oft vereist) ist von der Hütte aus gut sichtbar. Über den Rücken nach S im Firn aufsteigen, dabei einigen Felsen rechts (W) ausweichend, an den Fuß des Felsturms, etwa 3280 m, wo sich zwei Möglichkeiten bieten:

a) Nach rechts (W) queren in ein Firncouloir und darin empor in die Scharte hinter dem Turm. In den Felsen links sind feste Sicherungshaken vorhanden. Steinschlaggefahr, nur bei guter Verfirnung empfehlenswert, vor allem zu Beginn der Saison.

b) Links (O) vom Couloir mit Hilfe eines fixen Seils anstrengend über die erste Steilstufe empor und einem Band nach rechts folgend in das vorerwähnte Couloir.

Nun gemeinsam: Aus der Scharte über einen exponierten Firngrat auf eine Firnterrasse, dann über einen Bergschrund und eine steile Firnflanke auf den Ostgrat. Nun alles dem schönen Firngrat folgend, dabei den drei Steilaufschwüngen meist rechts (N) in die Flanke ausweichend, auf den Gipfel, wobei die letzten Felsen unter dem Gipfel bei schlechten Verhältnissen sehr heikel sein können.

● 411 Ostgrat

V— und IV. 6—7 Std. vom Fründenjoch auf den Gipfel. G 8. Liebhaber einer scharfen Kletterfahrt finden an diesem Grat auserlesene Schwierigkeiten. Trotz der sehr schwierigen Felskletterei kann auf die Mitnahme von Eispickel und Steigeisen nicht verzichtet werden. Prachtvolle Tour. Nur bei trockenem Fels unternehmen! Eine der großen Grattouren in den Berner Alpen. Selten begangen. Siehe Abb. S. 141.

Übersicht: Dieser Grat schwingt sich vom Fründenjoch (2987 m) nach einigen turmartigen Erhebungen in einem einzigen, etwa 380 m hohen Steilaufschwung zu einem schulterartigen Absatz (P. 3411 / LK 25), wo er sich stark zurücklegt. Von der Vereinigungsstelle des NNW-Sporns mit dem Ostgrat) besteht er bis zum Gipfel aus einem stark verwächteten Firngrat.

Zugang: Von der Fründenhütte auf R 376 ins Fründenjoch. Nach W über einen steilen Schutthang erreicht man eine erste Schulter im Ostgrat, wo die Kletterei beginnt.

Führe: Vorerst in gutgriffigem Fels der Kante entlang oder hie und da etwas nach rechts in die Nordflanke ausweichend, erreicht man einen zweiten Absatz, wo die Hauptschwierigkeiten beginnen. Die erste senkrechte Wandstufe wird auf der Nordseite umgangen: man quert nach rechts in einen senkrechten Riß und erklettert ihn griffarm bis zu einem abschüssigen Stand (IV+, 2 H). Auf schmaler Leiste nach links ansteigend auf den Grat zurück (IV—).

Diese Stelle kann auch direkt über die Kante erklettert werden (IV / A 0).

Nun direkt über die Kante an eine 25 m hohe, senkrechte, zuoberst leicht überhängende Stufe, die man am besten ganz links äußerst exponiert am Rande der überhängenden Südwand überwindet (IV, große, aber brüchige Griffe). Hier legt sich der Grat stark zurück, und die Hauptschwierigkeiten sind zu Ende. Zuerst auf der Nordseite etwas unterhalb der Gratkante und dann auf dieser selbst über mehrere Stufen zu P. 3480, wo der Galletgrat einmündet. Nun auf R 410 über den oft verwächteten Firn- und Eisgrat auf den Gipfel.

Doldenhorn von Norden

In der Bildmitte die Nordwand, die zu den meistdurchstiegenen „mittleren" Eiswänden der Berner Alpen gehört. Um den Ostgrat ist es in den letzten Jahren ruhig geworden: es ist unerklärlich, wie dieser große Fels- und Eisgrat beim ernsthaften Alpinisten in Vergessenheit geraten konnte. Kreis = Fründenhütte.

Doldenhorn
3643
Kl. Doldenhorn
Doldenstock
2973
406
409
412
410
410
3034
3480
2731
Ostgrat 414
Fründenjoch
377

rdwand

assische Eistour, relativ häufig durchgeführt. Wandhöhe 00 m, 50—55 Grad steil, 8—10 Std. von der Fründenhütte auf den Gipfel. G 7. Siehe Abb. S. 141.

10 (Galletgrat) bis etwa 2800 m. Nun rechtshaltend in den flachen etscherkessel und in SW-Richtung an den Fuß der Wand. In der Fallinie des Gipfels gerade empor, einige Felsen in der Wandmitte links umgehend, bis unter den Felsriegel unter dem Gipfel, der die ganze Wand abschließt. Dieser Felsriegel wird links (O) durch ein sehr steiles Eiscouloir umgangen, es führt auf den Ostgrat empor an den Fuß seines letzten Steilaufschwungs kurz unter dem Gipfel. Über diesen Aufschwung gerade empor (bei vereisten Felsen sehr heikel!) und weniger steil auf den Gipfel.

● **413** **Südgrat:** wegen Felssturz z. Z. nicht begehbar.
IV und III. Die Tour wird zu Unrecht sehr selten begangen, sie ist landschaftlich außergewöhnlich schön. Die Schwierigkeiten sind etwas leichter als am Ostgrat. 8—9 Std. vom Biwak auf den Gipfel. G 7. Siehe Abb. S. 143.

Übersicht: Der Südgrat verläuft vom Gipfel des Doldenhorns zuerst fast horizontal nach S und bricht dann steil in eine Scharte ab. S davon erhebt sich der P. 3354. Die Südgratroute erreicht von der Sillernseite her diese Scharte und begeht den Grat bis auf den Gipfel.
Zugang: Ausgangspunkt für diese sehr lohnende und sehr schwierige Tour ist ein **Biwak** am unteren Ende des Sillerngletschers. Auf der Gasterentalstraße bis zum P. 1415 (Brücke über den Sillernbach). Am orogr. rechten Ufer des Sillernbaches über einen großen Schutthang an sein oberes Ende. Hier beginnt ein schwach ausgeprägter Pfad, hie und da unterbrochen, welcher die folgende Steilstufe im Zickzack überwindet. Oberhalb der Steilstufe wird der Sillernbach an sein östliches Ufer gequert. Nun über Gras- und Geröllhänge (einige Felsstufen) und über glatte Gletscherschliffe auf die Höhe der Gletscherzunge des Sillerngletschers. Biwak in der Umgebung von P. 2521.

Doldenhorn von Südwesten
Der lange Aufstieg aus dem Gasterental ins Biwak am Fuß des Sillerngletschers (beim P. 2521) sorgt dafür, daß man hier allein ist. Deutlich sind drei Bänder sichtbar, die sich diagonal auf den Südgrat ziehen. Das unterste Band ermöglicht den einfachsten Zugang. Der Südgrat selbst wird erst nördl. P. 3354 erreicht.

Kl. Doldenhorn
Gross Doldenhorn
P.3354
413
3. Band
2. Band
1. Band
Sillerngletscher

Führe: Vom Biwak in SO-Richtung einer Felsstufe entlang (diese linkerhand) über Geröllhänge und plattige Unterbrechungsstufen bis kurz unter den Südgrat, wo man die Felsstufe linkerhand übersteigen kann und das darüberliegende Geröll- und Schneeband erreicht. Wieder in SO-Richtung über das Band bis auf den Südgrat am Fuße des Steilaufschwungs, der zum P. 3354 emporleitet. Dieser Steilaufschwung wird im W umgangen und darauf leicht in die Scharte hinter P. 3354 aufgestiegen. Hier beginnen die Schwierigkeiten. Einen brüchigen Felszahn bis in halbe Höhe erklettern und den Rest W umgehen an den Fuß des großen Aufschwungs. Über schiefrige Platten unter eine senkrechte Wand. Nach links (W) am oberen Ende des Schneehangs leicht absteigen um einen Felspfeiler herum. Weiter 1 SL queren an den Fuß eines engen und steilen Couloirs. Dieses wird sehr schwierig erklettert (brüchig, ⚷). Querung schräg rechts empor auf den Grat zurück oberhalb der senkrechten Wand. In schöner Kletterei über zahlreiche Steilstufen zum Beginn des fast horizontal verlaufenden, aber stark zerrissenen Gratstückes. Alles über den Grat, hie und da in die abwärts geschichtete W-Flanke ausweichend, erreicht man ohne besondere Schwierigkeiten den Gipfel.

● 416 **Fründenhorn,** 3368,7 m

Am Fründenhorn werden nur die drei Hauptgrate öfter begangen. Am schönsten ist der Aufstieg über den Ostgrat mit Abstieg über die Normalroute. Die Normalroute über den NW-Grat (im unteren Teil Flanke) wird sehr häufig begangen, aber leider oft unterschätzt: bei Neuschnee und Vereisung ist der Aufstieg über die plattigen und abwärtsgeschichteten Felsen sehr heikel. Deshalb nicht zu früh in der Saison angehen. Der SW-Grat zählt zu den klassischen hochalpinen Klettereien des IV. Grades.

● 417 **Westflanke und Nordwestgrat**

Normal- und Abstiegsroute. 3½ Std. von der Hütte auf den Gipfel. G 3. Siehe Abb. S. 148 / 149.

Von der Fründenhütte auf den Fründengletscher absteigen und über ihn nach SW an den Fuß der Westflanke zur **oberen** von zwei markanten Firnzungen, die sich von rechts nach links in die Flanke hinaufziehen, etwa 2640 m (die untere Firnzunge trägt die Höhenkurve 2600). Über diese Firnzunge, die sich als Rampe fortsetzt, empor, bis man oberhalb einer überhängenden Felswand bequem nach rechts queren kann. Auf Bändern weiter nach rechts in die Fallinie des „Z“, wie die auffälligen Gesteinsschichtungen genannt werden. Den Faltungen folgend im Zickzack empor (Steinmänner, im Abstieg nicht leicht zu finden), bis die abschließende Steilstufe zu einer Linksquerung auf den NW-Grat zwingt (plattige Felsen mit einigen fixen Stiften). Über den verfirnten Grat (im unteren Teil eher ein Rücken) auf den Gipfel.

● 418 Ostnordostgrat

IV— (eine Stelle) und III, schöner Firn- und Felsgrat, zu Unrecht selten begangen. 6½ Std. von der Fründenhütte, ebenso lang von der Mutthornhütte; 3 Std. vom Oeschinenjoch. G 5—6. Siehe Abb. S. 148 / 149.

Zugang: Von der Fründenhütte oder von der Mutthornhütte auf R 379 ins Oeschinenjoch.

Führe: Sich am Oeschinenjoch W wendend, wird der erst unschwierige Grat bis zu einem kleinen Gendarmen erstiegen, der ohne besondere Schwierigkeiten zur folgenden Scharte überschritten wird (im Abstieg seilt man sich an diesem Gendarmen zum dritten Mal ab). Das erste ernstliche Grathindernis, in Form eines größeren Grataufschwungs (IV—, im Abstieg die zweite Abseilstelle), gewinnt man über einen verhältnismäßig wenig geneigten Firngrat. Nun an der Oeschinengletscherseite (rechts) über fast senkrechten, griffarmen Fels zu einer kaminartigen Rinne empor, die schräg nach links zum Grat zurückführt. Nach einer kürzeren, unschwierigen Gratstrecke erreicht man wiederum einen Grataufschwung (im Abstieg erste Abseilstelle), der bedeutend weniger schwierig als der vorige überschritten wird. Ein luftiger Schlußgrat führt zum Gipfel.

● 419 Südwestgrat

IV (eine Stelle) und III. Klassische Felstour. Häufig begangen. 3½—4 Std vom Fründenjoch. G 5—6. Siehe Abb. S. 148 / 149.

Übersicht: Dieser sehr schöne Grat zieht vom Fründenjoch zum Fründenhorn empor.

Zugang: Vom Fründenjoch (siehe R 376).

Führe: Sich ostwärts wendend, wird der anfangs nur wenig ansteigende Grat, ab und zu N ausweichend (besonders einem überhängenden Gendarmen), bis zum ersten großen Grataufschwung verfolgt. Von der Scharte an seinem Fuß wird ein südseitig (rechts) gelegenes waagrechtes Band etwa 1½ SL begangen (mit einer Kantenumgehung nach der ersten Seillänge). Man gelangt damit in einen kleinen Kessel, von dem eine Rinne zur Höhe des Grataufschwunges führt. Nun wieder am Grat, wird dieser, sich dabei leicht nach rechts haltend, bis zum zweiten Grataufschwung verfolgt. Eine etwa 20 m oberhalb befindliche plattige Verschneidung wird schwierig (III +) und ausgesetzt über die W-Wand des Aufschwunges erreicht. Nun weniger schwierig, aber immer noch ziemlich luftig, zuletzt kurz über eine Platte absteigend, in eine Scharte vor einem Überhang (♂, IV). Nach links über den Überhang empor (H, anstrengend) und auf einer schmalen Leiste nach rechts ansteigend auf den Grat zurück. Der folgende Aufschwung wird ziemlich schwierig knapp links der Kante erstiegen. Nun leichter über die folgenden Aufschwünge, die alle direkt über die W-Seite erstiegen werden und zuletzt über einen kurzen horizontalen Firn- oder Felsgrat auf den Gipfel.

● 422 **Oeschinenhorn,** 3486 m

Da das Oeschinenhorn eher eine Gratschulter des Blümlisalphorns, denn ein selbständiger Gipfel ist, wird es meist mit diesem zusammen bestiegen, was eine sehr lohnende Überschreitung von der Fründenhütte aus ergibt. Als selbständiges Tourenziel kommt am ehesten der SW-Grat in Frage.

● 423 **Nordwestgrat**

II und I. 4 Std. von der Hütte auf den Gipfel. G 3. Siehe Abb. S. 148 / 149.

Von der Fründenhütte erreicht man auf R 379 den Oeschinengletscher, quert diesen oberhalb seines Abbruchs (ungefähr der Höhenkurve 2700 entlang) an die Basis der Oeschinenhorn-Westflanke. Diese wird in NO-Richtung über Schutt und leichte Felsen zum NW-Grat angestiegen, den man auf etwa 2900 m erreicht. Über den Grat, teilweise etwas in der Westflanke, auf den Gipfel.
Fortsetzung auf R 431 auf das Blümlisalphorn.

● 424 **Südsüdwestgrat**

IV+ (Schlüsselstelle). An den schwierigen Stellen meist guter Fels. 4 Std. vom Oeschinenjoch, 7 Std. von der Fründenhütte. G 6. Selten begangen. Siehe Abb. S. 148 / 149.

Übersicht: Dieser Felsgrat zieht sich vom Oeschinenjoch in einer Anzahl von Steilaufschwüngen auf den Gipfel.
Zugang: Von der Fründenhütte auf R 379 in etwa 3 Std. zum Oeschinenjoch.
Führe: Hier wendet man sich nordostwärts und folgt dem Grat bis zur ersten Steilstufe, die etwas rechts der Kante erklettert wird. Der Grat wird nun weiter direkt bis zu einem anscheinend unmöglich zu ersteigenden Steilaufschwung verfolgt, der durch einen Riß (links) überwunden wird: Ein sehr schwieriger Linksquergang über eine fast grifflose, sehr steile Zone (IV—) führt zu einer Nische, über der man durch den hier beginnenden sehr engen und überhängenden Riß sehr schwierig (♂,

IV+) zu einem Stand (großer Block) emporspreizt. Dieser Standplatz wird von einem abschließenden Überhang überdacht. Nun nicht mehr so schwierig über gestuften Fels zuerst nach rechts, dann nach links zur Gratkante zurück. Bis zum Gipfel werden die nun folgenden Steilstufen alle direkt erklettert, ohne jedoch die Schwierigkeiten der großen Steilstufe zu erreichen.

● 428 Blümlisalp

Mit der Blümlisalp, bestehend aus den drei im Hauptkamm sich erhebenden Gipfeln Blümlisalphorn, Weiße Frau und Morgenhorn, besitzt das Berner Oberland eine selten schöne Firnberggruppe, die ihre Firne der N- und NW-Hänge in den Blümlisalpgletscher abfließen läßt. Die Blümlisalpgruppe hat nur noch im Jungfraumassiv ein Gegenstück. Der blendendweiße Firnmantel der Blümlisalp leuchtet bis weit ins Mittelland, ja in alten Zeiten, als die Luft noch klar und rein war, soll man die Blümlisalp gar bis in den Schwarzwald gesehen haben! Drei kleinere Gipfel sind den drei Hauptgipfeln vorgelagert: dem Blümlisalphorn das Rothorn, der Weißen Frau der Stock und dem Morgenhorn die Wilde Frau. Nach S stürzt das Massiv mit wenig einladenden, brüchigen, etwa 900 m hohen Felswänden zum Kanderfirn ab, zwischen denen noch schmale, langgezogene Firnterrassen eingelagert sind. Sehr beliebt und eine besonders schöne Eisfahrt ist die Überschreitung der drei Hauptgipfel (R 450). Die drei Gipfel sind etwa gleich hoch (Kulminationspunkt: Blümlisalphorn, 3664 m). Die Normalanstiege führen auch hier alle über die NW-Grate, wie an allen Gipfeln in der Doldenhorn-und Blümlisalpgruppe. Das Morgenhorn kann auf R 446 mit Ski bestiegen werden.

● 429 Blümlisalphorn, 3664/3663 m

Der höchste Gipfel des Blümlisalpmassivs.

***Blümlisalpmassiv von Westen** (folgende Doppelseite)*
Im Vordergrund der Oeschinensee. Rechts der Bildmitte die Fründenhütte. Deutlich sichtbar der Z-förmige Aufstieg der Fründenhorn-Normalroute (R 417), der durch die Gesteinsschichtung bedingt ist. 200 m über dem Oeschinensee ermöglicht die „Untere Fründeschnur" einen schwindelerregenden Quergang durch die senkrechten Flühe. Die „Obere Schnur" (Läster) vermittelt den kürzesten Abstieg vom Blümlisalphorn zum Oeschinensee (R 434A).

Blümlisalphor
Wilde Frau
Stock
3297
Blümlisalpgletscher
Ob. Oeschin
434 A
434 A
1911
1893
Unt. Schnur

Oeschinenhorn
Fründenhorn
424
418
417
419
380
423
Hütte
356

● 430 Nordwestgrat

II. 4 Std. von der Hütte. G 3. Dieser Grat, der vom Blümlisalphorn zum Rothorn abstreicht, wird als gewöhnlicher Aufstiegsweg begangen. Siehe Abb. S. 152 / 153.

Von der Blümlisalphütte ersteigt man in SSO-Richtung den O-Arm des Blümlisalpgletschers, dabei den Stock-Gipfel zur Rechten, und erreicht somit eine weite Einsattelung, die zwischen den Gipfeln der Weißen Frau und des Stocks liegt. Ein kurzer Abstieg führt jenseits zum W-Arm des genannten Gletschers und damit in die weite Firnmulde, die NW unter der Weißen Frau und dem Blümlisalphorn eingebettet liegt. Nach Durchschreitung dieser Firnmulde (Achtung auf Eisschlag!) in SW-Richtung werden die steilen, oft von Schründen durchzogenen Firnhänge zu einem zweiten Sattel erstiegen, der zwischen Rothorn und Blümlisalphorn liegt (= P. 3179).
Vom Sattel über einen Firnrücken nach SO an den Fuß plattiger Felsen. Diese werden rechts (W) ausholend erklettert. Bei Vereisung sind die Platten sehr heikel, fixe Eisenstangen erleichtern die Sicherung. Dann über einen scharfen Firngrat auf den Gipfel.

● 431 Südwestgrat

III— und II (Stellen). 5—6 Std. von der Fründenhütte. G 4. Siehe Abb. S. 148 / 149.

Von der Fründenhütte ersteigt man den Oeschinenhorn-NW-Grat wie bei R 423 beschrieben, bis zu seinem oberen Teil und quert von diesem unschwierig an geeigneter Stelle nach links (O) in das oberste Becken des Vorderen Blümlisalpgletschers. Ein kurzer, wenig geneigter Firnhang führt zur Grateinsenkung zwischen Oeschinenhorn und Blümlisalphorn empor, man kann aber auch zuerst zum Oeschinenhorn aufsteigen und über dieses zur Grateinsenkung absteigen. Sich hier nordostwärts wendend, wird abwechslungsweise über Firn und teilweise brüchige Felsen der Grat zum Blümlisalphorn angestiegen (eine kaminartige Rinne III—).

● 432 Ostgrat

Siehe R 450.

● 433 Nordflanke

3—4 Std. vom E. G 6. 450 m, 45 Grad Durchschnittsneigung. Kurze Stellen wesentlich steiler. Lohnende Eistour, oft begangen. Eisschlaggefahr. Der in den letzten Jahren stark wechselnde Zustand des Hängegletschers erfordert angepaßte Routenwahl. Siehe Abb. S. 152 / 153.

Auf R 430 an den Fuß der Wand. E etwas O vom Punkt, wo die Seraks am weitesten herabreichen. Über eine Art Firnrampe von links nach rechts ansteigen bis in die Gipfelfallinie. Nun gerade empor über einige ziemlich steile Eiswülste auf die Firnterrasse am Fuße der Gipfelwand. An der günstigsten Stelle über den oft sehr großen Bergschrund und gerade empor auf den Gipfel. Ist der Bergschrund unüberwindbar, geht man ohne Schwierigkeiten nach W auf den NW-Grat.

• 434 A Abstieg vom Rothornsattel über die Obere Fründenschnur zum Oeschinensee

3—4 Std. G 3. Origineller Abstieg. Guter Orientierungssinn erforderlich. Bei schlechter Sicht ist der Umweg über die Blümlisalphütte vorzuziehen. Siehe Abb. S. 148 / 149.

Vom Rothornsattel (3179 m) über ausgedehnte Schutthänge nach WNW absteigen — dabei die Südabstürze des Blümlisalp-Rothorn-NW-Grates zur Rechten und das senkrecht abfallende Felsband, das den Oberen Oeschinengletscher rechts begrenzt, zur Linken — bis man am Ende dieses Bandes (auf etwa 2500 m) nach SW abschwenken und zur Gletscherzunge absteigen kann. Nun am Fuße einer langgezogenen Steilstufe auf einem markanten Schuttband nach WNW absteigen bis ca. 2270 m (Schuttkegel). Über grasige Rampe 20 m **aufsteigen** auf weit vorspringende Grasrippe. Über die „obere Schnur" ca. 350 m nach NW queren in die Grasflanke, die Läster genannt wird. Auf Wegspuren über Geröll und Gras rechtshaltend queren auf den mittleren grasigen Rücken und auf ihm absteigen (Pfadspuren, auf LK eingezeichnet). Schließlich am Rande der zum Oeschinensee abfallenden Steilstufe entlang auf die Alp Underbärgli, wo man auf den markierten Hüttenweg trifft.

PS: Obere und untere Fründenschnur werden die Bänder genannt, die die senkrechte Felswand im O des Oeschinensees durchziehen. Beide sind begehbar (Pfadspuren, auf LK eingezeichnet). Die untere Schnur verläuft auf einer Höhe von rund 1800 m annähernd horizontal und ermöglicht eine eindrückliche und schwindelerregende **Rundtour um den Oeschinensee:** nur für trittsichere und schwindelfreie Geher (Pickel und kurzes Seil empfehlenswert). BW 3.

***Blümlisalp von Norden** (folgende Doppelseite)*
Das dreigipfelige Blümlisalpmassiv gehört ohne Zweifel zu den schönsten Firnbergen der gesamten Alpen. Seine Überschreitung von Ost nach West (R 450) bietet landschaftlich und alpinistisch einen Hochgenuß. Der Abstieg vom Blümlisalphorn in den Rothornsattel ist schon manchem Bergsteiger zum Verhängnis geworden: heute sichern einige fixe Stangen die heikle Passage über vereiste Platten. Am linken Bildrand die Blümlisalphütte, die im Sommer zu den bestfrequentierten Hütten der Berner Alpen zählt.

Wildi Frau
Morgenhorn
450
446
359

Blüemlisalphorn
Frau
450
430
Rothornsattel
Stock
433
430

● 438 **Weiße Frau,** 3650 m

Der Mittelgipfel der Blümlisalp.

● 439 Nordwestgrat

Normalanstieg. 2 Std. vom Sattel, 3½—4 Std. von der Blümlisalphütte. G 3. Die Aufstiegszeiten variieren und sind vom Zustand des Grates (Eis oder Firn) abhängig. Siehe Abb. S. 152 / 153.

Von der Blümlisalphütte ersteigt man in SSO-Richtung den O-Arm des Blümlisalpgletschers, den Stock-Gipfel dabei zur Rechten, und erreicht somit die weite, rückenartige Einsattelung zwischen den Gipfeln der Weißen Frau und des Stocks. Hier sich südostwärts wendend, werden einige Felsen erreicht (hierher auch direkt vom Gletscher-O-Arm), und der nun folgende steile Firngrat bis zum überwächteten Gipfel verfolgt. Der Grat, in Gipfelnähe schärfer und an Steilheit eher noch etwas zunehmend, kann bei Vereisung Schwierigkeiten bieten. In trockenen Sommern im oberen Teil stellenweise unangenehme, plattige Felsen, in denen drei Sicherungsstangen angebracht sind.

● 440 Südwestgrat

Siehe R 450.

● 441 Nordostgrat

Siehe R 450.

● 445 **Morgenhorn,** 3627 m.

Der östlichste Gipfel des Blümlisalpmassivs fällt mit einer gewaltigen, rund 1400 m hohen Wand auf den Gamchigletscher ab. Über die Normalroute (von der Blümlisalphütte her) wird das Morgenhorn im Frühjahr auch häufig mit Ski bestiegen. Die Südwandrippe wird zu Unrecht selten begangen und der Ostgrat zählt zu den großen Gratwegen der Berner Alpen.

● 446 Nordwestgrat

Normalweg. G 3. Etwa 4 Std. von der Hütte. Siehe Abb. S. 152 / 153.

Von der Blümlisalphütte in SSO-Richtung den O-Arm des Blümlisalpgletschers ersteigend (dabei die Wilde Frau zur Linken), wird die am Fuß der Weißen Frau und des Morgenhorns eingelagerte Firnmulde erreicht. Hier, in etwa 3200 m Höhe, schwenkt man nach O ab und erreicht damit den wenig ausgeprägten und aus Firn bestehenden Morgenhorn-NW-Grat, der bis zum Gipfel verfolgt wird; man hält sich

dabei wegen des linksseitigen steilen Absturzes mehr rechts des Gratfirstes, wobei ein senkrechter Abbruch in Gipfelnähe je nach Verhältnissen erhebliche Schwierigkeiten bereiten kann und die Anwendung von Eisschrauben erfordert.
Dies ist auch die **Skiroute**, wobei die Ski auf etwa 3400 m zurückgelassen werden.

● **447** **Südwestgrat**
Siehe R 450.

● **448** **Ostgrat**
IV und III. 7—8 Std. von der Mutthornhütte. G 6—7. Lange und anstrengende Tour. Siehe Abb. S. 157.

Übersicht: Dieser mächtige Grat zieht vom Morgenhorn über P. 3281 zur Gamchilücke hinab. Man betritt ihn gewöhnlich erst in der Nähe von P. 3281. Man hat zunächst die gleich W von P. 3281 liegende Scharte (vom Kanderfirn gut auszumachen) zu erreichen.
Zugang: Von der Mutthornhütte wird, das Mutthorn W umgehend, der Kanderfirn Richtung Morgenhorn gequert und zu einer in Richtung P. 3281 emporziehenden Firnrampe aufgestiegen. Am oberen Teil dieser Rampe wird ein (auch in der LK deutlich markiertes) tiefeingefrästes Couloir so lange erstiegen, bis es sich ungangbar aufsteilt. Ein schräg nach rechts aufsteigender Quergang führt zur eingangs erwähnten Scharte W von P. 3281.
Führe: Von der Scharte wendet man sich westwärts und ersteigt den sich aus ihr erhebenden steilen Grataufschwung, von dem ein kürzerer Abstieg nochmals in eine Scharte führt (von dieser zieht nach links eine Rinne zum Kanderfirn hinab). Die folgende Gratstrecke bis zum Fuß des Morgenhorn-Vorgipfels führt über eine Reihe von Gendarmen, die teilweise umgangen, meist aber überklettert werden. Dem letzten, sich sehr steil zum Vorgipfel aufbäumenden Aufschwung wird S ausgewichen, indem nach links ein Band bis zu einer Rippe verfolgt und durch einen Kamin die Höhe des Aufschwungs und damit der Grat wieder erreicht wird. Nun über den Vorgipfel und den anschließenden Firngrat zum Hauptgipfel.

● **449** **Südwandrippe**
III. Etwa 4 Std. von der Mutthornhütte auf den Gipfel. G 5. Steinschlaggefahr im unteren Teil. Einziger empfehlenswerter Aufstieg durch die Südwände des Blümlisalpmassivs. Siehe Abb. S. 157.

Zugang: Von der Mutthornhütte über den Kanderfirn nach W an den

Fuß der Südwand. Einstieg etwa 300 m NO P. 2740,5, wo ein Firnlappen hoch in die Wand hinaufreicht.
Führe: Über den verschrundeten Firnlappen aufsteigen (dabei die untersten Felsen linkerhand), bis er sich fächerförmig verbreitert. Nun quert man nach links aufwärts über Firn an den Fuß der Felsrippe. Über Fels links hoch zum KS 627225 / 148830. Über die markante Rippe gerade empor zum senkrechten Gipfelaufschwung, der links (W) in einer Rinne umgangen wird.

● **450 Überschreitung der Blümlisalp (Morgenhorn — Weiße Frau — Blümlisalphorn)**

Dauer der ganzen Fahrt von und zur Blümlisalphütte 10—12 Std. je nach Überwächtung und Zustand des Grates. G 5—G 6, je nach Verhältnissen. Diese klassische Eisfahrt, die schönste Eisgratüberschreitung in der Blümlisalpgruppe und eine der schönsten Fahrten in den Berner Alpen überhaupt, führt über prachtvoll überwächtete Gratstrecken, die aber, wenn man Eis antrifft, sehr lange aufhalten und schwierig werden können. Die Wächten hängen meistens nach S. Auch bei guten Verhältnissen zwingt diese Fahrt zu frühem Aufbruch von der Hütte. Siehe Abb. S. 152 / 153 und 157.

Von der Blümlisalphütte wie bei R 446 in etwa 4 Std. über den NW-Grat auf das Morgenhorn.
Vom Morgenhorn wendet man sich südwestwärts, überschreitet den zunächst leichten, fast eben verlaufenden Firngrat (= SW-Grat) und steigt nun steiler in die tiefste Grateinsenkung zwischen Morgenhorn und Weiße Frau ab, deren Gipfel man über ihren oft mit großen Wächten behangenen und schmalen NO-Grat gewinnt. 2 Std.
Von der Weißen Frau verläuft der SW-Grat dieses Gipfels vorerst ein kurzes Stück eben, fällt aber bald mit starker Neigung zur tiefsten Einsattelung zwischen Weißer Frau und Blümlisalphorn ab. Der NO-Grat des Blümlisalphorns, der meist stark überwächtet anzutreffen ist, führt

Morgenhorn-Ostgrat von Süden
Der Ostgrat (R 448) ist einer der mächtigsten Grate der Berner Alpen. Er schwingt sich aus der Gamchilücke zum Gipfel auf und überwindet auf einer Länge von fast 2 km eine Höhendifferenz von 800 Metern. Der unterste Aufschwung wird meist südl. umgangen und der Grat in einer Scharte knapp nordwestl. P. 3281 erreicht. Die Südwandrippe (R 449) bietet den einzigen empfehlenswerten und relativ steinschlagsicheren Südaufstieg auf die Blümlisalpgruppe. Beide Routen werden selten begangen.

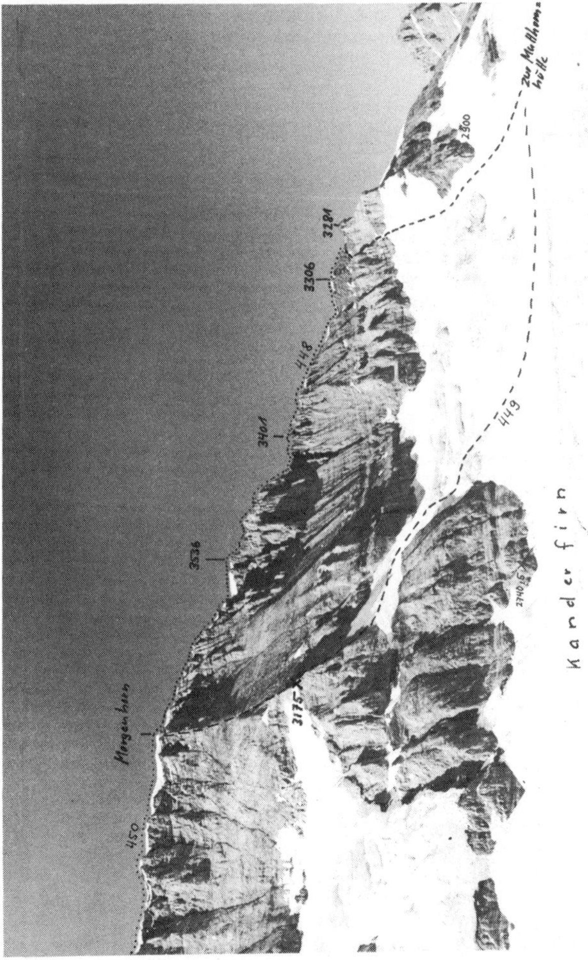
zur Mutthornhütte
2900
3281
3306
448
3401
449
3536
Kander firn
Morgenhorn
3175
450

in mehreren Abstufungen und Aufschwüngen zum dritten und letzten Gipfel. Weiße Frau — Blümlisalphorn 2—4 Std. je nach den Bedingungen auf dem Grat.

● 455 **Wilde Frau,** 3274 m

Von den drei, der Hauptgruppe NW vorgelagerten kleineren Gipfeln, sei im Rahmen dieses Führers die Wilde Frau erwähnt, da dieser Gipfel als Lückenbüßer bei weniger gutem Wetter öfters von der Blümlisalphütte erstiegen wird. Die Wilde Frau, ein langgestreckter Gipfelgrat, erhebt sich zwischen Blümlisalphütte und Morgenhorn. Am einfachsten sind die Anstiege von N, W und S, wie schon ein Blick auf das Kartenbild verrät; sehr schwierig ist dagegen der NO-Grat. Alle Anstiege weisen sehr brüchigen Fels auf. Beschrieben wird der S-Grat, wo der Steinschlag am wenigsten zu befürchten ist.

● 456 **Südgrat**

III— und II. G 2—3. 2½ Std.

Kurze Kletterei in relativ festem Fels. Bester Auf- und Abstieg auf die Wilde Frau.

Von der Blümlisalphütte auf R 446 auf das Firnplateau ca. 3100 m und nach links abschwenken in den Blümlisalpsattel, 3134 m. Nach N über Schutt aufsteigen, dabei den untersten Aufschwung des Südgrats links (W) umgehend, an die gelbe Gipfelwand. Links der senkrechten Gratkante (und links einer kleinen rißartigen Verschneidung) über gutgestuftes Wändchen auf Terrasse (20 m). Auf ihr nach links in die Falllinie von senkrecht gestellten Platten. Schräg links hoch in den rechten von zwei Rissen, darin 20 m emporklettern (III—) zu Ringhaken (= Abseilhaken), wo sich die Wand zurücklehnt. Über die Schuttabdachung auf den Gipfel.

Im Abstieg kann über die oberste Stufe 20 m auf Terrasse abgeseilt werden.

● 465 **Gspaltenhorn,** 3436,1 m

Das Gspaltenhorn führt seinen zutreffenden Namen nach den seinem O- und SW-Grat aufgesetzten Felstürmen, welche diesen Graten ein Profil verleihen, als ob die zwischen den Türmen liegenden Scharten mit einer Riesenaxt ausgekerbt wären. Berühmt sind sein sehr schwieriger SW-Grat, der über eine Reihe markanter Türme führt („Rote Zähne“), und seine über 1600 m hohe NO-Wand, eine der gewaltigsten Wände der Alpen.

● 466 **Nordwestgrat**

II. 2½ Std. von der Büttenlassenlücke, 4½ Std. von der Hütte. G 4. Üblicher Weg. Bei Neuschnee sehr heikel. Nicht zu früh in der Saison angehen! Siehe Abb. S. 161, 165 und 167.

Zugang: Von der Gspaltenhornhütte auf einem öfters unterbrochenen Weglein in allgemeiner Richtung Büttlassen (ONO) über die steilen Geröllhänge des dem genannten Gipfel S vorgelagerten Kars zum Fuße der Büttlassen-S-Wand und an dieser in O-Richtung entlang zur Büttlassenlücke, die man S des ersten Turmes des Büttlassen-S-Grates betritt (etwa 1¾ Std.). Hier wendet man sich südostwärts und begeht den zuerst aus Schutt bestehenden Rücken, der zum eigentlichen Felsgrat führt. Hier enden die schwachen Pfadspuren.
Führe: Der Felsgrat, „Leitergrat“ genannt (hier wurde im 19. Jh. eine Leiter zur Überwindung der schwierigen Stellen verwendet), besteht aus vier, durch kleinere Scharten getrennten Felsköpfen, die alle leicht überklettert werden. Eine größere Scharte nach dem letzten Felskopf wird durch einen rißartigen Kamin auf der NO-Seite absteigend erreicht. Nach der Gratverbreiterung führt ein Firnhang (an heißen Sommern oder im Spätsommer ein Schutthang) zu einer aus verwitterten Felsen bestehenden Steilstufe empor, die man mit Hilfe eines dort fix angebrachten Seiles überwindet. Über einen scharfen Firngrat schließlich zum Gipfel.

● 467 **Südsüdwestgrat** (Rote Zähne)

IV (stellenweise) und III. Etwa 10—12 Std. von der Hütte, 6½ Std. vom Beginn der eigentlichen schwierigen Kletterei am ersten Turm. G 7. Viel brüchiger Fels. Sehr lange und abenteuerliche Fahrt in wilder Umgebung. Nur bei sicherem Wetter unternehmen! Ein vorzeitiger Abstieg nach W oder nach O kommt nicht in Frage. Nach den Abseilstellen am 1. Turm ist ein Rückzug komplizierter als die Fortsetzung auf den Gipfel (Erkletterung der Abseilstellen besonders schwierig und brüchig!).

Dieser rassige, sehr schwierige Grat mit den „Roten Zähnen“ (Roti Zend) ist einer der interessantesten Aufstiege aufs Gspaltenhorn.

Ausrüstung: 40 m Einfachseil und 40 m Reepschnur für die Abseilstellen. Genügend Abseilschlingen. Einige Haken. Pickel und Steigeisen. Steinschlaghelm! Siehe Abb. S. 161.

Übersicht: Vom P. 3067 und P. 3275 im SW-Grat ziehen sich zwei Firnfelder (früher Hängegletscher) in die NW-Flanke hinunter. Zwischen den beiden Punkten liegt ein auffälliger Felshöcker, Kamel genannt. Der eigentliche Grat wird erst zwischen Kamel und P. 3275 erreicht.
Zugang: Von der Gspaltenhornhütte steigt man vorerst auf dem Hüttenweg zurück, bis man die Hüttenfelsen an ihrem Fuß SW umgehen kann. Nun nach SO auf den südl. Zipfel des Gspaltenhorngletschers (in der LK 50 nicht benannt). empor, bis man oberhalb des Felskopfes P. 2563 (auf der LK 50 nicht kotiert, siehe Foto), nach S queren kann. Leicht absteigend an den Fuß eines Firncouloirs, das sich vom ersten Firnfeld herunterzieht. Im Firncouloir, von einigen Felsstufen unterbrochen, empor auf das Firnfeld. Auf ihm linkshaltend hinauf auf den Grat. Über den Grat auf die Firnkuppe P. 3275 und absteigen in Scharte, wo die eigentlichen Schwierigkeiten beginnen.
Führe: Der Fuß des ersten Turms der „Roten Zähne" wird erreicht, indem man ein rechts (in der S-Flanke) befindliches schmales Band (etwa 10 m weit) begeht. Eine Rippe führt zu einem Kamin, nach dessen Durchsteigung ein Rechtsquergang (20 m) zu einer steilen, schlecht geschichteten Rinne führt. An ihrem oberen Ende werden einige leichte Kamine durchklettert, worauf bald der Hauptgrat erreicht wird. Von der Spitze des ersten Turmes wird ein kleinerer Grataufschwung N umgangen; über eine Rippe wird wieder zum Grat aufgestiegen.
Der **erste Turm** bricht jenseits (N-Flanke) sehr steil ab. Man hat zunächst ein kleines Schärtchen zu erreichen, oberhalb und jenseits dessen sich zwei kleinere Gendarmen erheben. Dies geschieht, indem man durch eine kurze, brüchige Rinne zur Abseilstelle absteigt, sich von hier 1 SL (30 m) abseilt und zum eben genannten Schärtchen absteigt. Von diesem Schärtchen erreicht man, durch eine kurze Rinne in Richtung

Büttlassen und Gspaltenhorn von Westen
Obwohl das ganze Massiv aus ausgesprochen brüchigem Gestein aufgebaut ist, gibt es einige empfehlenswerte Aufstiege. Die Routen von der Sefinenfurgge aus bieten kaum Schwierigkeiten und sind der umfassenden Aussicht und des packenden Nahblicks aufs Gspaltenhorn wegen lohnend (R 477 und R 478). Rechts der Bildmitte die Gspaltenhornhütte. Der Übergang von der Sefinenfurgge in die Gspaltenhornhütte (R 368) kann mit der Gamchilücke oder dem Hohtürli (R 348) kombiniert werden. Die Skibesteigung der Büttlassen von der Griesalp aus bleibt dem erfahrenen Skialpinisten vorbehalten.

Sefinenfurgge
Gspaltenhorn
Büttlassen
3063
477
3020
466
3275
467
478
479
2790
476
2401
Gspaltenhorngletscher
2563
2434
2375
Augstchummi
368
Trogegg
365

Gspaltenhorn absteigend, ein ausgesetztes Band, das am Fuß der beiden erwähnten kleinen Gendarmen entlang zur zweiten Abseilstelle führt, wo man sich in die Scharte zwischen erstem und zweitem Turm etwa eine ½ SL abseilt.
Der **zweite Turm,** der freistehendste von allen dreien, besitzt zwei Gipfel, einen höheren S-Gipfel und einen niedrigeren N-Gipfel. Der S-Gipfel wird durch einen, in der fast senkrechten Stirnseite befindlichen Riß erstiegen (der zweite Riß von der Lücke an gerechnet!): Plattiger Fels führt zum E des Risses, den man mit einem Rechtsquergang (etwa 10 m) erreicht. (Haken am E).
Durch den Riß zu einem Standplatz empor, von dem eine kaminartige Rinne zur Schlußwand weiterführt. Durch diese empor zur höchsten Spitze des zweiten Turmes. Jenseits hinab zur kleinen, schuttbedeckten Lücke zwischen beiden Gipfeln dieses Turmes.
Nun steigt man links (im Sinne des Anstiegs) durch eine Rinne zu einem schuttbedeckten Felsband ab, das man in Richtung Gspaltenhorn-Gipfel begeht. Somit den N-Gipfel des zweiten Turmes umgehend, wird mit Hilfe dieses Bandes eine Reihe Gratfenster erreicht. Man durchschlüpft das erste (enge), um sich auf der anderen Seite eine halbe Seitenlänge zur Scharte vor dem dritten Turm abzuseilen (teilweise überhängend). Man erreicht nicht direkt die Scharte, sondern eine Stelle etwas südlicher und tiefer als diese selbst.
Der **dritte und letzte Turm** vor dem Gipfelaufbau des Gspaltenhorns wird meist links umgangen. Er kann aber auch sehr schwierig durch einen einige Meter links der Scharte befindlichen, unten engen, oben sich erweiternden Riß erstiegen und überschritten werden, wie dies die Zweitbegeher taten.
Von der Scharte zwischen zweitem und drittem Turm seilt man sich links (im Sinne des Aufstiegs) etwa eine $^2/_3$ SL durch eine steile Eisrinne ab (Vorteil mit Steigeisen), quert sie zum jenseitigen Rand, ersteigt eine kurze Rippe und gelangt zu ausgesetzten Gesimsen, die man waagrecht begeht, um so den dritten Turm zu umgehen. Einige steile und ziemlich schwierige Felsen führen dann zu einer kleinen schräg geneigten, bandartigen Schutterrasse empor, von der eine teilweise sehr brüchige Steilrinne (besonders die gelbgefärbte Felsstufe!) wieder zum Grat emporführt.
Will man den dritten Turm nach seiner Umgehung besteigen, so wendet man sich von der Scharte zwischen Gspaltenhorn und drittem Turm letzterem zu (nach SW) und durchsteigt einen engen, tiefen, gutgriffigen Kamin. — Der Schlußanstieg zum Gspaltenhorn führt zuerst über steile, aber nunmehr weniger schwierige Felsen, die in Gipfelnähe an Steilheit stark abnehmen.

● 468 Über die Nordostwand

IV+ (Stellen) und IV, überwiegend III. Einstieg bis Gipfel 15 Std. G 12. Je nach Verhältnissen muß mit einem Biwak in der Wand gerechnet werden.

Diese gewaltige, 1600 m hohe kombinierte Fels / Eiswand zählt zu den ganz großen Nordwänden der Berner Alpen. Die untere Hälfte dieser Wand besteht aus gutem, kompaktem Kalk, die obere Hälfte ist sehr brüchig. Stein- und Eisschlaggefahr. Bester Zeitpunkt für eine Besteigung ist der Spätsommer und Herbst, wenn der obere brüchige Teil der Wand bereits verschneit ist, aber die plattigen Felsen der unteren Hälfte noch trocken sind. Im Frühsommer ist die Wand außergewöhnlich steinschlägig, mit zahlreichen Wasserfällen. Siehe Abb. S. 165 und 167.

Bester Ausgangspunkt ist ein Biwak in den Einstiegsfelsen. Die Direkte Wand wurde bis jetzt auf drei Routen bestiegen (Welzenbach beging 1932 nur die Gipfelwand, den schwierigsten Teil der Wand umging er auf dem Kilchbalmgrat!). Die Erstbegeher der „Direkten" bestiegen 1951 die Wand in ihrer ganzen Länge, waren aber in der unteren Wandhälfte stark dem Eisschlag ausgesetzt, wie auch ihre Nachfolger. Erst die Fünftbegeher (Munter-Bichsel) fanden 1964 O von der Route der Erstbegeher eine praktisch eisschlagsichere Route, die in der Folge beschrieben wird.

Zugang: Vom P. 1538 / LK 25 (KS 630940 / 153300) im hintersten Sefinental (2 Std. von Stechelberg) über eine steile mit Buschwerk bewachsene Grashalde Richtung Büttlassen auf ein Grasband (= Höhenkurve 1800 m der LK), das sich nach S zieht und auf dem riesigen Plattenschuß endigt, mit dem die Wand beginnt. In diesen untersten Felsen lassen sich mehrere günstige Biwakplätze finden. E.

Führe: Über die Platten, unterbrochen von kurzen Steilstufen, gerade hinauf zum Lawinenkegel (auf der Landeskarte eingezeichnet), der vom Hängegletscher gespeist wird (rechts davon breites, überdachtes Band, Biwakplatz). Den Kegel links ansteigend traversieren (Eisschlag) und wieder gerade empor an den Fuß der Steilwand. Hier beginnt die eigentliche Kletterei: Diagonal nach links ansteigen in einer plattigen Verschneidung, sie führt an den Fuß eines flachen, tiefen Kamins (II). Im engen und glatten Kamin 40 m empor (III), dann links davon 20 m weiter auf Schulter hinauf (III+, 1 H). In der Fallinie weiter, dann ansteigender Quergang nach rechts an den Fuß eines ausgeprägten Rinnensystems, das die erste Steilstufe durchzieht (1 Schritt IV—, 1 H). Durch die glattgewaschenen weißen Risse, Kamine und Rinnen 3 SL empor auf Schutterrassen (IV+, IV und III, 6 H). 3 SL rechts ansteigend auf ausgeprägte Schulter (II und III). 1 SL gerade hinauf an den Fuß eines Plattenschusses: Durch Plattenriß 2 SL linkshaltend unter Überhang (III und IV, 2 H). Unter ihm 10 m nach links, bis man ihn übersteigen kann, und 20 m weiter an den Fuß der zweiten Steilstufe (IV, 3 H). Auf leichtem Schuttband 30 m links. 15 m linkshaltend hinauf hinter abgespaltenen Turm (III—, ausgezeichneter Biwakplatz). Nach links durch Felsspalte, weiter über Bänder nach links ansteigen in Schuttrinne, diese hoch auf Schulter am Fuße der dritten Steilstufe (4—5 SL, Beginn III—, dann leicht). Links um die senkrechte gelbe Kante herum in Kaminreihe. In ihr — steil und griffig — 3 SL hinauf ans obere Ende der ersten steilen Wandhälfte (III, 1 H). Hier legt sich die Wand stark zurück. Diagonal nach rechts ansteigen, ein Bachbett überschreiten (guter Biwakplatz) und weiter in der gleichen Richtung einige 100 m weiter auf den Hängegletscher, den man knapp oberhalb seines Abbruchs betritt (zuerst leicht, dann II, stellenweise III, zuletzt 1 SL IV—, 1 H).

Nun drei Möglichkeiten:

1. Durch das große Eiscouloir direkt auf den Gipfel (Route Reiss): Diese eleganteste und schwierigste Möglichkeit ist nur bei guten Verhältnissen möglich und ist zudem steinschlägig.

2. Den Hängegletscher schräg rechts aufwärts traversieren (1 SL 50 Grad, dann 4 SL 40 Grad), und von hier schräg nach links haltend auf der Route Welzenbach auf den Gipfel).

3. Von der linken oberen Ecke des Hängegletschers auf einer Rippe gerade empor auf den NW-Grat, den man beim fixen Seil („böser Tritt") betritt (kombiniert, sehr brüchig und heikel, z.T. schlechte Sicherungsmöglichkeiten, stellenweise III).

Gspaltenhorn und Büttlassen von der Vorderen Büttlassen
Der Normalweg aufs Gspaltenhorn (R 466) verläuft vom Büttlassensattel aus über den NW-Grat. Ein fixes Seil erleichtert die Überwindung einer senkrechten Felsstufe. Liegt im Frühsommer noch viel Schnee, hat der Aufstieg seine Tücken! Die Tour über die Roten Zähne („Roti Zend") hinweg ist eine der abenteuerlichsten Besteigungen der Berner Alpen. Wer den Nervenkitzel beim Abseilen an losen Blöcken und ebensolchen Haken nicht scheut, kommt hier voll auf seine Rechnung. Das Gestein zählt unbestritten zu den brüchigsten im Berner Oberland . . .

Gspaltenhorn
Rote Zähne
III
II
I
SW-Grat
Büttlassen
477/78
466
Büttlassensattel
3020 m
Ostgrattürme
468

● 475 **Büttlassen,** 3192.5 m

Die Büttlassen, mit dem Gspaltenhorn der großartige Talschluß des Sefinentals, ist von S oder N aus ein wenig bis mäßig schwierig zu ersteigender Gipfel, der mit dem Gspaltenhorn, dem er NW vorgelagert ist, durch den Büttlassensattel verbunden ist. Der Büttlassen N vorgebaut ist die Vordere Büttlassen, die mit einem wenig schwierig begehbaren N-Grat, auf dem noch ein größerer Felsturm aufgesetzt ist (= P. 2790), zur Sefinenfurke abfällt. Lohnender Skiberg. Die Felsen sind durchwegs sehr brüchig.

● 476 **Südwestwand**

II. 3 1/2 —4 Std. von der Hütte auf den Gipfel. G 3. Siehe Abb. S. 161.

Übersicht: Die Wand wird links begrenzt durch den Westgrat und rechts durch den Pfeiler, der die SW-Wand von der Südwand trennt und sich sehr steil vom P. 2601 / LK 25 nach NO zum letzten Turm im Westgrat emporschwingt. Die SW-Wand weist zahlreiche Schuttbänder und Steilstufen auf, die sich vom Westgrat quer durch die Wand zum Pfeiler ziehen. Diese Bänder werden zum Anstieg benutzt. Die Route verläuft im Zickzack und gewinnt den Westgrat in der Scharte unmittelbar oberhalb des Turmes, P. 2946, KS 628675 / 152040. Sie ist nicht leicht zu finden und führt ausschließlich über brüchigen Fels mit entsprechender Steinschlaggefahr. Nur begehen, wenn die Bänder völlig schneefrei sind. Der Routenverlauf ist von der Hütte aus gut sichtbar.

Zugang: Auf der Gspaltenhorn-Normalroute Richtung Büttlassensattel bis etwa 2550 m. Hier verläßt man den Pfad und steigt nach N in ein weites Geröll-(Schnee-)couloir, das man auf etwa 2600 m nach W traversiert. Man gewinnt so einen Schuttrücken, den man ziemlich mühsam nach N in der Fallinie ersteigt bis unter die erste überhängende Steilstufe der SW-Wand, etwa 2700 m. Hier E, KS 628700 / 151860.

Gspaltenhorn von Nordosten (Winteraufnahme)

Die gewaltige NO-Wand des Gspaltenhorns hat Eigerwand-Dimensionen. Der Kreis in der Bildmitte bezeichnet den günstigen Biwakplatz hinter einem abgespaltenen Turm. Vom Einstieg bis auf den Hängegletscher ist der Fels plattig und solid, der Gipfelaufbau ist leider ausgesprochen brüchig. Ist der direkte Ausstieg durchs Couloir steinschlägig, kann nach rechts auf den NW-Grat ausgewichen werden.

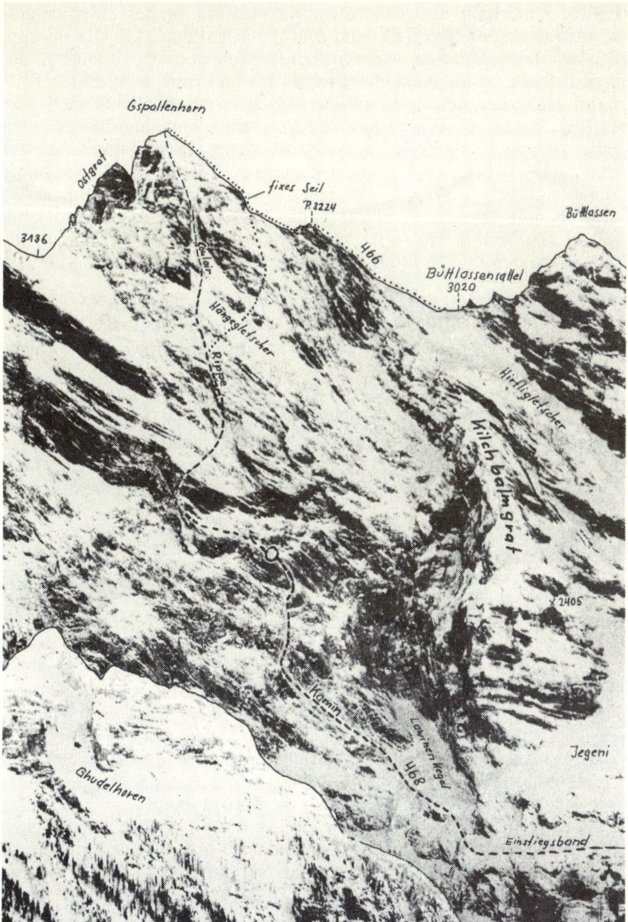
Gspaltenhorn
Ostgrat
fixes Seil
P. 3224
Büttlassen
3136
Couloir
466
Büttlassensattel
3020
Hängegletscher
Rippe
Hiritligletscher
Kilchbalmgrat
2405
Kamin
Lawinenkegel
Jegeni
468
Ghudelhoren
Einstiegsband

Führe: Unterhalb der Steilstufe zieht sich ein breites abschüssiges, schuttbedecktes helles Kalkband schräg nach rechts aufwärts bis zum Pfeiler. Dieses Band am äußeren Rand verfolgen (nicht zu nahe an der Steilstufe) bis in die Nähe des Pfeilers am Fuß einer senkrechten Felswand. Hier zieht sich ein Band oberhalb der ersten Steilstufe nach links auf den Westgrat. Dieses Band ist zuerst sehr schmal und heikel zu begehen, leichte Kletterei mit Auf- und Abstiegen. Es wird dann nach der ersten Hälfte breit und bequem begehbar. Der Westgrat wird ohne Schwierigkeiten gewonnen in einer Scharte mit Steinmann, etwa 2930 m. Nun über den Westgrat (einige Aufschwünge in leichter Kletterei) in den breiten Firnsattel, etwa 3020 m. Über die Firnflanke, die sich gegen den Gipfel zu aufsteilt, auf den Gipfel.

● 477 Nordwestgrat

I (Stellen). Etwa 2½ Std. von der Sefinenfurke. G 2. Bei Vereisung des Gipfelhangs ist das letzte Stück heikel. Siehe Abb. S. 161 und 165.

Übersicht: Dieser Grat zieht sich von der Sefinenfurke auf die Vordere Büttlassen. Der Felsturm P. 2790 wird in der Westflanke umgangen.
Zugang: Von der Sefinenfurke einem Pfad folgend (in der LK eingezeichnet) über den Gratrücken bis etwa 2670 m, wo man in die Westflanke quert und schräg rechts zum Gratfuß absteigt (1 Platte mit fixen Stiften).
Führe: Über Schutt / Schnee den Felsen entlang nach O auf den Grat zurück, den man in einem Sattel S P. 2790 erreicht. Nun dem Schuttrücken folgend, zuletzt über einige gebrochene Felsstufen auf den Vorgipfel (3050,9 m) und über den leichten Verbindungsgrat auf die Vord. Büttlassen (3063 m). Über den breiten Grat nach S auf den Hauptgipfel.

● 478 Westflanke

Etwa 2½ Std. vom Sattel. Steinschlag im Couloir. G 1—2. Siehe Abb. S. 161 und 165.

Zugang: Ausgangspunkt ist der Sattel O P. 2631,5 (höchster Punkt des Dürrenbühl-Rückens), der auf R 369 sowohl von der Rotstockhütte wie von der Gspaltenhornhütte erreicht werden kann.
Führe: Vom Sattel einer Pfadspur folgend nach O über einen breiten Schuttrücken an den Fuß der Westwand der Vord. Büttlassen. Am Fuß der Wand nach rechts (S) queren in ein markantes Couloir, das man ersteigt (es liegt ungefähr auf der KL 152675, seine südliche Begrenzung bildet im oberen Teil eine Firnrippe, die sich bis auf den Verbindungsgrat hinaufzieht, im Abstieg ist diese Firnrippe ein wichtiger

Orientierungspunkt). Nach dem Couloir über die Firnfelder auf den Verbindungsgrat, den man knapp S der Vord. Büttlasse erreicht.

★ **479** **Von der Griesalp**

6—7 Std. von der Griesalp auf den Gipfel. Lohnende und lange Tour, die nur bei lawinensicheren Verhältnissen im Frühjahr unternommen werden darf. Sie bleibt dem erfahrenen Skibergsteiger vorbehalten. Pickel, Steigeisen und Seil! Höhendifferenz 1800 m! Siehe Abb. S. 161.

Von der Griesalp über die Alpen Steinenberg — Bürgli — Dürrenberg und über den Rücken von Dürrenbühl in den Sattel O von P. 2631.5. Von diesem breiten Schneesattel aus steigt man etwa 200 m über einen breiten Gratrücken Richtung Vordere Büttlassen, bis man nach rechts haltend ein steiles Band gewinnen kann (etwa 2830 m), das man nach S begeht, am Fuße der felsigen Westwand der Vorderen Büttlassen. Nach einer langen und steilen Traverse auf diesem Band kommt man zu einem ersten markanten Couloir, das die Felsstufe durchzieht (dieses Couloir wird im Sommer auf R 478 begangen). Weiter in gleicher Richtung und etwas absteigend traversiert man an den Fuß eines zweiten großen Couloirs (Fußpunkt = KS 269000 / 152490), das man ersteigt. Hier müssen die Ski eventuell ein kurzes Stück getragen werden. Die obere Hälfte des orogr. linken Couloirrandes wird von einer elegant geschwungenen Firnrippe gebildet, die sich in den tiefsten Punkt zwischen Vordere Büttlassen und Büttlassen-Hauptgipfel emporzieht. Das Couloir öffnet den Zugang zu den schönen Firnhängen, über die man ohne Schwierigkeiten den Gipfel gewinnt.

● **485** **Tschingelspitz,** 3323 m

Die wilden Gipfel O vom Gspaltenhorn, vom Tschingelspitz bis zum Spitzhorn, werden sehr selten bestiegen. Die mächtige Nordwand des Tschingelspitz fällt 1400 m in den hintersten Kessel des Sefinentals ab und ist erst in jüngster Zeit direkt durchstiegen worden. Ost- und Westgrat ermöglichen eine lohnende Überschreitung des Berges (hier ist man garantiert allein!), und die steile Südwand ist ein Geheimtip für sehr gute Kletterer. Die Begehungen der Südwand kann man wohl heute noch an einer Hand abzählen. Ausgangspunkt für alle Touren ist die Mutthornhütte oder die Schmadrihütte.

● **486** **Von Süden und über den Westgrat**

III und II. 3—4 Std. von der Mutthornhütte auf den Gipfel. Normalroute und günstigster Abstieg. G 4. Siehe Abb. S. 171.

Übersicht: Vom Firnkessel am Fuße der Gspaltenhorn-SO-Wand ziehen sich zwei Firnzungen Richtung Sattel zwischen Gspaltenhorn und Tschingelspitz, die von einer breiten Felsrippe getrennt werden. Die Rippe trägt auf der LK 25 den P. 2938. Über die westliche Zunge und die Rippe führt die Route in den Sattel.
Zugang: Über die westliche Firnzunge empor und nach rechts an ihr östliches Ende, wo man in die Felsen einsteigt. Oft schwierige Randkluft.
Führe: Steil empor auf ein Schuttband und auf ihm nach rechts auf die Rippe. Auf ihr gerade hoch an eine Steilstufe, die durch einen steilen grasigen Riß nach links aufwärts erklettert wird. Nun leichter in den Sattel empor und über den auffällig gewellten Firngrat nach O auf den Gipfel.

● 487 Ostgrat

IV— und III. 7—8 Std. von der Mutthornhütte auf den Gipfel. Fels teilweise brüchig. Lohnende und großzügige Tour in einsamer Gegend. Nur für erfahrene Bergsteiger. G 6—7. Siehe Abb. S. 171.

Übersicht: Der Aufstieg führt von den Schutthalden von Tschingel (im N des Tschingelgletschers) schräg rechts empor auf den verfirnten Tschingelgrat, der etwa 100 m W P. 3103,5 erreicht wird. Der Tschingelgrat kann von S an mehreren Stellen erreicht werden, aber nachstehende Route ist allen übrigen vorzuziehen, auch im Abstieg.
Zugang: Von der Mutthornhütte über den Tschingelfirn in die Hänge von Tschingel. Von Tschingel nach NO über Schnee und Schutt und in einem Bogen nach rechts ausholend um ein Felsbollwerk herum bis etwa 2750 m. Nun schräg rechts aufwärts über Gras, Geröll und Schrofen an den Fuß der steileren Gipfelwand, die von zahlreichen Couloirs durchzogen ist.

Tschingelspitz von Süden
Der Tschingelspitz wird nur höchst selten bestiegen, obwohl der Ostgrat (R 487) in Verbindung mit dem Westgrat als Abstieg (R 486) eine erstklassige Hochtour darstellt. Die Südwand des Tschingelspitz ist 40 Jahre nach der Erst- und 20 Jahre nach der Zweitbegehung immer noch ein Geheimtip für sehr gute Kletterer. Sie bietet in der sehr steilen Gipfelwand anstrengende Kletterei im oberen V. Grad.

Tschingelspitz
486
3136
487
3139
3103.5
488
487
486
488
Tschingel
Tschingelgletscher

Führe: Durch eines der Couloirs gerade hoch auf den Tschingelgrat. Über den Grat ohne besondere Schwierigkeiten nach W in den Sattel zwischen Tschingelgrat und Tschingelspitz und an den Fuß der Felstürme, wo die eigentlichen Schwierigkeiten beginnen. Der **erste Turm** wird in der Südflanke schräg links aufwärts erstiegen und der **zweite** direkt über die Ostkante (Kamin, III). Der **dritte Turm** ist der schwierigste: über den ersten Überhang gerade hoch (IV—) und den zweiten rechts umgehen. Dann durch einen Kamin auf die Spitze. Eine Reihe von leichteren Zacken leitet zum verfirnten Mittelstück, das ohne besondere Schwierigkeiten an den Fuß des letzten Aufschwungs begangen wird. Über den ersten markanten Turm gerade empor, dann über leichtere Felsen auf die verfirnte Gipfelhaube. Über sie auf den Gipfel.

● 488 Südwand

V+ (Stellen), sonst III und IV. Etwa 5 Std. vom E. G 8. Die Kletterei in der Gipfelwand ist sehr schwierig und anstrengend. Alle Haken müssen selbst geschlagen werden. Beschrieben wird die Route der Zweitbegeher (Rychen und Munter, 1964), die möglicherweise von derjenigen der Erstbegeher (Krähenbühl und Wyttenbach) abweicht. Siehe Abb. S. 171.

Übersicht: Diese Felswand ist annähernd 600 m hoch. Der untere Teil ist weniger steil und hat die Form eines gleichschenkligen Dreiecks (in der LK deutlich sichtbar), dessen Spitze gegen den Gipfel zeigt. Zwei ausgeprägte Rippen, die am Wandfuß etwa 300 m voneinander entfernt sind, laufen in der Spitze zusammen. Darüber baut sich die außergewöhnlich steile und exponierte Gipfelwand auf.

Zugang: E genau N P. 2689,7 dort, wo der Firn am weitesten in die Wand hinaufreicht.

Führe: Man folgt vorerst einer plattigen Rinne, dann diagonal rechts hoch in Sättelchen auf der östl. Rippe, oberhalb eines glatten Turmes. Auf der Rippe zu Steilaufschwung, der rechts umgangen wird in eine Rinne (I und II, 1 Std.). In ihr 4—5 SL empor und 1 SL schräg rechts hoch an den Fuß einer Verschneidung. Diese Verschneidung nach links hoch und auf die Spitze des Dreiecks am Fuß der senkrechten Gipfelwand (III und IV). 5 m hoch unter Dachüberhang und nach rechts zum Beginn eines überhängenden Risses. Darin empor (V+) und mit Seilzughilfe nach links absteigen in einen Kamin (V / A0, der Seilzweite pendelt!), in ihm hoch zu einem guten Stand. Der Kamin leitet auf den Westgrat unweit des Gipfels.

● 489 **Rund um das Gspaltenhorn**

Mehrtägige hochalpine Wanderung mit Gletscherbegehung (Pickel und Steigeisen erforderlich) in einer grandiosen Umgebung. Das schwierigste Teilstück ist die Nordseite der Gamchilücke. G 2. Die Tour wird in drei Etappen unterteilt, kann aber ohne weiteres auf 4—5 Tage ausgedehnt werden, wenn man auch in der Gspaltenhornhütte und auf Obersteinberg übernachtet: dies empfiehlt sich vor allem für diejenigen, die die Rundtour als Fototour machen wollen.

1. Tag: Stechelberg — Sefinental — Rotstockhütte (R 395, 4 Std.)

2. Tag: Sefinenfurke — Gspaltenhornhütte — Gamchilücke — Mutthornhütte (R 395, R 368, R 347, 6 Std.)

3. Tag: Mutthornhütte — Obersteinberg — Tanzbödeli — Busenalp — Sefinental — Stechelberg. Von der Mutthornhütte auf R 345 bis Obersteinberg.

Von Obersteinberg führt ein guter Pfad nur wenig ansteigend nach NO durch die SO-Hänge des Spitzhorns auf den Gratrücken, etwa 1980 m. Hier zweigt ein Pfad nach links ab zum Tanzbödeli: ein prächtiger Aussichtspunkt! Zurück zur Abzweigung und nach NW auf die weiten Hänge der Busenalp zur Alphütte, P. 1841 m.

Von hier **zwei Möglichkeiten:**

a) Kürzere Variante: Von der Hütte nach NO in ein steiles Couloir, in ihm gerade hinunter und linkshaltend über eine Steilstufe. Unterhalb weiter linkshaltend durch den Busewald zur Brücke über die Sefinen Lütschine. Nun talauswärts der Lütschine entlang (markierter Weg mit Wegweisern) nach Stechelberg. 7 Std. von der Mutthornhütte.

b) Längere Variante: Von der Hütte auf dürftigen Pfadspuren (in der LK eingezeichnet) nach W unter den Ausläufern des Ghudelhorns durch, dabei das Vordere und Mittlere Busentälchen querend. Vom Hintern Busental über steiles Gras nach W absteigen in den Chilchbalmkessel zuhinterst im Sefinental und am Fuße der gewaltigen Gspaltenhorn-NO-Wand. Auf Schnee und Moränenschutt talauswärts, einige Bäche überschreitend, auf das linke Ufer der Sefinen Lütschine, wo man bald auf einen Pfad trifft, der der Lütschine entlang nach Stechelberg führt (ab Firten markiert und mit Wegweisern versehen). 1½—2 Std. länger als a). Nur für Bergsteiger, die sich auch ohne Markierungen und Pfadspuren im Gelände zurechtfinden.

PS: Die Chilchbalm, eine Biwakhöhle, befindet sich NW P. 1538/LK 25 in den untersten Felsen, siehe R 468.

4. Hockenhorn-Breithorn-Gletscherhorn-Kette

(vom Lötschenpaß zum Lauitor)

A. Begrenzung

Im W Lötschenpaß, im N Gasterental — Tschingelpaß — Weiße Lütschine, im O Lauitor — Kranzbergfirn, im S Großer Aletschfirn — Lötschenlücke — Lötschental.

B. Karten

LK Nr. 264 Jungfrau.

C. Allgemeine Beschreibung

Diese 25 km lange zusammenhängende Kette vom Lötschenpaß bis zum Lauitor gehört zum zentralen Hauptkamm der Berner Alpen und bildet die Grenze zwischen den Kantonen Bern und Wallis. Die Kette verläuft von SW nach NO. Nach Norden fällt sie mit 1000 m hohen Steilwänden ins Gasteren- und Lauterbrunnental ab, die Südhänge sind flacher und leichter zugänglich.
Geologisch gehört die Kette zum westlichen Aarmassiv, besteht also zur Hauptsache aus kristallinem Gestein (Gneise, Schiefer, Amphibolite und Granite). Ein auffälliges Band aus Sedimenten zieht sich quer durch die Lauterbrunner Wände vom Breithorn bis zur Jungfrau und bildet oft die Hauptschwierigkeit dieser Anstiege.
Der einzige leichte Übergang über die Kette führt über die sanften Firnhänge des Petersgrates. Berühmt und berüchtigt sind vor allem die Nordwände des Lauterbrunnentales (Breithorn, Großhorn, Gletscherhorn), die W. Welzenbach in den dreißiger Jahren durchstieg und die auch heute nur wenig von ihrem Ruf eingebüßt haben und nicht oft begangen werden.

Als Ausgangspunkte für Besteigungen in dieser Kette kommen vor allem die SAC-Hütten in Betracht, nämlich Mutthornhütte, Schmadrihütte (AACB) und Rottalhütte im Norden, die Konkordiahütte im Osten, und die Hollandiahütte in der Lötschenlücke im S. Für die Besteigungen aus dem Lötschental kommen die Berggasthäuser auf Kummenalp, Lauchernalp und Fafleralp in Frage. Für das Hockenhorn kann auch die private Lötschenpaßhütte als Ausgangspunkt gewählt werden.
Sämtliche Gipfel dieser Kette können im Frühjahr auch **mit Ski** bestiegen werden. Die leichtesten und bekanntesten Skigipfel sind der Petersgrat und die Ebnefluh, wo leider auch das Helikopter-Flugunwesen grassiert und unerträgliche Ausmaße annimmt. Auch das Hockenhorn ist ein leicht erreichbarer Skiberg mit einer 1900-m-Abfahrt! Alle übrigen Gipfel bleiben glücklicherweise dem erfahrenen Skibergsteiger vorbehalten. Kennern und Könnern sei vor allem die Skibesteigung des Großhorns empfohlen. Die Skitour vom Jungfraujoch über die Lötschenlücke ins Lötschental (siehe R 575) ist heute so bekannt, daß man sie kaum mehr empfehlen kann. Sie wird an schönen Wochenenden von Hunderten von Skifahrern begangen. Der Gletscher gleicht einer vielbefahrenen Skipiste und die Aufstiegsspur in die Lötschenlücke ist oft dreifach angelegt: die ganz Schnellen überholen links außen! Wer diese Skitour in ihrer Ursprünglichkeit erleben will, muß sie im Hochwinter (Januar / Februar) begehen.

D. Talorte und Ausgangspunkte

Im Westen

• **500** **Kandersteg,** siehe R 6. Ausgangspunkt für Lötschenpaß, Gasterental und Mutthornhütte.

Im Norden

• **501** **Griesalp,** siehe R 334, Ausgangspunkt für Mutthornhütte.

• **502** **Interlaken,** 563 m

Zwischen Thuner und Brienzer See, Bahnstation an der Linie Bern — Brünig — Luzern. Umsteigestation für Lauterbrunnen und Grindelwald (man achte beim Einsteigen in Interlaken-Ostbahnhof auf die Wagenbezeichnung „Grindelwald“ oder „Lauterbrunnen“, da sonst an der Bahnstreckenteilung Zweilütschinen umgestiegen werden muß).

● 503 Zweilütschinen, 652 m

Zweilütschinen liegt am Zusammenfluß der Schwarzen Lütschine (von Grindelwald herabfließend) und Weißen Lütschine (von Lauterbrunnen kommend); nach ihrer Vereinigung fließen beide Wildbäche als Lütschine in den Brienzer See.

● 504 Lauterbrunnen, 795 m

Tel. Verkehrsbüro 036/551955. Großes Parkhaus beim Bahnhof.
Bergbahnen:
1. **Lauterbrunnen — Grütschalp**, 1486 m (= Umsteigestation) — **Mürren** (bis zur Grütschalp elektr. Schmalspur Standseilbahn), dann bis Mürren Schmalspurbahn), 6 km. Etwa 700 m, bzw. 150 m Höhenunterschied.
2. **Wengernalpbahn:** Lauterbrunnen — Wengen, 1275 m — Wengernalp, 1874 m — Kleine Scheidegg, 2061 m (Scheitelpunkt) — Alpiglen, 1616 m — Grindelwald, 1034 m (elektr. Zahnradbahn), 20 km. Höhenunterschied Lauterbrunnen — Kleine Scheidegg: 1265 Höhenmeter.
3. **Jungfraubahn:** Lauterbrunnen — Kleine Scheidegg (siehe oben) — Jungfraujoch, 3454 m (elektr. Adhäsion- und Zahnradbahn), 21 km. Kleine Scheidegg — Jungfraujoch etwa 1390 m Höhenunterschied.

● 505 Mürren, 1638 m

Autofreier Kurort. Erreichbar von Lauterbrunnen mit Drahtseil-Schmalspurbahn oder von Stechelberg mit Luftseilbahn. Wintersportzentrum mit zahlreichen Skiliften und der berühmten Luftseilbahn auf das Schilthorn. Tel. Verkehrsbüro 036/551616.

● 506 Stechelberg, 910 m

Letzter Ort im oberen Lauterbrunnental. 7 km S von Lauterbrunnen. Ende der Autostraße von Interlaken. Postautokurs von Lauterbrunnen. Ausgangsort für die Mutthorn-, Schmadri-, Rottal- und Silberhornhütte.
Etwa 1 km N von Stechelberg befindet sich die Talstation der Schilthornbahn, die in 4 Abschnitten über Gimmelwald-Mürren-Birg auf das Schilthorn führt.

● 507 Wengen, 1275 m

Autofreier Kurort. Erreichbar mit Bahn von Lauterbrunnen. Durch Wengernalpbahn mit Grindelwald verbunden, siehe R 504. Wintersportzentrum mit zahlreichen Skiliften und der Luftseilbahn Wengen—Männlichen. Tel. Verkehrsbüro 036/551414.

● **508** **Bahnstation Jungfraujoch,** 3454 m

Die Berg- und Endstation Jungfraujoch der Jungfraubahn (elektr. Adhäsion- und Zahnradschmalspurbahn), erreichbar von der Kleinen Scheidegg über die Zwischenstationen Eigergletscher, Eigerwand und Eismeer (siehe R 1025 und R 1011) ist, abgesehen von den Gipfelstationen der Luftseilbahnen auf Aiguille du Midi, Furgg-Grat und Pian Rosa, die höchste europäische Bahnstation. Moderne Restaurants. Keine Übernachtungsmöglichkeit.

Das außergewöhnliche Berghaus Jungfraujoch liegt am unteren Ende des SW-Grates des Mönchs und befindet sich zu einem großen Teil samt Bahnstation und verschiedenen Forschungsinstitutionen im Felsinnern einer Grat- bzw. Jocherhebung, genannt Sphinx, die mit 3569 kotiert ist. Ein Tunnel, der Sphinxstollen, führt von der Station O auf den Jungfraufirn, während der Sphinxfelsen, gekrönt von einem Observatorium mit Aussichtsterrasse, durch einen Schacht mit eingebautem Lift erreichbar ist.

Die eigentliche Paßhöhe des Jungfraujochs (3475 m) wird von der Station Jungfraujoch auf meist ausgeschaufeltem Wege in einigen Min. erreicht.

Ein kleiner Skilift beim Sphinxstollen ermöglicht im Hochsommer den alpinen Skilauf. Bergsteigern, die einen mehrtägigen Aufenthalt in den Berner Hochalpen oder eine längerdauernde Durchquerung der Zentralgruppe beabsichtigen, ermöglicht die Jungfraubahn einen bequemen, wenn auch nicht billigen Transport samt den üblichen schweren Urlaubsrucksäcken zu einem hochgelegenen Ausgangspunkt.

Wichtig: Bergsteiger, die ohne Bahnbenützung (z.B. von Grindelwald über Bäregg und die Berglihütte, von Goppenstein durch das Lötschental und über die Lötschenlücke, oder von Fiesch im Rhônetal in das Jungfraugebiet einziehen oder die einen der schönen Jungfrau-Anstiege von N über die Rottal- oder Guggihütte wählen, schicken Proviant und entbehrliche Ausrüstungsgegenstände zum Jungfraujoch voraus, das ein eigenes Postamt hat.

NB: Die Genossenschaft Oberes Mönchjoch hat eine **Hütte im Oberen Mönchsjoch** gebaut, die das leidige Unterkunftsproblem in dieser Gegend endlich gelöst hat. Siehe R 1042.

Im Süden (Lötschental)

● **509** **Goppenstein,** 1216 m

Schnellzugstation der Lötschbergbahn und am S-Portal des Lötschbergtunnels gelegen. Tel. Bahnhof 028 / 49 17 02. Ausgangspunkt für Bergfahrten im Lötschental und Jungfraugebiet (von W her über die Lötschenlücke, siehe R 535).

● **510** **Ferden,** 1375 m; **Kippel,** 1376 m; **Wiler,** 1419 m; **Ried,** 1486 m und **Blatten,** 1540 m

Diese fünf Lötschentaler Ortschaften, durchwegs am orogr. rechten Ufer der Lonza gelegen, sind von der Bahnstation Goppenstein mit Pkw oder Postauto zu erreichen. Wiler, Tel. Verkehrsbüro 028 / 49 13 88.

Von Gampel-Steg (SBB-Station an der Linie Brig—Sion—Martigny—Lausanne) führt eine Fahrstraße nach Goppenstein und weiter durch das Lötschental bis nach Fafleralp. Postautokurs ab Gampel-Steg bis Fafleralp, im Winter nur bis Blatten. Die Straße wird im Winter nur bis Blatten offengehalten und bei Lawinengefahr gesperrt! Wer mit dem Pkw von Kandersteg kommt, muß das Auto verladen bis Goppenstein (via Lötschbergtunnel).

E. Clubhütten, Berggasthäuser und Hotels

Im Westen

● **515** **Selden** im Gasterental, siehe R 233. Ausgangspunkt für Mutthornhütte und Lötschenpaß.

● **516** **Gfällalp,** zwischen Selden und Lötschenpaß, siehe R 234. Ausgangspunkt für Lötschenpaß und Hockenhorn.

● **517** **Lötschenpaßhütte,** siehe R 235, Ausgangspunkt für Hockenhorn.

Im Norden

● **518** **Mutthornhütte SAC,** siehe R 342, Ausgangspunkt für Petersgrat, Tschingelhorn und Lauterbrunnen Breithorn.

● **519** **Schmadrihütte,** 2262 m

Akademischer Alpenclub Bern (AACB). 12 Plätze. Einrichtung wie

SAC-Hütten. Hüttenwart nur selten anwesend. Die Hütte liegt am Fuße des Großhorn-NW-Grates, KS 634825 / 149860. Notfunk. Im Winter ist die Hütte nur schwer zugänglich (in Frage kommt der Weg über Scheuerboden—Im Tal—Schafläger—Oberhornsee). Einzigartiges kleines Hüttchen in großartiger Lage! Ausgangspunkt für die schwierigen Nordaufstiege auf Breithorn, Großhorn und Mittaghorn.

• 520 Über Breitlauenen

4 Std. von Stechelberg. BW 2. Normalweg.

Von Stechelberg auf gutem Alpweg der Lütschine entlang nach S bis Trachsellauenen (letzte Wirtschaft). Hier überquert man die Lütschine und steigt nach S auf Pletschli, dann annähernd horizontal durch Wald. Beim Austritt aus dem Wald nach SO zwischen den Abflüssen des Breitlauenengletschers auf die Alp Schwand (1648 m). Noch etwas aufsteigen, dann nach rechts (S) mehrere Bäche und Lawinenkegel (Eisschlag!) überqueren und annähernd waagrecht zu den Ruinen der Tanzhubelalp (1831 m). Nach SW zum Schmadribach, den man auf etwa 2000 m überquert (bei Hochwasser schwierig, kein Steg). Über eine Moräne nach S und nach rechts in die Moränenmulde zur Hütte.

• 521 Über Obersteinberg und Oberhornsee

5 Std. BW 2. Landschaftlich außergewöhnlich schön: Einer der schönsten Hüttenwege in den Berner Alpen mit großartigem Blick auf die Nordwände des Lauterbrunnentales!

Von Stechelberg nach Trachsellauenen wie auf R 520. Dann am westl. Ufer der Lütschine entlang in den Wald zu einer Wegkreuzung. Man wählt den rechten Abzweiger und steigt im Zickzack durch steilen Bergwald auf die Ammertenalp. Weiter in gleicher Richtung zum Hotel Tschingelhorn (1678 m). Über den Schluchgraben und nach SW zum Hotel Obersteinberg (1778 m). Der Weg führt nun annähernd waagrecht nach Schafläger, wo man die Lütschine überschreitet. Über flaches Gelände nach S an den Fuß eines Steilhangs zu Abzweigung. Nach rechts zum Oberhornsee (2065 m). Nach NO einem Tälchen folgend zu Brücke. Nach SO aufsteigen auf die linke Seitenmoräne des Breithorngletschers (ca. 2150 m). Über das schuttbedeckte Vorfeld des Breithorngletschers nach O auf die rechte Seitenmoräne, über die man zur Hütte aufsteigt.

• 522 Obersteinberg

Zwei Berghotels am Mutthornhüttenweg oberhalb Trachsellauenen mit insgesamt 95 Plätzen, geöffnet Juli—September. Hotel Tschingelhorn,

Tel. 036/551343 (KS 634890/152520); Hotel Obersteinberg, Tel. 036/552033 (KS 634300/151940). Zugang siehe R 521.

● 523 **Trachsellauenen,** 1201 m

1 Std. hinter Stechelberg, an der Lütschine gelegen. Hotel. Tel. 036/551235. Geöffnet Mai–Mitte Oktober. Ehemalige Walsersiedlung.

● 524 **Rottalhütte,** 2755 m

Sektion Interlaken des SAC. 45 Plätze. Die Hütte liegt im wilden Rottalkessel im SW der Jungfrau. KS 638830/152875. Bewartet über Wochenenden in der Hochsaison (nur Abgabe von Getränken). Tel. 036/552445. Im Winter nicht zugänglich.

● 525 **Von Stechelberg**

6 Std. BW 3. Siehe Abb. S. 326/327.

Man folgt nach S dem taleinführenden Saumweg nach Trachsellauenen bis halbwegs zur Ansiedlung Sichellauenen, wo man kurz vor dem Staldenbach (erster Bach von Stechelberg aus, der von O in die Weiße Lütschine mündet!) den Talweg verläßt und links einen markierten Pfad begeht, der in nördl. Richtung bis zum Fuß einer langgestreckten Felsbank emporsteigt, wo er sich in Gegenrichtung (S) wendet und in vielen Kehren zur nördl. Stufensteinalp (1584 m) emporzieht (2 Std.). Nun in O-Richtung einen Rücken überschreiten, auf etwa 1700 m den Silberlauigraben nach S überqueren und an seinem südl. (orogr. linken) Ufer in gleichbleibender O-Richtung zum Fuß der Bärenfluhfelsen empor (= P. 2096/LK 25).

Achtung: Der Silberlauigraben von der Stufensteinalp bis zur Bärenfluh ist dem Eisschlag vom Jungfrau-Hochfirn ausgesetzt! Aus diesem Grunde wurde auch der Weg über die Bärenfluh 1977 neu angelegt, er führt nun, ausgerüstet mit Fixseil und Eisenstiften, direkt über die Bärenfluh, und zwar rechts (S) vom alten eisschlaggefährdeten Weg. (Auch auf der LK 25/1980 ist noch der alte Weg eingezeichnet.) Vom P. 2096 steigt man auf einer Moräne nach SO an die Bärenfluh zum Fuß eines Couloirs, das in NO-Richtung über die Steilstufe führt (Drahtseile). Oberhalb der Bärenfluh in allgemeiner Richtung Ebnefluh. Über grasbewachsene Hänge erreicht man die orogr. rechte Seitenmoräne des Rotalgletschers, über deren Kamm man zur Hütte emporsteigt und dabei Schneeflecke und Steilfelsen quert.

● 526 Konkordiahütten, 2850 m

Sektion Grindelwald des SAC. Die Hütten stehen auf einem kleinen Plateau am Fuße der W-Flanke des Faulberges und thronen mit einer geradezu arktischen Aussicht etwa 100 m über dem weiten Konkordiaplatz, dem Zusammenfluß mehrerer großer Eisströme, die von hier aus gemeinsam als Großer Aletschgletscher nach S abfließen. KS 647175 / 150080. — Die für 84 Personen Platz bietende obere Hütte ist während der Sommer- und Frühjahrssaison ständig von einem Hüttenwart beaufsichtigt. Tel. 036 / 55 13 94. Halbpension möglich. Bei Abwesenheit des Hüttenwartes ist nur die untere Hütte (45 Plätze) geöffnet.

⋆ 527 Von der Station Jungfraujoch
2½ Std. G 2.

O durch den Sphinxstollen auf den oberen Teil des Jungfraufirns. Der Abstieg zum Konkordiaplatz ist in seiner ganzen Länge zu übersehen. Vom Stollenausgang steigt man in SO-Richtung über den Jungfraufirn ab und hält sich meist auf seinem orogr. linken Rand, dabei die W-Flanke des Trugberges, später dessen SSW-Grat (Fußpunkt: P. 2938) und den Serakbruch des Ewigschneefeldes zur Linken. In etwa 1½ Std. wird der Konkordiaplatz erreicht, dessen Sumpf man etwas links (O) in einem Bogen (am W-Fuß des Grüneggs und an der Einmündung des Grüneggfirns in den Konkordiaplatz vorbei) ausweicht. Die Hüttenfelsen werden von W her über Leitern erreicht. (Nur bei schlechten Spaltenverhältnissen hält man sich am orogr. rechten Rand des Jungfraufirns, also an der O-Flanke des Kranzberges entlang, und quert in etwa 2900 m Höhe in SO-Richtung hinüber zum W-Fuß des Grüneggs. Weiter wie oben zur Konkordiahütte.) Der Zugang vom Berghaus Jungfraujoch über das Obere Mönchsjoch und Ewigschneefeld zur Konkordiahütte, ein besonders im Winter eingeschlagener Weg, ist bei R 1061 und R 1062 beschrieben.

● 528 Von Fiesch via Märjelensee und Großer Aletschgletscher
Etwa 6 Std. von der Mittelstation. G 1—2.

Von Fiesch mit der Eggishorn-Luftseilbahn bis zur Mittelstation **Chüebodenstafel,** 2221 m. Von hier in Nordrichtung dem großen markierten Weg folgend über die Punkte 2181 und 2160 zum Märjelensee. Nun dem SW-Hang des Strahlhorns entlang auf den Großen Aletschgletscher. Der Weg endet nach einem kurzen Abstieg am orogr. linken (O-)Rand des Großen Aletschgletschers. Diesen Eisstrom begeht man in N-Richtung ohne auf Schwierigkeiten zu stoßen, zwischen der orogr. linken (O) Seitenmoräne und der Mittelmoräne, aber vorerst näher der letzteren. Weiter oben hält man sich mehr rechts, also näher an der Ostmoräne. In der Folge treten nun vermehrt Querspalten auf, die übersprungen oder umgangen werden müssen. Die Hüttenfelsen werden von W her erreicht, wo Leitern zur Konkordiahütte emporführen.

★ **528a** **Winterweg**
Kürzester Zugang im Winter ohne Benutzung der Jungfraubahn.

Von der Mittelstation nimmt man den Skilift, der Richtung Eggishorn bis auf 2540 m emporführt. Von hier quert man die Osthänge des Eggishorns über Mulden, Rippen und Gräben zum P. 2610, Abfahrt nach NO über den Steilhang auf die Märjelenalp, wo man auf den Sommerweg stößt.

★ **529** **Von der Lötschenhütte Hollandia (Lötschenlücke)**
2½ Std. von der Lötschenhütte und 3½—4 Std. in Gegenrichtung. G 1—2.

Von der Hütte zur Lötschenlücke absteigen und den Großen Aletschfirn in seiner ganzen Länge begehen bis zur Einmündung in den Großen Aletschgletscher (Spalten). Im Sommer muß der Sumpf des Konkordiaplatzes N oder S umgangen werden. Im N geht man am P. 2756 / 2740 vorbei, traversiert den Jungfraufirn in einem nach N ausholenden Bogen und erreicht den Westfuß des Grüneggs. Nun teilweise über Moränen den Grüneggfirn in SO-Richtung traversieren an den Fuß der von weitem sichtbaren Leitern, über die man die Hütte erreicht.
(Umgehen des Sumpfes im Süden: am Nordfuß des Vierten Dreiecks entlang, dann nach S ausholend an das Ostufer des Großen Aletschgletschers und nach N um den Faulberg herum zu den Leitern). Im Winter kann der Konkordiaplatz in beliebiger Richtung begangen werden.

Im Süden

● **532** **Lötschenhütte Hollandia,** 3235 m

Sektion Bern des SAC, große Hütte knapp westlich der Lötschenlücke, KS 640050 / 147240. 106 Plätze. Tel. 028 / 49 11 35. Hüttenwart im Frühjahr und Sommer. Halbpension möglich. Die Hütte ist vor allem ein Stützpunkt für die **Skitour** Jungfraujoch—Lötschenlücke und für die Besteigung der Ebnefluh.

● 533 **Von der Konkordiahütte**

Siehe R 529, dort im Gegensinn beschrieben.

⋆ 534 **Vom Jungfraujoch**

4—5 Std. G 2. Spaltengefahr.

Vom Sphinxstollen steigt man auf den Jungfraufirn und verfolgt ein kurzes Stück den Weg Richtung Oberes Mönchsjoch bis auf das erste Plateau. Dann schwenkt man nach SW und steigt Richtung P. 3411,1 auf das zweite Plateau ab (große Spalten). Nun am orogr. rechten Ufer des Jungfraufirns hinab auf den Konkordiaplatz zum P. 2740, wo der Große Aletschfirn von rechts her einmündet. Die sanften Hänge des Großen Aletschfirns werden am orogr. linken (N) Rand erstiegen bis in die Lötschenlücke. Von der Lücke in W-Richtung über Felsen zur Hütte empor.

Im Winter läßt man die Felsen links liegen und ersteigt die Firnhänge in einem rechts ausholenden Bogen und quert horizontal zur Hütte (Spalten!). Dies ist auch die **Skiroute.** Einfachster und sicherster Zugang im Winter.

⋆ 535 **Von Fafleralp**

5—6 Std. von Fafleralp. G 1—2. Einfache Gletschertour, aber Spaltengefahr beachten.

Mit Postauto von Goppenstein bis Fafleralp (im Winter bis Blatten). Von der Fafleralp nach Gletscherstafel, wo man die Lonza überschreitet. Auf gutem Pfad am Grundsee vorbei zu P. 1937 (Abzweigung zum Beichpaß). Weiter in gleicher Richtung über das Moränengelände (Pfadspuren) zum Gletschertor des Langgletschers. Mit Hilfe der südl. Randmoräne auf den schuttbedeckten Gletscher und ungefähr in seiner Mitte (wenn nötig einer Spaltenzone auf ca. 2800 m links oder rechts ausweichend) in die Grossi Tola. Über die steilen Firnhänge in die Lötschenlücke.

Mit **Ski** verfolgt man im wesentlichen dieselbe Route. Man rechne 2 bis 3 Std. von der Lötschenlücke bis Blatten.

● 536 **Fafleralp,** 1787 m

Straße von Goppenstein (im Winter nur bis Blatten geöffnet). Postautokurs im Sommer. Hotel Fafleralp, Tel. 028 / 49 14 51, im Winter geschlossen. Ausgangspunkt für Lötschenlücke, Wetterlücke, Petersgrat und Breithorn-Südgrat.

• 537 **Lauchernalp,** 2106 m

2½ Std. oberhalb Wiler im Lötschental, 30 Min. von der Bergstation der Luftseilbahn Wiler—Holz. Ganzjährig geöffnet. Telefon 028 / 49 12 50. Berggasthaus mit 12 Betten und Matratzenlager, 40—50 Plätze. Ausgangspunkt für Petersgrat—Mutthornhütte und für Hockenhorn und Sackhorn.

• 538 **Kummenalp,** 2083 m, siehe R 236.

F. Pässe und Übergänge

• 545 **Lötschenpaß**

Übergang aus dem Gasterental ins Lötschental, siehe R 246 und 247.

• 546 **Petersgrat**

Dieser schöne Firngrat zwischen Birghorn und Tschingelhorn (höchste Erhebung P. 3207) kann auf beiden Seiten an beliebiger Stelle überschritten werden. Die Aufstiege aus dem Lötschental sind zugleich Zugänge zur Mutthornhütte. Sämtliche Übergänge sind wenig schwierig, aber die Spaltengefahr ist überall zu beachten!
In Verbindung mit der Gamchilücke ermöglicht der Petersgrat den Übergang aus dem Kiental ins Lötschental. Zugleich stellt der Petersgrat den einfachsten Übergang aus dem Lauterbrunnental ins Lötschental dar (via Mutthornhütte).
Leider ist der Petersgrat offiziell bewilligter Landeplatz für Helikopter! Man wird also in dieser Gegend zur Zeit der Frühjahrsskitouren mit beträchtlichem Lärm rechnen müssen. Die Skiabfahrten vom Petersgrat ins Gasterental, Lauterbrunnental und Lötschental sind landschaftlich großartig und zu Recht berühmt. Die ursprüngliche Ruhe wird man jedoch auch hier nur noch im Hochwinter finden.

⋆ 547 **Vom Kanderfirn**
1½ Std. von der Hütte. G 1. Siehe Abb. S. 197.

Von der Mutthornhütte südwärts über die wenig schwierigen und sanft geneigten Firnhänge in den flachen Firnsattel bei P. 3122.

⋆ 548 **Aus dem Gasterental**
5 Std. G 1—2.

Vom Heimritz auf dem Mutthornhütten-Anstieg (R 343) über

P. 2411,3 auf den Kanderfirn bis in etwa 2550 m Höhe (der dort in seinem unteren Teil Alpetligletscher genannt wird), schwenkt dann nach O ab, um über P. 2719,3 (Geröll- und Schrofeninsel) und über die Firnhänge zum Petersgrat emporzusteigen.
Aus dem Lötschental hat man die Möglichkeit, durch drei kurze Seitentäler (Tellital, Äußeres Faflertal und Inneres Faflertal) zum Petersgrat anzusteigen:

• 549 Durch das Tellital (Im Tellin)
4½—5 Std. von Blatten. G 1—2.

Von Blatten nach N ins Tellital und am orogr. rechten (W) Ufer der Gisentella entlang auf die Tellialp (Tellistafel, 1865 m). Hier über den Bach und am östl. Ufer entlang aufsteigen bis 2000 m. Nach rechts, O am P. 2067 vorbei, über einen Schrofenhang und am östlichsten Zufluß der Gisentella entlang nach N über Geröllhänge (die Tellispitzen zur Rechten) auf die Firnhänge des Petersgrates und in den Sattel N der Tellispitzen (P. 2918 / LK 25). Nach N über die Firnhänge auf den Petersgrat.

★ 550 Durch das Äußere Faflertal (Uisters Tal)
4½ Std. von Fafleralp. G 1—2.
Vom Hotel Fafleralp zu den nahen Hütten der Fafleralp, von denen man in NW-Richtung (in Waldnähe) das orogr. linke Ufer des Abflußbaches des Äußeren Talgletschers erreicht, der das Äußere Faflertal durchfließt. An diesem Ufer bleibend, führt der Pfad in der Talsohle bis auf etwa 2200 m Höhe.
Nun hält man sich in der Nähe des Vereinigungspunktes aller vom Äußeren Talgletscher nach S abfließenden Bäche und noch vor diesem Punkt etwas halbrechts, um dem Pfad zu folgen, der in NNO-Richtung über grasdurchsetzte Geröll- und Trümmerhänge zum Äußeren Talgletscher und P. 2916 (= N-Ausläufer der Krindelspitzen, diesen zur Rechten) emporführt. Nun in NW-Richtung über sanfte und wenig schwierige Firnhänge (Spalten) zur weiten Firneinsattelung P. 3126.
Dies ist auch die Abfahrtsroute **mit Ski** (steil!), vor allem, wenn man vom Tschingelhorn oder von der Wetterlücke kommt. Zum Aufstieg oder als Abfahrt von P. 3122 im Petersgrat eignet sich folgende Variante besser, da weniger steil: zuhinterst im Äußeren Faflertal steigt man nach W-Richtung Tellispitzen in den Sattel P. 2918/LK 25 N der Tellispitzen. Vom Sattel nach N über den Äußeren Talgletscher zum P. 3122.

• 551 Durch das Innere Faflertal (Inners Tal)
4½ Std. G 1—2.

Vom Hotel Fafleralp zu den Hütten der Fafleralp, von hier in nordöstl. Richtung durch Wald in das Innere Faflertal und zum rechten Ufer des gleichnamigen Baches. Am rechten Talhang bleibend verfolgt man einen Pfad nach N bis 2100 m. Nun steiler nach NW an den Fuß einer Steilstufe (KS 632450 / 145000, etwa 2200 m). Pfadspuren folgend über das Schrofengelände auf die obersten Schafweiden. Über einen Moränenrücken bis 2600 m, dann nach NW an den Nordfuß der Krindelspitzen. Die wenig schwierigen Firnhänge des Äußeren Talgletschers führen von hier in W-Richtung zum P. 3122 des Petersgrates empor.

★ 552 **Winterroute aus dem Lötschental**
Etwa 3 Std. von der Skilift-Endstation.

Zum Aufstieg mit Ski benutzt man heute kaum mehr das lawinengefährliche Äußere Faflertal, sondern man zieht den weit bequemeren und sichereren Zugang von der Lauchernalp vor, wo man sich von Skiliften bis auf 2700 m emporhissen läßt.

Von Wiler mit der Luftseilbahn nach Holz auf der Lauchernalp. Nun mit Sessellift bis Endstation Gandegg, KS 624600 / 141625). Von der Endstation kurze Abfahrt nach O in eine Mulde. Nun Aufstieg in N-Richtung über Gräben, Rippen und Steilhänge, O an P. 2911 vorbei auf den Tennbachgletscher. In gleicher Richtung weitersteigen bis etwa 3050 m auf eine Firnterrasse. Auf dieser Terrasse etwa 4 km horizontal queren und aufsteigen zum P. 3122.

● 555 **Tschingelpaß,** 2794 m

Tiefster Punkt zwischen Mutthorn und den untersten Ausläufern des Morgenhorngrates. Als Übergang vom Tschingel- auf den Kanderfirn wird in der Regel die 100 m höher gelegene Mutthornhütte benutzt. Den Tschingelpaß betritt man beim Übergang von der Mutthornhütte in die Gamchilücke.

● 556 **Wetterlücke,** 3181 m

Zwischen Tschingelhorn und Breithorn. Übergang von der Schmadrihütte nach Fafleralp und Ausgangspunkt für den Breithorn-Westgrat (R 616). Auf der Nordseite große Spalten, deshalb als Übergang vom Lauterbrunnen- ins Lötschental weniger geeignet als der Petersgrat.

Von Westen

★ 557 **Von der Mutthornhütte**
2 Std. von der Hütte. G 1. Spaltengefahr beachten. Zugang, um von der Mutthornhütte aus das Lauterbrunnen Breit-

horn über den W-Grat (Normalroute) zu besteigen. Siehe Abb. S. 197.

Man quert, in südl. Richtung ansteigend, die leicht begehbaren und sanftgeneigten Firnhänge der Petersgrat-NW-Abdachung und überschreitet den Petersgrat bei P. 3159 (= unteres Ende des SW-Grates vom Tschingelhorn). Jenseits quert man in ONO-Richtung annähernd horizontal die oberen Hänge des Inneren Talgletschers, dabei wird eine Felsinsel (KS 631770/147080) mit Vorteil im S (leicht absteigend) umgangen. Danach kurzer Aufstieg in die Wetterlücke.

Von Süden

★ 558 **Vom Hotel Fafleralp**

5 Std. G 2. Teilweise große Spalten zwischen 2900 und 3000 m.

In nordwestl. Richtung zu den nahen Hütten der Fafleralp, hierauf Richtungsänderung nach NO in das **Innere Faflertal** und auf Weg durch Wald zum orogr. rechten Ufer des Inneren Talbaches (ohne Namen auf der LK 50). Immer in der Talsohle und am rechten Bachufer bleibend, erreicht man nach einer steileren Talstrecke in etwa 2000 m Höhe eine flachere Zone. Bald darauf wird der Talbach zu seinem linken Ufer überschritten, an diesem Ufer bleibend Anstieg bis etwa 2300 m. Grashänge führen nun empor zum Talschluß, über den sich der Innere Talgletscher ausbreitet. Hier hält man sich schräg halbrechts über Gras- und Geröllhänge einer kurzen Rinne zu und erreicht nach dieser die orogr. linke (O) Moräne des Inneren Talgletschers, die man ersteigt. Nun am O-Rand über den Inneren Talgletscher zuerst in Richtung P. 3403 (den Breithorn-S-Grat zur Rechten), dann in NW-Richtung zur Wetterlücke empor.
Mit Ski verfolgt man im wesentlichen dieselbe Route. Nur bei sehr lawinensicheren Verhältnissen möglich!

★ 559 **Vom Hotel Fafleralp**

Etwa 6 Std. G 2.

Wie bei R 550 durch das **Äußere Faflertal** zum P. 2916, Nordfuß des Chrindelspitz-Nordgrates). Von hier ersteigt man die Firnhänge der Grenze zwischen dem Äußeren und Inneren Talgletscher in Richtung Tschingelhorn (N) bis in etwa 3100 m Höhe und schwenkt dann in ONO-Richtung ab. In dieser Richtung die Firnhänge leicht ansteigend querend, erreicht man die Wetterlücke.
Dies ist auch die **Skiroute** (nur bei sehr lawinensicheren Verhältnissen!) Siehe dazu auch R 550.

Von Norden

• 560 Von der Schmadrihütte

4—5 Std., G 4—G 5, je nach Spaltenverhältnissen. Die Route kann im Spätsommer wegen großer Spalten unbegehbar sein. Achtung auf Eisschlag in der hufeisenförmigen Mulde! Siehe Abb. S. 201 und Skizze S. 203.

Zuerst in SW-Richtung auf den Breithorngletscher und über ihn empor in eine hufeisenförmige Mulde zum KS 632900 / 148350. Die diese Mulde abschließende Felsstufe wird rechts in der Ostwand durch ein Schneecouloir erstiegen. Man erreicht so auf etwa 2850 m die oberen Firnfelder. Es folgt eine Zone von sehr großen Spalten, die oft zu großen Umgehungen nötigen. In allgemein SSW-Richtung wird die Lücke über sanfte Firnhänge erreicht.

Mit Ski verfolgt man eine Route, die das Hufeisen W umgeht: von der Schmadrihütte über den Breithorngletscher bis etwa 2600 m, dann nach W an die Ostwand des Lauterbrunnen Wetterhorns. Weiter in S-Richtung in die Wetterlücke empor (Routenwahl je nach Spaltenverlauf). Nur möglich, wenn der Gletscher gut verschneit ist. Bei günstigen Verhältnissen interessante Skiroute in Verbindung mit der Abfahrt durch das Innere oder Äußere Faflertal ins Lötschental.

• 565 Schmadrijoch, 3337,5 m

Zwischen Breithorn und Großhorn. Meist nur betreten als Zugang zum Breithorn-NO-Grat und Großhorn-Westgrat. Als Übergang vom Lauterbrunnen- ins Lötschental ist das Schmadrijoch zu schwierig und zu gefährlich. Vor allem die Nordseite ist infolge vorstoßender Gletscher sehr eisschlaggefährlich geworden und von einer Begehung muß z.Zt. abgeraten werden. Der Abstieg vom Schmadrijoch nach S ist im obersten Teil schwierig zu finden.

Von Süden

Die steile, nach S abfallende Firnflanke des Schmadrijochs wird von zwei horizontalen Felsbändern durchzogen. Das mittlere Firnband zwischen diesen Felsbändern wird im westlichen Teil nochmals von einer Felsstufe in ein unteres und oberes Band geteilt. Die Aufstiegsroute verläuft im Zickzack über diese Felsstufen und Schnee-(Schutt-)bänder. Der Einstieg befindet sich östlich der am tiefsten herabreichenden Felsen in einer Einbuchtung KS 635300 / 147760 auf etwa 3020 m. Siehe Skizze S. 205.

● 566 Von der Fafleralp

II. 5—6 Std. G 3. Siehe Skizze S. 205.

Über Guggistafel und über die Gugginalp bis zum Anenbach, P. 2108. Hier verläßt man den Pfad und steigt nach N ins Jägital auf, am orogr. rechten (W) Ufer des Anenbaches entlang bis in den hintersten Talkessel, etwa 2300 m, der mit einer Felsstufe abschließt. Der obere Rand dieser Stufe trägt die Höhenkote 2564,1. Zuletzt über eine Moräne an den Fuß dieser Plattenschüsse im westlichen Teil.
Vom Fuß der Felsen quert man über ein Band nach rechts (O) bis in die Nähe eines Wasserfalls rechterhand. Nun über Rinnen und Platten gerade empor (einige Seillängen II) nach N auf eine Terrasse, etwa 2580 m, am Rande des Jägigletschers (etwa 200 m O vom P. 2564,1). Nun in NNO-Richtung über den stark zerschrundeten Jägigletscher in die Fallinie des Jochs zu den am tiefsten herabreichenden Felsen. Ihnen entlang nach rechts hoch zum Einstieg in der Einbuchtung.
Aus dieser Einbuchtung verläuft eine Rampe von rechts unten nach links oben über die unterste Felsstufe und ermöglicht einen bequemen Durchstieg derselben. Nun über das mittlere Firnband rechtshaltend empor (O an der mittleren Felsstufe vorbei, die das Firnband im W zweiteilt) unter das obere Felsband, etwa 3200 m. Ihm entlang links aufwärts (über den oberen Lappen des mittleren Firnbandes) ungefähr in die Fallinie des Jochs und weiter über gebrochene Felsen leicht rechtshaltend empor ins Joch, wo sich einige Biwakmäuerchen befinden.

● 566a Variante bei stark verschrundetem Gletscher

Beim P. 2108 überquert man den Anenbach und steigt an seinem östlichen Ufer ins Jägital bis etwa 2200 m. Nun wendet man sich nach rechts und gelangt zum Fuß eines Couloirs empor, das vom Jägigletscher am Jägihorn-SW-Grat entlang ins Jägitals abfällt (Fußpunkt des Couloirs, KS 635430 / 145580). Durch das Couloir hinauf (Schrofen), dabei die steilen Felsen des Jägihorn-SW-Grates zur Rechten, auf die Gras- und Schutthänge von **Hinter Jägi.** Auf etwa 2650 m betritt man den Gletscher und ersteigt ihn in die Nähe der Hintern Lücke, P. 3018. Oberhalb einer Felsinsel linkerhand quert man auf einer spaltenarmen Gletscherterrasse in einem Bogen nach rechts ausholend in die Fallinie des Joches, wo man auf die Hauptroute trifft.
Bei sehr günstigen Schneeverhältnissen (Frühsommer) können auch die sehr steilen Firnhänge östlich der beiden Felsbänder begangen werden.
NB: Die Hintere Lücke kann auch von der Lötschenhütte aus erreicht werden, siehe Großhorn-Südgrat R 626.

Von Norden

Von der markanten Schulter im Großhorn-Westgrat (etwa 3600 m) zieht sich ein wenig ausgeprägter Felsgrat nach NW und bildet die westliche Begrenzung der NW-Wand des Großhorn-Westgipfels. Am Fuße des Grates befinden sich zwei auffällige Felsinseln im Hindre Schmadrigletscher. Unmittelbar W des Grates und parallel zu diesem verläuft ein Firncouloir, das den Zugang zum Schmadrijoch vermittelt. Dieses Couloir ist in halber Höhe von einigen Felsstufen unterbrochen. Siehe Abb. S. 208 / 209.
Der Einstieg erfolgt am Fuß der unteren Felsinsel, KS 634825 / 149000.

● **567** **Von der Schmadrihütte**

4½ Std. G 6. Bis 50 Grad steile Firnhänge. In den letzten Jahren zunehmende Eisschlaggefahr! Siehe Abb. S. 208 und S. 209.

Nach S über die große Moräne auf den Hindre Schmadrigletscher und über ihn zum E. Entweder die beiden Felsinseln erklettern oder W umgehen. Nun linkshaltend über einen großen Firnhang zum vorerwähnten Firncouloir, das auf den Schmadrifirn emporführt, wobei man je nach Verhältnissen die Randfelsen der Felsrippe benutzt. Über den Firn leicht nach S ins Joch.

● **569** **Mittagjoch,** 3657 m

Zwischen Großhorn und Mittaghorn. Höchst selten als Übergang benutzt. Hingegen ermöglicht der Westgrat von P. 3753,1, der im Schmadrigletscher fußt, in Verbindung mit einer Überschreitung des Mittaghorns (P. 3753,1 — Hauptgipfel 3895 m — Anenjoch) eine sehr interessante Überschreitung der Hauptkette von der Schmadri- in die Lötschenhütte. Siehe R 640 und R 636.

● **570** **Lauitor,** 3676 m (Louwitor)

Zwischen Rottalhorn und Gletscherhorn gelegener Übergang aus dem Rottal ins Jungfraujoch bzw. in die Konkordiahütte. Die Firnhochebene unmittelbar O von P. 3676) ist ein interessanter Übergang vom Jungfraujoch in die Lötschenlücke.
(Er vermeidet den etwas eintönigen Umweg über den Konkordiaplatz und ermöglicht nicht nur eine schöne Aussicht auf die Aletschhorn-Nordflanke, sondern auch eine eindrückliche Einsicht in die gewaltige Gletscherhorn-Nordwand).
Sehr schöner **Skiübergang** Jungfraujoch — Lötschenlücke!

Von Südosten

★ 571 Von der Konkordiahütte
3 Std. G 2.

Um dem Sumpf des Konkordiaplatzes auszuweichen, umgeht man diesen N, d.h. man hält vom gegenüberliegenden Grünegg einen nach N ausholenden schwachen Bogen ein, um zum Moräneneck vom P. 2740 (= Einmündungsstelle des Jungfrau- und Großen Aletschfirns in den Konkordiaplatz) zu gelangen. Nun am orogr. linken Rand des Großen Aletschfirns bleibend, wird über eine mäßig geneigte kurze Strecke nach SSW gegangen, bald aber nach rechts in den hier einmündenden Kranzbergfirn abgebogen. Über verschiedene steilere Stufen des Kranzbergfirns (dabei vorteilhafter seinen orogr. linken Rand (Kranzberg) benutzend) in nordwestl. Richtung empor auf die Firnhochebene O von P. 3676.

Von Nordosten

★ 572 Vom Jungfraujoch
2½ Std. G 2—3. Siehe Abb. S. 318/319.

Von der Bergstation der Jungfraubahn erreicht man durch kurzen Abstieg das oberste Gletscherbecken des Jungfraufirns, den man ähnlich wie beim gewöhnlichen Jungfrauanstieg in SSW-Richtung überschreitet und so P. 3411,1 erreicht. Diesen ONO-Sporn des Rottalhorns zur Rechten, steigt man in gleichbleibender SSW-Richtung über einen steilen, mit großen Schründen durchzogenen Firnhang auf die Firnhochebene O von P. 3676 empor.

Von Westen

● 573 Von der Rottalhütte
4—7 Std., je nach Verhältnissen. G 6. Bei Ausaperung steinschlaggefährlich. Nur bei guter Verfirnung im Frühsommer empfehlenswert. Sehr selten begangen. Ernsthafte Tour. Siehe Abb. S. 326/327.

Man steigt in östl. Richtung über den hier mäßig geneigten Rottalgletscher zum Fuß der steilen W-Wand des Lauihorns empor, wo man sich etwas halbrechts hält, um in das Couloir einzusteigen, das vom Lauitor steil nach W zum Rottalgletscher herabzieht (Höhe des Couloirs etwa 750 m). Ein steiler Firnhang führt zum Bergschrund (im Hoch- oder Spätsommer oft schwierig zu überschreiten). Die oben schmäler werdende Eisrinne wird solange durchstiegen, bis eine das Couloir teilende

Felsrippe erreicht wird. Über diese sehr brüchige Felsrippe in allgemein mäßig schwieriger Kletterei empor, bis sie sich im Eis verliert (Wiedervereinigung beider Rinnen). Nun wieder über Eis zum Lauitor. Trifft man im Frühsommer gute Firnverhältnisse in der Rinne an, so läßt man die brüchige Felsrippe zur Linken und durchsteigt die S davon befindliche Rinne in ihrer ganzen Länge.

★ **575** **Lötschenlücke,** 3178 m

Zwischen Mittaghorn und Sattelhorn. Übergang vom Konkordiaplatz (Aletschgletscher) ins Lötschental. Auf beiden Seiten wenig schwieriger Gletscherübergang. Der Spalten wegen nur für Gletscherkundige zugänglich.
Berühmte **Skitour** vom Jungfraujoch über Konkordiaplatz und Lötschenlücke ins Lötschental nach Blatten. Für geübte Skibergsteiger empfiehlt sich die Variante über das Lauitor (siehe R 572 und 571. Die Routen in die Lötschenlücke decken sich mit den Zugängen zur Lötschenhütte (siehe R 534 und 535).

G. Gipfelbesteigungen

● **580** **Hockenhorn,** 3293 m

Im Hauptkamm vom Lötschenpaß bis zum Petersgrat erhebt sich als Kulminationspunkt das Hockenhorn, das erst jenseits des Petersgrates durch das Tschingelhorn an Höhe übertroffen wird. Sehr häufig bestiegen. Lohnende Skitour von der Lauchernalp aus. Prächtige Aussicht. Am interessantesten ist eine Besteigung in Verbindung mit R 598.

● **581** **Von Südwesten**

2¼ Std. vom Lötschenpaß. G 1. Wegspuren.

Vom Lötschenpaß begeht man in nordöstl. Richtung über P. 2984 den leichten Kammrücken (Grenze zwischen den Kantonen Bern und Wallis und zugleich Wasserscheide zwischen Mittelmeer und Nordsee) bis zum Fuß des Kl. Hockenhorns, das man links (Gasterentalseite) umgeht. Mit einem zeitlichen Mehraufwand von 35 Min. für Auf- und Abstieg kann man das Kleine Hockenhorn (3163 m) von N her in mäßig schwieriger Kletterei (II) über einen kurzen, aber steilen Felshang und anschließenden Grat ersteigen.
Um das Hockenhorn zu erreichen, betritt man die zwischen den beiden Hockenhörnern liegende Einsattelung (etwa 3120 m) und quert, in

nördl. Richtung ansteigend, zum kurzen W-Grat des Hockenhorns, der ohne Schwierigkeiten erstiegen wird.

● 582 Von Süden

Etwa 3½ Std. von Kummenalp resp. Hockenalp / Lauchernalp. G 1.

Von Kummenalp Pfadspuren folgend nach N über Gras- und Geröllhänge auf die Sattlegi, etwa 200 m NO P. 2593 (Hockenkreuz / Hockuchriz). Dieser markante Grassattel ist auch von **Hockenalp / Lauchernalp** aus auf markiertem Weg leicht erreichbar. Vom Sattel wendet man sich nach NW und folgt einer Wegspur, die links (W) um die Felsen von P. 2758 herumführt. Weiter allg. Richtung Kleinhockenhorn über Schrofenhänge (mehrere Möglichkeiten) und zuletzt über Firn in den Sattel zwischen Kleinhockenhorn und Hockenhorn, wo man auf R 581 trifft.

★ 583 Von Wiler

Mit der Seilbahn von Wiler auf die Lauchernalp. Weiter mit Skiliften bis etwa 2700 m, (siehe R 552). Nun nach W auf den Mühlebachgletscher. Auf etwa 3100 m um die Gipfelfelsen des Hockenhorns S herum in die Lücke zwischen Klein und Groß Hockenhorn. Nun über die Westflanke so hoch wie möglich mit Ski, den Rest zu Fuß. Etwa 2½ Std. Abfahrt auf der Aufstiegsroute oder über Sattlegi auf die Hockenalp und nach Kippel. Rassige Abfahrten mit 1900 Höhenmetern!

● 584 Nordwestgrat

II. Etwa 4 Std. von der Gfällalp auf den Gipfel. G 2—3. Interessante Kletterei in gutem Granit.

Von der Gfällalp Richtung Schönbühl bis etwa 2000 m, wo sich der Pfad gabelt: man begeht den linken Weg und steigt auf ihm, bis er nach rechts (W) abbiegt, etwa 2060 m. Hier verläßt man den Pfad, quert nach O, überschreitet einen Bach und steigt am orogr. rechten Ufer über Gras und Geröll bis nahe P. 2421.5. Nun nach NO zum Beginn des NW-Grates auf etwa 2500 m (beim P. 2497 / LK 25). In interessanter Kletterei alles dem Grat entlang bis auf die Schneeschulter, etwa 3160 m, und weiter auf R 581 zum Gipfel.

● 587 Sackhorn, 3212 m

Leicht erreichbarer Gipfel mit prächtiger Aussicht. **Lohnender Skiberg.** Wird bei der Gesamttraversierung der Kette (R 598) überschritten. Interessante Kletterei über den SW-Grat.

★ 588 Von Süden

Etwa 4 Std. von der Lauchernalp. G 1—2. Einfachster Aufstieg und zugleich Skiroute.

Von der Lauchernalp zum Mühlebach, den man auf etwa 2100 m auf einer Brücke überschreitet. Nun am orogr. linken Ufer weiter einem Pfad folgend bis etwa 2300 m. Hier verläßt man den Pfad, der zum Stielihorn abbiegt, und steigt weiter in gleicher Richtung O am P. 2911 vorbei auf den Tennbachgletscher. Nun an den Fuß eines breiten Schneecouloirs, das O vom Gipfel auf den NO-Grat führt. Durch das Schneecouloir und über den NO-Grat (oder unterhalb des Grates auf der Nordseite) auf den Gipfel.
Mit Ski benutzt man von der Lauchernalp aus die drei Skilifte, die bis auf 2700 m führen (siehe R 552) und fährt nach O in Mulde ab. Nun Aufstieg über Gräben, Rippen und steile Hänge, O am P. 2911 vorbei auf den Tennbachgletscher und an den Fuß des oben erwähnten Schneecouloirs, wo man die Ski deponiert.

● 589 Südwestgrat

III (Stellen). 4 Std. von der Märwiglücke auf das Sackhorn. Interessante Kletterei über mehrere Granittürme hinweg. G 4.

Zugang: Von der Lauchernalp auf R 588, aber W an P. 2911 vorbei, auf den östl. Mühlebachgletscher. Zuletzt durch ein Schnee-(Schutt-)couloir in die Märbiglücke (2945 m) empor, wo die eigentliche Kletterei beginnt. Etwa 3 Std.
Führe: Der 1. Turm im SW-Grat wird ohne besondere Schwierigkeiten überschritten. Die folgenden drei Türme erklettert man direkt über die steile Kante. Vom Gipfel des 4. Turmes seilt man sich sehr exponiert 20 m in die Lücke ab (von dieser Lücke aus kann man nach S auf den Tennbachgletscher absteigen, siehe R 598). Nun leichter über den 5. und letzten Turm und leicht über den Grat auf den Gipfel.

● 592 Elwertätsch, 3211 m

Lohnender Skiberg von der Lauchernalp aus. Auf der LK 25 mit 3211 kotiert (elwer = gelb).

★ 593 Skiaufstieg

Auf R 552 bis auf die Firnterrasse etwa 3050 m auf dem Telligletscher und ohne Schwierigkeiten auf den Firngipfel. Abfahrt auf der gleichen Route, oder auf R 596 direkt auf die Weritzalp und nach Ried (steiler als R 552).

• 595 Birghorn, 3242,8 m

Dieser zweithöchste Gipfel der Hockenhorngruppe ist ohne Schwierigkeit sowohl aus dem Gasterental wie aus dem Lötschental zu erreichen.

• 596 Aus dem Lötschental

Etwa 5½ Std. von Wiler, Ried oder Blatten. G 1—2. Der Aufstieg kann um etwa 1½ Std. abgekürzt werden, wenn man die Seilbahn Wiler — Holz benutzt und von der Bergstation horizontal in NO-Richtung Fischbiel gewinnt.

Von Wiler auf gutem Weg erst gegen N, bald den Mühlebach überschreitend. Dann in NO-Richtung durch Wald zu den unteren Fischbiel-Alphütten, etwa 1900 m. In gleicher Richtung wird nach einem Waldstück der Tennbach überschritten und in etwa 2 Std. das Sommerdorf der Weritzalp (Weritzstaffel) erreicht. Hierher auch von Ried oder Blatten über Weißenried (1706 m).
Von der Weritzalp ersteigt man in NNW-Richtung, das Tennbachhorn zur Rechten, die grasdurchsetzten Schrofen- und Schutthänge, die zum P. 2851 am S-Rand des Tennbachgletschers emporführen.
Vom P. 2851 werden die unschwierigen Firnhänge des Telligletschers in NNO-Richtung bis zum Gipfel erstiegen.

• 597 Aus dem Gasterental

5—6 Std. von Heimritz, G 1—2. Selten begangen.

Auf R 343 Richtung Mutthornhütte bis zum P. 2411,3. Hier verläßt man den Hüttenweg und folgt nach OSO einem Moränenrücken bis auf den Gletscher, den man auf etwa 2700 m betritt. Weiter einer Firnmulde folgend Richtung Birgsattel bis etwa 3000 m. Nun nach SW abbiegen und über die obersten Firnhänge auf den Gipfel.

• 598 Überschreitung Hockenhorn — Petersgrat

III (Stellen) und II. Vom Hockenhorn auf den Petersgrat 6—7 Std., 9—10 Std. von der Lötschenpaßhütte in die Mutthornhütte. G 5. Abwechslungsreiche und landschaftlich prachtvolle Tour in Fels und Firn. Die Tour kann ohne weiteres auch in der umgekehrten Richtung ausgeführt werden.

Zugang: Vom Lötschenpaß auf R 581 aufs Hockenhorn.
Führe: Nach W zurück und S ums Hockenhorn herum (auf etwa 3100 m) und zurück auf den Grat zur Schulter P. 3039. Abstieg in die Lücke SW P. 2996. Aus der Lücke über P. 2996 in die Märbiglücke (2945 m). Hier beginnt das interessanteste und schwierigste Teilstück der Überschreitung, der felsige SW-Grat aufs Sackhorn

mit 5 Türmen. Aus der Märbiglücke werden die ersten vier Türme auf der Gratkante überschritten. Vom 4. Turm seilt man sich sehr exponiert 20 m in die folgende Scharte ab. Rechtshaltend auf den 5. Turm und absteigen in die Scharte vor dem Gipfelaufschwung. Dieser wird in brüchigem Fels erklettert. Vom Sackhorn folgt man dem vorwiegend breiten und leichten Gratrücken in schöner Höhenwanderung über Elwertätsch und Birghorn auf den Petersgrat. Auf R 547 in die Mutthornhütte.

● 602 **Mutthorn,** 3043 m

Unbedeutende Firnkuppe. Der Hüttenberg der gleichnamigen Hütte, die am O-Fuß des Mutthorns liegt, ist vom Tschingelpaß von SW (durch eine Geröllrinne), von NW (durch eine Firnrinne) oder über den OSO-Grat, wobei man den Signalgipfel (P. 3034,8) berührt und sich am Grat entweder auf seiner türmchenreichen Schneide oder rechts davon (N des Gratfirstes) hält, unschwierig zu erreichen. In allen Fällen etwa 1 Std. Der höchste Punkt ist auf der LK 25 nicht kotiert.

● 605 **Tschingelhörner**

Das Massiv fällt steil in fels- und eisgemischten, etwa 300 m hohen Wänden nach NW ab. Auf der LK 25 ist das Tschingelhorn mit 3576 kotiert und das Chly Tschingelhorn mit 3495. Beide sind durch eine tiefe Scharte voneinander getrennt.

● 606 **Tschingelhorn,** 3576 m

● 607 **Südflanke**

Etwa 1½ Std. vom Einstieg; 3½ Std. von der Mutthornhütte. G 2—3. Normalweg. Sehr häufig begangen. Steinschlaggefahr im Couloir. Siehe Abb. S. 197.

Zugang: Von der Mutthornhütte quert man, in genau S-Richtung ansteigend, die leicht begehbaren und sanftgeneigten Firnhänge der Petersgrat-NW-Abdachung und überschreitet den weiten Firnsattel (W P. 3159). Jenseits quert man in ONO-Richtung, ohne dabei viel an-

Tschingelhörner von Nordwesten
Die Normalroute umgeht den SW-Grat des Kl. Tschingelhorns in einem weiten Bogen (R 547/R 557) und gewinnt den Sattel zwischen Gr. und Kl. Tschingelhorn von Süden. Sehr lohnend ist die Überschreitung der beiden Gipfel (R 610). Die NW-Wand (R 609) ist eine gute Trainingstour für größere „Brocken".

Tschingelhorn
3576
607
Kl. Tschingelhorn
610
3214
609
547 / 557
zur Mutthornhütte
Kanderfirn

oder abzusteigen, die obersten Hänge des Inneren Talgletschers (das Chly Tschingelhorn dabei zur Linken). Bald darauf erreicht man den unteren Auslauf einer durch die S-Flanke des Großen Tschingelhorns emporziehenden markanten Firnrinne. Hier E.
Führe: Man ersteigt die orogr. linken (O) Randfelsen dieser Rinne bis zu deren oberen Endc (Sattel) und gewinnt nach rechts (NO) über den Grat das Große Tschingelhorn.
Dies ist auch die **Skiroute,** wobei die Ski am Fuße der Firnrinne deponiert werden. Aufstieg meist direkt durch das Couloir in den Sattel. Abfahrt durch das Äußere Faflertal, siehe R 550.

• 608 Nordostgrat
6—7 Std. G 5. Kürzeste Route von der Schmadrihütte auf das Tschingelhorn. Siehe Abb. S. 201.

Übersicht: Dieser nicht sehr ausgeprägte Grat fußt auf etwa 3150 m im Wetterlückengletscher, der sich zwischen Lauterbrunnen Wetterhorn und Breithorn ausbreitet (ohne Namen in der LK 50). Der Grat ist zuunterst felsig, bildet dann einen breiten Firngrat und verliert sich weiter oben in der NO-Flanke.
Zugang: Von der Schmadrihütte auf R 560 bis kurz vor die Wetterlücke, wo man nach W abbiegt und den Grat von SO her auf etwa 3230 m betritt — oberhalb der untersten Felsen.
Führe: Nun über den steilen Firngrat zu einer Felsstufe, die direkt erklettert wird (kombiniertes Gelände). Anschließend über den steilen Gipfelfirn auf den Gipfelfirst, wo meist eine große Wächte durchschlagen werden muß.

• 609 Nordwestwand
3—4 Std. von der Hütte auf den Gipfel. G 5—6. Siehe Abb. S. 197.

Übersicht: Diese etwa 300 m hohe und 50 Grad geneigte Eiswand ist eine gute Trainingstour für größere Nordwände. Sie ist von der Hütte aus gut sichtbar.
Zugang: Von der Mutthornhütte nach SO an den Fuß der Wand, E bei KS 631300 / 147750.
Führe: Über den Bergschrund und die steile Eiswand direkt empor unter die Felsbarriere kurz unter dem Gipfel, welche nach rechts ausweichend erstiegen wird.

• 610 Traversierung Chly Tschingelhorn — Tschingelhorn
III (Stellen) Etwa 3½ Std. von der Mutthornhütte. G 3—4. Sehr schöne und abwechslungsreiche Überschreitung. Siehe Abb. S. 197.

Übersicht: Aufstieg auf das Chly Tschingelhorn über den SW-Grat und Abstieg in die Lücke über den NO-Grat. Aufstieg über die Normalroute R 607.

Zugang: Der SW-Grat des Chly Tschingelhorns kann von W her an mehreren Stellen betreten werden, z.B. in den Lücken SW und NO vom P. 3214.

Führe: Der Felsgrat wird anschließend direkt überklettert, sofern man es nicht vorzieht, einzelne Zacken im S zu umgehen. Vom Gipfel des Chly Tschingelhorns nach NO über den obersten Aufschwung direkt abklettern in die Scharte vor dem oberen Turm (III). Nun beide Türme direkt überklettern (der untere kann N umgangen werden). Der erste Aufschwung oberhalb der Lücke wird N umgangen. Von der Lücke (Einmündung von R 607) über den Fels- und Firngrat auf den Gipfel des Tschingelhorns.

• 615 Lauterbrunnen Breithorn, 3785 m

Um Verwechslungen mit dem Lötschentaler Breithorn vorzubeugen, das sich S des Lötschentals in der Bergkette Bietschhorn — Aletschhorn erhebt, wird das N des Lötschentals sich erhebende Breithorn auch Lauterbrunnen Breithorn genannt, obwohl beide Berge in der LK nur als „Breithorn" geführt werden. Mit Recht wird die sich im Berner-Alpen-Hauptkamm erhebende formschöne Berggestalt Lauterbrunnen Breithorn genannt, denn einen großartigeren Talabschluß, als ihn das Tal von Lauterbrunnen mit dem Breithorn besitzt, wird man wohl nicht oft finden. Die nach N abfallende etwa 1200 m hohe Fels- und Eiswand des Lauterbrunnen Breithorns baut sich ebenmäßig, gestützt auf zwei markante, links und rechts von der Gipfelfallinie befindliche riesige Strebepfeiler in rasantem Aufschwung aus dem Breithorngletscher auf. Ein Betätigungsfeld der besten Bergsteiger, die hier vier verschiedene, z.T. besonders schwierige und gefährliche Anstiege durchlegten. Zur Wetterlücke streicht der W-Grat ab (Normalweg), zum Schmadrijoch der ONO-Grat. Der S-Grat, der markanteste aller drei Grate, trennt den Inneren Talgletscher vom Jägigletscher und endet im fünfgipfeligen Gratgebilde der Burstspitzen.

• 616 Westgrat

III— und II, teilw. exponiert. 2—3 Std. von der Wetterlücke. G 4. Normalroute, oft begangen.

Zugang: Meist von der Mutthornhütte, seltener von der Schmadrihütte aus.

Führe: Von der Wetterlücke (R 557—560) wird das erste Gratstück S umgangen und über einen Firnhang die erste Gratlücke erreicht. Von der Lücke horizontal (1 SL) nach S queren und steil links zurück auf den Grat klettern. Den Wegspuren folgend, alles über den Grat, den Vermessungspunkt 3403 überschreitend, an den Fuß des ersten Steilaufschwungs (gebildet durch eine Felsbarriere, die die SW-Flanke im obersten Drittel schräg durchzieht): Querung nach rechts zu gestufter Verschneidung und mit ihrer Hilfe den Steilaufschwung erklettern. Nach links auf den Grat zurück und über mehrere Erhebungen zum zweiten Steilaufschwung. Hier **zwei Möglichkeiten:**

a) Über Schuttbänder in der Südflanke nach rechts (O) in ein Couloir queren und darin nach links zurück auf den Grat. Leichter als b), aber brüchig und heikel. Normalroute.

b) Direkt über den Grat: Vom Beginn der Bänder in der Südflanke über steile Felsen gerade empor auf den Grat. Über eine kurze exponierte Kante (III—) und nach rechts hoch an den Fuß einer Verschneidung. Diese empor zu Abseilhaken (III—). Schöne und exponierte Kletterei in gutem Fels. Im Abstieg kann vom Haken 40 m auf die Bänder in der Südflanke abgeseilt werden. Variante b) ist vor allem dann vorzuziehen, wenn großer Andrang herrscht und im brüchigen Couloir Steinschlag ausgelöst wird.

Nun gemeinsam: Vom oberen Ende der zweiten Steilstufe über den Grat zum Beginn des Gipfelfirnfeldes. Über den teilweise etwas exponierten Firngrat auf den felsigen Gipfel.

● 617 Ostnordostgrat

4—5 Std. bei guten Verhältnissen vom Schmadrijoch. G 5—6. Siehe Abb. S. 205.

Übersicht: Dieser Grat verkörpert im besten Sinne und in idealer Art den Typ eines klassischen Westalpengrates, der in gemischter Geländeformation (scharfe Firnschneiden, felsige Steilaufschwünge und Türme) vom Schmadrijoch mit etwa 450 m Höhenunterschied zum Breithorn-Gipfel emporzieht.

Zugang: Vom Schmadrijoch.

Lauterbrunnen Breithorn und Tschingelhorn von Nordosten

Im Vordergrund (Bildmitte) das Schmadrihüttchen, der Prototyp der „heimeligen" Hütte aus der guten alten Zeit, als die Hütten noch für den Bergsteiger da waren. Am Fuße des Mutthorns die gleichnamige Hütte. Die Nordaufstiege in die Wetterlücke sind durch mächtige Spalten erschwert, hie und da ist ein Durchkommen überhaupt unmöglich. Die „Chervetrippe" (R 619) ist einer der schönsten Nordaufstiege in den Berner Alpen.

Breithorn
Wellerlücke
Tschingelhorn
Balmhorn
Altels
Mutthorn
608
Skiroute
Tschingelfirn
2640
Wermuthorn
619
560

Führe: Man ersteigt den zum größten Teil aus Firn bestehenden Grat (dabei einen kleinen Felskopf N umgehen und durch einen Kamin wieder zum Grat) zu einer ersten Erhebung (= P. 3386). An dieser ändert der Grat etwas seine Richtung nach WSW. Ein leicht fallender Abstieg über einen Firngrat führt zu einem Sattel, über den man jenseits bald Felsen erreicht, die in einem markanten Turm gipfeln (= P. 3471). Die sich steiler aufschwingenden Felsen bis zum Fuß dieses Turmes ersteigend, wird der Turm bis zum letzten Turmknauf an seiner Kante erklettert und dieser selbst auf Firn links umgangen. Der folgende, weniger steile, aber schmale Firngrat, in seinem unteren Teil eine Art Schulter bildend und in seinem mittleren Drittel von Felsen unterbrochen, führt zu einem großen, etwa 70 m hohen Grataufschwung, den man fast bis zu seinem oberen Ende, am Gratfirst bleibend, erklettert, um dann nach links auszuweichen. Der aus einer schmalen Firnschneide bestehende Schlußgrat führt zu einem Gipfel, zu dem aus der N-Wand eine ausgeprägte Felsrippe emporzieht (siehe R 619). Den O-Gipfel überschreitend, erreicht man bald darauf den Hauptgipfel.

● 618 Südgrat

III. Etwa 12 Std. von der Fafleralp auf den Gipfel. Man rechnet für die Gesamtüberschreitung S-Grat — W-Grat vom Hotel Fafleralp zur Mutthornhütte etwa 16 Std. G 6. Der ausgeprägteste und längste der drei Breithorngrate. Zu Unrecht sehr selten begangen, wohl des langen Anmarsches wegen. Ausrüstung: Reserveseil für 30 m lange Abseilstellen.

Übersicht: Der Grat zieht vom Breithorn südwärts zu einem etwa 200 m tiefer gelegenen breiten Firnsattel. Von diesem Sattel zieht sich ein markantes Firncouloir nach SW auf den Innern Talgletscher (auf der LK deutlich eingezeichnet). Vom Firnsattel schwingt sich ein Felsgrat fast senkrecht zum Kleinen Breithorn, 3656 m, auf. Vom Kleinen Breithorn verläuft ein stark zerrissener Felsgrat zum Feenkindl, etwa 3600 m (dieser markante Felsturm trägt auf der LK weder Namen noch Kote) und fällt weiter über mehrere Absätze und Türme ab zum Burstsattel, 3165 m, etwa 200 m N der Burstspitzen, P. 3195. Von diesem Sattel zieht sich ein etwa 300 m hohes Couloir Richtung KS 633190 / 146200 auf der Moräne des Innern Talgletschers. Auf der Moräne finden sich günstige Biwakmöglichkeiten. Dieses Couloir vermittelt den Anstieg auf den Grat.
Zugang: Von der Fafleralp auf R 551 durch das Innere Faflertal bis ca. 2780 m. Von hier genau nach O zum Einstieg des Couloirs, das sich

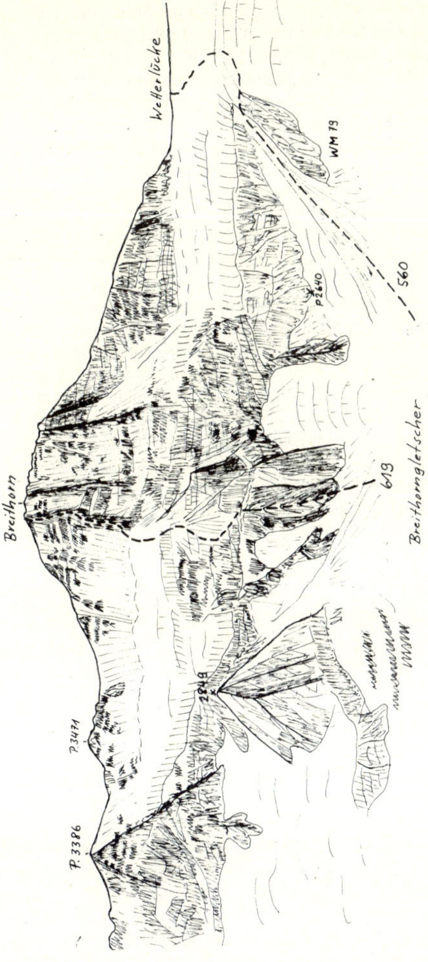

Wetterlücke
WM 79
560
P2640
Breithorngletscher
619
Breithorn
2849
P.3471
P.3386

zum Sattel N P. 3195 emporzieht, etwa 2840 m. Nun über Felsstufen, Geröllbänder und kleine Firnfelder, zuletzt durch ein deutlich ausgeprägtes Couloir in den Sattel, 3165 m / LK 25.
Führe: Nun über den vorerst wenig steilen, plattigen Gratrücken zu einem ersten Turm, den man von O erklettert, und weiter über den Grat zu einem zweiten Turm, der direkt erklettert wird. Über weitere Aufschwünge (nötige Umgehungen W ausführen) auf das **Feenkindl,** etwa 3600 m. Kurzer Abstieg nach N und Überkletterung zweier luftiger Gendarmen, wobei man sich im Abstieg vom zweiten Gendarmen direkt an die steile und kleingriffige Kante hält. Es folgt ein Firnsattel und ein steiler, gutgestufter Felsaufschwung auf das **Kleine Breithorn,** 3656 m. Vom Gipfel über den Nordgrat abklettern, bis er senkrecht abfällt. Hier seilt man sich etwa 25 m nach W ab auf eine kleine Terrasse. Nochmals abseilen in eine Firn-(Eis-)rinne nach N, bis man auf einem schmalen Band nach W den Grat wiedergewinnen kann. Über den Grat abklettern zu einem Turm: dieser wird entweder heikel im O umgangen oder auf der Westseite durch eine Abseilstelle in eine Felsspalte überwunden. Es folgt nochmals eine 30-m-Abseilstelle nach W auf die Höhe des großen **Firnsattels** (man kann aber auch direkt über den Grat abklettern). Hier sind die Schwierigkeiten zu Ende.
Vom erreichten Firnsattel wird der folgende Felsaufschwung schräg von rechts unten nach links oben zu einer flachen Rinne durchstiegen. — Über oft vereist anzutreffende Platten (abfließendes Schmelzwasser von der Gipfelkalotte!) wird zuletzt über den steilen Firnhang das Breithorn erreicht.

● 618a Variante

Auch von der Mutthornhütte kann man den S-Grat angehen: Auf R 557 bis zur Felsinsel. Hier wird der Innere Talgletscher nach O gequert zum KS 633/147. Abstieg ungefähr der KL 633 entlang (große Spalten) und zum Einstieg. Ab hier weiter wie oben beschrieben.

● 619 Östliche Nordwandrippe

IV (eine Stelle), III und II. 3½ Std. von der Hütte auf den Gletscher. Etwa 8 Std. von der Hütte auf den Gipfel. G 7. Die Begehung dieser Nordwandrippe zählt zu den schönsten Touren im Berner Oberland. Elegante und direkte Routenführung. Der E ist jedoch dem Eisschlag ausgesetzt. Siehe Abb. S. 201 und Skizze S. 203.

Übersicht: Die mächtige Nordwand wird links und rechts von zwei Rippen begrenzt. Die Erstbegeher der Nordwand (Chervet-Richardet) wählten zum Aufstieg die östl. Rippe, die sie jedoch erst auf dem Obern

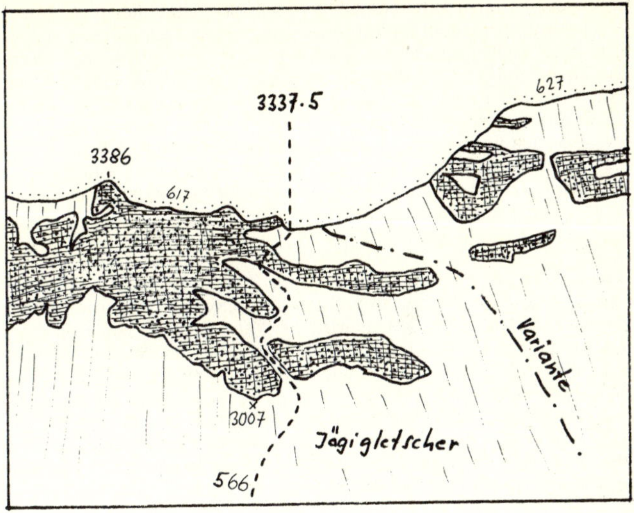

Breithorngletscher von O her betraten. Die hier beschriebene Route begeht die Rippe in ihrer ganzen Länge.
Zugang: Von der Schmadrihütte nach SW über die Moräne absteigen auf den Breithorngletscher und über ihn zum tiefsten Punkt der Rippe (in der LK sind drei parallele Felsrippen eingezeichnet, man wählt die mittlere).
Führe: Über diese Gneisrippe in schöner und mäßig schwieriger Kletterei (II) empor auf das Kontaktband (Wechsel von Gneis und Kalk). Durch kurzen Riß gerade empor (II) in plattige Verschneidung, die unter den überhängenden Kalkriegel führt (III—). Dieser Riegel wird O umgangen: lange Querung nach links über Schuttbänder und brüchige Stufen in einen Felswinkel, der die erste Möglichkeit bietet, das Bollwerk zu übersteigen. Hier auf plattigem Fels in der Fallinie empor (1 SL, III) und über Schuttbänder und Stufen nach rechts ansteigen auf

den breiten Gratrücken oberhalb der Steilstufe. Über diesen verfirnten Rücken auf den Obern Breithorngletscher empor. Den Bergschrund an geeigneter Stelle überschreiten und über den steilen Eishang nach rechts ansteigend auf die Gneisrippe queren. Über diese Rippe, unterbrochen von Firnflecken, hinauf unter senkrechten Abbruch (II, III), etwa 3500 m. Durch eine Verschneidung (III, IV, je nach Vereisung, ↗) wird der Abbruch überklettert und auf Schneebändern nach rechts zur Rippe zurückgequert (Steinmann). Diese Rippe wird direkt erklettert bis auf den Ostgipfel des Breithorns (Fels und Firn gemischt). Über einen kurzen Firngrat nach W auf den Hauptgipfel.

● 625 **Großhorn,** 3754 m

Das Glanzstück des Großhorns ist ohne Zweifel die mächtige 1200 m hohe Nordwand, die zu den größten und schwierigsten Eistouren im Berner Oberland zählt. Rechts wird die Wand begrenzt von einer markanten Rippe, die sich von der Schmadrihütte zum Westgipfel zieht und über die einer der berühmten Anstiege von Lauper führt. Der Übergang vom West- auf den Hauptgipfel wird seiner Schwierigkeit wegen nur sehr selten begangen. Die einfachste Route auf den Hauptgipfel führt über den Südgrat, der auch den einzigen verhältnismäßig einfachen Abstieg vermittelt. Für erfahrene Skibergsteiger ist eine **Skibesteigung** des Großhorns sehr empfehlenswert.

⋆ 626 **Südgrat**
7½ Std. vom Hotel Fafleralp und 6 Std. von der Lötschenhütte. Normalweg. G 3.

Übersicht: Der S-Grat, zum Jägiknubel hinabziehend, trennt den Jägigletscher vom Anengletscher.
Zugang: Er kann sowohl vom Hotel Fafleralp als auch von der Lötschenhütte angegangen werden:
a) Man hat vorerst die in der LK mit „Hintere Lücke" (3018) benannte Einsattelung N des Jägiknubels zu erreichen (in der LK 25 „zem hindri Ligg" benannt). Dies geschieht von W: Vom Fafleralp-Hotel wie bei R 535 über den Guggistafel und Guggisee zum P. 2108 und von hier nach N wie bei R 566, Variante, über Hinter Jägi auf den Jägigletscher. Nun in NO-Richtung über Firn auf die Hintere Lücke. 4 Std. vom Hotel.
b) Hierher auch von O: Von der Lötschenhütte steigt man zur nahen Lötschenlücke und von dieser in südwestl. Richtung über den Langgletscher bis zur flacher geneigten Gletschermulde Große Dole („Grossi Tola") ab. Nun in W-Richtung querend, wird eine Schuttinsel erreicht, von der man den Anengletscher in Richtung Hintere Lücke (W) ober-

halb des Gletscherbruches quert. Unschwierige Felsen führen zur Lücke empor. Etwa 2½ Std. In beiden Fällen ist der Schartenzugang wenig schwierig.

Nun gemeinsam: Von der Hinteren Lücke sich nordwärts wendend, ersteigt man zuerst ein nur wenig aus dem Firn herausragendes Felsgrätlein auf seiner linken (W) Seite, dann die anschließenden Firnhänge, die (einem breiten Firnrücken gleich) bis etwa 3500 m emporziehen. Erst ab dieser Höhe verschmälert sich der Rücken zu einer Gratschneide, der man folgt, und erst dort, wo sie scharf und verwächtet zu werden beginnt, links (W), aber nahe am Gratfirst bleibend, ausweicht. Auch auf der letzten Gratstrecke (etwa 150 m unter dem Gipfel), die steiler und mitunter sehr schmal aus einer Grateinsenkung zum Gipfel zieht, hält man sich, wenn dies notwendig wird, hart unter der Gratschneide auf der W-Seite. Etwa 3½ Std. von der Hinteren Lücke.

Dies ist auch die **Skiroute** (am besten von der Lötschenhütte aus). Skidepot auf etwa 3500 m. Nur bei ganz günstigen Verhältnissen unternehmen! Variante über die SW-Flanke mit Ski: Von der Hinteren Lücke über eine Firnterrasse Richtung Schmadrijoch bis zu einer Felsinsel in der SW-Flanke. Diese Felsinsel wird W umgangen und oberhalb nach rechts auf den Südgrat gequert, der im Sattel vor dem letzten Aufschwung erreicht wird, etwa 3600 m.

● 627 Westsüdwestgrat zum Westgipfel (3671 m)

Etwa 3 Std. vom Joch. G 3. Siehe Skizze S. 205 und Abb. S. 208/209.

Vom Schmadrijoch wendet man sich nordostwärts und gewinnt über einen allmählich sich steiler aufschwingenden Firngrat das felsige Mittelstück des Grates. Dieses zieht bis in etwa 3550 m Höhe als steile Gratkante empor, unterbrochen von mehreren Absätzen mit dazwischenliegenden kleineren Steilaufschwüngen, die sich nach rechts (S-Flanke) als Felsbänke fortsetzen. Im allgemeinen wird die Gratkante zum Aufstieg

Mittaghorn und Großhorn von Nordwesten (folgende Doppelseite)
Am rechten Bildrand das Schmadrihüttchen des AACB. Alle Nordaufstiege von dieser Unterkunft aus sind anspruchsvoll und lang und werden nur selten unternommen. Am berühmtesten sind die Lauperroute (R 629) über die NW-Rippe des Westgipfels und die Nordwand (R 630) auf den Hauptgipfel des Großhorns. Der Übergang vom West- auf den Hauptgipfel (R 628) bietet Kletterei des V. Grades. Der einfachste Nordaufstieg ist der NW-Grat vom P. 3753.6. Die Überschreitung des Großhorns vom Mittagjoch ins Schmadrijoch dürfte zu den am seltensten ausgeführten Touren der Berner Alpen zählen.

3835
3753.7
Mittagjoch
3624
631
Gro
3048
Schmadririgg
640

Grosshorn
628
3671
627
Schmadrijoch
630
2746
629
567
Vord. Schmadrigletscher

beibehalten; wo Umgehungen notwendig sind, werden diese in der S-Flanke (rechts, im Sinne des Aufstiegs) ausgeführt. Der Felsgrat wird von einer sehr scharfen, meist stark überwächteten Firnschneide abgelöst, deren nach N hinaushängenden Wächten man, nahe rechts unterhalb dem Gratfirst bleibend, auf dem südseitig gelegenen steilen Firnhang ausweicht. Diese Firnschneide führt direkt zum W-Gipfel empor.

● 628 Übergang vom West- auf den Hauptgipfel

V und III. Etwa 2 Std. vom Westgipfel. G 7. Schöne Kletterei in gutem Fels. Im Abstieg muß mehrmals abgeseilt werden. Siehe Abb. S. 208/209.

Führe: Vom Westgipfel einen Turm S umgehen und in die Scharte vor dem Steilaufschwung. 30 m schräg rechts empor zu einem abschüssigen Standplatz am Fuße einer senkrechten Wand (III). 25 m gerade hoch (V, Haken erforderlich) und nach links in eine Verschneidung queren, in ihr einige Meter hinauf und nochmals nach links queren zu Stand auf der Gratkante oberhalb des senkrechten Aufschwungs. Abseilhaken. Weiter über den Grat, zuerst etwas links (N) der Kante, dann auf dieser selbst exponiert empor, bis er sich zurücklegt (III). Weiter über Firn auf den Gipfel.

● 629 Westgipfel-Nordwestrippe (Lauperroute)

V— (1 SL, oberster Aufschwung) und III. 9—10 Std. von der Hütte auf den Gipfel. G 8. Großzügige und lange kombinierte Tour, sehr lohnend. Siehe Abb. S. 208/209.

Übersicht: Diese etwa 1300 m hohe Rippe zieht sich vom Westgipfel über P. 2746 zur Schmadrihütte.

Zugang: Von der Schmadrihütte auf westl. Seitenmoräne des Schmadrigletschers und über diese Moräne an den Fuß der Rippe.

Führe: Vorerst ohne besondere Schwierigkeiten über den aus Gneis bestehenden Grat und über das anschließende Schneefeld zu P. 2746 (bis hierher kann man gut nachts klettern). Es folgt nun ein Steilaufschwung aus Kalkfels, den man möglichst der Kante nach erklettert, nur hie und da und nur wenig in die Nordflanke ausweichend. Über den anschließenden Firngrat zum nächsten Aufschwung, der aus Gneis besteht. Direkt über die Kante zu einem senkrechten und kompakten Aufschwung; entweder nach links in die Nordflanke und durch Kamine auf die Gratkante zurück (bei Vereisung sehr schwierig) oder (schöner, aber schwieriger) einige Meter rechts der Kante über eine glatte Wandstufe rechtshaltend auf kleine Plattform, dann linkshaltend durch tiefe Kamine und Risse auf den Grat zurück (1 SL V—). Nun über die letzten Stufen auf den Westgipfel.

● 630 Nordwand (Route Feuz von Allmen)

Früher meist mit Biwak. Heute sollten bei guten Verhältnissen 10—12 Std. von der Hütte auf den Gipfel ausreichend sein. G 10. Eine der größten und härtesten Eistouren mit einer gesamten Wandhöhe von 1200 m, davon 1000 m mit einer Durchschnittsneigung von 53 Grad, 2 SL 55—60 Grad. Häufig Blankeis. Steinschlaggefahr. Die Wand ist in den letzten Jahren stark ausgeapert, 1991 war das mittlere Wandstück eine Felsstufe. Siehe Abb. S. 208 / 209.

Zugang: Von der Schmadrihütte nach O auf den Schmadrigletscher und auf ihm in SO-Richtung, N an einer Felsinsel vorbei, zum E auf etwa 2600 m.

Führe: Die Route umgeht die Felsinsel knapp links (O) und steigt danach über den schmalen und steilen Gletscher schwach rechtshaltend zum obersten der drei großen Bergschründe, am Fuße der geschlossenen Eiswand, etwa 3000 m. Nun gerade empor unter die Felsstufe in der Wandmitte, etwa 3200 m. Diese Felsstufe knapp links umgehen vermittels eines sehr steilen Eiscouloirs (2 SL, 55—60 Grad). Nun wieder gerade empor über die geschlossene Eiswand unter die senkrechten Gipfelfelsen. Diese werden knapp links umgangen und zuletzt wird über den NO-Grat der Gipfel erreicht.

● 631 Überschreitung Mittaghorn — Großhorn (Großhorn-Nordgrat)

6½—8 Std. von der Lötschenhütte. G 6. Da der Großhorn-NO-Grat (resp. das Großjoch) nur umständlich und schwierig zu erreichen ist, kombiniert man eine Besteigung am besten (und ohne großen zeitlichen Mehraufwand) mit einer Überschreitung des Mittaghorns von der Lötschenhütte aus. Die Schwierigkeiten sind stark von den Firnverhältnissen abhängig. Sehr lohnende und lange Tour, die jedoch höchst selten ausgeführt wird. Siehe Abb. S. 208 / 209.

Zugang: Wie bei R 636 aufs Mittaghorn und auf R 638 absteigen ins Mittagjoch, P. 3657.

Führe: Nun über den Grat (Firn und Fels) ins Großjoch P. 3564, den tiefsten Punkt zwischen Mittaghorn und Großhorn. Der erste felsige Abschnitt des Großhorn-NO-Grates wird auf der Nordseite erstiegen. Dann über einen steilen, exponierten und oft verwächteten Firngrat auf den Gipfel des Großhorns.

NB: das Mittagjoch ist auch auf R 638 erreichbar.

Abstieg am besten über den Südgrat (R 626) in die Hintere Lücke.

● 635 **Mittaghorn,** 3897 m

⋆ 636 Südsüdostgrat

Etwa 2½ Std. von der Hütte. G 2—3. Normalroute von der Lötschenhütte aus. Auch Skiroute.

Von der Lötschenhütte über den Ebnefluhfirn in NW-Richtung am Fuße des Anengrates (diesen zur Linken) entlang bis etwa 3600 m, wo man über eine Firnrampe von rechts (N) nach links (S) ansteigend das Anenjoch (Anujoch), 3635 m, gewinnt. Hier **Skidepot.** Nun über einen steilen Firnhang auf den Südgipfel (etwa 3885 m) und über einen exponierten Firngrat auf den Hauptgipfel.

● 636a Variante

Interessanter und länger als die Normalroute, aber kaum schwieriger. Empfehlenswert im Aufstieg, mit Abstieg über die Normalroute.

Über den Anengrat (Anungrat): Am Fuße des Anengrates entlang (diesen zur Linken) bis 3500 m, wo man nach W in die Firnmulde unmittelbar NW von P. 3591 aufsteigt. Nun ohne besondere Schwierigkeiten über den gesamten Grat, größtenteils über Firn (oft große Wächten nach O!) ins Anenjoch, wo man auf die Normalroute stößt.

⋆ 637 Südwestflanke

Etwa 3½ Std. von der Hütte. G 3—4. Diese Firnflanke wird am besten von der Lötschenhütte aus angegangen.

Von der Lötschenhütte in die Lötschenlücke und weiter nach SW in die Große Dole (Großi Tola) absteigen und auf ca. 2800 m um den Südfuß des Chrumme Rigg herum auf den Anengletscher. In einer Mulde ansteigen zum KS 637210 / 148100. Von hier über den steilen und zerschrundeten Gletscherarm, der zwischen dem Westgrat des Hauptgipfels und dem SW-Grat des Südgipfels eingebettet ist, auf den Gipfel. Diese Route kann auch im Frühjahr **mit Ski** bei sehr guten Schneeverhältnissen begangen werden.

● 638 Südwestflanke und Westgrat

3½—4 Std. von der Hütte. G 3—4.

Auf R 637 bis etwa 3700 m, wo man sich nach links hält und den Westgrat unweit P. 3753.6 gewinnt. Über den verfirnten und teilweise schmalen Westgrat auf den Hauptgipfel.

● 639 Nordgrat

4—4½ Std. von der Hütte. G 5. Kurzer, aber sehr steiler kombinierter Fels-und Firngrat.

Von der Lötschenhütte auf den Ebnefluhfirn und am Fuße des Anengrates entlang (diesen zur Linken) ins Ebnefluhjoch (Äbeni-Flue-Joch) 3699 m, bis hierher wenig schwierig. Nun über den Grat auf den Gipfel des Mittaghorns.

● 640 Westgrat

III (stellenweise). 7—8 Std. von der Schmadrihütte auf den Gipfel. G 5—6. Sehr interessante und lange Gletscher- und Felstour. Einer der einfachsten Nordaufstiege zwischen Großhorn und Gletscherhorn. Siehe Abb. S. 208/209.

Übersicht: Dieser Grat zweigt vom P. 3753.6 nach WNW ab und fußt auf etwa 2860 m im Schmadrigletscher. (Fußpunkt = KS 636470/149600).
Zugang: Von der Schmadrihütte in allgemein O-Richtung über die Moräne auf den Schmadrigletscher. Weiter in fast gleicher Richtung über den Schmadrigletscher aufsteigen an den Fußpunkt des Grates.
Führe: Über den Grat gerade empor (evtl. einige Abweichungen nach links in die Nordflanke) zum P. 3753.6. Von hier über den streckenweise schmalen Firngrat auf den Gipfel des Mittaghorns.

● 640a Variante

Vom P. 3753.6 kann über wenig schwierigen Firn zum Mittagjoch abgestiegen werden und von hier aus erreicht man über den stellenweise sehr schwierigen NO-Grat das Großhorn (R 631).

● 645 Ebnefluh (Äbeni Flue), 3962 m

Die N-Wand dieses Gipfels, die in sehr steilen Eisfluchten zum Rottalgletscher abstürzt, ist das besondere Schaustück der Rottalhütte. Trotzdem in der Ebnefluhgruppe das Gletscherhorn um einige Meter höher ist, dominiert die Ebnefluh mit ihrer breitausladenden N-Wand. Der lange, von W nach O verlaufende Gipfelgrat verbindet den W-Gipfel (3811,4 m) mit dem Hauptgipfel. Sehr schöner Skigipfel, leider zum Helikopter-Landeplatz degradiert!

⋆ 646 Südwestflanke (im oberen Teil über den Südostgrat)

2 Std., G 2. Normalroute, einfache Gletschertour, aber Spaltengefahr.

Von der Lötschenhütte wie bei R 636 in das obere Becken des Ebnefluhfirns. Man begeht diesen Gletscher nahe am Anengrat entlang, vor-

erst in Richtung Ebnefluhjoch, später in Richtung zum P. 3811,4 (= W-Gipfel der Ebnefluh) und biegt in etwa 3650 m Höhe in einem von links nach rechts ausholenden Bogen nach NO ab, um über steiler werdende Hänge den SO-Grat von P. 3928 zu betreten. Nun nach links (NW) über den unschwierigen und mäßig steilen Firngrat auf den Hauptgipfel der Ebnefluh.
Mit Ski steigt man normalerweise im Gipfelhang direkt in N-Richtung und erreicht den Westgrat vor dem steilen Gipfelaufschwung auf etwa 3900 m. Ist dieser vereist, müssen die Ski zurückgelassen werden.

★ 647 Von der Konkordiahütte
5½ Std. Einfache Gletschertour, aber Spaltengefahr. Normalweg.

Um dem Eissumpf des Konkordiaplatzes auszuweichen, wird dieser von der Konkordiahütte in einem nach N ausholenden Bogen (über den W-Fuß des Grüneggs und P. 2740 umgangen und der Große Aletschfirn auf seinem orogr. linken Rand (P. 3178,1 zur Rechten) bis zur Einmündung des Ebnefluhfirns aufsteigend begangen. Über diesen Firn in NW-Richtung aufwärts, dabei den Gratabsenker des SO-Grates der Ebnefluh (= P. 3463) und P. 3472 zur Rechten lassend. Nach einem Steilstück mit Gletscherbruch gewinnt man das flachere, obere Gletscherbecken und damit den Anstieg der R 646. Nun wie oben beschrieben in NO-Richtung wieder über steilere Firnhänge zum SO-Grat zwischen P. 3928 und dem Hauptgipfel. Von hier über den verfirnten SO-Grat auf den Gipfel.

● 648 Südwestgrat
3½ Std. von der Lötschenhütte. G 2. Siehe Abb. S. 215.

Von der Lötschenhütte auf R 639 auf das Ebnefluhjoch. Von diesem sich nach NO wendend, folgt man dem Grat auf seiner oft stark verwächteten Gratschneide. Die erste Graterhebung besteht aus lockerem Gestein. Vom W-Gipfel (= P. 3811,4) führt der Firngrat in mäßiger Steigung und beinahe in O-Richtung zum Hauptgipfel.

Ebnefluh („Äbeni Flue“) von Norden
Die prächtige Eiswand gehört zu den beliebtesten Eisanstiegen in den Berner Alpen. Die Lauperroute über den Rote Fluh Grat (R 651) wird des brüchigen Gesteins wegen eher gemieden, der Aufstieg über den Nordgrat (R 652) wird zurecht bevorzugt. Alle Aufstiege erfolgen von der Rottalhütte aus. Die kleinen Hängegletscher in der Wandmitte waren in den 60er Jahren nahezu vollständig geschwunden, sind aber wieder im Wachsen begriffen.

3029
651
X P.3120
653
648
653
Var.
652
Ebnefluh
652
3769

★ 649 Nordostrücken vom Gletscherjoch

3½—4 Std. von der Lötschenhütte ins Joch. 1 Std. vom Gletscherjoch zum Gipfel. G 2—3.

Von der Lötschenhütte auf dem Großen Aletschfirn Richtung Konkordiaplatz absteigen bis in die flache Gletschermulde NO von P. 3178,1. Nun nach NW über den Gletscherhornfirn, den man je nach Spaltenverhältnissen in der Mitte oder mehr am orogr. linken Rand ersteigt ins Gletscherjoch, 3769 m. Auch **Skiroute.**
Vom Gletscherjoch ersteigt man den immer steiler werdenden Eishang direkt auf den Gipfel der Ebnefluh.

● 649a Variante

Die Gletschermulde NO von P. 3178,1 ist bei gleichem Zeitaufwand auch von der Konkordiahütte aus erreichbar, siehe R 529.

● 650 Südsüdostgrat

4½—5 Std. von der Lötschenhütte auf den Gipfel. G 4. Interessante Route von Süden.

Übersicht: Von der Ebnefluh zieht sich ein Firngrat nach SO zum P. 3716,6, wo er sich verzweigt. Die Route führt über den westlichen Seitenast, der den P. 3463 trägt und auf etwa 3200 m im Großen Aletschfirn fußt.
Zugang: Von der Lötschenhütte ungefähr der Höhenkurve 3200 entlang nach N zum Gratfuß.
Führe: Auf der Westseite den Felsen entlang nach NW aufsteigen zu einem Couloir, das nach O in die Lücke zwischen dem 1. und 2. Turm führt. Aus der Lücke über Schnee und brüchige Felsen auf den 2. Turm (P. 3463). Nun alles über den felsigen Grat und über einen Firnhang zum P. 3716,6. Dem Firngrat folgend auf den Südgipfel, 3928 m, und über den Verbindungsgrat auf den Hauptgipfel.

● 651 Nordwestgrat

IV—, meist III. Hauptschwierigkeiten im Fels. 8—9 Std. von der Hütte auf den Hauptgipfel. G 7. Der sehr brüchigen Felsen wegen nicht empfehlenswert. R 652 ist vorzuziehen. Siehe Abb. S. 215.

Übersicht: Dieser Anstieg führt über den Grat, der von der Roten Fluh (2719 m) in gerader Linie sich zum W-Gipfel der Ebnefluh (= P. 3811,4) aufschwingt. Ein N-Anstieg von Lauper, der in diesem Gebiet nach dem ersten Weltkrieg mit dem NW-Grat des Großhorns die Ära der schwierigen N-Anstiege der Berner Hochalpen einleitete und die später Welzenbach mit seinen direkten Wandanstiegen fortsetzte.

Zugang: Von der Rottalhütte über die Moräne in südöstl. Richtung hinab zum Rottalgletscher, den man nach SW, ohne viel an Höhe zu gewinnen (O an P. 2685 vorbei), zum NW-Grat überquert. Dieser wird zwischen 3000 und 3100 m Höhe angegangen.
Führe: Im unteren Teil weniger steil und weniger schwierig, wird der Grat etwa 900 m hoch verfolgt (meist über seinen First), der mit zunehmender Höhe steiler wird, während sich die Schwierigkeiten erst in der Nähe des Hauptkammes einstellen. Eine markante, schon lange erkenntliche Felserhebung wird links (N) umgangen; darauf kehrt man zum Grat zurück, den man oberhalb dieses Hindernisses in einem Schärtchen wieder erreicht. Nach dieser Umgehung verläßt man den Grat nun nach rechts (S) und gewinnt nach einer kurzen Traverse eine Steilrinne, die direkt zum Hauptkamm emporführt, den man O vom P. 3811,4 (Felsturm, W-Gipfel der Ebnefluh) betritt. Nun über den unschwierigen Firngrat in O-Richtung zum Hauptgipfel.

• 652 Nordgrat

III (Stellen). 7—8 Std. von der Hütte auf den Gipfel. G 6. Klassischer Fels- und Firngrat, sehr empfehlenswert, interessanter als die Nordwand. Hauptschwierigkeiten im Eis (bis 50°). Siehe Abb. S. 215.

Übersicht: Der Grat zieht sich vom Hauptgipfel zum P. 2820 im Rottalgletscher. Der unterste Teil des Grates wird W umgangen.
Zugang: Von der Rottalhütte nach SO über Moräne auf den flachen Rottalgletscher, den man nach S traversiert. Ungefähr in der Mitte zwischen P. 2820 und P. 2685 steigt man in westl. Richtung über den nun steileren Gletscher, dabei die Spalten rechts (W) umgehend, bis man auf etwa 3100 m nach O an den Fuß der Felsen des Nordgrates queren kann.
Führe: Diese Felsen ersteigt man auf den Kamm des Nordgrates. Nun alles über den Felsgrat. Nach einem kurzen Firnfeld steilt sich der Felsgrat auf und bildet einen markanten Turm, der schwierig überklettert wird. Auf etwa 3500 m erreicht man den Firngrat, der sich bald zum breiten Firnrücken formiert. Den oft sehr großen Bergschrund auf etwa 3800 m umgeht man rechts (W), worauf ein steiler Eishang direkt auf den Hauptgipfel der Ebnefluh erstiegen wird.

• 652a Variante

Siehe Abb. S. 215.

Bei guter Verfirnung im Frühsommer steigt man mit Vorteil knapp O der Gipfelfallinie in ein schwach ausgeprägtes Couloir, das direkt zum Beginn des Firngrates emporleitet.

● 653 Nordwand

4—6 Std. vom E auf den Gipfel. G 7—8. Schöne Eistour. In den letzten Jahren verhältnismäßig oft begangen. Frei von objektiven Gefahren sofern keine Gipfelwächte vorhanden ist wie in den 60er Jahren. Im Sommer 78 war die Wächte jedoch wieder besonders groß und bedrohte fast die gesamte Wandbreite. Auch die Hängegletscher beginnen wieder zu wachsen. Wandhöhe 650 m mit einer Durchschnittsneigung von 52 Grad. Die Wand ist etwa 600 m breit und auf der ganzen Breite von gleicher Steilheit. Siehe Abb. S. 215.

Übersicht: Je nach den Verhältnissen wird die Routenwahl sein, sei es im linken (O) Wandteil in der Gipfelfallinie oder im rechten (W) Wandteil, O von P. 3120. In dieser monoton steilen Wand ohne besondere Merkmale und ohne besondere Gliederung ist es sinnlos, einzelne Routen zu unterscheiden oder gar von Direttissima zu reden. Die beste Route führt jeweils dort durch, wo es am wenigsten Blankeis hat, oder wo die oft sehr große Wächte auf dem Westgrat (O P. 3811,4) am wenigsten zu fürchten ist.

Zugang: Auf R 652 an den Fuß der Wand. Meist sehr großer Bergschrund.

Führe: Am günstigsten Ort einsteigen und gerade empor auf den Westgrat oder direkt auf den Gipfel, je nach Verhältnissen.

● 656 Gletscherjoch, 3769 m

Breiter Firnsattel zwischen Ebnefluh und Gletscherhorn. Kein Übergang. Nur von S betreten als Zugang zur Ebnefluh und zum Gletscherhorn.

★ 657 Von der Lötschenhütte oder von der Konkordiahütte

3½—4 Std. von beiden Hütten. G 2. Einfache Gletschertour, aber Spalten.

Zur Einmündung des Gletscherhornfirns in den Großen Aletschfirn. Den zerschrundeten Gletscherhornfirn ungefähr in Gletschermitte ersteigen ins Joch. Auch **mit Ski** begehbar.

● 658 Gletscherhorn, 3983 m

Höchster Gipfel in der Kette zwischen Lötschenpaß und Lauitor. Mit diesem Gipfel schließt die gewaltige Eismauer ab, die von Felsrippen durchsetzt, sich von der Wetterlücke bis zum Gletscherhorn fortsetzt. Für die Besteigung mit Ski kommen R 659 und 660 in Betracht, wobei die Ski im Gletscherjoch resp. Lauitor zurückgelassen werden. Nur für erfahrene Skibergsteiger.

• 659 Nordnordostgrat

III— (Gipfelaufbau). Etwa 2 Std. vom Lauitor. G 4. Siehe Abb. S. 221 und 318/319.

Vom Lauitor wendet man sich südwärts, steigt in den Firnsattel (= P. 3644) ab und ersteigt den streckenweise mit Wächten behangenen N-Grat, wobei Umgehungen (wenn notwendig) W des Hauptkammes (Rottalseite) auszuführen sind. Zuletzt führt eine sehr steile eisgefüllte Steilrinne durch den Gipfelaufbau. Der Gipfelaufbau kann auch S umgangen werden.

• 660 Westsüdwestgrat

II. 2 Std. vom Gletscherjoch. G 3—4. Siehe Abb. S. 221.

Von der Lötschenhütte oder von der Konkordiahütte auf das Gletscherjoch auf R 657. Von diesem folgt man dem im unteren Teil aus Firn bestehenden WSW-Grat über mehrere Steil- und Flachstrecken mit gelegentlich aufgesetzten Felstürmen (nach P. 3888,7), die entweder überklettert oder umgangen werden. Zuletzt über einen Felssteilaufschwung auf den Vorgipfel, von dem — nun in O-Richtung — in die folgende tiefe Scharte abgestiegen und zum Hauptgipfel aufgestiegen wird.

• 661 Südostgrat

IV— und III (jeweils einige Stellen). Etwa 6 Std. von der Konkordiahütte; etwas kürzer von der Lötschenhütte. G 5. Selten begangen.

Zugang: Von der Lötschenhütte oder von der Konkordiahütte in das untere Becken des Gletscherhornfirns (= Anstieg auf das Gletscherjoch). Hier überquert man den Gletscherhornfirn zum Fuße des SO-Grates, den man oberhalb (= N) der Felserhebung des P. 3414,1 angeht.

Führe: Der SO-Grat baut sich in mehreren Absätzen bis zum Gipfel auf. Die Höhe des ersten Absatzes gewinnt man über seinen S-Abfall; man folgt dann, sich nun nordwestwärts wendend, der Firnschneide, die zum zweiten Absatz führt. Über seine rechte Kante (N), dann über die N-Flanke wird dieser zweite Felsaufschwung erstiegen, von dem wieder ein Firngrat zu zwei Gendarmen führt. Nach deren Überkletterung wird in eine Scharte abgestiegen, von der sich die eigentliche Gipfelpyramide aufbaut (zu diesem Sattel kann auch vom obersten Becken des Gletscherhornfirns durch ein Firncouloir aufgestiegen werden). Der Gratschneide des Gipfelaufbaues — nun reiner Fels — folgend, wird zuerst der Vorgipfel, dann der Verbindungsgrat zum höheren W-Gipfel überklettert.

● 662 **Nordwestwand (= Nordwand)**

IV und III. Eis bis 55 Grad. 10—12 Std. von der Hütte auf den Gipfel. G 11—12. Diese mehr als 1000 m hohe kombinierte Fels-Eiswand zählt zu den berüchtigsten Nordwänden der Berner Alpen. Eindrückliche und gefährliche Tour. Stein- und Eisschlaggefahr! Die Welzenbachroute im nördlichen Wandteil wird heute nicht mehr begangen, der direkten Route von Reiss-Etter-Jaun (1945) wird der Vorzug gegeben, obwohl sie objektiv gefährlicher ist. In der Leistung mit der Großhorn-Nordwand vergleichbar, aber gefährlicher. Siehe Abb. S. 221.

Zugang: Von der Rottalhütte über den flachen Rottalgletscher ohne Schwierigkeiten an den Wandfuß.

Führe: Der oft sehr große Bergschrund wird in der Fallinie des großen Zentralcouloirs überschritten und sofort zu den orogr. linken Begrenzungsfelsen gequert. Diese Begrenzungsfelsen werden erstiegen, wobei man die Hauptschwierigkeiten am oberen Ende der Felsstufe antrifft. (Man kann auch im Eis des Zentralcouloirs aufsteigen, was wohl leichter, aber viel eisschlaggefährlicher ist!) Vom oberen Ende der Felsstufe über steile Eishänge, links (N) an Eisabbrüchen vorbei gegen den Felssporn, der sich vom Westgrat tief in die Wand hinabzieht. Dieser Felssporn wird links (N) umgangen und linkshaltend der Hängegletscher im obersten (N) Wandviertel erreicht. Auf dem Hängegletscher linkshaltend zur großen Randkluft empor, die an geeigneter Stelle überwunden wird. Wieder gerade hoch auf den NNO-Grat, den man kurz unter den Gipfelfelsen erreicht. Auf R 659 zum Gipfel.

Gletscherhorn von Norden

Vom Bergschrund auf den Gipfel mißt die Wand 1000 m. Sie ist des Stein- und Eisschlags wegen berüchtigt und wird mit der Matterhorn-Nordwand verglichen. Eine Überschreitung des Berges (am besten in Ost-West-Richtung) ermöglicht schwindelerregende Einblicke in die Wand. Gottlieb Studer beschrieb das Rottal als „eine der fürchterlichsten und wildesten Gegenden unseres Erdteils“.

Gletscherhorn
660
3888.7
Gletscher-
joch
659
662
Rottal

5. Bietschhorn- und Nesthorngruppe

A. Begrenzung

Im W und N die Lonza, im O Beichpaß — Beichgletscher — Oberaletschgletscher — Massa, im S die Rhône.

B. Karten

LK Nr. 264 Jungfrau und Nr. 274 Visp.

C. Allgemeine Beschreibung

Der Hauptkette der Berner Alpen sind südlich drei Gebirgsgruppen vorgelagert, die durch Lötschental, Großer Aletschfirn, Grüneggfirn und Fieschergletscher abgetrennt sind. Beichpaß und Beichgletscher einerseits und Großer Aletschgletscher andererseits trennen die drei Gruppen untereinander. Es sind (von W nach O): Bietschhorn-, Breithorn-, Nesthorngruppe, Aletschhorngruppe und die Walliser Fiescherhörner.
Die **Hauptkette** unserer Gruppe, Hohgleifen (Hogleifa) — Wilerhorn — Bietschhorn — Breitlauihorn — Breithorn — Lonzahörner, verläuft von SW nach NO wie alle Gebirgszüge in den Berner Alpen. Mit Ausnahme der Lonzahörner zweigen von allen Hauptgipfeln **Nebenketten** nach S ab: am Hohgleifen Strahlhorn — Wannehorn, am Wilerhorn Jägihorn — Großhorn — Schwarzhorn, am Bietschhorn Tieregghorn — Krutighorn — Wiwannihorn einerseits und Stockhorn andererseits, am Breitlauihorn die Jägihörner, am Breithorn Gredetschhörnli — Baltschiederhörner — Strahlhorn — Alpjahorn und vom Gredetschhörnli nach O Nesthorn — Unterbächhorn. Zwischen diesen Nebenketten liegen (von W nach O): Jolital, Bietschtal, Baltschiedertal und Gredetschtal. Die Lonza (Lötschental), Jolibach, Bietschbach, Baltschiederbach und Mundbach (Gredetschtal) entwässern die Kette und fließen alle in die Rhône, die in ihrem Oberlauf der Rotten genannt wird. In der steilen Nordabdachung der Hauptkette sind nur kleinere Hänge-

gletscher eingelagert: Nestgletscher, Birchgletscher, Stammbachgletscher, Lauibachgletscher und Dischliggletscher. Die größte Vergletscherung finden wir auf der Ostseite des Bietschhorns und des Breithorns. Von den **N-S-Übergängen** über die Hauptkette sind nur das Baltschiederjoch (Übergang Bietschhornhütte — Baltschiederklause) und der Beichpaß (Übergang Fafleralp — Oberaletschhütte) von alpinistischer Bedeutung. Beichpaß und Bietschjoch eignen sich als hochalpine Wanderungen für Gletscherkundige. Von den Übergängen über die Nebenketten wird nur die Kombination Gredetschjoch — Baltschiederlücke (Übergang von der Oberaletschhütte in die Baltschiederklause) öfter begangen.
Geologisch gehört das Gebiet zum Aarmassiv, baut sich also aus kristallinem Gestein (Gneis / Granit) auf. Die dominierenden Gipfel Bietschhorn, Breitlauihorn, Breithorn und Nesthorn bestehen aus Aaregranit. Alle rassigen und schwierigen **Klettertouren** liegen in dieser Zone: Bietschhorn-Südwand und -Südostgrat, Stockhorn-Südgrat, Jägihörner, Breithorn-Blanchetgrat, Gredetschhörnli — Baltschiederhörner und die Ostspornrouten am Nesthorn. Infolge ihrer geringen Vergletscherung ist die ganze Gruppe für **Skitouren** nicht geeignet. Ausnahmen bilden das Wilerhorn über den Joligletscher sowie Breithorn und Nesthorn von der Oberaletschhütte aus. Auch das Unterbächhorn wird von Belalp aus häufig mit Ski bestiegen (mit Skiliftbenutzung). Von den vier Hütten: Bietschhornhütte, Baltschiederklause, Stockhornbiwak und Oberaletschhütte ist einzig letztere im Winter bei normalen Verhältnissen zugänglich. Sie bildet denn auch einen sehr guten Standort für eine Frühjahrsskitourenwoche, wobei man am letzten Tag mit Vorteil die steile und rassige Abfahrt vom Beichpaß ins Lötschental wählt oder die Abfahrt vom Gredetschjoch ins Gredetschtal.
Die Hauptgipfel in dieser Gruppe sind auch im Sommer nur auf langen und anspruchsvollen Routen erreichbar. Bergsteiger ohne ausreichende Westalpenerfahrung sollten das Gebiet besser meiden. Dies gilt vor allem für das Bietschhorn. Dieser die Gruppe dominierende Gipfel zählt zu den schwierigsten der Berner Alpen. Hier gibt es überhaupt keine leichten Routen. Auch die Normalanstiege auf das Breithorn und Nesthorn führen über den außerordentlich stark zerschrundeten Beichgletscher. Einfachere Zugänge gibt es eigentlich nur am Wilerhorn und am Breitlauihorn. Die Reihe der Lötschentaler Nordwände vom Breitlauihorn zu den Lonzahörnern bildet ein verkleinertes Gegenstück zur Lauterbrunnen-Wandflucht. Am Breithorn und an den Lonzahörnern gibt es erstklassige Nordwandrouten, die einen Vergleich mit den berühmten Lauterbrunnen-Wänden kaum zu scheuen haben. Die ohne Zweifel schwierigste Nordwand dieser Gruppe finden wir am Nesthorn.

Die Traversierungen von Bietschhorn und Nesthorn zählen zu den klassischen Überschreitungen in den Berner Alpen. Wer große Touren in völliger Einsamkeit genießen möchte, kommt in der Bietschhorn-Südwand, an der Breitlauihorn-Nordwandrippe und am Nesthorn-Südgrat voll auf seine Rechnung. Die schönste Art, die Berge dieser Gruppe kennenzulernen, ist die *Kleine Haute Route,* die vier Tage dauert und am besten in O-W-Richtung durchgeführt wird. Auf dieser Durchquerung kann das Nesthorn oder das Breithorn „mitgenommen" werden, siehe R 853.
Die **Lötschberg-Südrampe** ist die bekannteste Höhenwanderung des Gebietes. Dieser Höhenweg wurde von der BLS hergerichtet und führt von Hohtenn über Außerberg—Eggerberg—Lalden—Brigerbad nach Brig (6—7 Std.). Die landschaftlich außergewöhnlich schöne Höhenwanderung, gut markiert und mit Wegweisern versehen (Prospekte am Bahnhof Hohtenn erhältlich), gleicht an schönen Sommertagen einer Heerstraße (= BW 1).

D. Talorte und Ausgangspunkte

Im Lötschental

● **675** **Goppenstein,** siehe R 509.

● **676** **Ferden, Kippel, Wiler, Ried, Blatten** und **Fafleralp,** siehe R 510. Verkehrsbüro in Wiler, Tel. 028 / 49 13 88.

An der Lötschberg-Südrampe

● **680** **Hohtenn,** 1079 m

Station der BLS, Halt nur für Personenzüge. Ausgangspunkt für das Jolital (Straße bis Alp Tatz) und für die Höhenwanderung „Lötschberg-Südrampe". Das Dorf Hohtenn liegt auf 817 m und ist von Gampel-Steg auf Autostraße erreichbar. Postautoverbindung mit Gampel-Steg.

● **681** **Außerberg,** 931 m

Station der BLS, Halt nur für Personenzüge. Das Dorf liegt auf 1008 m. Von Baltschieder auf Autostraße erreichbar. Postautoverbindung mit Visp. Hotels, Post. Ausgangspunkt für das Baltschiedertal (Stockhornbiwak und Baltschiederklause). Hier endet der erste Teil des

Höhenweges „Lötschberg-Südrampe“ (etwa 3 Std. von Hohtenn). Auskunft Tel. 028 / 46 28 80.

● 682 **Eggerberg,** 852 m

Haltestelle der BLS. Ausgangspunkt für das Baltschiedertal. Postautoverbindung mit Visp. Auskunft Tel. 028 / 46 12 73.

Im Rhônetal

● 685 **Gampel-Steg,** 632 m

Station der Simplonbahn Lausanne—Martigny—Sion—Brig, Halt nur für Personenzüge. Straße ins Lötschental. Postautoverbindungen nach Hohtenn und nach Goppenstein-Fafleralp.

● 686 **Raron,** 638 m

Station der Simplonbahn Lausanne—Martigny—Sion—Brig, Halt nur für Personenzüge. Ausgangspunkt für das Bietschtal (Straße bis Rarnerchumme).

● 687 **Baltschieder,** 645 m

Dorf an der Mündung des Baltschiedertals. Straße nach Außerberg und Eggerberg. Ausgangspunkt für das Baltschiedertal.

● 689 **Brig,** 678 m

Hauptort des Oberwallis. Eisenbahnknotenpunkt. Ausgangspunkt der Visp-Zermatt-Bahn und der Furka-Oberalp-Bahn. Postautokurs nach Blatten. Tel. Verkehrsbüro 028 / 23 19 01.

● 690 **Naters,** 673 m

Großes Dorf, von Brig nur durch die Rhône getrennt. Postautoverbindung mit Brig und Blatten. Verkehrsbüro Tel. 028 / 23 13 85.

● 691 **Blatten,** 1327 m

Das Dorf Blatten ob Naters ist nicht zu verwechseln mit der gleichnamigen Ortschaft im Lötschental. Seilbahn auf Belalp. Postautoverbindung mit Brig.

● 692 **Belalp,** 2094 m

Seilbahnverbindung mit Blatten. Das Hotel Belalp (2130 m) ist von der Bergstation Loch in etwa 30 Min. zu Fuß erreichbar, siehe R 709. Skilifte, Wintersportzentrum. Ausgangspunkt für Unterbächhorn und Sparrhorn und für die Oberaletschhütte.

E. Clubhütten, Berggasthäuser und Hotels

Im Norden (Lötschental)

● 695 **Bietschhornhütte,** 2565 m

Akad. Alpenclub Bern (AACB). 40 Plätze. Hüttenwart nur zeitweise anwesend. Die Hütte liegt NW unter dem Bietschjoch auf einer Geröllterrasse des Schafberg-N-Hanges, zwischen dem Inneren Wilerrück und dem Hohwitzenrücken.
KS 629100 / 138260. Notfunk.

● 696 **Von Wiler**

3½—4 Std. BW 1. Normalzugang, teilweise markiert und bezeichnet.

Man steigt vom östl. Dorfausgang (Wiler ist von Goppenstein mit Postauto erreichbar, R 510) zur Lonza ab und überschreitet diese. Auf markiertem Weg erst in SO-, dann in mehr O-Richtung durch Wald zum P. 1565, wo bald darauf der Tennerabach überschritten wird. In gleicher Richtung die Bannwaldstreifen durchschreitend (Schwarzwald), wird die Nestalp (P. 1924) berührt. Hier Richtungsänderung nach SSO. Erst durch Wald, dann über freies Gelände steil empor, wo in etwa 2300 m Höhe der Pfad den Hohwitzenrücken in W-Richtung aufsteigend quert. Nun am W-Hang dieses Rückens in mehr südl. Richtung empor zur Bietschhornhütte.

● 697 **Von Ried**

3—3½ Std. BW 2.

In ONO-Richtung etwa 500 m talein, wo man die Lonza zu den Hütten der Birchmatte überschreitet. Der Weg führt nun schräg nach halblinks, wo er mit einer scharfen Rechtskehre zum Bannwald (Nestwald) emporführt. Hierher auch von Blatten. Durch den Wald hinauf (sich mehr an seinem W-Rand haltend) und nach ihm vorerst am orogr. rechten Ufer des Nestbaches bleibend, empor in Richtung Nestgletscher. An geeigneter Stelle wird der Nestbach überschritten. Man trifft auf den Weg von Wiler, dem man (wie bei R 696 beschrieben) bis zur Klubhütte folgt.
Kürzester Aufstieg, aber Nestbach bei viel Wasser schwierig überschreitbar (keine Brücke).

● 698 **Hotel Fafleralp,** siehe R 536.

• 700 **Baltschiederklause,** 2783 m

Sektion Blümlisalp des SAC, 40 Plätze. Die Hütte liegt im obersten Baltschiedertal, am Fuße der Jägihorn-Südwand, KS 634700/138280. Günstig gelegener Ausgangspunkt für die Gipfel im Hauptkamm (Bietschhorn, Breitlauihorn, Lötschentaler Breithorn), außerdem für das Nesthorn, die Jägihörner und die Baltschiederhörner. Im Sommer bewartet. Tel. 028/522365.

• 701 **Von der Station Außerberg**

7—8 Std. BW 2—3. Einer der schönsten und längsten Hüttenwege in den Berner Alpen. Siehe Abb. S. 251.

Der Hauptstraße entlang ins Dorf Außerberg (1008 m). Weiter der Straße entlang, die N von P. 1259 in den Wald einmündet und nach Raaft führt. Vor der scharfen Linkskurve am Waldeingang wird die Straße nach rechts verlassen. Man folgt nun der alten Wasserleitung ins Baltschiedertal. Der Übergang von der Straße zur Wasserleitung ist leider schlecht markiert, aber man folge dem Wasserlauf, bis der gute Pfad beginnt. Nun der Wasserleitung entlang, über abenteuerliche Kunstbauten, teilweise exponiert (Wildromantischer, sehr schöner Pfad, dem neuerstellten Weg durch den Tunnel unbedingt vorzuziehen. Diese alte Wasserleitung und der dazugehörige Pfad werden jedes Jahr von der Sektion Blümlisalp des SAC in freiwilliger Fronarbeit in Stand gesetzt!) Dieser Pfad ist in der LK nicht eingezeichnet. Er erreicht bei P. 1287 den von Baltschieder kommenden Weg. Beim P. 1476 an einer kleinen Kapelle vorbei und über die Brücke ans linke Bachufer. Ihm entlang und über einen steilen Hang in die **Martischüpfe** empor (P. 1940). Auf der Brücke über den Bach und zuerst nach NW, dann scharf nach NO abbiegend zur Hobitzenkapelle (hier Abzweigung zum Stockhorn-Biwak). Weiter nach NO links an P. 2276 vorbei und bald darauf über den Bach. Nun dem Osthang des Grubhorns entlang aufsteigen bis etwa 2450 m, wo die zwei Bäche vom Innern Baltschiedergletscher überschritten werden müssen (bei viel Wasser mit Schwierigkeiten verbunden, keine Brücke vorhanden!). Nun über die westl. Randmoräne des obengenannten Gletschers empor und über die letzten Steilhänge nach NW zur Klause hoch.

PS: Martischüpfe = auf dem Nordufer des Baches inmitten großer Felsblöcke eine mit Wolldecken versehene und ausgemauerte Biwakhöhle. Sie ist mit einer Stange mit Blechplatte markiert. Guter Ausgangspunkt für Tieregghorn, Alpjahorn, Strahlhorn u.a. Dieses Biwak wird seit der Erstellung des neuen Stockhorn-Biwaks nicht mehr unterhalten.

● 702 Stockhorn-Biwak, 2598 m

Sektion Blümlisalp des SAC. KS 634040/136320. Etwa 12 Plätze, mit Wolldecken, aber ohne Holz und ohne Kocher und ohne Geschirr. Kein Hüttenwart. Notfunk. Wundervolle Lage am Fuße des Stockhorn-Südgrates, hoch über dem Baltschiedertal. Erbaut für die Besteigung des Stockhorn-Südgrates. Langer und anstrengender Anmarsch durch das Baltschiedertal.

● 703 Von Außerberg

Etwa $1^1/_2$ Std. von der Kapelle zur Biwakschachtel, 5—6 Std. von Außerberg. BW 3.

Dem Baltschiederklausenweg R 701 folgen bis zur Hohbitzenkapelle. Knapp hinter der Kapelle Abzweigung mit Steinmann: ein gelber Pfeil markiert die Richtung zum unsichtbaren Couloir, das die senkrechte Felsstufe durchzieht, die den Zugang zum Stockhorn-Südgrat versperrt. Einstieg ins Couloir in den obersten Grasflecken bei gelbem Markierungspunkt. Das tief eingeschnittene Couloir ist mit Ketten versehen, an denen man sich ziemlich anstrengend hochhangelt. Anfänger müssen am Seil gesichert werden. Steinschlaggefahr! Vom oberen Ende des Couloirs nach links auf Grasrippe zu gelber Markierungsstange. Von dieser Stange aus ist das Biwak sichtbar.

● 704 Wiwannihütte (2470 m)

Diese neue Hütte mit 25 Plätzen oberhalb Außerberg erschließt ein kleines und wenig bekanntes Tourengebiet. KS 632550/132600, auf der LK falsch eingezeichnet, „Roti Chüe“. Bewartet Mitte Juni bis Mitte Sept. Kontakttelefon 028/23 09 03. Auf Anfrage trägt der Esel „Tschilda“ die schweren Rucksäcke! Klettergarten in Hüttennähe.

Im Osten

● 705 Oberaletschhütte, 2640 m

Sektion Chasseral des SAC. Am Ostufer des Oberaletschgletschers, am Fuße des Groß Fußhorn-Westgrates gelegen. KS 641140/141640. Die neue Hütte weist 60 Plätze auf. Hüttenwart im Sommer. Halbpension möglich. Tel. 028/27 17 67. Günstig für Tourenwochen im Frühjahr mit Ski oder im Sommer, verhältnismäßig wenige Besucher.

★ 706 Von der Seilbahn-Bergstation Belalp (2091 m)

$3^1/_2$—4 Std. G 1.

Man folgt dem bequemen Alpweg in NO-Richtung zum Hotel Belalp, 2130 m. Nun in nördl. Richtung das Aletschbord absteigen (etwa 160

Höhenmeter) und die Osthänge des Sparrhorns traversieren. Wiederaufstieg über Grashänge (rechterhand deutlicher Moränenkamm) und auf etwa 2280 m scharf nach rechts (O) den Moränenkamm überschreiten und in NO-Richtung über Geröll und an großen Felsblöcken vorbei auf den Oberaletschgletscher absteigen (steil). Nun über die Mittelmoräne des Gletschers Richtung Torberg und **von N her** über den **neu angelegten Weg** (Drahtseile und Stifte) etwa 150 m zur Hütte empor.
Im Winter wird im wesentlichen dieselbe Route für den Anstieg gewählt (unbedingt zu beachten: Lawinengefahr in den Osthängen des Sparrhorns!).

• 707 Von der Riederfurka (2064 m)
Luftseilbahn von Mörel. 5—6 Std. G 1—2.

Dieser früher übliche Zugang ist wegen Gletscherabsenkung länger und komplizierter geworden. Auch im Winter wird deshalb R 706 bevorzugt (im Frühjahr so früh wie möglich auf Belalp starten!). Siehe R 715.

• 708 Übergang Oberaletschhütte — Konkordiahütte
7—8 Std. G 2. Landschaftlich schöner, aber sehr langer Übergang. Nur für berggewohnte Tourengeher, die sich im Gelände auch ohne entsprechende Markierung zurechtfinden. Der auf der LK eingezeichnete Pfad über Triest und Zenbächen ist oft nur schwach ausgeprägt und streckenweise unterbrochen.

Auf R 706 absteigen bis ca. 2070 m, dann auf R 715 auf den östlichen Kamm. Die Moräne wird auf etwa 2220 m überschritten und nach N ins Tälli abgestiegen bis etwa 2200 m. Nun ungefähr der Höhenkurve 2200 m folgend (schwacher Pfad oberhalb eines Fluhbandes) und über einen Graben zur Schafhütte von Triest, 2188 m (primitive Unterkunft, ohne Decken und Kochgelegenheit). Die Abflüsse des Triestgletschers überschreiten, den P. 2165,2 N umgehen und nach O absteigen auf etwa 2060 m.
Nun lange leicht ansteigende Traverse über Bänder nach NO zur Ruine von Zenbächen, 2133 m („Ze Bächu"). In gleicher Richtung, W an P. 2302,9 vorbei (kleines Tälchen), und die Seitenmoräne des Großen Aletschgletschers ungefähr bei KS 647 / 142 gewinnen. Am orogr. rechten Gletscherufer aufsteigen bis O von P. 2443,2 (Ausläufter des Olmenhorns), dann den Gletscher nach NO traversieren (auf ca. 2400 m) ans linke Ufer, wo man auf R 528 stößt.

• 709 **Hotel Belalp,** 2130 m

Ausgangspunkt für Oberaletschhütte. Auch im Winter geöffnet. Tel. 028/239242.

• 710 **Von Blatten**
Zu Fuß, etwa 2 1/2 Std.

• 711 **Von der Bergstation Loch (2094 m)**
1/2 Std.

Mit der Luftseilbahn von Blatten zur Bergstation. NO-Richtung über P. 2135,5 zum Hotel.

• 712 **Riederalp,** 1919 m

Das Gebiet Riederalp — Bettmeralp — Kuhboden ist heute zum modernen Skizirkus ausgebaut und für den Bergsteiger nicht mehr attraktiv. Vor lauter Seilbahnen, Liften, Masten und Kabeln sieht man bald die Berge nicht mehr! Tel. Verkehrsbüro Bettmeralp 028/271291 oder 028/272401. Ausgangspunkt für Oberaletschhütte im Winter. Naturschutzzentrum in der Villa Cassel, Tel. 028/272244.

• 713 **Von Mörel**
Zu Fuß, etwa 3 Std.

• 714 **Von Mörel (über Ried oder über Greich) mit Luftseilbahnen**

• 715 **Übergang Hotel Belalp — Aletschgletscher — Riederfurka — Hotel Riederalp**
Etwa 5 Std. G 1—2.

Vom Hotel Belalp steigt man auf R 706 bis 2070 m an, überschreitet dann nach rechts den Moränenkamm und gelangt weiter nach NO in einen Kammeinschnitt 400 m NW von P. 2155,9 m. Nach dem Abstieg in die Schlucht und der Überquerung einer Brücke über den Abfluß des Oberaletschgletschers erfolgt der Aufstieg auf den östl. Kamm, auf dem man absteigt. Nach O zur Tällihütte, 1949 m, und weiter in gleicher Richtung einen Bach überschreiten. Es folgt eine längere Querung S an P. 2165,2 vorbei, dann Abstieg auf den Gletscher, den man ca. 250 m SW des KS 646/140 erreicht. Den Großen Aletschgletscher nach S queren und am jenseitigen Ufer über Moränenschutt zum Aletschwald empor. Auf gutem Weg quert man nun in SW-Richtung den Hang des unter Naturschutz stehenden Aletschwaldes (Arven- und Lärchenbestände) in mäßiger Steigung zur Riederfurka, einem Kammeinschnitt, 2064 m, zwischen den Gipfeln der Hohfluh und des Riederhorns.
Von der Furka nach O in 15 Min. hinab zum Hotel Riederalp.

F. Pässe und Übergänge

Im Hauptkamm

• 720 **Bietschjoch,** 3165,2 m

Übergang über den Schafberg zwischen Schwarzhorn und Bietschhorn. Der eigentliche Übergang befindet sich etwa 150 m NO P. 3165,2 auf etwa 3180 m (= KS 629850 / 137580). Zwischen dem eigentlichen Übergang und P. 3165,2 befindet sich ein **Felskopf,** der mit einer Stange markiert ist. Diese Stange ist von der Bietschhornhütte aus sichtbar. Der Schafberg wird NO (Bietschhornseite) von diesem Felskopf überschritten.

Von Norden

• 721 Von der Bietschhornhütte

Etwa 1½ Std. G 1—2. Der Pfad ist auch nachts mit der Stirnlampe gut zu finden. Siehe Abb. S. 239.

Man folgt der Wasserleitung nach SSW bis zur Wasserfassung. Der Weiterweg ist mit Steinmännern markiert und bewegt sich im Zickzack links (O) einer ausgeprägten Rinne, die sich von zwei Felsköpfen herabzieht, im obersten Drittel einer schwach ausgeprägten Rippe folgend. Mehrere Felsstufen werden dabei umgangen. Hie und da leichte Kletterei erforderlich.

Von Südwesten

• 722 Durch das Bietschtal

9—10 Std. von Raron. G 2. Lang und anstrengend. Wildromantisches, unbewohntes Hochtal. Sehr lohnend, vor allem im Abstieg. Weg streckenweise in schlechtem Zustand.

a) Von der Station Außerberg folgt man dem Lötschberg-Südrampen-Höhenweg nach W zum P. 963 und steigt ab in den Graben von Maachi. Nun folgt man dem sehr schönen und schattigen Wasserleitungsweg bis zum P. 945. Hier verläßt man die Wasserleitung und steigt zum Riedgarten auf (sehr schöner Aussichtspunkt). In nördl. Richtung in das schluchtartige Bietschtal hinein, unter der Bahnbrücke hindurch, nach W über den Bietschbach (Natur-Brücke, P. 1056 m) und kurzen Aufstieg nach N zu **Wegweiser**, etwa 1080 m, wo man den gutausgebauten Höhenweg verläßt.
b) Hierher auch von Raron (R 686), wo man am oberen (N) Ortsausgang einem Weg folgt, der kurz oberhalb von Raron den Bietschbach

überschreitet und teilweise durch Weinberge in Kehren zur Häuseransammlung Rarnerkumme emporführt. Nun auf breiter Straße in Kehren empor zur Lötschbergbahn und auf dem Höhenweg, dem man bis zum obenerwähnten Wegweiser, etwa 1080 m, folgt.
Zuerst am orogr. rechten Talrand über Eschji, 1157,8 und auf 1337 m den Bictschbach überschreiten (Brücke). Kurz nach den Hütten von Bietschi überschreitet man den Bach nochmals (Brücke, P. 1465) und bleibt nun auf dem orogr. rechten Ufer. Aufstieg zu den Nassi Pletscha. Bei Jägisand erweitert sich das bis dahin enge Bietschtal und dehnt sich im sogenannten „Rämi“ (Reemi) zu einer sehr großen halbrunden Hochmulde aus, durch die eine Menge Bäche abfließen und sich konzentrisch in der Nähe des P. 1999 zum Bietschbach vereinigen. Die grandiose urweltliche Berglandschaft wird von der rostrotgefärbten Bietschhorn-S-Wand beherrscht. Nach dem Jägisand in nördlicher Richtung den Hang ersteigen nach Rämistafel zum P. 1999 (KS 630575 / 135200), wo die Abflußbäche des Bietschgletschers zusammenfließen. Hier über den Bach und nach NO (Richtung Tieregghorn) über glatte Platten empor. Dann am orogr. linken Rand der kleinen Schlucht, die der östlichste Bach ausgefressen hat, über grasigen Rücken hoch (Wegspuren) bis etwa 2300 m, wo sich die Wegspuren verlieren. Nun Richtungsänderung, über den KS 631 / 136, dann O am P. 3022 vorbei auf den Bietchgletscher und über dessen danfte Hänge ins Bietschjoch empor.

● 725 **Baltschiederjoch,** 3204 m

Tiefster Punkt zwischen Bietschhorn und Breitlauihorn. Mit 3204 kotiert. Mit dem Bietschjoch (R 720) und dem Beichpaß (R 729), einer der drei Übergänge aus dem Lötschental über die Hauptkette nach S ins Wallis. Auch Übergang von der Bietschhornhütte in die Balschiederklause. Nur für Gletscherkundige begehbar. (Das Baltschiederjoch darf nicht mit der Baltschiederlücke verwechselt werden, letztere ermöglicht den Übergang von der Baltschiederklause ins Gredetschtal, siehe R 736.) Für gute Skifahrer auch mit Ski möglich.

● 726 **Von der Bietschhornhütte**

3½ Std. G 2. Ist das Schneecouloir vereist, können die orogr. rechten (N) brüchigen Begrenzungsfelsen zum Aufstieg auf P. 3154,4 benutzt werden. Siehe Abb. S. 239.

Man steigt am besten über den Hüttenweg ab bis etwa 2300 m und steigt dann in SO-Richtung auf den Nestgletscher, den man auf etwa 2550 m auf einer flachen Terrasse nach NO quert. Auf gleicher Höhe weiterqueren, unter dem Kleinen Nesthorn vorbei auf den Birchgletscher, den man auf etwa 2650 m nach NO überschreitet, ebenfalls auf einer Terrasse. Aufstieg nach O durch markante Schneerinne, die unmittelbar S von P. 3154,4 den Firngrat erreicht, der sich zum Bietschhorn-Nordgrat emporschwingt. Ein kurzes Stück über diesen Firngrat aufsteigen, bis man bequem auf einer Firnterrasse auf etwa 3200 m nach SO das Baltschiederjoch erreichen kann.

Von Osten

● 727 **Von der Baltschiederklause**

Etwa 2 Std. Von der Baltschiederklause in die Bietschhornhütte rechne man etwa 4½ Std. G 1—2. Spalten auf dem Baltschiedergletscher. Siehe Abb. S. 251.

Man folgt dem zum Äuß. Baltschiedergletscher nordwestwärts führenden Pfad, der am Fuße des SO-Grates des Jägihorns entlang über gebändertes Felsgelände und Schutt zum genannten Gletscher emporführt. Man betritt den Gletscher oberhalb seines Gletscherbruches in etwa 2850 m Höhe an seinem O-Rand und ersteigt diesen, in WNW-Richtung querend, über seine verschiedenen mehr oder weniger geneigten Geländestufen, zuletzt sehr flach bis zum Baltschiederjoch.

● 729 **Beichpaß,** 3128 m

Zwischen den Lonzahörnern und dem Schinhorn. Übergang aus dem Lötschental (Hotel Fafleralp) zur Oberaletschhütte und Hotel Belalp. Achtung: Der wirkliche Paßübergang befindet sich **nicht in der tiefsten Einsattelung** (= P. 3128), sondern etwas S davon, mehr der Beichspitze zu und ist etwa 3160 m hoch. Der lange und schmale Ostarm des Dischliggletschers führt direkt zur wirklichen Übergangsstelle empor. Sehr schöner Skiübergang, der aber nur bei sehr günstigen Lawinenverhältnissen ratsam ist.

Von Westen

★ 730 **Vom Hotel Fafleralp**

Etwa 5 Std. vom Fafleralp-Hotel. G 2—3. leichte Kletterei erforderlich.

Man gewinnt in Kürze in O-Richtung auf einem Weg die Gletscherstafelalp und überschreitet hier die Lonza. Nun folgt man dem Weg, der zum Langgletscher führt, bis P. 1937. Hier verläßt man dann den Weg und steigt weiter über Moränengelände in SSO-Richtung zum westl. Ende der Beichflühe, wo man bald auf einen Pfad trifft, der steil der

orogr. rechten (O) Moräne des Dischliggletschers folgt. Auf 2760 m verläßt man die Moräne nach rechts und betritt den Dischliggletscher. Über ihn nach O aufsteigen in die Fallinie des Passes und über steile Felsen zur eigentlichen Paßübergangsstelle (etwa 3160 m).
Dies ist auch **die Skiroute,** wobei die Ski über die obersten Felsen ein kurzes Stück getragen werden müssen (im Abstieg bei verschneiten Felsen evtl. abseilen).

Von Osten

★ 731 Von der Oberaletschhütte
3½ Std. G 1—2. Siehe Abb. S. 235.

Man steigt W zum Oberaletschgletscher ab, überquert diesen in genau W-Richtung zum P. 2588 (= S-Fuß des Torberges) und gewinnt damit die Einmündung des Beichgletschers in den Oberaletschgletscher. Nun über die Mittelmoräne Richtung Lonzahörner bis zur Höhenkurve 2800 m. Hier den Gletscher verlassen und über die Schneehänge in allg. N Richtung zum Paß empor.
Auch **Skiroute.**

Wichtige Übergänge im Seitenkamm Lötschentaler Breithorn — Alpjahorn:

● 735 Baltschiederlücke, 3219 m

Zwischen dem Gredetschhörnli und Grubhorn, Übergang vom Inn. Baltschiedergletscher (Baltschiederklause) zum Gredetschgletscher und Gredetschjoch (letzteres s. R 737) und durch das Gredetschtal in das Rhônetal. Obwohl der 2989 m hohe Sattel N vom Grubhorn die tiefste Scharte in diesem Seitenkamm ist, überschreitet man am besten die Scharte P. 3219 (in Verbindung mit dem Gredetschjoch), will man das Lötschentaler Breithorn oder das Nesthorn auf dem Normalweg erreichen oder den Übergang zur Oberaletschhütte ausführen. Die Lücke ist von der Baltschiederklause aus erkennbar: in der Fallinie der Lücke befinden sich zwei Felsinseln im Schneehang. Hinter der Lücke erkennt man das Nesthorn.

Von Westen

● 736 Von der Baltschiederklause
II. Etwa 2½ Std. von der Hütte. G 2—3. Siehe Abb. S. 263.

Man folgt ein kurzes Stück dem Weg in östl. Richtung, umgeht den Fuß des mächtigen SO-Sporns des Jägihorns und steigt über die orogr.

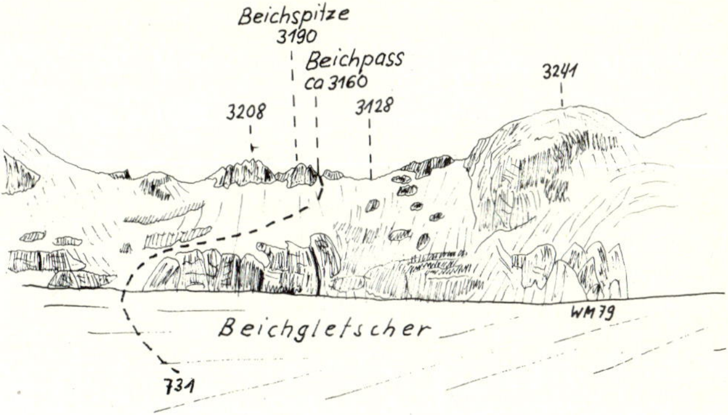

rechte Seitenmoräne des Inn. Baltschiedergletschers bis auf etwa 2800 m Höhe an. Hier überquert man den Gletscher nach O zum P. 2866,4 (diesen zur Linken) und ersteigt in ONO-Richtung eine von unten noch nicht sichtbare, von steilen Felswänden flankierte Steilrinne an ihrem orogr. rechten (N) Rand. Die Steilrinne führt direkt in die Baltschiederlücke (im Abstieg evtl. 30 m abseilen).

Von Osten

● **737** **Vom Gredetschjoch**
Siehe R 740 (dort in Gegenrichtung beschrieben).

● **739** **Gredetschjoch,** 3508 m

Zwischen Gredetschhörnli und Nesthorn, Übergang vom Oberaletschgletscher und Beichgletscher (Oberaletschhütte) zum Gredetschgletscher und durch das Gredetschtal in das Rhonetal, oder in Verbindung mit der Überschreitung der Baltschiederlücke (R 736 und 740) zur Baltschiederklause. Schöne **Skiabfahrt** durch das Gredetschtal.

Von Süden

● 740 Von der Baltschiederlücke
¾ Std. G 2.

Nur wenig über einen unschwierigen Firnhang (eine Art Firnrampe, in der LK deutlich wiedergegeben) absteigend in Kürze zum Gredetschgletscher, über den man wegen seiner seitlichen starken Zerschrundung am besten in seiner Mitte in NW-Richtung bis zum Fuß des Gredetschjochs emporsteigt. Die Jochhöhe gewinnt man nach Überschreitung des Bergschrundes durch eine Firn- bzw. Felsrinne (im Spätsommer).

Von Norden

⋆ 741 Von der Oberaletschhütte
Etwa 4 Std. G 3—4. . Alle Routen weisen stellenweise Eisschlag auf und sehr große Spalten.

Man steigt in W-Richtung zum Oberaletschgletscher ab, quert diesen in gleicher Richtung zum P. 2588 und ersteigt den hier in den Oberaletschgletscher einmündenden flachen Beichgletscher seiner Krümmung folgend bis in etwa 3000 m Höhe. Hier wird je nach deren Zustand eines der mäßig steilen Eiscouloirs erstiegen, die in SW-Richtung emporziehen und die sich zwischen den hier abstreichenden kurzen Felsrippen befinden. Will man zum Gredetschjoch oder auf das Nesthorn über den Normalweg, so wählt man das Couloir rechts oder links der Felsrippe von P. 3206; will man auf das Lötschentaler Breithorn, so wähle man eines der rechts davon gelegenen Eiscouloirs (also mehr den Lonzahörnern zu). Oberhalb dieser Couloirs gewinnt man eine weniger steile, aber oft von großen Spalten durchzogene Gletscherterrasse, über die man, sich nun südostwärts haltend, das zwischen dem Nesthorn und Gredetschhörnli liegende Gredetschjoch gewinnt.

⋆ 742 A Abstieg durch das Gredetschtal
4—5 Std. nach Mund. G 1—2. Kaum je im Aufstieg begangen, deshalb im Abstiegssinn beschrieben.

Durch eine Firn- oder Geröllrinne (oft großer Bergschrund) auf den Gredetschgletscher absteigen. Über die Gletschermitte talaus Richtung SO, dann östlich vom P. 2999,8 nach S abschwenkend. Über die Steilhänge von Gänder auf den Talboden. Ab etwa 1900 m findet man auf der orogr. rechten (W) Seite des Mundbachs einen Pfad, der über Strick—Stafelboden—Uessers Senntum nach Mund führt. Mit der Luftseilbahn nach Gamsen oder mit dem Postauto nach Brig.
Schöne **Skiabfahrt,** die nur bei besten Lawinenverhältnissen gewagt

werden darf. Das Gredetschtal ist ein ausgesprochenes Lawinental (V-förmig mit zahlreichen Lawinenrunsen auf beiden Talseiten).

G. Gipfelbesteigungen

• 745 **Wilerhorn,** 3307,4 m

Von der Bietschhornhütte aus viel besuchter prächtiger Aussichtsgipfel, meist mit Abstieg ins Jolital nach Hohtenn. Sehr lohnende, aber lange **Skitour** durchs Jolital im Frühjahr.

• 746 Von der Bietschhornhütte
Etwa 4 Std. G 2.

Auf R 721 ins Bietschjoch. Nun immer über den Grat (Firn und Fels), von O nach W das Schwarzhorn überschreitend, ins Wilerjoch, 3069 m, die tiefste Einsattelung zwischen Wilerhorn und Bietschhorn. Vom Wilerjoch über den felsigen NO-Grat (brüchig), den Schwierigkeiten nach rechts (N) ausweichend, auf den Gipfel des Wilerhorns.

★ 747 Von Hohtenn
Etwa 9 Std. G 2. Langer Aufstieg in großartiger Landschaft.

Der Fahrstraße folgend (oder Abkürzung für Fußgänger durch den Graben von Lüegilchi) auf **Alp Tatz,** 1470,4 m, etwa 2 Std. von Hohtenn. Nach NO zur untern Wasserleitung aufsteigen und dieser entlang zum Seebach. Den Bach überschreiten und in leichter Steigung auf die Alp Joli, 1746 m. Durch das Jolital in den Chiemattbode (bei P. 2054,4 günstiger Biwakplatz unter großem Felsblock). Nun Richtung Hohgleifen auf die große Mittelmoräne und über sie (Wegspuren) auf den Joligletscher. Der Gletscher wird in NO-Richtung erstiegen (ein Steilhang) an den Fuß des felsigen Gipfelaufbaus. Über Schneehang in die oberste Lücke im SO-Grat (ca. 3230 m). Über die lockeren Felsen des SO-Grates auf den Gipfel.
Dies ist auch die **Skiroute.** Skidepot am Fuße des Gipfels. Erst dann unternehmen, wenn die Schneegrenze auf Alp Joli liegt, weil man die Ski bis hierher tragen muß.

• 750 **Bietschhorn,** 3934,1 m

Das Bietschhorn wird zu den schönsten und eindrücklichsten Berggestalten der Berner Alpen gezählt und ist — obwohl kein Viertausender

— dem Schreckhorn in jeder Hinsicht ebenbürtig. Es gibt überhaupt keine leichten Anstiege und auch die einfachsten Routen über den West- und Nordgrat müssen mit (G5) eingestuft werden. Die meistbegangene Route führt von der Bietschhornhütte aus über den Westgrat. Außer dem größtenteils verfirnten Nordgrat sind alle übrigen Anstiege reine Felstouren. Lediglich der Anmarsch von der Baltschiederklause führt über den Äuß. Baltschiedergletscher, die ausgedehnteste Vergletscherung dieser Gebirgsgruppe. Nach N fließen drei kleinere Hängegletscher ab: Nestgletscher, Birchgletscher und Stammbachgletscher. Nach S fällt eine gewaltige, 900 m hohe Wand ab und der SO-Grat gehört zu den größten Gratwegen der Berner Alpen, vergleichbar mit Doldenhorn-Ostgrat und Jungfrau-NO-Grat. Der Ostsporn ermöglicht einen interessanten Aufstieg durch die Ostflanke und ergibt in Kombination mit dem Westgrat als Abstieg eine schwierige und lange Traversierung des Berges. Von der SO-Schulter (P. 3532) zweigen zwei lange Seitengrate ab: der eine nach S über Tieregghorn—Krutighorn—Wiwannihorn zum Augstkummenhorn („Öugstchummuhorn"), der andere nach OSO zum Stockhorn. Beide Seitenkämme wurden schon in Verbindung mit dem Bietschhorn-SO-Grat in einem Zuge überschritten (mehrtägige Unternehmungen).

• 751 Westsüdwestgrat (Westgrat genannt)

III und II (jeweils einige Stellen), G 5. Etwa 7 Std. von der Hütte auf den Gipfel, im Abstieg etwa 5 Std. Bei schlechten Verhältnissen erheblich länger. Normalroute von der Bietschhornhütte aus und bester Abstieg. Die Tour wird gerne unterschätzt! Siehe Abb. S. 239.

Übersicht: Der Grat fußt beim P. 3173 / LK 25 im Bietschgletscher und endet etwa 120 m NO des Gipfels auf dem Nordgrat. Prak-

Bietschhorn von Nordwesten
Im Vordergrund die Bietschhornhütte des AACB. Das Bietschhorn ist einer der schwierigsten Gipfel der Berner Alpen, dem Schreckhorn vergleichbar. Auch die einfacheren Anstiege müssen mit G 5 bewertet werden. Der Normalaufstieg (und bester Abstieg) verläuft über den Westgrat (R 751). Der Nordgrat (R 752) kann sowohl von der Bietschhornhütte als auch von der Baltschiederklause aus begangen werden. Das Baltschiederjoch stellt die Verbindung zwischen den beiden Hütten her. Der Abstieg vom Bietschjoch ins Bietschtal ist eine anspruchsvolle hochalpine Wanderung durch ein wildromantisches und verlassenes Hochtal am Fuße der Bietschhorn-Südwand.

Felskopf
Bietschjoch
Schafberg
3240
3408
724
751
752
Nestgletscher
Variante
3706
726
3299
Bietschgletscher
Baltschiederjoch

tisch reiner Felsgrat, der nur bei trockenen Felsen begangen werden sollte. Bei Neuschnee besser über den Nordgrat (R 752).
Zugang: Vom Bietschjoch **entweder** ungefähr der Höhenkurve 3180 folgend über den Bietschgletscher zum Fußpunkt des Grates **oder** S des Schafbergrückens nach NNO über den Bietschgletscher in den weiten Firnsattel zwischen Schafberg und Bietschhorn absteigen, etwa 3180 m (KS 630600 / 137900) und nach rechts (S) ansteigen über ein Firnfeld und Schutt auf den Grat.
Führe: Nun gemeinsam über Geröll und grobe Blöcke etwas mühsam auf den ersten Aufschwung (= P. 3408 / LK 25). Es folgt ein flacher Blockgrat, der in leichter Kletterei auf den ersten markanten Turm leitet, wo sich ein Seitengrat nach S absenkt (Gedenktafel Fr. Egger). Jenseits in Scharte abklettern vor einem senkrechten Turm. Dieser muß S umgangen werden: einige Meter nach S abklettern und dann schräg rechts hoch (etwa 3 SL) queren auf eine Nebenrippe und über diese auf den Hauptgrat zurück. Nun folgt man möglichst der Gratkante über zahlreiche Türmchen und Aufschwünge (die meisten können S umgangen werden, Pfadspuren im Schutt, Steinschlag bei mehreren Partien, höchstens im Abstieg empfehlenswert). Es folgt ein Schneegrat (etwa 3650 m). Anschließend führen glatte Felsen an den Fuß eines senkrechten Aufschwungs, der über ein Band und ein Wändchen in der Südflanke erklettert wird. Weiter alles über die Gratkante, immer steiler, auf einen markanten Turm und jenseits in Scharte abklettern vor dem **Roten Turm.** Dieser wird direkt über die Kante erklettert, es folgt ein horizontales und exponiertes Gratstück. Über den letzten Steilaufschwung (am besten knapp links der Gratkante) zum **Vereinigungspunkt** mit dem Nordgrat. In leichter Kletterei über den Gipfelgrat nach SO auf den Gipfel, der ein Kreuz trägt.
NB: Die beschriebene Route möglichst über den ganzen Grat (guter Fels) ist wesentlich interessanter, sicherer und kaum länger als die übliche Route, die sich größtenteils parallel zur Gratkante in der brüchigen und mühsamen Südflanke bewegt.

● 752 Nordgrat

Etwa 5½ Std. vom Bietschjoch; 6 Std. vom Baltschiederjoch. G 5. Dieser Weg des Erstersteigers des Bietschhorns, Leslie Stephen, ist interessant und kann dem empfohlen werden, der von der Bietschhornhütte das Bietschhorn überschreiten will, indem er über den WSW-Grat (R 751) wieder zur Bietschhornhütte zurückkehrt. Leslie Stephen nahm seinen Weg über das Bietschjoch. Siehe Abb. S. 239 und 242 / 243.

Vom Bietschjoch (R 721) sich ostwärts wendend, quert man die obere, weniger steile Mulde des Nestgletschers, auf etwa 3250 m, dabei die steile, eisgepanzerte WNW-Wand des Bietschhorns zur Rechten. Man gewinnt nach Überschreitung des großen Bergschrundes den Verbindungsgrat Kleines Nesthorn — P. 3706 ungefähr da, wo sich dieser Grat steil in O-Richtung aufbäumt. Ohne jedoch die Felsschneide des Verbindungsgrates zu betreten, hält man sich in dessen brüchiger S-Flanke, den Grat parallel zur Linken und die eisgepanzerte WNW-Wand zur Rechten, und gewinnt damit oberhalb von P. 3706 eine Art Gratschulter im N-Grat.
Hierher auch von der **Baltschiederklause,** indem man wie bei R 727 zum Baltschiederjoch aufsteigt und von diesem, sich nach SSW wendend, über einen mäßig steilen Firnhang P. 3477 über seine Felsen erreicht. Den aus Firn bestehenden steilen Verbindungsgrat P. 3477 — P. 3706 ersteigt man in SW-Richtung über seine scharfe Schneide und stößt beim letztgenannten Punkt auf den Anstieg von der Bietschhornhütte und vom Bietschjoch.
Nun **gemeinsam:** Der Bietschhorn-N-Gipfel wird erreicht, indem man sich entweder auf der scharfen Firnschneide des N-Grates selbst hält oder, wenn diese zu stark überwächtet ist, ein Band einige Meter unterhalb rechts (W) der Gratschneide begeht, das parallel mit dem Grat in Richtung N-Gipfel zieht. Vom N-Gipfel überklettert man wie bei R 751 einige wenig hohe Grattürme zum S- oder Hauptgipfel.

• 753 Ostsporn

IV— (stellenweise) und III. 7—8 Std. von der Hütte. G 6-7.
Einer der schönsten O-Anstiege auf das Bietschhorn von der Baltschiederklause, der aber schwieriger als die beiden obengenannten Normalanstiege ist. Siehe Abb. S. 242/243.

***Bietschhorn von Osten** (folgende Doppelseite)*
Im Mittelgrund die Jägihörner. Der gewaltige SO-Grat des Bietschhorns zieht sich bis zum Stockhorn. Er wurde zusammen mit dem Stockhorn-Südgrat schon in einem Zuge begangen (mehrtägige Unternehmung). Normalerweise wird er von der Baltschiederklause her angegangen (R 754) mit Anmarsch über den Äuß. Baltschiedergletscher. Der Ostsporn (R 753) ermöglicht mit dem Westgrat als Abstieg die wohl eleganteste Überschreitung dieses großen Berges. Links unten die Baltschiederklause: Ausgangspunkt einer Fülle prächtiger Granitklettereien in bestem Aaregranit in den Jägi- und Baltschiederhörnern. In den letzten Jahren sind hier zahlreiche Erstbegehungen gemacht worden und die schönsten Routen dürften wohl jetzt „erschlossen" sein.

SO-Grat
754
753
778
3151
1781

schhorn
3706
3477
752
3509
III
3509
790
ihorn
Äuss. Baltschiedergletscher
779
3086
786

Übersicht: Es ist dies jener markante Felssporn, der vom Hauptgipfel S-förmig zum Äuß. Baltschiedergletscher absinkt und dort in etwa 3200 m Höhe endet.
Zugang: Von der Baltschiederklause wird in NW-Richtung ein Pfad begangen, der entlang dem Fuß des SO-Grates des Jägihorns zur orogr. linken Moräne des Äuß. Baltschiedergletschers führt. Letzterer wird oberhalb eines Gletscherbruches in Richtung zum O-Sporn in WSW-Richtung gequert (wenn nötig wegen der Spalten in einem nach rechts [N] ausholenden Bogen); die Höhe des ersten Aufschwungs selbst wird nach Überschreitung des Bergschrundes von N her über Felsen erreicht.
Führe: Vom Aufschwung der etwas geschweiften Gratlinie folgend, wird ein erster Aufschwung überschritten, ein darauffolgender Firnsattel betreten und ein im untersten Spornteil sich erhebender breiter Turm entweder direkt erstiegen oder N umgangen. Die ab hier sich steiler aufschwingende und schwieriger werdende Spornschneide (die erst in Gipfelnähe wieder weniger schwierig ist), wird am besten bis zum Gipfel nicht mehr verlassen oder nur in ganz geringfügigen Abweichungen umgangen.

● 754 Südostgrat

V— (Schlüsselstelle), hauptsächlich III und IV. 10—12 Std. von der Baltschiederklause auf den Gipfel. G 8. Einer der schönsten und längsten Felsgrate in den Berner Alpen. Früher lange Zeit berüchtigt, heute eine der großen klassischen Touren. Langer Zustieg. Siehe Abb. S. 242/243.

Zugang: Von der Baltschiederklause den Wegspuren folgend in NW-Richtung am Fuße der Jägihorn-SW-Wand entlang auf den Äuß. Baltschiederfirn. Dieser wird in einem nach NW ausholenden Bogen gequert an den Fuß des Ostsporns (siehe R 753). Der Sporn wird S umgangen und die Gletschermulde zwischen SO-Grat und Ostsporn erstiegen bis in die Fallinie des ersten markanten Aufschwungs im SO-Grat. Über losen Fels (Steinschlag) gerade empor und auf einem Schneeband schräg links hoch an den Fuß des ersten markanten Aufschwungs. Etwa 4 Std. von der Baltschiederklause.
Führe: Über steile Platten nach rechts in Riß. Durch diesen Riß, der sich nach links hinaufzieht, zuletzt überhängend, auf den Gipfel des ersten Aufschwungs (♂, V—, kompakter Fels, schlecht geeignet zum Hakenschlagen). Nun etwas leichter über den Grat zu einem etwa 25 m hohen Turm. 8 m gerade empor, dann Quergang nach links in die Südwand und durch einen Riß sehr steil auf den Gipfel des Turmes. Über den luftigen Grat, einen schlanken Turm links umgehend, zum Ende des ersten Gratabschnittes. Nach S absteigen und 10 m abseilen in die

Scharte über einem mächtigen Couloir, das sich in die Südwand hinabzieht. Von der Scharte etwas leichter, aber z.T. brüchiger Fels, zu einer Gruppe von abweisenden Gendarmen. Diese werden nach rechts umgangen vermittels eines Bandes in der Ostflanke. Durch eine vereiste Rinne und eine Wandstufe auf den Grat zurück. Nun ohne besondere Schwierigkeiten über Fels und Firn auf den Südgipfel und über den Verbindungsgrat auf den Hauptgipfel.

● 754a Variante

Die abweisenden Gendarmen können auch S umgangen werden, was sich vor allem dann empfiehlt, wenn auf der Ostseite Schnee liegt.

● 754b Variante

Die abweisenden Gendarmen können auch überklettert werden, wie es die Erstbegeher Stößer und Kast 1932 taten (schwieriger und länger, aber interessanter, sehr empfehlenswert, wenn die Zeit dafür ausreicht): erster Gendarm IV, zweiter Gendarm in Pilzform wird rechts (O) umgangen, dritter Gendarm V: links ausholend einen Überhang umgehen und nach rechts zurück auf die Kante, über sie auf den Gipfel des Gendarmen. Leichter Abstieg auf die andere Seite, wo die beiden Umgehungen (O und S) wieder den Hauptgrat erreichen.

● 755 Südwand (Route Tissières-de Rham)

V— (1 SL), IV (1 SL), hauptsächlich III. Etwa 8 Std. vom E auf den Gipfel. G 8—9. Alle Haken müssen selbst geschlagen werden. Großzügige und prachtvolle reine Felstour mit 900 m Wandhöhe, abenteuerliche Umgebung, schöne Fernsicht ins Wallis. Für den Weg vom Bietschjoch zum E sind bei später Jahreszeit Steigeisen empfehlenswert. Zu Unrecht selten begangen. Etwa 8 Std. vom E auf den Gipfel. Siehe Abb. S. 247.

Übersicht: Die Südwand ist die beeindruckendste Seite des Bietschhorns. Die Wand ist außerordentlich reich gegliedert und präsentiert eine verwirrende Fülle von Rippen, Couloirs und Türmen. Entsprechend schwierig ist auch die Orientierung. Es gibt vier Routen in dieser großen Wand, wovon nur zwei empfehlenswert sind, die anderen führen z.T. durch sehr steinschlaggefährliche Couloirs.

Die hier beschriebene Route ist wohl die sicherste von allen. Sie benützt die nicht sehr markante Rippe, die sich vom P. 3040 mit einigen Unterbrechungen zum Gipfel emporzieht.

Zugang: Von der Bietschhornhütte auf R 721 ins Bietschjoch. Nach O über den Bietschgletscher und absteigen zum Fuß der Seitenrippe, die im untersten Viertel des WSW-Grates abzweigt und genau nach S zieht. Weiter nach O über Schutt und Schnee zum P. 3050. Etwa 3½ Std. von der Bietschhornhütte, etwas mühsam.

Führe: E bei P. 3040, dem Fußpunkt der westl. Südwandrippe. Nach links über eine Felsstufe auf ein Schutt-(Schnee-)band, ihm an sein linkes Ende folgen und auf einen Rücken. Über diesen Rücken empor und leicht links haltend an den Beginn eines mächtigen Couloirs. Hier beginnt die eigentliche Kletterei. Nun nicht durch das Couloir, sondern (1 SL) rechts hoch an den Beginn eines von unten nicht sichtbaren Kamins, dieser zieht sich von links nach rechts auf die Rippe, die im P. 3040 fußt. Durch den Kamin in 3 SL auf die Rippe (II, III). Über die Rippe an den Beginn einer Plattenwand (zuerst III—, dann I). Die Plattenwand diagonal von links nach rechts durchsteigen an den Fuß eines Kamins (3 SL III). Knapp rechts vom Kamin 20 m gerade empor, dann nach links in den Kamin queren und durch ihn empor auf Schutterrasse (IV, exponiert). Über eine vorspringende Kante, dann durch einen Riß in die Scharte hinter dem großen Roten Turm (1 SL, V—, ✓). Weiter über den Grat (II) an den Fuß eines Turmes. Dieser wird rechts umgangen. Weiter über Schutt zu einem Aufschwung. **Entweder** über den Aufschwung und über die folgenden Türme (IV) **oder** (leichter, aber Steinschlaggefahr) nach rechts in großes Couloir queren und darin 5—6 SL hoch in heikler Kletterei (II, III) in einen Sattel hinter den Türmen. **Nun gemeinsam:** nach rechts durch leichte Wasserrinne zur senkrechten Abschlußwand (mehrere SL, I). Nach links in roten Kamin und diesen erklettern in Gratscharte (III). Über den sehr scharfen Grat, dann nach rechts in Rinne, diese hoch in Sättelchen (2 SL II, III). Nach links absteigen in Rinne und diese empor in Sattel (II). Über lose Blöcke auf den Südgipfel und über den Verbindungsgrat auf den Hauptgipfel (II).

● 760 **Baltschieder Stockhorn,** 3211,6 m

Endpunkt des gewaltigen Bietschhorn SO-Grates. Seit der Erstellung der Biwakschachtel wird der Südgrat des Stockhorns öfter begangen. Auch die Gesamtüberschreitung Stockhorn-Südgrat und Bietschhorn-SO-Grat wurde schon mehrmals in einem Zuge gemacht (2—3 Tage).

● 761 Ostgrat

Etwa 2 Std. vom Biwak auf den Gipfel. G 2. Normalroute und bester Abstieg.

Übersicht: Am Fuße der Stockhorn SW-Flanke befindet sich eine halbrunde Geröll- und Schneemulde. Aus dieser Mulde zieht sich ein felsiges Couloir nach rechts auf den Ostgrat und vermittelt den Anstieg.

Bietschhorn von Süden
Die mächtige Bietschhorn-Südwand ist nur schwer zugänglich und wird höchst selten durchstiegen. Die außerordentlich reiche Gliederung der Wand erfordert Spürsinn bei der Routenwahl. Die steinschlägigen Couloirs sollten tunlichst gemieden und den Rippen der Vorzug gegeben werden. Die hier vorgestellte Route ist wohl die eleganteste Lösung des „Südwandproblems". R = Roter Turm.

Zugang: Vom Biwak genau nach N über Schutt und Schnee an den Fuß dieses Couloirs. Seine orogr. rechte Begrenzung wird im oberen Teil von einer auffälligen roten Riesenplatte gebildet und auf der orogr. linken (O) Seite zieht sich ein Felssporn vom Ostgrat in die Geröllmulde.
Führe: Auf der orogr. rechten Seite des Couloirs über steile Felsen die unterste Stufe überwinden und nach rechts halten auf Schulter. Nun leichter über Schutt auf den breiten Rücken des Ostgrates. Über den Grat, der bald schärfer wird und einige Türme aufweist, auf den Gip-

fel. Die Türmchen können auf der Südseite umgangen werden und die steilen Schlußfelsen erklettert man auf der Nordseite (keine genau vorgegebene Route, sondern mehrere Möglichkeiten).

● 762 A Abstieg

Ja nicht zu früh nach rechts in die Südflanke absteigen in eines der zahlreichen Couloirs, sondern solange auf dem Ostgrat bleiben, bis er sich zu einem breiten Rücken verbreitert und bis man die rote Riesenplatte erkennt.

● 763 Südgrat

V— (zwei Stellen), sonst III und IV. 7 Std. vom E auf den Gipfel. Gesamtzeit Biwakschachtel — Gipfel und zurück über den Ostgrat zur Biwakschachtel und Abstieg bis Außerberg etwa 13 Std. G 6. Sehr schöne Felskletterei in gutem Granit. Die nötigen Zwischenhaken stecken, evtl. Standhaken müssen selbst geschlagen werden.

Übersicht: Dieser 600 m hohe Grat baut sich aus fünf Türmen auf. Die mittleren Türme sind fast gleich hoch und durch tiefe Scharten vom 1. und 5. Turm getrennt. Der etwa 100 m hohe Steilaufschwung am 5. Turm bildet das Haupthindernis.

Zugang: Von der Biwakschachtel leicht zum E am Fuße des Südgrates.

Führe: 1. Turm: Vorerst über leichte Bänder und Stufen ansteigen an den Fuß einer plattigen Steilstufe. Hier nach rechts auf die Gratkante queren und in steiler Kletterei über die Stufe empor. Über einige weitere Aufschwünge direkt auf der Gratkante auf den Vorgipfel und absteigen in Scharte am Fuße einer plattigen Steilstufe. Nach rechts in Riß, der steil nach links hochleitet auf die Gratkante. Diesen Riß erklettern zu kleinem Stand auf der Kante (IV, 2 H). Einige Meter auf der Kante, dann leichter über Schutt auf den Gipfel des 1. Turmes. Über den Grat abklettern in die Scharte vor dem 2. Turm. Etwa 1½ Std.

2. Turm: Von der Scharte aus über den Grat und nach rechts hinauf zum Beginn eines feinen Risses, der eine Platte durchzieht. Diesen Riß hoch (10 m, IV, 2 H) und weiter durch einen engen Kamin auf die Gratkante zurück. Nach links in großes Couloir, das immer steiler wird und auf einen westlichen Sekundärgrat leitet. Über diesen Grat auf den Gipfel des zweiten Turmes (Erkletterung des Couloirs heikel). In die Scharte vor dem 3. Turm abklettern. Etwa 1½ Std.

3. Turm: Über die Gratkante (IV) auf den dritten Turm und in die folgende Scharte abklettern.

4. Turm: Etwas auf der Westseite der Gratkante bis zum 8 m hohen kompakten Gipfelblock. Dieser wird links (W) auf einem schmalen

Band umgangen. Vom nördl. Ende des Bandes 1 × 10 m und 1 × 20 m abseilen in die Scharte vor dem 5. Turm. Etwa 1 Std.
5. Turm: Aus der Scharte 8 m hoch zu zwei Haken und weiter 5 m nach rechts schräg empor zu Stand (V—, 4 H). Nach rechts in Couloir auf der Ostseite und darin 1 SL hoch auf die Gratkante zurück (III, IV). Über Absätze und Stufen an den Fuß einer glatten Plattenwand (darin einige Haken einer direkten Variante). Nach links queren und links hinauf hinter abgespaltene Felsplatte zu Stand (IV). Weiter exponiert nach links empor auf einen Sekundärgrat (IV, V—). Nun leichter nach links in ein Couloir in der Westflanke, das zurück auf den Grat leitet (III, IV, 2 SL). Wieder über den Grat auf den Gipfel des 5. Turmes und in die folgende Scharte absteigen, dabei einigen Türmchen nach W ausweichend. In der Scharte befindet sich das Gratbuch. Über weitere zahlreiche Aufschwünge (III, IV—) auf den Gipfel des Stockhorns.

• 768 **Breitlauihorn**, 3655 m

Der Äuß. (Uessre) Baltschiedergletscher reicht von SW bis zu den Gipfelfelsen und böte die einfachste Aufstiegsmöglichkeit. Da die Felsen jedoch sehr steinschlägig sind, zieht man die etwas schwierigeren Anstiege über den WSW- und Südgrat vor. Nach S zieht sich ein langer, mit Türmen gespickter Felsgrat zu den Jägihörnern, der den Äuß. vom Inn. Baltschiedergletscher trennt. Nach NW fällt eine 800 m hohe kombinierte Wand ins Lötschental ab, durch die zwei erstklassige Anstiege führen. Von O werden sie kaum je begangen (sehr brüchiger Fels).

• 769 Südgrat

III— und II. Etwa 3½ Std. von der Hütte. G 3. Normalroute von der Baltschiederklause. Siehe Skizze S. 253.

Von der Baltschiederklause auf R 727 nach NW auf den Äuß. Baltschiedergletscher. Den Jägihörnern entlang nach N in die markante Lücke P. 3475 (auf der LK 50 nicht kotiert, ungefähr auf der KL 140 liegend) im Verbindungsgrat Breitlauihorn—Jägihörner. Aus der Lücke in schöner Kletterei direkt über die Gratkante auf den Gipfel.

• 770 Westsüdwestgrat

III— und II. 5 Std. G 3. Normalroute von der Bietschhornhütte.

Von der Bietschhornhütte auf R 726 ins Baltschiederjoch. Die Graterhebungen zwischen Baltschiederjoch und Gipfelaufschwung werden auf dem Äuß. Baltschiedergletscher umgangen, der Grat wird erst oberhalb P. 3514 von S her betreten. Über den felsigen Gipfelgrat auf den Gipfel.

● 771 Nordwestrippe („Chervetrippe")

IV und III. Etwa 10 Std. vom Biwak auf den Gipfel. G 7. Die Rippe ist in der Schwierigkeit mit der gleichnamigen Rippe am Lauterbrunnen Breithorn vergleichbar. Die sehr lohnende Tour wird zu Unrecht selten begangen.

Übersicht: Diese etwa 850 m hohe Felsrippe, nach dem Erstbegeher auch „Chervetrippe" genannt, fußt im Lauibachgletscher und bildet die westl. Begrenzung der Breitlauihorn-NW-Wand.

Zugang: Von Gletscherstafel, Wegspuren folgend, nach SW zum Großen Lauibach („Loibinbach") und an seinem orogr. rechten Ufer über Moräne empor bis etwa 2200 m, wo man die Moräne nach links verläßt und P. 2336,1 gewinnt. Guter Biwakplatz. Von hier nach S auf die Moräne zurück und S dem Westgrat der Gletscherspitzen entlang auf den Lauibachgletscher. Auf etwa 2630 m quert man den Gletscher auf einer flachen Terrasse und erreicht die NW-Rippe auf etwa 2700 m.

Führe: Der unterste Teil der Rippe wird über brüchige Felsen ohne besondere Schwierigkeiten erklettert bis in einen Sattel, etwa 2940 m. Hier erhebt sich eine rötliche Felswand. Sie wird am linken (N) Rand über steile und gutgestufte Felsen erklettert, unmittelbar rechts vom Eishang. Man erreicht einen zweiten Felssattel. Weiter über brüchige Felsen, dann Gesteinswechsel zu hellem festem Granit. In etwa 3420 m wird eine Schneeschulter erreicht. Über den Schneekamm nach links (O), dann über zwei Türme hinweg auf einen Eisgrat (von diesem Eisgrat fällt nach W ein großes Couloir ab), der an die senkrechte Schlußwand stößt. Über ein schmales, erdiges Bändchen heikel nach links queren und über steile und griffarme Felsen in Schneesattel empor. In schöner und steiler Kletterei über einen Grat auf den Vorgipfel und über den Westgrat auf den Hauptgipfel.

● 776 Jägihörner

Vom Breitlauihorn zieht sich ein mehr als 1 km langer Felsgrat zum Jägihorn (3406,5 m). Hier biegt er nach SO zum P. 3151 ab (ohne Kote in der LK 50, KS 634640 / 138620). Zwischen der Lücke P. 3475 (siehe

Südliches Jägihorn von Süden

In der Bildmitte die Baltschiederklause. Der klassische Aufstieg verläuft über den SO-Grat (R 778). In der SW-Wand wurden mehrere sehr schwierige Routen gefunden, der westl. Südwestwandpfeiler (R 783) ist der Prototyp dieser Extremrouten. Am rechten Bildrand ist der Blanchetgrat (R 796) sichtbar, ein alter Klassiker, der durch die neuen Routen nichts von seinem Glanz eingebüßt hat.

Südl. Jägihorn
Breithorn
P.3664
3151
3139
778
783
727
736
701

R 769) und dem **Nördlichen Jägihorn** (3509 m) liegen **drei Türme,** der mittlere trägt ebenfalls die Kote 3509. Das Jägihorn (3406,5 m) wird zur besseren Unterscheidung meist **Südliches Jägihorn** genannt. Die beiden Jägihörner liegen etwa 600 m voneinander entfernt. Die Jägihörner und die Baltschiederhörner zählen zu den schönsten Klettergebieten für Alpinkletterer in den Berner Alpen. Das einzigartige Klettergebiet wird des sehr langen Hüttenweges wegen verhältnismäßig wenig besucht. Die Jägihörner bieten auf kleinem Raum (etwa 1 qkm) und in bestem Aaregranit zahlreiche Klettereien aller Schwierigkeitsgrade, viele davon wurden erst in den 70er Jahren entdeckt. Der SO-Grat des Südl. Jägihorns und die Gesamtüberschreitung der Jägihörner zählen zu den klassischen Touren des Gebietes. Die größten und schwierigsten Routen finden wir in der 500 m hohen SW-Wand des Südlichen und in der 400 m hohen Ostwand des Nördlichen Jägihorns. Hier sind noch längst nicht alle Möglichkeiten ausgeschöpft. Für alle Touren ist die Baltschiederklause der günstigste Ausgangspunkt. Für die Zu- und Abstiege über den Äuß. und Inn. Baltschiederfirn ist zumindest ein Pickel erforderlich.

● 777 **Südliches Jägihorn,** 3406,5 m

● 778 **Südostgrat**

IV+ (Schlüsselstelle), sonst III und IV. 4—5 Std. von der Hütte. G 5. Eine klassische Chervet-Route. Oft begangen, meist mit Abstieg über den Nordgrat und die Westflanke (R 780 A). Siehe Abb. S. 251 und Skizze S. 253.

Zugang: Von der Baltschiederklause nach N zum E.
Führe: Über Platten und Risse linkshaltend auf Bänder, diese nach rechts (O) queren und wieder linkshaltend über Platten und Risse auf das große Band, das die Südflanke schräg von rechts unten nach links oben durchzieht (III u. IV). Auf diesem Band nach links in die SW-Flanke, bis man durch eines von mehreren Couloirs nach rechts auf den eigentlichen SO-Grat steigen kann. Nun über den SO-Grat, dabei zwei gelbe Türmchen überkletternd (IV—) oder S umgehend, bis an eine 15 m hohe Verschneidung, die man rechts über die Kante erklettert (IV, 1 H) oder O umgeht. Es folgt ein 25 m hoher Aufschwung: zuerst über die Kante, dann nach rechts in Verschneidung und diese hoch auf den Gipfel des Aufschwungs (IV). Weiter zu einer gelben, leicht überhängenden und nach SW gerichteten Wand, die direkt erklettert wird (IV+, ☍). Über einen weiteren Turm und dann leichter über den Grat bis auf den Gipfel.

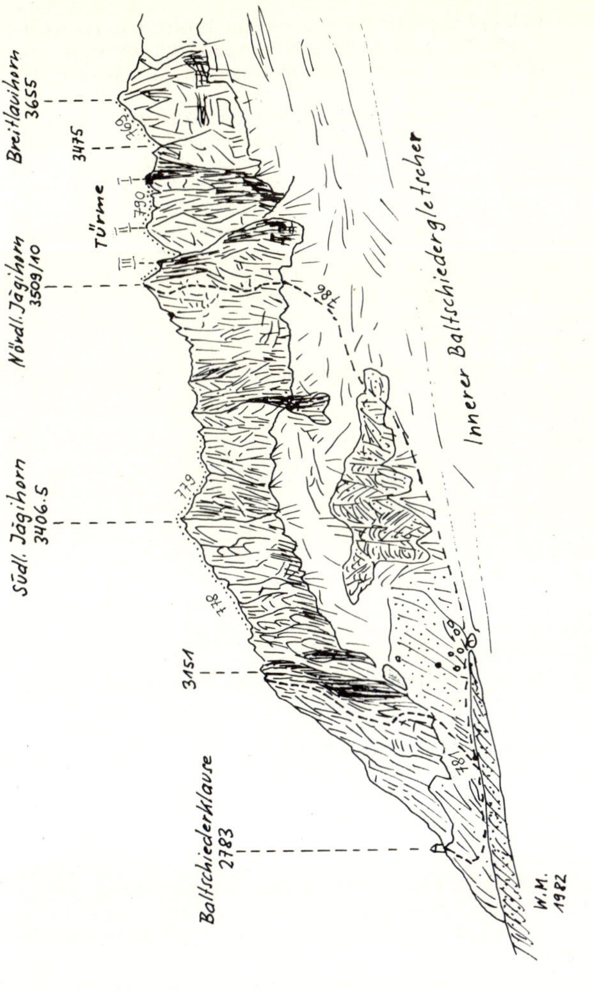

Breitlauihorn
3655
769
3475
I
790
II
Türme
III
Nördl. Jägihorn
3509/10
786
Innerer Baltschiedergletscher
Südl. Jägihorn
3406.5
779
778
3151
781
Baltschiederklause
2783
W.M.
1982

● **779 A** **Abstieg über den Nordgrat und die Westflanke (alte Route)**
Auch zum Aufstieg geeignet. Etwa 1½ Std. im Abstieg und 2½ Std. im Aufstieg. G 3. Siehe Abb. S. 242 / 243 und Skizze S. 253.

Über einen steilen Aufschwung des Nordgrates abklettern und horizontal nach N. Am oberen Rand des Firnfeldes entlang, das in der Westflanke eingelagert ist, weiter nach N, kurz unterhalb des Grates. Dann über Platten, in ein Couloir, das sich nach SW auf den Äuß. Baltschiederfirn zieht (Fußpunkt des Couloirs etwa 3220 m, KS 634080 / 139270, auf der LK ist das Couloir eingezeichnet). Durch das Couloir absteigen auf den Gletscher (im Frühsommer liegt Schnee im Couloir, wenn es ausgeapert ist, kann man dic plattigen Randfelsen benutzen). Den Felsen des Jägihorns entlang über den Gletscher absteigen, bis auf die Geröllhalde am Fuße der SW-Wand, wo man auf den Weg trifft, der zur Hütte zurückführt.

● **780 A** **Abstieg über den Nordgrat und die Westflanke (neue Route)**
III und II. Nur Abstieg, mit Abseilen. G 3—4. Siehe Abb. S. 242 / 243 und Skizze S. 255.

Da R 779 A wegen häufiger Vereisung der glattgeschliffenen Platten heikel und gefährlich sein kann, wurde ein neuer Abstieg ausfindig gemacht, der das tiefeingeschnittene Couloir benutzt, das sich vom Nordgrat (125 m Luftlinie vom Gipfel entfernt) nach WSW hinunterzieht und auf der LK deutlich markiert ist. Der E ins Couloir ist mit Steinmann markiert. Man benutzt die rechte (N) Begrenzungsrippe zum Abstieg, bis diese fast senkrecht abbricht. Hier 3 m nach links queren und 2 × 20 m abseilen. Weiter auf den Äuß. Baltschiedergletscher abklettern (II, III), wo man auf R 779 A stößt.

● **781** **Von Osten auf P. 3151**
IV (zwei Stellen), sonst III. Etwa 3 Std. von der Hütte. G 4—5. Wandhöhe etwa 330 m. Interessante Variante zu R 778, mit Fortsetzung auf das Südl. Jägihorn. Siehe Abb. S. 242 / 243 und Skizze S. 255.

Zugang: Von der Baltschiederklause auf dem Hüttenweg abwärts bis 2700 m. Dann nach NO zum E auf etwa 2820 m = KS 634930 / 138590 in der NO-Ecke des SO-Gratvorbaus.

Führe: Über Platten und eine Verschneidung 80 m in der Nordseite aufwärts, dann 30 m nach links queren und wieder gerade hoch auf eine Schulter. Nun der Kante folgen zu einem Steilaufschwung, der zuerst an der rechten Kante, dann vermittels Querung in die Nordflanke und durch einen Riß erklettert wird. (Aus AACB-Jahresbericht Nr. 76.)

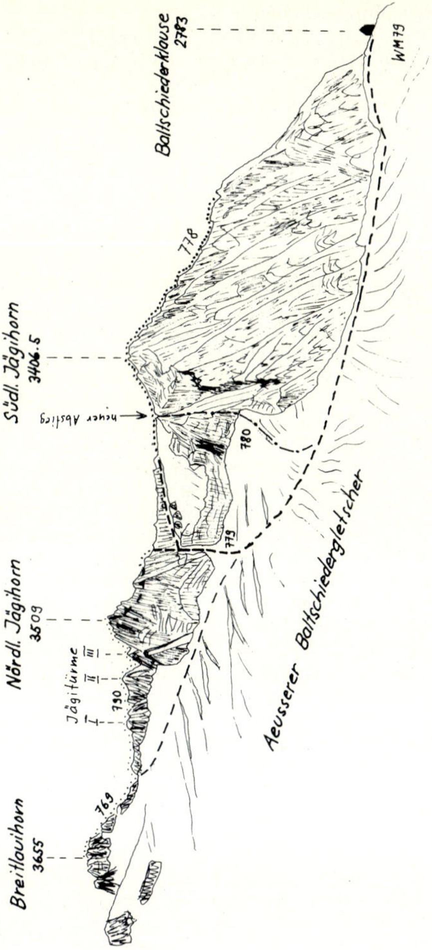
Baltschiederklouse
2783
WM79
778
Südl. Jägihorn
3406.5
neuer Abstieg
780
779
Nördl. Jägihorn
3509
Jägitürme
I
II
III
790
Aeusserer Baltschiedergletscher
Breitlauihorn
3655
769

● 783 **Westlicher Südwestwandpfeiler**
Grossen und Stähli, 1978. **VI—**, überwiegend V und IV. 6—7 Std. vom E. G 7—8. Moderne, großzügige Freikletterei mit wenig Haken. Die Haken müssen selbst geschlagen werden; ein Sortiment Klemmkeile mitführen. Siehe Abb. S. 251.

Übersicht: Dieser 400 m hohe Pfeiler durchzieht die SW-Wand im westl. Teil und endet auf dem Westgrat.

Zugang: Von der Baltschiederklause auf Wegspuren unter der S-Wand an den Fuß des Pfeilers, 30 Min.

Ein markanter, etwa 100 m hoher, teilweise begraster Riß zieht sich von links nach rechts aufwärts gegen den Pfeiler. Er wird rechts von einer kompakten, hellen Platte begrenzt. Ein schwarzer Rißüberhang vermittelt den E in den Riß.

Führe: Über den schwarzen Rißüberhang hinauf (V—) und im folgenden Riß empor zu Stand bei Felszacken (35 m, III u. IV). Weitere 40 m dem teilweise grasdurchsetzten Riß, vor allem aber seinen rechtsseitigen Platten folgend, hinauf (teilweise V). Nun an einer mannshohen Schuppe vorbei in einem engen Riß empor zu Stand unter dem sich jetzt steiler aufstellenden Riß (30 m, IV). Darin hinauf und nach rechts auf einen flacheren Absatz (40 m, IV). Über brüchige, leichte Stufen nach links aufwärts zu einer Zone heller Platten (30 m, III u. IV). Zuerst links in den Platten einige Meter empor, dann nach rechts in eine Verschneidung, die zu Stand 5 m unter einem markanten, breiten Überhang leitet (30 m, V). Über eine Platte schräg links aufwärts unter den Überhang, dann horizontaler Quergang nach links an die Kante und 15 m in flachem Gelände empor (40 m, IV+, III). Jetzt an der Kontaktlinie von hellem und dunklem Fels 40 m hinauf (IV). Nun einige Meter links ausholend empor in einen Riß, der rechts haltend zu einer Nische unter einem markanten Rißkamin hinaufführt (35 m, IV, V). Dem Rißkamin 40 m folgen zu Stand 8 m unter einer Scharte (V). Jetzt in der wohl schönsten Seillänge der Tour links in der gelbroten Wand durch ein System von feinen Rissen gerade empor zu einem bequemen Absatz an der Pfeilerkante (40 m, V+, keine Haken, Blockschlingen). Jetzt 8 m gerade hinauf, dann waagrecht nach rechts zu Messerhaken und weiter nach rechts zu einem Wulst. Mit Seilzug 6 m schräg nach rechts abwärts in geneigteres Gelände und um eine Verschneidungskante herum einem Riß nach hinauf zu Stand auf einem kleinen Absatz unter der letzten Steilstufe des Pfeilers (40 m, V+). Über sehr steile Platten von rechts nach links empor unter einen Überhang, diesen nach links aufwärts an die Kante übersteigen und über den weniger steilen Pfeilerrücken 12 m gerade hinauf zu einem schmalen Absatz (35 m,

VI—, V). Nun über Platten links der Pfeilerkante empor, dann steiler gerade hinauf zu Stand unter dem W-Grat (40 m, V u. V+). Über leichte Stufen auf das Blockfeld des W-Grates (20 m, III). In 15 Min. zum Gipfel hinauf (II). (Aus: Die Alpen, Monatsbulletin, März 1981.)

• 785 **Nördliches Jägihorn,** 3509 m

• 786 **Ostwand**

Grossen und Stähli, 1978. **V**+ und IV / **A2,** A1 (kurze Stellen). 6—8 Std. vom E. G 7—8. Sehr schöne Kletterei in ausgezeichnetem Granit, Wandhöhe 430 m. Die meisten Haken müssen selbst geschlagen werden. Klemmkeile mitführen. Siehe Abb. S. 242 / 243.

Übersicht: Wenig links der Gipfelfallinie durchzieht ein System von Verschneidungen die Wand, welches den Durchstieg vermittelt.
Zugang: Von der Baltschiederklause kurz nach NO absteigen auf die Moräne und über den Inn. Baltschiedergletscher an den Fuß der Wand, 1 Std. Der E befindet sich bei einem feinen Riß, 10 m rechts einer glatten Verschneidung, die den Anfang des großen Verschneidungssystems bildet. Orientierungshaken.

Führe: Durch den senkrechten Riß, der sich nach 12 m in der kompakten Platte zu verlieren scheint, gerade empor in eine gestufte Verschneidung, die nach links hinaufzieht (40 m, V, 2 Schritte A1). Über gestufte Platten nach links in die große, offene Verschneidung und in ihr etwa 100 m hinauf (IV u. IV+). Über eine markante, abgespaltene Schuppe wechselt man dann waagrecht nach links in eine parallele Verschneidung. In ihr etwa 60 m empor, bis zu einem schmalen Quarzband, das von rechts nach links aufwärts zieht (IV). Man folgt dem Quarzband, durch die linke Verschneidungswand hinaus zum „Fauteuil“ und einem Absatz (V). Nun über eine kompakte Platte gerade hinauf in einen feinen Riß, dann nach rechts in die Verschneidung zurück und über Platten nach links aufwärts zu Stand unter Rissen (40 m, V, IV). Durch diese 30 m hinauf zu einem kleinen Absatz (V—). Weitere 15 m gerade hinauf, dann über Platten nach rechts aufwärts (40 m, V, 1 Schritt A1). Nun etwa 70 m über Platten und Risse empor bis unter einen absperrenden Überhang (V). Über den Rißüberhang (5 m A1 u. A2) in eine Verschneidung hinauf, dann über eine steile Stufe zu Stand (40 m, V, V+). Weiter 40 m dem steilen Riß- und Verschneidungssystem folgend hinauf, zuletzt nach links an die Kante zu Stand in einer Verschneidung (V u. V+). Wenige Meter in der Verschneidung hinauf unter den Überhang, darunter etwa 5 m nach links queren und an seiner schwächsten Stelle über ihn hinweg (2 Schritte A1—A2) auf eine kompakte Platte. Auf ihr waagrecht nach rechts queren, bis ein feiner Riß den Aufstieg zu Stand unter einer Stufe ermöglicht (40 m, V u. V+). Über die Stufe gerade hinauf in einen Riß, der zum Gipfelgrat führt (25 m, V, IV). Über den gestuften Grat nach rechts zum Gipfel (50 m, II u. III). (Aus: Die Alpen, Monatsbulletin, März 1981.)

● 787 A Abstieg zur Baltschiederklause
II, 1½ Std.

Vom Gipfel in der W-Flanke, vorerst nahe am N-Grat, über Stufen und Bänder hinab gegen einen Sporn, der sich nach NW auf den Äuß. Baltschiedergletscher hinunterzieht. Über graue Platten 40 m auf einen Absatz abseilen. Weitere 30 m nach rechts in ein Couloir abseilen, das auf dem Gletscher ausmündet.
(Aus: Die Alpen, Monatsbulletin, März 1981.)

● 790 Traversierung der Jägihörner von Süd nach Nord
IV+ (eine Stelle), IV, III und leichter. Etwa 10—11 Std. von Hütte zu Hütte (ohne Breitlauihorn). G 6. Siehe Abb. S. 242 / 243 und Skizze S. 255.
Die Gesamttraversierung der Jägihörner und der drei Türme stellt eine Kombination aller klassischen Routen dar, also eine Überschreitung vom P. 3151 über den Kamm in die Lücke P. 3475, wo auch der Südgrat des Breitlauihorns noch angehängt werden kann. Die Tour kann vorzeitig abgebrochen werden auf R 781 und in der Scharte zwischen Nördl. Jägihorn und drittem Turm.

Zugang: Auf R 778 oder R 779 A auf das Südl. Jägihorn und auf R 781 in den tiefsten Punkt.
Führe: Nun über den Verbindungsgrat an den Fuß des Südgrates des Nördl. Jägihorns, der ein Stück weit verfolgt wird. Wo er steiler wird, quert man nach links in die Westflanke, quert zwei Rinnen und klettert anschließend gerade empor auf das Nördl. Jägihorn (3509 m). Abstieg über den Nordgrat: der Gipfelaufschwung wird links (W) umgangen, auch ein folgender großer und loser Block. Ein kurzer Überhang vor der Scharte wird an der rechten (O) Kante abgeklettert (III+) oder direkt abgeseilt. Aus der Scharte über den Südgrat auf den **dritten Turm.** Abstieg über den Nordgrat, wobei ein Überhang (frischer Felsausbruch) links (W) umgangen wird (III). Über den Südgrat (II) auf den **mittleren Turm** (3509 m) und über einen Blockgrat in die folgende Scharte. Der unterste Aufschwung im Südgrat des ersten Turmes wird rechts (O) umgangen und durch einen Riß auf die Gratkante zurückgekehrt. Den letzten Aufschwung knapp links (W) der Kante er-

klettern auf den **ersten Turm.** Vom Gipfel direkt über eine Platte nach NW abseilen (20 m) und über Geröll auf den Äuß. Baltschiedergletscher. Abstieg: Auf R 769 zurück in die Hütte.

● 793 Breithorn, 3784,9 m

Die beiden durch das Lötschental getrennten Breithörner werden zur besseren Unterscheidung auch Lauterbrunnen und Lötschentaler Breithorn genannt. Letzteres ist der dritthöchste Gruppengipfel. Nach O fließt der Beichgletscher ab, der im Oberlauf zu den zerschrundetsten Gletschern der Berner Alpen zählt. Nach N fällt eine 800 m hohe Fels / Eiswand ab, die den Welzenbachwänden ebenbürtig ist. Über den SSW-Sporn von P. 3664 (auf dem Kartenbild einem Elefantenrüssel ähnelnd) führt eine sehr schöne klassische Felsroute. Die Normal- und Skiroute führt von der Oberaletschhütte über den Beichgletscher. Von der Baltschiederklause aus kann der Berg auf eine interessante und nicht allzu schwierige Weise überschritten werden: Aufstieg über den Inn. Baltschiedergletscher und SW-Grat mit Abstieg über Gredetschjoch—Baltschiederlücke zurück in die Hütte.

★ 794 Ostflanke und Südostgrat

Etwa 5 Std. von der Hütte auf den Gipfel. 3 Std. im Abstieg. G 3—4. Schöne Gletschertour mit großen Spalten. Eisschlaggefährliche Passagen. Im Spätsommer können ernsthafte Schwierigkeiten auftreten. Siehe Abb. S. 269.

a) Von der Oberaletschhütte auf R 740 zu den Abbrüchen des Beichgletschers, etwa 3000 m. Nun N an der Felsinsel P. 3298 vorbei (auf der LK 50 nicht kotiert, ungefähr KS 636 / 141) auf die Firnterrasse oberhalb der Abbrüche, etwa 3500 m. Hier nach SW abbiegen und sanfte Firnhänge aufsteigend in den weiten Firnsattel zwischen P. 3664 und Vorgipfel, dann dem Firngrat entlang auf den Vorgipfel (3781 m = Skigipfel). Über den Verbindungsgrat in eine Scharte und auf einem schmalen Firngrat zum Hauptgipfel.
Dies ist auch die **Skiroute.** Evtl. Abfahrt durchs Gredetschtal auf R 742 A.
b) Von der Baltschiederklause kann der SO-Grat auch über Baltschiederlücke—Gredetschjoch (R 736, R 740) erreicht werden. Vom Gredetschjoch ein Schneeplateau nach W querend auf den SO-Grat und über ihn ohne besondere Schwierigkeiten auf den Gipfel. Von der Oberaletschhütte aus evtl. kombiniert mit der Abfahrt über das Gredetschjoch durch das Gredetschtal!

● 795 Südwestgrat

III und II. Etwa 7 Std. von der Hütte. G 4—5. Lange Gletscher- und Felstour.

Von der Baltschiederklause hat man vorerst den flachen, weiten Sattel, etwas NO vom P. 3624 (zwischen Breitlauihorn und Lötschentaler Breithorn) zu erreichen. Dies geschieht, indem man von der Hütte dem Weg in östl. Richtung für eine kurze Strecke folgt und ihn dort verläßt, wo er beginnt, steiler nach S abzusteigen. Hier umgeht man auf dem orogr. rechtsseitigen Moränengelände des Inn. Baltschiedergletschers den SO-Sporn des Jägihorns und betritt bald darauf den obengenannten Gletscher, über den man in nördl. Richtung emporsteigt, weiter oben P. 3350 zur Linken läßt und in jene Firnbucht eindringt, die hier mit einem Gletscherbruch zwischen Blanchetgrat und P. 3350 in den Hauptgletscher mündet. Diese Bucht wird erstiegen (die felsigen Breithorn-S-Abstürze zur Rechten) und in nordwestl. Richtung, der Buchtkrümmung folgend, der flache Sattel (etwa 3600 m), zwischen Breitlauihorn und Breithorn erreicht. Etwa 4 Std. Von hier sich nordostwärts wendend, wird der schöne Grat (II u. III) stets auf seiner Schneide erklettert, der direkt auf den Hauptgipfel führt.

● 796 Über den Südsüdwestsporn auf den Südostgrat (Blanchetgrat)

V— (Schlüsselstelle), sonst III und IV. 8 Std. von der Hütte auf den Gipfel. G 6—7. Es ist ohne Zweifel der interessanteste und schönste aller schwierigeren Anstiege auf das Breithorn. Siehe Abb. S. 251.

Übersicht: Knapp S vom P. 3664 im verfirnten SO-Grat zieht sich ein markanter Felssporn nach SSW und fußt auf ca. 3000 m im Inn. Baltschiederfirn. Über diesen Felssporn und den Firngrat führt die nach dem Erstbegeher Blanchet genannte Route von der Baltschiederklause auf den Gipfel.

Zugang: Von der Baltschiederklause über den Inn. Baltschiederfirn und von O her auf eine Terrasse des Felssporns. Weiter von O her durch Risse auf die Gratkante, die man möglichst einhält.

Führe: Vorerst wenig steil und ohne besondere Schwierigkeiten (II u. III+) zu einer griffarmen Gratkante, die man direkt erklettert (IV). Nun wird der Grat steiler. Man überschreitet drei schmale Türme (III) an den Fuß der Schlüsselstelle: zuerst über einen griffarmen Rücken (IV), dann über eine 7 m hohe Platte (V—, 3 H) und schließlich auf einen Turm (IV, 1 H). Weiter immer über den Grat (III u. IV), bis die Steilheit abnimmt. Wieder über einige Türme (III u. IV) bis zu einer schlanken Nadel, die man links (W) umgeht, ebenso einen breiten

Turm. Die restlichen Gendarmen umgeht man zum Teil W und zum Teil S. Dann über Firn auf den SO-Grat, den man ungefähr beim P. 3664 erreicht. Von hier über allen Grat (Firn) auf den Vorgipfel (3781 m) und nach einem kurzen Abstieg in Scharte auf den Hauptgipfel.

• 797 A Abstieg

Der einfachste und schnellste Abstieg zurück in die Baltschiederklause erfolgt via Gredetschjoch—Baltschiederlücke (R 740 und R 736).

• 802 Gredetschhörnli, 3646,3 m

Zwischen Breithorn und Nesthorn gelegener kleiner Felsgipfel, der nach SW mit einer 500 m hohen Steilwand abfällt, durch die eine besonders schwierige Route führt. Der SO-Grat des Gredetschhörnlis ist vor allem in Kombination mit einer S-N-Überschreitung des Nördl. Baltschiederhorns (3504 m) empfehlenswert (siehe R 809 und R 810 A).

• 803 Westgrat

III und II. ¾ Std. G 2—3. Kurze, lohnende Kletterei in gutem Granit.

Vom tiefsten Punkt zwischen Breithorn und Gredetschhörnli (breiter Firnsattel, etwa 3540 m) auf den Grat und über ihn auf den Gipfel.

• 804 Südostgrat

III, exponiert. Etwa 2 Std. vom Sattel auf den Gipfel. G 3.

Zugang: Zwischen dem Nördl. Baltschiederhorn (3504 m) und dem Gredetschhörnli befindet sich ein Sattel, den man von O her (Gredetschgletscher) über Firn und einige plattige Felsen gewinnt.
Führe: Vom Sattel über große Platte empor (40 m, III, exponiert). Die folgenden Aufschwünge teils erkletternd und teils rechts (O) umgehend auf den Gipfel.

• 807 Baltschiederhörner

Die Baltschiederhörner bilden einen etwa 1,5 km langen, aus mehreren Gipfeln und Türmen bestehenden schmalen Felskamm zwischen Gredetschhörnli und Grubhorn („Grüebhorn"). Der Kamm wird im S begrenzt durch die **Gredetschlücke** (2989 m, kein Übergang, nicht zu verwechseln mit dem Gredetschjoch) und im N durch die Lücke zwischen Gredetschhörnli und Nördl. Baltschiederhorn (ungefähr auf der KL 140 liegend). Auf der LK sind die Gipfel und Lücken nicht näher bezeichnet, sie tragen bloß eine Höhenzahl. Wir unterscheiden von N

nach S: **Nördl. Baltschiederhorn** (3504 m), **Baltschiederlücke** (3219 m), **Baltschiederturm** (3260 m, ohne Kote in der LK 50), **Mittl. Baltschiederhorn** (3228 m) und **Südl. Baltschiederhorn** (3202 m). Siehe Abb. S. 263.
Die Baltschiederhörner bilden mit den Jägihörnern zusammen das Kletterparadies der Baltschiederklause, das aus bestem Aaregranit besteht. Als einfachere, aber lohnende Einführungstour eignet sich die Überschreitung des Mittl. Baltschiederhorns auf R 816. Eine Steigerung bildet die Traversierung des Südl. Baltschiederhorns und die Überschreitung vom Mittl. Baltschiederhorn über den Baltschiederturm in die Baltschiederlücke (R 818). Der Südgrat des Nördl. Baltschiederhorns ist der anspruchsvollste Aufstieg. Am schönsten ist die Überschreitung aus der Gredetsch- in die Baltschiederlücke (R 823, 816, 818). Schnelle und leistungsfähige Seilschaften werden auch noch das Nördl. Baltschiederhorn anhängen (R 809).

● **808** **Nördliches Baltschiederhorn,** 3504 m

● **809** **Südgrat**

V— und IV+ / **A 0** (jeweils eine Stelle), sonst durchwegs III und IV. 4—5 Std. von der Baltschiederlücke. G 6. Sehr lohnende und exponierte Kletterei in gutem Granit. Siehe Abb. S. 263.

Zugang: Von der Baltschiederklause auf R 736 in die Baltschiederlücke. 2½ Std.
Führe: Die ersten Gendarmen werden etwas O der Gratkante erklettert. Es folgt eine Reihe von schroffen und exponierten Türmen, die man am besten auf der Westseite umgeht und den Grat am Fuße des großen Steilaufschwungs wiedergewinnt. (Die Türme können auch überklettert werden, IV, wobei der letzte Turm vor dem Steilaufschwung nach N überhängt. Dieser Überhang wird durch Abseilen in der Ostwand und anschließenden Seilquergang nach N in die Scharte überwunden.)
Man steht nun am Fuße des großen Steilaufschwungs, der direkt erklet-

Baltschiederhörner von der Baltschiederklause
Die Baltschiederlücke vermittelt zusammen mit dem Gredetschjoch den Übergang von der Baltschiederklause in die Oberaletschhütte. Die Baltschiederhörner bilden gemeinsam mit den Jägihörnern das Kletterparadies der Baltschiederklause. Die eingezeichneten Routen stellen nur eine Auswahl aus den bis jetzt gefundenen Anstiegen dar. Die Schwierigkeiten steigern sich von Süd nach Nord. Die Gesamtüberschreitung des Kamms aus der Gredetschlücke aufs Gredetschhörnli ist die anspruchsvollste Unternehmung in dieser Gruppe.

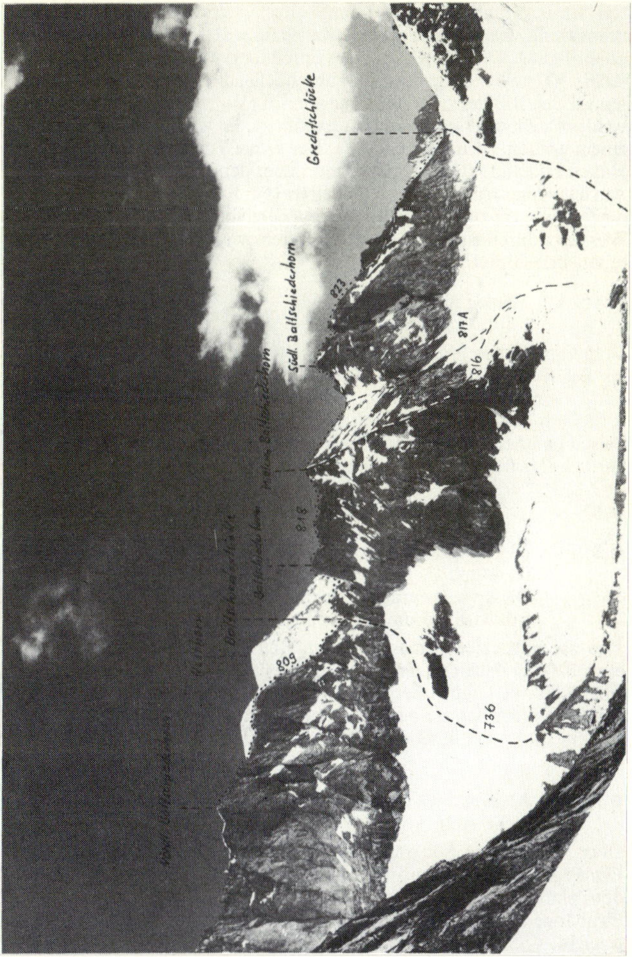
Gredetschlücke
Südl. Baltschiederhorn
823
817A
816
818
809
736

tert wird: Unmittelbar über den Aufschwung empor in große Verschneidung, die auf eine plattige Kante führt. Über die Kante zu einem guten Stand. Der überhängende Gipfelblock wird mittels einer Platte rechts (O) heikel umgangen und anschließend durch einen leicht überhängenden Riß der Grat wiedergewonnen (V—, 1 H). Der Grat ist nun weniger steil, aber er bleibt sehr exponiert. Er wird überklettert bis zu einem grauen Turm (III und IV). Der graue Turm wird mittels zweier Haken erklettert (IV + / A0). Weiter über den Grat zu einem plattigen Aufschwung, den man direkt erklettert (IV, 2 H). Nun leichter und weniger exponiert zu einem Aufschwung kurz vor dem Gipfel, der auf der Westseite durch einen Rißkamin erklettert wird. Zuletzt über eine Platte auf den Gipfel.

● **810 A** **Abstieg nach Norden**
3 Std. G 3.

Vom Gipfel nach N zum Vorgipfel. Weiter nach N absteigen über steilen Schnee und Felsen, am Rande der senkrechten Westwand, in den Sattel vor dem Gredetschhörnli. 1 Std. **Nun entweder** weiter über R 804 auf das Gredetschhörnli **oder** vom Sattel nach SO über plattige Felsen und Schneehänge auf den Gredetschgletscher und via Baltschiederlücke zurück in die Baltschiederklause. 2 Std.

● **815** **Mittleres Baltschiederhorn,** 3228 m

● **816** **Südwestgrat**
III— und II, 1½—2 Std. vom E. G 3. Sehr schöne Kletterei. Dieser ausgeprägte Felsgrat ist etwa 300 m hoch. Der Gratfuß wird SO umgangen. Siehe Abb. S. 263.

Von der Baltschiederklause auf dem Hüttenweg vorerst absteigen, auf etwa 2700 m nach O queren und die große Moräne überschreiten. Den Inn. Baltschiedergletscher traversieren Richtung Gredetschlücke. Nun nach NW über Schnee oder Schutt, rechts am Gratfuß vorbei bis etwa 2920 m und nach links auf den Grat. Direkt über die Kante auf den Gipfel.

● **817 A** **Abstieg nach Süden zum Einstieg**
Siehe Abb. S. 263.

Über den leichten Südgrat in die Lücke und nach rechts (SW) in die Flanke, über Schnee und Schutt (lose Blöcke) in ein Felscouloir, das über plattige, aber griffige Felsen erreicht wird. Es leitet auf die steilen Firnhänge am Fuße der Flanke. Über diese wird der E in den SW-Grat erreicht.

● 818 Vom Mittleren Baltschiederhorn über den Baltschiederturm in die Baltschiederlücke

IV— (eine Stelle), III+ und III, 2 Abseilstellen. 3 Std. G 4—5. Sehr schöne und exponierte Überschreitung. Siehe Abb. S. 263.

Vom Mittl. Baltschiederhorn über den scharfen und exponierten Grat nach N über alle Türme hinweg. Nur der oberste Block des letzten Gendarmen vor dem Baltschiederturm wird W (IV—) umgangen. Darauf wird der nach W überhängende Baltschiederturm über eine scharfe Kante erklettert. 1½ Std.

Abstieg vom Baltschiederturm in die Baltschiederlücke: Zurück auf einen kleinen Absatz der Südkante und in der Westflanke 1 SL steil, exponiert und gutgriffig zuerst horizontal nach N, dann schräg links abwärts zur Nordkante queren zum oberen Abseilblock (III). 20 m abseilen auf ein schmales Band, das zurück auf die Nordkante leitet. Nochmals 20 m abseilen in Scharte. Den letzten Turm nach N überschreiten, indem man sich zuerst auf der West-, dann auf der Ostseite der Gratkante hält. Etwa 1½ Std. vom Baltschiederturm in die Baltschiederlücke.

● 822 Südliches Baltschiederhorn, 3202 m

● 823 Traversierung Süd — Nord

IV— und III. Etwa 2 Std. von der Gredetschlücke und 3 Std. von der Baltschiederklause auf den Gipfel. Abstieg vom Gipfel in die Lücke ½ Std. Schöne Kletterei. G 4. Siehe Abb. S. 263.

Aus der Gredetschlücke über den Südgrat zu zwei markanten Zacken, die links (W) umgangen werden (II). Weiter über den Grat (III—) auf den Vorgipfel. Über eine Platte nach NO 15 m in Scharte abseilen. Aus der Scharte nach links in die linke (W) von zwei Verschneidungen, in ihr 2 m empor und weiter nach links auf den westl. Begrenzungsgrat (IV—). Über ihn auf den Gipfel.

Abstieg in den Sattel zwischen Südl. und Mittl. Baltschiederhorn: Links (W) der Gratkante durch Kamin (III, gutgriffig) abklettern und nach rechts (NO) in Verschneidung queren. In ihr abwärts und weiter ohne Schwierigkeiten in die Lücke. Weiter auf R 817A.

● 826 Nesthorn, 3824 m

Das Nesthorn ist der zweithöchste Gruppengipfel und einer der interessantesten Berge der Berner Alpen mit einer Fülle schöner und schwieriger Touren vom relativ einfachen Gletscheraufstieg über großartige

Kletterrouten bis zur schwierigsten kombinierten Nordwand. Die Normalroute (auch Skiroute) führt von der Oberaletschhütte über den Beichgletscher ins Gredetschjoch und anschließend über den verfirnten Westgrat. Der kombinierte NNO-Grat ermöglicht mit dem Westgrat als Abstieg eine interessante und anspruchsvolle Überschreitung. Der Südgrat ist ein reiner Felsanstieg und wurde vermutlich bis heute erst zweimal (!) begangen, und auch der lange Verbindungsgrat vom Unterbächhorn her gehört nicht zu den Pause-Touren, die man „gemacht" haben muß. Über die drei Ostsporne vom P. 3440 führen erstklassige Kletterrouten. Die größte Unternehmung ist aber ohne Zweifel die Nordwand, durch die eine der schwierigsten Welzenbachrouten führt. Auch die Ostwand verdient alpinistisches Interesse, kann jedoch im Rahmen dieses Auswahlführers nicht behandelt werden.

● 827 Westgrat

Fast durchwegs über Schnee und Eis. 1½ Std. vom Gredetschjoch, 6—7 Std. von der Oberaletschhütte. G 3. Normalroute.

Vom Gredetschjoch wendet man sich nach O und ersteigt, ohne auf große Schwierigkeiten zu stoßen, den vorwiegend aus Firn bestehenden W-Grat bis zum Vorgipfel (P. 3720), von dem ein Abstieg jenseits in eine weite Einsattelung führt. In gleicher Richtung wird der Firngrat weiter bis zum Hauptgipfel verfolgt.
Mit Ski von der Oberaletschhütte aus bis ins Gredetschjoch, wo die Ski zurückgelassen werden.

● 828 Nordnordostgrat ab P. 3440

III und II. Hauptschwierigkeiten im Eis. 8—9 Std. von der Oberaletschhütte auf den Gipfel. G 5—6. Sehr schöne und lange kombinierte Tour. Siehe Abb. S. 269 und 271.

Von der Oberaletschhütte nach W auf den Oberaletschgletscher absteigen. Ihn und den Beichgletscher in W-Richtung queren bis N von P. 2655. Über den Nesthorngletscher in der Mitte empor (Spalten), zuletzt in Richtung des tiefsten Punktes im Nesthorn-NNO-Grat. Links vom tiefsten Punkt über den Bergschrund und in brüchigem Fels durch eine Rinne etwas rechtshaltend zum tiefsten Punkt hoch, knapp SSW von P. 3440. Nun in SSW-Richtung auf dem zuerst felsigen Grat, bis er sich im Firn verliert. Von hier über steilen Firn aufsteigen in S-Richtung, links (O) an den großen Eiswülsten der Nordwand vorbei, hart am Rande der felsigen Ostwand, evtl. die Randfelsen linkerhand benutzend, dabei einen weiten Firntrichter traversierend, der in ein Couloir der Ostwand mündet. Weiter in gleicher Richtung auf ein kleines Firnplateau. Von hier nach W über eine Art Firnrampe auf die großen Firnfelder oberhalb der Eiswülste (Firntrichter und Firnrampe sind von der Oberaletschhütte aus gut sichtbar). Über die Firnfelder direkt auf den Hauptgipfel empor.

● **829** **Südostgrat**

IV und III. Etwa 12 Std. vom Hotel Belalp und 10 von der Oberaletschhütte. G 7. Lange und anstrengende Tour. Des sehr langen Zugangs wegen selten ausgeführt, aber sehr lohnend. Dieser sehr lange Grat wird mehr den Felskletterer ansprechen, da er von allen Nesthorn-Anstiegen am wenigsten über Gletscher führt. Man hat bei der Kletterei teils mit brüchigem, teils mit gutem Fels zu tun. Siehe Abb. S. 269.

Zugänge: a) Vom Hotel Belalp (R 709) auf R 838 auf das Unterbächhorn. Vom Gipfel wendet man sich nach NW und folgt dem Felsgrat, der bald zu einer ersten Graterhebung führt (höher als P. 3554). Jenseits erreicht man eine Scharte, die auch von der Oberaletschhütte auf folgendem Weg erreicht werden kann:

b) Von der Oberaletschhütte steigt man W zum Oberaletschgletscher ab, quert diesen in SW-Richtung zum Beichgletscher und erreicht damit den S-Arm des Nesthorngletschers, der O von P. 2655 in den Beichgletscher einmündet. Man betritt bei P. 2655 die Felsrippe, die zum Hauptgipfel des Unterbächhorns (= 3620) in WSW-Richtung emporzieht. Vorerst sich auf dieser Rippe haltend, wird weiter oben diese an geeigneter Stelle nach links verlassen, um zum Nesthorngletscher-S-Arm abzusteigen. Dieser stark zerschrundete Gletscherarm zwingt weiter oben wieder von selbst, seinen orogr. linken (N) Rand aufzusuchen, über den man in W-Richtung bis zur obengenannten Scharte zuerst über einen steilen Firn-, weiter oben über einen Felshang emporsteigt. 4 Std., kürzester Zugang zum SO-Grat.

Nun gemeinsam: Von der Scharte sich nach NW wendend, wird P. 3620 (= Hauptgipfel des Unterbächhorns) überschritten und zur tiefsten Gratdepression (P. 3539) abgestiegen. Von hier baut sich der Nesthorn-SO-Grat in mehreren großen Türmen, Aufschwüngen und Absätzen auf.

Führe: Die ersten drei markanten Türme werden links (SW), der vierte rechts (NO) umgangen. Der steile und schöne Kletterei bietende Grat wird nun bis zum Signalgipfel (= P. 3806,9) über seine einzelnen Gratabsätze und Aufschwünge direkt verfolgt, ohne viele Ausweichungen auszuführen. Ein kurzer Verbindungsgrat führt in westl. Richtung vom Signalgipfel ohne viel Steigung zum Hauptgipfel.

● 830 P. 3440 über den mittleren Ostsporn

V— / A1 (kurze Stelle), sonst III und IV. Etwa 8 Std. von der Hütte. G 6—7. Sehr schöne und lange Kletterei. Siehe Abb. S. 269 und 271.

Übersicht: Der Nesthorn-NO-Grat senkt sich ab zum P. 3440. Von dieser Pyramide zweigen drei Felssporne ab, die in der Moräne des Beichgletschers fußen. Alle drei Sporne können begangen werden, der südliche Sporn ist der leichteste und der mittlere der interessanteste. Der mittlere Sporn ist 600 m hoch und besteht aus 7 Türmen und Aufschwüngen, die z.T. nach W (bergseitig) überhängen.
Zugang: Von der Oberaletschhütte über den Oberaletsch- und Beichgletscher leicht an den Fuß des mittleren Sporns.
Führe: Aufstieg über Geröll und Schnee S des Sporns, bis man nach rechts auf den Grat queren kann (am Fuße des 1. Turmes). Zuerst knapp rechts, dann auf der Gratkante selbst auf den **1. Turm** (IV+). Vom Gipfel einige Meter auf die Südseite absteigen und 15 m abseilen in die Scharte. Der **2. Turm** wird auf den Bändern der Nordseite umgangen (lose Blöcke). Der **3. Turm** ist weniger ausgeprägt und wird auf der Südseite erstiegen. Direkt über die Kante auf den **4. Turm** und über den exponierten, horizontalen Gipfelfirst zur Abseilstelle: 20 m nach N abseilen in die überdachte Scharte (heikel). In sehr schöner Kletterei über die Kante auf den **5. Turm** bis etwa 20 m unterhalb des Gipfels, dann Querung nach links in die Südflanke bis in die Rinne, die sich in die Scharte zwischen 5. und 6. Turm hinaufzieht. Diese Rinne nicht erklettern, sondern weiter queren in die Südflanke des 6. Turmes auf kleine, eckige Plattform (✓, V— / A1). Weiter in der Südflanke des **6. und 7. Turmes** empor zum Vereinigungspunkt mit dem südlichen Sporn kurz unter P. 3440. P. 3440 selbst ist ein schmaler Felsturm, der knapp rechts der Kante erklettert wird.

Nesthorn von Osten
Das Nesthorn gehört zusammen mit dem Doldenhorn zu den interessantesten Gipfeln der Berner Alpen und bietet dem erfahrenen Westalpenbergsteiger eine Fülle prächtiger Anstiege in Fels und Eis. Die mächtigen Süd- und Südostgrate werden zu Unrecht höchst selten bestiegen. Der NNO-Grat (R 828) ermöglicht zusammen mit dem Westgrat als Abstieg die einfachste Überschreitung. Die drei Grate von P. 3440 bieten lohnende Klettereien in bestem Aaregranit, die interessanteste über den Mittelpfeiler (R 830) wird hier vorgestellt. Die Normal- und Skiroute von der Oberaletschhütte aufs Lötschentaler Breithorn (R 794a) führt im Oberlauf des Beichgletschers über außergewöhnlich große Spalten.

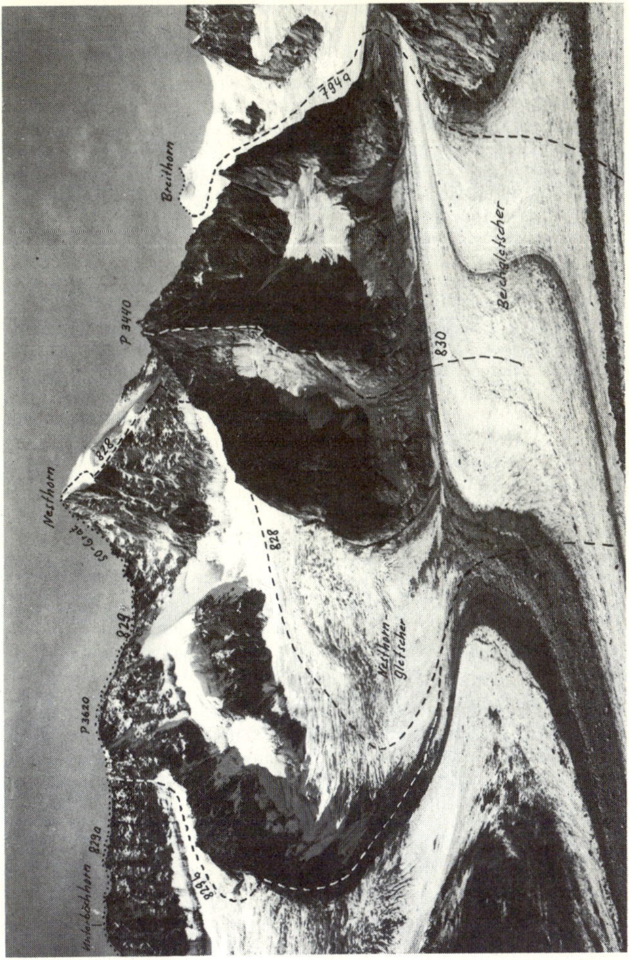

Breithorn
794a
P 3440
830
Beichgletscher
Nesthorn
828
SO-Grat
828
829
Nesthorn-
gletscher
P 3620
829a
829b

● 831 A Abstieg

2½—3 Std. vom P. 3440 zur Oberaletschhütte. G 4.

Der scharfe, zerrissene Grat, der den P. 3440 mit dem Nesthorn-Nordostgrat verbindet, wird unterhalb der Gratkante auf den Bändern der Südseite umgangen. Etwa 1 SL vor dem tiefsten Punkt des Verbindungsgrates klettert man auf die Gratkante zurück und gewinnt direkt über den Grat den tiefsten Punkt. Nun nach O absteigen auf den Nesthorngletscher (vgl. R 828), und zwar rechtshaltend über gutgestufte Felsen und über den folgenden steilen Firnhang. Dann über die südl. Hälfte des Nesthorngletschers absteigen und in der Nähe von P. 2655 auf den Beichgletscher.

● 832 Südgrat

V—, IV+ (einzelne Stellen), sonst III und IV. 7—8 Std. vom E. Dieser 600 m hohe Felsgrat fußt im Gredetschgletscher. Der unterste, mit „abschreckenden roten Zacken“ besetzte Abschnitt wurde vom Erstbegeher G.W. Young W umgangen. Die vermutlichen Zweitbegeher (Blum und Bühler, 1980) begingen den Grat 78 Jahre später in seiner gesamten Länge. Genußkletterei in klassischem Stil in meist hervorragend festem Fels. G 8.

Zugang: Am kürzesten von der Baltschiederklause über die Gredetschlücke. Etwa 3½ Std.

Führe: E etwa 40 m O des tiefsten Punktes. Durch eine schräg nach links (W) ansteigende, brüchige Rampe und einen kurzen Kamin (IV) auf einen Absatz. Schräg links aufwärts über Stufen und eine schräge Verschneidung auf eine Terrasse. Über den Grat auf den ersten Turm. 15 m abseilen in Scharte. Die folgenden Türme überklettern (Stellen IV+, V—) und leichter über allen Grat auf den Gipfel.

(Aus: AACB-Jahresbericht Nr. 75)

● 833 Nordwand (Welzenbachroute)

10—12 Std. vom E. G 11. 900 m Wandhöhe und durchschnittlich 55 Grad steil, stellenweise bis 65 Grad. Ein Felsriegel in der Wandmitte bildet die Hauptschwierigkeiten.

Nesthorn von Nordosten

Die Nesthorn-Nordwand (R 833) ist ohne Zweifel die schwierigste Welzenbachroute in den Berner Alpen. Sie wies 30 Jahre nach der Erstbegehung (1935) erst 6 Begehungen auf. Die Querung im obersten Wanddrittel bildet die Schlüsselstelle dieser ernsthaften Tour.

Gredetschjoch
Gredetsch-
hörnli
3116
833
2898
828
3440
Südostgrat

Kombinierter Aufstieg, Eisschlaggefahr in der Wandmitte. Die Wand gehört zu den ernsthaftesten Nordwänden der Berner Alpen. Siehe Abb. S. 271.

Zugang: Von der Oberaletschhütte über Oberaletsch- und Beichgletscher zum Wandfuß, etwa 2 Std. E zwischen dem Eisabbruch linkerhand und dem Felspfeiler rechterhand, der die westl. Begrenzung der Nordwand bildet.
Führe: Über Lawinenkegel und mehrere Bergschründe gerade empor und nach links ansteigen auf den Hängegletscher oberhalb der Eisabbrüche. Wieder gerade empor und über einen weiteren Bergschrund an den Fuß der geschlossenen Eiswand. Diese Eiswand leicht links haltend hoch zur Eiszunge, die am weitesten in den Felsriegel hinaufreicht. Man erreicht über diese Eiszunge (eine Art weites Couloir) den Fuß von glatten Plattenschüssen. Hier quert man (2 SL) annähernd horizontal nach rechts (Schlüsselstelle in meist vereistem Fels, schwierigste Steigeisenkletterei). Anschließend in kombiniertem Gelände schräg rechts empor an den Fuß des Gipfeleisfeldes, das in der Fallinie erstiegen wird (linkerhand die vom Gipfel herabreichenden Eisbrüche).

• 837 Unterbächhorn, 3554,4 m

Das Unterbächhorn dominiert die Belalp. Von ihm zweigen drei lange Grate ab: nach S zum Grisighorn und Hofathorn, nach O zum Hohstock und Sparrhorn und nach NW zum Nesthorn.

• 838 Ostgrat

5 Std. vom Hotel Belalp auf den Gipfel. G 2.

Vom Hotel Belalp nach W zu den Hütten von Lusgen. Hier den großen Alpweg verlassen und zum östlichen von zwei Seelein aufsteigen. Weiter in gleicher Richtung auf den grasigen Rücken, der sich von Lusger Schönbiel („Lüsgeruschenn Biel") gegen den Hohstock-Südgrat zieht. Nach NNW über Grashänge und Geröll auf den östl. Teil des Unterbächgletschers, dabei den Hohstock-Südgrat zur Rechten. Über den Gletscher zum P. 3336 auf dem Ostgrat. 3½ Std. Nun über Firn und Fels, alles über den Grat (oder etwas unterhalb des Grates auf der Südseite) in die markante Lücke vor dem steilen Gipfelaufschwung. Diesen Steilaufschwung umgehen, **entweder** in der Nordflanke queren bis in die Gipfelfallinie und über Schnee und lose Felsen auf den Gipfel **oder** in der SO-Flanke leicht absteigend queren auf den Südgrat (R 840) und über ihn auf den Gipfel. 1½ Std. vom P. 3336.

★ 839 **Skiroute**

P. 3336 wird häufig mit Ski bestiegen. Mit Lift bis zum Südgrat des Hohstock. Durch Tunnel auf die Westseite und direkt auf R 838 auf etwa 3000 m.

● 840 **Südgrat**

III— (Stellen) und leichter. Etwa 2½ Std. von der Scharte, 6 Std. vom Hotel Belalp. G 3. Dieser Felsgrat ermöglicht mit dem Ostgrat als Abstieg eine interessante Überschreitung des Berges.

Zugang: Vom Hotel Belalp wie bei R 838 bis auf etwa 2600 m. Nun nach W abbiegen und über den westl. Teil des Unterbächgletschers in die Lücke P. 3275 im Südgrat.
Führe: Über den Grat zu einem rötlichen Turm, den man direkt erklettert (II, III—). In tiefe Scharte absteigen. Der nächste Turm wird über eine glatte Platte und mittels einer kurzen Querung in der Ostflanke erklettert (er kann auch im W umgangen werden, indem man von der Scharte aus ein kurzes Stück absteigt). Nun leichter über den zerscharteten Grat auf den Gipfel.

● 841 **Nordwestgrat**

Siehe Nesthorn-SO-Grat, R 829.

● 846 **Sparrhorn,** 3020,9 m

Letzter Ausläufer des Unterbächhorn-Ostgrates. Beliebter und leicht erreichbarer Aussichtspunkt vom Hotel Belalp aus. Markierter Weg.

● 847 **Vom Hotel Belalp**

2½ Std. BW 1.

Einem Weg folgend nach NW zum P. 2351 und weiter in gleicher Richtung, in einem Bogen nach W ausholend, zum P. 2771, wo der Südgrat ansetzt. Über den Gratrücken ohne Schwierigkeiten auf den Gipfel.

★ 848 **Von der Skilift-Bergstation.**

1 Std.

Man kann den Skilift benützen bis 2680 m und von hier über den Südgrat auf den Gipfel steigen.

● 850 Lonzahörner, 3560 m

Die Lonzahörner liegen im Hauptkamm zwischen Breithorn und Beichpaß und bestehen aus drei Gipfeln: der SW-Gipfel ist der höchste mit 3560 m, der Mittelgipfel ist mit 3547 m kotiert und der NO-Gipfel mit 3520,5 m. Die Lonzahörner fallen mit einer mächtigen, 1000 m hohen NW-Wand gegen das Lötschental ab. Dieser großen Wand verdanken die Lonzahörner das alpinistische Interesse.

● 851 Überschreitung der drei Gipfel von W nach O

III und II. Etwa 8 Std. für die gesamte Traversierung. G 5. Selten ausgeführte Überschreitung.

Von der Oberaletschhütte auf R 741 auf das Gletscherplateau, etwa 3550 m, in der Breithorn-Ostflanke. Auf diesem Plateau nach N etwas absteigend in den weiten, abfallenden Firnsattel zwischen Breithorn und den Lonzahörnern. Vom Sattel nach NO über einen Firnbuckel, etwa 3500 m, an den Fuß des SW-Grates, der sich auf den SW-Gipfel zieht. Durch ein Couloir und über steile Felsen auf den **SW-Gipfel**. Etwa 3½ Std. von der Oberaletschhütte. Bis hierher mäßig schwierig. Über steile Felsen absteigen in den Sattel zwischen SW- und Mittelgipfel (vom Sattel fällt ein riesiges Couloir nach NW ab, siehe R 852). Vom Sattel über den steilen Felsgrat auf den **Mittelgipfel**: riesige, aufeinandergeschichtete Blöcke (z. T. lose und wackelig, III). Etwa 1 Std. vom SW-Gipfel. Vom Mittelgipfel ohne Schwierigkeiten über den annähernd horizontalen Verbindungsgrat auf den **NO-Gipfel**. ½ Std. Abstieg vom NO-Gipfel über den felsigen ONO-Sporn, der auf etwa 3100 m im Firn endet: alles über die Gratkante (II, III) abklettern, bei vereisten Felsen evtl. 1—2mal abseilen, bis etwa 3200 m, wo man nach links (N) in den Firn queren kann.
Den unteren Teil des Sporns in einem Bogen nach links umgehen. Dann über Firn nach S auf den Beichgletscher und zurück in die Oberaletschhütte.

● 852 Nordwestwand

IV— und III in den Felspassagen. Etwa 10 Std. vom Biwak in den Sattel. G 8. Kombinierte Tour im typischen Nordwandgelände.

Übersicht: Diese 1000 m hohe Nordwand weist eine Durschnittsneigung von 55 Grad auf und steilt sich von unten nach oben deutlich auf. Vom Sattel zwischen Mittel- und SW-Gipfel zieht sich ein mächtiges Firncouloir nach NW auf den Dischliggletscher. Westlich wird das Couloir von einer Felsrippe begrenzt, die sich vom SW-Gipfel absenkt und sich im untersten Drittel auffächert. Die günstigste Route führt in

der unteren Hälfte durch das Couloir und in der oberen Hälfte über die westl. Begrenzungsrippe.
(Das Couloir wurde auch schon gänzlich durchstiegen, es dürfte im oberen Drittel eine Neigung von gegen 60 Grad haben: ein lohnendes Ziel für die modernen Eistechniker!)
Zugang: Von Gletscherstafel einem Weg folgend, der in den Hängen von Dischligen diagonal ansteigt und auf die linke Seitenmoräne des Dischliggletschers führt. Über die Grashänge W der Moräne bis etwa 2300 m, wo ein günstiger Biwakplatz liegt. Vom Biwakplatz über die Moräne auf den Dischliggletscher und über ihn empor zur Mündung des Couloirs, etwas O der am tiefsten herabreichenden Felsen.
Führe: Über steilen Schneehang ins Couloir und am N-Rand empor (die Begrenzungsfelsen können zur Sicherung benutzt werden) bis etwa 3200 m, wo das Couloir deutlich steiler wird. Hier quert man das Couloir nach W (2 SL) auf die westl. Begrenzungsrippe. Über diese Rippe empor (Fels mit Firn gemischt, III, IV—), bis man nach links in den Sattel zwischen SW- und Mittelgipfel queren kann. Weiter auf R 851 auf den Mittel- und NO-Gipfel.

• 853 Kleine Haute Route (nur Sommer)
Nur für Gletscherkundige (Pickel und Steigeisen nötig). Diese hochalpine Durchquerung der Gruppe von O nach W erfordert vier Tage.

Vorschlag:

1. Tag: Fafleralp — Beichpaß — Oberaletschhütte

2. Tag: Gredetschjoch — Baltschiederlücke — Baltschiederklause (schwierigstes Teilstück)

3. Tag: Baltschiederjoch — Bietschhornhütte

4. Tag: Bietschjoch — Bietschtal — Außerberg oder Bietschjoch — Wilerhorn — Jolital — Hohtenn.

Da die Bietschhornhütte nicht bewartet ist, muß etwas Proviant mitgeschleppt werden: ein echtes „Trekking im Wallis“, landschaftlich außergewöhnlich schön und abwechslungsreich. Das Bietschtal gehört zu den einsamsten Hochtälern der Berner Alpen. (Aneinanderreihung von R 730, 731, 741, 740, 736, 727, 726, 721, 722 oder 721, 746, 747).

6. Aletschhorngruppe

A. Begrenzung

Im W Oberaletschgletscher — Beichgletscher — Beichpaß, im N Lonza — Langgletscher — Lötschenlücke — Großer Aletschfirn, im O und S Großer Aletschgletscher.

B. Karten

LK Nr. 264 Jungfrau.

C. Allgemeine Beschreibung

Die Aletschhorngruppe wird fast vollständig von großen Gletschern umgeben, nur im S (Tälli-Obflüh) findet sich eine schmale Lücke im Gletscherring, die durch das Zurückgehen des Oberaletschgletschers entstanden ist.
Der Hauptkamm der Gruppe (und die Fortsetzung des Hauptkamms Bietschhorn — Breithorn) zieht sich vom Beichpaß über das Schinhorn und das Sattelhorn und kulminiert im Aletschhorn, dem zweithöchsten Gipfel der Berner Alpen. Nach O fällt der Hauptkamm zum letzten Ausläufer, dem Dreieckhorn, ab und wird dann vom Großen Aletschgletscher unterbrochen. Drei Seitenkämme zweigen vom Hauptkamm nach S ab; vom **Schinhorn** über das Weißhorn zum Torberg, vom **Aletschhorn** zum Geißhorn, wo sich der Seitenkamm auffächert, nach O zum Zenbächenhorn und nach S zum Groß Fußhorn und zur Fußhörnerkette, vom **Dreieckhorn** über das Kleine Dreieckhorn zum Olmenhorn. Zwischen diesen Seitenkämmen fließen der Oberaletschgletscher und der Mittelaletschgletscher ab. Neben den großen Eisanstiegen auf der Nordseite der Hauptkette finden sich in den Seitenkämmen rund um die Oberaletschhütte eine Fülle von schönen Felsklettereien in prächtigem Granit, die z.T. erst in den 60er Jahren entdeckt wurden, vor allem in der Kette Weißhorn — Torberg und in der Fußhörner-Kette.

Für **Skihochtouren** ist vor allem die Südabdachung des Massivs sehr gut geeignet: von der Oberaletschhütte aus lassen sich Schinhorn, Sattelhorn, Kleines Aletschhorn und Aletschhorn mit Ski begehen, von der Triesthütte aus der Rotstock, von der Riederfurka aus das Geißhorn und vom Mittelaletschbiwak aus Aletschhorn und Dreieckhorn.
Für die meisten Touren eignen sich die SAC-Hütten Lötschenhütte, Konkordia und Oberaletsch sowie das Biwak am Mittelaletsch als Ausgangspunkte.
Vor allem die Oberaletschhütte ist für Tourenwochen im Frühling (Ski) und Sommer sehr empfehlenswert.
Die ganze Aletschhorngruppe gehört in geologischer Hinsicht zum Aarmassiv, baut sich also aus kristallinem Gestein (Gneis / Granit) auf. Die bekannten Kletterberge in der Schinhorn-Weißhorn-Torberg-Kette und die Fußhörner bestehen aus zentralem Aaregranit, der für seine Festigkeit bekannt ist. Auf der Nordabdachung der Hauptkette Schinhorn — Aletschhorn, am Geißhorn und am Dreieckhorn tritt der altkristalline Sockel zutage, der vorwiegend aus brüchigen Gneisen und Schiefern besteht.

D. Talorte und Ausgangspunkte

Im Westen

● **870** **Gampel-Steg,** siehe R 685. Ausgangspunkt der Fahrstraße aus dem Wallis ins Lötschental, siehe R 510.

● **871** **Goppenstein,** siehe R 509.

● **872** **Blatten** im Lötschental, siehe R 510.

Im Norden

● **873** **Station Jungfraujoch,** siehe R 508. Ausgangspunkt für Lötschen- und Konkordiahütte.

Im Süden

● **874** **Fiesch,** 1050 m

Station der Furka-Oberalp-Bahn. An der Hauptstraße Brig—Grimsel, resp. Furka gelegen. Touristenzentrum. Standort einer Bergsteigerschule. Seilbahn Fiesch — Kühboden — Eggishorn. Tel. Verkehrsbüro 028 / 71 14 66.

● 875 **Mörel,** 759 m

Station der Furka-Oberalp-Bahn. An der Hauptstraße Brig—Grimsel, resp. Furka gelegen. Seilbahnen nach Greicheralp und Riederalp, siehe R 712.

● 876 **Brig,** siehe R 689. Ausgangspunkt der Straße über Naters nach Blatten, siehe R 691.

● 877 **Blatten** bei Naters, siehe R 691.

E. Clubhütten, Berggasthäuser und Hotels

Im Westen

● 880 **Hotel Fafleralp** im Lötschental, siehe R 536.

Im Norden

● 881 **Lötschenhütte** des SAC in der Lötschenlücke, siehe R 532.

Im Osten

● 882 **Konkordiahütte** des SAC am Großen Aletschgletscher, siehe R 526.

● 883 **Riederalp — Greicheralp — Bettmeralp — Kühboden — Eggishorn**

Diese Region ist heute touristisch übererschlossen und mit Bergbahnen und Skiliften völlig verkabelt. Zahlreiche Übernachtungsgelegenheiten im Sommer und Winter. Auskunft erteilt Verkehrsbüro Bettmeralp Tel. 028 / 27 12 91 oder 028 / 27 24 01. Die Region kommt für den Bergsteiger nur noch in Betracht als Ausgangspunkt für Oberaletschhütte, Mittelaletschbiwak und Konkordiahütte.

● 886 **Mittelaletschbiwak,** 3013 m

Am linken Ufer des Mittelaletschgletschers, KS 644950 / 146120. 13 Plätze mit Wolldecken. Kein Kochherd, kein Kochgeschirr, kein Holz. Zugang nur für Gletscherkundige. Ausgangspunkt für Aletschhorn und Dreieckhorn.

● 887 **Von der Bettmeralp (Sommerweg)**
4½ Std. G 2.

Auf markiertem Bergweg nach N auf den Höhenzug, der sich von der Riederfurka über Hohfluh (Hoflüe) zum Bettmerhorn erstreckt. Vom P. 2292 führt ein neuer Weg quer durch die Westflanke von Bettmerhorn und Eggishorn zum Märjelensee. Man folgt diesem Weg bis kurz vor P. 2348,6 und steigt nach links zum Großen Aletschgletscher ab. Den Gletscher überqueren zur Einmündung des Mittelaletschgletschers. Vorerst über ausgedehnten Moränenschutt, dann in der Gletschermitte aufsteigen bis 2700 m, wo eine verschrundete Steilstufe zum Ausweichen zwingt. Am linken (O) Ufer entlang zur Biwakschachtel.

★ **888 Von der Greicheralp (Winterweg)**
5—6 Std.

Mit Luftseilbahn auf Moosflue P. 2335,1. Über den Gratrücken nach NO in den tiefsten Punkt und nach links abfahren über Katzlöcher (Chazulecher) auf den Großen Aletschgletscher. Diesen nach N traversieren zur Einmündung des Mittelaletschgletschers. Über die Gletschermitte empor zur Steilstufe 2700 m. Entweder auf dem Sommerweg dem linken Ufer entlang oder die verschrundete Steilstufe in einem Bogen nach links ausholend überwinden und oberhalb auf einer flachen Terrasse nach NO zur Biwakschachtel.

● **891** **Hotel Belalp,** siehe R 709.

● **892** **Oberaletschhütte** des SAC, siehe R 705.

● **894** **Triesthütte,** 2188 m

Primitive Schäferhüttc ohne Decken und ohne Kochgelegenheit. KS 644650 / 139690. Ausgangspunkt für Touren im Geißhornmassiv, vor allem für die sehr lohnende **Skitour** auf das Geißhorn.

● **895** **Von der Belalp**
Von der Bergstation 2½ Std. G 1—2.

Auf dem Hüttenweg der Oberaletschhütte (R 706) bis ca. 2070 m. Dann auf R 708 zur Triesthütte. Von der Oberaletschhütte auf R 708.

★ **896** **Von der Riederalp**
3—4 Std. Bester Winterzugang mit Ski von der Riederfurka aus.

Via Aletschwald auf den Aletschgletscher, den man auf etwa 1900 m ans Westufer quert. Dann über einen steilen Hang Richtung NW aufsteigen und den P. 2165,2 NO umgehen. Schließlich ungefähr der Höhenkurve 2200 entlang, einen großen Graben traversierend, zur Hütte.

F. Pässe und Übergänge

● **900** **Beichpaß,** Übergang aus dem Lötschental ins Oberaletsch, siehe R 729.

● **901** **Sattellücke,** 3375 m

Zwischen Distlighorn und Sattelhorn, Übergang vom Langgletscher zum Oberaletschgletscher. Dieser Sattel ist der steinschlägigen Steilrinne auf der N-Seite wegen besser von N nach S zu überschreiten. Selten begangen.

Von Norden

● **902** **Vom Hotel Fafleralp**
Nur im Frühsommer empfehlenswert (etwa 4½ Std. von Fafleralp). 1½ Std. vom Couloireinstieg. G 5. Siehe Skizze S. 283.

Wie bei R 535 zur Gletschermulde „Große Dole". Etwa in 2850 m Höhe wendet man sich von dieser Mulde nach SO und jenem ziemlich engen Firncouloir zu, das nahe an der SW-Flanke des Sattelhorns angelehnt, erst weniger, dann sehr steil zur Sattellücke emporzieht. Nach Überschreitung des Bergschrundes entweder im Grunde des Couloirs über Firn direkt zur ausgeprägten Lücke empor (dies, wenn gute Verhältnisse gegeben sind und kein Steinschlag zu befürchten ist) oder sonst am orogr. rechten Ufer des Couloirs (= SW-Flanke des Sattelhorns) über brüchige Felsen, zuletzt über Firn und Glimmerschieferfels zur Lücke, nach halbrechts aufwärts querend.

● 903 **Von der Lötschenhütte**
2½ Std. von der Hütte in die Lücke. G 5.

Von der Lötschenlücke nach SW absteigen in die „Große Dole" und zum Einstieg.

Von Süden

⋆ 904 **Von der Oberaletschhütte**
3 Std. G 2.

Dem Hüttenweg nach NO folgen auf den Oberaletschgletscher. Über die Gletschermitte aufsteigen bis etwa 2800 m. Von hier zieht sich eine spaltenarme Gletscherrampe nach N in die Sattellücke (diese Rampe ist auf der LK deutlich eingezeichnet).
Auch **mit Ski** begehbar.

● 905 **Übergang Oberaletschhütte — Konkordiahütte,** siehe R 708.

G. Gipfelbesteigungen

● 910 **Schinhorn,** 3796,8 m

Dritthöchster Gipfel des Massivs, in der Hauptkette gelegen. Fällt gegen NW mit einer großen Eis- und Felswand zum Langgletscher ab, während die schneebedeckte Südflanke bis auf den Gipfel reicht. Der Gipfel sendet vier lange Grate aus: nach SW zum Beichpaß, nach NW auf den Langgletscher, nach NO zum Distlighorn und zur Sattellücke und nach S zum Weißhorn und Torberg. Genau nach O fällt ein Felssporn ab zum P. 3291 auf dem Oberaletschgletscher. Alle Grate und der Felssporn bilden lohnende Tourenziele. Der leichteste Anstieg und zugleich die **Skiroute** führt über die Südflanke: ein empfehlenswertes

Skitourenziel von der Oberaletschhütte aus! Das Schinhorn wird zu Unrecht verhältnismäßig selten besucht.

⋆ 911 Südflanke

5 Std. von der Hütte. G 2—3. Normalweg und einfachster Abstieg.

Von der Oberaletschhütte wie bei R 731 über den flachen Beichgletscher bis in die Nähe von P. 2705. Hier wird die bis hierher eingehaltene NW-Richtung nach NO geändert und jene steile, zerschrundete Firnbucht erstiegen (= Schinhorn-S-Flanke), die zwischen P. 2705 und P. 2679 in den Beichgletscher mündet. In gerader Linie (oder bei starker Zerschrundung im Mittelteil nach rechts oder links ausholend) wird in NNO-Richtung der Bergschrund erreicht. Nach der Bergschrund-Überschreitung wird im steilen Gipfelfirnhang etwas schräg nach halbrechts gehalten, so daß kurz vor dem firnigen Vorgipfel am SO-Grat ausgestiegen wird. Ein kurzer Verbindungsgrat zieht, ohne noch viel anzusteigen, zum felsigen Hauptgipfel hinüber.
Dies ist auch die **Skiroute,** wobei die Ski am steilen Gipfelhang zurückgelassen werden.

● 912 Südostgrat

III (stellenweise) und leichter. Etwa 7½ Std. von der Oberaletschhütte. G 4. Lange Gletscher- und Felstour.

Zugang: Man hat zuerst P. 3625 N vom Weißhorn zu erreichen. Dies geschieht von der Oberaletschhütte, indem man den Hüttenfelsvorsprung in NNO-Richtung auf Pfadspuren zur Moräne des sanftgeneigten Oberaletschgletschers absteigt. Über die Mitte des Gletschers aufsteigen bis auf die Höhe des N vom Distelberg vom Weißhorn herabziehenden namenlosen Gletschers, etwa 2680 m. Knapp S des Gletscherabbruchs dieses namenlosen Gletschers führen zwei Rinnen über die felsige Steilstufe empor. Man wählt die erste (südlicher gelegene) und steigt in ihr über steilen Firn hinauf, bis man sie kurz vor ihrem überhängenden Abschluß nach links auf schmalen Leisten verlassen kann. Diese Leisten führen auf bequeme Geröllbänder, die man horizontal, eher etwas absteigend, nach S verfolgt bis an ihr Ende (Steinmänner). Nun weiter in gleicher Richtung horizontal queren (etwa 1 SL, II) bis man wieder leichtes Gelände erreicht. Nun linkshaltend empor auf die Schutt-(Schnee)hänge am Fuße der Ostwand des Distelberges. Über diese Hänge nach Norden aufsteigend auf den kleinen namenlosen Gletscher und über ihn direkt hoch (Spalten) in den Sattel zwischen dem Weißhorn und P. 3625. Bis hierher mäßig schwierig, etwa 4 Std.
Führe: Man betritt somit S von P. 3625 den SO-Grat. Hier wendet man

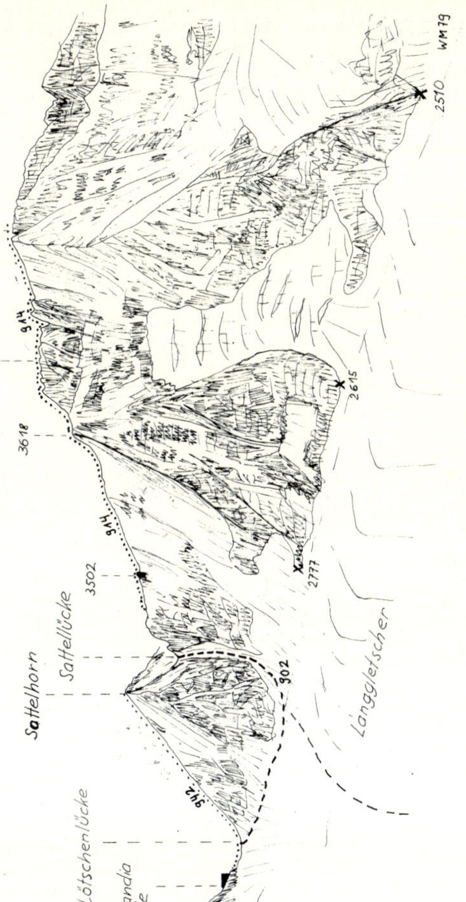
Schinhorn
Distlighorn
914
3618
914
3502
Sattellücke
Sattelhorn
902
942
Lötschenlücke
Hollandia
hütte
Langgletscher
2777
2615
2510
WM 79

sich nach NW, übersteigt die Graterhebung P. 3625 und steigt in die folgende flache Einsattelung zwischen P. 3625 und Schinhorn ab, dabei Grathindernisse wenn nötig links (W) umgehend.
Im weiteren Verlauf wird der steiler werdende Grat meist über seine Schneide bis zum firnigen Vorgipfel verfolgt. Ein kurzer Verbindungsgrat führt zum felsigen Hauptgipfel.

● **913** **Ostsporn**

IV, III (Stellen). 8—9 Std. von der Hütte. G 6—7. Schöne und interessante Kletterei zeichnet diesen Grat aus, der vom Gipfel zum P. 3291 absinkt.

Zugang: Von der Oberaletschhütte auf R 904 in das obere Becken des Oberaletschgletschers bis etwa 3100 m. Vom KS 640/145 nach SW abbiegen und über stark verschrundete Hänge Richtung Spornfuß. Man gewinnt nach Überschreitung des Bergschrundes den Grat in einer, etwas W vom P. 3291 gelegenen Schulter von N her.
Führe: Der zuerst mäßig schwierige und nach S steil abfallende Grat wird in schöner Kletterei erstiegen. Weiter direkt über drei Gendarmen (IV) an den großen Steilaufschwung. Dieser wird in interessanter Kletterei verfolgt, bis er von steilem Firn abgelöst wird, der in Gipfelnähe zur Vereinigung des Anstiegsgrates mit dem obersten Teil des N-Grates führt (Wächten!). Über diesen, siehe R 914, zum Hauptgipfel.

● **914** **Nordostgrat über das Distlighorn**

IV und III. 8—9 Std. von der Oberaletschhütte. G 6—7. Sehr lohnende Überschreitung. Lange kombinierte Gletscher- und Felstour. Siehe Skizze S. 283.

Übersicht: Der Grat wird in einer Lücke NO vom P. 3618 erreicht, das Distlighorn von N nach S überschritten und bis zum Gipfel des Schinhorns verfolgt.
Zugang: Von der Oberaletschhütte auf R 913 bis zum KS 640/145, wo sie nach links (SW) gegen den Ostsporn abbiegt. Von hier weiter über die zerschrundeten Gletscherhänge gegen die Lücke NO der Firnkuppe P. 3618. Diese Lücke (etwa 3530 m) wird über leichte Felsen und einen steilen Firnhang von links unten nach rechts oben ansteigend gewonnen. 3 Std.
Führe: Über einen Firngrat nach SW an einen senkrechten Felsaufschwung: 3 m gerade empor auf Platte, nach rechts auf einen Felsvorsprung spreizen (IV, 1 H) und weiter knapp rechts der Kante in der verschneiten Westseite auf den Aufschwung klettern (III). Die Firnkuppe P. 3618 überschreiten und anschließend über einen gutgestuften Felsgrat auf den Gipfelgrat und weiter zum Hauptgipfel des Distlig-

horns (3716 m). Über den Verbindungsgrat auf den SO-Gipfel und ohne Schwierigkeiten den SSW-Grat absteigen in die Scharte zwischen Schinhorn und Distlighorn, wobei man die unterste plattige Stufe auf der Oberaletschseite umgehen kann. Von der Scharte über brüchige Felsen auf einen Gendarmen, dann einem langen Firngrat entlang bis zum Vereinigungspunkt mit dem Ostsporn. Eine Steilstufe wird leicht links der Kante erklettert. Weiter über den horizontalen Felsgrat auf den Gipfel des Schinhorns.

• 915 A Abstieg

Am besten über R 911 zurück zur Oberaletschhütte.

• 920 Weißhorn (Wysshorn), 3542,2 m

Der Dreiangel Torberg — Weißhorn — Distelberg besteht aus ausgezeichnetem Granit und bietet eine Fülle von Klettereien, die einen Vergleich mit den berühmten Touren am Salbitschijen und im Bergell nicht zu scheuen brauchen! Sie wurden jedoch erst in den 60er Jahren entdeckt und werden auch heute noch nicht allzu häufig begangen. Das Gebiet ist ein wahres Kletter-Eldorado auf kleinstem Raum.
Der einfachste Anstieg aufs Weißhorn führt von Osten her über einen schmalen Gletscherarm, während der Gipfel nach SO mit einer steilen und glatten Wand abbricht, durch die eine erstklassige Kletterroute führt.

Von Osten

• 921 Von der Oberaletschhütte

4 Std. G 3. Sehr lohnende Gletschertour.

Auf R 912 in den Sattel zwischen P. 2625 und Weißhorn. Hier wendet man sich nach S und ersteigt den Gipfel des Weißhorns über einen kurzen Schneegrat und einige Blöcke.
Die Route ist auch **mit Ski** begehbar, wobei man jedoch diese über die unterste Felsstufe ein kurzes Stück tragen muß.

• 922 Südostwand

V+ / A1 (♂) und V, IV (Stellen). 5—6 Std. vom E. G 7. 350 m hohe Steilwand aus bestem Granit. Eine der schönsten Klettertouren in der Region. Siehe Abb. S. 287.

Zugang: Von der Oberaletschhütte auf R 931 an den Fuß des Ober Torberg-Ostsporns. Weiter nach N über den Distelgletscher an den Fuß der Wand. 2½ Std.

Führe: E bei einer trapezförmigen Platte in der Gipfelfallinie. Durch die rechte (O) Begrenzungsverschneidung dieser Platte zu schlechtem Stand. Weiter in der Verschneidung, dann nach rechts aufwärts (abdrängend) zu Standhaken (⚒, V+ / A1). Vom Stand einige Meter gerade hoch und 15 m nach rechts queren in eine Rinne, die sich nach unten öffnet. In dieser Rinne einige Seillängen empor (anfangs V), bis sie sich zu einer Mulde verbreitert und die Steilheit abnimmt. Durch diese Mulde an den Fuß der sehr steilen Gipfelwand. Hier 40 m leicht ansteigender Quergang nach rechts auf markante Rippe. Nach rechts hoch eine Rinne querend auf eine Parallelrippe. Diese Rippe empor in die Gipfelschlucht, die in eine Scharte leitet. Aus der Scharte auf den Gipfel.

● 923 A Abstieg

Am besten über R 921.

● 924 Südgrat

IV und III, 4—5 Std. vom P. 3481, G 5—6. Dieser Grat zum P. 3481 wurde bis heute noch nie direkt über alle Türme hinweg erklettert: ein lohnendes Ziel für Neulandsucher! Die Türme wurden bis jetzt im ersten und letzten Drittel im W umgangen.

Auf der Abstiegsroute von R 931 auf den Ober Torberg 3325 m und über den Verbindungsgrat (II, III) auf den P. 3481, wo die Schwierigkeiten beginnen.

● 930 Ober Torberg, P. 3325 m

Dieser Gipfel erhebt sich im Grat, der vom Schinhorn nach S zum Torberg zieht. Er trägt in der LK keinen Namen und ist erst seit der Erstbegehung des Ostsporns (1966) für den Kletterer interessant geworden.

● 931 Ostsporn

IV+ und IV. 4 Std. vom E. G 5—6. 400 m Wandhöhe. Prachtvolle Genußkletterei in bestem Granit. Alle Haken stecken. Sehr gute Standplätze. Die Tour lohnt unbedingt einen Abstecher ins Oberaletschgebiet! Siehe Abb. S. 287.

Torberg und Weißhorn von Südosten
Die Nebenkette Weißhorn – Torberg zweigt am Schinhorn von der Hauptkette ab und bietet mehrere erstklassige Klettereien in bestem Aaregranit, die erst in den 60er Jahren entdeckt wurden, obwohl sie vis-à-vis der Oberaletschhütte liegen.

Ober Torberg
3325
3481
Weisshorn
3542.2
3625
922
3067
Distelgletscher
931
2900

Zugang: Von der Oberaletschhütte in NO-Richtung auf den Oberaletschgletscher absteigen und ihn nach NW traversieren an den Fuß der obenerwähnten Rinne. Die ersten 100 m der wasserführenden Steilrinne führen über die Moräne (Achtung auf große labile Blöcke!) in weniger steiles Gelände. Vom Fuß der Kante nach N über den Distelgletscher aufsteigen und nach links queren an den Fuß einer Riesenplatte. Der E befindet sich am rechten unteren Ende dieser Platte bei einem Standhaken. Bei starker Ausaperung schwierige Randkluft. 1½ Std.
Führe: Vom Standhaken über die sehr glatte Platte nach links queren in Rißreihe und durch sie hoch zu Stand. Weiter im Riß zu Stand am oberen Ende der Platte unter Überhang. Unter dem Überhang nach links queren und um eine Kante herum. Knapp links der Kante 8 m senkrecht an abstehenden Platten hoch (1 H) und weniger steil durch Plattenrisse nach links zu Stand. Hier betritt man die eigentliche Ostkante zum erstenmal. Direkt über die Kante (Dülfer, 1 H) auf geneigte Platte und über das anschließende heikle Wändchen (1 H) auf Terrasse zu Stand. Weiter hoch (1½ SL, II) an den Fuß einer sich nach rechts hinaufziehenden Verschneidung. In ihr 1 SL empor zu Stand. 3 m gerade hoch und linkshaltend über senkrechten Fels zu Blöcken, anstrengend über ein Wändchen nach links auf die Kante. 5 m nach rechts in die Nordseite queren und durch Verschneidung gerade hoch (1 H) und wieder nach links auf die Kante zu Stand. Über eine Platte an den Fuß des nächsten Aufschwungs. Dieser wird links ausholend in der Südseite erstiegen durch schwach ausgeprägte Risse (1 H). Nach 1 SL auf die Kante zurück zu Stand. Nun 3 SL direkt auf der Kante. Eine 40 m hohe Platte, die von einem feinen Riß durchzogen wird, bildet die ☍ (IV+, 5 H, bei Nässe sehr heikel). Nun ohne besondere Schwierigkeiten über mehrere Stufen auf den Gipfel.

● 932 A Abstieg

2 Std. vom Gipfel zur Hütte.

Über den Südgrat in wenig schwieriger Kletterei bis in den tiefsten Punkt zwischen P. 3325 und P. 3022,8, evtl. in die SW-Flanke ausweichend. Von der Lücke nach SW über Schneefelder und Schutt auf den Beichgletscher.

• 935 Torberg, 3022,8 m

Am Zusammenfluß des Beichgletschers mit dem Oberaletschgletscher gelegener Aussichtspunkt. Der Torberg weist verschiedene kurze Klettereien in sehr gutem Granit auf.

• 936 Südwestgrat

III. 2 Std. vom E. G 3. Lohnende Kletterei in gutem Granit. Empfehlenswerte Halbtagstour bei unsicherem Wetter. Häufig begangen.

Zugang: Von der Oberaletschhütte über den Oberaletschgletscher, S an P. 2588 vorbei und am Ostufer des Beichgletschers aufsteigen bis etwa 2630 m. Nun in NO-Richtung durch das Couloir, das sich in die Scharte N des Torberges hinaufzieht. Auf etwa 2800 m das Couloir nach rechts verlassen und über Platten und Gras an den Fuß einer mächtigen Platte, mit der der SW-Grat beginnt. 1½ Std. von der Hütte.

Führe: Durch ein Rißsystem in der Platte (1 SL) gerade empor, dann nach links (1 SL) an den Fuß des eigentlichen SW-Grates. Auf der Westseite des Grates über eine Art Rampe in 2 SL auf die Gratkante hinauf hinter einem gespaltenen Turm. Über die schmale und exponierte Kante an einen Steilaufschwung, der direkt erstiegen wird (1 H). Nun über den Südgrat auf den Gipfel.

• 936 A Abstieg

Über den mäßig schwierigen Nordgrat in die tiefste Scharte und nach SW über Schneefelder zum Einstieg zurück.

• 940 Sattelhorn, 3741,1 m

Das Sattelhorn bildet die westliche Begrenzung der mächtigen Aletschhorn-Nordflanke. Der Gipfel wird selten als selbständiges Tourenziel bestiegen, am ehesten noch **mit Ski** von der Oberaletschhütte aus. Meistens wird das Sattelhorn bei der Überschreitung des Aletschhorns von der Lötschen- zur Oberaletschhütte mitgenommen (siehe R 957).

• 941 Südwestflanke und Westsüdwestgrat (aus der Sattellücke)

Etwa 5 Std. von der Oberaletschhütte. G 4.

Übersicht: Die schlechten Felsen des WSW-Grates oberhalb der Sattellücke werden am besten in der SW-Flanke umgangen: aus der Firnmulde S der Sattellücke zieht sich ein markantes Firncouloir durch die SW-Flanke und endet kurz unter dem Gipfel auf dem WSW-Grat.

Zugang: Auf R 904 von der Oberaletschhütte in die Firnmulde kurz vor der Sattellücke.
Führe: Von hier **entweder** 100 m durch das Firncouloir der SW-Flanke empor und vor einer Verengung diagonal nach links ansteigen auf den WSW-Grat, über den man den Gipfel erreicht, **oder** bei guten Firnverhältnissen das Couloir in seiner ganzen Länge durchsteigen (bis 45 Grad) bis unter die Gipfelfelsen und dann nach links (unterhalb der Felsen) auf den WSW-Grat. In beiden Fällen 1½—2 Std. von der Firnmulde auf den Gipfel.
Mit Ski von der Oberaletschhütte bis an den Fuß des Firncouloirs, wo man die Ski deponiert. Zu Fuß durch das Couloir auf den Gipfel.

● 942 Nordgrat

2—3 Std. von der Hütte. G 4. Der Grat ist sehr dem Wind ausgesetzt und deshalb häufig blank. Nur im Aufstieg empfehlenswert. 600 m hoch, stellenweise 45 Grad. Siehe Skizze S. 283.

Übersicht: Dieser Firn- und Eisgrat zieht sich aus der Lötschenlücke auf den Gipfel des Sattelhorns. Er ist nicht sehr ausgeprägt und gleicht mehr einem Rücken.
Zugang: Von der Lötschenhütte in die Lötschenlücke absteigen.
Führe: Aus der Lücke über die untersten brüchigen Felsen des Grates oder (meist besser) die Felsen O im Schnee umgehend auf den Firnrücken empor, der sich gipfelwärts in einer Flanke verliert. Gerade hoch auf den Gipfel.

● 945 **Kleines Aletschhorn,** 3755 m

Zwischen Sattelhorn und Aletschhorn gelegen. Im Sommer kaum selbständiges Tourenziel, sondern meist bei der Besteigung des Aletschhorns von der Lötschenhütte aus über das Sattelhorn überschritten. Siehe R 957. Hingegen **lohnendes Skitourenziel,** indem man R 950 verfolgt bis in den Sattel zwischen Klein Aletschhorn und Aletschhorn.

● 948 **Aletschhorn,** 4195 m

Zweithöchster Gipfel der Berner Alpen. Umflossen von drei nach ihm benannten Gletschern (Großer Aletschfirn, Mittelaletschgletscher und Oberaletschgletscher), erhebt sich dieser gewaltige Berg aus diesen Gletscherströmen als breitgelagerte, formschöne Pyramide empor. Das Aletschhorn überragt sämtliche Gipfel seiner Gruppe um etwa 400 m und mehr. Der Hauptkamm zieht vom Sattelhorn über das Aletschhorn zum Dreieckhorn in Richtung von W nach O. Günstig gelegene Hütten sind für die N- und O-Anstiege die Lötschen- und Konkordiahütte, für

die SW-Anstiege die Oberaletschhütte, während für die Anstiege von SO her das neue Biwak am Mittelaletschgletscher die sehr langen Zustiege von dieser Seite her wesentlich verkürzt. Das Aletschhorn ist ein ausgesprochen kalter Berg, was bei der Ausrüstung (Kleidung) berücksichtigt werden muß. Ein Wettersturz in dieser Höhe ist eine sehr ernsthafte Sache!
Die Normalroute führt von der Oberaletschhütte über den SW- Grat. Die Kombination mit dem Westgrat ergibt eine lohnende Überschreitung. **Mit Ski** wählt man seit Erstellen der Biwakschachtel am Mittelaletschgletscher mit Vorteil den NO-Grat, weiterhin kommen R 950, R 952 und R 953 in Betracht. Die Anstiege durch die vergletscherte Nordflanke (Haslerrippe, Nordflanke) zählen zu den klassischen Eisfahrten der Berner Alpen. Zur N-S-Überschreitung wird meist die Haslerrippe gewählt, mit Abstieg über den SW-Grat. Das größte Unternehmen ist die Gesamtüberschreitung des Hauptkammes vom Sattelhorn über das Aletschhorn zum Dreieckhorn.

• 949 Südwestgrat

7—8 Std. G 4. Normalroute von der Oberaletschhütte. Kombinierte Tour. Empfehlenswert. Im Abstieg in den Gipfelfelsen Route nicht leicht zu finden. Siehe Abb. S. 293.

Übersicht: Dieser Anstieg benutzt den nicht sehr ausgeprägten Grat, der sich über die Punkte 3100,9, 3382 und 3736 zum Gipfel zieht.
Zugang: Von der Oberaletschhütte auf Pfadspuren (Steinmänner) in NO-Richtung zum Oberaletschgletscher hinab und in gleicher Richtung über den Gletscher aufsteigen bis etwa 2700 m. Nun nach O über die oft schwierige Randkluft und schräg rechts auf einem Felsband ansteigen auf Grashänge empor. An der hier ansetzenden Felsrippe S vorbei in die Rinne zwischen der Moräne rechterhand und der Felsrippe linkerhand. In der Rinne kurz aufsteigen, bis man nach links in einem Couloir auf die Felsrippe aufsteigen kann.
Führe: Am Ostrand der Rippe über grobes Blockwerk zu P. 3382. Nun in NO-Richtung über den Gletscher (einige Spalten) bis etwa 3660 m. Nach NW abschwenken und den Felsgrat unterhalb P. 3736 ersteigen. Über den schwach ausgeprägten Grat über Firn und losen Fels aufsteigen an den Fuß der steilen Gipfelwand. Schwach rechtshaltend an die Mündung eines steilen Schneecouloirs, das man ersteigt. Nun über einige Felsen auf ein Firnfeld. An seinem westlichen Rand empor, zuletzt über die kurzen Gipfelfelsen auf den Gipfel.

• 950 Westnordwestgrat

III und II. Vom Firnsattel 2—3 Std., 6—8 Std. von der Hütte. G 5. Dieser Grat ermöglicht zusammen mit R 949 als Abstieg eine schöne Überschreitung vom Oberaletsch aus. Lange und lohnende Tour. Auch zum Abstieg geeignet. Siehe Abb. S. 293 und 297.

Zugang: Auf R 949 von der Oberaletschhütte bis auf die Grashänge am Fuße des SW-Grates. Nun nach N über Moränen (den SW-Grat zur Rechten) auf den Gletscher, der vom Kleinen Aletschhorn nach S abfließt. Man betritt den Gletscher auf etwa 2900 m. Am orogr. linken Ufer des Gletschers aufsteigen bis etwa 3200 m (Eisschlag von rechts!). Nun nach N (oft große Spalten) direkt in den Firnsattel zwischen Kleinem Aletschhorn und Aletschhorn, etwa 3700 m. 4—5 Std.
Führe: Zuerst über den Firn des WNW-Grates zu den ersten Felsen, die man in der Nordflanke umgeht. Man gelangt nach Ersteigung eines steilen Firnhanges zu einem Bergschrund. Über den Schrund und dann nach rechts auf den Grat zurück. Der Grat wird über verschiedene Felsstufen erklettert (II u. III, gutgestufte, feste Felsen) bis auf die Firnhochebene, etwa 4100 m. Nun ohne Schwierigkeiten weiter über den Grat auf den Gipfel.

★ 951 Skiroute

Im wesentlichen auf R 950 mit einer einzigen Abweichung: Auf dem Oberaletschgletscher aufsteigen bis 2800 m und nach rechts (O) durch eine steile Firnrinne empor, wo auf 2900 m die Sommerroute über die Terrassen von rechts her einmündet. Skidepot im Firnsattel, etwa 3700 m.

● 952 Südostgrat

7—8 Std. von der Oberaletschhütte. G 4—5. Streng genommen beginnt dieser Grat schon an der Mittelaletschlücke; er wird aber gewöhnlich erst von einer Gratscharte N vom P. 3947,4 angegangen. Siehe Abb. S. 293.

Aletschhorn - Groß Fußhorn von Süden (Winteraufnahme)
Im Vordergrund die Oberaletschhütte am Fuße des langgezogenen Fußhorn-Westgrates. Die Hütte liegt im Herzen eines einmaligen Tourengebietes und wird völlig zu Unrecht verhältnismäßig selten besucht. Von diesem Ausgangspunkt aus lassen sich Nesthorn, Breithorn, Schinhorn und Aletschhorn mit Ski besteigen. Am Aletschhorn müssen jedoch die obersten 500 m zu Fuß zurückgelegt werden, und zwar auf allen drei Graten (R 949, R 950, R 952). Die Normalroute im Sommer und Winter ist R 949. Das Aletschhorn ist der zweithöchste Gipfel der Berner Alpen und ein ausgesprochen kalter Berg, was bei der Ausrüstung berücksichtigt werden muß.

Aletschhorn
950
3347
949
3382
2838
3698
952
Oberaletschgletscher
3592
3475
969
Geisshorn
Rotstock
Gr. Fusshorn
976
977

Von der Oberaletschhütte wie bei R 949 bis zum oberen Ende des Felsrückens. Hier am P. 3382 angekommen, in NO-Richtung über die terrassenartigen Gletscherhänge zum W-Fuß der eingangs erwähnten Scharte. Nach Überschreitung des Bergschrundes werden die Felsen erstiegen, dann etwas rechts zum steilen Firnhang gehalten, über den man die Scharte, N eines markanten Felsturmes (= P. 3947,4), erreicht. Sich hier nach NW wendend, wird der mäßig steile und durch keine Gendarmen unterbrochene Felsgrat zum Aletschhorn verfolgt.

● 952a Variante

7—8 Std. G 4—5. Bei günstigen Gletscherverhältnissen im Frühsommer läßt sich der namenlose Gletscher, der vom Aletschhorn nach S abfließt und auf 2700 m in den Oberaletschgletscher einmündet, als Zugang zum SO-Grat begehen. Mit Ski häufig begangen (Skidepot etwa 3700 m).

Von der Oberaletschhütte in NO-Richtung über Pfadspuren auf den Oberaletschgletscher absteigen. In gleicher Richtung über den Gletscher und auf 2650 m nach O abschwenken auf den obenerwähnten namenlosen Gletscher. In O-Richtung ansteigen bis etwa 2750 m (Spalten), dann nach N abschwenken und Richtung Aletschhorn aufsteigen: zwischen einer Felsinsel linkerhand und dem SO-Grat rechterhand über einen Steilhang empor und linkshaltend auf das Gletscherplateau am Fuße der Aletschhorn-S-Flanke (von hier kann R 949 erreicht werden). Weiter in NNO-Richtung über den steilen Firnhang, der N von P. 3947,4 auf den SO-Grat führt (dieser Firnhang ist in der LK eingezeichnet). Nun über den SO-Grat auf den Gipfel.

★ 953 Nordostgrat vom Mittelaletschbiwak aus.

4—5 Std. G 3—4. Dies ist die einfachste und kürzeste Route aufs Aletschhorn. Sie führt ausschließlich über Gletscher und Firn. Früher des sehr langen Zustieges wegen gemieden, seit Erstellung der Biwakschachtel jedoch öfter begangen. Es ist auch die beste Skiroute aufs Aletschhorn. Siehe Abb. S. 297.

Vom Mittelaletschbiwak nach NW über zerschrundete Gletscherhänge ins Aletschjoch, 3629 m. Nun über den schmalen und stellenweise verwächteten Firngrat über P. 3718 auf den breiten NO-Rücken. Dieser Rücken wird verfolgt und über einen sehr steilen Hang P. 4086,3 gewonnen. Über das anschließende Firnplateau auf den WNW-Grat und über ihn ohne Schwierigkeiten auf den Gipfel.
Dies ist auch die **Skiroute.** Die Ski werden entweder im Aletschjoch de-

poniert oder über den schmalen Firngrat bis jenseits P. 3718 getragen und am Fuß des Steilhangs unterhalb P. 4086,3 deponiert.

• 956 Haslerrippe und Nordostgrat

7—8 Std. von der Lötschenhütte; von der Konkordiahütte ¾ Std. länger. G 5—6. Normalroute von der Konkordia- und Lötschenhütte aus. Klassische Eistour. **II** in den Felspassagen. Schwierigster der Normalanstiege, aber einfachster Weg durch die mächtige Nordflanke, der einzige, der frei von Eisschlag ist. Siehe Abb. S. 297.

Übersicht: Die Haslerrippe zieht sich vom P. 3718 im NO-Grat nach NW auf den Großen Aletschfirn. 700 m Höhenunterschied, durchschnittlich 45 Grad steil, Fels und Firn gemischt.

Zugänge:

a) Von der Konkordiahütte in W-Richtung über den Konkordiaplatz. Um dem lästigen Gletschersumpf dieses Vereinigungspunktes mehrerer Eisströme auszuweichen (knietiefe Wasserpfützen), wird dieser in einem schwachen, nach S ausholenden Bogen zur NO-Ecke des „Vierten Dreiecks" umgangen und der hier flache Große Aletschfirn nach W, an seinem orogr. rechten Rand bleibend, bis zum Fußpunkt der Haslerrippe erstiegen. 2 Std.

b) Von der Lötschenhütte über den großen Aletschfirn. Etwa ¾ Std. In beiden Fällen halte man sich wegen des drohenden Eisfalls aus der N-Flanke des Aletschhorns entsprechend weit von dieser entfernt.

Führe: Vom Fußpunkt der Rippe, etwa 3000 m, ersteigt man entweder die Haslerrippe über ihre steilen und brüchigen Felsen (II) in ihrer ganzen Länge, bis sie etwa in 3650 m Höhe im Firn verschwindet; oder man steigt auf den östl. (linkerhand) von der Rippe befindlichen Firnhang etwa 200 m hoch und wechselt dann rechts zur Rippe, die man bis zum P. 3718 verfolgt. Weiter auf R 953 zum Gipfel.

• 957 Überschreitung Lötschenhütte — Sattelhorn — Aletschhorn — Oberaletsch, resp. Dreieckhorn — Konkordiahütte

Beide Traversierungen verlaufen zur Hauptsache über Gletscher und Firn und bedingen gute Firnverhältnisse. Beide sind sehr lang und anstrengend. Die Variante über das Dreieckhorn kann in zwei Etappen unterteilt werden, wenn man vom Aletschjoch ins Mittelaletschbiwak absteigt, dort übernachtet und am nächsten Tag das Dreieckhorn überschreitet. In beiden Fällen wird zuerst über Sattelhorn — Kleines Aletschhorn das Aletschhorn bestiegen. Etwa 7 Std. von der Hütte auf das Aletschhorn.

Von der Lötschenhütte auf R 942 auf das Sattelhorn. Über schmalen Firngrat absteigen zum P. 3629 und ohne Schwierigkeiten auf das Kleine Aletschhorn. Auf R 950 über den WNW-Grat auf das Aletschhorn.

● 958 A Abstieg

Über R 949 in die Oberaletschhütte oder über R 953 ins Aletschjoch und ins Mittelaletschbiwak. Vom Aletschjoch auf R 995 aufs Dreieckhorn und auf R 997 zur Konkordiahütte.

● 959 Nordflanke

Die Verhältnisse auf dem Hängegletscher sind naturgemäß großen Schwankungen unterworfen und dementsprechend variiert auch die Aufstiegszeit zwischen 5—8 Std. vom E. G 7. Eine der interessantesten Eistouren in den Berner Alpen, aber im untersten Teil eisschlaggefährlich, z.T. Eiskletterei in den Seraks. Auf etwa 3800 m sperrt eine 10 m hohe Eismauer den Weg, deren Überwindung künstliche Kletterei mit Eisschrauben erfordert, sofern nicht ein Eiskamin den Durchstieg erleichtert, was häufig der Fall ist. Wandhöhe etwa 1100 m, die Durchschnittsneigung des Hängegletschers beträgt etwa 45 Grad, die Gipfelwand ist 50 Grad steil. Siehe Abb. S. 297.

Übersicht: Die Route benützt den Hängegletscher, der sich vom P. 4086,3 nach NNW zieht und NO vom P. 3172,7 auf den Großen Aletschfirn mündet.
Zugang: Von der Konkordiahütte in 2¼ Std. und von der Lötschenhütte in ½ Std. zum E, wo die Seraks am weitesten herabreichen.
Führe: Über den sehr zerklüfteten untersten Teil des Hängegletschers empor, z.T. Eiskletterei. Dann leichter bis etwa 3400 m, wo eine große Spalte Schwierigkeiten bereitet. Nach deren Überwindung ohne besondere Schwierigkeiten bis etwa 3800 m an eine ungefähr 10 m hohe Eis-

Dreieckhorn und Aletschhorn von Nordosten
Die mächtige, völlig vergletscherte Nordflanke des Aletschhorns ist an der Basis 5 km lang und bis 1100 m hoch. Die Haslerrippe (R 956) ermöglicht den einzigen sicheren Durchstieg durch diese Eisflanke. Die Direktaufstiege auf Dreieckhorn (R 999) und Aletschhorn (R 959) sind wohl sehr interessant, aber in hohem Maße dem unberechenbaren Eisschlag ausgesetzt. Die Längstraversierung von der Lötschenlücke aus über Sattelhorn - Kl. Aletschhorn - Aletschhorn - Dreieckhorn in die Konkordiahütte ist die größte Unternehmung. Sie kann dank des Mittelaletsch-Biwaks in zwei Etappen geteilt werden.

Dreieckhorn
Aletschjoch
Aletschhorn
Kl. Aletschhorn
950
953
995
997
3334
999
2887
Variante
956
959
Aletschfirn

mauer, die sich über die ganze Breite des Hängegletschers erstreckt. Sie ist meist von einem Eiskamin durchrissen, der die Besteigung erleichtert. Nach Überwindung der Schlüsselstelle wird die Firnterrasse erreicht, die sich durch die ganze Nordflanke zieht. Rechtshaltend über die Terrasse an den Fuß der Gipfelwand und über sie gerade empor auf den Gipfel (50 Grad). Die Gipfelwand kann auch O umgangen werden, indem man auf der Terrasse nach O quert und über den NO-Grat den Gipfel erreicht (leichter).

● **959a** **Variante**

Gefährlicher als die Originalroute, aber technisch leichter.

Ist das unterste Stück des Hängegletschers so stark zerrissen, daß ein Durchkommen fraglich oder zu zeitraubend ist, kann man auch beim P. 3127,7 einsteigen und ein schwach ausgeprägtes Couloir benützen, das sich diagonal nach links auf den Hängegletscher emporzieht.

● **965** **Geißhorn,** 3740 m

Höchster Gipfel des langen vom Aletschhorn nach SSO abstreichenden Grates. Etwa 350 m NO des Geißhorns zweigt bei P. 3723,9 einerseits in SO-Richtung ein Grat zum Zenbächenhorn ab, andererseits nach SW ein zweiter, der über das Geißhorn und den Rotstock zum Großen Fußhorn und weiter zu den Kletterbergen der Fußhörner zieht. Am interessantesten ist die Überschreitung Geißhorn — Rotstock von der Oberaletschhütte aus (R 969). Sehr lohnender Skiberg von der Riederfurka her über den Triestgletscher (Driestgletscher).

● **966** **Nordostgrat**

Etwa 5 Std. G 2.

Von der Triesthütte quert man die rasendurchsetzten Schrofenhänge ansteigend zum P. 2535,1 (diesen zur Linken) und gewinnt nun in NNW-Richtung die orogr. rechte (W) Moräne des Triestgletschers. Diesen stark von Spalten durchzogenen Gletscher betritt man, indem man zwischen der Moräne und den Fußhörnern aufsteigt und über Plattenhänge den Gletscher erreicht. Entlang den Fußhörnern wird der stark zerschrundete Triestgletscher in etwa 3100 m Höhe (Vorsicht wegen den mit der Marschrichtung gleichlaufenden Spalten!) nach O zur Geißgratlücke (= P. 3130) gequert und diese ohne Schwierigkeiten begehbare Scharte zum wenig zerrissenen Zenbächengletscher überschritten. Über dessen etwas steilere Mittelzone werden die oberen flachen Hänge des Zenbächengletschers in NW-Richtung erstiegen. Man gewinnt den Firnsattel (etwa 3670 m) zwischen Geißhorn und P. 3723,9.

Nun sich nach SW wendend, wird der unschwierige, mit wenigen Felsen durchsetzte Firngrat zum Geißhorn verfolgt.

● 967 Südsüdwestgrat
5 Std. G 2.

Von der Triesthütte auf R 966 auf den Triestgletscher. Man hält sich auf diesem zuerst mehr an seinem W-Teil, durchsteigt den Gletscherbruch und steigt im ziemlich zerschrundeten Triestgletscher in NNW-Richtung hoch, um in das obere Gletscherbecken zu gelangen, das zwischen Rotstock und Geißhorn eingebettet liegt. Ohne Schwierigkeiten erreicht man von ihm aus die Einsattelung P. 3581 zwischen diesen beiden Gipfeln und (sich hier in NO-Richtung wendend) nach Überschreitung eines Bergschrundes die Felsen des SW-Grates, dem man in anregender Kletterei bis zum Geißhorn folgt.

★ 968 Skiroute
7—8 Std. von der Riederfurka auf den Gipfel.

Von der Riederfurka auf den Großen Aletschgletscher abfahren zu P. 2023,3. Den Großen Aletschgletscher nach S traversieren und zur Zenbächenhütte (P. 2123 Ze Bächu) aufsteigen. Weiter über Unter-Bächen (Unnerbäch) auf den Zenbächengletscher und über ihn auf den Gipfel.

● 969 Überschreitung Geißhorn — Rotstock vom Oberaletsch
III— (kurze Stellen) und II. 10 Std. G 4. Gletscher- und Felstour. Empfehlenswerte Rundtour. Siehe Abb. S. 293.

Von der Oberaletschhütte auf R 949 bis 2650 m. Nun nach O über den schmalen Gletscherarm auf den Grat, der zwischen P. 3634 und P. 3675 erreicht wird (3½ Std.). Auch mit Ski begehbar. Über den Felsgrat ohne besondere Schwierigkeiten auf P. 3675. Die folgenden Türme werden auf der Oberaletschseite umgangen, dann steiler zum P. 3723,9. 2½ Std. Nun einfach über einen Firnsattel hinweg aufs Geißhorn.
Abstieg über den SW-Grat ohne Schwierigkeiten in den Sattel P. 3581. Über Schnee auf den Nordgipfel des Rotstocks, absteigen in die Firnmulde und über Fels auf den Hauptgipfel, 3701 m. 1½ Std. Abstieg über den Rotstock-Westgrat ins Oberaletsch: alles über den Grat (Schnee und Fels) über P. 3157 zum P. 2638/LK 25 (Fußpunkt) auf dem Oberaletschgletscher (unterste Stufe steinschlägig!). Abstieg wenig schwierig. Etwa 3 Std. vom Rotstock in die Oberaletschhütte.

★ 970 Skiroute zum Rotstock

Der Rotstock kann von Triest aus mit Ski bestiegen werden: über den Triestgletscher und von O her in die Firnmulde zwischen Nord- und Hauptgipfel. Sehr lohnende Skitour!

● 976 Groß Fußhorn, 3626,9 m

An der Basis seines fast 4 km langen WSW-Grates steht die Oberaletschhütte. Das Groß Fußhorn, vom Hotel Belalp eine auffallende Berggestalt, wird bei weniger gutem Wetter als Lückenbüßer öfters von der Oberaletschhütte bestiegen, wenn das Aletschhorn aus irgendeinem Grunde nicht bestiegen werden kann.

● 977 Westsüdwestgrat und Südwestflanke

4—5 Std. G 3. Normalroute von der Oberaletschhütte aus. Auch günstige Abstiegsroute. Häufig begangen. Siehe Abb. S. 293.

Von der Oberaletschhütte auf Wegspuren (Steinmänner) über den Gratrücken zum P. 2953,1. Hier wird der Grat schmäler und weist einige wenig schwierige Kletterstellen auf. Abweichungen in die Südflanke ergeben sich von selbst (Wegspuren), jedoch nie zu tief absteigen und immer wieder sogleich auf den Gratrücken zurück. Ungefähr dort, wo die KL 142 den Gratkamm schneidet, wird der Grat sehr steil. Man steigt deshalb nach rechts (S) auf ein Schneefeld ab. Nun am Fuße des WSW-Grates die Schneefelder in O-Richtung ersteigen bis zur Mündung eines markanten Couloirs, das sich in eine tiefe Scharte im WSW-Grat emporzieht. Durch dieses Schneecouloir empor (oft vereist, Steinschlag), evtl. die brüchigen Randfelsen benutzend in die Scharte. Von der Scharte aus wird schräg nach rechts aufgestiegen über Bänder und Stufen auf eine Schulter im Südgrat. Über diesen auf den Gipfel.

● 977 a A Abstiegsvariante

Ist das Couloir vereist, so ist es im Abstieg vorteilhafter, von der Scharte im WSW-Grat aus den ersten Turm W der Scharte zu ersteigen und dann über eine brüchige Rippe abzuklettern, die sich in die Südflanke hinunterzieht und in den Schneefeldern fußt, die zum weiteren Abstieg benutzt werden.

● 978 Ganzer Westsüdwestgrat

IV— (eine Stelle) und III. 5—6 Std. von der Hütte auf den Gipfel. G 4—5. Sehr schöne und lange Klettertour in gutem Fels. Häufig begangen. Schöner als R 977. Siehe Abb. S. 293.

Zugang: Von der Oberaletschhütte auf R 977 bis zum Steilaufschwung.
Führe: Alle Aufschwünge und zahlreiche Türme werden direkt überklettert (ungefähr in der Mitte ist es möglich, wenig schwierig nach S auf die Schneefelder der R 977 abzuklettern). Ein senkrechter und plattiger Aufschwung bildet die ♂ (IV—, 2 H): er wird von links nach rechts ansteigend erklettert. Von der großen Scharte aus (Einmündung von R 977) weiter direkt über den WSW-Grat auf den Gipfel.

• 984 Die Fußhörner

Vom Groß Fußhorn zieht ein langer, wildzersägter Felsgrat nach SSO zum P. 3098 (= 13. Fußhorn) hinab, der die topogr. Bezeichnung „Fußhörner" aufweist. Die einzelnen Türme sind (angefangen am Groß Fußhorn) fortlaufend durchnumeriert. Die Gesamttraversierung aller Fußhörner von N nach S wurde 1938 begangen und in umgekehrter Richtung erst 1964. In den Ostwänden der Fußhörner sind noch zahlreiche Erstbegehungen möglich.

• 994 Dreieckhorn, 3810,7 m

Das Dreieckhorn bildet die östl. Begrenzung der mächtigen Aletschhorn-Nordflanke und ist der zweithöchste Gipfel des Aletschhorn-Massivs. Er sendet nach SO einen langen und brüchigen Felsgrat zum Olmenhorn. Das Dreieckhorn wird bei der Aletschhorn-Traversierung, R 957, mitgenommen, aber es ist auch ein selbständiges Tourenziel, vor allem die Besteigung **mit Ski** von der Konkordiahütte und vom Mittelaletschbiwak aus kann empfohlen werden, sowie die Nordflanke als sehr schwierige Eistour.

• 995 Westgrat
3—3½ Std. vom Biwak. G 2. Siehe Abb. S. 297.

Vom Mittelaletschbiwak auf R 953 bis ins Aletschjoch. Nun über den Grat über Firn und einige Felsen auf das Dreieckhorn.
Dies ist auch die **Skiroute.** Skidepot im Aletschjoch.

• 996 Südflanke
Etwa 3 Std. G 2.

Vom Mittelaletschbiwak nach N über den Gletscher, der zwischen P. 3482 und dem Kleinen Dreieckhorn liegt, bis etwa 3600 m, wo die Firnflanke deutlich steiler wird. Bis hierher **mit Ski** möglich. Über die steile Firnflanke und zuletzt durch eine Schnee-(Schutt-)rinne in eine Scharte SO des Gipfels.

● 997 Ostflanke und Nordostgrat

5—6 Std. G 4—5. Normalroute von der Konkordiahütte aus. Rassige Skitour bei günstigen Frühjahrsschneeverhältnissen. Siehe Abb. S. 297.

Von der Konkordiahütte über den Großen Aletschgletscher in die Gletschermulde zwischen „Drittem" und „Viertem Dreieck". Auf der Nordflanke des „Dritten Dreiecks" über Geröll und steilen Firn auf die Gletscherrampe, die sich diagonal von links nach rechts auf den Nordgrat zieht und bei P. 3541 endet. Bis P. 3541 **mit Ski** möglich. Nun über den steilen Firnrücken des NO-Grates, dann über Fels auf den Gipfel.

● 999 Nordwand

5—7 Std. vom E auf den Gipfel. G 7. Interessante Eistour, 800 m Wandhöhe, Durchschnittsneigung 45 Grad, stellenweise bis 55 Grad steil. Eisschlaggefahr. Siehe Abb. S. 297.

Von der Konkordiahütte auf den Großen Aletschgletscher hinab, den Konkordiaplatz in einem Bogen nach S ausholend an den Nordfuß des „Vierten Dreiecks" traversieren. E. Von links nach rechts ansteigen über die immer steiler werdenden Firnhänge auf den Kopf der Felsinsel in der Wandmitte, etwa 3000 m. Gerade empor über etwas weniger steile Firnhänge, dann über einen Eisbruch. Oberhalb des Eisbruchs rechtshaltend über einen sehr steilen Firnhang, der von einem Eisriegel abgesperrt wird. Diesen Eisriegel nach rechts umgehen und auf die Schneeschulter im NW-Grat empor (dieser Grat fußt im P. 2887 im Großen Aletschfirn und vereinigt sich unterhalb des Gipfels mit dem NO-Grat). Über den steilen Firnrücken des NW-Grates bis zur Vereinigung mit dem NO-Grat. Über diesen steilen Firngrat, zuletzt über Fels, auf den Gipfel.

7. Jungfrau — Mönch — Eiger

(inkl. Kranzberg und Trugberg)

A. Begrenzung

Im W Rottal — Weiße Lütschine, im N Lauterbrunnen — Wengen — Kleine Scheidegg, im O Grindelwald — Unterer Grindelwaldgletscher — Fieschergletscher — Unteres Mönchsjoch — Ewigschneefeld, im S Konkordiaplatz — Kranzbergfirn — Lauitor.

B. Karten

LK Nr. 254 Interlaken und Nr. 264 Jungfrau.

C. Allgemeine Beschreibung

Dieses berühmte Dreigestirn bildet das Herzstück der Berner Alpen und sucht seinesgleichen auf der ganzen Welt. Auch die unzähligen Ansichtskarten und Kalenderbilder vermögen unsere Faszination über die grandiose Architektur nicht im mindesten abzustumpfen. Selbst die Menschenmassen, die sich täglich von der Jungfraubahn ins Jungfraujoch transportieren lassen, können die Erhabenheit des Dreigestirns nicht beeinträchtigen. Der Hauptkamm des Jungfraumassivs verläuft von SW nach NO und bildet die Fortsetzung des Kammes, der sich vom Lötschenpaß über das Breithorn und Großhorn bis zum Gletscherhorn zieht. Dem Hauptkamm SO vorgelagert, erheben sich zwei langgezogene Gipfel, Kranzberg und Trugberg, die den Jungfraufirn (= oberstes Becken des Großen Aletschgletschers) beidseitig begrenzen. Nach N fällt das Massiv mit riesigen Abstürzen in die beiden Lütschinentäler (von Lauterbrunnen auf den Gipfel der Jungfrau sind es 3350 m!), und nach S fließt der größte Gletscher der Alpen, der Große Aletschgletscher, vom Jungfraujoch ins Wallis.
Die Gruppe ist in geologischer Hinsicht besonders interessant, weil sie die Grenze zwischen kristallinem Aarmassiv und den Sedimenten der

Voralpen bildet. Der Grenzverlauf ist ziemlich kompliziert und zieht sich, grob gesagt, quer durch die Nordabdachung vom nördl. Eigerjoch über Mönchsplateau (unterhalb des Nollens), Jungfraujoch, Schneehorn, Silberhörner und die oberste Partie der Rottalgrate zur Rottalhütte. Der Eiger ist ein reiner Kalkberg, und der Rottalkessel (die SW-Wände von Jungfrau, Rottalhorn und Lauihorn und die Gletscherhorn-NW-Wand) besteht aus Lauterbrunner Granit. Ein auffälliges Kalkband zieht sich vom Innern Rottalgrat quer durch die Lauterbrunner Wände bis zum Lauterbrunnen Wetterhorn. Interessant ist die Tatsache, daß sich am Rottalhorn, an der Jungfrau und am Mönch während der Alpenfaltung ältere kristalline Gesteine von S her über die jüngeren Sedimente geschoben haben. Deshalb besteht der Gipfelaufbau des Mönch aus Gneis und derjenige der Jungfrau (oberhalb rund 3500 m) aus Lauterbrunner Granit. Trugberg und Kranzberg sind aus Gneisen aufgebaut.
Die **Jungfrau** ist der dritthöchste Gipfel der Berner Alpen und weist einen komplizierten Aufbau auf: Nach SW fällt eine 1300 m hohe Felswand ins Rottal ab. Der nach W sanft abfallende Gipfelfirn (= Hochfirn genannt) wird von drei mächtigen Graten pfeilerartig gestützt: Innerer und Äußerer Rottalgrat und Rotbrettgrat, dazwischen liegt der riesige Graben der Silberlaui, durch den die Eislawinen des Hochfirns donnern (oft bis auf die Weiden der Stufensteinalp!). Die bekannteste Seite (die Postkartenseite) ist die Nordflanke mit den drei Hängegletschern, dem Gießengletscher, dem Kühlauenengletscher und dem Guggigletscher. In dieser wilden Flanke erheben sich zwei selbständige Gipfel: die charakteristische Firnpyramide des Silberhorns und das Schneehorn, das in einer 1400 m hohen Felswand auf die Wengernalp abfällt und den Gießengletscher vom Kühlauenengletscher trennt. Die periodischen Eislawinen von diesen Hängegletschern bilden die imposante Geräuschkulisse für die Besucher der Kleinen Scheidegg.
Nach NO zieht sich ein mächtiger Felsgrat in drei Stufen aufs Jungfraujoch. Auf diesem Grat hat die PTT eine Relaisstation installiert, die die harmonische Gratlinie aufs schlimmste verunstaltet und jedes ästhetisch empfindende Auge zutiefst beleidigt.
Nach O fällt eine steile, gebänderte Felswand auf den Jungfraufirn, und nach SO streicht ein Firn- und Felsgrat über das Rottalhorn zum Lauitor und vermittelt den einfachsten Aufstieg auf diesen berühmten Berg.
Der **Mönch** ist erheblich einfacher gegliedert: Nach SW zieht ein Firn- und Felsgrat ins Jungfraujoch. Die 1200 m hohe und felsige Westwand fällt in den Guggigletscher ab und ist für die meisten Betrachter versteckt. Die 1000 m hohe NW-Wand wird W begrenzt vom sog. NW-

Bollwerk, das den berühmten Eisnollen trägt und N von der sog. Nordwandrippe, die im wildzerborstenen Eigergletscher fußt. Nach NO streicht der Verbindungsgrat zum Eiger. Die Ost- und Südseite ist weniger steil und infolgedessen stark vergletschert. Der SO-Grat, über den der Normalanstieg führt, trennt die Firn- und Eiswände auf der Ost- und Südseite.
Die steilen Wände am **Eiger** schließen eine Vergletscherung aus, nur gegen W fließt der Eigergletscher in wilden Abbrüchen gegen die Wengernalp. Der Kleine Eiger trennt diesen vergletscherten südlichen Teil der Westflanke vom felsigen nördlichen Teil, über den der Normalanstieg führt. Die 1700 m hohe NW-Wand (= Nordwand genannt) ist der höchste geschlossene Wandabsturz der Alpen: hier gibt es keine Bänder, die dem Ersteiger ein Ausweichen erlauben würden. Dieser Nordwand verdankt der Eiger seine Weltberühmtheit. Der Eiger ist heute ohne Zweifel einer der bekanntesten Berge der Welt. Weniger bekannt, aber kaum weniger schwierig, ist die NO-Wand mit dem riesigen Eisschild. Nach NO zieht der Mittellegigrat zu den Hörnli und nach SO fällt eine steile und glatte Felswand auf den Challifirn. Der Südgrat fällt ins Eigerjoch ab und verbindet den Eiger mit dem Mönch.
Das Jungfraumassiv bietet entsprechend seiner Vielfalt eine Fülle von Touren in Fels und Eis. Wirklich leichte Anstiege gibt es aber keine. Alle Routen verlangen Westalpenerfahrung und sind nur für selbständige Bergsteiger bestimmt. Die Jungfrau z.B. zählt zu den Bergen mit den meisten Unfalltoten! Reine Felsaufstiege gibt es im Massiv nicht, aber einige Routen führen vorwiegend über Fels, z.B. der Rottalgrat und der NO-Grat auf die Jungfrau und die Westflanke, der Mittellegigrat und die SO-Wand auf den Eiger. Alle übrigen Anstiege verlangen Vertrautheit mit zerschrundeten Gletschern und steilem Firn und Eis.
Für **Skitouren** eignet sich der Hauptkamm nicht, bloß die Anmarschwege zur Jungfrau und zum Mönch über die Gletscher der Südseite lassen sich mit Ski bewerkstelligen, die eigentlichen Aufstiege erfolgen aber zu Fuß. Hingegen sind die vorgelagerten Gipfel des Kranzbergs und Trugbergs für Skibesteigungen sehr geeignet.

D. Talorte und Ausgangspunkte

- **1005** **Interlaken,** siehe R 502.

- **1006** **Zweilütschinen,** siehe R 503.

● **1007** **Lauterbrunnen**, siehe R 504.

● **1008** **Stechelberg**, siehe R 506 Ausgangspunkt für Rottal- und Silberhornhütte.

● **1009** **Wengen**, siehe R 507.

● **1010** **Jungfraujoch**, siehe R 508.

● **1011** **Eismeer**, 3159,7 m

Station der Jungfraubahn. Ausgangspunkt für Mittellegihütte, Berglihütte, Eismeerabfahrt mit Ski (siehe Nachtrag) und Abstieg über den Challifirn nach Grindelwald (= R 1034 A).
Der Stollenausgang auf den Challifirn befindet sich eine Etage tiefer als die Ausguckfenster für die Bahnbesucher und ist nur durch einen Abstieg in einem Stollen erreichbar. Der erste Seitenstollen nach links führt ins Leere. Der Stollenausgang liegt genau unter der Mitte der zahlreichen Ausguckfenster und ist oft durch Wächten versprerrt und von außen schlecht zu finden. Das Schneefeld unterhalb des Stollenausgangs ist stark steinschlaggefährdet.

● **1012** **Grindelwald**, 1034 m

Bahnverbindung ab Interlaken. Autostraße Interlaken — Zweilütschinen — Grindelwald. Postautoverbindung über die Gr. Scheidegg nach Meiringen (Sommer).
Grindelwald ist Bergsteiger- und Touristenzentrum und Ausgangspunkt für Bergtouren in der Wetterhorn-, Schreckhorn-, Finteraarhorn- und Jungfraugruppe. Standort einer Bergsteigerschule. Schöne Wanderungen im Gebiet Kleine Scheidegg, Große Scheidegg, First und Faulhorngebiet. Leider sind die Spazierwege in und um Grindelwald alle asphaltiert und ein wahres Martyrium für wanderfrohe Füße!
Bergbahnen:
1. Grindelwald — Grindelwald Grund — Kleine Scheidegg (Zahnradbahn). Auf Kleiner Scheidegg umsteigen auf die Zahnradbahn Kleine Scheidegg — Eigergletscher — Eismeer — Jungfraujoch (= Jungfraubahn).
2. Luftseilbahn Grindelwald Grund — Männlichen.
3. Luftseilbahn Grindelwald — First.
4. Luftseilbahn Grindelwald — Pfingstegg sowie zahlreiche Skilifte auf Kleiner Schneidegg und First. Tel. Verkehrsbüro 036/531212. Tel. Bergsteigerzentrum 036/535200.

● **1013** **Fiesch**, siehe R 874. Ausgangspunkt für Konkordiahütte.

● **1014** **Mörel**, siehe R 875. Ausgangspunkt für Konkordiahütte.

● **1015** **Goppenstein**, siehe R 509. Ausgangspunkt für Lötschenhütte.

E. Clubhütten, Berggasthäuser und Hotels

● **1020** **Rottalhütte**, siehe R 524. Ausgangspunkt für die Jungfraubesteigung über den Rottalgrat.

● **1021** **Silberhornhütte**, 2663 m

Sektion Lauterbrunnen des SAC. KS 637960 / 155420. Kein Telefon und kein Hüttenwart. 12 Plätze. Am Fuße des Rotbrettgrates gelegen. Ausgangspunkt für die Jungfraubesteigung über den Rotbrettgrat. Sehr alpiner Hüttenweg, nur für berggewohnte Gänger erreichbar, im Winter nicht zugänglich. Der Zugang von der Wengeralp ist z. Z. sehr stark eisschlaggefährdet und von einem Aufstieg von dieser Seite muß dringend abgeraten werden!

● **1022** **Von der Station Wengernalp**

Etwa 4—6 Std. BW 3. Kürzester Anstieg. Nur für berggewohnte Gänger, die sich im weglosen Gelände selbst orientieren können. Siehe Abb. S 322/323.

Über die Biglenalp durch die untersten NW-Hänge der Jungfrau zu der in der Rotbrettlücke liegenden Hütte. Mark. Pfadspuren führen von der Biglenalp nach Querung des untersten Teiles der Kühlaui zu einem Grasband, welches sich in etwa 1700 m waagrecht in W-Richtung bis zum Lammtobel hinzieht. Man begeht dieses auffallende Band, das an der Basis einer blankartigen, nicht sehr hohen Felsmauer entlangzieht und das bei den Älplern und Wildhütern „Obere Sätz" (oberer Absatz) genannt wird, bis zum O-Ufer (orogr. rechtes Ufer) des Lammtobels, wobei man N an P. 1797 vorbeigeht (diesen zur Linken) und die Lawinenrinne des Gießentobels überschreitet. Ohne jedoch das Lammtobel zu betreten, steigt man nun links, immer an O-Ufer des Lammtobels bleibend, über Bänder und die dazwischenliegenden Felsabsätze (teilweise Sicherungen) in SSO-Richtung zum P. 2163 empor. Hier am Gießengletscher Richtungsänderung nach SSW. Man ersteigt in dieser Richtung das NW-Ende des Gletschers. Der weitere Anstieg bewegt sich in gleichbleibender SSW-Richtung abwechselnd über Schnee- und Geröllhänge und zwei Felsstufen bis in die Rotbrettlücke. **Bei der Querung der verschiedenen Lawinentobel auf Eisschlag von oben achten!**

● 1023 Von Stechelberg

Etwa 6 Std. BW 3. Normalanstieg. Eisschlaggefahr. Bei Nässe heikel. Siehe Abb. S. 326/327.

Man folgt dem Rottalhüttenweg R 525 bis etwa 1960 m, unterhalb der Bärenfluh. Hier zweigt der Silberhornhüttenweg nach links ab, quert ansteigend die Bäche des Silberlauigrabens (Eisschlaggefahr!) und gelangt zu steilen Schafweiden. Von hier fast horizontale Querung auf schuttbedeckten Bändern nach W, unterhalb der senkrechten Flühe von P. 2307,3 hindurch. Auf etwa 2080 m erreicht man die Gratkante, die vom P. 2307,3 nach W abfällt. Durch einen breiten Kamin über eine Stufe und nach links empor in den Sichellauenengraben, den man ersteigt. Auf etwa 2300 m gelangt man in flacheres Gelände, von wo aus man die Rotbrettlücke erblickt. Nach NO ansteigen, dabei das glattgescheuerte Bett des südlichen Staldenbachs überschreitend, erreicht man die Strählplatten (= großer Plattenschuß unterhalb der senkrechten Fluh des Rotbretts). Nach links über diese Platten ansteigen (Markierungen) an die Basis eines Fluhabsatzes. Am Fuße dieses Absatzes entlang über Schutt nach N bis in die Fallinie der Hütte, wo die Wandstufe einen Halbkreis beschreibt. Die südl. Seite der halbkreisförmigen Stufe wird vermittels einer Kette und einer Eisenleiter erklommen. Anschließend über leichte Platten in die Rotbrettlücke und zur Hütte.

● 1023a Variante

Etwa 1 Std. länger als die Originalroute.

Liegt Schnee auf den Strählplatten, ist es besser, vor diesen Platten zwischen den Staldenbächen abzusteigen bis etwa 2200 m und anschließend nach N zum Mattenbach zu queren. Dem Oberlauf des Mattenbachs entlang Richtung Rotbrettlücke aufsteigen, wo man die halbkreisförmige Felsstufe erreicht.

● 1024 Kleine Scheidegg, 2061 m

Mehrere Hotels. Leichter, vielbegangener Paßübergang von Grindelwald nach Lauterbrunnen; Station der Wengernalpbahn und Ausgangspunkt der Jungfraubahn. Tel. 036/55 14 17. Skizentrum mit zahlreichen Skiliften. Auf der Kleinen Scheidegg gibt es auch preiswerte Matratzenlager. Auskunft in der Hotel-Reception.

● 1025 Eigergletscher-Hotel, 2320 m

Station der Jungfraubahn, am W-Eingang des Bahntunnels und am Fuße des Eiger-W-Grates gelegen. Ausgangspunkt für die W-Anstiege auf den Eiger und für die Guggihütte (siehe R 1027).

● 1026 Von der Station Kleine Scheidegg
Zu Fuß 1 Std.

Entweder:
a) mit der Jungfraubahn bis Station Eigergletscher oder
b) zu Fuß einem in S-Richtung emporführenden und in der Nähe der Jungfraubahn sich haltenden Weg folgen, der den Bahnkörper einige Male überschreitet, bis zum Hotel.

● 1027 Guggihütte, 2791 m

Die im Sommer nur zeitweise von einem Hüttenwart beaufsichtigte Hütte bietet für etwa 30 Personen Platz und ist Eigentum der Sektion Interlaken des SAC; sie liegt auf dem breiten Felssporn, der den Eiger- vom Guggigletscher trennt. KS 641080 / 156970. Kein Telefon. Nur für berggewohnte Geher erreichbar.

● 1028 Von der Station Eigergletscher
I (einige Stellen). 3 Std. BW 2—3. Rot markierter Steig.

S zur orogr. rechten Moräne des Eigergletschers und auf deren Kamm hinab zu einem Weg, der zur Kleinen Scheidegg hinabzieht. Nun nach links (S) über glattgeschliffene Plattenhänge und über den, im Sommer ab Mittag stark wasserführenden Abfluß des Eigergletschers und auf Moränengeröll in S-Richtung zum gletschertrennenden, schrofigen, geröll- und grasbedeckten Felssporn (= oberer Guggeni-Hang), auf dem die Hütte steht. Achtung: diese Querung unter dem Eigergletscher hindurch ist eisschlaggefährdet! Über Schutt, Bänder, wenig schwierige Felsen wird der Sporn in SO-Richtung erstiegen und zuletzt fast waagrecht nach SW zur Hütte hinübergequert.

● 1029 Von der Station Kleine Scheidegg
3½ Std. BW 2—3.

Man folgt wie R 1025 dem Weg zur Station Eigergletscher bis dorthin, wo er N eines deutlichen Grates in kurzen Kehren zum Eigergletscher-Hotel emporzieht. Hier verläßt man den Hauptweg, quert den erwähnten Grat in S-Richtung und erreicht die Stirnmoräne des Eigergletschers. Nun wie bei R 1028 weiter.

● 1030 **Alpiglen,** Berggasthaus, 1616 m

Station der Wengernalpbahn an der Linie Grindelwald — Scheidegg. Ausgangspunkt für die besonders schwierigen und gefährlichen N- und NO-Anstiege auf den Eiger.

● 1031 **Mittellegihütte,** 3355 m

Eigentum des Führervereins Grindelwald. Steht auf dem Mittellegigrat. KS 644760/159290. Kein Hüttenwart. Notfunk. Nur für berggewohnte Gänger erreichbar. 14 Plätze. Im Juli und August an Wochenenden hoffnungslos überfüllt (Biwakmaterial mitnehmen, um u. U. vor der Hütte schlafen zu können). Neue Dépendance, siehe Vorwort 9. Auflage.

NB: Alle Aufstiege zur Hütte sind eigentliche Bergtouren (kein markierter Hüttenweg!).

● 1032 **Von der Station Eismeer (R 1011)**

2½ Std. G 2—3. Kürzester Zustieg. Gefährdung durch Stein- und Eisschlag. Siehe Abb. S. 342/343.

Vom Stollenausgang auf den Fieschergletscher. Achtung: die Firnhänge unterhalb der Felswand sind steinschlaggefährdet! Nach N absteigen in Firnmulde und weiter in gleicher Richtung aufsteigen auf das langgezogene Firnband des Challifirns, der sich am Fuße der Eiger-SO-Wand und des Mittellegigrates entlangzieht. Achtung: dieser Aufstieg auf den Challifirn führt durch eine kurze, eisschlaggefährliche Zone!
Über die flachen Hänge des Challifirns nach NO in die Fallinie des Großen Turms (= P. 3692 auf dem Mittellegigrat), wo sich ein Firncouloir Richtung Großer Turm emporzieht (auf der LK deutlich markiert). In diesem Firncouloir empor und so bald wie möglich nach rechts auf plattige, schuttbedeckte Felsbänder, die sich, nur schwach ansteigend, nach NO, Richtung Mittellegihütte, erstrecken. (Der Übergang vom Firncouloir auf die Felsbänder kann ernsthafte Schwierigkeiten aufweisen). Über diese Felsbänder auf den Mittellegigrat, den man knapp W der Hütte erreicht.

● 1032a **Varianten**

Siehe Abb. S. 342/343.

Ist der Übergang vom Firncouloir auf die Felsbänder zu schwierig oder sind die Felsbänder verschneit, dann ist es besser, auf dem Challifirn weiter nach NO zu queren bis in die Fallinie der Hütte, wo sich ein Firncouloir auf den Mittellegigrat emporzieht. **Entweder** durch dieses Couloir und einige Felsen auf den Grat **oder** über den plattigen, abwärtsgeschichteten Felssporn, der die orogr. linke (O) Begrenzung des Couloirs bildet, zur Hütte empor.

• 1033 Von Grindelwald über den Unteren Grindelwaldgletscher

Etwa 9 Std. von Grindelwald. G 3. Sehr lang und beschwerlich. Sehr selten begangen. Aber siehe R 1034 A. Siehe Abb. S. 342/343. Genaue Routenführung ab P. 2489 siehe R 1499.

Man folgt dem Anstieg zur Berglihütte und ersteigt wie R 1041 auf deutlichem Steig die Challischafweiden. Bald nach Betreten des Grindelwalder Fieschergletschers erreicht man P. 2489 (= Anfang des Challibandes), von dem nach rechts (NW) ein leicht erkletterbarer Felsrücken zum P. 2796,3 emporzieht. An diesem Punkt hat man das Challiband überwunden und steigt über den Challifirn nach W zum obenerwähnten Felssporn empor (R 1032 a), der vom Mittellegigrat und von der gleichnamigen Hütte zum Challifirn abfällt. Nun wie bei R 1032 a zur Hütte.

• 1034 A Abstieg Eismeer — Challifirn — Challi — Unterer Grindelwaldgletscher — Grindelwald

Etwa 6 Std. G 3. Nur für berggewohnte Gänger, die sich im Gelände auch ohne Markierungen zurechtfinden. Seil, Steigeisen und Pickel notwendig. Siehe R 1032, R 1033, und R 1041. Siehe Abb. S. 342/343.

Eine sehr lohnende Tour besteht darin, vom Eismeer über den Challifirn und die Hänge von Challi nach Grindelwald abzusteigen: wenn man den Frühzug der Jungfraubahn benutzt, ist das eine sehr schöne Tagestour in großartiger hochalpiner Landschaft! Ein Tip für Liebhaber der großen Einsamkeit. Am schönsten ist die Tour im Herbst, solange die Grashänge des Challi noch schneefrei sind.

• 1038 Berglihütte, 3299 m

Sektion Bern des SAC. Steht auf der Firn- und Felsrippe, die sich vom Untern Mönchsjoch auf den Fieschergletscher zieht. Koordinaten 644620 / 157450. 22 Plätze. Kein ständiger Hüttenwart. Kein Telefon. Nur für berggewohnte Gänger erreichbar. Selten besucht. Einzigartige Lage inmitten wilder Eisströme!

★ 1039 Vom Jungfraujoch (Sphinxstollen)

2—3 Std. G 2. Bei Nebel schwierige Orientierung.

Nordostwärts — die Mönch-S-Wand zur Linken — ins Obere Mönchsjoch, 3629 m. In gleicher Richtung leicht absteigend aufs Ewigschneefeld und in die Fallinie des Untern Mönchsjoch. Über den meist sehr großen und schwierigen Bergschrund und einen kurzen steilen Firnhang ins Untere Mönchsjoch, 3529 m. Nun einen verschrundeten Firnhang nach NW absteigend queren auf einen Firnrücken. Diesen in NO-

Richtung hinunter bis zum hüttentragenden Felssporn, auf dem man zur Hütte absteigt.

● 1040 Von der Station Eismeer (3159,7 m)

In den letzten Jahren kaum noch begangen. Etwa 3½ Std. Nur bei ausnehmend günstigen Verhältnissen im Frühsommer möglich, wenn die Spalten gut verschneit sind.

Man gewinnt durch einen Stollen die Firnfelder des Challifirns bzw. des Grindelwalder Fieschergletschers. Letzteren durchsteigt man in S-Richtung durch den zerrissenen und schwierig zu begehenden Firn- und Eisbruch an seinem W-Rand (die vom Eigerjoch nach O abstreichende Felswand also zur Rechten) und quert oberhalb des Eisbruches nach SO zum oberen Anfang des hüttentragenden Felssporns, auf dem man zur Hütte absteigt.

● 1041 Von Grindelwald über Challi und Fieschergletscher

Etwa 9—10 Std. G 3—4. Sehr lang und beschwerlich. Sehr selten begangen. Die Route kann um etwa 1 Std. abgekürzt werden, wenn die Seilbahn auf die Pfingstegg benutzt wird.

Auf dem Hüttenweg der Schreckhornhütte (R 1497) bis zur Stieregg, evtl. Pfingseggseilbahn benutzen. Von der Stieregg eine kurze Strecke weiter bis zu den Bächen, die vom Ankenbälli auf den Untern Grindelwaldgletscher fließen.
Nach Überschreitung dieser Wasserläufe wird die bisherige SO-Richtung geändert: In südwestl. Richtung wird über steile Moränen zum Unteren Grindelwaldgletscher abgestiegen und dieser in gleicher Richtung nach Challi zum unteren Anfang eines deutlich sichtbaren Pfades gequert, der zwischen zwei Lawinenkegeln beginnt. Der größere, nördliche der beiden Lawinenausläufe, dessen obere Spitze in Richtung P. 2699 hinaufzieht, ist schon lange während der Gletscherüberschreitung sichtbar. Man verfolgt den Pfad, der erst nach rechts, bald aber in Kehren nach links über die Challischafweiden in gleichbleibender SW-Richtung emporführt, solange, bis er auf einem Bande einen nach SO abfallenden, schwach ausgeprägten Grat quert, der N vom P. 2796,3 nach O abfällt. Über Fels und Schutt wird zum hier schwach geneigten Grindelwalder Fieschergletscher gequert, den man oberhalb seines großen Eisbruches und in der Nähe von P. 2489 betritt (hier rechts Abzweigung zur Mittellegihütte, siehe R 1033). Auf dem Gletscher hält man sich vorerst auf seinem N-Rand in WSW-Richtung aufwärts (teilweise große und breite Spalten), biegt oberhalb einer nur geringen Steigung von der bisherigen Richtung etwas halblinks (SW) zum Fuß der Berglifelsen (etwa 2800 m) ab und durchsteigt die steile,

mit Spalten stark durchzogene sogenannte Fiescherwand, die vom Großen Fiescherhorn über das Walcherhorn zum Unt. Mönchsjoch in nahezu O-W-Richtung verläuft und steil zum Grindelwalder Fieschergletscher abbricht. Je nach den Verhältnissen werden über diese Wand die hüttentragenden Felsen in mäßig schwieriger bis ziemlich schwieriger Eisarbeit erreicht. Der Übergang vom Eis auf den Fels ist starkem Eisschlag ausgesetzt! Über die Felsen auf einem gesicherten Steig zur Hütte.
NB: Der Übergang vom Unteren Grindelwaldgletscher auf die Hänge von Challi kann bei großer Randkluft schwierig sein.

● **1042** **Mönchsjochhütte,** 3650 m

Eigentum der Genossenschaft Oberes Mönchsjoch, seit Frühjahr 1979 in Betrieb. Standort: Im Oberen Mönchsjoch, KS 643500/156125. Hüttenwart in der Frühjahrs- und Sommersaison. Halbpension möglich. 125 Plätze. Tel. 036/71 34 72. Zugang vom Jungfraujoch auf R 1061. Übergang in die Berglihütte siehe R 1039. Abstieg zur Konkordiahütte (R 1062 und 1063).

● **1043** **Konkordiahütte,** siehe R 526.

● **1044** **Lötschenhütte,** siehe R 532.

F. Pässe und Übergänge

● **1055** **Lauitor,** siehe R 570.

● **1056** **Jungfraujoch,** 3475 m

Seit der Erstellung der Jungfraubahn kaum mehr als eigentlicher Paßübergang benutzt, obwohl die Überschreitung von N nach S bergsteigerisch und landschaftlich ein Hochgenuß ist.
Das Jungfraujoch (also der eigentliche Paßübergang) kann auch für Spaziergänger leicht erreicht werden von der Bahnstation aus auf markiertem und präpariertem Weg.

Von Norden

● **1057** **Von der Guggihütte**
Klassische Eistour, höchst selten begangen. 6—8 Std. von der Guggihütte je nach dem Verhältnissen in den Eisabbrüchen des Guggi- und Kühlauenengletschers und der Beschaf-

fenheit der Firn- und Eishänge zum Joch. G 6—7. Eisschlaggefahr. Landschaftlich großartig. Im Spätsommer der großen Spalten wegen oft unpassierbar. Siehe Abb. S. 322/323.

Man folgt der sog. „Guggi-Route“, R 1096, durch die Eisbrüche des Guggigletschers und durchsteigt anschließend den schwierigen Serakbruch des Kühlauenengletschers („Chielouwenengletscher“). Man gelangt so zu einer weniger steilen, beinahe spaltenlosen Mulde dieses Gletschers und verläßt hier in etwa 3100 m Höhe die Guggi-Route, die sich rechts dem Schneehorn zuwendet. 3—4 Std.

Von dieser Mulde steigt man Richtung P. 3809 im Jungfrau-NO-Grat, immer steiler werdend, dabei die Gletscherbrüche auf etwa 3400 m rechts (W) umgehend. Oberhalb dieser Abbrüche nach links auf Firnterrasse, die nur leicht ansteigend nach O ins Jungfraujoch begangen wird.

● 1060 Oberes Mönchsjoch, 3629 m

Zwischen Mönch und Trugberg, Übergang vom Jungfraufirn ins Ewigschneefeld. Wird vom Jungfraujoch aus überschritten auf dem Berglihüttenweg (R 1039). Das Ob. Mönchsjoch vermittelt auch den Zugang zum Groß Fiescherhorn vom Jungfraujoch aus. Standort der Mönchsjochhütte siehe R 1042.

Soll die Konkordiahütte **mit Ski** vom Jungfraujoch aus erreicht werden, ist der Umweg über das Obere Mönchsjoch, mit anschließender Abfahrt über das Ewigschneefeld, sehr lohnend!

★ 1061 Vom Jungfraujoch (Sphinxstollen)

1 Std. G 1. Siehe Abb. S. 333.

Man erreicht das Obere Mönchsjoch ohne Schwierigkeiten über die sanft geneigten Firnfelder des Jungfraufirns, dabei die Mönch-Südwand zur Linken. Im Sommer meist breit ausgetretene Spur. Trotzdem Spaltengefahr beachten! **Eisschlaggefahr aus der Mönch-Südwand!**

★ 1062 Von der Konkordiahütte über das Ewigschneefeld

4—5 Std. von der Konkordiahütte. G 2. Das Ewigschneefeld mündet mit einem riesigen Eisbruch auf den Konkordiaplatz. Dieser Eisbruch wird im Sommer am rechten (W) und im Winter am linken (O) Rand umgangen. Spaltengefahr.

a) Sommerweg. Von der Konkordiahütte auf den Gletscher absteigen und nach NW, am Ostrand des Konkordiaplatzes entlang, dabei das Grünegg und die Eisbrüche des Ewigschneefeldes rechterhand, zum Südfuß des Trugbergs, O von P. 2797. Über die westl. Seitenmoräne des Ewigschneefeldes (Pfadspuren) empor und oberhalb der Eisbrüche nach rechts auf das Ewigschneefeld. Am Trugberg entlang über die weiten und flachen Schneefelder ins Obere Mönchsjoch.

b) Winterweg. Vom Konkordiaplatz W am Fuß des Grüneggs vorbei ansteigen und am linken (O) Rand des Ewigschneefeldes zu einer spaltenarmen Rinne aufsteigen, die sich in gerader Linie vom P. 3135 (= Fußpunkt des Grünegghorns im Ewigschneefeld) herabzieht. Diese Rinne aufsteigen, dabei die großen Spalten linkerhand und die Eisabbrüche des kleinen Gletschers N des Grüneggs rechterhand, auf die sanften Hänge des Ewigschneefeldes, die zum Oberen Mönchsjoch führen.

★ 1063 Von der Konkordiahütte über den Jungfraufirn
4—5 Std. G 2. Spaltengefahr.

Auf R 1062a an den Südfuß des Trugbergs. Hier nach NW abschwenken und am linken (O) Ufer des Jungfraufirns aufsteigen zum P. 2939. Nun steiler der Westwand des Trugbergs entlang (sich zwischen 3000 und 3300 m in respektvoller Entfernung vom Hängegletscher haltend, der vom Hauptgipfel auf den Jungfraufirn abfließt) ins Obere Mönchsjoch. Dies ist auch die **Skiroute.**

• 1064 Unteres Mönchsjoch, 3529 m

Zwischen Mönch und Walcherhorn, Übergang vom Grindelwalder Fieschergletscher ins Becken des Ewigschneefeldes. Nur als Übergang zur Berglihütte (R 1039) von Interesse. Auch **mit Ski** begehbar.

G. Gipfelbesteigungen

• 1075 Kranzberg, 3737,7 m

Der Kranzberg entsteigt, wie sein etwa 200 m höherer Nachbar, der Trugberg, gleich einer Insel seinen umgebenden Gletscherströmen, dem Jungfraufirn, Kranzbergfirn, Großen Aletschfirn und dem Konkordiaplatz und hat nur in der Lauitor-Gegend Verbindung mit dem Hauptkamm. SO und unweit vom Kulminationspunkt befindet sich ein Militärschutzunterstand für 8 Personen.

• 1076 Kranzberg-Nordgipfel

Der höchste Punkt ist auf der LK 50 nicht kotiert. Er befindet sich etwa 200 m SO vom P. 3737,7 und ist auf der LK 25 mit 3742 m angegeben.

● 1077 Vom Lauitor

Der Nordgipfel ist ohne Schwierigkeiten über Firn und Fels des NW-Grates erreichbar. Zuoberst einige Meter leichte Kletterei. Etwa 15 Min.

● 1078 Kranzberg-Südgipfel, 3666 m

Interessanter **Skigipfel**.

★ 1079 Von der Konkordiahütte
3—4 Std. G 2.

Über den Konkordiaplatz zum P. 2740 und weiter zum P. 2956,9. Nach NW über steile Hänge, einer Felsinsel rechts ausweichend, an den Fuß des Felsgrates, der sich vom P. 3610,6 nach S zieht, etwa 3400 m. Um den Felsgrat herum und über die steilen Südhänge in den Sattel zwischen P. 3666 und P. 3610,6 (Skidepot). Über den Grat (einige Felsen) auf den Gipfel.
Rassige Abfahrt über die gleiche Route, 900 Höhenmeter.

● 1082 Lauihorn (Louwihorn), 3779 m

Das zwischen dem Gletscherhorn und Rottalhorn sich erhebende Lauihorn wurde früher Gespensterhorn genannt.

● 1083 Südostgrat
Etwa 15 Min.

Vom Lauitor wird der wenig schwierige Firngrat erstiegen.

Von Nordosten

★ 1084 Vom Berghaus Jungfraujoch
2½ Std. G 2—3.

Wie bei R 572 O am P. 3411,1 vorbei und die ziemlich steilen und zerschrundeten Firnhänge in SW-Richtung ersteigend, die zum Lauitor führen. Sobald die Hänge weniger steil werden, wird nach rechts (W) zum Lauihorn abgebogen.

● 1085 Rottalhorn, 3969 m

Das Rottalhorn stellt eigentlich nur die obere Schulter des SO-Grates der Jungfrau dar, der in zwei ausgeprägten Schultern (Rottalhorn und Lauihorn) zum Lauitor absinkt. Das Rottalhorn kann vom Jungfrau-Normalweg leicht miterstiegen werden. Die 1000 m hohe, ins Rottal abfallende Felswand ist noch nicht durchstiegen worden.

Von Norden

• 1086 Vom Rottalsattel
30 Min. G 2. Der kurze Firngrat ist häufig stark verwächtet.

Man wendet sich nach S und ersteigt den breiten Firngrat.

• 1087 Südostgrat
2 Std. vom Lauihorn. G 4. Selten begangen.

Vom Jungfraujoch zuerst auf das Lauihorn (siehe R 1084). Von diesem, sich nach N wendend, wird in den folgenden Firnsattel abgestiegen, von dem sich der SO-Grat des Rottalhorns aufschwingt. Man durchsteigt ein schmales und etwa 45° steiles Firncouloir, das oben in unschwierige Felsen übergeht, die zum Gipfelkamm emporführen.

• 1089 Jungfrau, 4158,2 m

Dritthöchster Gipfel der Berner Alpen und ohne Zweifel eine der schönsten Berggestalten der Alpen überhaupt. Leider steht der Berg auch in der Unfallstatistik in den vordersten Reihen. Auch der einfachste Aufstieg ist mindestens mit G 3—4 zu bewerten und erfordert Westalpenerfahrung!
Die Routenbeschreibungen folgen der Rangliste der Schwierigkeiten (R 1090 ist der einfachste und R 1098 der schwierigste Aufstieg).

• 1090 Vom Jungfraujoch in den Rottalsattel und über den Südostgrat
3½—4 Std. vom Jungfraujoch auf den Gipfel. G 3—4. Normalroute und einfachster Abstieg. Auch Winterweg. Die Route darf trotz Anbringen von rund einem Dutzend Sicherungsstangen auf dem SO-Grat nicht unterschätzt werden. Wegen der Abstände zwischen den Stangen 40-m-Seil empfehlenswert. Siehe Abb. S. 318/319.

***Jungfrau von Osten** (folgende Doppelseite)*
Im Mittelgrund die Sphinx (wiss. Laboratorium) mit Stollenausgang auf den Jungfraufirn. Die heutige Normalroute auf die Jungfrau führt über die Kranzbergegg in den Rottalsattel (R 1090). Ist der große Schrund unter dem Rottalsattel gut überbrückt, kann der direkte Aufstieg (R 1091) gewählt werden. Beide Varianten sind keinesfalls leicht und werden immer wieder unterschätzt! Das Lauitor verbindet den Jungfrau- mit dem Kranzbergfirn und ermöglicht eine sehr schöne Überschreitung vom Jungfraujoch in die Lötschenlücke. Der Ostgrat der Jungfrau (R 1097) ist einer der großen Grate der Berner Alpen und bietet prächtige Kletterei des III. und IV. Grades. Die Schlüsselstelle (V—) wird meist auf Variante R 1097a umgangen und der Grat erst westl. P. 3809 in einer Scharte erreicht.

Gletscherhorn
Rottalho
659
Lauihorn
Kranzberg
1077
Lauitor
1090
572
344.1 x
1090
Jungfraufirn

Jungfrau
4089
Rottalsattel
a
b
1091
1097
1097a
Sphinx
Jungfraujoch
Sphinxstollen

Übersicht: Die Normalroute führt im Sommer über die Kranzbergegg. Diese zieht sich vom Rottalhorn als breiter und leicht gebogener Firnrücken nach O und fällt mit einer steilen Felsstufe ab zum P. 3411,1. Dieser Fußpunkt der Kranzbergegg kann sowohl vom Jungfraujoch wie auch von der Konkordiahütte über den Jungfraufirn leicht erreicht werden.
Zugang: Vom Jungfraujoch (Sphinxstollen) in einem Bogen nach O ausholend in das flache Becken des Jungfraufirns absteigen und nach SSW an den Fuß der Kranzbergegg.
Führe: P. 3411,1 wird über ein steiles Schneefeld und einige gebrochene Felsen von N her erreicht. Weiter über den breiten Schuttrücken nach W zur Steilstufe aufsteigen. Eine halbe Seillänge in einem Riß gerade empor auf ein Band klettern (im Abstieg kann abgeseilt werden). Dem schmalen Band nach links folgen, bis man über plattige Felsen gerade emporsteigen kann. Weiter über Firn auf den Rücken der Kranzbergegg. Über den Rücken aufsteigen bis etwa 3800 m, dann schräg nach rechts hoch die Rottalhorn-NO-Flanke queren und über einen großen Bergschrund steil in den Rottalsattel.
Achtung: Diese Querung in den Rottalsattel ist nach Neuschneefall (auch im Sommer) **lawinengefährdet** (Triebschneeablagerungen auf der Windschattenseite!). Auch die Wächte am Rottalhorn-NW-Grat ist zu beachten.
Vom Rottalsattel auf den Gipfel gibt es zwei Möglichkeiten:
a) Normalweg: Vom Rottalsattel quert man nach links (NW) schwach ansteigend in die Felsen, die den Firnrücken auf der Rottalseite begrenzen. Über diese Felsen in leichter Kletterei empor (einige fixe Sicherungsstangen) und anschließend über ein 35 Grad steiles Firnfeld und die Gipfelfelsen auf den Gipfel.
Achtung: viele Unfälle ereignen sich bei der Querung vom Rottalsattel in die Felsen. Es wird deshalb dringend empfohlen, diese Querung mit zwei Eisschrauben abzusichern!
b) Variante direkt über den Firnrücken: Bei ausnehmend günstigen Firnverhältnissen kann man vom Rottalsattel aus direkt über den 45 Grad steilen Firnrücken auf den Gipfel steigen. Die Steilheit dieser Variante wird vom Rottalsattel aus gerne unterschätzt. Schwieriger als a) und **selten empfehlenswert!**

● 1091 Vom Jungfraufirn direkt in den Rottalsattel

Früher Normalroute. Heute nur noch bei ausnehmend günstigen Firnverhältnissen möglich, z. B. im Frühjahr/Frühsommer. Kürzer als R 1090. Siehe Abb. S. 318/319.

a) Vom Jungfraujoch in das Firnbecken am Fuße der Jungfrau-

Ostwand. Richtung Rottalsattel bis zum großen Bergschrund, etwa 3700 m. Hier Richtung S über den oft sehr großen Bergschrund und weiter ohne Schwierigkeiten über die oberen Firnhänge in den Rottalsattel.

b) Ist der Schrund Richtung S nicht überschreitbar, kann man dem Schrund entlang nach N queren und versuchen, knapp links der Felsen der Ostwand durch ein Schneecouloir emporzusteigen und linkshaltend den Rottalsattel zu erreichen. Im Winter oft vorteilhaft, weil Lawinenschnee aus der Ostwand den Bergschrund gut überbrückt.

★ 1092 Normalroute mit Ski

Mit Ski folgt man im wesentlichen R 1090. Lediglich die untersten Felsen der Kranzbergegg werden SO umgangen. Zu diesem Zweck fährt man am besten auf 3300 m ab, bis man bequem Richtung Rottalhorn aufsteigen kann (man versuche nicht, möglichst die Höhe zu behalten und nahe am Fuß der Kranzbergegg zu bleiben!). Auf etwa 3400 m schwenkt man nach rechts ab und ersteigt den steilen Firnhang auf die Kranzbergegg, wo man auf die Sommerroute stößt, der man bis auf den Gipfel folgt. Bei sehr günstigen Schneeverhältnissen können die Ski bis unter den Rottalsattel genommen werden. Gegebenenfalls ist R 1091 mit Ski möglich.

● 1093 Normalroute von der Konkordiahütte

5—6 Std. von der Hütte auf die Jungfrau. G 3—4.

Der Fußpunkt der Kranzbergegg läßt sich von der Konkordiahütte über den Jungfraufirn leicht erreichen, indem man am rechten (W) Ufer aufsteigt. Weiter wie R 1091.

● 1094 Südwestgrat (Innerer Rottalgrat)

III und II. Hauptschwierigkeiten im Fels. 6 Std. von der Rottalhütte auf den Gipfel. G 5. Bei Vereisung sehr heikel (wenig Sicherungsmöglichkeiten). Lange Tour in großartiger Hochgebirgslandschaft. Abstieg meist über die Normalroute ins Jungfraujoch. Siehe Abb. S. 326/327.

Jungfrau von Norden (folgende Doppelseite)
Die „Postkartenseite" der Jungfrau, wie sie sich vom Lauberhorn darbietet. Alle Anstiege von Norden sind interessante und erstrangige Routen, aber leider z.T. mit erheblicher Eisschlaggefahr verbunden, dies gilt für die Guggiroute (R 1096) und vor allem für die Lauperroute (R 1098). Einzig der Rotbrettgrat (R 1095) ist frei von objektiven Gefahren. Am rechten Bildrand das Silberhornhüttchen, das nur auf schwierigen und nicht ungefährlichen Bergpfaden erreicht werden kann.

Wengen-Jungfrau
3809
Sphinx
Jungfraujoch
3565
1097
Schneehorn
1057
1096
2823
1096
Kühlauenengletscher
Guggigletscher
Kühlaui
Guggeni

1095/96
Silberhorn
Silbergrätli
Goldenhorn
1098
1095
Fellenbergflühli
Giessengletscher
Sichel
1098
Kriegsloch
2466
1022
2163

Übersicht: Der Hochfirn ist ein kleiner Gletscher, der von der Wengen-Jungfrau (4089 m) nach W abfließt und dessen Abbrüche ins Silberlauitobel stürzen. An der SW-Ecke des Hochfirns befindet sich der Vermessungspunkt P. 3790. Von diesem Punkt fallen zwei Felsgrate ins Rottal ab, nach W der **Äußere Rottalgrat** und nach SW zum P. 2927 der **Innere Rottalgrat.** Über den Inn. Rottalgrat und den Hochfirn führt die klassische Route aus dem Rottal auf die Jungfrau.
Zugang: Von der Rottalhütte dem Pfad folgend nach N (Steinmänner) unter die Felsstufe, die den P. 2927 trägt. Durch Rinnen und Bänder schräg links aufwärts bis unter die senkrechte Kalkwand. Dem Kontaktband (Kalk / Granit) nach links folgend längere Querung, zuletzt leicht absteigend. Durch eine kurze Rinne empor auf den breiten Gratrücken bei auffälligem braunem Granitkopf W P. 2927 (dieser Granitkopf bildet im Abstieg eine wichtige Orientierungshilfe!). Nun über den breiten, aus Kalk bestehenden Schuttrücken nach NO (Pfad mit Steinmännern) an den Fuß der Steilstufe zum Anseilplatz. Bis hierher mit Stirnlampe möglich.
Führe: Die **erste Steilstufe** wird links der Gratkante in der Westflanke erklettert über plattigen, abwärtsgeschichteten Kalk (bei Vereisung sehr heikel): linkshaltend empor über ein Band und kurze Stufen zu Steinmann. Hier etwa 30 m gerade hoch auf ein horizontales schmales Schuttband. Weiter gerade hoch durch Rinnen und über Stufen in leichtem Zickzack auf die Gratkante zurück, die man bei einem schmalen glatten Felskopf mit drei Eisenstiften erreicht. Jenseits des Felskopfs absteigen in weiten Schnee- oder Geröllsattel am Fuß der **zweiten Steilstufe,** wo sich der Inn. Rottalgrat zunehmend in der Südflanke des Äuß. Rottalgrats verliert. Der weitere Aufstieg vollzieht sich in dieser Flanke und über das oberste Gratstück des Äuß. Rottalgrats: nach dem Schneesattel verläßt man den Grat nach links (W) und erklettert ein schräges plattiges Kalkcouloir nach links hoch (hier zwei Fixseile) und erreicht das Kontaktband zwischen Kalk und Granit. Zuerst gerade hoch, dann schräg rechts (O) empor an den Fuß einer Steilstufe, wo das dritte Fixseil angebracht ist. Oberhalb der Stufe nach links auf den Äuß. Rottalgrat, wo sich ein Steinmann befindet (im Abstieg wichtiger Orientierungspunkt). Über den Grat auf den **Hochfirn** zum P. 3790 und nach O auf ein Firnplateau, das an den Fuß eines Felsriegels leitet (etwa 3900 m), der direkt überklettert wird. Weiter über das Gipfelfirnfeld und die Gipfelfelsen auf den Gipfel.

● 1095 Nordwestgrat (Rotbrettgrat)

8—9 Std. von der Hütte auf den Gipfel. G 7. Sehr lange Tour. Nur für gut trainierte Westalpengänger bei günstigen

Verhältnissen. Drei Fixseile erleichtern die Besteigung. Höhendifferenz 1500 m. Siehe Abb. S. 322/323 und 326/327.

Übersicht: Der Rotbrettgrat bildet die westl. Begrenzung der vergletscherten Nordflanke. Dieser mächtige, vorwiegend aus brüchigem Fels bestehende Grat zieht sich vom Hochfirn über die Silberlücke und das Goldenhorn zum P. 3386 und fällt dann in einer steilen Felskante direkt zur Silberhornhütte ab. Diese Felskante bildet die linke (N) Begrenzung des Rotbretts, einer imposanten monolithisch aussehenden bis 600 m hohen Felswand. Die Route verläuft im untersten Teil links (O) dieser Felskante und benützt diese selbst nur im obersten Teil.

Zugang: Das erste Ziel ist ein Firnfeld unterhalb des Silberhorngletschers, das oben und unten von einer kurzen Felsstufe unterbrochen ist. Von der Silberhornhütte über dachziegelartig geschichtete Felsen nach SO, Richtung Silberhorn, an den Fuß der unteren Felsstufe (weiße Markierungen). Über die Stufe empor auf das Firnfeld und am unteren Rand nach rechts queren. Die westl. Randfelsen nach links hoch (dabei die obere Felsstufe übersteigend) bis etwa 3100 m, wo eine Steilstufe den Weiterweg versperrt.

Führe: Am **1. Fixseil** über die Stufe empor und oberhalb nach rechts abwärts einem Band folgend, etwa 30 m, an den Fuß eines Risses. Dieser wird mit Hilfe des **2. Fixseils** erstiegen. Nach dem Fixseil weiter gerade hoch auf die Felskante und über sie empor zum P. 3386 (etwa 3 Std.). Dann Abstieg nach S an den Fuß des „Fellenbergflühlis“. Mit Hilfe des **3. Fixseils** über diese etwa 6 m hohe überhängende Stufe. Weiter auf dem Felsgrat, der bald in Firn übergeht und sich zum Goldenhorn, 3643 m, emporschwingt (diese Firnkuppe hat in der LK 50 weder Namen noch Kote). Von der Firnkuppe Abstieg nach O in Firnsattel und weiter in gleicher Richtung über die folgende Firnflanke auf den annähernd horizontalen Gratkamm des Silberhorns. Nach rechts auf den höchsten Punkt (3707 m, ohne Kote in der LK 50). Abstieg nach S über einen stellenweise schmalen Felsgrat in die Silberlücke und

Jungfrau von Westen (folgende Doppelseite)
Die versteckte Westseite des Berges ist dem Publikum erst seit Eröffnung der Schilthornbahn „erschlossen“ worden. Am linken Bildrand die Silberhornhütte, am rechten die Rottalhütte. Der Weg in die Silberhornhütte quert das eisschlaggefährdete Silberlauitobel. Der Innere Rottalgrat, der von der Hütte in gerader Linie auf den Hochfirn leitet, ist vielleicht die schönste klassische Route an der Jungfrau. Da die Hütte nur in beschwerlichem Aufstieg erreicht werden kann und nicht bewartet ist, wird die Tour verhältnismäßig selten begangen.

Mönch
Silberhorn
1095
Nollen
3277
Rotbrett
2766
1095
Strähl-
platten
2455
2320
1023
Mattenbach
Stäldenbach
1956-5

Jungfrau
Rottalhorn
Rottal-
sattel
ochfirn
2790
Lauihorn
Lauitor
Äuss. Rottalgrat
Inn. Rottalgrat
1094
1573
Rottal
525
Bäreflue

in schöner Kletterei über das folgende Silbergrätli auf den Hochfirn, den man auf etwa 3750 m erreicht. Nun entweder über den Hochfirn nach O in den Sattel zwischen Wengen-Jungfrau und Hauptgipfel und über den Nordgrat auf letzteren oder den Hochfirn schräg rechts aufwärts traversieren auf den SW-Grat, den man am Fuße einer Felsstufe auf etwa 3920 m erreicht. Über den SW-Grat auf den Gipfel.

● **1096 Über die Hängegletscher der Nordflanke (Guggiroute)**
8—10 Std. von der Hütte auf den Gipfel. G 7. Eine der schönsten Eisfahrten im Berner Oberland in landschaftlicher wie in bergsteigerischer Hinsicht. Die gute Durchführung dieser Fahrt hängt hauptsächlich davon ab, in welchem Zustand man die wilden Eisbrüche des Kühlauenengletschers („Chielouwenengletscher") antrifft, die im Spätsommer erhebliche Schwierigkeiten bereiten können und u.U. nicht passierbar sind. Stellenweise beträchtliche Eisschlaggefahr! Siehe Abb. S. 322/323 und 337.

Der Weg von der Guggihütte auf den Guggigletscher ist in der LK 50 eingezeichnet: oberhalb der Hütte mit Hilfe eines Drahtseils durch ein Felscouloir nach SW absteigen auf schuttbedeckte Plattenschüsse, die man nach S quert. Diese Querung (einmal leicht ansteigend und um eine Ecke herumführend) wird durch weitere Drahtseile erleichtert. Über Gletscherschliffe erreicht man auf etwa 2760 m den Guggigletscher auf einem flachen Plateau. Man überquert diesen Gletscher in einem Bogen nach links ausholend, N am P. 2823 vorbei und durchsteigt den hier zwischen den Felsen des P. 2823 und der NO-Wand des Schneehorns sich durchzwängenden wildgeborstenen **Eissturz des Kühlauenengletschers,** der mitunter unpassierbar sein kann. Oberhalb dieses Bruches wird eine weniger steile, spaltenarme Firnmulde betreten, von der steile Hänge zum Jungfraujoch emporziehen. Man quert diese Mulde nach rechts in etwa 3200 m Höhe in Richtung Schneehorn und ersteigt in dem sich hier bildenden Winkel die Felsen der O-Flanke des Schneehorns entweder in der Fallinie oder in einer steilen Schräge von links unten nach rechts oben. Am oberen Felsenausstieg über Firn (Wächten!) zum Gipfel des **Schneehorns** (3406 m), oder nach links zu einer Firnterrasse, die S vom Schneehorn liegt.
Das nächste Ziel, P. 3543 (= Kleines Silberhorn) wird angegangen, indem man das obere, hier weniger steile Becken des Gießengletschers in SW-Richtung quert und von O her über eine feine Firnschneide das Kleine Silberhorn ersteigt.
Das nächste Ziel, die SO vom (Großen) Silberhorn befindliche Silberlücke, wird erreicht, indem man **entweder** den scharfverlaufenden NO-

Grat des Großen Silberhorns (3695 m) über seine Firnschneide ersteigt und vom Silberhorngipfel nach S über den streckenweise schmalen, aber unschwierigen Felsgrat zur Silberlücke absteigt, **oder** indem man die S zwischen den beiden Silberhörnern eingebettete, fast spaltenfreie Firnmulde in Richtung Silberlücke ersteigt. Über einen Bergschrund (wenn dieser unüberschreitbar ist, dann den oben beschriebenen NO-Grat des Silberhorns einhalten) und über einen steilen Firnhang in die **Silberlücke.** Über das Silbergrätli (zuerst Fels, dann Firn) auf den Hochfirn. Über ihn nach SO aufsteigen auf den **SW-Grat,** den man auf etwa 3900 m erreicht. Auf R 1094 auf den Gipfel.

• 1097 Nordostgrat

V— (↗) und IV. 8—10 Std. vom Jungfraujoch auf den Gipfel. G 8. Der vollständige NO-Grat ist eine lange und anspruchsvolle hochalpine Klettertour. Hauptschwierigkeiten im Fels. Die Variante (Umgehung im S, R 1097a) verkürzt und erleichtert die Tour erheblich. Siehe Abb. S. 322/323.

Übersicht: Von der Jungfrau zieht sich dieser mächtige Felsgrat nach N zur Wengen-Jungfrau (4089 m), wo er nach NO abbiegt und in drei Steilstufen zum Jungfraujoch abfällt. Zwischen diesen Steilstufen erstrecken sich flachere Firngrate, unterbrochen von zahlreichen Gendarmen. Der Grat ist mehr als 1½ km lang und seine Begehung zählt zu den großen Gratwegen der Berner Alpen. Der unterste Steilaufschwung ist der schwierigste. Er wird deshalb oft S umgangen (siehe R 1097a).
Zugang: Von der Station Jungfraujoch durch den kurzen Stollen auf das Jungfraujoch, von dem man in W-Richtung in etwa 25 Min. den Firngipfel der Mathildenspitze erreicht.
Von ihr absteigend an den Fuß des eigentlichen NO-Grates.
Führe: Vorerst in schöner Kletterei direkt über den Grat zur PTT-Relaisstation empor, die schwierig überklettert wird (sich am Geländer emporschwingend). Hinter der Station beginnt der Steilaufschwung mit den großen Schwierigkeiten.
Dieser Steilaufschwung wird sehr schwierig rechts (N) umgangen, indem über eine Platte und durch einen Kamin ein Schärtchen oberhalb des Grataufschwunges erreicht wird (V—). Ein folgender Riß und eine kleinere Felsstufe führen zu einem Absatz, von dem nochmals in die rechtsseitige (N) Flanke gequert wird, um dadurch einen zweiten höheren Aufschwung (von etwa 1 SL Höhe) zu umgehen. Bis zum P. 3809 (Doppel-Gendarm), von dem sich eine Verbindungsrippe nach NW zum Schneehorn absenkt, bleibt man, ohne auf Schwierigkeiten zu stoßen, auf der Gratschneide (in der Lücke SO des Doppel-Gendarmen mündet die Variante von links her ein).

Im mittleren Gratdrittel (vom P. 3809 bis zum „Großen Gendarmen, auf der LK 25 mit 3992 kotiert), verläßt man den Grat nicht oder umgeht Hindernisse nur geringfügig etwas unterhalb und N seines Firstes. Dabei sind die vielen, in ihrem Unterbau steilen und griffarmen Graterhebungen zu überklettern. Der Anfang des obersten Gratdrittels verläuft fast eben, ist aber mit einigen weniger hohen Graterhebungen versehen mit dazwischenliegenden Firnstrecken. Nach dieser Gratstrecke steilt sich der Grat wieder zum P. 4089 (= Wengen-Jungfrau) auf. Drei, auf diesem Gratstück befindliche, große Felstürme weisen bedeutende Schwierigkeiten auf. Das letzte Hindernis in Form einer plattigen Steilwand (IV), die zum P. 4089 emporzieht, wird direkt erklettert. Der letzte Aufstieg über den Gipfelaufbau des Hauptgipfels der Jungfrau vollzieht sich entweder über das oberste Stück des NO-Grates, oder man quert vom P. 4089 den Hochfirn in SW-Richtung und steigt in leichter Kletterei über die Felsen des Gipfelaufbaus.

● 1097a Variante

IV und III (jeweils einige Stellen). G 7. Siehe Abb. S. 318/319.

Übersicht: Der erste Aufschwung (P. 3809) besteht aus einem Doppel-Gendarmen. Von der Scharte SO dieses Gendarmen zieht sich ein Couloir nach S auf den Jungfraufirn, das den Zustieg zum Grat vermittelt. Couloireinstieg KS 640750 / 154840.

Führe: Vom Jungfraujoch (3475 m) die Mathildenspitze S umgehen. Dem Grat entlang nach SW aufsteigen und über einen steilen Firnhang zum Couloireinstieg, etwa 3700 m. Das Couloir empor, evtl. die Randfelsen benutzend (III) in die Scharte hinter dem Turm.

● 1098 Nordwestflanke (Lauperroute)

IV und leichter, teilweise exponiert. 9—10 Std. von der Silberhornhütte. G 9—10. Großzügige kombinierte Eis- und Felsfahrt, die in landschaftlicher Hinsicht der „Guggiroute" nicht nachsteht, aber schwieriger und gefährlicher als diese ist. Siehe Abb. S. 322/323.

Übersicht: Diese sehr schwierige Route führt über den oberen Giessengletscher und vom Kleinen Silberhorn (3543 m) über die NW-Rippe der Wengen-Jungfrau. Dieser Anstieg bewegt sich ungefähr im Gelände, das sich vom Kleinen Silberhorn zum Lammtobel hinabzieht. In der Gipfelwand benützt er die in der LK deutlich erkennbare steile Felsrippe, die zum P. 4089 (= Wengen-Jungfrau) emporzieht.

Führe: Von der Silberhornhütte quert man in O-Richtung nur leicht ansteigend über Geröllbänder und Schnee auf ein Firnband. Auf diesem Firnband am Fuße der Felsen des Silberhorn-NW-Grates entlang nach

O queren bis auf etwa 2800 m. Nun über steilen Firn linkshaltend empor an den Fuß eines mächtigen sichelartigen Eisgebildes, etwa 2900 m, (links auf der Hohlseite der Sichel befindet sich die in der LK eingezeichnete Felsinsel). Nun in steilem Eis sehr schwierig über die Sichel empor und linkshaltend auf den Giessengletscher, etwa 3050 m.
(Achtung: Diese ganze Traverse von der Silberhornhütte an den Fuß der Sichel ist stark eisschlaggefährdet!)
Weiter über die steilen und stark verschrundeten Firnhänge zwischen P. 3543 und P. 3695 empor bis zum obersten durchgehenden Schrund. Ihn links (O) umgehend, wird das Kleine Silberhorn, P. 3543, erreicht. In SO-Richtung wird die schöne Firnmulde zur NW-Wand der Jungfrau gequert.
Die hier ansetzende, in südöstl. Richtung emporziehende und deutlich erkennbare, in ihrem oberen Teil sehr steile Felsrippe wird zum weiteren Anstieg benützt. Die Kletterei an dieser Rippe ist besonders in ihrer zweiten, oberen Hälfte, wo sie sich aufsteilt, exponiert und an zwei auffallend rotgefärbten Türmen sehr schwierig (IV). Am Ende der Rippe quert man etwas nach links, um einen meist vereist anzutreffenden Steilaufschwung sehr ausgesetzt zu erklettern. Von der oberhalb dieses letzten Hindernisses befindlichen, sich nach unten verjüngenden Schneekehle wird bald der Hochfirn, etwa in 4000 m Höhe und W der Wengen-Jungfrau (= P. 4089), erreicht, den man in Richtung Jungfraugipfel (SSO) ersteigt. Über die leichten Felsen erreicht man von N her den Hauptgipfel.

• 1103 Mönch, 4099 m

Vierthöchster Gipfel der Berner Alpen. Zur Topographie vergleiche die Einleitung zum Jungfraumassiv. Der Mönch ist ein sehr häufig bestiegener Berg, auch im Winter. Am meisten begangen werden der OSO-Grat und der SW-Grat vom Jungfraujoch aus und das NW-Bollwerk über den Nollen von der Guggihütte her. Eine lohnende Überschreitung vom Jungfraujoch aus ergibt der Aufstieg über den SW-Grat mit Abstieg über den OSO-Grat. Die einfachste Route ist der OSO-Grat, der sich auch sehr gut für den Abstieg und für Winterbegehungen eignet. **Die Normalroute wird gerne unterschätzt,** sie ist keineswegs leicht und erfordert Westalpenerfahrung.

• 1104 Ostsüdostgrat

II. 2½—3 Std. vom E. G 3 (Normalroute). Schöne kombinierte Tour. Häufig stark vereist. Siehe Abb. S. 333.

Übersicht: Dieser Grat bildet die östl. Begrenzung der Südwand und senkt sich vom Mönch-Gipfel in OSO-Richtung zu einem etwa 4000 m hoch gelegenen Punkt ab, von dem zwei Gratabsenker abzweigen, der eine in NO-Richtung zum Unteren Mönchsjoch, der andere in SO-Richtung zum Oberen Mönchsjoch. Letzterer verzweigt sich beim P. 3887 noch einmal, ein Ast verläuft in SO-Richtung gegen das Obere Mönchsjoch, der andere verläuft in genau S-Richtung und fußt auf etwa 3650 m im Jungfraufirn. Über diesen in S-Richtung verlaufenden Nebensporn und vom P. 3887 weg über den SO-Grat verläuft die Normalroute.

Zugang: Vom Jungfraujoch über den flachen Jungfraufirn gegen das Obere Mönchsjoch bis an den Fuß des obenerwähnten Südsporns, den man von O her betritt. Hierher auch von der Mönchsjochhütte.

Führe: Über Schutt und schuttbedeckte Platten (Wegspur) zum Übergang vom Kalk in den rötlichen Gneis. Alles über den Grat, evtl. ein wenig in die Ostflanke ausweichend, zum Regenmesser empor. Weiter über den vorerst felsigen Grat, dann über einen Firngrat zum P. 3887 empor. Vom P. 3887 weg führt der Firngrat annähernd horizontal zu einem plattigen Felsrücken, der über die Kante erklettert wird (bei Vereisung heikel). Nochmals über einen Firngrat und einige steile Felsstufen zum letzten und steilsten Firngrat. Gerade empor, bis er sich auf etwa 4000 m zurücklehnt (bei Blankeis u.U. eine Eisschraube zur Sicherung empfehlenswert). Weiter über den flachen und meist sehr stark nach O überwächteten Firngrat auf den Gipfel.

Auf dem Firngrat, der zum Gipfel führt, verläuft die Spur leider häufig zu nahe am Wächtensaum. Man scheue sich in diesem Fall nicht, eine eigene Spur einige Meter tiefer in der Südflanke anzulegen.

NB: Im Juli 86 verunglückten 5 Bergsteiger tödlich auf dieser Route, alle am **Nachmittag:** Opfer der Unsitte, „am Nachmittag noch schnell auf den Mönch“ steigen zu wollen!

Mönch von Südwesten

In der Bildmitte der Sphinxstollen, der von der Bahnstation Jungfraujoch auf den Jungfraufirn leitet. Die mächtigen Eisabbrüche der Mönch-Südwand können den Weg ins Obere Mönchsjoch gefährden. Hier steht die neue gleichnamige Hütte. An schönen Sommertagen gleicht der Weg vom Stollenausgang zur Hütte einer Heerstraße, auf der Halbschuhtouristen aus aller Herren Länder lustwandeln und von verdeckten Spalten und drohendem Eisschlag keine Ahnung haben. Die Normalroute auf den Mönch führt über den Südast des Südostgrates (R 1104). Der Gipfel wird als kürzester Viertausender der Berner Alpen massenhaft bestiegen, leider immer wieder von Leuten, die den Schwierigkeiten nicht gewachsen sind. Der etwas schwierigere SW-Grat (R 1105) ermöglicht mit der Normalroute als Abstieg die einfachste Überschreitung des Berges.

Mönch
1104
3887
Hütte
Ob. Mönchsjoch 3629
Eiger
3811
1105
Sphinx
Eisschlag gefahr
1061
Stollenloch
3460
Jungfraujoch
Jungfraufirn

● 1105 Südwestgrat

III (eine Stelle). 3—4 Std. vom Jungfraujoch. G 4. Schwieriger als R 1104. Mit dem Aufstieg über diesen Grat und Abstieg auf dem Normalweg läßt sich eine sehr schöne, nicht zu schwierige Überschreitung des Mönchs ausführen. Siehe Abb. S. 337.

Zugang: Vom Jungfraujoch (Sphinxstollen) auf den oberen Jungfraufirn, über dessen flachgeneigten Hang man einige Minuten nach NO aufsteigt. Man wendet sich halblinks (nach N) dem SW-Grat des Mönchs zu, überschreitet den meist harmlosen Bergschrund und steuert dem Fuß einer vom P. 3565 SW gelegenen, auffällig breiten Felserhebung zu, die auf Firn südseitig umgangen wird, bis man durch eine glatte Rinne zum Grat aufsteigen kann.

Führe: Der folgende Turm (= P. 3565) wird über Schutt links (N) umgangen. Das nächste Hindernis, ein etwa 10 m hoher plattiger Aufschwung (III) wird an seinem linken (N) Rand mit Hilfe kleiner, aber fester Griffe und Tritte überwunden. Man folgt dem Grat auf seinem First, bis er sich neuerlich steil aufschwingt. Dieser Aufschwung wird meist umgangen: auf einem Schuttband quert man nach links auf das NW-Bollwerk, wo R 1107 einmündet. Man kann aber den Steilaufschwung auch direkt erklettern (schwieriger). Zuletzt über einen Firngrat auf den Gipfel.

● 1106 Nordostgrat

4½—5 Std. von der Berglihütte. G 5. Siehe Abb. S. 337.

Übersicht: Fels- und Firngrat, der sich vom Südlichen Eigerjoch, 3759,3 m, auf den Gipfel zieht und die kurze, aber sehr steile NO-Wand nördlich begrenzt.

Zugang: Von der Berglihütte auf das Untere Mönchsjoch und über den Firngrat nach W bis 3600 m, wo er sich steil zum P. 3687 aufschwingt. Hier nach N abbiegen und über Firnhänge direkt ins Südliche Eigerjoch aufsteigen. Von hier zuerst über einige Felsen, dann über einen mäßig geneigten Firnrücken zum Bergschrund, wo sich der Grat steil aufrichtet.

Führe: Der Bergschrund wird links in der NO-Flanke überwunden und nach rechts zum Grat zurückgequert. Über zwei Felsstufen (oder links davon in der Firnflanke) zum Firngrat, der steil zum Gipfel führt.

● 1107 Über das Nordwest-Bollwerk (Nollen)

7—9 Std. von der Hütte auf den Gipfel. G 6 bei vorhandener Spur. Der Nollen ist die 🗝. Seine Neigung beträgt annähernd 60 Grad (auf 2 SL). Während der Sommersaison sind meistens große Stufen vorhanden, welche die Besteigung wesentlich vereinfachen. Eisschrauben zur Sicherung nötig. Siehe Abb. S. 337.

Übersicht: Vom Gipfel fällt ein charakteristisches Firnfeld schräg nach W ab auf einen relativ flachen Hängegletscher, der auf etwa 3600 m nach W und N abbricht. Von der NW-Ecke dieses Abbruchs zieht sich eine sehr steile Firnkante, in ihrem obersten Teil „Nollen“ genannt, nach NW auf das Mönchsplateau. Dieses Plateau wird von einem mächtigen Felsbollwerk gestützt, auf dem die Guggihütte steht. Der klassische Eisanstieg von der Guggihütte auf den Mönch führt über Bollwerk — Mönchsplateau — Nollen — Hängegletscher und die südl. Begrenzung des schrägen Firnfeldes und stellt eine der bekanntesten Eistouren der Berner Alpen dar.
Führe: Von der Guggihütte steigt man vorerst über plattige, schuttbedeckte Kalkfelsen schräg links hoch und quert dann nach links auf die Kante des Bollwerks. Über die gut gestufte Kante auf das Mönchsplateau O P. 3112. Weiter über einen kurzen Fels / Firngrat und ein daran anschließendes Firnfeld an den Fuß des Nollens.
Der Nollen wird meist an der linken Kante erstiegen. Er legt sich nach ungefähr 2 SL zurück und leitet über auf den eingangs erwähnten Hängegletscher. Er wird nach SO erstiegen. Nach Überwindung eines Bergschrundes quert man schräg rechts hoch auf die südl. Begrenzungsfelsen des schräg abfallenden Gipfelfirnfeldes. Diese Felsen bilden einen Grat, der die West- von der Nordwand trennt. Über den Grat empor auf den SW-Grat, der an der Vereinigungsstelle in Firn übergeht. Über diesen Firngrat nach NO auf den Gipfel.

● 1108 Nordwandrippe (Lauperroute)

V— (↗), sonst leichter. 10—12 Std. von der Guggihütte auf den Gipfel. G 9. Sehr schöne und sehr schwierige kombinierte Tour. Eine der schönsten Nordwände in den Berner Alpen, ziemlich sicher vor objektiven Gefahren.

Die Erstbegeher begingen diese Nordwandrippe, die auf etwa 2780 m im Eigergletscher fußt, von der Station Eigergletscher aus über ihre ganze Länge. Heute wird jedoch dem Zustieg von der Guggihütte aus der Vorzug gegeben. Siehe Abb. S. 337.

Zugang: Von der Guggihütte auf R 1107 bis auf das Mönchsplateau. Nach dem kurzen Fels / Firngrat Abstieg über die steile Firnwand nach NO in den Gletscherkessel am Fuße der NW-Wand. Das flache Plateau (etwa 3100 m) wird in östl. Richtung traversiert.
Führe: Über die anschließende SW-Wand der Nordwandrippe empor

auf das große und etwa 40° steile Firnfeld, das die Nordwandrippe in zwei Teile teilt, etwa 3250 m. Hier wendet man sich nach SO und ersteigt das steiler werdende Firnfeld an seinem linken (O) Rand bis nahe an sein oberes Ende. Nun nach rechts auf das oberste von drei Firnbändern, die sich annähernd horizontal in die dunkle Kalkstufe hinausziehen. Dieses Band wird bis an sein westl. Ende verfolgt, guter Rastplatz. Hier beginnen die großen Schwierigkeiten. Durch eine senkrechte und meist vereiste Rißverschneidung gerade hoch und an ihrem oberen Ende nach rechts hinter einen großen, abgespaltenen Block (V—, meist mit Steigeisen!). Von hier querten die Erstbegeher nach links in einen zweiten Riß, der sehr schwierig auf das obere Ende der Kalkstufe führte. Man kann jedoch auch mit Schulterstand vom abgespaltenen Block aus direkt über das große Dach steigen. Nun über das folgende Eisfeld auf die Gneisrippe empor, die sich steil nach links auf den NO-Grat zieht. In trockenen Sommern ist dieses Eisfeld in den letzten Jahren völlig verschwunden. An seiner Stelle müssen abschüssige und oft vereiste Gneisplatten erstiegen werden. Über die Gneisrippe in schöner Kletterei (II, III) auf den NO-Grat und über diesen steilen Firngrat auf den Gipfel.

● 1115 **Trugberg,** 3932,9 m

Gleich einer Insel, die aus dem Jungfraufirn und Ewigschneefeld entsteigt, wird der Trugberg in der Nähe seiner berühmten, hohen Nachbarn natürlich weit weniger bestiegen als diese. Trotzdem ist seine Besteigung wegen seiner schönen und instruktiven Aussicht lohnend, zudem der Normalanstieg keine großen Schwierigkeiten bietet. Seinen Namen erhielt der Trugberg dadurch, daß Agassiz im Jahre 1841 den Trugberg vom Großen Aletschgletscher aus anfänglich für die Jung-

Eiger und Mönch von Westen

Zwischen Eiger und Mönch fließt der wildzerklüftete Eigergletscher ab: nach außergewöhnlich schneereichen Wintern ermöglicht er auf R 1132 eine rassige Skibesteigung des Eigers. In der Bildmitte die Guggihütte, Ausgangspunkt erstklassiger und großzügiger Hochtouren: „Nollen" (R 1107), „Lauperroute" (R 1108) und „Guggiroute" (R 1096). Die Lauperroute zählt zu den lohnendsten Nordwandrouten der Berner Alpen und der „Nollen" gehört (zusammen mit dem Galletgrat und der Blümlisalpüberschreitung) ins klassische Repertoire der Eisgeher. Der Normalaufstieg auf den Eiger (R 1131) ist lang, beschwerlich und nicht ungefährlich, entschädigt aber mit außergewöhnlichen Landschaftseindrücken. Als Abstieg vom Eiger wird heute bei guten Verhältnissen oft der Weg über die Eigerjoche (R 1133) vorgezogen.

Eiger
1133
Nördl. Eigerjoch
1133
3770
Südl. Eigerjoch
Mönch
1106
1105
Nollen
3472
1132
1108
1107
1131
1096
Eigergletscher
Guggigletscher

frau hielt. Der Trugberg zieht als langgestreckter Kamm, teils als Fels-, teils als Firngrat, vom Oberen Mönchsjoch in Richtung Konkordiaplatz. Während seine O-Flanke stark vergletschert ist, fällt seine W-Seite felsig zum Jungfraufirn ab.
Dieser annähernd 4½ km lange Gebirgskamm teilt den Jungfraufirn vom Ewigschneefeld. Ihm entragen drei Gipfel: Nordgipfel (3850 m), Mittel- und Hauptgipfel (3932,9 m) und Südgipfel (3880 m). Der Südgipfel ist ein lohnender und sehr oft bestiegener Skiberg.

● 1116 Über die Westflanke vom Jungfraujoch
4—4½ Std. G 3—4. Aufstieg über Firn und Fels. Kürzester Weg vom Jungfraujoch aus. Bei gutem Firn auch zum Abstieg geeignet.

Vom Ausgang des Sphinxstollens nach O nur wenig absteigend zum KS 643770 / 153560 am Fuße der Westflanke. Knapp S dieses Punktes zieht sich ein schmales Firncouloir nach NO, Richtung Hauptgipfel. Mit Hilfe dieses Couloirs wird die unterste Wandstufe überwunden. Man gelangt auf ein Firnfeld, das man in gleicher Richtung bis etwa 3600 m ersteigt. Dann nach rechts über eine brüchige Felsstufe auf den schmalen Gletscherarm, der vom Firnsattel zwischen Haupt- und Südgipfel nach SW auf den Jungfraufirn fließt und zuunterst in Abbrüchen endet. Auf diesem Gletscher steil empor in den Firnsattel. Weiter über den felsigen Südgrat über einen Turm hinweg auf den Hauptgipfel.

● 1117 Nordnordwestgrat
III (Stellen). Etwa 4 Std. vom Oberen Mönchsjoch. G 4. Sehr schöne Tour.

Übersicht: Dieser Grat zieht vom Trugberg-Gipfel als kombinierter Fels- und Firngrat zum Oberen Mönchsjoch hinab.
Führe: Vom Oberen Mönchsjoch über einen steilen Firngrat zu einem Felskopf, den man auf der Ostseite ersteigt. Es folgen mehrere Firnaufschwünge bis zu einem überhängenden Gendarmen. Nach rechts (W) einige Meter absteigen und auf einem Schuttband nach S traversieren in ein Couloir, das in den Sattel hinter dem Gendarmen führt. Der folgende Turm wird ebenfalls W umgangen: nach rechts auf Schulter queren und kurzer Abstieg nach S an den tiefsten Punkt des Turmes. Dann in der Westflanke rechts ansteigend auf den hier horizontalen Grat zurück. Auf ihm zum Gipfelaufschwung des Nordgipfels: über ein Schuttband nach rechts in ein Couloir und in ihm empor in Scharte (brüchig). Von hier in wenigen Metern auf den Nordgipfel. Über einen

langen Firngrat nach S zu einem ersten Turm, der über die plattige Ostseite erklettert wird. Weiter über den Fels / Firngrat zu einem zweiten Turm, der direkt über die gutgestufte Kante erstiegen wird. Leicht absteigend in die Scharte vor dem Vorgipfel. Zuerst direkt, dann etwas in die Ostflanke ausweichend auf den Vorgipfel, von dem eine steile Firnkante nach O abfällt. Nun direkt über allen Grat (schwieriger) oder hie und da etwas in die plattige Ostflanke ausweichend auf den Hauptgipfel hinüber.

● 1118 Ostflanke vom Ewigschneefeld

Etwa 5 Std. von der Konkordiahütte auf den Hauptgipfel. G 2—3.

Übersicht: In dieser vergletscherten Flanke befinden sich mehrere Eisrampen. Die einfachste Route auf den Trugberg führt über diejenige Rampe, die sich vom Firnsattel zwischen Südgipfel P. 3880 und Hauptgipfel nach O auf das Ewigschneefeld zieht.

Führe: Vom Ewigschneefeld auf die Firnrampe in den Firnsattel empor, zuletzt über einen Bergschrund und einen ziemlich steilen Firnhang. Vom Firnsattel über die Felsen des Südgrates, über einen Turm hinweg, auf den Hauptgipfel.

● 1118a Variante

Man braucht nicht bis in den Firnsattel emporzusteigen, sondern man kann die Gipfelfelsen schon von weiter unten erklettern.

★ 1119 Skibesteigung des Südgipfels P. 3880.

Sehr schöne Skitour von der Konkordiahütte aus. 4—5 Std.

Von der Konkordiahütte auf den Konkordiaplatz absteigen. Die Abbrüche des Ewigschneefeldes werden am besten am orogr. linken Ufer überwunden, wo sich eine spaltenarme Zone Richtung P. 3159 / 3135 zieht. Man erreicht die sehr flache Zone oberhalb der Abbrüche, wo man an den Fuß des Trugbergs quert. Nun über die Firnrampe, die sich vom Südgipfel aufs Ewigschneefeld zieht, N vom P. 3542,6. Zuletzt über einen steilen Firnkamm und einige Felsen auf den Gipfel.

★ 1120 A Abfahrt

Entweder über die gleiche Route oder (nur bei ganz günstigem Frühjahrsschnee!) direkt über die sehr steile SSO-Flanke, W an P. 3542,6 vorbei (Spalten!) zum P. 2797. Rassige Abfahrt mit 1000 Höhenmetern! Zum Aufstieg nicht geeignet.

● 1121 Überschreitung Nord — Süd

7—8 Std. von der Hütte. G 4—5. Die interessanteste Tour am Trugberg ist ohne Zweifel die Längsüberschreitung von N nach S von der Mönchsjoch- in die Konkordiahütte.

Auf R 1117 auf den Hauptgipfel und über den Verbindungsgrat ohne besondere Schwierigkeiten auf den Südgipfel. Abstieg auf R 1119 aufs Ewigschneefeld. Eine etwas kürzere Überschreitung läßt sich ausführen, indem man auf R 1117 aufsteigt und auf R 1116 absteigt (G 4).

● 1130 Eiger, 3970 m

„Dr hej Ger" (hoher Spieß) wurde der Gipfel von den Vorfahren genannt. Dieser gewaltige Eckzahn der Berner Alpen ist ein außergewöhnlicher Berg, der mit seiner düsteren und unheimlichen Riesenwand auch den hartgesottensten Alpinisten beeindruckt. Das Wahrzeichen von Grindelwald wirkt wie ein unförmiger Kalkklotz, den man in grauer Vorzeit mit einer Riesenaxt grob zugehauen hat. Der wuchtige Koloß ist an der Basis annähernd 5 km breit. Die exponierte und isolierte Lage am äußersten Nordrand der Hauptkette gewährt dem Besteiger einen einmaligen Tiefblick, macht den Berg aber andererseits zur ausgesprochenen Wetterfalle. Das stark konkav gebogene und nach NW gerichtete Bollwerk fängt das Schlechtwetter wie ein Schild auf und hält es fest; deshalb sollte der Eiger auf allen Routen nur bei stabiler Schönwetterlage bestiegen werden. Obwohl der Eiger kein Viertausender ist, steht seine Besteigung wohl auf der Wunschliste jedes Bergsteigers. Leichte Routen gibt es jedoch keine. Die **Normalroute** über die Westflanke wird allzu oft unterschätzt und ist bei Schlechtwettereinbruch schon erfahrenen Alpinisten zum Verhängnis geworden. Die am häufigsten ausgeführte Überschreitung verläuft über den imposanten und außergewöhnlich exponierten und schmalen **Mittellegigrat** im Aufstieg und über die Normalroute im Abstieg. Immer häufiger wird jedoch der Abstieg über den **Südgrat** mit anschließender Überschreitung der Eigerjoche der Westflanke vorgezogen. Eine exklusive **Skitour,** die nur alle paar Jahre gelingt, führt über den wild zerklüfteten Eigergletscher ins nördl. Eigerjoch und von dort zu Fuß über den Südgrat auf den Gipfel. Die **SO-Wand** wird zu Unrecht sehr selten begangen, zählt sie doch zu den großzügigsten hochalpinen Kalkklettereien der Berner Alpen. Um die **Eigernordwand** ist es glücklicherweise in den letzten Jahren bedeutend ruhiger geworden, seit die Presse nicht mehr jede Besteigung vermeldet und seit sie nicht mehr ins Repertoire jener Touren gehört, die man gemacht haben muß, um in „tonangebenden" Kreisen „in" zu sein. Auch gewissenhaften Chronisten fällt es schwer, alle Besteigungen der letzten Jahre lückenlos aufzulisten. Obwohl gleich hoch und annähernd gleich schwierig, stand die **NO-Wand** immer im Windschatten des weltberühmten und berüchtigten Nachbarn. Die „Lauperroute" zählt jedoch seit ihrer Erstbegehung im Jahre 1932 zu den größten und schönsten kombinierten Nordwänden der Berner Alpen.

● **1131 Westflanke und Westgrat**

III—. 6 Std. im Aufstieg und 3—4 Std. im Abstieg. G 4. Normalroute. Sehr lang (1650 m Höhendifferenz), im unteren Teil etwas mühsam und monoton. Schwierige Orientierung, vor allem im Abstieg. Bei Nebel von Ortsunkundigen kaum zu finden. Der ganze Aufstieg weist brüchigen Fels auf und ist steinschlaggefährlich, ist aber landschaftlich hervorragend schön. Des plattigen und abwärtsgeschichteten Hochgebirgskalkes wegen bei schlechten Verhältnissen heikel. Die Route ist nicht ausgeprägt und es sind zahlreiche Varianten möglich. Von der großen Linienführung sollte jedoch nicht abgewichen werden. Im Abstieg hat es dort, wo man den Westgrat zum erstenmal nach links in die Westflanke verläßt, einige einzementierte Abseilhaken (rot markiert), die bei vereisten Felsen den Abstieg sehr erleichtern. Siehe Abb. S. 337 und 353.

Übersicht: Der Aufstieg bewegt sich in der unteren Hälfte links (N) vom großen Couloir, das sich auf den Westgrat emporzieht (in der LK gut markiert), umgeht die folgende Steilstufe nach rechts (S) und führt über den eigentlichen Westgrat nur in seinem obersten Viertel.

Zugang: Von der Station Eigergletscher S am Rotstock, P. 2663,2, vorbei über Platten und Bänder nahe zur Einsattelung zwischen Rotstock

Eiger von Süden (folgende Doppelseite)
Am rechten Bildrand das exponierte Mittellegihüttchen, dessen Besuch bereits eine mittelschwere Bergtour darstellt. In der Fallinie des Nördl. Eigerjochs der Eismeer-Stollen. Die 800 m hohe plattige Südwand (R 1139) wird zu Unrecht höchst selten begangen, sie bietet sehr anspruchsvolle Kletterei des IV. und V. Grades. Der Mittellegigrat (R 1136) ist der Prototyp eines Westalpengrates, man bewegt sich auf ihm buchstäblich „auf Messers Schneide". Bei überfülltem Hüttchen (in der kurzen Hochsaison der Normalfall) muß mit einem Biwak in der Umgebung vorlieb genommen werden. Der Abstieg von der Eismeer-Station über die Challihänge nach Grindelwald (R 1034 A) ist ein Geheimtip für Liebhaber der Einsamkeit, die auf „Gipfelsiege" verzichten können zugunsten des großen Erlebnisses . . .

Eiger
3970
Südgrat
1133A
Nördl. Eigerjoch
1133A
Walcherhorn
1139
Eismeer-Stollen

Gr. Turm
3692
Mittellegigrat
1032
1032a
Challifirn
1033/34A
3804
Fieschergletscher

und Eiger. Bevor man diese Scharte erreicht, steigt man rechtshaltend über ein großes Firnfeld an den Fuß des markanten Couloirs, das sich zum Westgrat emporzieht (dieses Firnfeld ist durch Eisschlag vom Kleinen Eiger gefährdet).

Führe: Über die orogr. rechten (N) Begrenzungsfelsen des Couloirs über die erste Steilstufe der Westflanke empor, bis sie sich zurücklegt (Steinmänner). Nun weniger steil über Schutt und schuttbedeckte Platten (Wegspuren, Steinmänner) zuerst stark links haltend, dann gerade empor auf den Westgrat am Fuße der zweiten Steilstufe. Hier wird der Westgrat zum erstenmal betreten (Frühstücksplatz, eindrücklicher Einblick in die untere Hälfte der Nordwand). Die folgende, von tiefen Couloirs durchfurchte Steilstufe wird rechts (S) umgangen, dabei einige steinschlägige Couloirs traversierend, bis man ohne große Schwierigkeiten gerade emporklettern kann auf den Westgrat. Nun alles über den Grat und zuletzt über das steile Gipfeleisfeld (bei starker Ausaperung evtl. die Randfelsen benutzend) auf den Gipfel.

⋆ 1132 Eigergletscher — Eigerjoch — Südgrat

Außergewöhnlich lang: Man rechne etwa 15 Std. vom Hotel Eigergletscher auf den Gipfel und zurück (8—9 Std. auf den Gipfel). G 6—7. Einige eisschlaggefährliche Passagen! Diese große Eistour über den wildzerklüfteten Eigergletscher wird heute der allzu großen Zerschrundung wegen nur noch höchst selten im Frühsommer unternommen. Die Route wurde bereits 1924 (!) mit Ski begangen und seither einige wenige Male wiederholt: Nur nach außergewöhnlich schneereichen Wintern möglich, wenn der Gletscher sehr gut verschneit ist. Die Ski können dabei ohne abzuschnallen bis ins Eigerjoch mitgenommen werden, eventuell noch 100 m höher, bis 3700 m. Es ist aber möglich, daß durchgehende Spalten eine Begehung vereiteln. Es handelt sich ohne Zweifel um eine der rassigsten hochalpinen Skitouren in den Berner Alpen. Siehe Abb. S. 337.

Von der Station Eigergletscher über die Moräne nach S absteigen und über den Eigergletscher empor, vorerst ohne besondere Schwierigkeiten, in die Nähe des Fußpunkts der Mönch-Nordwandrippe. Hier zieht sich eine deutliche Rampe nach links (NO), die man begeht, bis man am orogr. rechten Ufer durch eine spaltenarme, weite Rinne aufsteigen kann bis etwa 3000 m (diese Rinne ist eisschlaggefährdet!). Wieder nach rechts ansteigen ans orogr. linke Ufer (Mönchseite). Hier nach O, dem Mönch entlang, aufwärts auf die flache Firnhochebene, die sich fast spaltenfrei ins **Nördliche Eigerjoch**, 3614 m, zieht. Hier normalerweise Skidepot. Von hier über den **Südgrat** auf den Gipfel: vorerst etwas W des Grates über Firn so hoch wie möglich (evtl. Skidepot 3700 m) und nach rechts auf die plattigen Felsen des Südgrates. Über den Grat bis zum Vereinigungspunkt mit dem SW-Grat, der sich vom Kleinen Eiger, 3472 m, emporzieht. Der folgende Aufschwung wird auf der Westseite durch einen Kamin erstiegen (im Abstieg evtl. abseilen). Nun alles über den Grat auf den Gipfel.

• 1133 A Über den Südgrat und den Verbindungsgrat vom Nördlichen Eigerjoch (3614 m) ins Südliche Eigerjoch (3759,3 m)

Etwa 1½ Std. bei ausgeapertem Grat und trockenem Fels, G 5. Dieser Verbindungsgrat war früher oft stark verwächtet, aber heute ist er in normalen Sommern ausgeapert und zur Hauptsache ein Felsgrat (Gneis). Er wird meistens begangen, wenn man vom Eigergipfel zur Mönchsjochhütte bzw. ins Jungfraujoch absteigen will, um der langen und steinschlägigen Westflanke auszuweichen, was sehr empfehlenswert ist. Umgekehrt wird der Verbindungsgrat natürlich begangen, wenn der Eiger von der Bergli- oder von der Mönchsjochhütte aus bestiegen werden soll. Landschaftlich sehr schön! Siehe Abb. S. 337 und 342/343.

Vom Eigergipfel verläuft der Grat vorerst nach SW. Er wird bis zu einer Steilstufe verfolgt. Diese wird durch einen Kamin auf der Westseite überwunden. Unterhalb der Steilstufe verzweigt sich der Grat: ein Ast fällt zum Kl. Eiger ab, der andere ins Nördl. Eigerjoch. Von der Vereinigungsstelle ohne besondere Schwierigkeiten über Firn ins Nördl. Eigerjoch.
Vom Nördlichen Eigerjoch, 3614 m, nach S über den Grat (Wechsel vom Kalk zum Gneis) bis zum höchsten Punkt (etwa 3770 m), den man auf der Westseite durch einen Kamin ersteigt (oft vereist). Dann über den Firngrat absteigen ins Südliche Eigerjoch.

• 1134 A Abstieg vom Südlichen Eigerjoch zur Berglihütte

Etwa 1½ Std. Siehe R 1106.

• 1135 A Abstieg vom Südlichen Eigerjoch ins Jungfraujoch

1½—2 Std. G 2—3. Vom Eigergipfel ins Jungfraujoch 4—5 Std.

Die flachen Firnhänge der Mönch-NO-Flanke nach SO queren und, den P. 3687 N umgehend, auf den Firngrat, der sich vom Mönch ins Untere Mönchsjoch zieht. Hier nach S über steilen Firnhang absteigen aufs Ewigschneefeld und weiter in gleicher Richtung wieder aufsteigen ins Obere Mönchsjoch, zur Hütte siehe R 1042. Von hier meist in breitausgetretener Spur zum Sphinxstollen.

● 1136 Nordostgrat (Mittellegigrat)

4—5 Std. von der Hütte auf den Gipfel. G 5. Diese Tour „auf Messers Schneide" zählt zu den schönsten Gratüberschreitungen der Berner Alpen. Der Tiefblick nach links auf die ausgedehnten Eismeere und nach rechts auf die grünen Alpweiden von Alpiglen ist absolut einmalig. Prototyp der klassischen Hochtour, landschaftlich hervorragend schön, sehr oft begangen. Nur bei trockenen Felsen unternehmen und nicht zu früh in der Saison! Der Steilaufschwung nach dem Großen Turm (3692 m) ist mit Fixseilen versehen und anstrengend zu erklimmen. Der Steilaufschwung ist zudem nordexponiert und besteht aus plattigem, abwärtsgeschichtetem Hochgebirgskalk. Er ist deshalb häufig vereist und in diesem Zustand trotz Fixseilen noch heikel. Siehe Abb. S. 342/343 und 353.

Zugang: Von der Mittellegihütte vorerst über einen relativ breiten Schutt / Firnkamm zu den ersten Felsen.

Führe: Von hier nun über zahlreiche kurze Aufschwünge und Absätze direkt empor (nicht in die Flanken ausweichen). Vom Großen Turm steigt man in die einzige markante Scharte ab (häufig vereist, dann heikel), wo der Steilaufschwung beginnt. Mit Hilfe des Fixseils in der Nordflanke des Aufschwungs empor (anstrengend). Es folgen zwei weitere Steilstufen, worauf sich der Grat zurücklegt. Über einen scharfen und exponierten Firngrat (evtl. die südl. Randfelsen benutzend) auf den Gipfel.

● 1139 Südostwand

V und IV (jeweils mehrere Stellen). Etwa 10 Std. vom E in die Felsen auf den Mittellegigrat. (Nach Angaben der Winterbegeher Dez. 1972). G 10. Mehr als 800 m hohe Felswand. Zu Unrecht sehr selten begangen. Die unteren zwei Drittel bestehen aus kompaktem Kalk und weisen schöne Kletterstellen auf, das obere Drittel ist brüchig, aber wesentlich leichter. Nur unternehmen, wenn die Wand völlig ausgeapert ist. Alle Haken müssen selbst geschlagen werden. Siehe Abb. S. 342/343.

Übersicht: Vom Gipfel zieht sich in der Fallinie eine große Schlucht herunter auf den Plattenschuß, mit dem die Wand beginnt. Unterhalb des Plattenschusses liegt der kleine Hängegletscher, der auf R 1032 Eis-

schlag verursacht. Vom Hängegletscher reichen zwei Firnlappen in den Plattenschuß hoch, der linke (S) vermittelt den E in die Felswand.
Zugang: Von der Station Eismeer auf R 1032 auf den Challifirn und nach W über mehrere große Schründe auf das Hängegletscherchen. Nach links auf den südl. Firnlappen; auf ihm zum höchsten Punkt.
Führe: Hier setzt ein langer Schrägriß an, der sich diagonal von links nach rechts Richtung Hauptschlucht emporzieht. 4—5 SL im Schrägriß hoch (II, III), bis die Wand steiler wird. Noch 40 m im gleichen Riß auf ein Band (IV). Auf dem **Band** unter Überhängen nach rechts queren und um eine Kante herum in die Hauptschlucht. In dieser Schlucht einige SL empor (evtl. Schnee und Eis im Grunde). Dann etwas rechts der Couloirachse durch einen feinen Riß zu Stand unter senkrechtem Riegel (IV). Nach links und gerade über den Riegel (V). Dann nach rechts empor und wieder nach links zu gutem Stand (IV, V) in der Hauptrinne. Vom Stand 2 SL nach rechts ansteigende Querung auf **markante Schuttschulter** (IV, V). Vom rechten Rand der Schulter durch einen Riß, der sich nach links hochzieht, in eine steile Rinne (IV). In der Rinne empor (1 SL) über zwei senkrechte Stufen (V—) zu Stand in Schuttmulde. Über brüchigen Fels steil nach links hoch. Eine Kante nach links übersteigen und in gutem Fels nach links hoch (V—), Stand nach 40 m. Durch feinen Riß 20 m gerade empor in leichteres Gelände. Hier legt sich die Wand zurück. 2 SL hoch und nach rechts in **schluchtartige Rinne,** die sich weiter oben zum **Kamin** verengt. Der Kamin führt auf den **Mittellegigrat** (III). Über diesen in ½ Std. auf den Gipfel.

• 1140 Nordostwand (Original-Lauperroute)

Lauper, Zürcher mit den Führern J. Knubel und A. Graven, 1932. Eine der schönsten und schwierigsten kombinierten Nordwände in den Berner Alpen. Sehr lang und anstrengend. Wandhöhe 1700 m. Felsschwierigkeiten am Bollwerk III und IV, am anschließenden Felsgrätchen bis IV+, Schlüsselstelle kurz unter dem Gipfel **V** (meist vereist!). Eiswand 50 Grad, stellenweise bis 55 Grad. In der Gipfelwand besonders schwieriges kombiniertes Gelände (abwärtsgeschichtete, meist vereiste Platten mit wenig Sicherungsmöglichkeiten). E bis Gipfel 15—18 Std. G 12. Nur für sehr erfahrene und ausdauernde Westalpengeher. Die Tour wird gerne unterschätzt. Es ist keine simple Trainingstour für die Eiger-Nordwand. Die Eiger-NO-Wand ist um einiges schwieriger und länger als die berühmten Welzenbach-Nordwände am Fiescherhorn und am Gletscherhorn. Siehe Abb. S. 349 und 353.

Zugang: Von Alpiglen in SO-Richtung über Alpweiden und einige Felsstufen an den Fuß des kleinen Gletscherchens Hoheneis.
Führe: Über den kleinen Gletscher gerade empor (oder die östl. Randfelsen benutzend) bis an sein oberes Ende. Nun nach links in Scharte hinter einem markanten Felskopf. Von hier über plattigen Fels etwa 50 m nach W queren, bis man durch einen überhängenden Kamin (oft vereist) die Firnfelder oberhalb der Steilstufe gewinnen kann. Über diese Firnfelder weiter nach W querend (Steinschlag!), erreicht man das **große Felsbollwerk** am Fuße einer markanten Steilrinne, die die Ostwand des Bollwerks durchzieht.
Nun entweder durch diese enge Rinne empor (Route der Erstbegeher) oder besser vom Fuß der Rinne nach rechts (N) in einen kleineren Kamin und durch ihn 2 SL empor auf eine kleine Plattform. Gerade hoch über ein abdrängendes und feingriffiges Wändchen und nach rechts in Kamin auf der Nordseite. Durch diesen tiefen Kamin in 2 SL auf den Kopf des Bollwerks, guter Rastplatz (5 SL III und IV, schöne und exponierte Kletterei, diese empfehlenswerte Variante wurde 1963 von Egloff und Munter erstmals begangen, um der völlig vereisten Steilrinne auszuweichen). Vom Kopf des Bollwerks an den Fuß eines **Felsgrates,** der mit einigen Unterbrechungen zum Großen Gendarmen P. 3692 im Mittellegigrat emporzieht.
Über die ersten drei Aufschwünge dieses Felsgrates empor (plattiger abwärtsgeschichteter und kleinsplittriger Kalk, stellenweise bis IV+) oder links (O) im Firn bleibend, bis man von einer Felsstufe, die die ganze Wand durchzieht, nach rechts abgedrängt wird. Durch eine steile Firn-(Eis)Rinne auf den gewaltigen **Eisschild** in der oberen Wandhälfte. Dieser Schild wird diagonal nach rechts ansteigend in seiner ganzen Breite traversiert (50 Grad, stellenweise bis 55 Grad) bis auf eine kleine **Kanzel auf der Nordkante,** die die NO-Wand von der Nordwand trennt, etwa 3600 m (einziger Rastplatz in der oberen Wandhälfte, eindrucksvoller Tiefblick in die Nordwand!).

Eiger von Norden
Der Nordpfeiler teilt den gewaltigen Nordabsturz des Eigers in eine NO- und eine NW-Wand, letztere wird etwas ungenau „Nordwand“ genannt. Der erste Nordaufstieg wurde in der östl. Wandhälfte realisiert: die „Lauperroute“ (R 1140) ist ohne Zweifel einer der schönsten und schwierigsten Nordaufstiege in den Berner Alpen, weitaus länger und schwieriger als die berühmten Welzenbachrouten am Breithorn, Großhorn, Gletscherhorn und Groß Fiescherhorn! Wer vom Lauperschild „direkt“ auf den Mittellegigrat aufsteigt, umgeht den schwersten Teil der Route und sollte sich nicht damit brüsten, die „Lauperroute“ gemacht zu haben.

Lauperschild
Westgrat
Felsgrat
3. Eisfeld
Bollwerk
2. Eisfeld
1. Eisfeld
Felskopf
Nordpfeiler
Honysch
2204.7
1140

Nun mehrere SL über ein schwach ausgeprägtes **Grätchen** gerade empor über abwärtsgeschichtete und meist vereiste Platten (besonders schwieriges kombiniertes Gelände mit wenig Sicherungsmöglichkeiten) unter eine etwa 5 m hohe, überhängende und meist völlig vereiste Wandstufe, die von einem **Riß** durchzogen wird. Am Fuße des Risses guter U-Haken. Dieser Riß bildet die ✓ (V). Ausstieg auf steile vereiste Platten. Nun weniger steil über einen **Firngrat** (das Couloir rechterhand bildet den Ausstieg aus der Nordwand) auf den Mittellegigrat und über ihn in wenigen Minuten auf den Gipfel.
NB: Diese Tour sollte nicht übers Wochenende unternommen werden, wenn viel Volk den Mittellegigrat begeht und Steine in die NO-Wand wälzt! Der Anstieg vom Lauperschild „direkt" auf den Mittellegigrat ist um einiges leichter als die Originalroute und bloß mit G 10 einzustufen.

● 1141 Nordwand

Harrer, Heckmair, Kasparek und Vörg, 1938. **V**— und IV, G 14.
Die berühmteste und berüchtigste aller Nordwände in den Berner Alpen. Wandhöhe etwa 1700 m, Kletterstrecke der vielen Quergänge wegen fast 3 km! Objektiv sehr gefährlich (Steinschlag)! Sehr lang und anstrengend. Man rechne mindestens mit einem Biwak. Am besten geht man am ersten Tag bis ins Schwalbennest. Von hier aus sollte es möglich sein, am nächsten Tag bis in die Spinne zu klettern oder gar bis auf den Gipfel. Die Wand weist heute mehr als 150 Begehungen auf und ist damit ohne Zweifel die am häufigsten bestiegene große Nordwand in den Berner Alpen. Mehr als 50 Bergsteiger bezahlten ihren Ehrgeiz mit dem Leben. Die Eigernordwand wurde 1938 als letztes der „drei letzten Probleme" gelöst, wobei die Erstbesteiger auf Anhieb die beste Route fanden. In den 60er und 70er Jahren wurden zahlreiche direkte Routen und Varianten erschlossen, mindestens zehn an der Zahl. Die meisten von ihnen können jedoch der Steinschlaggefahr wegen nur im Winter begangen werden. Mit entsprechendem Zeit- und Materialaufwand sind immer noch zahlreiche „Erstbegehungen" möglich. Im westl. Wandteil wurden 1979 und 1981 als Reaktion auf die „Materialschlachten" der Direktrouten mehrere Routen erschlossen, die für Freikletterer sehr interessant sind. Diese reinen Felsanstiege enden jedoch zwischen 3100 und 3200 m vorzei-

tig in der Westflanke und berühren den zentralen Wandteil nirgends. Als einziges wirklich lohnendes Problem bleibt der Ausstieg aus der „Rampe" auf die Nordkante. Im folgenden wird die klassische Route von 1938 beschrieben. Ein evtl. Rückzug ist der vielen Quergänge wegen sehr kompliziert und zeitraubend. Die Haken sind alle vorhanden. Die Wand ist der brüsken Wetterstürze wegen berüchtigt. Nur einsteigen, wenn der Wetterbericht einige schöne Tage voraussagt, am besten bei Bisenlage! Beste Jahreszeit Mitte August / Anfang September (am wenigsten Steinschlag, zu Beginn der Saison viele Wasserfälle!). 20—30 Std. vom E auf den Gipfel bei guten Verhältnissen. Die Wand wurde jedoch auch schon in einem Tag begangen!

Ausrüstung: Zwei 46-m-Seile, Schlingen, etwa 15 Felshaken und 6 Eisschrauben, 10 Karabiner, Verpflegung für 3—4 Tage, Signalraketen, Biwakmaterial, Steinschlaghelm. Siehe Abb. S. 353.

Zugang: E ungefähr in der Gipfelfallinie, rechts des sehr markanten Ersten Pfeilers im Vorbau.

Führe: Rechts des **Ersten Pfeilers** durch Couloirs empor und nach rechts zu einem dreieckigen Schneefeld auf der Höhe des Pfeilers. Das Schneefeld an der linken Begrenzung ersteigen und von der linken oberen Ecke linkshaltend über Bänder und Stufen im Zickzack an den Fuß des **Zerschrundenen Pfeilers.** Nun auf der Westseite dieses Pfeilers nach rechts ansteigend die senkrechten Felsen umgehen (kurze schwierige Steilstufen), bis man nach links auf den Kopf des Zerschrundenen Pfeilers queren kann. Auf einer Rippe gerade empor unter eine senkrechte Wand zur Nassen Biwakhöhle. Über die Wand gerade empor und darauf etwa 45 m nach rechts queren an den Fuß des nicht sehr ausgeprägten **Schwierigen Risses.** Hier beginnen die eigentlichen Schwierigkeiten (bis hierher zahlreiche Varianten möglich).

Durch den Schwierigen Riß empor (25 m, IV +, H). Wieder leichter etwa 3 SL in brüchigem Fels nach links ansteigen, dann durch eine Rißverschneidung (15 m, III) gerade hoch auf einen großen Absatz am Beginn der steilen Platten mit dem **Hinterstoißer-Quergang.** Einige Meter hoch zu mehreren H. Hier Beginn des 40 m langen Seilquergangs nach links (Geländerseil meist vorhanden) zu Stand. Gerade empor durch Riß ins **Schwalbennest** (Biwakplatz, etwa 5 Std. vom E). Nach links queren ins **Erste Eisfeld** und auf ihm (2 SL gerade hoch 45—50°) unter die felsige Steilstufe, die das erste und zweite Eisfeld trennt. Diese Steilstufe ist meist von einem **Eisschlauch** durchzogen. Nun am besten 10—15 m links vom Fuße dieses Eisschlauchs über eine etwa 10 m hohe

Wandstufe gerade hoch (IV, H) und darauf etwas leichter schräg empor ins **Zweite Eisfeld.** Dieses Eisfeld wird leicht linkshaltend erstiegen zur oberen Randkluft (4 SL, etwa 50 Grad). Nun der Randkluft entlang nach links queren bis etwa 1 SL vor die Westwand des **Bügeleisens.** Schräg links über Steilstufe (IV+, H) auf ein Band und 3 SL nach links hoch zum **Todesbiwak** auf dem Kopf des Bügeleisens (guter Biwakplatz). Nach links ins **Dritte Eisfeld.** Dieses nach links queren (55 Grad) und nach links absteigen an den Fuß der **Rampe.** Etwa 5 SL die Rampe hoch (III u. IV) zum Beginn des Wasserfallkamins (guter Biwakplatz). Durch den Kamin hinauf (20 m, IV+, H). Nach links an eine Kante und über sie empor (10 m, IV+, H). Nun durch eine vereiste Rinne an den Fuß des Eiswulstes, an dem sich die Rampe verengt. Der Wulst wird am besten links im Fels umgangen (IV, H). Nun 1 SL über ein Eisfeld (50 Grad) an den Beginn des **Brüchigen Bandes.** Auf diesem Band nach rechts an den Fuß des **Brüchigen Risses.** Diesen Riß hoch (V—) an den Beginn des **Götterquergangs** (guter Biwakplatz). Nun über die geröll- und schneebedeckten Bänder des Götterquergangs nach rechts in die **Spinne** (4 SL, III). In der Mitte der Spinne über Firnrippe empor (45—50 Grad) und nach rechts an den oberen Rand des Eisfeldes.

Hier beginnen die **Ausstiegsrisse:** Durch das erste Couloir (von rechts gezählt) schräg linkshaltend (2 SL, III u. IV) an den Beginn eines Quarzrisses. Durch ihn hoch (V—, H) unter Überhang und Quergang nach links auf kleine Kanzel (IV, H): Das Corti-Biwak. Etwa 8 m nach links abseilen an den Fuß eines engen Couloirs: In ihm empor (2—3 SL, IV) auf den Kopf eines Felssporns. Von hier nach rechts in Steilrinne und durch sie über abwärtsgeschichteten Fels und Schnee

Eiger von Nordwesten
Die Wand der Wände ist genau 1700 m hoch und 67,5 Grad steil. Bester Standort zum Studium der Wand ist der Männlichen, wo auch die Aufnahme gemacht wurde. Die Erstbegeher fanden 1938 auf Anhieb die Idealroute. EP = Kopf des Ersten Pfeilers, ZS = Kopf des Zerschrundenen Pfeilers, SR = Schwieriger Riß, H = Hinterstoißerquergang, B = Bügeleisen, R = Rampe, G = Götterquergang, S = Spinne, A = Ausstiegsrisse. Die Begehungszeiten schwanken von 5 Std. (!) bis 1 Woche, je nach Wandverhältnissen und Trainingszustand der Begeher. In der Regel wird man mit einem Biwak rechnen müssen. Nur einsteigen, wenn der Wetterbericht einige schöne und gewitterfreie Tage vorhersagt.

Mittellegigrat
1136
Gr.Turm
3692
1140
Bollwerk
A
S
G
R
3. Eisfeld
B
2. Eisfeld
1. Eisfeld
H
Rote Fluh
SR
ZS
EP
1141
ca. 2260
3066
Westflanke
1131
Klein Eiger

(III) in 3 SL auf die Firnschneide, die die Nordwand von der NO-Wand trennt. Über sie auf den Mittellegigrat und über ihn auf den Gipfel.
NB: Es wird dringend angeraten, nur bei sicherem Wetter einzusteigen! Das Bügeleisen und das dritte Eisfeld sind ganz besonders dem Steinschlag aus der Spinne ausgesetzt. Der Beginn der Rampe sollte deshalb spätestens um 11 Uhr erreicht sein! Im Falle eines Wettersturzes ist es am besten, vom unteren Teil der Rampe über die Aufstiegsroute abzusteigen, vom oberen Teil der Rampe sollte jedoch versucht werden, auf den Gipfel zu steigen. Der Hinterstoißer-Quergang braucht im Falle eines Rückzuges nicht zurückgeklettert zu werden: Auf der Höhe des Eisschlauches quert man nach rechts und seilt sich schräg rechts über die Platten ab zum Beginn des Quergangs.

8. Walliser Fiescherhörner

A. Begrenzung

Im W großer Aletschgletscher, im N Grüneggfirn — Grünhornlücke, im O Walliser Fieschergletscher, im S Märjelensee — Seebach.

B. Karten

LK Nr. 264 Jungfrau.

C. Allgemeine Beschreibung

Die Gruppe der Walliser Fiescherhörner ist die südl. Fortsetzung der Grindelwalder Fiescherhörner und Grünhorn-Gruppe. Beide Gruppen verlaufen in Richtung von NW nach SO und sind durch die Grünhornlücke voneinander getrennt. Die Kette der Walliser Fiescherhörner trennt zwei der größten Gletscher der Berner Alpen, den Großen Aletschgletscher vom Walliser Fieschergletscher. Im S ist die Gruppe durch die Senke des Märjelensees vom Zug des Eggishorns getrennt. Wie schon ein Blick auf die Karte zeigt, bewegen sich die O-Anstiege auf die verschiedenen Gipfel der Walliser Fiescherhörner im Hauptkamm meist über zerschrundete Firnhänge, während die Anstiege vom Großen Aletschgletscher her zuerst über grasdurchsetztes Geröll, dann über Gletscherhänge und zuletzt über Fels zu den Gipfeln führen.
Die ganze Gruppe gehört zum **Aarmassiv,** baut sich also ausschließlich aus **kristallinen Gesteinen** auf. Der Faulberg („Fülbärg") und das Kleine Wannenhorn bestehen aus **zentralem Aaregranit,** weshalb hier die schönen Klettertouren in festem Fels zu erwarten sind. Vor allem am Klein Wannenhorn und in den südl. Ausläufern wurden in den letzten Jahren zahlreiche großzügige Felsklettereien ausfindig gemacht, besonders in den SO-Abstürzen. Die Hauptgipfel der Gruppe (Kamm, Fiescher Gabelhorn, Schönbühlhorn, Groß Wannenhorn) bestehen aus

Gneisen und Schiefern, die sich nicht gerade durch besondere Festigkeit auszeichnen. Die Gneisplatten fallen nach SO ein, deshalb sind die SO-Aufstiege plattig und relativ fest, während die NW-Aufstiege wohl gut gestuft, aber meist brüchig sind (Schichtköpfe).
Die **lohnendsten Besteigungen** in dieser verhältnismäßig selten besuchten Gruppe sind die Überschreitung Faulberg — Kamm (R 1186 und 1187 A), die Traversierung des Fiescher Gabelhorns (R 1194 und R 1193), und die Skibesteigungen des Groß und Klein Wannenhorns. Das Groß Wannenhorn ist einer der lohnendsten Skigipfel der Berner Alpen und gleichzeitig der Kulminationspunkt der Gruppe. Auch die Überschreitung des Hauptkamms vom Fiescher Gabelhorn zum Groß Wannenhorn wird hie und da ausgeführt, obwohl der Fels im Hauptkamm brüchig ist.
Als **Ausgangspunkte** für obige Touren dienen die Konkordiahütte und Finsteraarhornhütte.
Die SO-Wand des Klein Wannenhorns bietet eine großzügige Felsroute in einsamer, großartiger Hochgebirgslandschaft. Der lange Anmarsch und ein Biwak am Wandfuß sorgen dafür, daß man auch in der Hochsaison allein ist. Die Namen „Fieschergletscher" und „Fiescherhörner" können Anlaß zu Verwechslungen geben. Wir müssen wohl unterscheiden: 1. Den **Grindelwalder** Fieschergletscher, der vom Groß Fiescherhorn nach N in den Unteren Grindelwaldgletscher fließt, vom **Walliser** Fieschergletscher, der vom gleichen Berg nach S ins Wallis fließt und dessen Wässer sich bei Fiesch in die Rhône ergießen. In der LK werden beide Gletscher einfach als „Fieschergletscher" bezeichnet.
2. Die Sammelbezeichnung „Grindelwalder Fiescherhörner" (Groß und Hinter Fiescherhorn und Ochs) von derjenigen der „Walliser Fiescherhörner" (= Kette vom Fiescher Gabelhorn zu den Wannenhörnern).

D. Talorte und Ausgangspunkte

● **1150** **Goppenstein** (Lötschental), siehe R 509. Ausgangspunkt für die Konkordiahütte über die Lötschenlücke.

● **1151** **Jungfraujoch,** siehe R 508. Ausgangspunkt für die Konkordia- und Finsteraarhornhütte.

● **1152** **Fiesch,** siehe R 874. Talstation der Luftseilbahn aufs Eggishorn, deren Zwischenstation Kühboden Ausgangspunkt für die Konkordiahütte ist.

● 1153 **Fieschertal**, etwa 1100 m

Straße von Fiesch nach Fieschertal. Ausgangspunkt für den sehr langen Weg zur Finsteraarhornhütte über den Fieschergletscher (R 1169).

E. Clubhütten, Berggasthäuser und Hotels

● 1160 **Konkordiahütte**, siehe R 526.

● 1165 **Finsteraarhornhütte**, 3048 m

Sektion Oberhasli des SAC. Am Fuße des Finsteraarhorns auf dem linken Ufer des Fieschergletschers gelegen. KS 651850 / 152520. 123 Plätze. Tel. 036 / 55 29 55. Hüttenwart im Frühjahr und Sommer sowie an Ostern und Pfingsten. Halbpension möglich. An Ostern und Pfingsten ist die Hütte bei gutem Wetter hoffnungslos überfüllt!

★ 1166 **Vom Jungfraujoch**
Kürzester Zugang. 5 Std. G 2. Siehe Abb. S. 379.

Vom Sphinxstollen auf dem orogr. linken Ufer des Jungfraufirns absteigen auf den Konkordiaplatz (das rechte Ufer ist auch möglich). Über den Grüneggfirn in die Grünhornlücke, 3286 m. Jenseits nach O in der Gletschermulde absteigen auf den Fieschergletscher. Die Hütte wird von links her erreicht über einen Firnhang mit anschließender Querung der Felsen.
Mit Ski über die gleiche Route etwa 1 Std. kürzer.

★ 1167 **Von der Konkordiahütte**
Etwa 3½ Std., in umgekehrter Richtung etwas kürzer. G 2.

Auf den Konkordiaplatz absteigen und auf R 1166 zur Finsteraarhornhütte.

● 1168 **Von der Oberaarjochhütte**
Siehe R 1260 ff.

● 1169 **Von Fieschertal über den Fieschergletscher**
Etwa 8 Std. G 2—3. Im Aufstieg selten begangen, eher noch im Abstieg. Sehr lang und beschwerlich, aber landschaftlich sehr schön. Nur für bergerfahrene und gletscherkundige Leute! Der Weg ist nicht immer leicht zu finden, oft sind nur schwache Pfadspuren vorhanden und die Markierungen sind spärlich.

Von Fieschertal folgt man einem Fahrsträßchen nach N bis Unterberg („Unnerbärg", 1311 m). Weiter über den Rücken von Titer auf die Burg, ein Felsbollwerk, das den Fieschergletscher zuunterst nach O abdrängt. Von der Höhe kurz nach N absteigen und einer einzementierten Wasserleitung entlang nach NW, bis man ohne Schwierigkeiten auf den schuttbedeckten Gletscher absteigen kann. Am rechten (W) Rand entlang bis auf die Höhe des Sulzbachs, wo man den Gletscher verläßt. Zwischen den zwei Abflüssen des Sulzbachs auf die Moräne und nach rechts auf die Terrasse von Flesch zum P. 2028,6. Einem abschüssigen Grasband nach SO folgen zu fixen Kabeln, die knapp S der KL 147 exponiert auf den Gletscher führen. Über den Gletscher nach N in die Einbuchtung N von P. 2248. Aus der Einbuchtung nach N über die schwierigen Randfelsen empor und auf grasigen Terrassen (ungefähr der KL 654 entlang) nach N, auf etwa 2500 m zurück auf den Gletscher. Am westl. Rand entlang in einem Bogen bis zum P. 2840 am Fuße des Triftgrates. Hier quert man den Gletscher nach N und steigt am linken (O) Rand entlang bis zu den Hüttenfelsen, die man von N her ersteigt.

★ 1170 A Skiabfahrt

Nur bei ausnehmend günstigen Gletscherverhältnissen möglich!

Im Frühjahr fährt man von der Hütte über den ganzen Gletscher ab und verläßt ihn auf dem Sommerweg über die Burg. Von der Höhe der Burg nach SW zum Glingelwasser und ihm entlang zur Brücke bei P. 1225,4.

F. Pässe und Übergänge

★ 1175 **Grünhornlücke,** 3286 m

Zwischen Groß Grünhorn und Fiescher Gabelhorn. Zentraler Gletscherpaß, sehr häufig begangen. Verbindet den Großen Aletschgletscher mit dem Walliser Fieschergletscher. Auch schöner Skiübergang. Von beiden Seiten wenig schwierig erreichbar, aber Spalten beachten! G 2. Bei Nebel schwierige Orientierung, vor allem auf der Ostseite. Eine detaillierte Routenbeschreibung erübrigt sich. Siehe R 1166.

G. Gipfelbesteigungen

• 1180 **Faulberg** („Fülbärg“), 3242,6 m

Der Hüttenberg der Konkordiahütte wird relativ selten erstiegen, obwohl die Anstiege kurz und die Felsen fest sind. Am schönsten ist die Überschreitung W — O mit Abstieg vom Faulbergpaß nach S („Fülbärgpaß“, 3170 m, ohne Namen und Kote in der LK 50 = KS 647825 / 150230, tiefster Punkt zwischen Faulberg und Kamm). Siehe Nachtrag S. 543.

• 1181 **Über den Ostgrat vom Faulbergpaß**

Etwa 1 Std. G 2—3. Die Querung von der Hütte in die Faulbergkumme ist nicht leicht zu finden und wird mit Vorteil am Vortag erkundet. Siehe Abb. S. 361 und 379.

Zugang: Von der Konkordiahütte kurzer Aufstieg über ein Blockfeld nach SO zur westl. Ecke der Faulberg SW-Wand. Am Fuße der Wand entlang führt ein Band annähernd horizontal nach SO an den Fuß der Südkante. Um den Rücken herum in die Faulbergkumme. Diese Schnee-(Schutt)mulde nach NNO ersteigen in die Fallinie des Faulbergpasses. Durch ein Couloir in die Lücke. Bis hierher wenig schwierig. Etwa 1½ Std. von der Hütte. Siehe auch Nachtrag S. 545.
Führe: Die ersten Grattürme werden umgangen, indem man in der Nordflanke etwa 60 m quert und nach links in eine Lücke zurücksteigt. Nun alles über den Grat auf den Gipfel.

• 1181a **Variante**

IV— und III. Siehe Abb. S. 361.

Die Traverse in der Nordflanke ist häufig verschneit und vereist und dann heikel zu begehen. Um diese Traverse zu vermeiden, können die untersten Grattürme auch alle überschritten werden.

• 1182 **Westwand / Westgrat**

IV (eine Stelle), sonst III. 1½—2 Std. von der Hütte auf den Gipfel. G 4. Schöne Kletterei in gutem Aaregranit. Abstieg auf R 1181.

Von der Konkordiahütte über ein Blockfeld nach SO zur südl. Begrenzung der Westwand. Hier zieht sich eine enge Rinne diagonal nach links hoch. Im Riß steckt ein Klemmblock. Links am Block vorbeiklettern und weiter über die Begrenzungsrippe auf einen ersten Absatz. Linkshaltend über die nächste Stufe und über Blöcke zu einem weiteren Aufschwung. Ein steiler Riß führt schräg rechts empor (IV). Weiter alles über den Grat auf den Gipfel.

● 1185 **Kamm** („Chamm"), 3866 m

Ein hervorragender Aussichtspunkt, der zu Unrecht selten bestiegen wird. Vor allem der Aufstieg über den Westgrat mit Abstieg nach SW ist eine der lohnendsten Touren von der Konkordiahütte aus. Der Westgrat fällt vom Gipfel über P. 3605 zum Faulbergpaß ab. Leichtere Stellen wechseln mit steilen und schwierigen Aufschwüngen. SW unterhalb des Gipfels liegt ein kleiner Hängegletscher, der von zwei markanten Felsrippen gestützt wird, die sich nach SW ziehen und beide zum Aufstieg benützt werden können. Zwischen diesen Rippen liegt ein weites Schnee(Schutt-)couloir, das den leichtesten und schnellsten Abstieg vom Kamm ermöglicht. Nach NW fällt eine nicht allzu steile Fels-(Eis-)wand ab, durch die eine Lauperroute führt, die jedoch selten gemacht wird. Die sehr steile Nordwand und die senkrechte ins Kammjoch abfallende Ostwand weisen noch keine Routen auf (sehr brüchiger Fels!).

● 1186 **Westgrat**
III. 5 Std. G 5. Siehe Abb. S. 361.

Vom Faulbergpaß (siehe R 1181) alles über den Grat auf den Gipfel.

● 1188 A **Abstieg durch das Südwestcouloir**
3—3½ Std. vom Gipfel in die Hütte. G 3. Steigeisen und Pickel nötig.

Vom Gipfel über die Südkante auf den kleinen Hängegletscher. Diesen nach SW absteigen und auf die westl. der beiden SW-Rippen, die den Hängegletscher stützen. Diese westl. Rippe endet im P. 3030,8. Man folgt der Rippe, bis ein etwa 10 m breites Firncouloir nach links (S) in das weite Couloir zwischen den beiden SW-Rippen hinunterführt. Man folgt diesem weiten Couloir nach SW bis etwa 2700 m. Hier quert man die Ausläufer der westl. SW-Rippe (unterhalb P. 3030,8) über Schutt und Graspolster nach W und steigt schräg nach rechts ab zum KS 648 / 149. Am linken Ufer des Aletschgletschers entlang und um die Hüttenfelsen herum zu den Metalltreppen.

Kamm und Faulberg von Nordwesten
Am rechten Bildrand die Konkordiahütten, die 100 m über dem Konkordiaplatz thronen. Da die Hütten im Frühjahr weit häufigeren Besuch als im Sommer aufweisen, werden die Klettertouren am Faulberg und Kamm selten begangen, obwohl die Überschreitung der beiden Berge eine großzügige und sehr lohnende hochalpine Kletterei des III. und IV. Grades bietet inmitten einer grandiosen Landschaft. Hier steht man am Einstieg garantiert nicht an, aber man kann im „Pause" auch keine Nummer abhaken. Weshalb der Aufwand vielleicht doch nicht lohnt . . .

Kamm
3605
Faulbergpass
1181a
1181
Faulberg
Grüneggfirn
Konkordiaplatz

● 1189 Weißnollen (Wyssnollen), 3595 m

Eine von der Grünhornlücke (R 1175) leicht erreichbare Firnkuppe. Lohnende Skitour von der Finsteraarhornhütte aus. Halbtagstour.

● 1190 Nordwestgrat von der Grünhornlücke
1 Std. G 2—3.

Von der Grünhornlücke über Schutt, Fels und Firn ohne besondere Schwierigkeiten auf den Gipfel.

★ 1191 Über die Ostflanke
Schöne Skiroute. 2½ Std. G 2.

Von der Finsteraarhornhütte den Fieschergletscher überqueren (ungefähr der Höhenkurve 3000 der LK entlang) an den Fuß der Ostflanke. Die am weitesten herabreichenden Felsen werden links (SO) umgangen. Dann über die vergletscherte Ostflanke (einige Spalten), S an P. 3291,3 vorbei auf den Gipfel.

● 1192 Fiescher Gabelhorn, 3875,8 m

Seiner zentralen Lage wegen der wohl schönste Aussichtspunkt der Berner Alpen! Der Name bezeichnet den Doppelgipfel, der durch eine tiefe Scharte in einen West- und den höheren Ostgipfel gespalten wird. Der Berg fällt mit einer sehr steilen und äußerst brüchigen Wand 700 m auf den Grüneggfirn ab. Vom Kammjoch (tiefster Punkt zwischen Kamm und Fiescher Gabelhorn) steilt sich ein stark zerrissener und mit zahlreichen, nach N überhängenden Türmen gespickter Grat zum Westgipfel auf, der sehr selten bestiegen wird (brüchige Felsen). Am genußreichsten ist eine **Skibesteigung** über die Normalroute, die unerklärlicherweise sehr selten ausgeführt wird, und die **Überschreitung N — S** auf R 1194 und R 1193.

★ 1193 Ostflanke und Südostgrat
4 Std. von der Hütte auf den Gipfel. G 4. Normal- und Skiroute. Siehe Abb. S. 365.

Übersicht: Die Normalroute führt über die verschrundeten Firnhänge der Ostflanke in den Gabelhornsattel (3765 m, ohne Namen und Kote in der LK 50) zwischen Fiescher Gabelhorn und Schönbühlhorn und von da über den felsigen SO-Grat. Die Route ist bis zum Bergschrund unter dem Gabelhornsattel (etwa 3700 m) mit Ski begehbar.
Zugang: Von der Finsteraarhornhütte auf den Fieschergletscher und diesen nach S traversieren zu den untersten Felsen des Weißnollen-Ostgrates.
Führe: Nun die verschrundeten Firnhänge nach SW aufsteigen, die Eis-

brüche am Fuß des Ostsporns S umgehend, in die Firnmulde SO des Fiescher Gabelhorns. Der Bergschrund unter dem Gabelhornsattel wird meist ziemlich stark N (in einem Bogen nach rechts ausholend) überschritten und darauf der Sattel in einem Schräganstieg über einen steilen Firnhang erreicht. Vom Sattel nach NW über den brüchigen Blockgrat auf den Gipfel, wobei einzig eine etwa 8 m hohe Steilstufe in halber Höhe rechts (O) umgangen wird.

• 1194 Nordostgrat

IV— (Stellen) und III.Etwa 5 Std. von der Hütte auf den Gipfel. G 5—6. Steile und exponierte Kletterei in verhältnismäßig gutem Fels (Gneis/Schiefer). Siehe Abb. S. 365.

Zugang: Von der Finsteraarhornhütte auf den Fieschergletscher und diesen nach S traversieren zum Fuß des Weißnollen-Ostgrates. Über die von großen Schründen durchzogene Ostflanke in den weiten Firnsattel zwischen Weißnollen und Fieschergabelhorn (P. 3532). Über einen Firnrücken und einen Firnhang zu den untersten Felsen.
Führe: Direkt über die steile Gratkante auf den Gipfel (einzelne Stellen können auch in der plattigen Ostflanke umgangen werden).

• 1195 Schönbühlhorn, 3854 m

Das Schönbühlhorn bildet von O gesehen eine schlanke Pyramide, deren eine Kante schnurgerade nach NO abfällt und die andere nach SO ins Schönbühljoch (3726 m, ohne Namen und Kote in der LK 50). Vom Schönbühljoch ziehen sich nach S und O zwei schmale und steile Eisrinnen auf die darunterliegenden Gletscher. Der ganze Berg, vor allem die Süd- und Westflanke, bestehen aus sehr brüchigem Gestein, so daß einzig die Längsüberschreitung im Hauptkamm alpinistisch von Interesse ist. Mit **Ski** auf R 1193 in den Gabelhornsattel und zu Fuß über den NW-Grat.

• 1196 Nordwestgrat

1 Std. vom Gabelhornsattel und 4—4½ Std. von der Finsteraarhornhütte. G 3—4. Normal- und Skiroute. Siehe Abb. S. 365.

Vom Gabelhornsattel (siehe R 1193) über einen Firngrat auf den Westgipfel und über den Verbindungsgrat über vier Türme hinweg auf den Hauptgipfel.

• 1200 Groß Wannenhorn, 3905,9 m

Höchster Gipfel der Walliser Fiescherhörner, prächtiger Aussichtspunkt. Die Normalroute und vielbegangene Skiroute führt über die vergletscherte Ostflanke. Gegen die Finsteraarhornhütte fällt der Gipfel in einer 400 m hohen steilen Fels(Eis-)wand ab. Die Süd- und Westflanke besteht aus brüchigen Felswänden, die auf den Wannenhorn-und Schönbühlgletscher abfallen. Der Südgipfel (zugleich Skigipfel) ist 3898 m hoch und vom Hauptgipfel durch eine Firnmulde getrennt. Am interessantesten ist die Überschreitung über den Hauptkamm vom Schönbühlhorn her. Das Groß Wannenhorn ist der schönste Skigipfel von der Finsteraarhornhütte aus.

★ 1201 Ostflanke

4—5 Std. von der Hütte auf den Gipfel. G 3. Normal- und Skiroute. Große Spalten. Siehe Abb. S. 365.

Übersicht: Die Normalroute führt über den mit großen Schründen durchzogenen namenlosen Gletscher, der von der Firnkuppe P. 3611 O des Gipfels nach NO abfließt und zwischen P. 3107 und P. 2840 in den Fieschergletscher mündet. Von der Firnkuppe leitet ein Firnrücken direkt auf den Hauptgipfel.

Zugang: Von der Finsteraarhornhütte auf den Fieschergletscher und je nach Spaltenverhältnissen nach SO traversieren zum Fuß von P. 3107.

Führe: Nun ungefähr in der Mitte des namenlosen Gletschers oder in der nördl. Hälfte (je nach Spalten) nach SW in den Sattel W der Firnkuppe (3611 m).

Vom Sattel über einen steilen Firnhang und über den daran anschließenden Firnrücken auf den Hauptgipfel (nicht zu nahe an die Abbrüche der Nordwand!)

Walliser Fiescherhörner von Osten

Die vergletscherte Seite dieses Gebirgskamms ist wie geschaffen für Skitouren. Das Gr. Wannenhorn gilt als schönste Skitour von der Finsteraarhornhütte aus und wird natürlich sehr häufig begangen. Der Aufstieg (R 1201) ist jedoch spaltenreich und hat im Nebel seine Tücken! Daß Fieschergabelhorn und Schönbühlhorn im Winter nicht öfter bestiegen werden, ist völlig unerklärlich: hier könnte man dem Getümmel im Frühjahr für einige Stunden entfliehen und genösse auf dem Fieschergabelhorn erst noch eine der schönsten und umfassendsten Rundsichten der Berner Alpen. Im Sommer bietet die NO-Kante dieses Berges (R 1194), verbunden mit einer Gesamtüberschreitung des Kammes bis aufs Gr. Wannenhorn (R 1203) ein großzügiges Unternehmen.

Kl. Wannenhorn
1208
Wannenhornsattel
3549
1202
3611
Gr. Wannenhorn
Triftgrat
1201
2840
1203
Schönbühlhorn
1196
3359
3107
2901
Gabelhornsattel
1193
Fiescher Gabelhorn
1194
353
zur Finsteraarhornhütte

● 1202 **Südostgrat**
1½ Std. vom Wannenhornsattel. G 4. Siehe Abb. S. 365.

Vom Wannenhornsattel (siehe R 1208) wendet man sich nach NW und gewinnt über einen Fels- bzw. Firngrat eine Firnkuppe. Der nun folgende sehr schmale Reitgrat führt zu einem Turm, den man in seiner W-Flanke umgeht. Wieder auf den Grat zurück und auf ihm bis zum Fuß eines zweiten Felsturms. Dieser wird rechts (O) umgangen, indem über eine Steilplatte etwa 10—15 m abgestiegen und der Turm in festem Fels gequert wird. Man erreicht einen Firnhang, der direkt zum Gipfel des Groß Wannenhorns führt.

● 1203 **Übergang vom Schönbühlhorn aufs Groß Wannenhorn**
IV— (kurze Stellen) und III. Etwa 3 Std. vom Schönbühlhorn. G 6. Siehe Abb. S. 365.

Vom Schönbühlhorn über den SO-Grat (Fels und Schutt) ohne Schwierigkeiten ins Schönbühljoch absteigen, wo auf beide Seiten enge und steile Firncouloirs abfallen. Die folgenden zwei Felsköpfe umgeht man auf der Aletschseite. Man erreicht einen zweiten, etwas höher gelegenen Sattel. Nun über den Groß Wannenhorn-NW-Grat, der sich in drei Stufen aufschwingt und immer steiler wird. Über die erste Stufe entweder über die Gratkante oder O davon über Schnee. Nun steiler direkt über die Kante des 2. Aufschwungs. Der 3. Aufschwung ist noch steiler. Er wird exponiert direkt über die Kante erklettert. Dann über einige kleinere Türme hinweg auf das Groß Wannenhorn.

● 1207 **Klein Wannenhorn,** 3706,7 m

Interessanter Kletterberg mit erstklassigen Kletterrouten auf der SO-Seite. Lohnender Skiberg vom Aletschgletscher aus.

★ 1208 **Über den südlichen Wannenhorngletscher in den Wannenhornsattel und über den Nordgrat**
Etwa 5 Std. von der Konkordiahütte. G 2. Da die Konkordiahütte auch für die W-Anstiege im südlichen Teil der Walliser Fiescherhörner (Wannenhörner) günstiger als der Kühboden am Eggishorn liegt, wird der Anstieg zum Wannenhornsattel vom Konkordiaplatz her beschrieben. Siehe Abb. S. 365.

Von der Konkordiahütte steigt man zum Konkordiaplatz ab und wendet sich nach S. Talaus wird der Große Aletschgletscher an seinem orogr. linken (O) Rand bis etwa 2500 m (Einbuchtung zwischen Hinterem und Vorderem Rinderturm) begangen. (Hierher auch von der Mittelstation der Eggishorn-Seilbahn; R 883). Hier verläßt man den Gro-

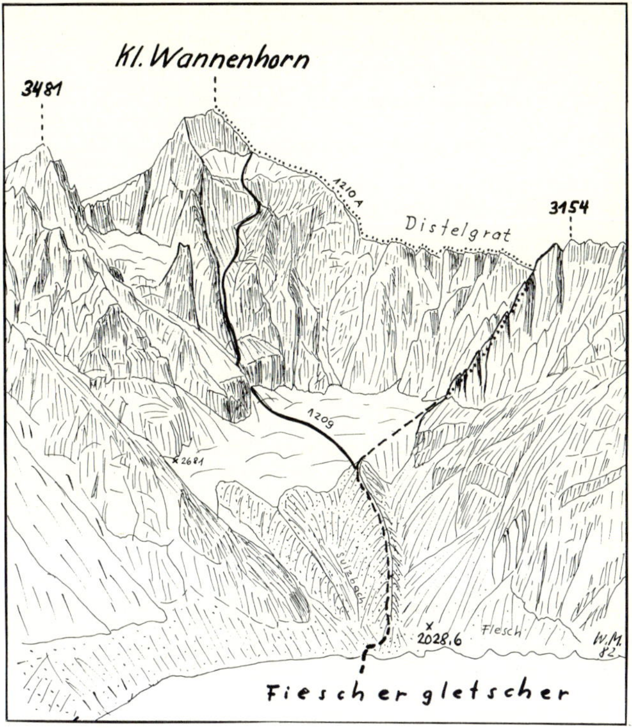

Klein Wannenhorn

ßen Aletschgletscher und steigt in südöstl. Richtung über Gras- und Geröllhänge zum südl. Arm des Wannenhorngletschers empor. Nun in NO-Richtung, die spaltenarmen Hänge des südlichen Gletscherarmes bis zum wenig ausgeprägten Wannenhornsattel ersteigen, der sich näher am Klein Wannenhorn befindet. **Skidepot** im Sattel. Vom Sattel über den leichten Blockgrat auf den Gipfel.

PS: Der Wannenhornsattel (3672 m) trägt auf der LK 50 weder Namen noch Kote. Genauer Standort = KS 651020 / 148450.

● 1209 **Südostwand**

Diehl, Baumgartner, 1935. **IV** (Stellen) und III. Etwa 7 Std. vom E. G 7. 700 m hohe Felswand, schöne und interessante Kletterei, großzügige Wandroute in festem plattigem Aaregranit, zu Unrecht sehr selten begangen. Siehe Skizze S. 367

Übersicht: Die Wand wird O vom Distelgrat und W von einem kleinen Hängegletscher begrenzt, der von der Lücke zwischen P. 3481 (= nördl. Wannenzwilling) und Klein Wannenhorn nach SO abfließt. Die östliche Wandhälfte ist senkrecht bis überhängend und weist bis heute keine Route auf. Der Anstieg der Erstbegeher führt diagonal vom Fuß des SO-Pfeilers, — er fällt vom Südgipfel ab und begrenzt S die Wand — nach rechts hoch auf den Distelgrat, der über ein charakteristisches Firnband erreicht wird, das die steile, etwa 100 m hohe Gipfelwand von der übrigen Wand trennt.

Zugang und Ausgangspunkt: Man bezieht am besten ein **Biwak** auf etwa 2800 m am O-Rand des namenlosen Gletschers am Wandfuß, zuoberst auf einer Moräne, die sich parallel zum Sulzbach auf den Fieschergletscher herunterzieht. Da die Abstiegsroute über den Distelgrat zum Biwakplatz zurückführt, kann man das Biwakmaterial zurücklassen. Auf R 1169 zum P. 2028,6 (Flesch) und am orogr. linken (NO) Ufer des Sulzbachs über die Moräne empor zum Biwakplatz. 5—6 Std. von Fieschertal.

Der Hängegletscher weist auf etwa 3100—3200 m einen großen Abbruch auf. Die östliche Begrenzung dieses Abbruchs wird von einem auffälligen Felszahn gebildet. Zwischen diesem Felszahn und dem SO-Pfeiler zieht sich ein enges Firncouloir zum Wandfuß, das den Durchstieg über die unterste senkrechte Wandstufe ermöglicht. Couloirmündung KS 651550 / 147775. E ½ Std. vom Biwakplatz.

Führe: Das Couloir etwa 50 m empor, bis man nach rechts auf den Pfeiler queren kann. Rechtshaltend bis zum W-Rand der 1. Terrasse O des Pfeilers. Die folgende plattige Steilstufe wird am westlichen Rand von einer tiefen Rinne durchzogen. In ihr empor (II u. III, eine Verschneidung 30 m, IV) und nach rechts hoch auf die 2. Terrasse. Die nächste plattige Steilstufe zwischen Terrasse und Firnband wird in der Gipfelfallinie von zwei ausgewaschenen Wasserrinnen durchzogen. In der östlichen Rinne hinauf, bis man auf einem Band nach rechts auf einen Felsrücken queren kann, der die östliche von der westlichen Wandhälfte trennt. Vom Felsrücken stark nach links ausholend auf das Firnband empor und auf ihm nach rechts auf den Distelgrat. Über den Grat auf den Gipfel.

● **1210 A Abstieg über Distelgrat und Südwestflanke zum Biwak**
III. Etwa 4 Std. G 5. Siehe Skizze S. 367.

Über den Gipfelgrat zurück auf das Firnband, das hier einen Firngrat bildet. Diesen Firngrat absteigen. Es folgt ein steiler Felsgrat, den man direkt auf der Gratkante abklettert (das steilste Stück kann man auch links (N) umgehen). Ein weiterer Firngrat führt zu einer Felskanzel. Von der Kanzel 30 m in eine kleine Scharte abseilen. Die folgenden kleinen Felszacken umgeht man links (N), worauf man noch einmal 30 m in die zweite Scharte abseilt. Darauf zwei Felstürme überschreiten und die folgenden Zacken wieder links (N) umgehen und durch ein Felsfenster zurück auf die Gratkante. In die dritte, markanteste Scharte abklettern, die sich NW von P. 3154 befindet. Hier verläßt man den Distelgrat und steigt nach SW durch ein steinschlägiges Firn(Schutt-)couloir ab. Es führt auf den Gletscher am Wandfuß und zurück zum Biwakplatz.

9. Grünhorn — Fiescherhörner — Finsteraarhorn

A. Begrenzung

Im W Ewigschneefeld — Unteres Mönchsjoch, im N Grindelwalder Fieschergletscher, im O Unterer Grindelwaldgletscher — Oberes Eismeer — Finsteraarjoch — Oberes Studerjoch — Studerfirn, im S Galmigletscher — Fieschergletscher — Grünhornlücke — Grüneggfirn.

B. Karten

LK Nr. 264 Jungfrau und Nr. 254 Interlaken, evtl. Nr. 265 Nufenenpaß (für Oberaar — Grimsel).

C. Allgemeine Beschreibung

Dieses Massiv ist das einzige in den Berner Alpen, das vollständig und lückenlos von Gletschern umflossen ist. Vier große Gletscher entströmen ihm: Ewigschneefeld — Großer Aletschgletscher, Walliser Fieschergletscher, Finsteraar- und Lauteraargletscher, Unterer Grindelwaldgletscher.
Vier von den insgesamt neun Viertausendern entragen dem Massiv, darunter der höchste, das Finsteraarhorn, mit 4273,9 m und der niedrigste, das Hinter Fiescherhorn, mit 4025 m.
Groß Grünhorn und Finsteraarhorn bilden die beiden Schenkel eines Hufeisens und die Fiescherhörner die Stirnseite, die mit der mächtigen Fiescherwand gegen Grindelwald abfällt. Zwischen den Schenkeln fließt der Walliser Fieschergletscher nach S ins Wallis ab. Gegen N und O fällt das Massiv in gewaltigen, bis 1200 m hohen Steilwänden ab (Fiescherwand, Finsteraarhorn-NO-Wand, während von W und S die Gletscher sehr weit hinaufreichen und die verhältnismäßig einfachen Normalanstiege ermöglichen. Die ausgedehnte Vergletscherung ist günstig für **Skitouren.** Allerdings kann keiner der großen Gipfel bis ganz hinauf mit Ski begangen werden.

Als **Ausgangspunkte** für fast alle Touren dienen die Konkordiahütte, die Berglihütte, die Schreckhornhütte, die Oberaarjochhütte und die Finsteraarhornhütte, die alle rund um das Massiv herum angeordnet sind. Die Fiescherhörner können auch vom Jungfraujoch über das Obere Mönchsjoch angegangen werden, beziehungsweise von der neuen Mönchsjochhütte.
Die am häufigsten bestiegenen Gipfel sind Groß Grünhorn, Groß Fiescherhorn und Finsteraarhorn, sowohl im Sommer wie auch im Winter und Frühjahr **mit Ski.** Das Grünhorn, die beiden Fiescherhörner und der Eiger wurden von einheimischen Führern auch schon an einem Tag überschritten!
Die ganze Gruppe gehört zum **Aarmassiv** und baut sich aus **kristallinen Gesteinen** auf. Granit finden wir am Grünegg, im unteren Teil des Finsteraarhorn-SO-Grates, am Finsteraarrothorn und am Pfaffenstöckli. Grünhorn und Finsteraarhorn sind aus Amphibolit aufgebaut (ein metamorphes Gestein). Die Fiescherhörner und der Ochs bestehen aus Gneis und Schiefer, die charakteristisch nach SO einfallen und auf der NW-Seite gutgestufte, aber meist brüchige Schichtköpfe bilden. Die Übergänge Grünhornlücke, Fieschersattel und Gemslücke befinden sich in einer Schieferzone.

D. Talorte und Ausgangspunkte

• **1220** **Goppenstein,** siehe R 509. Ausgangspunkt für Lötschenlücke — Konkordiahütte.

• **1221** **Jungfraujoch,** siehe R 508. Ausgangspunkt für Konkordia-, Bergli- und Finsteraarhornhütte.

• **1222** **Grindelwald,** siehe R 1012. Ausgangspunkt für die Schreckhornhütte.

• **1223** **Meiringen — Grimsel,** siehe R 1626 und R 1371. Ausgangspunkt für die Oberaarjochhütte und das Aarbiwak.

• **1224** **Fiesch,** siehe R 874. Ausgangspunkt für die Finsteraarhornhütte und Talstation der Luftseilbahn Eggishorn. Die Zwischenstation Kühboden ist Ausgangspunkt für die Konkordiahütte.

E. Clubhütten, Berggasthäuser und Hotels

● 1230 **Konkordiahütte,** siehe R 526. Ausgangspunkt für Grünegghorn, Grünhorn und Fiescherhörner.

● 1231 **Mönchsjochhütte,** siehe R 1042. Ausgangspunkt für Fiescherhörner, Walcherhorn und Grünhorn.

● 1232 **Berglihütte,** R 1038. Ausgangspunkt für Walcherhorn und Fiescherhörner.

● 1233 **Schreckhornhütte,** siehe R 1496. Ausgangspunkt für die Ostanstiege auf den Ochs und für Finsteraarhorn via Finsteraarjoch und Agassizjoch.

● 1234 **Aarbiwak,** siehe R 1520. Ausgangspunkt für Finsteraarjoch.

● 1235 **Oberaarjochhütte,** siehe R 1385. Ausgangspunkt für Finsteraarhorn-Ostsporn und Gemslücke.

● 1236 **Finsteraarhornhütte,** siehe R 1165, zentral gelegene Hütte für alle Gipfel des Massivs.

F. Pässe und Übergänge

● 1240 **Fieschersattel,** 3923 m

Dieser Sattel trägt in der LK 50 nur eine Höhenkote (P. 3923), aber keinen Namen. Er trennt das Groß Fiescherhorn vom Hinter Fiescherhorn und dient als Ausgangspunkt zu den beiden Fiescherhörnern und als selbständiger Übergang vom Ewigschneefeld zum Walliser Fieschergletscher (vom Mönchsjoch zur Finsteraarhornhütte). Der Fieschersattel ist nicht zu verwechseln mit dem Fiescherjoch (= P. 3694, SO vom Gipfel des Ochs), das jedoch als Übergang keine praktische Bedeutung hat.

★ 1241 **Von der Finsteraarhornhütte über den Walliser Fieschergletscher.**

4½ Std. G 3. Im Spätsommer oft unpassierbare Eisbrüche. Eine eisschlaggefährliche Passage. Landschaftlich sehr schöne Gletschertour. Auch mit Ski.

Von der Finsteraarhornhütte über den flachen Fieschergletscher Richtung Fiescherhörner bis dort, wo die Höhenkurve 3260 m auf der LK einen scharfen Knick macht, W von P. 3443,8. Von hier in nordöstl. Richtung über den oft stark zerschrundeten Steilhang empor (Eisschlag!), bis man nach links die flacheren Hänge oberhalb des Abbruchs betreten kann. Nun in der Gletschermulde Richtung Ochs bis etwa 3700 m. Dann nach W abschwenken und zuletzt über die flache Firnhochebene in den Sattel zwischen den beiden Fiescherhörnern.
Dies ist auch die **Skiroute.** Sehr schöne Abfahrt auf der Aufstiegsroute.

★ 1242 **Vom Ewigschneefeld.**
4—5 Std. von der Konkordia- und der Mönchsjochhütte.
G 3—4. Siehe Abb. S. 381.

Zwischen den SW-Rippen des Groß und Hinter Fiescherhorns fließt ein Gletscher aufs Ewigschneefeld ab, der zum Aufstieg benutzt wird. Am wenigsten Spalten trifft man an, wenn man parallel zur SW-Rippe und an der Westwand des Hinter Fiescherhorns entlang aufsteigt, wo der Gletscher eine spaltenarme Mulde bildet. Der große Bergschrund (etwa 3820 m) wird meist nicht in der Fallinie des Sattels, sondern mehr W, dem Groß Fiescherhorn zu, überschritten und darauf der steile Firnhang stufenschlagend schräg rechts aufwärts in die Fallinie gequert, wo man auf brüchige Felsen trifft. Über diese losen Schieferfelsen schwach linkshaltend in den Sattel hinauf (Steinschlag bei mehreren Seilschaften!). Im Winter reicht der Firn sehr hoch hinauf und erleichtert die Besteigung der brüchigen Felsen. Vom Bergschrund in den Sattel müssen die Ski getragen werden.

● 1245 **Unteres Mönchsjoch,** 3529 m

Übergang zur Berglihütte, siehe R 1039.

● 1248 **Finsteraarjoch,** 3293 m

Dieser landschaftlich großartige Übergang vom Oberen Eismeer („Ischmeer") auf den Unteraargletscher liegt zwischen Agassizhorn und Nasser Strahlegg. Zum Übergang von der Schreckhorn- in die Lauteraarhütte wird jedoch meist der Strahleggpaß gewählt. Das Finsteraarjoch dient hauptsächlich (in Verbindung mit dem Agassizjoch) als Übergang von der Schreckhorn- in die Finsteraarhornhütte. Bei günstigen Schnee- und Gletscherverhältnissen prachtvoller Skiübergang, vor allem in Kombination mit dem Zugang vom Eismeer (siehe R 1499): Die **Rundtour** Eismeer — Zäsenberg — Schreckhornhütte — Finsteraarjoch — Lauteraarhütte — Lauteraarsattel — Rosenegg — Rosenlauigletscher — Rosenlauibiwak — Rosenlaui — Grindelwald zählt zum Anspruchsvollsten und Schönsten, was man in den Berner Alpen mit Ski unternehmen kann!

Von Norden

★ **1249 Von der Schreckhornhütte**

4 Std. G 2—3. Diese Routc vcrmcidet die großen Eisbrüche völlig und ist, obwohl etwas länger, zeitlich immer kürzer als ein direkter Aufstieg durch die komplizierten Eisbrüche.

Aufs Obere Eismeer und auf dem alten Hüttenweg (in der LK eingezeichnet) zum Hüttenplatz der ehemaligen Strahlegghütte (KS 651150/157820). Vom Hüttenplatz über Schutt und leichte Felsen (Rundbuckel) nach SO und ein Firnfeld traversieren zum P. 2922. Nach O durch eine Firnmulde Richtung Nasse Strahlegg aufsteigen bis etwa 3100 und wieder nach SO schräg rechts über steile Firnhänge hinauf (dabei die Felsen, die sich vom P. 3454 nach W herunterziehen, rechts umgehend) auf die sanftgeneigten Firnfelder N der Nassen Strahlegg. Nun ungefähr der Höhenkurve 3300 folgend nach S ins Finsteraarjoch.

★ **1250 Vom Aarbiwak (oder Lauteraarhütte)**

3—3½ Std. vom Aarbiwak, 5—6 Std. von der Lauteraarhütte. G 3—4. Das Aarbiwak kürzt den sehr langen Zugang über den Unteraargletscher erheblich ab. Anspruchsvolle Gletschertour. Sehr schön mit Ski. Siehe Abb. S. 400/401.

Vom Aarbiwak absteigen auf den Strahlegg-Gletscher und nach S über den Finsteraargletscher an den Fuß des Studerhorn-NO-Grates. Nun am Fuße der Studerhorn-Nordwand entlang aufsteigen (rechterhand große Eisbrüche), dann nach NW abbiegend am Fuße der mächtigen Finsteraarhorn-NO-Wand entlang (wegen Steinschlag nicht zu nahe an letztere heran!), zuletzt sehr flach ins Finsteraarjoch.

● **1253 Agassizjoch,** 3749 m

Zwischen Agassizhorn und Finsteraarhorn. Übergang von der Schreckhorn- in die Finsteraarhornhütte in Verbindung mit R 1249. Ausgangspunkt für den Finsteraarhorn-NW-Grat und für die Normalroute aufs Agassizhorn.

Von Südwesten

★ **1254 Von der Finsteraarhornhütte**

2—2½ Std. G 2. Einfache Gletschertour, Eisschlaggefahr.

Auf den Fieschergletscher und am Ostufer entlang aufsteigen zum Fuße des Felssporns, der vom P. 3406 nach SW abfällt. Links (W) um den Sporn herum und über die oft zerschrundeten Firnhänge nach NO ins Agassizjoch empor, wobei man sich im mittleren Teil wegen Eisschlaggefahr möglichst links (N) hält.

Von Osten

● 1255 Vom Finsteraarjoch

2—3 Std. G 4. Auch zum Abstieg geeignet. Steinschlaggefahr (Morgensonne!). Siehe Abb. S. 400/401.

Man traversiert horizontal nach S an den Fuß des etwa 400 m hohen und 45 Grad geneigten Firncouloirs, das sich vom Agassizjoch auf den Finsteraargletscher herabzieht. In der Couloirachse über den großen Bergschrund und dann diagonal nach rechts ansteigen zum Beginn einer brüchigen Felsrippe, die sich vom Agassizhorn-SO-Grat herabzieht, etwa 3500 m. Über diese Rippe empor bis etwa 100 m unterhalb des Agassizjochs (Wegspuren). Hier horizontal nach links (S) traversieren über ein Eiscouloir auf eine Parallelrippe, die man erklettert. Zuoberst quert man nach links ins Agassizjoch.
NB: Bei ganz günstigen Firnverhältnissen kann man das Firncouloir auch direkt ersteigen, vor allem wenn die Felsen verschneit oder vereist sind.

● 1256 Übergang Schreckhornhütte — Finsteraarhornhütte

Siehe R 1249, R 1255 und R 1254. 8—9 Std. In umgekehrter Richtung etwa 1 Std. weniger.

● 1260 Gemslücke (Gemschlicke), 3335 m

Zwischen Finsteraarhorn und Finsteraarrothorn. Übergang von der Finsteraarhornhütte zur Oberaarjochhütte. Oft begangen. Im Sommer kürzester Übergang, im Winter mit Ski besser über das Rotloch (siehe R 1388).

Von Westen

● 1261 Von der Finsteraarhornhütte

2—2½ Std. G 2. Steinschlaggefahr im Couloir.

Auf den Fieschergletscher und am Ostufer entlang zum KS 653/152 absteigen. Dann über Schutt und Firn an den Fuß des Couloirs, das direkt in die Lücke führt. Das Couloir ist etwa 150 m hoch. Bei gutem Firn kann es direkt durchstiegen werden. Normalerweise quert man jedoch auf die südl. Begrenzungsrippe (brüchig, Pfadspuren) und ersteigt sie bis in die Lücke.

Von Osten

● **1262 Von der Oberaarjochhütte**
1½ Std. G 1. Einfache Gletschertour.

Ins Oberaarjoch und nach W auf den Studerfirn absteigen, den man ohne Schwierigkeiten bis in die Gemslücke ersteigt.

● **1265 Grünhornlücke,** siehe R 1175.

G. Gipfelbesteigungen

● **1270 Grünegghorn,** 3860 m

Der Westgipfel ist mit 3787 m vermessen. Er ist mit dem Hauptgipfel, 3860 m, durch einen Felsgrat verbunden. Das Grünegghorn wird meist bei der Grünhornbesteigung von der Konkordiahütte aus überschritten (R 1277). Es ist aber auch ein selbständiges Tourenziel, vor allem der Westgipfel **mit Ski.**

● **1271 Von der Konkordiahütte über den Grüneggfirn und den Südwestgrat**
3—4 Std. G 3. Dies ist die Normalroute und führt zur Hauptsache über Gletscher und Firn. Siehe Abb. S. 379.

Auf den Konkordiaplatz absteigen. Über den Grüneggfirn Richtung Grünhornlücke bis etwa 3000 m. Hier nach N abbiegen und über leicht zerschrundete Firnhänge Richtung Vorgipfel bis etwa 3400 m, W vom Fußpunkt des Sporns, der sich vom P. 3738 nach S herabzieht. Sich hier nach W wendend über einen Firnhang und ein steiles Firncouloir auf den SW-Rücken des Grünegghorns, den man etwa 300 m NNO P. 3475 erreicht. Über den Firnrücken auf den Westgipfel und über den felsigen Verbindungsgrat auf den Hauptgipfel.

★ **1272 Skibesteigung vom Ewigschneefeld**
Bei sehr günstigen Schneeverhältnissen können die Ski bis auf den Skigipfel, P. 3787, genommen werden. Spaltengefahr beachten. Interessanter als die Route über den Grüneggfirn. 4 Std. von der Hütte. Abfahrt auf der gleichen Route. Siehe Abb. S. 379.

Von der Konkordiahütte auf den Konkordiaplatz und W am Grünegg vorbei zur Einmündung des Ewigschneefeldes. Rechts der großen Abbrüche durch eine spaltenarme Mulde empor Richtung P. 3135 bis oberhalb der Brüche, etwa 3100 m. Hier wendet man sich nach SO. Der folgende Steilhang wird von einem Serakband unterbrochen. Auf etwa 3200 m findet man ein Band, auf dem man von links nach rechts aufsteigend zwischen den Eisbrüchen durchqueren kann. Oberhalb des Abbruchs in gleicher Richtung weitersteigen bis etwa 3250 m. Nun auf dem schmalen Gletscher nach NO in den tiefsten Punkt N vom P. 3475, wo R 1271 einmündet. Nach N an den Fuß eines 100 m hohen Steilhangs, den man direkt ersteigt. Er legt sich auf etwa 3600 m zurück. Weiter in gleicher Richtung zum steilen Gipfelhang. Bei guten Schneeverhältnissen **mit Ski** bis auf den Gipfel, P. 3787.

• 1276 **Groß Grünhorn**, 4043,5 m

Seiner zentralen Lage wegen prächtiger Aussichtspunkt inmitten mächtiger Eisströme. Das Grünhorn ist auf der Westseite hoch hinauf vergletschert und deshalb von dieser Seite für eine Skibesteigung günstig. Im Sommer verläuft die Normalroute von der Konkordiahütte aus über das Grünegghorn und den SW-Grat und stellt eine interessante und abwechslungsreiche Hochtour dar. Nach NNW fällt ein kurzer, aber sehr steiler Felsgrat zum Klein Grünhorn ab, der anspruchsvolle Kletterei bietet. Auch von der Finsteraarhornhütte aus kann der SW-Grat erreicht werden, aber die SO-Wand ist von dieser Seite interessanter. Die schwierigste Kletterei finden wir am Ostpfeiler. Die schönste Traversierung führt über den Hauptkamm von der Klein Grünhornlücke aufs Grünegghorn (von der Mönchsjoch- in die Konkordiahütte).

• 1277 Über das Grünegghorn und den Südwestgrat von der Konkordiahütte aus

5—6 Std. G 3—4. Einfachste Route aufs Grünhorn und Normalroute von der Konkordiahütte aus. Siehe Abb. S. 383.

Auf R 1271 auf das Grünegghorn und über den steilen Felsgrat absteigen in die Lücke zwischen Grünegghorn und Grünhorn (hierher auch auf R 1278 und 1279). Von der Lücke, etwa 3800 m, über den felsigen SW-Grat auf den Gipfel, sich dabei eher etwas auf der Westseite des Grates haltend.

★ 1278 Über die Westflanke und den Südwestgrat vom Ewigschneefeld

6—7 Std. von der Konkordiahütte. G 4—5. Bei günstigen

Spaltenverhältnissen interessante Gletschertour. Kann im Spätsommer der großen Spalten wegen unpassierbar sein. Eisschlaggefährliche Passagen. Frühere Normalroute von der Konkordiahütte aus. Das Auffinden der günstigen Route im Spaltenlabyrinth verlangt Spürsinn und Erfahrung. Siehe Abb. S. 379.

Von der Konkordiahütte wie bei R 1296 auf das Ewigschneefeld zum P. 3135. Nun N vom P. 3384 über den sehr stark verschrundeten Gletscher Richtung Klein Grünhorn bis auf das große Gletscherplateau am südl. Fuße der felsigen Groß-Grünhorn-Westwand, etwa 3540 m. Von hier nach rechts (SO) abbiegend über den folgenden Steilhang (linkerhand große Eisbrüche) auf kleines Plateau. Nun Richtung Groß Grünhorn nochmals über einen Steilhang, bis man ohne große Schwierigkeiten nach rechts in den Sattel zwischen Grünegghorn und Groß Grünhorn queren kann. Vom Sattel auf R 1277 auf den Gipfel. Oder, ohne den Sattel zu berühren, direkt auf den SW-Grat aufsteigen, den man ungefähr in seiner Mitte betritt.
Vom großen Gletscherplateau auf 3540 m bis in den Sattel besteht Eisschlaggefahr vom Grünegghorn her!
Dies ist auch die **Skiroute.** Nur für erfahrene Skihochtouristen, die am Seil fahren können.

★ 1278a Variante

Man kann auch von der Mönchsjochhütte das Ewigschneefeld erreichen und über dieses zum P. 3135 absteigen und den oben beschriebenen Anstieg mit einem zeitlichen Mehraufwand von etwa 1 Std. angehen.

Grünhornlücke von Westen
Das Gebiet rund um die Konkordiahütten (am rechten Bildrand) ist vor allem als prächtiges Frühjahrs-Skitourengebiet bekannt: von hier aus lassen sich Dreieckhorn, Gletscherhorn, Kranzberg, Trugberg, Gr. Fiescherhorn, Gr. Grünhorn und Grünegghorn mit Ski besteigen. Die Skibesteigung des Gr. Grünhorns vom Ewigschneefeld aus (R 1278) ist wohl sehr schön, der mächtigen Spalten und des Eisschlags wegen jedoch problematisch. Deshalb begnügt man sich im Winter häufig mit dem Grünegghorn, das auf R 1272 eine rassige Besteigung ermöglicht. Die Normalroute im Sommer (R 1271) führt über das Grünegghorn und zählt zu den abwechslungsreichsten Touren des Gebiets.

Kamm
Weissnollen
Faulberg
Grünhornlücke
Finsteraarhorn
Grünegghorn
Gross Grünhorn
Grünegg
Ewigschneefeld
Konkordiaplatz

● 1279 Nordnordwestgrat

IV— (kurze Stellen), sonst III. 3½ Std. von der Lücke. 7—7½ Std. von der Hütte. G 6—7. Interessante, sehr schöne Kletterei in festem Amphibolit. Der Zugang vom Ewigschneefeld in die Lücke zwischen Klein und Groß Grünhorn dürfte nur im Frühsommer möglich sein, solange die Spalten noch gut überbrückt sind. Später steigt man besser in die Klein Grünhornlücke auf und überschreitet zuerst das Klein Grünhorn (R 1296, R 1289 und R 1292). Siehe Abb. S. 383.

Von der Konkordiahütte auf R 1278 auf das Gletscherplateau (etwa 3540 m) am Fuße der Groß-Grünhorn-Westwand. Der Westwand entlang (Achtung auf Eisschlag von rechts) nach NO in die Lücke zwischen Klein und Groß Grünhorn. 3½—4 Std. Über einen Blockgrat an die erste Steilwand, die an der linken (O) Begrenzung erklettert wird. Weiter über den steilen Grat und nach rechts ein Couloir querend auf einen westlichen Seitengrat, der wieder auf den Hauptgrat zurückleitet. Nun alles über den Grat (evtl. eine einzige kurze Umgehung im W) auf den Gipfel.

● 1280 A Abstieg

Man folgt alles der Gratkante und seilt über die Steilstufen ab.

● 1281 Südwestgrat von der Finsteraarhornhütte

5 Std. G 4. Weniger empfehlenswert als R 1277. Siehe Abb. S. 383.

Übersicht: Die Normalroute von der Finsteraarhornhütte aus führt über einen Seitenarm des Fieschergletschers in die Lücke zwischen Grünegghorn und Grünhorn und über den SW-Grat.

Zugang: Von der Finsteraarhornhütte dem Grünhornlückenweg folgend bis auf etwa 3100 m, wo man nach NW abbiegt und den Gletscherarm zwischen Grünhorn-SO-Grat und Grünegghorn-SO-Grat er-

Fiescherhörner von Westen
Im Vordergrund verdeckt ein Ausläufer des Trugbergs das Ewigschneefeld. Der Fiescherсattel verbindet das Ewigschneefeld mit dem (Walliser) Fieschergletscher und ermöglicht den Übergang von der Mönchsjoch- in die Finsteraarhornhütte. Die Besteigung der Fiescherhörner vom Fiescherсattel aus bietet kaum Probleme, hingegen ist der Sattel selbst von beiden Seiten nicht leicht erreichbar. Am lohnendsten ist die Überschreitung der beiden Fiescherhörner von Nord nach Süd.

Gross Fiescherhorn
Hint. Fiescherhorn
Kl. Grünhornlücke
3739
Fieschersattel
3923
3981
Schreckhorn
1242
1304
3415
3408
Konkordia
Konkordia
Mönchjoch

steigt bis 3400 m. Nun über immer steiler werdende Firnhänge Richtung Lücke, zuletzt durch ein heikles Fels-(Schnee-)couloir in die Lücke selbst. Oft sehr großer Bergschrund!
Führe: Weiter auf R 1277 über den SW-Grat auf den Gipfel.
Mit Ski bis 3400 m.

● 1282 Südostgrat und Südostwand von der Finsteraarhornhütte
III (Stellen). 5 Std. G 5—6. Sehr schöne Gletscher- und Felstour. 5 Std. Siehe Abb. S. 383.

Auf R 1281 bis etwa 3400 m. Hier nach N abbiegen und W vom P. 3585 durch eine Eisrinne auf den SO-Grat. Nach NW über den Firnrücken und über eine sehr steile Firnzunge in die steilen Felsen der SO-Wand, die direkt auf den Gipfel erklettert werden.

● 1283 Ostpfeiler
V— (♂), meist III und IV. Etwa 8 Std. vom E auf den Gipfel. G 8. Rassige Felskletterei in gutem Fels. 650 m Wandhöhe. Sehr schwierig. Alle Haken müssen selbst geschlagen werden. In der Schwierigkeit vergleichbar mit dem Schreckhorn-Südpfeiler. Eine der schönsten hochalpinen Felstouren der Berner Alpen. Erst 1967 erstbestiegen. Eisausrüstung mitnehmen! Siehe Abb. S. 383.

Übersicht: Der nicht sehr ausgeprägte Pfeiler trennt die SO- von der NO-Wand. Vom Kopf des ersten markanten Pfeileraufschwungs zieht sich links (S) ein schmales Schneecouloir mit einem Knick zum Fieschergletscher herunter. Die Route führt im unteren Teil über die Randfelsen dieses Couloirs und benützt den Pfeiler nur in seiner oberen Hälfte. Das schmale Schneecouloir ist von der Finsteraarhornhütte aus gut sichtbar.
Zugang: Von der Finsteraarhornhütte über den Fieschergletscher an den Fuß des Pfeilers, 1½ Std.

Groß Grünhorn von Osten
Das Grünhorn ist ein hervorragender Aussichtspunkt, aber von keiner Seite leicht erreichbar. Alle Routen sind anspruchsvoll und lang und führen größtenteils über Gletscher. Der SW-Grat bietet den einfachsten Zugang: er wird von der Finsteraarhornhütte über einen Seitenarm des Fieschergletschers (R 1281) und von der Konkordiahütte über das Grünegghorn (R 1277) erreicht. Die übrigen Routen sind wesentlich anspruchsvoller: die SO-Wand (R 1282) und der Nordgrat (R 1279) verdienten unbedingt stärkere Beachtung. Der Ostpfeiler (R 1283) ist mit dem Südpfeiler am Schreckhorn vergleichbar.

4043.5
1277
1279
Grünegg-
horn
1277
3733
Klein Grün-
horn
1292
1289
3739
1281
1282
3585
3414
3325
1283

Führe: E über die orogr. rechten (S) Randfelsen des oben erwähnten Couloirs. Diese Randfelsen bilden eine schwach ausgeprägte Felsrippe. Über diese Rippe gerade empor, bis sie sich in steilen Platten verliert (III u. IV). Horizontale Querung nach rechts zu einem kleinen Turm. Hinter dem Turm durch einen Kamin abseilen auf schmale Plattform am orogr. rechten (S) Ufer des Schneecouloirs. Querung der Schneerinne nach rechts und Erkletterung der orogr. linken (O) Randfelsen bis auf den Kopf des ersten markanten Steilaufschwungs (IV). Den folgenden Aufschwung umgeht man rechts in der Nordflanke über Blöcke. Nun zieht sich eine Rinne empor zu einer Scharte im Pfeiler. Rechts (N) dieser Rinne über eine 10 m hohe Stufe (V—, ♂). Weiter gerade empor in die Scharte (1 SL, IV +). Den nächsten Aufschwung in der Nordseite umgehen und in heikler Kletterei auf die Kante zurück. Von rechts nach links ansteigend in Rinne queren und durch sie hoch, bis man nach links gedrängt wird auf die Begrenzungsrippe. Über diese Rippe empor bis zur Einmündung von R 1282. Nun ohne besondere Schwierigkeiten auf den Gipfel.

● **1288** **Klein Grünhorn,** 3913 m

Als nördl. Nachbar eines höheren Berges, des Groß Grünhorns und gleichsam als dessen nördl. Vorgipfel wird das Klein Grünhorn weit seltener erstiegen als das Groß Grünhorn. Eine lange, aber interessante Gratkletterei kann ausgeführt werden, wenn man vom P. 3739 (= Klein Grünhornlücke) das Klein Grünhorn ersteigt und weiter den Grat auf das Groß Grünhorn verfolgt.

● **1289** **Nordnordwestgrat**
II. Etwa 1½ Std. vom P. 3739, 5 Std. von der Konkordiahütte. G 2—3. Siehe Abb. S. 381 und 383.

Auf R 1296 in die Kleine Grünhornlücke. Hier wendet man sich nach S und folgt dem oben steiler werdenden Gratfirst, oben einige steile Graterhebungen rechts (W) umgehend, bis zum Gipfel.

● **1292** **Südostgrat**
II. ½ Std. von der Lücke. G 3. Siehe Abb. S. 383.

Auf R 1279 in die Scharte zwischen Klein Grünhorn und Groß Grünhorn. Hier wendet man sich nach NW und folgt dem Felsgrat über seine Schneide zum Gipfel, dabei einige Gendarmen links (W) umgehend.

● **1295** **Klein Grünhornlücke,** 3739 m

Ohne Namen in der LK 50. Tiefster Punkt zwischen Hinter Fiescherhorn und Groß Grünhorn. Ausgangspunkt für das Klein Grünhorn über den NNW-Grat und für das Hinter Fiescherhorn über den SO-Grat. Kein Übergang. Meist nur von der Westseite her betreten.

Von Westen

★ 1296 Von der Konkordiahütte
3½ Std. G 2. Einfache Gletschertour. Siehe Abb. S. 381.

Auf R 1062 aufs Ewigschneefeld bis etwa 3200 m. Dann über verschrundete Firnhänge nach NO in die Klein Grünhornlücke.
Auch **mit Ski** begehbar.

● 1300 Hinter Fiescherhorn, 4025 m

Der unbekannteste Viertausender der Berner Alpen. **Lohnender Skiberg** von der Finsteraarhornhütte aus (R 1302). Kann gut mit dem Groß Fiescherhorn an einem Tag bestiegen werden (R 1311 und R 1301). Hauptschwierigkeiten auf dem Anmarsch (R 1241, R 1242).

● 1301 Nordwestgrat vom Fieschersattel
½ Std. G 3. Siehe Abb. S. 381.

Vom Fieschersattel (R 1240) umgeht man die untersten Türme auf der Ostseite. Dann über mehrere Absätze, über Schnee und Fels, meist etwas auf der Ostseite des Grates, auf den Gipfel.

★ 1302 Ostnordostgrat
5 Std. G 3 (Zustieg eingerechnet). Siehe Abb. S. 383.

Kommt man von der Finsteraarhornhütte, braucht man nicht auf R 1241 bis zum Fieschersattel aufzusteigen, sondern man quert auf der großen Firnhochebene auf etwa 3850 m angelangt, nach SW und erreicht den verfirnten ONO-Grat auf etwa 3900 m. Nun alles über den Grat (oder in der Firnflanke rechts (N) auf den Gipfel.
Auf dieser Route können die **Ski** bei guten Firnverhältnissen bis zum Gipfel genommen werden.

● 1303 Südostgrat von der Klein Grünhornlücke
II. 1½—2 Std. von der Klein Grünhornlücke. G 3—4. Siehe Abb. S. 381 und 383.

Auf R 1296 in die Klein Grünhornlücke, 3739 m. Über die festen Felsen des SO-Grates bis zum Vereinigungspunkt mit der SW-Rippe, der aus einem markanten Felsturm besteht (P. 3981/LK 25). Er kann direkt überklettert oder auf der Westseite umgangen werden in die Scharte N des Turmes. Die Fortsetzung des Grates auf den Gipfel bietet keine besonderen Schwierigkeiten mehr.

● 1304 **Südwestrippe**

II. 6 Std. von der Konkordiahütte, etwas kürzer von der Mönchsjochhütte. G 3—4. Siehe Abb. S. 381.

Übersicht: 200 m S des Gipfels zweigt vom SO-Grat (beim markanten Turm von R 1303) eine schmale Felsrippe in südwestl. Richtung ab, die im Ewigschneefeld bei P. 3415,0 fußt. Über diese Rippe vollzieht sich dieser Anstieg.
Zugang: Von der Konkordiahütte auf R 1296 zum Fuße der erwähnten Felsrippe (P. 3415,0). Über einen zerschrundeten, nahezu gleichgeneigten, nur in seinem oberen Teil steileren Firnhang S dieser Felsrippe (P. 3415,0 also zur Linken) in nordöstl. Richtung bis etwa 3700 m, wo man die Rippe betritt.
Führe: Über die Rippe zum markanten Felsturm (siehe oben). Man ersteigt entweder diesen Turm und gewinnt die hinter ihm liegende Scharte, oder umgeht ihn links (W) zur Scharte. Ein unschwieriger Felsgrat (oberster Teil des SO-Grates) führt dann zum Gipfel empor.

★ 1304a **Skiroute**

Mit Ski hält man sich S der Rippe und betritt sie erst auf etwa 3800 m. Skidepot.

● 1310 **Groß Fiescherhorn,** 4048,8 m

Höchster Gipfel der Grindelwalder Fiescherhörner. Ein Glanzstück der Aussicht von Grindelwald ist ohne Zweifel die gewaltige, bis 1250 m hohe und 4 km lange **Fiescherwand,** die sich von den Berglifelsen bis zum Pfaffenstöckli erstreckt und einige sehr schwierige und ernsthafte Routen aufweist.
Nach NW zieht sich ein langer Firn- und Felsgrat zum Walcherhorn, er wird Fieschergrat genannt. Nach SO fällt ein kurzer Felsgrat in den Fiescherşattel ab. Diese beiden Grate vermitteln die üblichen Aufstiege aufs Groß Fiescherhorn. Von der Schulter, etwa 3800 m, im NW-Grat fällt eine Fels- und Firnrippe steil zum P. 2780 ab, die den einfachsten und objektiv sichersten Durchstieg durch die Fiescherwand ermöglicht. Die direkte Nordwand des Groß Fiescherhorns auf der Route Welzenbach dagegen ist objektiv sehr gefährlich (Stein- und vor allem Eisschlaggefahr).
Das Groß Fiescherhorn ist ein klassischer **Skiberg** von der Finsteraarhornhütte aus (Skidepot im Fieschersattel), häufig kombiniert mit dem Hinter Fiescherhorn.
Das Groß Fiescherhorn kann auch von der Mönchsjochhütte aus bestiegen werden: am schönsten ist der Aufstieg über den NW- mit Abstieg über den SO-Grat.

● 1311 Südostgrat
II (Stellen) und I. ¾ Std. vom Sattel. G 3—4 (Zustieg zum Fieschersattel eingerechnet). Siehe Abb. S. 381.

Vom Fieschersattel über den Grat auf einen ersten Turm und jenseits steiler Abstieg in einer Verschneidung (kann auch im O über steilen Firn umgangen werden). Dann alles über den Grat, mit schönen Kletterstellen in festem Gneis.

● 1312 Westflanke und Nordwestgrat vom Ewigschneefeld
4—5 Std. von der Mönchsjochhütte auf den Gipfel. G 4—5. Dieser interessante und anspruchsvolle Aufstieg führt hauptsächlich über Firn und Eis. Der Grat ist häufig stark verwächtet! Siehe Abb. S. 381.

Man verläßt das Ewigschneefeld auf etwa 3400 m und ersteigt die nur leicht verschrundeten Westhänge in den weiten Firnsattel P. 3613 (1 km OSO vom Walcherhorn). Nach O über den ersten Steilhang auf eine Firnkuppe (P. 3804, in der LK 50 nicht kotiert). Hier wird der Grat schärfer. Über mehrere Firnaufschwünge in einen schwach ausgeprägten Sattel, etwa 3900 m, am Fuße des Haupthindernisses: ein etwa 60 m hoher Eishang von 50 Grad Neigung wird exponiert erstiegen (bei Blankeis Eisschrauben zur Sicherung nötig). Ein Firngrat leitet zu den Gipfelfelsen, die linkshaltend erklettert werden.

● 1313 Vollständiger Fieschergrat
1½—2 Std. vom Unteren Mönchsjoch. G 3. Seine Gesamtüberschreitung ist sehr lohnend und zeitlich nicht viel länger als R 1312. Vor allem empfehlenswert, wenn R 1312 von der Berglihütte aus gemacht wird.

Übersicht: Der Fieschergrat zieht sich vom Unteren Mönchsjoch über das Walcherhorn aufs Groß Fiescherhorn.
Führe: Auf R 1322 aufs Walcherhorn und über den Firngrat ohne besondere Schwierigkeiten in den Firnsattel P. 3613, wo R 1312 erreicht wird.

● 1314 Nordnordostrippe
Schumacher, Amstutz, 1926.
IV+ (Stellen), sonst III und IV. 9—10 Std. vom E auf den Vorgipfel. G 9. Sehr schöne kombinierte Tour. Objektiv ziemlich sicher mit Ausnahme der meist sehr großen Gipfelwächte, die durchbohrt werden muß. Eine der schönsten Nordwandrouten in den Berner Alpen, vergleichbar mit der Mönch-Nordwandrippe. Siehe Abb. S. 389.

Übersicht: Die Firnkuppe KS 647150 / 156260 in NW-Grat ist auf der LK 25 mit 3804 kotiert. Von ihr fällt eine 1000 m hohe Rippe mit einer Durchschnittsneigung von 55 Grad zum P. 2780 ab. Diese Rippe vermittelt den einfachsten und sichersten Durchstieg durch die Fiescherwand.
Zugang: Von einem Biwak auf dem Zäsenberg beim P. 2316 erreicht man über den Fieschergletscher ohne große Schwierigkeiten den Fuß der Rippe beim P. 2780. E. 1½ Std.
Führe: Der unterste Teil der Rippe wird über die steilen Eishänge links (O) umgangen und nach rechts ansteigend die Rippe dort erreicht, wo sie sich zu einer ausgeprägten Kante verjüngt. Über diese Kante in interessanter Kletterei direkt empor (guter Fels) zu einem steilen Eisgrat, der zur plattigen und sehr steilen Schlußwand führt. Diese Wand wird sehr schwierig erklettert (IV +) und die große Gipfelwächte rechts (W) des Vorgipfels, P. 3804, durchbohrt.

● 1320 Walcherhorn, 3692 m

Die fast 600 m hohe kombinierte NO-Wand ist ein Teil der Fiescherwand und weist bis heute keine Route auf. Der Gipfel ist von S leicht erreichbar. Lohnender Skiberg von der Mönchsjochhütte aus mit anschließender Abfahrt über das Ewigschneefeld auf den Konkordiaplatz. Das Walcherhorn wird häufig überschritten bei der vollständigen Begehung des Fieschergrates (R 1313).

★ 1321 Südflanke

1½ Std. von der Hütte. G 1. Normal- und Skiroute. Einfache Gletschertour, aber Spaltengefahr beachten.

Fiescherhörner und Klein Schreckhorn von Nordosten
Die 2 km breite und 1200 m hohe Fiescherwand weist heute zahlreiche Routen auf, diejenigen im zentralen Wandteil sind jedoch dermaßen dem Stein- und Eisschlag ausgesetzt, daß eine Begehung kaum verantwortet werden kann. Die hier vorgestellten Routen zählen zu den schönsten Nordwandaufstiegen und sind relativ sicher vor objektiven Gefahren: die Nordwandrippe (R 1314) vom P. 3804 und die äußerst steile NW-Wand des Ochs (R 1333). Im Mittelgrund das Kl. Schreckhorn, dessen Überschreitung von der Gleckstein- in die Schreckhornhütte zu den lohnendsten Touren im Berner Oberland gehört (R 1537, R 1578 und R 1538). Der sehr schwierige NW-Grat wird selten gewählt (R 1579). Die Traversierung vom Mättenberg auf die Gwächta (R 1573) ist ein Geheimtip für engagierte Bergfotografen.

Hint. Fiescherhorn
Gross Fiescherhorn
Ochs
Grünhorn
Unt. Nässijoch
3804
1332
Kl. Schreckhorn
3343.5
1579
1344
Gwächla
Ankebälli
1572
1573
Gwächlejoch
1544
1537

Von der Mönchsjochhütte aufs Ewigschneefeld hinab und dieses nach O traversieren. Die vom Gipfel nach S abfallenden Felsen werden SO umgangen. Dann nach N über schwach verschrundete Firnhänge auf den Gipfel.

● 1322 Nordwestgrat

II. Firn- und Felsgrat. 1 Std. vom Unteren Mönchsjoch. G 2.

Vom Unteren Mönchsjoch in östlicher Richtung eine verschrundete Firnkuppe überschreiten und über einige Felsen zum P. 3578,7. Weiter über einen Firngrat zum Gipfelaufbau. Die Stufen und Türme werden alle in schöner Kletterei direkt erstiegen.

● 1325 **Ochs,** 3900 m

Auch Klein Fiescherhorn genannt. Das niedrigste der drei Grindelwalder Fiescherhörner. Fällt mit einer mehr als 1000 m hohen Fels- und Eiswand auf den Fieschergletscher ab. Vom Pfaffenstöckli zieht sich ein sehr schöner Firngrat auf den Gipfel und bildet die östliche Begrenzung der Fiescherwand. Die NO-Flanke ist völlig vergletschert mit zahlreichen, wild zerborstenen Gletscherarmen. Nach SO fällt ein kurzer Eisgrat ins Fiescherjoch, 3694 m, ab und zieht sich weiter in gleicher Richtung über verschiedene Erhebungen hinweg zum Agassizhorn. Von den Erhebungen ziehen Felsrippen in die vergletscherte NO-Flanke. Von S her reicht der Walliser Fieschergletscher bis etwa 100 m unter den Gipfel. Von dieser Seite führen die einfachen Aufstiege auf den Ochs, auch die **Skiroute.**

★ 1326 Südwestgrat

¾ Std. G 3.

Vom tiefsten Punkt zwischen Groß Fiescherhorn und Ochs, etwa 3820 m, führt ein kurzer, aber scharfer und oft verwächteter Firngrat auf den Gipfel.
Beste Skiroute. Skidepot im tiefsten Punkt.

● 1327 Südostgrat vom Fiescherjoch

1 Std. vom Fiescherjoch. 4 Std. von der Finsteraarhornhütte. G 2—3.

Auf R 1241 bis etwa 3650 m und über einen steilen Firnhang ins Fiescherjoch, P. 3686 / 3694. Nun alles über den Grat, meist über Firn, auf den Gipfel.

● 1328 **Nordostflanke**

7—9 Std. von der Schreckhornhütte auf den Gipfel. G 6. Von Jahr zu Jahr stark schwankende Gletscherverhältnisse. Sehr schöne Gletschertour in großartiger hochalpiner Umgebung. Siehe Abb. S. 393.

Übersicht: Die völlig vergletscherte und mit zahlreichen Hängegletschern durchzogene NO-Flanke des Ochs bietet einen prachtvollen Anblick von der Schreckhornhütte aus. Eine charakteristische Firnterrasse zieht sich von der obersten Schulter im Ochs-Nordgrat (P. 3578) nach O zu den Eisbrüchen zuhinterst im Kessel des Oberen Eismeers. Von der Höhe dieser Terrasse ziehen vier Felsrippen nach NO, die zwei markantesten bis aufs Obere Eismeer. Alle Rippen und die dazwischen liegenden wild zerrissenen Hängegletscher wurden schon begangen. Am besten studiert man die Flanke mit einem guten Fernglas von der Schreckhornhütte aus. In den letzten Jahren erwies sich die Route über die östliche der beiden im Eismeer fußenden Rippen am gangbarsten (Route de Villiers Schwab, 1925). Der Zustieg auf die Rippe ist eisschlaggefährlich und der Weg durch die großen Spalten u.U. unmöglich! Fußpunkt der Rippe KS 650780 / 156790.
Zugang: Von der Schreckhornhütte über das Obere Eismeer an den Fuß der Rippe.
Führe: Rechts (N) der Rippe und parallel zu ihr über verschrundete Hänge bis etwa 2950 m. Hier nach O über einen steilen Firnhang schräg links hoch und zuletzt über eine kurze Felsbarriere auf die Rippe empor (vom Fußpunkt bis hierher Eisschlaggefahr!). Über den verschrundeten Firnrücken nach SW auf die Firnterrasse und auf ihr (große Spalten) nach W aufsteigen bis etwa 3500 m an den Fuß einer steilen Firnrippe, die 200 m NW des Fiescherjochs (P. 3694) den SO-Grat erreicht. Über diese 300 m hohe Rippe (45—50 Grad steil) auf den SO-Grat und über ihn auf den Gipfel.

● 1332 **Nordgrat**

7—8 Std. von der Hütte auf den Gipfel. G 6—7. Anspruchsvolle und sehr schöne Eistour, die zu Unrecht selten begangen wird. Siehe Abb. S. 389 und 393.

Übersicht: Der Nordgrat bildet die Begrenzungskante der NW-Wand mit der NO-Flanke und zieht sich vom Pfaffenstöckli („Pfaffestecki") in mehreren Aufschwüngen steil auf den Gipfel.
Zugang: Von der Schreckhornhütte über das Obere Eismeer („Ischmeer") nach SW, bis man in gerader Linie nach W über die verschrundeten Firnhänge S des Pfaffenstöcklis ins **Ochsenjoch** (3054 m) aufsteigen kann (eine schwach verschrundete Gletscherrampe führt

vom Fuß der nördlichen, bis ans Eismeer reichenden Felsrippe schräg nach rechts aufwärts ins Ochsenjoch).

Führe: Vom Ochsenjoch über einige Felsen auf einen Firngrat. Dieser leitet, zuletzt über einige Felsen, zum P. 3343,5. Jenseits kurzer Abstieg in Firnsattel. Nun steiler über Firn und Fels auf die oberste Gratschulter (3578 m) am Fuße der sehr steilen Gipfelwand. Über den Firngrat (50—55 Grad) auf den Gipfel (evtl. die nördlichen Randfelsen benutzen).

● 1333 **Nordwestwand**

V— (♂), überwiegend III und IV. 12—15 Std. vom E auf den Gipfel. G 11—12.

Kombinierte Wand von 1050 m Höhe und einer Durchschnittsneigung von 62 Grad. Die Wand zählt zu den steilsten kombinierten Nordwänden der Alpen. Vor allem die Gipfelwand ist für westalpine Verhältnisse außergewöhnlich steil (75 Grad). Die Wand wurde bis heute zu Unrecht wenig beachtet, sie zählt zu den schönsten und schwierigsten Nordwänden der Berner Alpen. Sie ist weit schwieriger und interessanter als die benachbarte, berühmt-berüchtigte Nordwand des Groß Fiescherhorns. Nur geringe objektive Gefahren (Steinschlag auf dem Eisfeld möglich). Die nachfolgende Route wurde 1964 anläßlich der 4. Begehung von der Seilschaft Kellerhals-Munter erstmals begangen. Sie weicht in der Gipfelwand von der Route der Erstbegeher (Steuri-Lüthi) ab. Die Gipfelwand kann auch in direkterer Linie erklettert werden, was jedoch der brüchigen Felsen wegen nicht empfehlenswert ist. Die hier beschriebene Route führt über griffigen und verhältnismäßig festen Gneis, in dem gute Haken geschlagen werden können. Alle Haken müssen selbst geschlagen werden. Die Kletterei in der Gipfelwand ist anstrengend. Siehe Abb. S. 439.

Ochs von Nordosten

Die prachtvolle vergletscherte Ostflanke des Ochs ist der Blickfang der neuen Schreckhornhütte. Alle Rippen und die dazwischen liegenden Hängegletscher wurden schon begangen. Meist wird die Route über die östlichste Rippe (R 1328) bevorzugt, anschließend leitet eine ausgeprägte Gletscherrampe an den Fuß der Schlußwand, die über eine markante 40–45 Grad steile Firnrippe erstiegen wird. Wesentlich steiler ist der Nordgrat (R 1332), der eindrückliche Ein- und Tiefblicke in die äußerst steile NW-Wand erlaubt. Beide Eistouren werden verhältnismäßig selten begangen und verdienten größeres Interesse bei den Eisgehern.

3654
3701
3755
3694
1332
3578
3343.5
1328
3312
1332
3196
2975
2904
1328
1332
Ochsenjoch

Zugang und Ausgangspunkt: Für diese Tour ist ein Biwak auf dem Zäsenberg in der Umgebung von P. 2316 nötig, den man auf R 1498 oder R 1499 erreicht, indem man nicht nach O in die „Grienen Wengen" abbiegt, sondern nach W aufsteigt (Pfadspuren). 5—6 Std. von Grindelwald. Ziemlich mühsam. Vom Biwakplatz über den Fieschergletscher an den Fuß der Wand. E von rechts (W) her über ein steiles Schneefeld auf die breite Felsrippe in der Gipfelfallinie. 1½ Std. vom Biwakplatz.
Führe: Über die brüchige Rippe etwa 400 m empor bis auf die Höhe des Hängegletschers rechterhand. Nun 2 SL in kombiniertem Gelände gerade hoch an den Fuß der Steilwand unter dem Eisfeld. Über einen vereisten Wasserfall empor (1 SL) und dann weiter rechtshaltend über vereiste Platten (1 SL, III u. IV). Wieder in kombiniertem Gelände gerade hoch (2 SL) an den unteren Rand des Eisfeldes. Dieses Eisfeld wird gerade hinauf zum höchsten Punkt erstiegen, am Fuße eines markanten überhängenden Risses (4 SL 50—55 Grad). Der Riß wird der brüchigen Felsen wegen vermieden. Links (N) dieses Risses 15 m hoch auf abschüssiges und erdiges Band (evtl. Schnee). Auf ihm heikel nach links (3 SL). Kurz bevor das Band um ein Eck abbiegt, klettert man 50 m zuerst gerade, dann rechtshaltend hoch zu auffälligem Block am Beginn einer nach links geneigten Rinne. Durch diese Rinne hinauf, zuletzt überhängend, auf abschüssige Terrasse (vom Band bis hierher III u. IV). Nach links absteigen auf schmales Band, auf ihm nach links traversieren (1 SL) in Schneecouloir. Im Couloir hoch (1 SL), dann wieder im Fels nach links empor (1 SL) auf Schulter. Gerade empor über drei Überhänge auf schmales Band und auf ihm einige Meter nach rechts zu Stand (IV u. V—, ⚷).
Über einen weiteren Überhang gerade hoch auf das große Schneeband (IV). Nun entweder nach links auf den Nordgrat und über ihn auf den Gipfel oder auf dem Schneeband nach rechts hochsteigen an den Beginn einer Rißreihe. Durch diese Risse sehr steil auf den Nordgrat (IV), den man kurz unter dem Gipfel erreicht.
PS: Das große Schneeband kann von der abschüssigen Terrasse aus bei guten Verhältnissen direkt erreicht werden über eine Platte (V). Diese war anläßlich der 4. Begehung völlig vereist und unbegehbar.

• 1338 Pfaffenstöckli („Pfaffestecki"), 3114 m

Auffälliger Felskopf im Ochs-Nordgrat. Sehr lohnende Halbtagstour von der Schreckhornhütte aus mit schöner Aussicht aufs Obere Eismeer. Am interessantesten ist die Überschreitung von N nach S. Guter Aaregranit.

• 1339 Nordostgrat
II. 3 Std. von der Hütte. G 2—3. Abstieg über R 1340.

Von der Schreckhornhütte aufs Obere Eismeer. Dieses oberhalb des Abbruches nach W traversieren und über Moränen und Geröll (evtl. Schnee) aufsteigen in die Lücke zwischen P. 2739.4 und P. 2831 (= Oberer Buggel). Nun alles über den Grat in interessanter Kletterei (Blöcke und Platten) auf den Gipfel.

• 1340 Südwestgrat vom Ochsenjoch
II. 2½ Std. von der Hütte. G 2.

Von der Schreckhornhütte auf R 1332 ins Ochsenjoch. Über steile Felsen auf den Gipfel.

• 1345 Agassizhorn, 3953 m

Dieser eher selten bestiegene Gipfel ist dem Finsteraarhorn NW vorgelagert und bricht wie dieses steil nach NO auf den Finsteraarhorngletscher ab. Von SW reichen die Firnhänge bis auf den Gipfel. Der Gipfel trägt den Namen zu Ehren des Neuenburger Naturwissenschaftlers Louis Agassiz, der um die Mitte des 19. Jh. auf dem Unteraargletscher glaziologische Studien betrieb.

• 1346 Südostgrat
25 Min. G 2—3.

Vom Agassizjoch wendet man sich nordwärts und ersteigt den wenig schwierigen, aus Firn bestehenden Grat.
Dies ist auch die **Skiroute.** Skidepot im Agassizjoch.

• 1347 Südwestflanke
3 Std. von der Hütte. G 3—4. 250 m hohe und 40 Grad steile Firnflanke.

Von der Finsteraarhornhütte auf R 1254 bis 3600 m. Hier wendet man sich schräg halblinks (N) der SW-Flanke des Agassizhorns zu. Diese, etwa in ihren letzten oberen 200 m steile Firnwand (im Spätsommer meist vereist anzutreffen) wird nach Überschreitung des Bergschrundes in geradem Anstieg bis zum Gipfel erstiegen.

• 1348 Westnordwestgrat
3—4 Std. vom Fiescherjoch. G 3. Sehr schöne Gratbegehung ohne besondere Schwierigkeiten, aber oft sehr große Wächten nach N! Der Grat ist an verschiedenen Stellen über die verschrundeten Südhänge vom Fieschergletscher aus erreichbar. Siehe Abb. S. 393.

Vom Fiescherjoch P. 3694 (ohne Namen in der LK) — siehe R 1327 — zuerst über einige Felsen, dann alles über Firn in wenig schwieriger Höhenwanderung über die P. 3755 und 3654 zum P. 3750, wo der eigentliche WNW-Grat ansetzt. Der Aufschwung zum Vorgipfel besteht aus Fels und wird knapp rechts der Kante auf der Südseite erklettert. Vom Vorgipfel führt ein scharfer Firngrat auf den Hauptgipfel.

• 1353 **Finsteraarhorn,** 4273,9 m

Als höchster Gipfel der Berner Alpen wird das Finsteraarhorn natürlich sehr häufig bestiegen. Es ist eine prachtvolle Pyramide, vor allem von N gesehen, und fällt mit einer 1200 m hohen Felswand nach NO auf den Finsteraarhorngletscher ab. Die Nordostwand wurde bereits 1904 (!) bestiegen, was ohne Zweifel eine der hervorragendsten alpinistischen Leistungen vor dem 1. Weltkrieg darstellt! Die Wand zählt heute noch zu den schwierigsten und gefährlichsten Nordwänden der Berner Alpen. Der Hauptkamm zieht sich von NW nach SO, vom Agassizhorn zum Finsteraarrothorn. Vom Agassizjoch steilt sich der NW-Grat in drei Aufschwüngen zum Gipfel auf. Vom zweiten Absatz, dem Hugisattel, fließt ein Gletscher nach SW auf den Fieschergletscher ab, über dessen obere Hälfte die Normalroute verläuft. Nach SW zieht sich eine Felsrippe zum Fieschergletscher hinunter, die ebenfalls zum Aufstieg benutzt werden kann. Nach SO verläuft ein Grat über zahlreiche Türme hinweg in die Gemslücke („Gemschlicke“). Er ist mit mehr als 2 km einer der längsten Grate der Berner Alpen. Die interessanteste der schwierigeren Felsrouten führt vom Oberen Studerjoch über die Ostrippe auf den Gipfel. Die wohl schönste Überschreitung des Berges läßt sich von der Schreckhornhütte aus über Finsteraarjoch — Agassizjoch und NW-Grat im Aufstieg und mit der Normalroute in die Finsteraar-

Finsteraarhorn von Südwesten
Am rechten Bildrand die Finsteraarhornhütte. Die Normal- und Skiroute (R 1354) führt diagonal nach links, überschreitet die SW-Rippe beim P. 3616 (Frühstücksplatz) und gewinnt anschließend den Hugisattel auf dem NW-Grat. Der ganze NW-Grat vom Agassizjoch aus ist anspruchsvoller und länger. Zur Entlastung der Normalroute kann auch der direkte Aufstieg über die SW-Rippe (R 1355) gewählt werden. Der SO-Grat ist mit seinen 2½ km einer der längsten Grate der Berner Alpen. Er wird meistens abgekürzt und in einer Scharte NW P. 3604 gewonnen. Die „Südroute“ (R 1357b) ist die Kurzfassung dieses großen Grates, der Kletterstellen des III. Grades aufweist.

1356
1354
1355
3616
3512
1357b
3527
3787
3694
3604
1357
3231.3
SKI
Fiescher gletscher

hornhütte zum Abstieg ausführen: diese lange Fahrt ist in landschaftlicher Hinsicht kaum mehr zu überbieten! Die Felsen sind am ganzen Berg auf den Graten und Rippen relativ fest, aber in den Flanken und Wänden sehr brüchig. Obwohl das Finsteraarhorn kein ausgesprochener Skiberg ist, wird es häufig mit Ski bestiegen, allerdings müssen die Ski oft von der Finsteraarhornhütte bis in den Hugisattel auf dem Rucksack getragen werden.

★ 1354 Südwestflanke und Nordwestgrat

II und I (bei Vereisung jeweils auch schwieriger) am Gipfelgrat. 4—5 Std. im Aufstieg, 2—2½ Std. im Abstieg. G 3. Normalroute von der Finsteraarhornhütte aus. Auch Skiroute. Nur für trainierte und an die Höhe gewöhnte Bergsteiger. Die Schwierigkeiten am NW-Grat befinden sich auf über 4000 m! Siehe Abb. S. 397.

Führe: Von der Finsteraarhornhütte auf Wegspuren in NO-Richtung über den Schuttrücken in den Sattel N von P. 3231,3 (mit Ski N vom Schuttrücken direkt über Firn aufsteigen in den Sattel). Vom Sattel nach N über den steilen Gletscher (einige Spalten) in die Mulde SO von P. 3616. Nun meist über Schutt (Wegspuren) zum P. 3616 auf dem SW-Grat (Frühstücksplatz). Horizontale Querung nach N auf den Gletscher, der vom Hugisattel herabfließt. Über diesen Gletscher (einige Schründe) in den Hugisattel empor, wo die Schwierigkeiten beginnen (Skidepot).
Vom Hugisattel führt die beste Route (Wegspuren) fast immer etwas unterhalb der Gratkante (Westseite) auf den Gipfel.

● 1355 Südwestgrat

5 Std. von der Hütte auf den Gipfel. G 4. Lohnend, vor allem zur Entlastung der Hauptroute. Siehe Abb. S. 397.

Übersicht: Dieser teilweise wenig ausgeprägte Grat zieht direkt vom Finsteraarhorn-Gipfel zum P. 3616 hinab und fußt in etwa 3150 m Höhe im Walliser Fieschergletscher.
Führe: Meist vom Frühstücksplatz, P. 3616, weg begangen. Der immer steiler werdende Grat wird direkt über die Kante bis auf den Gipfel erklettert. Der Grat kann auch auf 3900 m von W her erreicht werden.

● 1356 Nordwestgrat

Kombiniertes Gelände mit Stellen **II.** Bei normalen Verhältnissen 3½ Std. vom Agassizjoch. G 4. Siehe Abb. S. 397 und 400/401.

Übersicht: Dieser Grat zieht vom Finsteraarhorn-Gipfel über den Hu-

gisattel und P. 3979 / LK 25 zum Agassizjoch hinab und darf den interessanteren Zugängen zum Finsteraarhorn zugezählt werden.
Führe: Vom Agassizjoch wendet man sich nach SO und ersteigt den ersten, brüchigen Grataufschwung (II) zum P. 3979. Man hält sich dabei entweder auf der Gratschneide oder wenn notwendig, nahe dieser auf deren rechten (W) Seite. Der zweite Grataufschwung, der zuerst weniger geneigt, zuletzt steil zum Hugisattel führt, wird über seine oft verwächtete Firnschneide verfolgt. Vom Hugisattel wie bei R 1354 auf den Finsteraarhorn-Gipfel.

● **1357 Südostgrat**

III. 10—12 Std. von der Hütte auf den Gipfel. G 6. Der Grat ist außergewöhnlich lang. Die folgend beschriebene Route ist ein ausgewogener Kompromiß zwischen „möglichst viel Grat“ und „günstige Abkürzung“ und erreicht den Grat im Sattel NW P. 3604. Siehe Abb. S. 397 und 400/401.

Übersicht: Dieser rund 2½ km lange Grat (hauptsächlich aus Fels bestehend, mit einigen Firneinlagen) trägt fünf ausgeprägte Erhebungen: P. 3604 oberhalb der Gemslücke, Turm I (3694 m), Turm II (3787 m, in der LK 50 nicht kotiert) und Turm III (3885 m) und schließlich den Vorgipfel (4167 m / LK 25, auf der KL 154 liegend). Auf beiden Seiten ziehen zahlreiche Felsrippen und schmale Eisrinnen auf die darunterliegenden Gletscher und bieten verschiedene Zustiegsmöglichkeiten, um den sehr langen Grat abzukürzen. Die beiden Flanken sind rund 300 m hoch. Vor allem der Sattel 200 m NW von P. 3604 kann von beiden Seiten relativ einfach erreicht werden. Am beliebtesten ist die „Südroute“ von der Finsteraarhornhütte aus, die den Grat erst zwischen Turm III und Vorgipfel erreicht. Der vollständige Grat wird sehr selten begangen.

Finsteraarhorn von Nordosten (folgende Doppelseite)
Die fast 1100 m hohe NO-Wand ist die imposanteste Seite des höchsten Gipfels der Berner Alpen. Sie wurde bereits 1904 (!) in ihrer ganzen Länge durchstiegen: eine der hervorragendsten und kühnsten Leistungen in der Geschichte des Alpinismus! Wer kennt heute noch die Namen der Erstbegeher? Der Ostsporn (R 1358) zieht sich parallel zur Hauptrippe vom Ob. Studerjoch auf den Gipfel: über ihn führt die vielleicht schönste Route auf das Finsteraarhorn. Die prächtige Tour wird unerklärlicherweise höchst selten unternommen. Die Studerhorn-Nordwand (R 1424) gehört zu den steilsten Eiswänden der Berner Alpen und wird seit Erstellung des Aarbiwaks öfter begangen.

Studerhorn
Gr. Wannenhorn
3885
3787
3694
1425
Ob. Studerjoch
1424
1423
3066
2648
1423
1521

Finsteraarhorn
4167
Hugisattel
1357
1356
Agassizjoch
3749
1358
1255
3277
3283
zum Finsteraarjoch
1250
nsteraargletscher
2865
zum Aarbiwak

Zugang: Von der Finsteraarhornhütte auf der Normalroute in den Sattel hinter P. 3231,3. Nach O, nur leicht ansteigend, werden die verschrundeten Firnhänge gequert zur Mündung des Firncouloirs, das sich vom Schneesattel 200 m NW P. 3604 nach SW herabzieht.
Führe: Durch das etwa 200 m hohe Couloir (45—50 Grad) in den Sattel, etwa 2540 m. Direkt über die exponierte Gratkante auf **Turm I** (3694 m). Jenseits kurz absteigen und den folgenden Gendarmen überschreiten in die Lücke vor Turm II. Der plattige Aufschwung zu Beginn wird rechts (O) umgangen und darauf knapp rechts der Gratkante bleibend **Turm II** (3787 m) erreicht. Über einige kleinere Erhebungen auf einen kombinierten Firn-(Fels-)grat, der auf **Turm III** (3885 m) führt. Jenseits kurzer Abstieg und über einen mit Felsen durchsetzten Firngrat und einen steilen Felsgrat auf den **Vorgipfel** (4167 m). Das folgende Gratstück ist mit zahlreichen Gendarmen gespickt, die alle exponiert überklettert werden. Man gelangt in eine Scharte vor dem senkrechten Gipfelaufbau. Nach links in die Westflanke und eine Platte nach links queren (5 m, III) zu kleinem Stand an der Mündung eines Kamins. Den Kamin erklettern (12 m, III) und ihn nach links verlassen. Man erreicht eine brüchige Rippe, die direkt auf den Gipfel führt.

● 1357a Zustiegsvariante von Osten

Von der Oberaarjochhütte über den Studerfirn Richtung Oberes Studerjoch bis 3300 m. Hier wendet man sich gegen W an den Fuß eines mäßig steilen Firnfeldes (KS 653840 / 153080), das ohne besondere Schwierigkeiten in den weiten Firnsattel 200 m NW P. 3604 emporleitet, wo man R 1357 erreicht. Leichter als der Zustieg von der Finsteraarhornhütte. Je nach Verhältnissen kann eine große Spalte auf etwa 3450 m Schwierigkeiten verursachen. S hart an den Felsen sollte jedoch ein Durchstieg immer möglich sein.

● 1357b Südroute

Etwa 3 Std. von der Hütte auf den Grat und weitere 3 Std. auf R 1357 auf den Gipfel. G 5. Siehe Abb. S. 397.

Übersicht: Diese beliebteste aller Abkürzungen erreicht den SO-Grat zwischen Turm III und Vorgipfel von SW her. E in die Flanke KS 652780 / 153530 an der Mündung zweier schmaler Eisrinnen.
Zugang: Von der Finsteraarhornhütte auf R 1354 bis etwa 3450 m. Nun nach NO zum Fußpunkt des ausgeprägten Seitengrates, der sich vom Vorgipfel (4167 m) nach SW zieht. Dieser Fußpunkt ist auf der LK 25 mit 3512 kotiert.
Führe: Vom Fußpunkt weiter in gleicher Richtung zum E in die Fallinie der beiden Eisrinnen. Durch eine der beiden Rinnen steil hinauf und

dann auf die Mittelrippe, die sich gegen oben verflacht, bis auf den SO-Grat, den man auf etwa 3920 m erreicht (die SW-Flanke des Grates ist etwa 300 m hoch und durchschnittlich 45 Grad steil).

● 1357c Vollständiger Südostgrat
Von der Gemslücke etwa 3 Std. G 6—7.

Von der Gemslücke (3335 m) nach N zum Fuß einer 40 m hohen Platte, die am linken (W) Rand erklettert wird. Weiter rechtshaltend über den linken (W) Schenkel einer dreieckigen Felswand auf den höchsten Punkt. Alles über den Grat auf den zweiten Aufschwung und jenseits in kleine Firnscharte absteigen, wo ein auffälliges enges Eiscouloir nach W abfällt. Einen dritten Aufschwung überschreiten in eine Lücke und über den letzten Aufschwung auf den höchsten Punkt zwischen Gemslücke und weitem Firnsattel = P. 3604. Über den Grat nach N auf eine weitere Erhebung, wo er steil abfällt in den weiten Firnsattel. Im weiten Firnsattel (Schnittpunkt der KL 153 mit dem SO-Grat) trifft man auf R 1357.

● 1358 Ostsporn
IV+ (stellenweise), sonst III und IV. 8—10 Std. vom E. G 9. Prachtvolle hochalpine Felstour in gutem Gneis. Sehr selten begangen. 850 m. Nur bei trockenen Felsen unternehmen. Eisausrüstung mitnehmen! Siehe Abb. S. 400/401.

Übersicht: Dieser Sporn zieht sich vom Oberen Studerjoch direkt auf den Gipfel und stellt eine Parallelrippe zu der im P. 3277 fußenden NO-Rippe dar.
Zugang: Vom Oberen Studerjoch in WNW-Richtung über das Firnfeld und über einen Bergschrund an den Fuß eines tiefen Couloirs, das links (W) vom ersten Gendarmen auf den Sporn führt. Durch das Couloir empor und sobald als möglich nach rechts auf die Begrenzungsfelsen queren, über diese empor in den Sattel (bis hierher Steinschlag!).
Führe: Nun direkt über den Sporn, über mehrere Türme hinweg. Ein unersteigbarer Gendarm wird links umgangen vermittels einer Rißverschneidung. Der Sporn stößt an eine Wand. Von hier aus muß die S gelegene Parallelrippe erreicht werden, die einen spitzen Gendarmen trägt. Die Wand von rechts nach links ansteigend erklettern bis in die Fallinie des Einschnittes W vom spitzen Turm. Nun über Schnee und Eis, einige herausragende Felsen benutzend, zuletzt durch eine vereiste Kehle in den Einschnitt empor. Hier befindet man sich auf etwa zwei Drittel Spornhöhe. Nun über eine Folge von Türmen, einige links (S) umgehend, auf den SO-Grat und über ihn in wenigen Metern auf den Gipfel.

● 1363 Finsteraarrothorn, 3530,1 m

Dieser Ausläufer des Finsteraarhorn-SO-Grates wird häufig beim Überschreiten der Gemslücke „mitgenommen", zumal die Besteigung dieses Gipfels wegen der hervorragenden Aussicht lohnend ist.

★ 1364 Nordwestgrat

3/4 Std. G 2—3. Üblicher Anstieg, Firn und Felsgrat.

Von der Gemslücke in südöstl. Richtung entweder über den leicht zu begehenden, meist aus Firn bestehenden Grat oder über die rechts (W) der Gratschneide befindlichen Felsen zum Gipfel.

10. Galmihörner — Oberaarhorn — Scheuchzerhorn

A. Begrenzung

Im W Fieschergletscher — Galmigletscher — Studerfirn — Oberes Studerjoch, im N Finsteraarhorngletscher — Unteraargletscher — Grimselsee, im O und S Grimselpaß — Aargrat — Münstigertal — Rhône — Fiesch — Fieschertal.

B. Karten

LK Nr. 264 Jungfrau und Nr. 265 Nufenenpaß.

C. Allgemeine Beschreibung

Der zentrale Gipfel dieses kleinen Massivs ist das Oberaarhorn. Von ihm ziehen lange Ketten strahlenförmig in drei Richtungen: nach W zum Studerhorn, nach NO zum Grunerhorn und zum Scheuchzerhorn bis zum Zinggenstock, nach S zum Oberaarrothorn und zu den Galmihörnern. In dieser letzten Kette befinden sich zwei wichtige Übergänge: das Oberaarjoch und die Galmilücke. Von den Galmihörnern zieht der Hauptgrat weiter nach SW zum sehr selten bestiegenen Wasenhorn. Für alle Gipfel des Massivs ist die Oberaarjochhütte zentral gelegen. Für die Nordaufstiege vom Finsteraar- und Unteraargletscher dienen die Lauteraarhütte und das Aarbiwak als Stützpunkte. Für die Besteigung der Galmihörner von S kommt die Galmihornhütte in Betracht als einzige höhergelegene Unterkunft auf der Südseite.
Die Gruppe eignet sich sehr gut für **Skitouren:** Die Skidurchquerungen vom Jungfraujoch über die Grünhornlücke in die Finsteraarhornhütte und am nächsten Tag entweder über das Oberaarjoch auf die Grimsel oder über die Galmilücke nach Münster sind vielbegangene klassische Skirouten. Auch das Studerhorn und das Vordere Galmihorn sind lohnende Skitouren von der Oberaarjochhütte aus. Sehr schön ist die Besteigung des Scheuchzerhorns von der Oberaarjochhütte aus mit an-

schließender Abfahrt über den Tierberggletscher zur Lauteraarhütte. Interessante und vielbegangene Klettertouren weist das Massiv wenige auf. Hingegen bietet die Nordwand des Studerhorns eine erstklassige Eisfahrt! Viel zu wenig beachtet werden die lohnenden Eistouren vom Finsteraargletscher aus auf das Gruner- und Scheuchzerhorn.
Die ganze Gruppe besteht aus den **kristallinen Gesteinen** des Aarmassivs. Am Studerhorn, Grunerhorn und Scheuchzerhorn finden wir Amphibolit, dasselbe Gestein also, aus dem das Grünhorn und Finsteraarhorn aufgebaut sind. Das Escherhorn, das Oberaarhorn, das Oberaarrothorn, die Galmihörner und das Wasenhorn sind aus Graniten aufgebaut, ebenso die Kette vom Scheuchzerjoch auf den Vorderen Zinggenstock. Das Oberaarjoch liegt in einer Schieferzone.

D. Talorte und Ausgangspunkte

● **1370** **Jungfraujoch,** siehe R 508. Ausgangspunkt für die Finsteraarhornhütte.

● **1371** **Grimselpaß,** 2165 m

Ausgangspunkt für die Oberaarjochhütte. Der Grimselpaß ist einer der wichtigsten Pässe über den Alpenkamm. Gut ausgebaute Straße, nur im Sommer geöffnet. Postautoverbindung mit Meiringen und Oberwald (nur Sommerbetrieb).

● **1372** **Meiringen,** siehe R 1611.

● **1373** **Münster,** 1388 m

Ortschaft im Goms. Station der Furka-Oberalpbahn. An der Straße Brig — Oberwald — Grimselpaß. Ausgangspunkt für die Galmihornhütte. Tel. Verkehrsbüro 028 / 73 17 45.

E. Clubhütten, Berggasthäuser und Hotels

● **1380** **Finsteraarhornhütte,** siehe R 1165. Übergang in die Oberaarjochhütte siehe R 1261 f.

● **1381** **Aarbiwak,** siehe R 1520. Ausgangspunkt für die Nordaufstiege auf Studerhorn, Grunerhorn und Scheuchzerhorn.

● 1382 **Lauteraarhütte,** siehe R 1779. Ausgangspunkt für Grunerhorn und Scheuchzerhorn von Norden.

● 1383 **Grimselhospiz,** 1980,2 m

Das alte Hospiz wurde vom Grimselsee überflutet. Das neue Hospiz-Hotel liegt auf einer felsigen Anhöhe (genannt „Nollen"), die zwischen zwei Staumauern liegt. Zwei mächtige Betondämme stauen den Abfluß des Unteraargletschers zu einem langen See, der den Namen Grimselsee erhielt (Einzugsgebiete des Unteraargletschers sind die Schreckhorn-, Finsteraarhorn- und Oberaarhorngruppe).
Das Hospiz ist von der Grimselstraße über die Staumauer erreichbar. Nur im Sommer geöffnet. Tel. 036 / 73 12 31. Postautoverbindung mit Meiringen und Oberwald (= Station der Furka-Oberalpbahn): Nur Sommerbetrieb Ende Juni bis Ende September. Das Grimselhospiz ist Ausgangspunkt für die Lauteraarhütte und das Aarbiwak.
NB: Die Werkbahn der KWO nach Handegg ist im Winter in Notfällen benutzbar!

● 1384 **Berghaus Oberaar,** 2338 m

Am Oberaarsee-Staudamm. Mit dem Grimselpaß mit einer Straße verbunden. (Einbahnverkehr!). Ausgangspunkt für die Oberaarjochhütte. Nur Sommerbetrieb. Tel. 036 / 73 11 15. Winterraum mit Telefon immer offen.
NB: Die Werkbahn der KWO zum Grimselhospiz ist im Winter in Notfällen benutzbar!

● 1385 **Oberaarjochhütte,** 3258 m

Sektion Biel des SAC. Die Hütte liegt, eng an die Felsen angelehnt, am unteren Ende des S-Kammes des Oberaarhorns. 45 Plätze. Kein ständiger Hüttenwart. Tel. 036 / 73 13 82. KS 656360 / 153010.

● 1386 **Über den Oberaargletscher**
4½—5½ Std. von der Staumauer am Oberaarsee. G 1—2 (Winterroute siehe Nachtrag).

Vom Berghaus Oberaar über die Staumauer. Dann am Nordufer des gestauten Oberaarsees entlang zum Oberaargletscher, dessen Mitte man aufsucht und in WSW-Richtung in 7 km langer Gletscherwanderung, zuerst flach, dann ab 2800 m Höhe steiler direkt zum Oberaarjoch, 3223 m, emporsteigt (Spaltengefahr). Nun in einigen Minuten auf einem Steig nordwärts über Felsen zur Oberaarjochhütte.

● 1387 **Von der Finsteraarhornhütte über die Gemslücke**
Sommerroute. Siehe R 1261 f.

★ 1388 **Von der Finsteraarhornhütte über das Rotloch**
Winterroute. 2—2½ Std. G 2. Über Fiescher-, Galmi- und Studergletscher. Spaltengefahr. Bei Nebel schlecht zu finden.

Von der Finsteraarhornhütte auf den Fieschergletscher absteigen und am Ostufer entlang abfahren zum Südfuß des Finsteraarrothorns, südl. P. 2843.3, wo der Galmigletscher einmündet. S ausholend ums Rotloch herum auf den Galmigletscher und zwischen zwei Spaltenzonen hindurch aufsteigen (ungefähr vom KS 655/151 zum KS 656/152) auf den Studerfirn. Nach NO abschwenkend ins Oberaarjoch empor. Hier **Skidepot.** Zu Fuß nach N über einige Felsen zur Hütte.

● 1391 **Galmihornhütte,** 2113 m

Skiklub Münster, 40 Plätze, KS 661750 / 148975. Hütte normalerweise geschlossen. Hüttenwart in Münster, Tel. 028 / 73 13 45.

★ 1392 **Von Münster**
2 Std. BW 1.

Ein bequemer Alpweg führt in weitem Zickzack durch den Bannwald zur Hütte hinauf.

F. Pässe und Übergänge

● 1395 **Scheuchzerjoch,** etwa 3070 m

Zwischen Scheuchzerhorn (P. 3352 im NO-Grat) und Hinterem Tierberg. Übergang vom Oberaargletscher (Oberaarjochhütte) über den Tierberggletscher zum Unteraargletscher (Lauteraarhütte). Sehr lohnender **Skiübergang** mit rassiger Abfahrt über den Tierberggletscher (Spalten!)

Von Norden

★ 1396 **Von der Lauteraarhütte**
3½ Std. G 2.

Nach S über den gesicherten Steig (Drahtseile, mehrere Leitern) hinab zum Unteraargletscher, den man in SSW-Richtung (dabei mehrere Mittelmoränen überschreitend) zur Einmündung des Tierberggletschers in den Unteraargletscher quert. Über Moränen empor und auf etwa 2500 m auf den Gletscher. Dieser bisweilen ziemlich zerschrundete Gletscher (Spätsommer) wird in südwestl. Richtung, zuletzt über den Bergschrund steil bis zur Einsattelung des Scheuchzerjoches erstiegen.

● 1397 Vom Oberaarjoch
2 Std. G 2. Spalten beachten.

Vom Oberaarjoch nach NO absteigen zum Fußpunkt des Seitengrates, der vom P. 3500 nach O abfällt. Die folgende Gletschermulde wird nur leicht ansteigend gequert zum Fußpunkt des Scheuchzerhorn-SO-Grates. Anschließend horizontale Querung des folgenden Firnrückens und etwa 60 m absteigen ins Joch, das sich W vom P. 3118 befindet.

★ 1398 Mit Ski

Man fährt oft besser auf dem Oberaargletscher ab zum P. 2580 und steigt anschließend O am Tieralpi vorbei direkt nach NO ins Scheuchzerjoch auf. Länger als Originalroute, aber bei hart gefrorenen Hängen bequemer, weil man die langen Hangtraversen vermeiden kann.

● 1400 Oberaarjoch, siehe R 1386 und R 1388.

● 1405 Galmilücke, 3293 m

Zwischen Oberaarrothorn und Hinter Galmihorn. Übergang vom Minstigergletscher (Münstergletscher) auf den Galmigletscher. Wichtigster Zugang aus dem Goms in das Finsteraarhorn-Oberaarhorn-Gebiet. Von beiden Seiten ohne Schwierigkeiten begehbar. **Klassischer Skiübergang** von der Finsteraarhornhütte mit Abfahrt über die Galmihornhütte nach Münster (siehe R 1408). Die Lücke ist mit einer Stange markiert.

★ 1406 Vom Oberaarjoch
1 Std. G 1. Einfache Gletschertour.

Vom Oberaarjoch steigt man auf den Studerfirn ab und quert nach S zum Fußpunkt des Oberaarrothorn-Westgrates (= P. 3060). W um den Fußpunkt herum und nach O aufsteigen in die Lücke.
Auch **mit Ski.**

★ 1407 Von der Finsteraarhornhütte
2½—3 Std. G 2.

Auf R 1388 auf den verschrundeten Galmigletscher bis etwa 3000 m. Dann nach O abbiegen in die Lücke.
Dies ist auch die **Skiroute.**

★ 1408 Skiabfahrt Galmilücke — Münster
Die Abfahrt ist bei schlechter Sicht schwierig zu finden! Man lasse sich auf keinen Fall verleiten, vom Minstigergletscher direkt ins Minstigertal abzufahren! 6—7 Std. von der Finsteraarhornhütte nach Münster.

Über die Felsen der Galmilücke müssen die Ski getragen werden. Dann Abfahrt nach NO auf das oberste Plateau des Minstigergletschers (etwa 3100 m). Die Abbrüche um den Felssporn P. 3191 herum in einem weiten Bogen nach N ausholend umfahren und nach S auf das mittlere Plateau abfahren. Der Höhenkurve 2900 entlang zum Fußpunkt des Firehorn-Nordgrates. Leicht aufsteigend nach OSO auf den Verbindungsgrat zwischen Grauhorn (2894 m) und Heizwächte (3086 m), den man ungefähr auf 2960 m erreicht, wo er einen breiten Rücken bildet. Den Rücken überschreiten und horizontal nach S (der Höhenkurve 2960 folgend) in kleines muldenartiges Tälchen O der Heizwächte. Dieses Tälchen nach S abfahren und nach links in den Sattel P. 2854 (auf der LK 50 nicht kotiert, KS 659630 / 150450). Vom Sattel nach SO abfahren (längere Hangtraverse) zum KS 660/150. Die sehr steile Nordflanke des Chastelhorns leicht abfallend nach O traversieren in die Chastellücke (ohne Namen in der LK, auf der LK 25 mit 2657 kotiert, KS 660360 / 150000). Nach S in die Mulde zwischen P. 2683 und P. 2610 abfahren und über die weiten offenen Hänge nach OSO zur **Galmihornhütte** (2113 m). Auf einem Rücken nach O bis Judestafel P. 1919, wo man auf das Alpsträßchen trifft, das in weitausholenden Kehren durch den Bannwald nach Münster führt.

★ 1409 **Im Aufstieg**

5 Std. von der Galmihornhütte in die Lücke. G 1—2.

Winter und Sommer folgt man im wesentlichen derselben Route.

● 1410 **Oberlicke,** 3141 m

Tiefster Punkt zwischen Vord. Galmihorn und Wasenhorn. Guter Übergang von der Finsteraarhornhütte ins Goms (Sommer).

● 1411 **Übergang Finsteraarhornhütte — Goms**

Von der Hütte nach Biel 6—7 Std. G 2—3.

Von der Finsteraarhornhütte dem linken Ufer des Fieschergletschers entlang zum Rotloch absteigen, wo der Galmigletscher von links einmündet. Nach O aufsteigen in die Gletschermulde zwischen Vord. Galmihorn und Wasenhorn, ca. 2970 m. Nach SO abbiegen Richtung Oberlicke. Der oft große Bergschrund wird meist links (O) der Fallinie überwunden und die Lücke diagonal von links nach rechts hochsteigend (Schutt, lose Blöcke) erreicht. Jenseits auf Terrasse absteigen und nach links (O) durch Rinne absteigen auf Bänder. Auf ihnen nach links ausholen, bis man ohne Schwierigkeiten nach rechts auf das Firnfeld absteigen kann (am Fuße eines Pfeiles, in Fallinie der Oberlicke). Über Firnfelder zum P. 2698, dann über Geröll und Gras bis Frutt (2100 m).

Einem Pfad auf der linken (O) Talflanke folgend via Oberstafel (1787 m), wo man bald darauf auf Alpsträßchen stößt. Ihm entlang (Abkürzungen möglich) nach Biel, 1283 m.

G. Gipfelbesteigungen

● 1420 Studerhorn, 3638 m

Höchster Gipfel der Gruppe. Von W und S ohne Schwierigkeiten erreichbar. Lohnender **Skiberg.** Packender Einblick in die gewaltige Finsteraarhorn-NO-Wand! Die interessantesten Routen sind NO-Grat, Nordwand und Traversierung bis zum Oberaarhorn. Das Glanzstück ist ohne Zweifel die prachtvolle Eiswand, die sehr steil nach N auf den Finsteraargletscher abfällt und heute zu den schönsten und schwierigsten Eiswänden der Berner Alpen zählt.

★ 1421 Westnordwestwand vom Obern Studerjoch
3 Std. von der Hütte. G 2—3.

Von der Oberaarjochhütte ohne Schwierigkeiten über den Studerfirn ins Obere Studerjoch, 3416 m. Von hier zieht sich ein scharfer Firngrat auf den Gipfel. Dies ist auch die **Skiroute.** Skidepot im Ob. Studerjoch.

★ 1422 Südostflanke und Ostsüdostgrat
2½ Std. G 2. Einfachste Route.

Übersicht: Vom Studerhorn fällt ein Felssporn nach S ab und fußt bei etwa 3366 m im Studerfirn. Zwischen diesem Felssporn und dem OSO-Grat, der sich vom Untern Studerjoch auf den Gipfel zieht, bewegt sich der folgende Anstieg (auch zum Abstieg geeignet).
Zugang: Von der Oberaarjochhütte auf den Studerfirn an den Fuß der SO-Flanke, die von großen Spalten durchzogen ist, etwa 3350 m.
Führe: Zuerst in der Gipfelfallinie aufsteigen, dann diagonal nach rechts über steilen Firnhang auf den OSO-Grat, den man auf etwa 3500 m erreicht. Über den Firngrat ohne Schwierigkeiten auf den Gipfel. Auch als **Skiroute** empfehlenswert, Skidepot in der SO-Flanke.

● 1422a Variante

R 1421 und R 1422 ergeben eine lohnende Überschreitung, die man bis aufs Oberaarhorn fortsetzen kann, siehe R 1425.

● 1423 Nordostgrat vom Aarbiwak

5—6 Std. vom Aarbiwak. G 5. Sehr schöne Gletscher- und Felstour, aber mit eisschlaggefährlichen Passagen! Nur bei guten Verhältnissen möglich. Siehe Abb. S. 400/401.

Übersicht: Der NO-Grat bildet die östliche Begrenzung der Nordwand. Er ist 850 m hoch und besteht zu zwei Dritteln aus Fels, das oberste Drittel ist verfirnt. Das erste Drittel wird O umgangen auf dem namenlosen und stark zerschrundeten Gletscher, der zwischen dem Altmann und dem NO-Grat auf den Finsteraargletscher fließt.

Zugang: Vom Aarbiwak nach S über den Finsteraargletscher zur Einmündung des namenlosen Gletschers in den Finsteraargletscher, etwa 2650 m.

Führe: Am rechten (O) Ufer dieses namenlosen Gletschers etwa 200 m aufsteigen, bis man oberhalb der großen Brüche nach rechts traversieren kann zum schmalen Gletscherarm, der vom Studerhorn herabfließt und sehr stark verschrundet ist. Auf diesem Seitenarm über Gletscherbrüche aufsteigen (sehr große Spalten, Eisschlag), bis man nach rechts auf den NO-Grat queren kann (zwischen 3000 und 3100 m). Weiter über den brüchigen Felsgrat bis zum Ansatz des Firngrates, etwa 3430 m. Über den oft verwächteten Firngrat oder links (O) in der Firnflanke auf den Gipfel.

● 1424 Nordwand

6—8 Std. vom E auf den Gipfel. G 8. Diese prächtige Eiswand zählt zu den steilsten in den Berner Alpen. Sie wurde erst 1940 erstbegangen und es dauerte noch einmal 16 Jahre bis zur ersten Wiederholung. Heute bei den extremen Eisgehern in Mode gekommen. 650 m mit einer Durchschnittsneigung von 52 Grad, stellenweise 55—60 Grad. Die Wand ist in der unteren Hälfte weniger steil als in der oberen. Die große Gipfelwächte („Schaumrolle") wurde bis heute immer umgangen. Eindrücklicher Einblick in die gewaltige Finsteraarhorn-NO-Wand. Der früher sehr lange Zustieg von der Lauteraarhütte aus ist durch den Bau des Aarbiwaks erheblich verkürzt worden. Siehe Abb. S. 400/401.

Zugänge: Von der Lauteraarhütte oder vom Aarbiwak auf R 1250 an den Fuß der Wand; von der Lauteraarhütte etwa 4 Std., vom Lauteraarbiwak etwa 2 Std.

Führe: Die Felsen an der Basis, die oben von Seraks gekrönt sind, werden W umgangen. Der E befindet sich etwas rechts der Gipfelfallinie auf etwa 3000 m, rechts dieser Eisabbrüche. Nun von rechts nach links die ersten 200 m nicht allzu steil ansteigen in die Gipfelfallinie. Dann immer steiler in der Fallinie empor und die riesige Gipfelwächte rechts (W) umgehen. Man steigt auf etwa 3600 m auf den NW-Grat aus.

● 1425 Traversierung Studerhorn — Oberaarhorn

Ganze Rundtour 6—7 Std. G 3. Sehr lohnende Traversierung, meist im Firn, mit prächtiger Aussicht. Siehe Abb. S. 400/401 und 416/417.

Aufstieg aufs Studerhorn auf R 1421. Abstieg über den OSO-Grat ins Untere Studerjoch (breiter Firnsattel, etwa 3400 m) und ohne Schwierigkeiten auf den Altmann (3468 m). Abstieg über den Ostgrat in den tiefsten Punkt zwischen Altmann und Oberaarhorn, z.T. scharfer Felsgrat. Weiter über den anschließenden Firn- und Felsgrat aufs Oberaarhorn (exponiert, oft verwächtet). Abstieg über den Südgrat, R 1431, direkt in die Oberaarjochhütte.

● 1425a Variante

Bei gutem Firn ohne besondere Schwierigkeiten.

Man kann vom tiefsten Punkt zwischen Altmann und Oberaarhorn (etwa 3400 m) nach S auf den Studerfirn absteigen. Siehe R 1432.

● 1430 Oberaarhorn, 3637 m

Zentraler Gipfel des Massivs, aber nach neuester Vermessung 1 m niedriger als das Studerhorn. Über die Normalroute sehr häufig besuchter Aussichtsberg. Hausberg der Oberaarjochhütte.

● 1431 Südgrat

1½ Std., G 1. Normalroute.

W von der Oberaarjochhütte einem markierten Pfad folgend über eine felsige Steilstufe, dann über Geröll (Wegspuren) auf den Firnrücken, der direkt auf den Gipfel führt.

● 1432 Westgrat

1½ Std. G 2—3. Siehe auch R 1425. Dazu Abb. S. 416/417.

Von der Oberaarjochhütte auf den Studerfirn absteigen und durch eine schwachausgeprägte Firnmulde in den tiefsten Punkt zwischen Altmann und Oberaarhorn, etwa 3400 m. Bis hierher auch **mit Ski** möglich. Nun über den oft verwächteten Grat und über Fels exponiert auf den Gipfel.

● 1437 Grunerhorn, 3436 m und 3437 m

Der felsige Südgipfel ist nach neuer Vermessung 1 m höher als der verfirnte Nordgipfel. Das Grunerhorn wird im Frühjahr häufig **mit Ski** bestiegen. — Die NW-Wand und der Westgrat vom Finsteraargletscher aus sind sehr interessante Touren, die aber höchst selten durchgeführt werden. Das neue Aarbiwak verkürzt nun die Zustiege zu diesen Routen erheblich, so daß die NW-Aufstiege auf Gruner- und Scheuchzerhorn beim Bergsteiger auf vermehrtes Interesse stoßen dürften.

★ 1438 Ostflanke

2½—3 Std. von der Oberaarjochhütte. G 2. Normalroute. Einfache Gletschertour, Spaltengefahr.

Vom Oberaarjoch nach NO zum Fußpunkt des Felsgrates absteigen, der vom P. 3500 nach SO abfällt, etwa 3100 m. Um den Grat herum und nach NW aufsteigen zum Fußpunkt des Felsgrates, der vom Südgipfel ebenfalls nach SO abfällt. Auf der Ostseite dieses Felsgrates über einen steilen Firnhang in den Firnsattel zwischen Süd- und Nordgipfel. Vom Sattel aus können beide Gipfel ohne Schwierigkeiten erreicht werden. Sehr schöne **Skiroute.**

PS: Ist das letzte Steilstück zum Firnsattel vereist, können auch die Felsen N (rechterhand) benutzt werden, die auf den Nordgipfel führen.

● 1440 Westgrat

II. 4 Std. vom Aarbiwak. G 3—4. Interessante und abwechslungsreiche Gletscher- und Felstour. Selten begangen. Siehe Abb. S. 416/417.

Übersicht: Der Grat zieht sich vom P. 2714 (alte Vermessung P. 2705) über P. 3052 in den Sattel zwischen Nord- und Südgipfel.

Zugang: Vom Aarbiwak nach SO über den Finsteraargletscher zum E NO vom P. 2714.

Führe: Nach rechts über den Vorbau (Schnee und Fels) auf den eigentlichen Grat, der beim P. 3052 erreicht wird. Nun über den Felsgrat (II), der in einen scharfen und 40 Grad steilen Firngrat übergeht. Dieser führt in den Sattel empor.

● 1441 Nordwestflanke

5—6 Std. vom Aarbiwak. G 5—6. Diese lohnende Eistour, wurde erst 1958 von Holländern entdeckt. 800 m Wandhöhe, untere Hälfte etwa 35 Grad und obere Hälfte etwa 45 Grad, Schlüsselstelle etwa 52 Grad steil. Siehe Abb. S. 416/417.

Zugang: Vom Aarbiwak über den Finsteraargletscher zum E NO vom P. 2714 (ehemals P. 2705).

Führe: In der Fallinie über den mäßig geneigten Firnhang der unteren Hälfte bis auf etwa 3100 m, wo er deutlich steiler wird und einige Abbrüche aufweist. Diese Abbrüche werden auf der linken (N) Seite, nahe der Felsen linkerhand, in einer sehr steilen Eiskehle (52 Grad) überwunden. Dann mit abnehmender Steilheit über die geschlossene Firnflanke auf den Gipfel.

● 1442 Nordgrat

Etwa 4 Std. vom E. G 5. Bei guten Firnverhältnissen lohnende Eistour. Siehe Abb. S. 416/417.

Übersicht: Dieser nicht sehr ausgeprägte Gratrücken fällt vom P. 3377,9 fast 900 m auf den Finsteraargletscher ab (Fußpunkt) 2496 m, auf der LK 50 nicht kotiert). Er besteht in der unteren Hälfte aus Fels und in der oberen aus Firn. Die steilsten Firnpartien sind ungefähr 45 Grad steil.
Zugänge: Vom Aarbiwak oder von der Lauteraarhütte in 2 Std. zum Fußpunkt des Grates. Dieser wird von rechts (W) her erreicht.
Führe: In der Fallinie etwa 400 m aufsteigen zum Ansatz der Firnflanke. Gerade hoch unter einen Eisnollen (etwa 3000 m), der links (O) umgangen wird. Hart an den Felsen linkerhand gerade hinauf über steile Firnhänge in den Firnsattel zwischen P. 3377,9 und Grunerhorn und über einen Firngrat auf den Gipfel.

● 1446 Scheuchzerhorn, 3462 m

Schöner Firngipfel mit prächtiger Aussicht. Mit dem Oberaarhorn zusammen der meistbesuchte Gipfel des ganzen Massivs. Im Frühjahr sehr häufig **mit Ski** bestiegen, mit anschließender Abfahrt über den Oberaargletscher auf die Grimsel oder über den Tierberggletscher (siehe R 1396) in die Lauteraarhütte. Die interessanteste Route führt über die 900 m hohe NW-Flanke vom Finsteraargletscher aus. Von S und O ist der Gipfel auf verschiedenen Routen und Varianten ohne besondere Schwierigkeiten erreichbar.

★ 1447 Ostflanke und Südostgrat

2½—3 Std. von der Oberaarjochhütte. G 1—2. Normalroute. Einfache Gletschertour.

Scheuchzerhorn von Norden (folgende Doppelseite)
Diese versteckte Eisflanke ist nur den Eingeweihten bekannt. Dementsprechend selten werden die Aufstiege gemacht. Keiner fand Gnade vor den Juroren der „Miss-Wahl der hundert schönsten": ob's an der Jury oder an den Bergen liegt, mag jeder selbst entscheiden. Günstigster Ausgangspunkt für alle Anstiege ist das Aarbiwak, das in einer der eindrücklichsten Hochgebirgslandschaft des Berner Oberlandes steht.

F1

Oberaarhorn
1425/32
Grunerhorn
3500
3436
3437
77.9
1440
1442
3052
1441
1440
2496
eraargletscher

Auf R 1397 an den Fuß des Scheuchzerhorn-SO-Grates. Der unterste Steilabfall wird auf der Ostseite umgangen. Man steigt um den Fuß herum und dem Grat entlang über die Ostflanke bis auf etwa 3300 m, wo man über brüchige Felsen den Gratrücken erreicht, der über Geröll und Schnee direkt auf den Gipfel führt. **Mit Ski** bis auf den Gipfel möglich.

★ 1447a Variante mit Ski

Vom Oberaarjoch über den Oberaargletscher abfahren bis etwa 2850 m. Dann Richtung Grunerhorn aufsteigen, bis man auf R 1397 stößt, die zum Fuß des SO-Grates führt. Nun über die Ostflanke bis auf etwa 3300 m aufsteigen, wo man über einen steilen Firnhang nach links auf den Gratrücken des SO-Grates queren kann, den man kurz unter dem Gipfel erreicht.

● 1448 Nordnordwestrippe vom Finsteraargletscher

4 Std. vom E. G 5—6. Siehe Abb. S. 416/417.

Übersicht: Diese steile Felsrippe begrenzt das oberste Drittel der NW-Flanke N und vermittelt einen lohnenden Aufstieg vom Finsteraargletscher auf den Gipfel. Große Spalten und Eisschlaggefahr! Der Grat endet auf der Firnschulter, etwa 3400 m, zwischen P. 3352 und Gipfel.
Zugänge: Von der Lauteraarhütte oder vom Aarbiwak auf den Finsteraargletscher zur Felsinsel P. 2529 (ehemals 2580), die den vom Scheuchzerhorn herabfließenden Gletscher in zwei Arme teilt.
Führe: Über den nördl. Arm in die Nähe des Fußpunktes der Rippe (Eisschlag) und auf der Westseite der Rippe hinauf bis etwa 3050 m (bis hierher große Spalten). Dann nach links über Geröll und Schnee auf eine Felsschulter direkt auf der Rippe. Über die steile Felsrippe empor, dann über steilen Firn auf die Firnschulter, etwa 3400 m, im NO-Grat. Weiter über den kurzen, oft verwächteten Firngrat auf den Gipfel.

● 1449 Nordwestflanke

5—6 Std. vom Finsteraargletscher. G 7. Sehr lohnende und interessante Firn- und Eisflanke. Große Spalten und Eisschlaggefahr. Schwieriger und gefährlicher als die Grunerhorn-Nordwestflanke. Siehe Abb. S. 416/417.

Auf R 1448 bis etwa 3050 m. Statt nach links auf die Felsrippe zu queren, steigt man nach rechts in die Fallinie der Gipfelwand: über den Bergschrund und über steilen Firn zu einer Felsstufe, die ohne ernsthafte Schwierigkeiten überklettert wird. Weiter über die geschlossene Firnwand auf den Gipfel. Die Firnpartien der Gipfelwand sind zwischen 52 und 55 Grad steil.

● 1455 Nordostgrat

5—6 Std. von der Lauteraarhütte. G 3. Lohnend, oft begangen. 414/415.

Übersicht: Dieser Grat zieht sich vom Escherhorn südwärts zum P. 3352, wo er seine Richtung nach SW ändert. Er ist im unteren Teil felsig und im oberen verfirnt. Er wird meist von O her betreten in einer Scharte S des Escherhorns.

Zugang: Von der Lauteraarhütte nach S auf den Unteraargletscher (markierter Pfad, Drahtseile, Leitern). Diesen über mehrere Moränen hinweg nach SW traversieren und über Schutt und Firnfelder zum Tierberggletscher hinauf. Ohne diesen zu betreten am orogr. linken (W) Rand über einige Felsen empor (von der Hütte aus gut sichtbar) auf Terrasse. Nach W über Geröll- und Firnhänge, dann über brüchige Felsen in die tiefste Scharte S des Escherhorn-Südgipfels (3097 m, der Gipfel kann in 15 Min. Kletterei aus der Scharte erreicht werden).

Führe: Aus der Scharte über den Grat südwärts bis etwa 3200 m, wo er in Firn übergeht. Der Firngrat führt via P. 3352 auf den Gipfel (ab P. 3352 teilweise schmal, exponiert und oft verwächtet).

● 1455a Variante

P. 3352 kann auch vom Scheuchzerjoch aus erreicht werden, indem man über verschrundete Firnhänge nach W aufsteigt bis 3350 m (dabei den Ostgrat von P. 3352 zur Rechten), dann nach rechts abbiegt und über einen steilen Firnhang den Grat knapp W P. 3352 erreicht.

● 1460 **Oberaarrothorn,** 3463 m und 3477 m

Doppelgipfel mit sehr schöner Aussicht, vor allem auf das Finsteraarhorn. Halbtagstour von der Oberaarjochhütte aus. Die lohnendste Route führt über den Westgrat.

● 1461 Westgrat

III (Stellen), II. 2 Std. von der Hütte. G 3. Abstieg über die gleiche Route.

Von der Oberaarjochhütte über den Studerfirn zum Fußpunkt des Westgrates, P. 3060 (ehemals P. 3116). Rechts um den Fuß herum und auf der Südseite über Firn aufsteigen bis etwa 3150 m. Dann nach links über kurzen Schnee- und Geröllhang in ein Couloir, das auf den Westgrat führt. Nun alles über den Felsgrat (hie und da in die Nordseite ausweichend) auf den Hauptgipfel.

● 1466 **Galmihörner,** 3486 m und 3517 m

Unmittelbar S der Galmilücke erhebt sich das Hintere Galmihorn, 3486 m (alte Vermessung 3490 m), das mit einem Fels- und Firngrat mit dem Vorderen Galmihorn, 3517 m, verbunden ist. Die Depression des Verbindungsgrates P. 3386 ist die Bächilücke, die den Galmi- mit dem Bächigletscher verbindet und als Übergang benutzt werden kann. Das Hintere Galmihorn wird meist in Verbindung mit dem Vorderen Galmihorn besucht (R 1467). Das Vordere Galmihorn ist ein bekannter **Skiberg,** dessen Besteigung häufig mit der Abfahrt von der Galmilücke nach Münster verbunden wird (Finsteraarhorn-oder Oberaarjochhütte als Ausgangspunkt). Es bietet eine prachtvolle Aussicht.

● 1467 **Galmilücke — Hint. Galmihorn — Bächilücke — Vord. Galmihorn.**

2 Std. von der Galmilücke. G 3.

Von der Galmilücke über den Felsgrat auf das Hint. Galmihorn, 3486 m. Über Geröll und Fels absteigen in die Bächilücke, P. 3386. Weiter über den mäßig steilen Firngrat auf das Vord. Galmihorn.

● 1468 A **Abstieg**

Ohne Schwierigkeiten, aber Spaltengefahr. G 2.

Zurück in die Bächilücke und nach W durch schwach ausgeprägte Gletschermulde auf den Galmigletscher (siehe R 1469).

★ 1469 **Skiroute auf das Vord. Galmihorn**

Auch Sommerroute. 2½ Std. von der Oberaarjochhütte. Von der Finsteraarhornhütte 1½ Std. länger. G 2.

Vom Galmigletscher aus über die zerschrundete NW-Flanke von rechts nach links ansteigend durch schwachausgeprägte Mulde in die Bächilücke, P. 3386, und über das mäßig geneigte Firndach auf den Gipfel des Vord. Galmihorns.

● 1475 **Wasenhorn,** 3446,8 m

Das Wasenhorn zählt ohne Zweifel zu den unbekanntesten Bergen der Berner Alpen. Man suche den Gipfel auf der Landeskarte ungefähr beim KS 656/150. Sogar im neuesten SAC-Führer (1982) stehen die lakonischen Zeilen „Touristisch wenig erschlossen. Insbesondere ist noch keine Begehung von Süden bekannt.“ Doch der Name trügt! Am Wasenhorn findet sich ausgezeichneter Granit, und die Erstbegehungsmöglichkeiten sind mit dem SO-Grat, der im folgenden beschrieben wird, noch nicht ausgeschöpft.

● 1476 Südostgrat

U. Kämpf und Chr. Blum, 12. September 1982 (vermutlich 1. Begehung). **VI** (3 m), V (8 m), IV+ (12 m), sonst III und IV. Schöne Kletterei in vorwiegend festem Granit. Sehr schwierig. 6 Std. vom E. G 7.

Zugang: Vom östlichen Ortsausgang von Biel (Schulhaus) auf neuer Alpstraße ins Bieligertal bis fast 1500 m. Auf der linken Talseite auf Pfadspuren zur Alp Frutt. Weglos entlang dem Selzigerbach über P. 2698 und Firnhänge an den Grat, der bei etwa 3100 m Höhe von Westen betreten wird.

Führe: Man folgt nach Möglichkeit der Gratkante. Abweichungen ergeben sich von selbst. Auf etwa 3350 m stößt der Grat auf einen von rechts heraufziehenden Steilaufschwung. Steil rechts hinauf durch Rinne und Risse, zuoberst kaminartig auf Gratzacke. Die folgende Gratstufe an der rechten Kante erklettern zu breiter Plattform. Etwas nach links in die einzige sichtbare Rißverschneidung. Entweder gerade über ein kleines Dach oder unter dem Dach links um verschiedene Kanten queren. Eine letzte Stufe führt auf den Gipfelkamm.

(aus: AACB-Jahresbericht, 77. Jahrgang 1982)

● 1477 A Abstieg

Über den NO-Grat (einfacher Block- und Trümmergrat) in die Oberlücke und von hier nach S zurück ins Bieligertal.

11. Schreckhorn-Lauteraarhorn-Kette

(inkl. Strahlegghörner)

A. Begrenzung

Im W Finsteraarjoch — Oberes Eismeer — Unterer Grindelwaldgletscher, im N Schwarze Lütschine, im O Oberer Grindelwaldgletscher — Lauteraarsattel — Lauteraargletscher, im S Finsteraargletscher.

B. Karten

LK Nr. 254 Interlaken, Nr. 264 Jungfrau, Nr. 255 Sustenpaß, Nr. 265 Nufenenpaß.

C. Allgemeine Beschreibung

Dieser 10 km lange Gebirgskamm verläuft von NW nach SO und ist auf drei Seiten von Gletschern umgeben. Der Kette entragen folgende Gipfel (von N nach S): Mättenberg, 3104 m, Ankenbälli, 3164 m, Gwächta (Gwächtenhorn), 3164 m, Klein Schreckhorn, 3494 m, Nässihorn, 3741 m, Schreckhorn, 4078 m, Lauteraarhorn, 4042 m, Klein Lauteraarhorn, 3737 m, Hugihorn, 3647 m, Lauteraarrothörner, 3473 m und 3466,6 m. Vom Lauteraarhorn zweigt der Seitenkamm der Strahlegghörner ab, der die Schreckhorngruppe mit der Finsteraarhorngruppe verbindet. Alle Gipfel des Hauptkammes senden mehr oder weniger ausgeprägte Grate und Rippen nach NO und nach SW, zwischen denen Firne und kleine Gletscher eingelagert sind. Die NO-Seite des Hauptkammes ist hoch hinauf vergletschert, während die SW-Seite stark ausgeapert ist. Große Eiswände fehlen in dieser Gruppe, die Mehrzahl der großen Besteigungen verläuft hauptsächlich über Fels. Die meistbesuchten Gipfel sind das Kleine Schreckhorn, das Schreckhorn und das Lauteraarhorn. Die übrigen Gipfel werden wesentlich seltener besucht, am seltensten die Lauteraarrothörner (mit dem neuen Aarbiwak am Fuße der Lauteraarrothörner wird sich das vermutlich in Zukunft ändern). Die bekanntesten **klassischen Routen** sind: Traversierung des Kleinen Schreckhorns, Andersongrat, SO- und SW-Grat aufs Schreckhorn, Verbindungsgrat Schreckhorn — Lauteraarhorn, SW-Grat, SO-Grat und Ostwandrippe aufs Lauteraarhorn. Von den sehr schwierigen Kletterrouten aufs Schreckhorn sei hier der Südpfeiler herausgehoben, der zu den schönsten hochalpinen Felstouren der Berner Alpen zählt. Die größte alpine Unternehmung im Schreckhornkamm ist die Gesamtüberschreitung vom Mättenberg bis zu den Lauteraarrothörnern (4—5 Tage, G 10).

Für **Skitouren** ist die Gruppe weniger geeignet, in Frage kommen Strahlegghorn, Hugihorn, Lauteraarhorn, Nässihorn und Gwächta, vor allem aber die großartigen Skiübergänge Finsteraarjoch und Lauteraarsattel. Letzterer ermöglicht in Verbindung mit der Rosenegg die Traversierung aus dem Rosenlaui auf die Grimsel.

Als **Übergänge** über die Hauptkette kommen das Gwächtejoch und das Untere Nässijoch in Betracht, über den Seitenkamm der Strahlegghörner der Strahleggpaß und das Finsteraarjoch.

Als **Stützpunkte** dienen die Gleckstein-, Lauteraar- und Schreckhornhütte sowie das Aarbiwak. Für die Gipfel vom Mättenberg bis zur Gwächta kann das Gasthaus Stieregg als Ausgangspunkt verwendet werden.

Die lange Kette ermöglicht einen fast vollständigen geologischen Querschnitt durch das mittlere Aarmassiv. Wir treffen von N nach S folgende Gesteinsarten an: **Sedimente:** Nordabsturz des Mättenbergs (Hochgebirgskalk / Malm). **Innertkirchner Granit:** Gipfelzone des Mättenbergs, Ankenbälli, und Gwächta. **Gneis:** Klein Schreckhorn, Schreckhorn und Lauteraarhorn. **Schiefer:** Kleine Lauteraarhörner und Strahlegghörner. **Aaregranit:** Lauteraarrothörner und Nasse Strahlegg. Die Gneise und Schiefer fallen nach SO ein und bilden plattige SO-Flanken und gestufte NW-Anstiege.

D. Talorte und Ausgangspunkte

- **1490** **Grindelwald,** siehe R 1012. Ausgangspunkt für die Schreckhornhütte und für die Glecksteinhütte.

- **1491** **Meiringen,** siehe R 1626. Ausgangspunkt für die Grimsel.

- **1492** **Grimselhospiz,** siehe R 1383 und 1371. Ausgangspunkt für die Lauteraarhütte und das Aarbiwak.

E. Clubhütten, Berggasthäuser und Hotels

● 1495 **Berggasthaus Stieregg**, siehe R 1497. 16 Plätze, Tel. 077 / 56 53 18.

● 1496 **Schreckhornhütte**, 2520 m

Sektion Basel des SAC. Am Fuße der Schwarzegg gelegen, nur wenig O und oberhalb der ehemaligen Schwarzegghütte. KS 650600 / 159150. Tel. 036 / 55 10 25. 90 Plätze, ständiger Hüttenwart im Sommer. Seit 1981 in Betrieb an Stelle der von einer Lawine beschädigten und darauf von der Sektion niedergebrannten Strahlegghütte. Prachtvoller Standort im Herzen des Hochgebirges. Einer der schönsten Hüttenwege in den Berner Alpen, nur für trittsichere und schwindelfreie Berggänger zugänglich. Im Frühsommer ist auch für Hüttenbummler die Mitnahme eines Pickels empfehlenswert! Im **Winter** ist die Hütte von Grindelwald aus kaum zugänglich. Am einfachsten erreicht man sie von der Station Eismeer aus über den Zäsenberg (siehe R 1499).
Übergänge: Über den Strahleggpaß ins Aarbiwak oder in die Lauteraarhütte. Über Finsteraarjoch — Agassizjoch in die Finsteraarhornhütte. Über das Gwächtejoch in die Glecksteinhütte.

● 1497 **Von Grindelwald über Stieregg und Rotes Gufer.**
5—6 Std. von Grindelwald, 4—5 Std. von Pfingstegg. BW 3. Normalweg. Gesicherter Klettersteig.

Vom Bahnhof Grindelwald der Hauptstraße entlang nach O zur Talstation der Pfingsteggbahn. Nun **entweder** mit der Seilbahn auf die Pfingstegg und nach SW auf den Hüttenweg, den man beim P. 1386 erreicht, **oder** zu Fuß über die Lütschinenbrücke P. 986. Nach der Brücke nach links dem markierten und bezeichneten Weg folgend zum Weiler Uf der Halten. Nach S ansteigen und S der Toldislouwina im Zickzack durch den steilen Wald empor zum P 1386.
Nun **gemeinsam**: Einem Fluhband nach S folgend auf die Băregg und kurzer Abstieg zum Gasthaus Stieregg, 1650 m (Übernachtungsgelegenheit). 2½ Std. vom Bahnhof.
Von der Stieregg zuerst flach über Gras, Geröll und Moränen, dann in Steilkehren auf die Bänisegg, P. 1807,3. Nun wieder flach über Moränen zum Roten Gufer. Dieses wird über einen z. T. gesicherten Klettersteig überwunden (Stifte, Drahtseile, Leitern). Dann nach SO über mehrere Bäche zum Oberen Eismeer. Hier steht die verfallene Schwarzegghütte. Nach links abbiegen und über eine Moräne nach O zur Hütte.

• 1498 Von Grindelwald über Stieregg und Zäsenberg

Dieser alte Zugang wird nur noch sehr selten begangen. Er ist wesentlich länger und mühsamer als der Weg übers Rote Gufer. Nur im Frühjahr **mit Ski** letzterem vorzuziehen. Nur für berggewohnte Gänger, die sich im Gelände auch ohne Pfad und Markierungen zurechtfinden. Teilweise nur noch Pfadspuren vorhanden. Liebhabern von einsamem Berggelände sei der Weg als **Abstieg** von der Schreckhornhütte nach Grindelwald empfohlen!

Auf R 1497 bis Stieregg und über mehrere Gräben auf die Ebene vor der Bänisegg, wo man R 1497 verläßt. Man folgt einem alten Pfad durch Büsche rechts abwärts auf den schuttbedeckten Gletscher und quert ihn nach S zur NW-Ecke des Zäsenbergs. Die hohe Moräne wird O P. 1806/LK 25 (= KS 648300/159400) mühsam erstiegen. Nun zwei Möglichkeiten:
a) die Randmoräne des Und. Ischmeers ca. 1 km nach O verfolgen, zuletzt über schuttbedeckte Platten, unter senkrechte Stufe. Am Fuße der Stufe (ca. 2100 m) nach rechts (W) queren, bis man ein Couloir erreicht, das diese Stufe durchreißt (Pfadspuren).
b) nach O über Gras zum P. 1948 und dem Pfad folgend bis 2100 m. Einen Bach nach O überschreiten und nach links hoch auf einen Grasbuckel (ca. 2140 m). Dann einem Band oberhalb der untersten Felsstufe nach links folgend, leicht abfallend (Pfad), zum Fuß des vorerwähnten Couloirs.
Nun gemeinsam: dieses Couloir rechtshaltend steil empor (Geröll, Gras, Pfadspuren) auf Band oberhalb der 2. Felsstufe. Auf ihm nach links hoch auf Schutterrasse am Rande des Gletschers. Auf den Randmoränen aufsteigen bis ca. 2400 m. Hier beginnt eine rot markierte Steiganlage, die es ermöglicht, auf die Höhe des Obern Ischmeers zu gelangen, wo man den Gletscher ohne Schwierigkeit überqueren kann (Hütte sichtbar).

⋆ 1499 Von der Station Eismeer über den Zäsenberg.

Beste Winterroute. Etwa 5 Std. vom Eismeer zur Hütte. G 3. Im Sommer schöner über Challifirn, 6 Std.

Von der Station Eismeer (R 1011) **entweder** direkt nach O abfahren über den sehr stark zerschrundeten Gletscher auf das flache Plateau des Fieschergletschers, etwa 2800 m (in den letzten Jahren war dieser früher übliche Weg nur noch nach außergewöhnlich schneereichen Wintern möglich) **oder** auf dem Mittellegihüttenweg, R 1032, auf den Challifirn bis in die Fallinie der Mittellegihütte und weiter nach O abfahren in die Nähe von P. 2796,3. Hier an geeigneter Stelle (am leichtesten 250 m WSW P. 2796,3) über das Challiband nach S absteigen (Ski tragen) auf den Fieschergletscher. Nun **gemeinsam:** Über den Fieschergletscher (Spalten) auf den Zäsenberg zum P. 2316. Weiter nach NO abfahren bis etwa 2200 m zum KS 649 / 159, wo man auf R 1498 stößt.

★ **1499a Variante**

R 1499 ermöglicht mit dem Finsteraarjoch (R 1248ff.) eine grandiose Skidurchquerung auf die Grimsel!

● **1500** **Glecksteinhütte,** siehe R 1629. Ausgangspunkt für die NO-Anstiege vom Mättenberg bis zum Schreckhorn. Übergang über den Lauteraarsattel in die Lauteraarhütte und über die Rosenegg in die Gaulihütte.

● **1505** **Lauteraarhütte,** siehe R 1779. Ausgangspunkt für das Lauteraarhorn, Hugihorn, die Kleinen Lauteraarhörner und Lauteraarrothörner. Übergang über den Lauteraarsattel zur Glecksteinhütte und über den Strahleggpaß zur Schreckhornhütte.

● **1520** **Aarbiwak,** 2731 m

Sektion Pilatus des SAC. Das Biwak steht auf dem KS 654720 / 156275 über dem Ostufer des Strahlegg-Gletschers, unweit der Einmündung in den Finsteraargletscher. 17 Plätze, Wolldecken, Kocher und Eßgeschirr vorhanden. Das Aarbiwak ist ein zentral gelegener Ausgangspunkt für zahlreiche Touren, u.a. für sämtliche Anstiege vom Strahlegg-Gletscher aus auf die Kette Lauteraarhorn — Lauteraarrothörner, die Nordanstiege aufs Studerhorn und die NW-Aufstiege auf Gruner- und Scheuchzerhorn.
Übergänge: Über den Strahleggpaß in die Schreckhornhütte und über Finsteraarjoch — Agassizjoch in die Finsteraarhornhütte.
Das Aarbiwak war über Jahre hinweg ein Geheimtip für Insider. Leider ließ es sich auf Dauer nicht verheimlichen, daß das Biwak in einer der grandiosesten Gegenden der Berner Alpen steht.

● **1521** **Vom Grimselhospiz**

Etwa 7 Std. G 1—2. Siehe Abb. S. 400/401.

Auf dem Lauteraarhüttenweg bis zur Abzweigung auf der Mittelmoräne des Lauteraargletschers. Die Moräne noch weiter verfolgen und nach links hinab auf den Gletscher, den man bis zur Einmündung des

Finsteraargletschers verfolgt. Den Finsteraargletscher längs der Mittelmoräne hinauf zur Einmündung des Strahlegg-Gletschers. Von hier aus Markierung mit rotweißen Holzstangen.
NB: Auf dem ebenen Gletscher bleiben bis in die Fallinie des Biwaks, weil am linken Gletscherufer große Spalten auftreten.

F. Pässe und Übergänge

● **1527** **Finsteraarjoch**, siehe R 1248ff.

● **1530** **Strahleggpaß**, etwa 3345 m

Tiefster Punkt zwischen Lauteraarhorn und Strahlegghorn, Übergang vom Oberen Eismeer auf den Strahlegg-Gletscher. Dieser wichtigste Hochgebirgs-Paßübergang von Grindelwald zur Grimsel wurde schon von altersher von „Strahlern“ (Kristallsuchern) überschritten. Von W her ist der Strahleggpaß ohne Schwierigkeiten über Firnhänge zu erreichen; während auf der O-Seite eine steile Fels- und Firnwand 250 m auf den Strahlegg-Gletscher abfällt.

Von Westen

● **1531** **Von der Schreckhornhütte**
3 Std. G 2.

Auf R 1591 bis zum Standort der ehemaligen Strahlegghütte. Von hier etwa 200 m schwach ansteigend nach NNW zum Felsgrat, der zum P. 2844 emporzieht. SO des Grates über Geröll und Schnee (Wegspuren) aufsteigen und nach links in eine Lücke des Felsgrates, etwa 2950 m. Nun über die unschwierigen Felsen des sich hier zu einem Rücken verbreiternden Grates (Gaagg genannt) nach O auf das Firnfeld, etwa 3150 m, das in gleicher Richtung zum Paß führt, dabei den Felsgrat, der sich vom P. 3428 herabzieht, zur Linken (ist der Firnhang vereist, können auch diese Felsen bis in Paßnähe benutzt werden).

Von Südosten

● **1532** **Vom Aarbiwak**
II (alle drei Varianten). 2—3 Std. vom Aarbiwak, 5—6 Std. von der Lauteraarhütte. G 3. Im Abstieg heikel.

Ohne Schwierigkeiten über den Strahlegg-Gletscher aufsteigen an den Fuß des Passes. In der Fallinie zieht sich ein Firncouloir herab. Nun

drei Möglichkeiten, je nach Verhältnissen:
a) Bei gutem Firn direkt durch das sehr steile Firncouloir in den Paß empor. ¾ Std. (großer Bergschrund!).
b) Über die orogr. linke (N) Begrenzungsrippe: Über den großen Bergschrund und über ein Firnfeld, dann nach rechts auf die schiefrige Rippe, die in ihrer ganzen Länge erklettert wird. Normalroute, wenn Bergschrund überschreitbar ist. 1 Std.
c) Bei unüberschreitbarem Bergschrund traversiert man etwa 100 m weiter nach N bis dort, wo der Firn am weitesten hinaufreicht. Man erreicht nach dem Bergschrund einen kleinen, senkrechten Aufschwung. Dieser wird links umgangen. Nun schräg links hoch, zwei Felsrippen überschreitend, bis man nach links in eine Geröllrinne queren kann. Diese wird etwa 10 m nach links traversiert auf eine brüchige Rippe, die man bis auf den Paß verfolgt. 1½ Std.
Zwischen b) und c) befindet sich eine weitere Felsrippe, die weniger empfehlenswert ist.

● 1536 Unteres Nässijoch, 3397 m

Zwischen Kl. Schreckhorn und Nässihorn, Übergang vom Oberen auf den Unteren Grindelwaldgletscher. Ohne Namen und Kote in der LK 50. KS 651070 / 161125. Darf nicht verwechselt werden mit dem Nässijoch zwischen Nässihorn und Schreckhorn (siehe R 1587 ff).
Großartiger hochalpiner Übergang von der Gleckstein- zur Schreckhornhütte, der z.T. über stark zerschrundete Gletscher führt und mit einer Besteigung des Klein Schreckhorns verbunden werden kann.

Von Norden

● 1537 Von der Glecksteinhütte

5—6 Std. G 3—4 bei guten Gletscherverhältnissen. Sehr schöne Gletschertour. Große Spalten. Im Spätsommer oft nicht mehr begehbar. Siehe Abb. S. 389 und 447.

Vorerst auf R 1551 bis etwa 2850 m auf das flache Gletscherplateau. Hier läßt man R 1551 links und quert den ebenen Gletscher nach SW an den Fuß des kleinen Gletschers, der zwischen dem NO-Grat des Kl. Schreckhorns und der NO-Rippe von P. 3537 herabfließt. Dieser zerschrundete Gletscher wird ungefähr in der Mitte erstiegen in die Fallinie des Jochs. Zuletzt über einen 100 m hohen, sehr steilen Firnhang ins Untere Nässijoch.
NB: Achtung auf Eisschlag vom Eisnollen in der Nordflanke des P. 3537.

Von Süden

● 1538 Von der Schreckhornhütte

Die alte Route über den Oberen Nässigletscher (siehe 7. Auflage) ist heute wegen starker Gletscherveränderungen kaum mehr begehbar. Man verfolgt deshalb heute die Route ins Gwächtejoch bis auf die Grossenegg und erreicht über diesen Rücken den Untern Nässigletscher. 4—4½ Std. von der Schreckhornhütte. G 2—3. Interessanter Aufstieg in Fels und Eis. Siehe Abb. S. 435 und 445.

Von der Schreckhornhütte auf R 1546 auf die Grossenegg. Über diesen Rücken empor (oder S davon über Schutt) auf den Unt. Nässigletscher. Kann dieser vom Rücken der Grossenegg aus nicht direkt erreicht werden, quert man nach N auf die benachbarte Rippe. Man ersteigt den Gletscher nach NO und gewinnt das Joch über einige Felsen.

● 1543 Gwächtejoch, 3102 m

Zwischen Gwächta (Gwächtenhorn) und Kl. Schreckhorn. Hochalpiner Übergang von der Glecksteinhütte zur Stieregg bzw. Schreckhornhütte. Einfachster Übergang über den Hauptkamm. Bei sehr guten Schneeverhältnissen auch **mit Ski** begehbar. Die Überschreitung erfolgt besser von N nach S.

Von Nordosten

● 1544 Von der Glecksteinhütte

4½—5 Std. Im Frühsommer G 3. Lohnende Gletschertour. Im Spätsommer oft unbegehbar wegen riesiger Spalten. Siehe Abb. S. 389.

Auf R 1551 auf das Gletscherplateau, etwa 2850 m, wo man R 1551 verläßt. Der flache Gletscher wird nach W gequert (in einem Bogen nach S ausholend) an den Fuß des Kl.-Schreckhorn-NO-Grates. Rechts am Grat vorbei und am Fuße der Nordwand entlang auf einer schmalen Gletscherrampe nach rechts aufsteigen ins Gwächtejoch.
Dies ist auch die **Skiroute.**

● 1545 Von Stieregg über Glattwang

4 Std. G 2. Siehe Abb. S. 445.

Von der Stieregg auf dem Schreckhornhüttenweg über die Bänisegg bis zum Bach, etwa 250 m vor dem P. 1957 (in der LK 50 ist dieser Bach nicht eingezeichnet). Dem Bach entlang nach NO aufsteigen über steile Gras- und Geröllhänge bis zu den Felsen. Diese werden links umgangen und oberhalb der Felsstufe auf etwa 2200 m wieder zurück zum Bach.

Dem Bach entlang aufsteigen bis etwa 2400 m, dann nach NO weitersteigen, einen Parallelbach überschreitend, zum Fuß des Südgrates der Gwächta, etwa 2600 m. Rechts um den Gratfuß herum und auf der Ostseite des Grates über Schutt empor auf ein Firnfeld. Das Firnfeld wird nach NO erstiegen an den Fuß der letzten Steilstufe, etwa 2970 m, S des Jochs. Von hier ziehen sich zwei parallel übereinanderliegende und abschüssige Schuttbänder von rechts nach links diagonal ins Joch. Man benutzt das untere und steigt auf ihm nach links ins Gwächtejoch. Dies ist auch die **Skiroute.** Vom Joch aus ist der Gipfel der Gwächta in 15 Min. ohne Schwierigkeiten erreichbar.

● 1546 Von der Schreckhornhütte über die Grossenegg

3—4 Std. von der Schreckhornhütte auf das Gwächtejoch. Die Gesamtüberschreitung Schreckhornhütte — Glecksteinhütte dauert etwa 6—7 Std., in umgekehrter Richtung gleich lang. G 2—3. Landschaftlich sehr schöner Aufstieg. Kurze eisschlaggefährliche Passagen! Siehe Abb. S. 435 und 445.

Von der Schreckhornhütte auf dem Hüttenweg zurück zum ersten Bach unterhalb der Schwarzegg. Jenseits schräg links nur leicht ansteigend über Schutt- und Grashänge und eine zweite Bachrinne überqueren. Weiter zum Kastenstein (altes Biwak) empor. Nach links an den Rand eines Grabens, der vom Abbruch des Nässigletschers nach SW aufs Eismeer abfällt. Ein schmales Band führt horizontal in den Graben. Jenseits nach N einen steilen Schieferhang hinauf auf die Grossenegg, die man bei einem kleinen Sattel erreicht. 50 m nach N in einen zweiten kleinen Sattel. Hier quert man in den folgenden Graben und steigt über Schiefer hoch auf die Felsrippe, die die orogr. rechte Begrenzung des Grabens bildet und sich nach SW zum Roten Gufer zieht. Auf der Nordseite der Rippe über brüchigen Fels absteigen und auf die Firnterrasse queren, die sich am Fuße der Kl.-Schreckhorn-Westwand entlang bis unter das Gwächtejoch zieht. Der Übergang auf diese Firnterrasse ist eisschlaggefährlich! Über die leicht verschrundeten Firnhänge am Fuße der Westwand entlang zum oberen von zwei parallelen Schuttbändern, die sich schräg nach links ins Gwächtejoch emporziehen. Über dieses obere Band in leichter Kletterei ins Joch.

● 1550 Lauteraarsattel, 3125 m

Zwischen Nässihorn und Bärglistock, sehr wichtiger Übergang von der Gleckstein- in die Lauteraarhütte. In Verbindung mit der Rosenegg auch Übergang vom Rosenlauigletscher auf den Lauteraargletscher und in Verbindung mit Wätterlimi und Rosenegg auch Übergang vom Gauligletscher auf den Lauteraargletscher. Sehr schöner **Skiübergang** vom Rosenlaui über Rosenegg und Lauteraarsattel auf die Grimsel. Achtung: Der Obere Grindelwaldgletscher ist oft sehr stark verschrundet und dann schwierig und zeitraubend zu begehen!

Von Nordwesten

● 1551 Von Gleckstein

4—5 Std. von der Glecksteinhütte. G 3 bei günstigen Verhältnissen. Im Spätsommer oft unbegehbar! Die Route von Gleckstein auf die Hänge von Beesibärgli ist kompliziert und der Übergang über das Tobel sollte unbedingt am Vortag erkundet werden, damit man ihn auch nachts mit der Stirnlampe gehen kann. Der Weg wurde **neu angelegt** und ist rotweiß markiert (alter Weg rot markiert). Siehe Abb. S. 447 und 469.

Von der Glecksteinhütte quert man leicht abfallend über Gras und Geröll über einige Wasserläufe hinweg ans orogr. rechte Ufer des Tobels, das die Hänge von Gleckstein von denjenigen von Beesibärgli trennt. Auf ca. 2200 m wird das Tobel gequert (Drahtseil!). Nach SO über grasbewachsenen Moränenschutt und eine Felsstufe (Drahtseil!) aufsteigen auf Rücken, wo der alte Weg von links einmündet. Weiter nach SO über Moränenschutt auf Moränenrücken O P. 2463 (ca. 2530 m). Auf ihm nach O ca. 100 m aufsteigen, bis man oberhalb einer Felsstufe nach rechts auf Bänder queren kann, die nach S auf den Gletscher leiten (knapp SW P. 2662/LK 25 = KS 651675/163025). 1½—2 Std. Nun einer Gletschermulde entlang nach SO, Richtung Lauteraarsattel auf das große Gletscherplateau, etwa 2850 m. (Hier zweigen R 1537 und R 1544 nach rechts ab). Weiter in gleicher Richtung über das Plateau in die Fallinie des Sattels. Über den Schlußhang gibt es drei Möglichkeiten:

a) Zwischen zwei Felsen hindurch direkt in den Sattel (Normalweg).

b) Links (O) dieser Felsen empor und horizontal nach rechts in den Sattel.

c) Rechts der Felsen vorbei und diagonal nach links in den Sattel. Dies ist auch die **Skiroute.**

★ 1552 Von der Lauteraarhütte

4—5 Std. G 2. Siehe Abb. S. 497.

Von der Lauteraarhütte nach S über die Steiganlage auf den Unteraargletscher, den man über die Mittelmoräne nach W begeht bis zur Einmündung des Lauteraargletschers. Dann in der Mitte des flachen Lauteraargletschers nach NW bis auf etwa 2900 m, wo der Schlußhang beginnt. Über den steilen und verschrundeten Firnhang gerade empor zum oft sehr großen Bergschrund. Dieser wird an geeigneter Stelle überwunden (oft muß zu diesem Zweck nach NO gequert werden) und über den letzten Firn-(Eis-)hang in den Sattel. Dies ist auch die **Skiroute.**

● 1553 **Von der Rosenegg**

2—2½ Std., in umgekehrter Richtung 1 Std. länger. G 2—3 bei guten Verhältnissen. Der Gletscher kann sehr stark verschrundet sein!

Von der Rosenegg nach SW absteigen bis 3200 m (rechterhand sehr große Gletscherbrüche!). Am Ostrand der Gletscherbrüche weiter absteigen und unterhalb derselben etwas nach W bis 3000 m (KS 653 / 163). Von hier nach SSW absteigen, zuletzt durch ein weites Couloir, das beidseitig von Eisbrüchen begrenzt wird, auf das große Gletscherplateau, das man auf 2880 m erreicht. Von hier auf R 1551 in den Lauteraarsattel. Auch **mit Ski.**

● 1553a **Variante**

Kaum kürzer als Originalroute.

Man kann von der Rosenegg auch der Bärglistock-Westwand entlangquerend absteigen bis 3200 m. Auf dieser Höhenkurve nach S an die Westwand des Bärglistock-Südgrates. Dieser Wand entlang absteigen bis an ihr westliches Ende und dann über einen steilen Firnhang empor und zuletzt nach rechts horizontal in den Lauteraarsattel queren. Auch **mit Ski** begehbar.

G. Gipfelbesteigungen

● 1565 **Mättenberg,** 3104,3 m

● 1566 **Von der Bäregg über Lenge Jan**

4½—5 Std. von der Stieregg. G 2. Siehe auch R 1573. Normalroute im Auf- und Abstieg, etwas mühsam, aber der großartigen Aussicht wegen lohnend!

Von der Stieregg auf dem Hüttenweg zurücksteigen auf die Bäregg. Von hier in ONO-Richtung über steile Schafweiden, dem Lenge Jan entlang bis dort, wo sich das Couloir gabelt: hier im mittleren Couloir aufwärts (am linken, nördlichen Rand entlang) in den großen Trichter unter dem Gipfel. Im Trichter über Geröll an die Gipfelwand und halblinks in gestufter Rinne auf den Gipfel.

● 1566a Variante
II. G 2—3.

Man kann auch vom Beginn des Trichters auf die linke (N) Begrenzungskante queren und diese emporklettern in Scharte. Der folgende Steilaufschwung wird links (N) umgangen. Weiter über den Grat in Geröllsattel, dann diagonal nach rechts über dunkles Felsband ansteigen und wieder nach links ansteigend durch eine schräge Rinne auf den Gipfel.

● 1572 Gwächta, 3164 m

Früher Gwächtenhorn genannt. Vom Gwächtejoch, 3102 m (R 1543 ff.) in etwa 15 Min. ohne Schwierigkeiten über Firn erreichbar. Der Gipfel kann sowohl von S (Stieregg) als auch von N (Gleckstein) bei sehr guten Schneeverhältnissen **mit Ski** bestiegen werden. Siehe Abb. S. 389.

● 1573 Traversierung vom Mättenberg auf die Gwächta
Etwa 3 Std. für die ganze Überschreitung. G 3. Diese Gratüberschreitung ergibt mit R 1566 im Aufstieg und R 1545 zum Abstieg eine landschaftlich prachtvolle Rundtour von der Stieregg aus, mit großartigen Ausblicken in die Kessel des Oberen und Unteren Grindelwaldgletschers. Pickel und Steigeisen mitführen. Siehe Abb. S. 389 und 445.

Vom Mättenberg alles über den Verbindungsgrat auf das Ankebälli (3164 m). Nach O in weiten Firnsattel und über den gutgestuften Westgrat auf den Vorgipfel und über eine Scharte hinweg auf die Gwächta (3164 m).

● 1577 Klein Schreckhorn, 3494 m

Außer den Viertausendern Schreckhorn und Lauteraarhorn ist das Klein Schreckhorn der am häufigsten bestiegene Gipfel des Hauptkammes. Sehr schöner Aussichtsberg. Landschaftlich großartig und bergsteigerisch sehr interessant ist die Überschreitung Gleckstein — Unteres Nässijoch — Schwarzegg — Schreckhornhütte.

● 1578 Südostgrat
Etwa 35 Min.

Vom Unteren Nässijoch (R 1536 f.) über den Felsgrat ohne besondere Schwierigkeiten auf den Gipfel.

● 1579 Westnordwestgrat
IV+ (Stelle), III. 3—4 Std. vom Gwächtejoch auf den Gipfel. G 7. Dieser Felsgrat bietet sehr schöne hochalpine Klet-

terei in gutgestuftem Gneis (Schichtköpfe). Siehe Abb. S. 389 und 445.

Führe: Vom Gwächtejoch über einen Blockgrat zu einem Felszahn, wo beidseits Firnrinnen abfallen. Über den nun steileren, aber gutgestuften Grat auf eine große Terrasse mit auffälligen dunklen Kalkfelsen (Schreckhornkeil, etwa 3250 m, etwa 1 Std. vom Gwächtejoch). Hier bäumt sich der Grat sehr steil auf. Durch einen 20 m hohen Rißkamin zu gutem Stand (IV+, anstrengend, Zwischensicherungen an Klemmblöcken). Der folgende Steilaufschwung wird links (N) umgangen (brüchig, bei Neuschnee oder Vereisung sehr heikel). Ein steiles Eiscouloir führt auf den Grat zurück (kleine Terrasse). Nun vorerst etwas leichter über den Grat zum letzten Steilaufschwung, den man ebenfalls links (N) umgeht. Weiter weniger steil über den Grat auf den Gipfel.

● **1582** **Nässihorn,** 3741 m

Zwischen Kl. Schreckhorn und Schreckhorn gelegener Gipfel, welcher der sehr langen Anmarschwege wegen selten bestiegen wird. Kann vom Lauteraarsattel aus **mit Ski** bestiegen werden. Die interessanteste Route führt vom Unt. Nässijoch aus über den NW-Grat (R 1584). Die einfachste Abstiegsroute führt in den Lauteraarsattel.

● **1583** **Südostgrat**

Etwa 30 Min. vom Nässijoch. G 2. Oft verwächtet.

Vom Nässijoch, 3733 m (siehe R 1587ff.) nach NW über Firngrat auf Vorgipfel und nach W auf Hauptgipfel. Dies ist auch die Winterroute, wobei die **Ski** unterhalb des Nässijochs (R 1589b) deponiert werden.

● **1584** **Nordwestgrat**

7—8 Std. von der Schreckhorn- und 9—10 Std. von der Glecksteinhütte aus. 3—4 Std. vom Untern Nässijoch. G 5—6. Dieser schöne Firn- und Felsgrat wird zu Unrecht selten bestiegen, weil Anmarsch und Abstieg sehr lang sind. Siehe Abb. S. 389, 435, 445, 447 und 450/451.

Schreckhorn und Lauteraarhorn von Westen
Am untern Bildrand die neue Schreckhornhütte. K = Kastenstein (alter Biwakplatz). Der kürzeste Aufstieg von der neuen Hütte aufs Schreckhorn führt durch das Unt. Schreckcouloir auf den Schreckfirn, das leider objektiv sehr gefährlich ist. Der Umweg über Strahlegg ist deshalb unbedingt vorzuziehen. Der früher übliche Weg ins Unt. Nässijoch über den Ob. Nässigletschers ist heute kaum mehr begehbar. Man verfolgt jetzt die Route ins Gwächtejoch (R 1546) bis auf die Grossenegg und erreicht über diesen Rücken den Unt. Nässigletscher (R 1538).

Schreckhorn
Lauteraarhorn
1593
1600
Strahleggpass
Strahlegghorn
Nässihorn
1584
Ob. Schwarzeggfirn
1588
Schreckfirn
1591
1591a
Ob. Nässigletscher
Unt. Schwarzeggfirn
Unt. Nässigletscher
1538
1588a Variante
Unt. Schreckcouloir
Gaagg
Grossenegg
Wächtejoch
1546
K
Ob. Eismeer

Vom Untern Nässijoch vorerst über einen wenig schwierigen Firngrat und einige Felsen auf P. 3537. Es folgt ein scharfer Felsgrat, der in schöner Kletterei überschritten wird. Einige Türme werden rechts (W) umgangen. Der anschließende Firngrat leitet zu den Gipfelfelsen, welche man direkt erklettert. Vom Hauptgipfel (3741 m) führt ein meist verwächteter Grat zum Ostgipfel (etwa 3740 m).

● **1585 A** **Abstieg**
Siehe Nässijoch.

● **1586** **Nordostwand**
4—6 Std. vom E, je nach Verhältnissen. G 8. Schöne und interessante Eistour. Des langen Anmarsches und Abstieges wegen selten begangen. 600 m, 50—55 Grad. Siehe Abb. S. 447.

Zugang: Von der Glecksteinhütte auf R 1551 über Beesibärgli auf das große Gletscherplateau, etwa 2850 m. Über das Plateau nach S an den Fuß eines sehr stark verschrundeten Hanges. Nach SW über diesen Firnhang (große Spalten!) an den Fuß der Wand zum mächtigen Bergschrund, etwa 3400 m. 5 Std.
Führe: Über den Bergschrund und in der Gipfelfallinie gerade empor über die geschlossene Eiswand, zuletzt über einige Felsen, auf den Gipfel.

● **1587** **Nässijoch,** 3733 m

Zwischen Nässihorn und Schreckhorn gelegen, ohne Höhenkote in der LK 50. Nicht verwechseln mit dem Untern Nässijoch! Das Nässijoch wird kaum als Übergang benutzt, ist jedoch wichtig als Zugang zum Schreckhorn-NW-Grat (Andersongrat). Der Zugang ist von beiden Seiten ziemlich schwierig und lang.

● **1588** **Von der Schreckhornhütte über Unteres Schreckcouloir und Oberen Schwarzeggfirn**
Etwa 4—5 Std. von der Schreckhornhütte. G 5—6. Normalroute, obwohl stein- und eisschlägig. Siehe Abb. S. 435 und 439.

Von der Schreckhornhütte nach O über Moränen und Schnee an den Fuß des engen Couloirs, das sich aus der Schreckhorn-Westwand auf das Obere Eismeer zieht. Durch dieses Untere Schreckcouloir (stein- und eisschlägig, sich ganz am N-Rand haltend!) empor, zuoberst sich nach links wendend über Platten auf eine Firnschulter, etwa 3200 m. Nun über den Obern Schwarzeggfirn nach N (Steinschlag aus der Westwand) in die Fallinie des Nässijochs. Der Schlußhang wird entweder über eine steile Felsrippe oder bei gutem Firn daneben ins Joch erstiegen.

● 1588a Variante über den Unteren Schwarzeggfirn

Etwa 6 Std. von der Schreckhornhütte. G 5. Objektiv sicherer als die Originalroute durch das Unt. Schreckcouloir, aber etwas länger. Siehe Abb. S. 435, 439 und 445.

Von der Schreckhornhütte kurz nach O über Moränen und nach links über glatte Platten auf den Untern Schwarzeggfirn. Dieser wird in seiner ganzen Länge erstiegen, und zwar mit Vorteil am rechten Ufer (Schwarzeggseite), wegen Eisschlag vom Ob. Schwarzeggfirn. Vom oberen Ende des Firns auf einer rötlichbraunen Felsrippe empor und nach rechts über einen Schneehang ins Nässijoch.

★ 1589 Vom Lauteraarsattel

2½—3 Std. G 3 bei guten Verhältnissen. Die Route benutzt den obersten Seitenarm des Lauteraargletschers, der vom Nässijoch nach O abfließt und zwischen 3300 und 2900 m sehr stark verschrundet ist. Siehe Abb. S. 447 und 450/451.

Vom Lauteraarsattel (R 1551) nach O absteigen bis etwa 3040 m und auf dieser Höhe horizontal nach S queren, bis man die Felsen oberhalb des Sattels und die Felsinsel im SO von P. 3311 umgangen hat. Dann nach W abbiegen und über die stark verschrundeten Firnhänge empor bis etwa 3300 m, wo die Hänge flacher und spaltenärmer werden. Weiter in gleicher Richtung in die Fallinie des Nässijochs zum Bergschrund. Hier **Skidepot.** Über den Bergschrund und über einen steilen Firnhang ins Nässijoch. Dies ist auch die **Skiroute.**

● 1859a Variante

Siehe Abb. S. 450/451.

Die Felsen oberhalb des Sattels können auch direkt erklettert werden bis zum P. 3311, wo man nach S querend die Firnhänge der Normalroute gewinnen kann. Nur empfehlenswert, wenn die Hänge sehr stark verschrundet und die Felsen trocken sind.

★ 1589b Variante

Siehe Abb. S. 450/451.

Kommt man von der Lauteraarhütte, steigt man nicht bis in den Lauteraarsattel, sondern man biegt auf etwa 2800 m nach W ab und ersteigt die Firnbrüche ungefähr in der Mitte in einer schwachausgeprägten, spaltenarmen Mulde. Dies ist auch die **Skiroute** von der Lauteraarhütte aus.

● 1590 **Schreckhorn,** 4078 m

Das Schreckhorn ist der höchste Gipfel der Kette und ohne Zweifel der schwierigste Viertausender der Berner Alpen. Auch die „leichteren" Aufstiege müssen mit G 5 bewertet werden und bleiben dem erfahrenen Westalpenbergsteiger vorbehalten. Das Schreckhorn wird sehr häufig bestiegen, zählen doch seine drei Hauptgrate (NW, SW, SO) zu den schönsten Aufstiegen in den Berner Alpen. Die einfachste Art, den Berg zu überschreiten, ist die Kombination SO-Grat im Aufstieg mit SW-Grat zum Abstieg (die früher übliche umgekehrte Reihenfolge ist nicht empfehlenswert, weil man am Mittag bei weichem Schnee das steinschlag- und lawinengefährdete Obere Schreckcouloir absteigen muß). Anspruchsvoller und länger ist der NW-Grat im Aufstieg mit dem SW-Grat zum Abstieg. Ein außergewöhnliches und sehr anspruchsvolles hochalpines Unternehmen stellt die Traversierung Schreckhorn — Lauteraarhorn dar. Die Wände (W, NO) werden heute kaum noch begangen: die brüchige Westwand ist für die heutigen Bergsteiger nicht mehr attraktiv und die NO-Wand kann es mit den großen Nordwänden der Berner Alpen nicht aufnehmen (sie wurde seit der Erstbegehung 1938 überschätzt). Hingegen bietet der Südpfeiler eine der schönsten hochalpinen Klettereien in den Berner Alpen. Die NO-Kante ist ein rassiger, kombinierter Aufstieg, der zu Unrecht sehr selten gemacht wird (sehr langer Zustieg). Die beste Abstiegsroute ist der SW-Grat.

● 1591 Vom Schreckfirn in den Schrecksattel und über den Südostgrat

Etwa 7 Std. von der Schreckhornhütte auf den Gipfel. G 5.
Das Firnfeld am Fuße der Schreckhorn-Südwand kann von der Schreckhornhütte auf zwei Routen erreicht werden:

Schreckhorn und Lauteraarhorn von Südwesten
Am linken Bildrand die neue Schreckhornhütte. SP = Strahleggpaß. Im Vordergrund der Ochs mit seiner äußerst steilen Gipfelwand und dem Profil des Nordgrates. Deutlich erkennbar die Normalroute aufs Schreckhorn (R 1591) mit dem Umweg über Strahlegg-Gaagg und die gefährliche Abkürzung durch das Unt. Schreckcouloir (R 1591a). Der nur im obersten Teil sehr schwierige WSW-Grat des Lauteraarhorns (R 1599) wird selten in seiner ganzen Länge begangen: die schwierige Gipfelpartie kann auf einem Band in der Südwand umgangen und der Gipfel über den SO-Grat erreicht werden. Diese Variante wird auch zum Abstieg benutzt, wenn man nach der Traversierung vom Schreckhorn aufs Lauteraarhorn wieder zur Schreckhornhütte zurückkehren will.

Schreckhorn
SW-Grat
Schrecksattel
1600
Lauteraar-
horn
3915
3623
Kleine Lauteraar
hörner
15999
1592
1539
Schreckfirn
1591
1598
1608
3360
15989
Strahlegggletscher
1605
1604

Über den „Gaagg“ (objektiv sicher und deshalb vorzuziehen) oder durch das Untere Schreckcouloir (R 1591a, 1 Std. kürzer). Siehe Abb. S. 435, 439 und Skizze S. 441.

Von der Schreckhornhütte aufs Obere Eismeer absteigen und am orogr. rechten (O) Ufer entlang aufsteigen zum alten Hüttenweg, der über Felsen zum Standplatz der ehemaligen Strahlegghütte führt. Weiter nach NO über Schutt und Schnee (Pfadspuren), O am P. 2844 vorbei bis etwa 2950 m, wo man nach links auf die Felsrippe quert, die den P. 2844 trägt. Über diese brüchige Rippe nach O empor („Gaagg“ genannt, wer den Aufstieg gemacht hat, weiß, was damit gemeint ist) auf ein Firnfeld, etwa 3140 m (bis hierher mit Stirnlampe möglich, etwa 2½ Std. von der Hütte). Kurz über das Firnfeld aufsteigen, dann nach links längere leicht aufsteigende Querung eines Firnbandes nach NO (am Fuße des Felsgrates entlang, der vom P. 3428 nach SW abfällt) auf den Schreckfirn, den man auf seinem SW-Zipfel auf etwa 3320 m betritt. Über den verschrundeten Schreckfirn zur Mündung des Oberen Schreckcouloirs (KS 652330 / 159625), das vom Schrecksattel in einem charakteristischen Bogen auf den Schreckfirn abfällt und von diesem durch einen meist sehr großen Bergschrund getrennt ist. Das Obere Schreckcouloir ist ungefähr 350 m hoch und 40—50 Grad steil. Für seine Durchsteigung gibt es drei Möglichkeiten:

a) Bei gutem Firn direkt durch das Couloir in den Schrecksattel.

b) Nach Überschreiten des Bergschrundes auf die **schmale Felsrippe,** die das Couloir im unteren Drittel zweiteilt. Über diese Rippe empor zur Biegung des Couloirs, wo sie sich verliert. Dem schrägen Couloir nach links folgend in den Schrecksattel.

c) „Amatters Wegli“ (objektiv sicherste Variante): Nach Überschreiten des Bergschrundes nach rechts auf die **große Felsrippe,** die das Couloir orogr. links begrenzt. Man verfolgt diese Rippe bis oberhalb der Couloirbiegung (etwa 3750 m), wo man sie nach links verläßt. Man bleibt am linken, oberen Rand des schrägen Couloirs und steigt parallel zu ihm über mehrere Rippen und Rinnen, die vom Lauteraargrat ins Couloir abfallen (Wegspuren).

Vom Schrecksattel (3914 m) folgt man dem SO-Grat über Firn und umgeht die ersten Zacken rechts (N) über einen heiklen Eishang („Elliotswengli“ genannt, mit fixen Sicherungsstiften versehen). Der weitere Aufstieg erfolgt auf der Gratkante in schöner Kletterei. Der exponierte Verbindungsgrat vom Vor- auf den Hauptgipfel ist oft verwächtet.

Schreckhorn
4078
SW
SE
Schrecksattel
3914
1600
Schulter
Pfeiler
1592
1595
Rampe
Grosse Rippe
1599
1592
Schreckfirn
1591

● 1591a Durch das Untere Schreckcouloir auf den Schreckfirn

2½ Std. G 5—6. Schwieriger als der Zustieg über den „Gaagg" und objektiv gefährlich (Stein- und Eisschlag!). Für größere Gruppen und für den Abstieg ungeeignet. Nicht empfehlenswert. Siehe Abb. S. 435 und 439.

Von der Schreckhornhütte nach O zur Mündung des Unteren Schreckcouloirs. Durch die Rinne empor, immer möglichst links bleibend (am Nordrand) wegen der drohenden Eislawinen vom Schreckfirn her! Wo das Couloir weiter wird, zum oberen von zwei charakteristischen Schneebändern, das nach rechts (S) in ein markantes Schärtchen (etwa 3200 m) führt. Jenseits ohne Schwierigkeiten auf den Schreckfirn und den Felsen entlang nach NO auf die oberste Firnterrasse am Fuße der Schreckhorn-Südwand. Weiter auf R 1591.

● 1592 Südwestgrat vom Schreckfirn

III (Stellen). Etwa 7½ Std. von der Schreckhornhütte auf den Gipfel, im Abstieg fast gleichviel. G 5. Normalroute und bester Abstieg. Eine der schönsten hochalpinen Klettereien der Berner Alpen. Eine Begehung im Auf- und Abstieg ist die einfachste Art, diesen rassigen Viertausender zu besteigen. Nach Schlechtwetter ist der südexponierte Grat schnell wieder trocken. Siehe Skizze S. 441.

Zugang: Von der Schreckhornhütte auf R 1591 auf den Schreckfirn am Fuße der Südwand. Einstieg in der Fallinie des großen Südwandcouloirs.

Führe: Nach Überschreitung des bisweilen schwierigen Bergschrundes quert man nach links auf eine hier ansetzende und in nordwestl. Richtung schräg nach links emporführende Rampe (meist mit etwas Schnee belegt), die am SW-Grat in etwa 3800 m Höhe auf einem schulterartigen Gratabsatz und gerade oberhalb eines hohen und sehr markanten Gratsteilaufschwunges endet. Während dieses Zuganges zum SW-Grat hat man die steile, rostrot gefärbte Schreckhorn-S-Wand zur Rechten. Am SW-Grat angekommen, wendet man sich nach NO und ersteigt diesen über seine verschiedenen Steilaufschwünge und kleineren Absätze in steiler und schöner Gneiskletterei. Der Grat wird mit wenigen Ausnahmen auf seiner Schneide verfolgt bis in eine kleine Scharte vor einer leicht abdrängenden Steilstufe. Hier quert man nach links in die Westwand und klettert über eine etwa 5 m hohe Steilstufe gerade hinauf zu gutem Stand (im Abstieg abseilen oder fixes Seil einhängen). Wieder auf den Grat zurück, der sich zurücklegt und bald auf den Vorgipfel führt. Über den meist verfirnten Verbindungsgrat nach NO auf den Hauptgipfel, der einen Steinmann trägt.

● 1593 Nordwestgrat (Andersongrat)

Dieser nach dem Erstbegeher benannte Grat ist der anspruchsvollste und längste der drei klassischen Grate (SO, SW, NW). Allein der Aufstieg ins Nässijoch (wo die eigentliche Kletterei erst beginnt!) dauert auf der kürzesten Zugangsroute 4—5 Std. Der schattige Grat ist zudem häufig verschneit und vereist und in diesem Zustand heikel und zeitraubend. Bei guten Verhältnissen ist die Tour ein alpinistischer Leckerbissen mit außergewöhnlichen Landschaftserlebnissen! Obwohl der Schwierigkeitsgrad **III** nirgends übertroffen wird, bleibt sie dem routinierten Alpinisten vorbehalten. Rund 8 Std. von der Schreckhornhütte auf den Gipfel bei guten Verhältnissen (trockener Fels). 3 Std. vom Nässijoch. G 6—7. Der Zustieg von der Schreckhornütte ist der kürzeste, weist aber eis- und steinschlaggefährliche Passagen auf! Siehe Abb. S. 435, 447 und 450/451.

Zugang: Siehe R 1587ff.

Führe: Vom Nässijoch wendet man sich nach SO und umgeht im Firn bleibend einige unbedeutende Erhebungen (Kastensteinhörner). Dann steiler über Fels an den Fuß des ersten Steilaufschwungs. Dieser wird meist links (N) umgangen, kann aber auch direkt erklettert werden. Man gelangt in eine ausgeprägte Scharte. Es folgt ein weniger steiles Gratstück, das man in schöner Kletterei über zahlreiche Stufen und Aufschwünge verfolgt. Ein horizontales Firngrätchen führt an den letzten Steilaufschwung, den man direkt erklettert. Darauf legt sich der Grat zurück und leitet zum kleinen Gipfelfirnfeld („Tübeli“ genannt), über das der Hauptgipfel erreicht wird.

● 1594 Nordostkante

IV— (Stellen) und III. 3—4 Std. vom E und 8—10 Std. von der Gleckstein- oder Lauteraarhütte. G 7—8. Diese anspruchsvolle und lange kombinierte Tour sollte nur bei trockenen Felsen unternommen werden. Sehr langer Zustieg. Selten begangen. Etwa 500 m Höhenunterschied und durchschnittlich 50 Grad steil. Der Zustieg auf die Kante wurde in früheren Jahren durch den Hängegletscher der Nordostwand bedroht. Die östliche Hälfte ist jedoch vor einigen Jahren eingestürzt. Siehe Abb. S. 447 und 450/451.

Zugang: Auf R 1589ff. von der Gleckstein- oder Lauteraarhütte Richtung Nässijoch bis etwa 3500 m. Der Fuß der Kante wird rechts umgangen und die Kante im untersten Viertel von N her betreten.

Führe: Nach Überschreitung des meist sehr großen Bergschrundes am

Fuße der NO-Wand quert man über einen steilen Firnhang nach links auf die Kante zu einem kleinen schulterartigen Absatz (bei dieser Querung auf Steinschlag aus der Gipfelwand achten!). Bei trockenem Fels verfolgt man die größtenteils aus Fels bestehende Kante bis auf den Vorgipfel. Bei gutem Firn kann man auch rechts (N) der Kante im Firnfeld bis unter die Gipfelfelsen aufsteigen und erst hier nach links auf die Kante queren. Vom Vorgipfel über den exponierten und häufig verwächteten Verbindungsgrat auf den Hauptgipfel.

● 1595 Südpfeiler

V (zusammen 2 SL), sonst III und IV. 6 Std. vom E auf den Gipfel. G 8. Prachtvolle Felstour in gutem Gneis, 600 m. Wohl die eleganteste und schönste Route auf das Schreckhorn. Nach Schlechtwetter rasch wieder trocken. Der Erstbegehung gingen zahlreiche Versuche voraus, die jedoch das eigentliche Problem links über den SW-Grat oder rechts durch das Südwandcouloir umgingen. Bei einer Begehung 1955 blieb bis heute unklar, ob sie wirklich den direkten Pfeiler betraf. Zweifel bleiben bis heute bestehen, weil die „Erstbegeher" keine Routenbeschreibung lieferten (die Tour fand im Nebel statt) und auch keine Haken stecken ließen. Die heute übliche Direktroute geht auf eine Begehung 1964 zurück (Schmied-Munter). Seither wurde die Tour oft wiederholt und darf zu den großen klassischen Touren der Berner Alpen gezählt werden. Siehe Skizze S. 441.

Übersicht: Die Route bildet die orogr. rechte Begrenzung des Südwandcouloirs, das sich vom großen Gipfeltrichter (gebildet aus SW-

Wetterhörner und Klein Schreckhorn von Westen

Am rechten unteren Bildrand die neue Schreckhornhütte. Der Weg von der Hütte am Kastenstein (K) vorbei auf die Grossenegg ist deutlich sichtbar. Die Grossenegg ist der mittlere der drei Rücken, die sich vom Nässigletscher aufs Unt. Eismeer ziehen. Ein Band zieht sich diagonal vom Kastenstein durch die Flanke Richtung Gwächtejoch und ermöglicht die problemlose Überschreitung dieser Rücken. Die dazwischenliegenden Couloirs sind zwar dem Eisschlag ausgesetzt, aber die gefährdeten Passagen sind kurz und überschaubar. Der NW-Grat des Nässihorns (R 1584) ist ein lohnender Aufstieg, der aber des sehr langen Abstiegs wegen beim Bergsteiger auf geringes Interesse stößt. Das Gwächtejoch ermöglicht den einfachsten Übergang von der Gleckstein- in die Schreckhornhütte (resp. Stieregg).

Wetterhorn
Mittelhorn
Rosenhorn
Nässihorn
Wettersattel
Mitteljoch
Willsgrätli
Kl. Schreckhorn
Unt. Nässijoch
3537
1584
Hick
1519
Chrinnengletscher
Gwächtlejoch
Unt. Nässigletscher
1538
Ob. Nässigletscher
Unt. Schwarzeggfirn
1588a
2949
1545
1546
2779
2786
×2820
2650
Grossenegg
K

Vorgipfel, Hauptgipfel und SO-Vorgipfel) durch die ganze Südwand zieht und auf dem Schreckfirn ausmündet.
Zugang: Auf R 1591 auf den Schreckfirn. In der Fallinie des großen Südwandcouloirs über den oft sehr großen Bergschrund und über steilen Firn linkshaltend an den Beginn der orogr. rechten Begrenzungsfelsen des großen Couloirs.
Führe: Über diese Felsen, die eine Rippe bilden, gerade empor bis unter eine große senkrechte Wand (II). Diese Wand wird rechts gegen das Couloir umgangen. Sofort wieder gerade hoch und nach rechts ansteigend ein plattiges Couloir queren, das sich vom großen Firnfeld unter der Gipfelwand des SW-Vorgipfels herabzieht und ins Südwandcouloir einmündet. Nach der Querung dieses Couloirs (Steinschlag!) nach rechts auf eine schwach ausgeprägte plattige Felsrippe. Über sie gerade empor (3 SL). Nun nach rechts in eine Rinne. In ihr hoch (2 SL) auf eine Schutt(Schnee-)terrasse am Fuße des roten Steilaufschwungs des Südpfeilers, ungefähr auf der Höhe des großen Firnfeldes linkerhand (bis hierher III, stellenweise IV). Auf der Terrasse etwa 20 m nach links und gerade empor an den Beginn einer versteckten senkrechten Rißverschneidung. Durch diese Verschneidung 30 m hoch bis unter Überhang, diesen nach rechts umgehen, dabei ein glattes Wändchen rechtshaltend überklettern zu Stand (IV u. V, 5 H, ♂). Rechts ansteigend auf die Pfeilerkante zurück. Über eine etwa 5 m hohe glatte Platte mit feinen Rissen (V—, 2 H). Nun etwas leichter gerade hoch auf eine Terrasse am Fuße einer glatten Kante (2 SL, III). Rechtshaltend zu großen Blöcken. Von hier linkshaltend über graue abstehende Platten auf die glatte Kante zurück (IV—, 1 H). Über den letzten Aufschwung gerade empor (IV) und in Scharte absteigen. Über leichte Felsen auf den Vorgipfel und über den Verbindungsgrat (Schnee oder Fels) auf den nahen Hauptgipfel.

Schreckhorn von Nordosten
Am linken Bildrand der Lauteraarsattel, der den Ob. Grindelwaldgletscher mit dem Lauteraargletscher verbindet und den sehr lohnenden Übergang von der Gleckstein- in die Lauteraarhütte ermöglicht. Die Nordseite dieses hochalpinen Passes ist jedoch außergewöhnlich stark verschrundet und im Spätsommer oft gar nicht mehr passierbar. Diese starke Zerschrundung und die außerordentlich langen Anmarschwege haben zur Folge, daß die Nordaufstiege aufs Schreckhorn nur höchst selten ausgeführt werden, obwohl sie zu den lohnendsten Touren im Berner Oberland zählen.

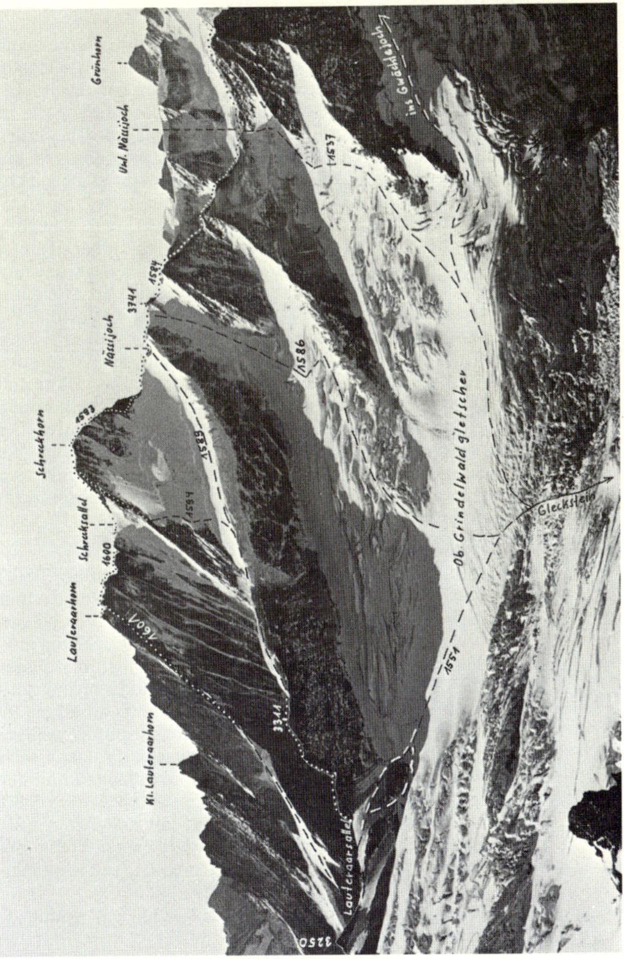
Grünhorn
Unt. Nässijoch
1537
ins Gwächtejoch
Nässijoch
3741
1584
1586
Schreckhorn
1593
1589
Schrecksattel
1594
1600
Lauteraarhorn
1604
Kl. Lauteraarhorn
3344
Lauteraarsattel
3250
1551
Ob. Grindelwaldgletscher
Gleckstein

● 1597 **Lauteraarhorn,** 4042 m

Von SW und NO gesehen bilden Schreckhorn und Lauteraarhorn ein Gipfelpaar, das mit einem langen Felsgrat verbunden ist. Als selbständigen Gipfel erkennt man das Lauteraarhorn vor allem von der Nassen Strahlegg oder vom Unteraargletscher aus. Die imposanteste Seite ist die Ostwand, die am besten vom Ewigschneehorn eingesehen werden kann. Mit Ausnahme der Ostseite, deren Vergletscherung bis auf 3600 m hinaufreicht, ist das Lauteraarhorn ein ausgesprochener Felsberg. Alle Routen sind lang und verlangen gute Verhältnisse. Das Aarbiwak hat die Zustiege auf der Südseite wesentlich verkürzt. Die Normalroute verläuft durch das große Südwandcouloir und über den SO-Grat. Die übrigen Grate und Rippen sind erheblich länger und anspruchsvoller und werden nur selten begangen. Es sind: der NW-Grat vom Schrecksattel aus, der WSW-Grat vom Strahleggpaß aus und die Ostwandrippe vom Lauteraargletscher aus. Die steinschlägigen Wände (S, NW, O) werden zu Recht kaum je begangen und die 700 m hohe NO-Wand von P. 4011 weist bis heute keine Route auf. Das größte und längste alpine Unternehmen am Lauteraarhorn ist die Überschreitung Schreckhorn — Lauteraarhorn, wobei zum Abstieg mit Vorteil der WSW-Grat begangen wird (im obersten Teil den „Schraubengang" benutzend), damit man wieder in die Schreckhornhütte zurückkehren kann und nicht am späten Nachmittag das lawinengefährliche Südwandcouloir benutzen muß.

● 1598 **Südwandcouloir und Südostgrat**

5—6 Std. vom Aarbiwak, von der Lauteraarhütte 3 Std. länger. G 3—4. Normalroute. 900 m Höhenunterschied und durchschnittlich 40 Grad steil. Seine Begehung weist bei guten Firnverhältnissen keine besonderen Schwierigkeiten auf, bei Neuschnee oder Weichschnee ist die Rinne aber ausgesprochen **lawinengefährlich.** Die Südexposition bedingt daher einen sehr frühen Aufbruch im Aarbiwak (die Lauteraarhütte ist aus diesem Grund als Ausgangspunkt weniger geeignet). Nicht zu früh in der Saison angehen, solange noch große Wächten im SO-Grat das Couloir bedrohen und der plattige SO-Grat noch schneebedeckt ist. Bei guten Verhältnissen schöne und lohnende Hochtour mit prächtigen Ausblicken in den Kessel des Finsteraargletschers. Wenn der Schnee am frühen Morgen nicht gefroren ist, verzichte man auf die Tour! Siehe Abb. S. 450/451.

Zugang: Vom Aarbiwak über den Strahlegg-Gletscher zur Mündung des Couloirs, KS 652950/158200.

Führe: Im Couloir empor und auf etwa 3250 m nach links auf eine Firnschulter. In der Fallinie hoch zu einer Felsrippe, die das Couloir orogr. rechts (W) begrenzt. In leichter Kletterei diese Rippe ersteigen in den kleinen Firnsattel knapp W eines ausgeprägten Turmes (bei gutem Firnschnee und ohne Lawinengefahr kann man das Couloir in seiner ganzen Länge begehen, die vorbeschriebene Route über Firnschulter und Felsrippe ist aber objektiv sicherer). Vom Firnsattel über den Grat (solider plattiger Gneis) in schöner Kletterei auf den Gipfel.

● 1598a Zustiegsvariante

8—9 Std. von der Schreckhornhütte auf den Gipfel. G 4.

Von der Schreckhornhütte über den Strahleggpaß in das oberste Firnbecken des Strahlegggletschers. E in der Fallinie der Südwand (KS 652700 / 158640). Querung der Südflanke schräg rechts hoch (Steinschlag) auf die Firnschulter, etwa 3250 m, wo man die Originalroute erreicht.

● 1599 Westsüdwestgrat

V und IV im Gipfelaufbau, sonst III— und II. 4—5 Std. vom Strahleggpaß. G 8. Rassige Felstour mit anspruchsvoller hochalpiner Kletterei. Schwierigste Route am Lauteraarhorn. Siehe Abb. S. 439.

Übersicht: Dieser 650 m hohe Felsgrat fällt zum Strahleggpaß ab. Seine Schwierigkeiten steigern sich mit zunehmender Höhe. Der sehr steile und schwierige Gipfelaufschwung kann im S umgangen werden (siehe Variante). Dank dieser Umgehung eignet sich der Grat auch zum Abstieg in die Schreckhornhütte.

Lauteraarhorn und Schreckhorn von Osten (folgende Doppelseite)
Auch diese Anstiege vom Lauteraargletscher aus zeichnen sich durch ihre Länge und Abgeschiedenheit aus. Die Ostwandrippe vom P. 4011 bietet im untern Teil keine nennenswerten Schwierigkeiten, steilt sich aber im oberen Drittel stark auf und der Übergang auf den Hauptgipfel bietet in 4000 m Höhe zahlreiche Kletterstellen des IV. Grades. Ob die NO-Kante vom P. 3737 überhaupt wiederholt wurde, ist fraglich. Auch sie verlangt nach beschwerlichem Zustieg hochalpine Kletterei des IV. Grades. Die NO-Kante am Schreckhorn (R 1594) gehört in dieselbe Kategorie großzügiger und langer Hochtouren, deren Hauptschwierigkeiten nicht in einer Schlüsselstelle, sondern im „Drum und Dran" liegen. Und in dieser Beziehung ist eine Gesamtbewertung mit G 7-8 wesentlich aufschlußreicher als die lakonische Bemerkung „Stellen IV".

Kl. Lauteraarhörner
3737
3623
Lauteraarhorn
4042
1538
3915
1606
2995.2

1601
Schreckhorn
1600
Nässijoch
1593
1584
1594
1589 a
1601
1589
1589 b
Lauteraar-
Gletscher

Zugang: Vom Strahleggpaß nach N über Schutt auf den Grat zum P. 3428.
Führe: Nun alles über den Grat (wenn nötig etwas in die Nordseite ausweichend). Man erreicht einen kleinen Sattel am Fuße des ersten markanten Steilaufschwungs (Wandausbruch). Der Steilaufschwung wird leicht rechtshaltend über gutgestuften, aber brüchigen Gneis erklettert (Schichtköpfe). Man erreicht die große Schulter (etwa 3750 m). Über Fels und einen Firngrat an den Fuß des Gipfelaufschwungs (hier zweigt die Umgehung nach rechts ab). Links der Kante über einen Aufschwung und durch einen Rißkamin (IV, V). Weiter direkt über die Kante auf kleinen Absatz. 10 m links der Kante in einem Riß hoch, nach rechts in einen zweiten Riß klettern, der auf die Kante zurückführt, weiter über die letzte Stufe auf den Gipfel (IV u. V).

● **1599a** **Variante zur Umgehung des Gipfelaufschwungs („Über das Band“ oder „Schraubengang“)**
III— und II. 3—4 Std. vom Strahleggpaß. G 4—5. Für den Abstieg geeignet.

Am Fuße der senkrechten Gipfel-Südwand zieht sich ein schwach ausgeprägtes Band nach O. Man folgt diesem Band und überquert dabei auf- und absteigend mehrere Rippen und Rinnen in teilweise heikler Kletterei (Stellen II). Man erreicht eine steinschlägige Rinne, die auf den SO-Grat führt, in einem kleinen Schärtchen knapp W der Felsrippe der Normalroute. Über den SO-Grat auf den Gipfel.

● **1600** **Nordwestgrat**
IV (Stellen) und III. 4—5 Std. vom Schrecksattel. G 7. Die Schwierigkeiten sind an diesem etwa 800 m langen Grat gleichmäßig verteilt (einige schwierig zu erkletternde Türme wechseln mit weniger schwierigen Gratstrecken). Eine der schönsten und rassigsten Grattouren der Berner Alpen. Zum Abstieg nicht geeignet. Siehe Abb. S. 435, 447 und 450 / 451.

Übersicht: Scharf, wildzersägt und mit vielen Türmen besetzt, zieht er vom Lauteraarhorn vorerst fast in nördl. Richtung zum P. 4011 (der einem selbständigen, breitausladenden Gipfel ähnelt), um von dieser markanten Erhebung die Richtung nach NW zum Schrecksattel zu ändern. Konzentrisch streichen von diesem Grat nach W mehrere Felsrippen zum oberen Schreckfirn hinab, während auf der O-Seite eine markante Firn-(Fels-)rippe vom Lauteraargletscher zum P. 4011 emporzieht (Basis: P. 2995,2).
Zugang: Von der Schreckhornhütte auf R 1591 zum Schrecksattel, etwa 5 Std.

Führe: Vom Schrecksattel wendet man sich nach SSO und überschreitet eine Reihe Türme. Da der Fels links und rechts der Gratschneide stark verwittert und brüchig ist, bewegt man sich am vorteilhaftesten selbst auf dem Grat. Der sich nun verschmälernde Grat wird weiterverfolgt bis zu einem ersten markanten Turm, der die bisher überschrittenen Gratzacken an Höhe bedeutend überragt. (Hierher auch mit Vorteil aus dem Schreckcouloir direkt, indem man dort, wo das Couloir eine leichte Biegung nach links macht, das Couloir verläßt und in gleicher Richtung, wie der untere Couloirabschnitt verläuft, über mäßig schwierige Platten zum NW-Grat aufsteigt, den man in der Nähe und NW des obenerwähnten markanten turmartigen Grataufschwunges betritt.) Von hier am besten direkt über alle Türme hinweg auf den Gipfel.

● 1601 Ostwandrippe von P.4011

IV (Stellen). 10—12 Std. von der Lauteraarhütte auf den Gipfel. G 7—8. Großzügige und anspruchsvolle Route, die dem routinierten Alpinisten vorbehalten bleibt. Nur bei trockenen Felsen unternehmen (der plattige Gneis ist bei Neuschnee und Vereisung sehr heikel). Die untere Hälfte der Rippe besteht aus Firn und ist einfach zu begehen. Die kombinierte obere Hälfte ist ungefähr 45 Grad steil. Vom P. 4011 weg wird R 1600 verfolgt, die Stellen des IV. Grades aufweist. Siehe Abb. S. 447 und 450 / 451.

Übersicht: Diese kombinierte, etwa 1300 m hohe Firn-(Fels-)rippe fällt vom P. 4011 im NW-Grat nach O auf den Lauteraargletscher ab. Bester und objektiv sicherster Aufstieg von O.
Zugang: Von der Lauteraarhütte in das Becken des Lauteraargletschers bis ungefähr 2600 m. Hier biegt man nach W ab (ungefähr der KL 160 folgend) und erreicht den untersten Absatz der Rippe (P. 2995,2) von S her.
Führe: Über den breiten Firnrücken nach W aufsteigen bis etwa 3440 m an den Fuß einer dreieckigen Felswand. Über einen Bergschrund und nach rechts (N) auf den rechten Schenkel des Dreiecks. Über ihn empor auf die Spitze. Von hier weg verläuft die Kante sehr ausgeprägt. Sie wird in schöner Kletterei direkt bis zum P. 4011 verfolgt.

● 1603 Kleine Lauteraarhörner, 3737 m

Drei kühne, eng beieinanderliegende, selten besuchte Felsgipfel. Der nördliche ist der höchste, mit 3737 m kotiert, der Südgipfel liegt etwa 250 m südlich und ist etwa 3 m niedriger.
Die Felsqualität ist sehr unterschiedlich, und zwar auf den Rippen und

Kanten im allg. gut, in den Flanken und Rinnen dagegen sehr brüchig. Die interessantesten und anspruchsvollsten Routen finden wir an der NO-Kante des Nordgipfels, an der Südkante des Südgipfels und in der Überschreitung der drei Gipfel von S nach N. Die Südwand des Südgipfels ermöglicht eine relativ einfache Besteigung im Auf- und Abstieg, wobei der Mittelgipfel über den Verbindungsgrat „mitgenommen" werden kann. Seit Erstellung des Aarbiwaks werden die Gipfel häufiger besucht.

● 1604 Südgipfel-Südwand

III, II (jeweils einige Stellen). 5 Std. vom Aarbiwak. G 4. Abstieg über die gleiche Route.

Zugang: Vom Aarbiwak auf den Strahlegggletscher und an seinem linken Ufer bis etwa 2860 m. Westlich am P. 2896 / 2923 vorbei auf den kleinen, namenlosen Gletscher, der vom Fuß der Südwand nach S auf den Strahlegggletscher abfließt. Über das Ostufer dieses Gletschers bis etwa 3280 m an die Felsen der Südwand, wo sich eine steile Rinne in die Scharte NW P. 3649 emporzieht.
Führe: In der Rinne etwa 50 m aufwärts, bis man sie nach links (W) verlassen kann (Steinschlag). Über die plattigen Felsen am orogr. rechten (W) Ufer der Rinne, dann in der Gipfelfallinie bis auf die Plattform am Fuß der Gipfelfelsen. Nach rechts um den Gipfelkopf herum und von O auf den Gipfel.

● 1605 Südgipfel-Südkante

V— (Stellen) und IV. 7—8 Std. vom Aarbiwak auf den Gipfel. G 7. Diese 400 m hohe Kante bietet schöne Kletterei in meist festem Fels.

Zugang: Vom Aarbiwak auf R 1604 an den Fuß der Südwand. E etwa 100 m links der Couloirmündung von R 1604 (dort, wo die blaue Höhenkurve 3300 den Fels berührt, etwa 200 m O vom P. 3360).
Führe: Durch eine leicht nach links geneigte Verschneidung etwa 50 m empor (lose Steine) und nach rechts über gestufte Felsen an die ausgeprägte Kante. Direkt über die Kante auf Absatz. Weiter der Kante folgend zu einem Turm in Gipfelnähe, der rechts umgangen werden muß: am Fuße des Turmes nach rechts, bis man über eine abdrängende Stufe wieder zum Grat zurücksteigen kann. Über ihn mit abnehmenden Schwierigkeiten auf den Gipfel.

● 1606 Nordgipfel-Nordostkante

IV. Etwa 10 Std. von der Hütte auf den Gipfel. G 7. Der Fels ist im unteren Teil brüchig, im oberen fest. Großzügige

Tour in einsamer Gegend. Selten begangen. Langer Zustieg und heikler und schwieriger Abstieg. Siehe Abb. S. 450 / 451.

Übersicht: Diese 450 m hohe und 40—50 Grad geneigte Kante fällt gegen den Lauteraargletscher ab.
Zugang: Von der Lauteraarhütte auf R 1552 auf dem Lauteraargletscher bis etwa 2500 m, wo man nach W abbiegt. Die Felsinsel mit dem KS 655 / 159 N umgehend, werden die stark verschrundeten Firnhänge nach W bis zum Kantenfuß erstiegen.
Führe: Der unterste Teil der Kante wird links umgangen und die Kante von S her auf etwa 3250 m erreicht. Alles der Kante folgend, im oberen Teil in schöner Kletterei (IV), auf den Gipfel.

● 1607 A Abstieg

Auf R 1608 ins Kl. Lauteraarjoch.

● 1608 Traversierung Süd — Nord

IV, III (jeweils einige Stellen). 10—12 Std. für die ganze Rundtour. G 6. Schöne Überschreitung in wilder Umgebung. Heikler Abstieg.

Vom Südgipfel ohne besondere Schwierigkeiten in die Scharte zwischen Süd- und Mittelgipfel und über den Verbindungsgrat auf den **Mittelgipfel** (etwa ½ Std. vom Südgipfel). Zurück in die Scharte und eine halbe SL in die Westflanke absteigen. Darauf heikle Traversierung in die tiefe Scharte zwischen Mittel- und Nordgipfel. Über den Verbindungsgrat, dann in der Westflanke eine Reihe von Zacken umgehen. Man erreicht die letzte Scharte vor dem Nordgipfel. Hier wechselt man auf die Ostseite und ersteigt den Nordgipfel von dieser Seite. 2—3 Std. vom Südgipfel. Abstieg über den sehr steilen Nordgrat (z.T. mit Abseilen) in das **Kleine Lauteraarjoch,** 3623 m (in der LK nur mit Kote versehen). Durch die 200 m hohe und etwa 45 Grad geneigte Eisrinne nach SW auf den namenlosen Gletscher, der auf den Strahlegggletscher abfließt. Über ihn und den Strahlegggletscher ohne Schwierigkeiten zurück ins Aarbiwak.

● 1610 Hugihorn, 3647 m

Ohne Namen in der LK. Zwischen den Kleinen Lauteraarhörnern und den Lauteraarrothörnern gelegen. Sehr lohnender Aussichtspunkt. Früher sehr selten, seit Erstellen des Aarbiwaks öfter bestiegen. Kann bis an die Gipfelfelsen **mit Ski** begangen werden.

★ 1611 Südflanke

3½ Std. vom Aarbiwak. G 2.

Vom Aarbiwak auf den Strahlegg-Gletscher und am linken Ufer bis etwa 2760 m aufsteigen. Hier nach N über Moränen und Platten auf den Hugigletscher (in der LK unbenannt). Am Ostrand des Gletschers den Lauteraarrothörnern entlang, bis an sein oberes Ende, etwa 3500 m. Hier zieht sich eine Rinne durch die Gipfelwand und endet auf dem SO-Grat. Über die orogr. rechten (W) Randfelsen dieser Rinne auf den SO-Grat und über ihn auf den Gipfel. **Mit Ski** bis an die Gipfelfelsen.

● 1611a Variante
II.
Am Fuße der Rinne kann man auch nach links queren und über schieferige Platten den Südgrat gewinnen. Über ihn auf den Gipfel.

● 1611b Variante
II. Länger als die Originalroute.
Am Ostufer des Hugigletschers entlang aufsteigen bis etwa 3350 m in die Fallinie des Sattels zwischen Hugihorn und dem Nordgipfel der Lauteraarrothörner. Durch ein steiles Couloir und über Geröll in den breiten Sattel, etwa 3430 m. Dann über den SO-Grat, zunächst über Firn, dann über einen Felsgrat, auf den Gipfel des Hugihorns.

● 1613 Strahlegghörner
Etwa 3 km langer Nebenkamm, der sich vom Strahleggpaß bis zum Finsteraarjoch erstreckt und das Lauteraarhorn mit dem Finsteraarhorn verbindet. Die wichtigsten Gipfel sind das Strahlegghorn, 3461,2 m und die Nasse Strahlegg, 3482 m. Die SW-Flanke des Kammes ist hoch hinauf vergletschert, die NO-Flanke fällt steil auf den Strahlegg-Gletscher ab. Das Strahlegghorn wird seiner prächtigen Aussicht wegen sehr häufig bestiegen, oft als Ausweichtour, wenn Wetter und Verhältnisse größere Touren nicht erlauben, ähnlich wie das Pfaffenstöckli (siehe R 1338ff.). Die Nasse Strahlegg bietet einen eindrücklichen Nahblick auf die gewaltige Finsteraarhorn-NO-Wand und die sehr steile Studerhorn-Nordwand. Beide Gipfel können auch **mit Ski** bestiegen werden. Sehr lohnend ist die Überschreitung des ganzen Kammes von der Nassen Strahlegg auf das Strahlegghorn: eine abwechslungsreiche Tour in großartiger Hochgebirgslandschaft!

● 1614 Strahlegghorn, 3461,2 m

● 1615 Nordgrat
II und I. 4—4½ Std. von der Schreckhornhütte. G 3.
Vom Strahleggpaß (R 1530) aus alles über den Felsgrat, hie und da etwas in die Westflanke ausweichend, auf den Gipfel.

★ **1616 A Abstieg über die Südflanke**

Im Aufstieg 4—4½ Std. von der Schreckhornhütte. G 1—2. Bei guten Verhältnissen schnellster Abstieg.

Vom Gipfel über den felsigen SW-Grat bis P. 3174, dann nach S über Firn zum P. 3012. Nach SW über kleine Felsstufen und Terrassen zum P. 2750/LK 25. Über Geröll nach N zum Hüttenplatz der ehemaligen Strahlegghütte. Dies ist auch die **Skiroute** im Auf- und Abstieg.

● **1618** **Nasse Strahlegg,** 3482 m

★ **1619 Über die Nordwestflanke**

5 Std. von der Schreckhornhütte. G 2.

Von der Schreckhornhütte auf R 1249 bis nahe zum Finsteraarjoch. Dann nach links über ein Firnplateau, etwa 3300 m, in den Firnsattel zwischen Nasser Strahlegg und P. 3468.8. Vom Sattel über den breiten Firnrücken auf den Gipfel. Dies ist auch die **Skiroute.**

● **1620 Traversierung Nasse Strahlegg — Strahlegghorn**

III (Stellen), meist II. 4—5 Std. von der Nassen Strahlegg auf das Strahlegghorn. G 4. Zu Unrecht selten begangen.

Man folgt dem hauptsächlich aus Fels bestehenden Kamm in mäßig schwieriger Kletterei (II). Der Abstieg vom P. 3454 in die Alte Strahlegg, 3315 m, und der Wiederaufstieg auf P. 3379 weisen schwierige Passagen auf (evtl. abseilen).

NB: Die Traversierung kann an mehreren Stellen unterbrochen werden (Abstieg nach W auf R 1249).

12. Wetterhörner und Wellhörner

A. Begrenzung

Im S und W Oberer Grindelwaldgletscher, im N Große Scheidegg — Schwarzwaldalp — Rosenlaui, im O Rosenlauigletscher — Wätterlimi — Rosenegg — Lauteraarsattel.

B. Karten

LK Nr. 254 Interlaken und 255 Sustenpaß.

C. Allgemeine Beschreibung

Das Landschaftsbild von Grindelwald wird vor allem durch den Eiger und das Wetterhorn geprägt. Das Wetterhorn zählt zu den schönsten und meistbesuchten Bergen der Berner Alpen, obwohl es nicht der höchste Gipfel des prächtigen Dreigestirns Wetterhorn, 3701 m, Mittelhorn, 3704 m, und Rosenhorn, 3689.3 m, ist. Diese drei Wetterhörner, wie sie als Gruppe genannt werden, sind vollständig von Gletschern umgeben, nämlich vom Oberen Grindelwaldgletscher, Chrinnengletscher, Gutzgletscher (früher Hühnergutzgletscher genannt), Hengsterengletscher und Rosenlauigletscher. Der mehr als 1200 m hohe Steilabsturz des Scheideggwetterhorns, 3361 m, auf die Große Scheidegg ist eine der eindrücklichsten und schwierigsten Felswände der Alpen. Zwei mächtige Gletscher fließen von den Wetterhörnern bis in baumbewachsene Talgegenden ab: Nach NO der Rosenlauigletscher und nach NW der Obere Grindelwaldgletscher, die beide zu den wildesten Gletscherströmen der Berner Alpen zählen.
Der Obere Grindelwaldgletscher ist in den letzten Jahren stark gewachsen, hat die flache Talsohle, etwa 1240 m, wieder erreicht und bedroht beim weiteren Vorstoß die Bäume im Gletschersand! Gleich wie das Scheideggwetterhorn fallen auch die Wellhörner in mächtigen Kalkwänden direkt auf die Alpweiden von Scheenenbiel (Schönbühl) und Rosenlaui ab. Der Wellhörnerkamm verläuft von NO nach SW und ist im Wellhornsattel mit dem Mittelhorn-NO-Grat verbunden. Der wilde

Hängegletscher von Hengsteren trennt die Wetter- von den Wellhörnern. Das Klein Wellhorn ist der einzige Gipfel der Gruppe, der ohne Betreten eines Gletschers bestiegen werden kann.
Die Umgebung der Glecksteinhütte besteht aus **Innertkirchner Granit,** der im Zuge der Alpenfaltung von S her auf eine Sedimentunterlage geschoben wurde. Das Wetterhorn und die Wellhörner bestehen aus **Sedimenten** (vorwiegend Hochgebirgskalk), deren ursprünglich horizontale Schichtung bei der Alpenfaltung teilweise bis in die Senkrechte aufgestellt wurde. Mittelhorn und Rosenhorn sind aus **Gneis** aufgebaut, dessen Schichten nach SO einfallen.
Die **klassischen Routen** des Massivs sind die folgenden: Wetterhorn vom Wettersattel aus, Wetterhorn-Nordgrat vom Gutzgletscher aus, Traversierung der drei Wetterhörner, Klein-Wellhorn-SO-Wand und Traversierung des Wellhörnerkamms von N nach S.
Als **Übergänge** von Hütte zu Hütte kommen in Betracht: Dossenhütte — Wellhornsattel — Wettersattel — Glecksteinhütte, Glecksteinhütte — Rosenegg — Wätterlimi — Gaulihütte sowie der Übergang über den Lauteraarsattel.
Die Besteigungen von Wetterhorn und Rosenhorn über den Rosenlauigletscher zählen zu den rassigsten **Skihochtouren** im Berner Oberland. Leider ist die Rosenegg bewilligter Landeplatz für Helikopter und die hochalpine Abfahrt über den wild zerschrundeten Rosenlauigletscher ist in den letzten Jahren zeitweise zu einer Piste degradiert worden. Es bleibt nur die Hoffnung, daß der SAC diesem Unsinn ein Ende bereitet und sich dafür einsetzt, daß dieser Landeplatz aus der Liste der bewilligten Plätze gestrichen wird, damit diese einmaligen Abfahrten wieder dem erfahrenen und entsprechend ausgerüsteten und ausgebildeten Skibergsteiger vorbehalten bleiben!
Als **Stützpunkte** für fast alle Besteigungen dienen die SAC-Hütten Gleckstein, Gauli und Dossen sowie das Rosenlauibiwak im Winter. Die Wellhörner können auch vom Rosenlaui oder von der Brochhütte aus bestiegen werden.

D. Talorte und Ausgangspunkte

● **1625** **Grindelwald,** siehe R 1012. Ausgangspunkt für Glecksteinhütte und Große Scheidegg.

● **1626** **Meiringen,** 595 m

Touristenzentrum im Oberhasli. Station der Bahn von Interlaken —

Brienz — Meiringen — Brünig — Luzern. Ausgangspunkt der Postautolinien nach Rosenlaui, Sustenpaß und Grimselpaß. Standort einer Bergsteigerschule. Luftseilbahn in das Skizentrum Mägisalp. Ausgangspunkt für Rosenlaui, Brochhütte und Dossenhütte. Straße Meiringen — Willigen — Geissholz — Rosenlaui — Schwarzwaldalp für Pkw befahrbar, bis Paßhöhe nur mit Postauto. Verkehrsbüro Tel. 036 / 71 43 22.

● **1627** **Innertkirchen**, siehe R 1752. Ausgangspunkt für Gaulihütte und Dossenhütte aus dem Urbachtal.

E. Clubhütten, Berggasthäuser und Hotels

● **1629** **Glecksteinhütte**, 1217 m

Sektion Burgdorf des SAC. Diese während der Sommermonate von einem Hüttenwart betreute Hütte bietet 100 Personen Platz und befindet sich hoch über dem Oberen Grindelwaldgletscher auf dem orogr. rechtsseitigen Talhang dieses Gletschers und direkt S unter den Krinnenhörnern. Tel. 036 / 53 11 40. Halbpension möglich. KS 650380 / 163970. Mit Ski erst im Spätfrühling zugänglich, wenn die Schneegrenze auf Hüttenhöhe liegt (Ski tragen).

● **1630** **Vom Hotel Wetterhorn**
$3^1/_2$—4 Std. BW 2—3. Siehe Abb. S. 469.

Vom Hotel Wetterhorn (R 1631) 200 m der Straße entlang, dann einem Pfad nach NO folgend über Ischboden zum P 1590. Hier scharf nach rechts abbiegen und einen Lawinenkegel überschreiten. Der Pfad quert nun die steile NW-Wand des Chrinnenhorns (z. T. in Fels gehauen, exponiert, mit Drahtseilen gesichert) bis auf eine Schulter im Westgrat, „Engi“ genannt, etwa 1725 m. Unterhalb erblickt man die Ruinen des alten Wetterhornaufzugs. Nun abfallend nach SO und über den Wyßbach. In gleicher Richtung aufsteigen, z. T. über glatte Gletscherschliffe, auf markante Grasschulter, etwa 2050 m (schöner Rastplatz). Über die anschließende Felsstufe (Drahtseile und Sicherungen) via P. 2151 auf die sanften Hänge von Schönbühl, über die man bald die Hütte erreicht.

● **1630 a** **Variante über Halsegg und den Oberen Grindelwaldgletscher**
Diese interessante Variante ist durch den Gletschervorstoß in den letzten Jahren schwieriger geworden. Man erkundige

sich unbedingt vorher über die Begehbarkeit! Nur mit Steigeisen!

Vom Hotel Wetterhorn zum Chalet Milchbach auf Halsegg, 1348 m. Von hier führt ein taxpflichtiger Steig (Leitern, Drahtseile, Tunnel) auf den Gletscher. Der Übergang kann sehr schwierig sein. Der Gletscher wird nach O gequert zur Wyßbachmündung, wo man zum Normalweg aufsteigt.

● **1631** **Hotel Wetterhorn,** 1228 m

Am Fuß des Oberen Grindelwaldgletschers und ONO von Grindelwald gelegen. KS 648 400/164 750. Tel. 036/53 12 18. Von Grindelwald auf guter Straße erreichbar (4 km). Postautoverbindung vom Bahnhof Grindelwald und von Meiringen über die Große Scheidegg. Ausgangspunkt für die Glecksteinhütte.

● **1632** **Hotel Große Scheidegg,** 1962 m

Am Fuße der gewaltigen, mehr als 1200 m hohen Scheideggwetterhorn-NW-Wand. Tel. 036/53 12 09. Postautokurs ab Bahnhof Grindelwald und Meiringen. Mit Pkw bis zum Hotel Wetterhorn (R 1631) und Schwarzwaldalp (R 1633). Nur Sommerbetrieb. Ausgangspunkt für die Nordanstiege auf das Scheideggwetterhorn.

● **1633** **Berghaus Schwarzwaldalp,** 1454 m

Restaurant am Nordfuß der Wellhörner. Tel. 036/71 35 15. Postautokurs ab Meiringen und Grindelwald. Nur Sommerbetrieb. Massenlager.

● **1634** **Brochhütte,** 1499 m

Sektionseigene Hütte der Sektion Oberhasli des SAC. Etwa 60 Plätze. Hütte geschlossen. Anmeldung beim Hüttenchef, Tel. 036/71 28 52, erforderlich. Hüttenwart übers Wochenende im Winter, evtl. auf Bestellung. Tel. 036/71 32 44. Von der Schwarzwaldalp auf Fahrstraße erreichbar (500 m Distanz). Ausgangspunkt für Klein Wellhorn, Wellhörner-Traversierung und Skitouren im Wildgärst-Gebiet. Im Winter erkundige man sich nach dem Zustand der Fahrstraße.

● **1635** **Hotel Rosenlaui,** 1328 m

Hotel, Restaurant und Touristenlager. Mitte Mai bis Mitte September. Tel. 036/71 29 12. Postautokurs ab Meiringen und Grindelwald. Nur Sommerbetrieb. Ausgangspunkt für Klein-Wellhorn-SO-Wand, Wellhörner-Traversierung, Dossenhütte und Rosenlauibiwak.

● **1636** **Restaurant Kaltenbrunnen,** etwa 1200 m

An der Straße Meiringen — Rosenlaui gelegen, KS 656 190/172 280.

Betten und Matratzenlager. Ganzjährig geöffnet. Tel. 036/71 19 08. Haltestelle des Postautokurses Meiringen — Schwarzwaldalp.

● 1637 **Dossenhütte,** 2663 m

Sektion Oberaargau des SAC. 55 Plätze, Dépendance mit 32 Plätzen. Kein Telefon, aber Notfunk. Hüttenwart während des Sommers am Wochenende und zur Zeit der Schulferien anwesend. Die Hütte liegt im Gratverlauf Dossen — Gstellihorn, KS 655 940/167 360. Die Dossenhütte wird hauptsächlich als Ausgangspunkt für die verschiedenen O-Anstiege auf die Wetterhörner benutzt, auch für die Übergänge zur Glecksteinhütte über den Wettersattel, zur Lauteraarhütte und auf die Grimsel über den Lauteraarsattel und zur Gaulihütte über die Wätterlimi. Der Dossen, 3138,2 m (früher Dossenhorn genannt), ist der Hausberg der Dossenhütte. ImWinter ist nur das Rosenlauibiwak zugänglich (siehe R 1640).

● 1638 **Von Rosenlaui**

Normalweg. Nur für trittsichere und schwindelfreie Berggänger zugänglich. 4½—5 Std. BW 3.

Vom Hotel Rosenlaui folgt man der Fahrstraße nach Schwarzwaldalp und biegt kurz nach der scharfen Rechtskurve nach links ab zum Eingang der taxpflichtigen Gletscherschlucht (Häuschen). Diesen Eingang läßt man zur Linken und verfolgt den markierten und bezeichneten Weg zum P. 1485, wo man auf einer Holzbrücke die Schlucht überschreitet. Nach O aufsteigen durch Bergwald bis etwa 1680 m, wo der Engelhornhüttenweg nach links abbiegt (Wegweiser). O am Gletscherhubel vorbei in das Moränentälchen bis zum P. 1789, dann nach SO auf den Moränenkamm. Diesen Kamm verfolgt man nach S bis zu einer Steilstufe. Diese wird mittels Drahtseilen und Leitern überwunden (mit Ski benutzt man das steile Couloir rechterhand). Auf etwa 2300 m erreicht man eine flache Zone. Hier steigt man nach NO am Rosenlauibiwak vorbei (siehe R 1640, im Sommer geschlossen) an die zweite Felsstufe. Diese wird in SO-Richtung erstiegen bis auf den Grat, den man bis zur Hütte nach S verfolgt.

● 1639 **Von Innertkirchen durch das Urbachtal**

7½ Std. von Innertkirchen, 6 Std. von Urbach. BW2.

Wie bei R 1771 (= Anstieg zur Gaulihütte) durch das Urbachtal und entlang den Engelhörnern bis zur Schrätternalp. Hier wird vom bisher begangenen rechtsseitigen Urbachwasserufer kurz nach der Schrätternalp zum jenseitigen linken Ufer gewechselt (Brücke nur im Sommer aufgebaut) und zu einer nahen Weggabelung emporgestiegen. Man folgt dem Weg nach rechts (links zum Stausee Mattenalp und zur Gaulihütte). Nun in allgemeiner NW-Richtung, einige Wasserabläufe des Renfengletschers querend, zur Illmesstein- und Enzenalp, dann von dieser links steil empor (in Richtung Dossen) zur Fleschenalp. Von hier in WNW-Richtung über Gras, Geröll und wenig schwierige Felsen (jetzt neu markiert und gesichert), zur Rechten zwei Wasserläufe, empor zu einem großen Geröllhang, der erstiegen wird. Nun in beinahe nördl. Richtung zu einer Mulde unterhalb der Dossenhütte, die bald darauf erreicht wird.

● **1640** **Rosenlauibiwak,** 2330 m

Am Weg vom Rosenlaui zur Dossenhütte, auf der Terrasse, von der aus der Weg in die Felsen direkt unterhalb des Urbachsattels (früher Weiter Sattel genannt) führt. KS 655775/167790. 10—13 Schlafplätze, Gaskocher und Eßgeschirr vorhanden. Notfunk. Nur im Winter geöffnet (bis Ende Mai). Das Biwak wurde vor allem für die **Skibesteigungen** der Wetterhörner gebaut, weil die Dossenhütte im Winter nur sehr schwer zugänglich ist. Schlüsseldepot Restaurant Kaltenbrunnen, an der Straße Meiringen—Rosenlaui. Tel. 036/711908. In der Skihochsaison (April/Mai) ist das Biwak an Wochenenden meist überfüllt, man erkundige sich deshalb unbedingt nach der Zahl der Anmeldungen.

● **1641** **Von Rosenlaui**
Auf R 1638. 3½ Std. BW 3.

● **1642** **Gaulihütte,** siehe R 1770. Ausgangspunkt für Wätterlimi — Rosenegg — Rosenhorn.

F. Pässe und Übergänge

● **1645** **Große Scheidegg,** 1962 m

Zwischen Schwarzhorn und Wetterhorn, Übergang von Meiringen durch das Reichenbachtal (Rosenlaui) nach Grindelwald. Diese landschaftlich hervorragend schöne Paßwanderung entlang der Engelhorn- und Wetterhorngruppe ist leider durch die neue Autostraße stark entwertet worden. Postautoverbindung Meiringen — Große Scheidegg — Grindelwald (nur Sommerbetrieb). Mit Pkw nur bis Schwarzwaldalp und Hotel Wetterhorn.

● **1650** **Wellhornsattel,** etwa 3220 m

Zwischen Wellhorn und Mittelhorn. Wird überschritten, wenn von der Dossenhütte das Wetterhorn bestiegen wird (siehe R 1655).

● **1653** **Wettersattel**, etwa 3500 m

Dieser Sattel (ohne Höhenangabe in der LK) liegt zwischen dem Wetterhorn und Mittelhorn und wird beim Übergang von der Gleckstein- zur Dossenhütte überschritten und bei der Besteigung des Wetterhorns auf dem Normalweg von einer dieser beiden Hütten aus berührt. Der Wettersattel selbst wird durch eine kleine Zwischenerhebung (P. 3508 / LK 25) in einen O-Sattel und W-Sattel geteilt. Vom ersteren zieht nach S (zur Nomenklatur „Hick") ein breites Firncouloir in ein Nährbecken des Oberen Grindelwaldgletschers hinab, das bei vereisten Felsen des Normalaufstieges oder im Frühsommer zum östl. Wettersattel durchstiegen wird. Vom W-Sattel ziehen in südwestl. Richtung felsige Couloirs und Rippen zum Chrinnengletscher hinab, die zum Aufstieg benutzt werden. Interessanter Gesteinswechsel von Gneis zu Kalk im unteren Drittel.

● **1654** **Von der Glecksteinhütte**

Bei trockenem Fels **II**, 4—4 1/2 Std. G 4. Bei nassem oder vereistem Fels sehr heikel. In diesem Fall ist evtl. die Variante über den Hick vorzuziehen, vor allem zu Beginn der Saison. Siehe Abb. S. 469.

Von der Glecksteinhütte folgt man nach NO einem mit Steinmännern markierten Pfad über Grashänge, Schrofen und kurze Felsstufen auf den **Chrinnengletscher**. Auf dem Gletscher rechts ansteigen und auf etwa 2980 m in die Bucht, die vom Felssporn gebildet wird. Hier (KS 651450 / 164940) steigt man nach rechts auf den Kamm des **Felssporns**, der aus Gneis besteht. Über den Spornrücken empor bis zum Gesteinswechsel. Auf dem Kontaktband steinschlagsicherer Rastplatz. Noch etwas höher in gleicher Richtung, dann schräg rechts hoch, ein Couloir traversierend, auf die markante Kalkrippe (= Willsgrätli), die man knapp oberhalb ihres senkrechten Abbruchs betritt. Vorerst ohne Schwierigkeiten über diese Rippe, bis sie schärfer und steiler wird. Nun am besten in schöner und exponierter Kletterei direkt über die Rippe empor (kleinere Umgehungen nach Belieben S im plattigen oder N im steilgestuften Fels ausführend), schließlich rechtshaltend in den westl. Wettersattel. PS: Eine Umgehung des Willsgrätli im Couloir S davon ist nicht zu empfehlen.

● **1654a** **Variante über den Hick**

4 1/2—5 Std. G 4—5. Nur im Frühsommer bei guten Firnverhältnissen. Bei Blankeis nicht empfehlenswert. Siehe Abb. S. 469.

Übersicht: Vom Wettersattel zieht sich nach SSW eine Felsrippe zum P. 3127. Der Hick ist die Scharte unmittelbar im NO von P. 3127 (etwa

3080 m). Vom Chrinnengletscher zieht sich eine steile Firnrinne in die Scharte.
Zugang: Von der Glecksteinhütte auf R 1654 bis auf den Chrinnengletscher. Nach O über den Gletscher aufsteigen (Spalten) an den Fuß des Firncouloirs, das in den Hick emporführt.
Führe: Im Couloir Achtung auf Steinschlag. Das Couloir ist etwa 200 m hoch und rund 45 Grad steil und bei gutem Firnschnee ohne Schwierigkeiten zu begehen. Jenseits des Hicks auf den Firnhang, nach N aufsteigen, die Felsen zur Linken, zuletzt über plattigen Gneis in den östlichen Wettersattel und über einen Firnbuckel in den westl. Sattel.

● 1655 Von der Dossenhütte über Dossensattel und Wellhornsattel
4½ Std. von der Dossenhütte. G 3. Schöne Gletschertour. Bei starker Ausaperung große Spalten. Im Nebel schwierige Orientierung. Siehe Abb. S. 479.
Von der Dossenhütte nach SW, den Dossengratfelsen entlang (diese zur Rechten) auf den Dossenfirn. In gleicher Richtung über den 35 Grad steilen Firn aufsteigen in den **Dossensattel,** etwa 3020 m, S vom P. 3032 (siehe auch R 1888). Jenseits nach W durch das etwa 100 m hohe Firncouloir absteigen (im Spätsommer Eis und Geröll) auf die flachen Firnhänge des Wetterkessels. Nun ungefähr der Höhenkurve 2900 entlang (linkerhand steile Firnhänge, später Eisbrüche) nach SW, über eine zerschrundete Firnstufe aufsteigen auf das flache Firnplateau, etwa 2990 m (N vom P. 3029). Allmählich nach W abbiegen und über die steileren Firnhänge in den **Wellhornsattel,** etwa 3220 m. Vom Sattel kurzer Abstieg nach W in ein Firntälchen, das man nach WSW ersteigt bis in den Wettersattel (Achtung auf Eisschlag von links!).

★ 1656 Vom Rosenlauibiwak über den Rosenlauigletscher
Etwa 6 Std. vom Biwak auf den Gipfel und 2—3 Std. zurück zum Biwak. Eine der rassigsten **Skihochtouren** im Berner Oberland. Seit Erstellung des Rosenlauibiwaks oft begangen. Nur für erfahrene Skibergsteiger, die das Seilfahren beherrschen. Im Abbruch des Rosenlauigletschers (Diagonale zwischen 2400 bis 2800 m) muß meist angeseilt werden. Siehe Abb. S. 479.
Von Rosenlaui auf dem Sommerweg ins Rosenlauibiwak. Am günstigsten ist der Zeitpunkt, wenn die Schneegrenze auf etwa 1800 m liegt und man die Ski bis zum Gletscherhubel tragen kann. Die Felsstufe unter dem Biwak wird durch das steile Schneecouloir erstiegen (Ski evtl. ein kurzes Stück tragen), wo am orogr. rechten Ufer die Steiganlage emporführt.

Achtung: Die Hänge des Gstellihorns und des Dossens sind nach Schneefällen und bei starker Erwärmung sehr lawinengefährlich!
Vom Rosenlauibiwak in SW-Richtung die steilen Schneehänge am Fuß des Dossens ersteigen auf den Rosenlauigletscher, den man auf etwa 2400 m betritt. Nun diagonal von links nach rechts ansteigen auf einem Band, das sich quer durch den wildzerklüfteten Gletscher zieht (wenn man vom Rosenlauibiwak zum P. 2984 im Wellhorn-Südgrat eine gerade Linie zieht, erhält man die Anstiegslinie) bis auf die flache Gletscherterrasse, etwa 2800 m, am Fuß der Wellhorn-SO-Flanke. 1½—2 Std. Nun ungefähr der KL 654 entlang nach S auf das obere Gletscherplateau, etwa 3000 m, und in westlicher Richtung über steilere Firnhänge in den **Wellhornsattel,** etwa 3220 m. Etwa 1½ Std. Vom Sattel etwa 50 m nach NW abfahren auf den Hengsterengletscher und nach WSW aufsteigen durch das Gletschertälchen zwischen Wetter- und Mittelhorn bis in den **Wettersattel,** wo die Ski deponiert werden (Achtung auf Eisschlag vom Mittelhorn). Etwa 1½ Std. Auf R 1676 zu Fuß auf den Gipfel. NB: In der Biwakschachtel befindet sich eine Karte 1:25 000 an der Wand mit eingezeichneter Route.

● 1662 **Rosenegg,** 3470 m

Breiter Firnsattel zwischen Rosenhorn und Bärglistock. Übergang vom Oberen Grindelwaldgletscher auf den Rosenlaui- und Gauligletscher. Siehe auch Übergang Lauteraarsattel — Rosenegg R 1553. Der Übergang führt auf beiden Seiten über sehr stark zerschrundete Gletscher! Bei guten Verhältnissen sehr schöner **Skiübergang,** vor allem vom Rosenlauibiwak über den Rosenlauigletscher auf die Rosenegg, mit Übergang in den Lauteraarsattel (R 1553) und Abfahrt in die Lauteraarhütte und auf die Grimsel! Leider ist die Rosenegg offizieller Landeplatz für Helikopter.

● 1663 Von der Glecksteinhütte über Beesibärgli

4½—5 Std. G 3. Nur bei guten Gletscherverhältnissen begehbar. Im Nebel schwierige Orientierung. Siehe Abb. S. 469.

Von der Glecksteinhütte auf R 1551 über Beesibärgli bis auf das große Firnplateau, etwa 2860 m. In der nordöstlichen Ecke dieses Firnplateaus zieht sich ein Firncouloir nach NO, Richtung Rosenegg, das zum Aufstieg benutzt wird, siehe R 1553. Auch **mit Ski** begehbar.

★ 1664 Vom Rosenlauibiwak über den Rosenlauigletscher

4—5 Std., nur Skiroute. Im Nebel schwierige Orientierung. Sehr lohnende Tour, besonders in Verbindung mit dem Lauteraarsattel (R 1553) oder mit der Wätterlimi (R 1666).

Vom Rosenlauibiwak auf R 1656 auf das obere Gletscherplateau, etwa 3000 m (KS 654 / 166). Das Plateau nach SO traversieren und nach O über einen zerschrundeten Firnhang auf das oberste Gletscherplateau, etwa 3120 m. Nach S in die Nähe von P. 3250 und nach SW über steilere Firnhänge auf die Rosenegg.

● 1665 Von der Dossenhütte über Dossensattel und Ränfenjoch

4 Std. G 2—3.

Von der Dossenhütte auf R 1655 in den Dossensattel unmittelbar S von P. 3032. Vom Sattel nach S an die Felsen des Dossen-Nordgrates. Knapp O der Gratkante über eine kurze Felsstufe, anschließend nach links queren in Verschneidung, die man nach rechts aufwärts erklettert. Man erreicht ein schmales Geröllband in der NW-Flanke. Dieses Band wird nach SW verfolgt auf eine kleine Schulter (Pfadspuren, Steinmänner, Band und Schulter sind vom Dossensattel aus sichtbar). Von der Schulter aus wird die Dossen-Westflanke nach S gequert über Geröll und Firn, leicht absteigend, auf das Firnplateau knapp W des Ränfenjochs, P. 3052. Nach SSW über die sanft ansteigenden Firnhänge Richtung westl. Wätterlimi. N an P. 3250 vorbei über die nun steileren Firnhänge auf die Rosenegg.

● 1665 a Variante

Im Frühsommer bei viel Schnee ist es oft besser, vom Dossensattel auf R 1655 in den Wetterkessel abzusteigen und das Firnplateau N vom P. 3029 zu gewinnen. Weiter auf R 1664 auf die Rosenegg.

★ 1666 Von der Gaulihütte über die Wätterlimi

4½ Std. G 2—3. Die westliche Wätterlimi, etwa 3230 m, zwischen Rosenhorn und Ränfenhorn, verbindet den Rosenlaui- mit dem Gauligletscher. Der Übergang befindet sich unmittelbar W vom P. 3250 (bei guten Firnverhältnissen kann auch O vom P. 3250 aufgestiegen werden). In Kombination mit Rosenegg und Lauteraarsattel prachtvoller Skiübergang vom Gauli auf die Grimsel. Sommer- und Winterroute sind identisch. Je nach Verhältnissen ist dem Umweg über das Ränfenhorn der Vorzug zu geben (50 m Höhenverlust).

Von der **Gaulihütte** auf R 1805 a auf den oberen Gauligletscher. Am orogr. linken Rand des Gletschers aufsteigen in NW-Richtung bis etwa 3000 m. Nun nach W abschwenken, S an P. 3250 vorbei zur westlichen Wätterlimi empor, unmittelbar W von P. 3250. Von der Wätterlimi nach SW auf die Rosenegg.

G. Gipfelbesteigungen

● 1675 **Wetterhorn,** 3701 m

Eiger und Wetterhorn sind die Wahrzeichen von Grindelwald! Nach dem Wetterhorn wurde die gleichnamige Gruppe benannt, obwohl dieser Gipfel nicht der höchste seiner Gruppe ist. Der über 1700 m hohe Abfall seiner NW-Wand zur Großen Scheidegg gibt dem Landschaftsbild von Grindelwald ein eigenes Gepräge. Ein viel gemaltes und oft fotografiertes Bild. Mit dem Begriff „Wetterhörner" faßt man die drei Gipfel Wetterhorn, Mittelhorn und Rosenhorn zusammen, die man bei guten Verhältnissen an einem Tag überschreiten kann (R 1718). Die Besteigung **mit Ski** erfolgt auf R 1656 vom Rosenlauibiwak aus mit Skidepot im Wettersattel.

● 1676 Vom Wettersattel

¾ Std. vom Wettersattel. G 3. Normalroute über Firn und Eis. Steilstes Stück etwa 50 Grad.

Vom westlichen Wettersattel aus (siehe R 1653ff.) steigt man vorerst über einen mäßig steilen, etwa 100 m hohen Firngrat (am Ende des Firngrates Abzweigung der Variante), dann über eine steile Firnflanke (bei Ausaperung kommen kleinsplittrige Kalkfelsen zum Vorschein) direkt unter die große Gipfelwächte, die man nach links (W) umgeht.

● 1676a Variante

II, bei trockenem Fels.

Bei Blankeis und ausgeaperten trockenen Felsen weicht man dem Gipfeleisfeld mit Vorteil nach links (W) in die Felsen aus, die man in einer

Wetterhörner und Bärglistock von Westen

Das Wetterhorn ist einer der schönsten und interessantesten Gipfel der Berner Alpen. Sein vielgestaltiger Aufbau ermöglicht eine Fülle von verschiedenartigen Aufstiegen in Fels und Eis. Die Normalroute (R 1654) führt von der Gleckstein-hütte aus auf den Chrinnengletscher und über das Willsgrätli in den Wettersattel. Der vereiste Gipfelhang weist eine Neigung von 50 Grad auf. Der Aufstieg wird gerne unterschätzt, er ist lang und bei schlechten Verhältnissen (Nässe, Neuschnee) ist der abwärtsgeschichtete Hochgebirgskalk sehr heikel zu begehen. Im Frühsommer wird deshalb der Variante über den Hick der Vorzug gegeben, die fast ausschließlich über Schnee und Eis führt. Sehr lohnend ist die Gesamtüberschreitung der drei Wetterhörner mit Abstieg in die Dossen- oder Gaulihütte. Während sich zu den Stoßzeiten am Willsgrätli erbitterte Machtkämpfe um die Spitzenpositionen abspielen, sind die Routen am Bärglistock völlig menschenleer . . .

Scheidegg-
Wetterhorn
1680
Wetterhorn
Mittelhorn
Rosenhorn
Rosenegg
1897
Bärglistock
Gutzgletscher
Hick
1707
1706a
1706b
1896
1663
1654
1654a
1687
1551
Beesibärg
Gleckstein
Gutz
Byhorn
Wetterlouwina
1726.6
1630
1630
1590

schrägen Verschneidung nach links aufwärts heikel erklettert. Man erreicht kurz unter dem Gipfel eine flache Schulter auf dem SW-Grat.

• 1680 Nordnordwestgrat über Chrinne und Gutzgletscher

III (Stellen), und II, in plattigem und abschüssigem Hochgebirgskalk. Einige Haken zur Sicherung mitnehmen. Nur bei trockenem Fels unternehmen! Etwa 7 Std. von der Glecksteinhütte. G 5—6. Prachtvolle Gletscher- und Felstour mit eindrücklichen Tiefblicken auf Grindelwald. Siehe Abb. S. 469, 473 und 481.

Übersicht: Dieser Grat zieht sich über P. 3455 zum Scheideggwetterhorn P. 3361. Er wird vom Gutzgletscher aus über die Westflanke S vom P. 3455 erreicht und bis zum Gipfel verfolgt.
Zugang: Von der Glecksteinhütte auf R 1654 auf den Chrinnengletscher. Auf ihm nach N aufsteigen ungefähr in die Fallinie von P. 3053. E in die Felsen etwas links der Fallinie bei einer auffälligen Platte, etwa 2930 m (etwa 50 m weiter links, SW, zieht sich eine auffällig gerade und enge Rinne auf den Chrinnengrat).
Führe: E links der Platte in eine **Rinne,** die man zu einem **Klemmblock** ersteigt. Den Block rechts umgehen und wieder zurück in die Rinne (II). Nach rechts ansteigen, am oberen Rand der oben erwähnten Platte entlang in eine Rinne, die sich nach links hinaufzieht. Durch diese Rinne unter Überhang. Diesen links umgehen, auf einer Rampe links ansteigend hoch (II) auf ein Schuttband. Auf ihm nach links in die Fallinie eines grauen Risses. Über Stufen zum Riß, ihn erklettern (III) und weiter durch Couloir in Scharte auf dem Chrinnengrat. Auf ihm nach ONO in die **Chrinne** am Fuße des ersten Steilaufschwungs im Wetterhorn SW-Grat. Etwa 2½ Std. von der Hütte.
Von der Chrinne nach N absteigen auf den Gutzgletscher, den man nach NO ersteigt an den Fuß einer riesigen **Verschneidung,** die sich nach rechts auf den NNW-Grat zieht und diesen in einer **Scharte** S vom P. 3455 erreicht. Durch diese plattige Verschneidung in die Scharte. Etwa 2 Std. Nun alles über den Grat in ausgesetzter Kletterei, zuletzt über einen Firngrat, auf den Gipfel. 2—3 Std.

• 1686 Scheideggwetterhorn, 3361 m

Das Scheideggwetterhorn ist der Gipfelpunkt einer rund 1300 m hohen Kalkwand, die in den Alpen ihresgleichen sucht. Neben der klassischen Nordwandroute (Finzi-Knubel, 1929) wurden zwischen 1954 und 1970 drei Direktrouten gefunden, die zu den anspruchsvollsten und schwierigsten Klettertouren der Berner Alpen zählen: die Direkte Nordwand, der NO-Pfeiler (die östliche Begrenzung der Wand) und der Westpfeiler (die westliche Begrenzung der Wand). Am beliebtesten ist der Westpfeiler, der im folgenden beschrieben wird. Es handelt sich um die größte und schwierigste Felskletterei in diesem Auswahlführer!

● 1687 Über den ganzen Westpfeiler

P. v. Känel und H.P. Trachsel, am 4. / 5. August 1970. (Der obere Abschnitt ab Pargätzischulter wurde bereits 1945 von Edwin Krähenbühl und Jakob Pargätzi erstiegen). **VI** und V, selten leichter. Die ersten SL am Pfeiler sind dem Eisschlag vom Gutzgletscher ausgesetzt! Seit der Erschließung des unteren Pfeilerteils 1970 wird diese Route verhältnismäßig oft begangen und gilt als eine der großzügigsten Felstouren der Schweizer Alpen. Die Route bietet erstklassige freie Kletterei. Der Fels ist an allen schwierigen Stellen fest. Es muß mit einem Biwak gerechnet werden. 12—15 Std. vom E. G 12. Siehe Abb. S. 469 und 473.

Zugang: Von der Großen Scheidegg auf Wegspuren zum E in die N-Wand; 45 Min.

Führe: Über den ersten Wandgürtel 150 m hinauf zum Wandsockel (III u. IV). Auf diesem etwa 300 m nach rechts queren, dann 50 m absteigen, bis man in der Fallinie zweier gelber Riesenverschneidungen steht. Aufsteigen an den Fuß der rechten, von wo sich ein abschüssiges Band an den W-Pfeiler zieht. (Dieses Band ist von unten nicht sichtbar!) Am Ende dieses Bandes Beginn der Schwierigkeiten.

Vom Ende des Bandes um eine Kante herum zum Stand direkt am Pfeiler (20 m, IV, 1 H). 10 m direkt über die Kante, dann Querung nach rechts in den Verschneidungswinkel (25 m, VI—, 3 H, diese SL ist dem Eisschlag ausgesetzt!). In herrlicher Rißkletterei gerade hoch (35 m, V, 1 H). Weiter dem Riß entlang unter einen mächtigen Überhang und in freier Kletterei über ihn hinweg unter ein Dach (35 m, V u. VI, 2 H). Rechts über das Dach hinweg, dann, leicht rechts haltend, gerade hinauf (35 m, V, 2 H). Durch eine Verschneidung leicht rechts hinauf (35 m, V +, 2 H). Rechts in einen Riß, der sich weiter oben zu einem Kamin erweitert (35 m, V, 1 H). 10 m gerade hoch bis unter einen moosigen Überhang, 8 m Quergang nach links, dann senkrecht hoch über die Platte und den abschließenden Wulst zu Stand (35 m, V, dann VI, 3 H).

In flacherem Gelände schräg rechts ansteigend in einen 80 m hohen, tief eingeschnittenen Riß (25 m, II u. III). Durch den immer schwieriger werdenden Rißkamin bis unter den abschließenden gelben Überhang (35 m, IV, dann V, 2 H). Über diesen hinaus (brüchig) in einen weniger steilen Riß (35 m, VI—, V, 3 H). In leichterem Fels zum westlichen Ende der 2. Terrasse (20 m, III). Guter Biwakplatz; 5—7 Std. vom E.

Am rechten Rande des gelbroten Aufschwungs hinauf, über eine kurze Terrasse links haltend und über eine graue Platte zu Stand an der Kante (40 m, IV+, 1 H). Links ausholend über dachziegelartig gestuften Fels um einen Wulst, dann zurück zur Kante und gerade empor (30 m, V+, 1 H). Ohne Schwierigkeiten nun links der Kante 50 m hinauf zum Beginn eines markanten, 40 m hohen Aufschwunges. An seiner rechten Kante über die Platte hinauf, bis der Pfeiler senkrecht wird. Nun heikler Schritt nach links und nach 6 m in eine Verschneidung, die auf eine Plattform führt (30 m, V+, VI, 4 H). Weiter über schöne Wandstufen (35 m, IV). Noch wenige Meter hinauf, dann auf breitem Band zur „Pargätzi-Schulter" (25 m, III). Gute Biwakmöglichkeiten; 3 Std. von der großen Terrasse. Die folgende, etwa 200 m hohe Steilstufe wird in einem Rißsystem auf ihrer SW-Seite überwunden: Aus der Scharte seilt man 8 m ab und erklettert den ersten Riß bis in eine kleine Nische (30 m, V+, 2 H).

Nach rechts in einen zweiten Riß und durch diesen an den Beginn einer Rißverschneidung (35 m, VI—, 3 H). Sehr anstrengend durch diese in eine Grotte (35 m, V, ohne Haken). Durch einen engen Kamin in eine Schlucht, dann in der linken Verschneidung senkrecht hinauf (40 m, V u. VI, 3 H). Durch den Riß gerade hinauf (35 m, V+, 2 H) zu Stand unter brüchigem Überhang. Rechts unter diesem durch auf eine Platte, dann sofort wieder nach links und nach 50 m auf die Kante oberhalb der Steilstufe (60 m, III u. IV). 4 Std. von der Pargätzi-Schulter. Nun 4—6 SL im Schwierigkeitsgrad II bis IV über den gestuften Pfeiler bis zu einer markanten Felsspalte am Beginn einer grauen, dachziegelartig geschichteten Platte. Direkt über diese empor und nach links in eine Scharte (35 m, V—). Über dieser Scharte befindet sich ein 60 m hoher, nach allen Seiten ausladender Pfeilerkopf. Auf der Höhe der Scharte

Scheideggwetterhorn von Nordwesten
Die 1200 m hohe NW-Wand des Scheideggwetterhorns zählt zu den steilsten und schwierigsten Westalpenwänden. Von den vielen Anstiegen ist der Westpfeiler zur Zeit bei den Extremen am beliebtesten. Die obere Hälfte des Pfeilers wurde bereits in den vierziger Jahren von der Seilschaft Pargätzi-Krähenbühl gemeistert, die über die Terrassen der Nordwand die Pargätzi-Schulter (PS) erreichten. Die vollständige Begehung des Westpfeilers ist eine der anspruchsvollsten alpinen Freikletterrouten der Alpen. Für den Abstieg über den Gutzgletscher ist eine reduzierte Eisausrüstung erforderlich.

Wetterhorn
Scheidegg-Wetterhorn
SW-Grat
Chrinne
3053
Gutzgletscher
PS
Hengsterengletscher
1687
Gutz
Gr. Scheidegg

schwieriger Quergang nach rechts in eine Verschneidung und durch diese gerade hinauf zu Stand an der Kante (30 m, V+, 2 H). 10 m weiter der Kante folgend, dann nach rechts über Platten und unter einem Überhang zu einem Band (30 m, V+, 3 H). Rechts an der Kante wird ein gelber Überhang in einer kurzen Linksschlaufe umgangen, und durch eine kurze Verschneidung erreicht man den Pfeilerkopf (30 m, V+, dann IV, 2 H). Hier sind die großen Schwierigkeiten zu Ende. Rechts der Pfeilerkante über Schuttbänder (s. Nachsatz) etwa 100 m hinauf in die Gipfelschlucht. An ihrer leichtesten Stelle in 2 SL zum Gipfel (III u. IV).
N.B. Wenn Zeit gewonnen werden muß, kann man auch bei den erwähnten Schuttbändern die Gipfelschlucht traversieren. Man gelangt so zu einem Loch in einer Seitenrippe rechts, südlich der Schlucht. Durch das Loch und auf der SO-Seite 2×40 m abseilen. 20 m weiter abklettern und 30 m nach links traversieren zu einer kleinen Scharte. Es folgt eine weitere Abseilstelle von 20 m. Von da, nach links traversierend und über einen Gratrücken absteigend, erreicht man leicht den Gutzgletscher.

(Aus: Die Alpen, Monatsbulletin Februar 1971.)

● 1688 A Abstieg vom Scheideggwetterhorn zur Glecksteinhütte
3—4 Std. vom Gipfel zur Glecksteinhütte.

Vom Gipfel steigt man über die Türme des SO-Grates in die tiefste Scharte, etwa 3370 m, ab (II u. III mit Stellen IV. Abseilstellen eingerichtet). Von der Scharte längs einer Rinne westlich hinunter zum Gutzgletscher. Diesen quert man in südwestlicher Richtung auf etwa 3000 m gegen die Chrinne, östlich P. 3053. Von der Chrinne etwa 30 m gegen den Chrinnengletscher in südlicher Richtung absteigen. Es folgen zwei Abseilstellen von 30 m Länge. Über den Chrinnengletscher in südwestlicher Richtung absteigend, erreicht man Wegspuren, welche direkt zur Glecksteinhütte führen.

● 1695 Mittelhorn, 3704 m

Die Besteigung des mittleren der drei Wetterhörner und zugleich des höchsten Gipfels der Wetterhorn-Gruppe kann leicht mit der des Wetterhorns verbunden werden.

● 1696 Vom Wettersattel
1 Std. G 2.

Man wendet sich ostwärts und ersteigt die zuerst sanft ansteigenden, weiter oben steiler werdenden, aber wenig schwierigen Firnhänge, die in Gipfelnähe einen Rücken bilden, bis zum Mittelhorn.

● 1697 Nordostgrat
2½ Std. vom Wellhornsattel. G 2—3.

Vom Wellhornsattel wendet man sich südwestwärts und erreicht über einen Firnkamm einen brüchigen Felskopf, der überschritten wird. Eine folgende Firngratstrecke führt zu den Felsen des NO-Grates, der bis etwa 100 m unter dem Gipfel als Felsgratschneide führt und dort von einem scharfen Firngrätchen abgelöst wird, das direkt zum Gipfel zieht.

● 1698 Südostgrat vom Mitteljoch
III (1 Stelle), Fels- und Firngrat. 2 Std. vom Mitteljoch. G 4.

Übersicht: Der SO-Grat zieht sich vom Mittelhorn als schwach abfallender Schneefirst zum Vorgipfel P. 3656 (auf der LK 50 nicht kotiert, KS 652690/164880), wo er sich gabelt: der SO-Ast fällt steil in drei Absätzen in eine Lücke NW des Mitteljochs ab, der S-Ast fußt im Oberen Grindelwaldgletscher auf etwa 3350 m (siehe R 1699).
Führe: Vom Mitteljoch (R 1705) wird das erste Felsgrätchen links (S) umgangen und dahinter eine kleine Lücke erreicht. Über ein Firngrätchen an den Fuß des 1. Aufschwungs, der vermittels einer kurzen Rinne erstiegen wird. Weiter über die Gratkante zum 2. Steilaufschwung, der durch einen schrägen Riß (III) nach links aufwärts erklettert wird (bei guter Verfirnung kann der 2. Aufschwung auch östlich in der Firnflanke umgangen werden). Über ein kurzes Grätchen und einen letzten Aufschwung auf P. 3656 und über den Firngrat auf den Gipfel.

● 1699 Über den Südgrat auf P. 3656
III— und II, 6—7 Std. von Gleckstein aufs Mittelhorn. G 4.
Kommt man von der Glecksteinhütte, braucht man nicht bis ins Mitteljoch aufzusteigen, sondern man begeht mit Vorteil den felsigen Südgrat von P. 3656 in seiner ganzen Länge. Lohnende, selten ausgeführte Tour.

Führe: Auf R 1706 an den Fuß des Grates und über plattigen Fels auf den Grat, den man bis auf die markante Schulter in $^2/_3$ Höhe verfolgt. Weiter über den Grat, dabei drei Steilstufen links (W) umgehend, auf P. 3656.

● 1705 Mitteljoch, 3502 m

Zwischen Mittelhorn und Rosenhorn, Übergang vom Oberen Grindelwaldgletscher auf den Rosenlauigletscher. Kann an Stelle des Wettersattels als Übergang von der Gleckstein- zur Dossenhütte gebraucht werden. Beide Zugänge führen über stark verschrundete Gletscher!

● 1706 Von der Glecksteinhütte über Beesibärgli
Etwa 5 Std. G 3. Siehe Abb. S. 469.

Von der Glecksteinhütte auf R 1551 über Beesibärgli bis etwa 2560 m, genau O vom P. 2463. Hier zweigen zwei Varianten ab:
a) Ungefähr der KL 163300 entlang nach O über Schutt und einige Felsen auf den Gletscher. Auf ihm nach O bis 2900 m. Nach ONO abbiegen und in dieser Richtung bis 3000 m. Dann folgt man einer spaltenarmen Zone nach N an den Fuß des Südgrates von P. 3656. Zwischen dem Südgrat und P. 3339 nach NO über eine etwas steilere Firnstufe auf das weite Firnplateau S des Mitteljochs. Ohne Schwierigkeiten in das Joch.
b) Statt von der Höhe 2560 m nach O auf den Gletscher zu steigen, kann man auch ein Firnband verfolgen, das sich parallel zu einem serakgekrönten Felsband nach NO zieht. Man verfolgt dieses Felsband, etwa 200 m O an P. 2700 vorbei (Eisschlag), biegt dann beim KS 652 / 164 nach ONO ab und gelangt über verschrundete Firnhänge an den Fuß des Südgrates von P. 3656, wo man auf Variante a) trifft. Objektiv gefährlicher als Variante a), im Abstieg leichter zu finden. Im Nebel schwierige Orientierung.
Beide Varianten sind mit **Ski** möglich.

● 1707 Von der Glecksteinhütte über den Hick
Siehe Abb. S. 469.

Eine weitere Möglichkeit besteht darin, auf R 1654a in den Hick zu gelangen. Weiter nach SO zwischen zwei Felsinseln hindurch an den Fuß des Südgrates von P. 3656, wo man auf R 1706 stößt.

● 1708 Von der Dossenhütte
4 Std. G 3.

Von der Dossenhütte auf R 1655 bis in den Wellhornsattel. Von hier über zerschrundete Firnhänge, Spalten N umgehend, ins Mitteljoch empor.
Im Winter **mit Ski** auf R 1656 in den Wellhornsattel und weiter ins Mitteljoch.

● 1711 Rosenhorn, 3689,2 m

Das südlichste und niedrigste der drei Wetterhörner wird vor allem von der Dossenhütte aus häufig besucht. Prächtiger Aussichtsberg. Lohnende **Skitour** vom Rosenlauibiwak oder von der Gaulihütte aus.

★ 1712 Südostgrat von der Rosenegg
Normalroute und Skiroute. 1 Std. G 2.

Von der Rosenegg nach NNW über einen Firnhang und einen kurzen Firngrat auf den Südgipfel, 3643 m (ohne Kote in der LK 50). Hier **Skidepot**. Über den felsigen Verbindungsgrat in leichter Kletterei auf den Hauptgipfel.

• 1713 Westgrat vom Mitteljoch

III und II. Lohnende Kletterei in gutgestuftem und griffigem Gneis. 1½ Std. G 4. Siehe Abb. S. 479.

Übersicht: Dieser Felsgrat steigt vom Mitteljoch in vier Steilstufen auf und verläuft dann nur noch flach ansteigend auf den Gipfel.
Führe: Vom Mitteljoch an den ersten Aufschwung, der knapp rechts (W) der Kante erklettert wird. Die übrigen Aufschwünge werden direkt erklettert, oder, wenn nötig, W umgangen. Dann alles über den flachen Gratfirst auf den Gipfel.

• 1714 Nordostgrat

III— und II. Abwechslungsreiche Tour. 2—3 Std. von der Wätterlimi oder vom Ränfenjoch. G 4.

Übersicht: Dieser Fels- und Firngrat bildet die nördliche Begrenzung der Rosenhorn-Ostflanke und fußt auf etwa 3400 m im Rosenlauigletscher. Vom Gratfuß fällt eine steile dreieckförmige Felswand nach N in den Wetterkessel ab. Der Gratfuß bildet die Spitze dieses Felsdreiecks. Er kann auf zwei Arten erreicht werden:
Zugänge:
a) von der westl. Wätterlimi (R 1666) nach NW über die Firnfelder am Fuße der Ostflanke. Ohne besondere Schwierigkeiten.
b) Von der Dossenhütte auf R 1665 ins Ränfenjoch und nach SW über die sanften Firnhänge, ungefähr der Koordinatenlinie 165 entlang und oberhalb einer zerschrundeten Firnstufe rechts zum Gratfuß, etwa 3400 m.
Führe: Vom Gratfuß über einen etwa 100 m hohen Firngrat. Dann über Gneisplatten an einen Steilaufschwung. An seinem Fuß nach links queren an die linke Kante dieses Aufschwungs, die man erklettert, um oberhalb des Aufschwungs den Grat wieder zu erreichen. Auf dem Felsgrat zum Gipfel.

• 1718 Traversierung der Wetterhörner von der Gleckstein- zur Dossen- oder Gaulihütte

Von Hütte zu Hütte 13—14 Std. G 5—6. Prachtvolle Überschreitung mit großartiger Aussicht. Die Tour kann im Mitteljoch unterbrochen werden.

Auf R 1654 in den Wettersattel und auf R 1676 aufs Wetterhorn und zurück in den Wettersattel. Überschreitung des Mittelhorns auf R 1696 und R 1698 ins Mitteljoch. Überschreitung des Rosenhorns auf R 1713 und R 1712 auf die Rosenegg. Auf R 1665 zur Dossenhütte oder auf R 1666 in die Gaulihütte.

● 1725 Wellhörner

Dieser etwa 4 km lange Kamm aus Hochgebirgskalk trennt den Hengsteren- vom Rosenlauigletscher. Kulminationspunkt ist das **Wellhorn** mit 3191,6 m. Das **Klein Wellhorn** ist mit 2701 m (Südgipfel) kotiert, der Nordgipfel befindet sich etwa 120 m NO vom Südgipfel und ist mit 2685,8 m vermessen (ohne Kote in der LK 50). Die Überschreitung des ganzen Kammes vom Kleinen auf das Große Wellhorn zählt zu den großen klassischen Touren im Berner Oberland. Die Klein Wellhorn-SO-Wand ist in den letzten Jahren bei den Kletterern große Mode geworden. Die Normalroute auf das Wellhorn über die SO-Flanke wird von der Dossenhütte aus häufig bestiegen, auch die Nordflanke auf das Klein Wellhorn vom Läsisattel aus erfreut sich großer Beliebtheit. Die extremen Klettertouren auf der West- und Nordseite des Massivs (Wellhorn-Nordwand und Klein-Wellhorn-Westwand) werden höchst selten wiederholt. Der Südgrat des Wellhorns, der sich vom P. 2984 (Unterer Wellhornsattel) über 5 Türme hinweg auf den Gipfel zieht, ist leider ziemlich brüchig und wird des langen Zustiegs wegen nur selten gemacht.

● 1726 Wellhorn, 3191,6 m

● 1727 SO-Flanke und Ostgrat

II. Normal- und Abstiegsroute. 4—5 Std. von der Dossenhütte auf den Gipfel. G 3—4. Empfehlenswerte Gletscher- und Felstour, oft begangen. Siehe Abb. S. 479.

Übersicht: Der Ostgrat bildet die rechte (N) Begrenzung der SO-Flanke. Die dreieckförmige SO-Flanke fußt auf dem stark zerschrundeten Rosenlauigletscher. In der östlichen Hälfte dieser Flanke ziehen

Wetterhörner und Wellhorn von Nordosten
Am linken untern Bildrand die Dossenhütte. Der Dossensattel vermittelt den obligaten Übergang von der Hütte auf den Rosenlauigletscher. Die Normalroute von der Dossenhütte aufs Wetterhorn (R 1655) führt über Dossen- und Wellhornsattel praktisch ausschließlich über Schnee und Eis in den Wettersattel. Die starke Zerklüftung des Rosenlauigletschers kann im Spätsommer erhebliche Schwierigkeiten bereiten. Die Besteigung des Dossen ist eine beliebte Halbtagstour. Bei Vereisung des steilen Firnhangs kann man den Weg über den Dossengrat einschlagen.

Dossen
Dossensattel
Rosenhorn
1713
Mitteljoch
Wellhornsattel
Mittelhorn
Wellersattel
Wetterhorn
Gross Wellhorn
1728
3032
1655
1655
1655
zum Dossensattel
1656
1727
1727
2334
Var.
Dossengrat
Rosenlaui-Gletscher
(nur Skiroute) 1656

sich zwei breite Geröll- oder Schneeterrassen nach rechts auf den Ostgrat, die den Zugang vom Gletscher auf den Grat vermitteln.
Zugang: Von der Dossenhütte auf R 1655 in den Dossensattel und nach W durch das Couloir in den Wetterkessel absteigen. Der Wetterkessel wird auf etwa 2840 m Höhe nach W traversiert (ungefähr beim KS 654600 / 166600 vorbei), mit leichtem Abstieg auf das flache Gletscherplateau, etwa 2800 m, am Fuße der Wellhorn SO-Flanke. Nach N an den Fuß der Flanke und ihr entlang queren (Spalten), bis man auf die untere Terrasse steigen kann, die man nach rechts verfolgt, um zuletzt über plattige Felsen den Ostgrat zu gewinnen.
Führe: Über den Grat ohne besondere Schwierigkeiten auf den Gipfel. Abstieg über die gleiche Route.

● 1727a Variante
Empfehlenswert, wenn die Spalten am Wandfuß die Querung zur unteren Terrasse erschweren.

Man kann der SO-Flanke entlang queren und durch eine kurze Rinne auf die obere Terrasse steigen. Auf der Terrasse nach rechts queren und über Felsen nach rechts empor auf den Ostgrat.

● 1728 Überschreitung Klein Wellhorn — Wellhorn
IV und III (jeweils die beiden Steilaufschwünge), dazwischen größere Strecken ohne besondere Schwierigkeiten. 4—5 Std. vom Klein-Wellhorn-Nordgipfel. G 5. R 1736 mit R 1728 und Abstieg über R 1727 ergibt die große klassische Überschreitung des Wellhörner-Kammes vom Rosenlaui in die Dossenhütte. Siehe Abb. S. 479 und 481.

Führe: Vom Klein-Wellhorn-Nordgipfel steigt man durch die gutgestufte Südwand ab und quert nach rechts auf ein steiles Grasband, das auf den Südgrat des Südgipfels führt. Über den kurzen Grat auf den Südgipfel, 2701 m. Den Südgrat absteigen in Scharte und über den

Wellhörner und Wetterhorn von Norden (Winteraufnahme)
Die Normalroute aufs Kl. Wellhorn (R 1736) ist sehr abwechslungsreich, aber nicht leicht zu finden. Von Schönbühl führt ein Pfad bis in den markanten Läsisattel. Von hier weg braucht es einigen Spürsinn, um auf der richtigen Route zu bleiben. Allerdings erleichtern zahlreiche Steinmänner die Orientierung. Die Kletterei auf dem NO-Grat ist exponiert und bietet eindrückliche Tiefblicke auf den wildzerrissenen Rosenlauigletscher. Die Fortsetzung über den Verbindungsgrat aufs Gr. Wellhorn (R 1728) ist eine prächtige, selten ausgeführte Überschreitung. Der Abstieg über den spaltenreichen Rosenlauigletscher in die Dossenhütte verlangt allerdings eine vollständige Eisausrüstung.

Gr. Wellhorn
Kl. Wellhorn
1728
Wetterhorn
1680
1736
Läsistöcke
Sattel
Hengsterengletscher
2189
Schönbühlhubel
1736

Grat an den Fuß des **ersten Steilaufschwungs.** Dieser wird entweder auf der rechten (W) Seite über plattigen Fels heikel erklettert (1 H) oder links umgangen (leichter). Auf dem flachen Grat über verschiedene Erhebungen und Einschnitte hinweg ohne besondere Schwierigkeiten in eine markante Scharte am Fuße des **zweiten Steilaufschwungs.** Dieser wird rechts mittels zweier aufeinanderfolgender Kamine erstiegen (E in den zweiten Kamin schwierig, mit Hakenhilfe oder Schulterstand). Weiter dem Grat entlang auf den Gipfel des Wellhorns.

● 1735 **Klein-Wellhorn-Nordgipfel,** 2685,8 m

Zur Topographie siehe Einleitung zu den Wellhörnern. Schöner, vielbesuchter Aussichtsberg.

● 1736 **Nordflanke und Nordostgrat**

III— (Stellen) überwiegend II, vom Läsisattel auf den Gipfel. Normal- und Abstiegsroute. 4½—5 Std. vom Rosenlaui. G 3. In den Läsisattel BW 2. Nur bei trockenem Fels unternehmen! Abstieg über die gleiche Route, siehe R 1738 A. Siehe Abb. S. 481 und 485.

Übersicht: Vom Gipfel fällt der nur schwach ausgeprägte Nordgrat in den Läsisattel ab, einen breiten Grassattel, etwa 2160 m. KS 654450 / 169020. Im Sattel befindet sich ein riesiger, von weitem sichtbarer Steinmann. N des Läsisattels stehen die Läsistöcke („Läsisteck"), rassige, aus mächtigen, schiefgestellten Kalkplatten aufgebaute Zacken. Vom Sattel führt ein ziemlich guter Pfad westwärts auf die Scheenenbielalp (Schönbühlalp). Die Normalroute benützt diesen Pfad in den Läsisattel und führt dann quer durch die ganze Nordflanke auf den NO-Grat und erreicht über diesen den Gipfel. Die Routenführung ist ziemlich kompliziert und ohne Ortskenntnis nicht leicht zu finden, obwohl sie mit Steinmännern markiert ist.

Zugang: Von der Brochhütte oder von Rosenlaui zum P. 1428, wo der Pfad auf die Scheenenbielalp abzweigt. Von dieser Alp, P. 1673, weiter nach SW aufsteigen auf etwa 1700 m, wo sich der Pfad gabelt. Man benutzt den linken Ast und steigt nach S zu einem Bach auf, den man auf etwa 1750 m nach O überschreitet. Nun nach O über Gras- und Geröllbänder aufsteigend queren in den **Läsisattel** (Pfad).

Führe: Vom Sattel nach S über Geröll bis kurz unter die erste Stufe im Nordgrat, die man nach links umgeht und oberhalb einen kleinen Sattel gewinnt. Vom Sattel in einen breiten Graben und diesen ersteigen bis nahe zur Abschlußwand, dann durch eine Rinne nach links hoch den Graben verlassen auf eine Rippe. Auf dieser Rippe zu steiler Platte. Hier Querung einer Rinne nach links (O) auf eine Schulter und empor auf rötlichbraune Terrasse (hier wurde früher nach Eisenerz gegraben). Von der Terrasse steigt man diagonal nach links hoch in eine **kleine Scharte im NO-Grat** (Linksquerungen auf Bändern wechseln ab mit geraden Aufstiegen auf Rippen, mit Steinmännern markiert). Von der Scharte nach S in **Rinne** und in ihr nach rechts aufsteigen, bis man sie über **Platten** nach links verlassen kann auf einen **parallelen Sekundärgrat.** Über diesen steil und exponiert empor, bis er sich zurücklegt und mit dem **Hauptgrat** vereinigt. Über diesen ohne besondere Schwierigkeiten auf den Nordgipfel.

● 1737 Südostwand

E. Reiss und D. Reist am 15. Juli 1952. **IV**+ (zwei Stellen), überwiegend III, passagenweise auch leichter. 5—7 Std. ab E, etwa 25 SL. Für die ganze Tour (Zustieg, Wand, Abstieg) rechnet man etwa 12 Std., einschließlich Rasten! G 7. Die Route durch die etwa 600 m hohe, sehr steil aus dem Rosenlauigletscher aufragende SO-Wand des Klein Wellhorns zählt zu den lohnendsten und großzügigsten Felsfahrten IV. Grades in den Berner Alpen. Die Tour bietet prachtvolle Aus- und Tiefblicke auf den wildzerrissenen Rosenlauigletscher. Sie darf trotz der relativ geringen technischen Schwierigkeiten keinesfalls unterschätzt werden und bleibt routinierten Alpinisten vorbehalten. Die Route ist sehr lang und muß gesucht werden, H sind selten, Verhauer zahlreich! Der Abstieg ist lang und kompliziert, bei schlechten Verhältnissen (Schnee auf den Platten der Nordseite!) heikel und gefährlich, im dichten Nebel trotz der vielen Steinmänner kaum zu finden. Die Schlucht in der Wandmitte kann im Gewitter zur gefährlichen Falle werden (Sturzbäche!). Im Hochsommer ist die Wand sehr heiß und wasserlos. Der günstigste Zeitpunkt für eine Begehung ist der Herbst, solange die Nordseite noch schneefrei ist. Siehe Abb. S. 485.

Zugang: Von Rosenlaui auf dem Dossenhüttenweg bis zur Holzbrücke über die Rosenlauischlucht (20 Min.). Auf schwachen Wegspuren auf der Wellhornseite der Schlucht und parallel zu ihr auf den ersten Boden. Nun auf besserem Weg im Zickzack durch Gebüsche über die erste Steilstufe auf den zweiten Boden (20 Min.). Über eine Moräne Richtung Wellhorn bis kurz unter die Wand, dann scharf linkshaltend auf den dritten Boden (20 Min.). Über Moränenbuckel linkshaltend auf plattigen, teilweise schuttbedeckten Felsrücken in der Nähe des Gletschers. Über ihn empor, bis er sich in der Steilwand verliert, evtl. Schnee. Hier befindet sich der E in die wenig ausgeprägte **Ver-**

schneidung (1¼ Std. ab Rosenlaui). Achtung: Vom plattigen Felsrücken aus (heute vom vorstoßenden Gletscher schon teilweise zugedeckt) ist rechterhand eine sehr ausgeprägte, teilweise überhängende, gelbe Verschneidung sichtbar, Verhauer!

Führe: In 1½ SL über gut gestuften Fels links ausholend zum 1. Standplatz in der Verschneidung (II). Durch die Verschneidung in flache Rinne empor (1 SL, IV, eine Stelle IV +, 4 H). In der Rinne hinauf, zuletzt durch kaminartige Verengung und nach rechts in flache Mulde (III, 1 H). In der Mulde gerade empor und nach links auf grasigen Grat, über ihn, bis er sich in der Wand verliert (leicht). 10 m exponierter **Quergang** nach links (IV, 1 H) auf Grasband und rechts empor in flacheres Gelände. Leicht an den Fuß einer Plattenmuschel. Durch diese plattige Mulde etwa 20 m empor zu Haken, dann linkshaltend zu Stand (IV—, 1 H). Über Schrofen empor, dann nach **links absteigen,** zuerst leicht, dann einige Meter senkrecht und exponiert (III), schließlich horizontal nach links zu mehreren **Abseilhaken.** 20 m senkrecht abseilen in grasige Nische. Links ansteigen auf das obere von zwei Grasbändern, auf ihm nach links, mit Unterbrechungen, Stand nach einer SL (III, 2 H). Leicht gerade empor auf Terrasse am Fuß der **großen Schlucht** in der Wandmitte (ausgezeichneter Rastplatz). In der Schlucht über ausgewaschene glatte Buckel und Rinnen empor bis etwa 20 m unterhalb der senkrechten Abschlußwand (II u. III, gleichzeitiges Klettern möglich). Diese Wand wurde von den Erstbegehern direkt erstiegen (V—). Sie wird heute meist rechts auf der **Pfeilerkante** umgangen: diagonal nach rechts ansteigen in plattiger Verschneidung auf die Pfeilerkante (1 SL, III). Über die Pfeilerkante in schöner und exponierter Kletterei zwei Seillängen in Scharte hinter dem ersten Pfeilerkopf (III). Nun entweder weiter über die Pfeilerkante (schwieriger, schöner) auf den obersten Pfeilerkopf (III) oder durch die Rinnen links davon. Vom Pfeilerkopf nicht nach links in Nische empor (Verhauer), sondern knapp nach dem Standplatz horizontal nach rechts queren und leicht linkshaltend in **gelbe Höhle** empor (1 SL II, Wandbuch). Diagonal rechts ansteigen zu Stand am Fuß der ersten Schrägrinne (1 SL, III, 1 H). Nun nicht

Klein Wellhorn von Südosten

Die 600 m hohe Kalkwand des Kl. Wellhorn bietet eine sehr großzügige und lohnende Klettertour des IV. Grades mit alpinem Charakter. Die Route ist nicht leicht zu finden und die Haken sind eher spärlich. Vor allem am Einstieg sind die Verhauer zahlreich. Der Abstieg ist lang und kompliziert. In der Wandmitte verläuft die Route in einer Schlucht, die vom Pfeiler verdeckt wird. A = Abseilstelle.

Klein Wellhorn
2685.8
1736/38A
Hick im NO-Grat
Höhle
Pfeiler
2. Rinne
1. Rinne
A
3. Rinne
Verschneidung
gelbe Verschneidung
Rosenlauigletscher
1737

diese Rinne benützen (Verhauer mit Haken!), sondern weiter 1 SL diagonal nach rechts ansteigen, über einen **grauen Wulst** (IV+, 1 H) empor auf eine bequeme **grasige Terrasse** am Fuß der **zweiten Schrägrinne** (guter Rastplatz). Durch diese Rinne links empor (am Beginn enger Kamin) und weiter in der gleichen Richtung in etwas heikler Kletterei über steiles, **abschüssiges Band** an sein linkes oberes Ende auf schwach ausgeprägter **Schulter.** Von hier in der Gipfelfallinie über Stufen auf den Gipfel (II, teilweise heikel, gleichzeitiges Klettern ab Terrasse möglich).

● **1738 A Abstieg**

II und I. Gipfel — Rosenlaui 2—3 Std. Siehe Abb. S. 485.

Über den **NO-Grat** absteigen (I u. II, keine Abseilstellen), evtl. teilweise über die Bänder in der SO-Wand, bis dorthin, wo der Grat sehr exponiert in die SO-Wand abfällt; etwa 15 bis 20 Min. (sich nicht vorzeitig nach links in die plattige Rinne auf der Nordseite abdrängen lassen!). Eindrucksvoller Tiefblick! Hier noch ein kurzes Stück über den Grat abklettern (leichter als es aussieht) und über Platten nach links in Rinne. Diese Rinne verfolgen (oder den linken Begrenzungsgrat) zu kleiner **Scharte mit Steinmann.** Hier verläßt man endgültig den NO-Grat und verfolgt die Wegspuren in der Nordflanke von einem Steinmann zum anderen; komplizierte Routenführung, **allgemeine Richtung Läsisattel** (weiter Grassattel mit riesigem Steinmann, vom Gipfel aus sichtbar). Vom Läsisattel dem guten Weglein folgend westwärts auf die Alp Schönbühl (1673 m) und zurück nach Rosenlaui.

13. Berge rund um den Gaulikessel und im Bächlital

A. Begrenzung

Im W Lauteraargletscher — Lauteraarsattel — Rosenegg — Rosenlauigletscher, im N Urbachsattel — Urbachtal — Innertkirchen, im O Aare — Grimselhospiz, im S Grimselsee — Unteraargletscher.

B. Karten

LK Nr. 254 Interlaken, Nr. 255 Sustenpaß und 265 Nufenenpaß.

C. Allgemeine Beschreibung

Der Gaulikessel mißt in seiner Längsausdehnung vom Bärglistock zum Ritzlihorn rund 9 km und in der Breite vom Hienderstock zum Hangendgletscherhorn 5 km. Die Längsachse des Kessels wird durch den Gauligletscher und seine Abflüsse gebildet. Am Nordausgang des Kessels liegt der gestaute Mattenalpsee, dessen Restwasser durch gewaltige Schluchten ins Urbachtal fließt. Das Urbachwasser ergießt sich bei Innertkirchen in die Aare. Die Berge rund um diesen Kessel bilden einen Kranz. Es sind (im Gegenuhrzeigersinn): Hangendgletscherhorn — Ränfenhorn — Bärglistock — Ankebälli — Ewigschneehorn — Trifthorn — Hubelhorn — Hienderstock (Hühnerstock) — Bächlistock — Groß Diamantstock — Hiendertelltihorn (Hühnertälihorn) — Golegghorn — Steinlauihorn und Ritzlihorn. Alle diese Berge können von der zentral gelegenen Gaulihütte aus bestiegen werden. Vom Bächlistock und vom Groß Diamantstock zweigen zwei parallele Ketten nach O ab, zwischen denen das Bächlital eingebettet liegt, das beim Räterichsbodensee in den obersten Aarelauf mündet. Die südliche Kette, die beim Bächlistock abzweigt, streicht nach O zur Staumauer des Grimselsees und weist Brandlammhorn, Brünberg und Juchlistock auf. Die nördliche Kette zweigt beim Groß Diamantstock ab und erhebt sich in seinem

Verlauf zum Chlyne Diamantstock und Alplistock und läuft in den riesigen Plattenschüssen der „Bächlisblatti“ aus.

Als **Übergänge** über den Kranz kommen in Frage (Gegenuhrzeigersinn): Wätterlimi, Rosenegg, Östliche Ankebällilücke, Gaulipaß, Hubellücke (resp. Hienderlücke), Hiendertelltijoch, Obri Bächli-Licken und Goleggjoch. Über die beiden parallelen Nebenketten führen (von N nach S) Undri Bächli-Licken und Fellenberglicken (Licken = Lücke). Diese Übergänge können verbunden werden und bieten vielfältige Kombinationsmöglichkeiten wie die „Dreipässefahrt“ Fellenberglicken — Hiendertelltijoch — Obri Bächli-Licken (Rundtour von der Bächlitalhütte aus) oder „Sechs Übergänge in drei Tagen“: Bächlitalhütte — Undri Bächli-Licken — Goleggjoch — Gaulihütte (1. Tag), Östliche Ankebällilücke — Ewigschneehorn — Gaulipaß — Lauteraarhütte (2. Tag) und Hiendertelltijoch — Obri Bächli-Licken — Bächlitalhütte (3. Tag). Auch die Traversierung von der Dossen- in die Gaulihütte (über Dossen — Ränfenjoch — Ränfenhorn — Gauligletscher — Chammliegg — Gaulihütte) ist eine schöne und relativ einfache Hochtour, die oft gemacht wird.

Als Rundtour vom oberen Gauligletscher aus empfiehlt sich die Überschreitung von der Östlichen Ankebällilücke über das Ewigschneehorn in den Gaulipaß. Die meisten Gipfel liegen zwischen 3000 und 3300 m. Höchster Gruppengipfel ist der Bärglistock (3655 m), dessen Überschreitung eine erstklassige und anspruchsvolle Hochtour ist, die aber des sehr langen Anmarsches wegen nur höchst selten durchgeführt wird.

Die schönste hochalpine Kletterei vom Lauteraargletscher aus ist ohne Zweifel der Südgrat auf das Klein Ankebälli. Der Gaulikessel ist der ausgedehnten Vergletscherung wegen als prächtiges **Frühjahrs-Skitourengebiet** bekannt. Der Zugang zur Gaulihütte ist jedoch problematisch. Die lohnendsten Gipfel, die sich von der Gaulihütte aus mit Ski besteigen lassen, sind Hangendgletscherhorn, Ränfenhorn, Rosenhorn, Ankebälli, Ewigschneehorn und Hubelhorn. Die schönsten hochalpinen Ski-Übergänge sind die Rosenegg in Verbindung mit dem Lauteraarsattel (von der Gauli- in die Lauteraarhütte) und die Wätterlimi mit Abfahrt über den Rosenlauigletscher ins Rosenlaui. Mit Ausnahme der Hubellücke lassen sich alle vorgenannten Übergänge auch mit Ski durchführen, wobei die Ski fast überall über das letzte Stück getragen werden müssen. Die bekanntesten **Klettertouren** erfolgen von der Grueben-, Bächlital- und Lauteraarhütte aus. Diese Touren sind in den beiden parallelen Nebenketten und am Hienderstock und Hiendertelltihorn konzentriert, d.h. im Gebiet des Aaregranits.

Der **geologische Querschnitt** von N nach S ergibt folgenden Befund: **Innertkirchner Granit:** Dossen (ziemlich brüchig). **Gneis:** Bärglistock und Ankenbälli (gute Qualität), Ränfenhorn, Hangendgletscherhorn und Ritzlihorn (vorwiegend brüchig). Die Gneisschichten fallen wie überall in den Berner Alpen nach SO ein.
Schiefer: eine Schieferzone (brüchig) zieht sich von Guttannen N am Ritzlihorn vorbei über die Gaulihütte zum Ewigschneehorn. Auch die Umgebung des Goleggjochs gehört in eine Schieferzone. In den Schieferzonen sollten die steilen Flanken und Rinnen des Steinschlags wegen gemieden werden, vor allem in der nördlichen bis westlichen Exposition (Schichten fallen nach SO ein).
Aaregranit: das ganze Gebiet S der Linie Trifthörner — Hiendertelltihorn baut sich aus Aaregranit auf, der meist von vorzüglicher Qualität ist. Die bekannten Kletterberge Hienderstock, Diamantstock, Hiendertelltihorn, Bächlistock, Brandlammhorn und Brünberg liegen in dieser Zone.
Die südexponierten und auf dem Lauteraarhüttenweg leicht zugänglichen Granitplattenschüsse am Nordufer des Grimselsees lockten naturgemäß die Sportkletterer an. Sie fanden hier in jüngster Zeit eine Fülle prächtiger Freikletterrouten in bestem Aaregranit, die den Vergleich mit den Handeggwänden nicht zu scheuen brauchen.
Dieses „Klein-Yosemite" liegt jedoch außerhalb der Zielsetzung dieses Auswahlführers, der sich auf Berg- und Klettertouren alpinen Charakters beschränkt.

D. Talorte und Ausgangspunkte

● **1750** **Grindelwald,** siehe R 1012. Ausgangspunkt für die Glecksteinhütte.

● **1751** **Meiringen,** siehe R 1626. Ausgangspunkt für die Dossenhütte.

● **1752** **Innertkirchen,** 625 m

5 km von Meiringen entfernt. Hier zweigen Susten- und Grimselstraße ab. Postautoverkehr ab Meiringen. Ausgangspunkt für das Urbachtal (Gaulihütte). Zwischen Meiringen und Innertkirchen liegt die berühmte Aareschlucht. Tel. Verkehrsbüro 036/714338.

E. Clubhütten, Berggasthäuser und Hotels

● **1760** **Glecksteinhütte**, siehe R 1629. Ausgangspunkt für den Bärglistock.

● **1761** **Dossenhütte**, siehe R 1637. Ausgangspunkt für Dossen, Ränfenhorn und Bärglistock.

● **1762** **Rosenlaui**, siehe R 1635. Ausgangspunkt für die Dossenhütte.

● **1770** **Gaulihütte**, 2205 m

Sektion Bern des SAC. 65 Plätze Tel. 036/71 31 66. Standort KS 659580/163910. Hüttenwart in der Regel am Wochenende in der Frühjahrs- und Sommersaison.
Übergänge: Über die Rosenegg in die Glecksteinhütte, über das Hiendertelltijoch in die Lauteraarhütte, über die Obere Bächlilücke in die Bächlitalhütte und über das Goleggjoch in die Gruebenhütte.

● **1771** **Von Innertkirchen (Sommerweg)**
5 Std. vom Parkplatz im Urbachtal. BW 2.

Auf gutem Fahrsträßchen ins Urbachtal bis zum südlichen Ende der Schwemmlandebene. Hier Ende des Sträßchens und Parkplatz. Weiter auf gutem Alpweg nach S zu den Hütten von Rohrmatten. Nun steiler auf der rechten Talflanke durch Wald ansteigen auf die Alp Schrätteren (1439 m). Nach SO zur Brücke über das mächtige Urbachwasser (nach der Brücke Abzweigung zur Dossenhütte). Steiler Anstieg nach SO über erlenbewachsene Hänge zum P. 1850 am Fuße der Hohwang (hier Abzweigung zum Mattenalpsee). Über die steile Hohwang auf den Gratrücken zum P. 2222,4. Um den Rücken herum und in längerer Hangtraverse zu den Hüttenruinen von Urnen (2179 m), wo der Weg vom Mattenalpsee einmündet. Nach SW zur Hütte hinauf.
PS: Der Weg zum Mattenalpsee ist länger und mit einem kleinen Höhenverlust verbunden.

★ **1772** **Von Innertkirchen (Winterweg)**
Die Hütte ist nur bei außergewöhnlich günstigen Lawinenverhältnissen aus dem Urbachtal zugänglich!

Man folgt im wesentlichen dem Sommerweg. Lediglich zwischen Rohrmatten und Schrätteren steigt man meist dem Urbachwasser entlang durch die Schlucht (sofern zuverlässig eingeschneit und mit Lawinen-

schnee bedeckt). Das heikelste Stück ist der Aufstieg von der Alp Schrätteren über Hohwang zum P. 2222,4.
Wird man in der Gaulihütte von Lawinengefahr überrascht, bleibt nur der Ausweg über die Obere Bächlilücke! Bei außerordentlich günstigen Schnee- und Lawinenverhältnissen wurde vom Gauligletscher auch schon zum Mattenalpsee abgefahren und die Schlucht zwischen See und Alp Schrätteren direkt befahren bis auf die Höhe von Gallaui (etwa 1580 m), wo man sie nach W verlassen und zum P. 1677 aufsteigen muß. Hier erreicht man den normalen Hüttenweg.

● 1773 **Hotel Handegg,** 1401 m

An der Grimselstraße, etwa 5 km südlich von Guttannen. Tel. 036 / 73 11 31 oder 036 / 62 61 31. Ausgangspunkt für die Gruebenhütte, R 1774.

★ 1774 **Gruebenhütte,** 2512 m

Akademischer Alpenclub Basel. 28 Plätze (6 zusätzliche Plätze im Biwak unter der Hütte). Einrichtung wie SAC-Hütten. Kein Hüttenwart. Standort im Norden des Gruebengletschers, KS 662870 / 161940.
Übergänge: Über das Goleggjoch in die Gaulihütte und über die Untere Bächlilücke in die Bächlitalhütte.

★ 1775 **Vom Hotel Handegg**
4 Std. G 1. Teilweise über Gletscher. Siehe Abb. S. 521.

Nach W, am südl. Ufer des Aerlenbachs und parallel zur Werkbahn der KWO auf die Aerlenalp zur Brücke knapp NO P. 1780. Nach der Brücke nach links dem Bach entlang (Betonstreifen der Bachverbauung) und nach SW auf Egg, etwa 2000 m. Nach W zu einem Couloir, das man eine Strecke weit ersteigt und dann nach links (S) verläßt. Auf 2300 m erreicht man schöne Grasterrassen. Nach S zum Stausee und leicht absteigend zur kleinen Staumauer (häufig mit Schnee zugedeckt). Am Südufer des Sees entlang (der See sieht mit seinen „Eisbergen" wie ein Fjord aus) auf den Gruebengletscher. Über ihn nach W aufsteigen zu den Hüttenfelsen, die von SW her auf markiertem Pfad erstiegen werden. Dies ist auch die **Skiroute.**

● 1776 **Bächlitalhütte,** 2328 m

Sektion Am Albis des SAC. 56 Plätze. Hüttenwart am Wochenende in der Sommersaison und auf Anfrage. Tel. 036 / 73 11 14. Standort KS 664680 / 159860.
Übergänge: Über die Untere Bächlilücke in die Gruebenhütte, über die Obere Bächlilücke in die Gaulihütte und über die Fellenberglücke in die Lauteraarhütte.

★ 1777 **Vom Räterichsbodensee**
2—2½ Std. BW 1.

Über die Staumauer und jenseits am Nordufer des Bächlisbachs nach W aufsteigen (zahlreiche Treppenstufen), S am P. 2157 vorbei und durch ein Tälchen kurzer Abstieg auf den Bächlisboden. Am Nordrand dieser Schwemmlandebene entlang nach W und zuletzt über einen Steilhang zur Hütte (unter der Hütte mündet ein Stollen der KWO).

● 1778 **Grimselhospiz,** siehe R 1383. Ausgangspunkt für die Lauteraarhütte.

● 1779 **Lauteraarhütte,** 2392,5 m

Sektion Zofingen des SAC. 50 Plätze. Hüttenwart im Sommer. Tel. 036 / 73 11 10. Halbpension möglich. Die Hütte liegt am orogr. linken Ufer des Unteraargletschers, am Südfuß des Hienderstocks, KS 660070 / 157940. Stützpunkt für die Kette vom Bärglistock über Hienderstock bis zum Brandlammhorn, für Schreckhorn — Lauteraarhorn vom Lauteraargletscher aus sowie für die Scheuchzerhorn-Grunerhorn-Kette. Übergang über das Hiendertelltijoch in die Gaulihütte, über die Fellenberglücke in die Bächlitalhütte, über das Scheuchzerjoch in die Oberaarjochhütte, über den Lauteraarsattel in die Glecksteinhütte und über den Strahleggpaß in die Schreckhornhütte. Sehr schöner Hüttenweg dem Grimselsee entlang!
Für die Besteigungen vom Finsteraar- und Strahlegggletscher aus ist das **Aarbiwak** günstiger gelegen (R 1521).

● 1780 **Vom Grimselhospiz**
4—4½ Std., im Abstieg 3 Std. G 1. Teilweise über Gletscher.

Von der Terrasse vor dem Grimselhospiz führt vorerst ein Schacht mit mehreren Treppen nach unten, dann nach NW auf die Staumauer. Jenseits der Mauer über Treppen empor und durch einen Tunnel, wo der eigentliche Hüttenweg beginnt. Er führt mit mehreren Gegensteigungen am Nordufer des Sees entlang auf den Unteraargletscher (2 Std.). Hier über Moränen auf den Gletscher, den man über die Mittelmoräne verfolgt (etwa 1 km). Dann nach NW, den rot-weißen Stangen folgend, ans nördliche Ufer queren. Bei einem riesigen Block (von weitem sichtbar) betritt man die Seitenmoräne, verfolgt den guten Pfad nach W und überschreitet dabei mehrere Bäche. Man gelangt in ein kleines Tälchen, das W—O verläuft. Dem Tälchen folgend und nach links über einen Rücken zur Hütte.

★ 1781 **Winterweg**
Der Sommerweg ist im Winter nicht begehbar. Es bleibt einzig der Weg über den zugefrorenen Grimselsee. Dieser Weg ist seit Inbetriebnahme des Umwälzwerkes der KWO problematisch geworden (siehe S. 25ff.). Man erkundige sich bei den KWO, Tel. 036/726131.

F. Pässe und Übergänge

● 1795 **Wätterlimi,** siehe R 1666. Übergang vom Gauli- auf den Rosenlauigletscher.

● 1796 **Rosenegg,** siehe R 1662. Übergang vom Rosenlaui- oder vom Gauligletscher auf den Oberen Grindelwaldgletscher (siehe auch Mitteljoch, R 1705).

● 1797 **Lauteraarsattel,** siehe R 1550. Übergang vom Lauteraar- auf den Oberen Grindelwaldgletscher.

● 1805 **Von der Gaulihütte auf den Gauligletscher**

★ 1805a **Über die Chammliegg auf den oberen Gauligletscher**
1¾ Std. BW 1.

Von der Gaulihütte leicht nach SW absteigen und auf Holzsteg über den Chammlibach. Nach links um die folgende markante Geländerippe herum (hier Abzweigung von **R 1805c)** und nach SW durch Rinnen und über Rippen bis etwa 2300 m (hier Abzweigung von **R 1805b**). Weiter nach SW in Rinne hoch in einen Sattel W P. 2426,6 (von der Hütte aus sichtbar). Nun genau nach W auf Grasterrassen aufsteigen zum P. 2589 (linkerhand Steilabfall auf den Gauligletscher, rechterhand der Chammligrat), guter Pfad mit Steinmännern. In gleicher Richtung zum Gletscher absteigen, den man oberhalb seines großen Abbruchs erreicht beim P. 2557 (in der LK 50 nicht kotiert, KS 657560/162910).
Dies ist auch die **Skiroute.**

● 1805b **Über die Chammliegg auf den unteren Gauligletscher**
Dieser Pfad ist in der LK eingetragen, ausreichend rot-weiß markiert und nicht zu verfehlen. 1 Std. BW 2.

Auf R 1805a bis 2300 m. Hier zweigt der Pfad scharf nach links ab und überquert eine Rinne. Darauf folgt eine längere, leicht ansteigende Querung um die Osthänge der Chammliegg herum auf eine Terrasse, etwa 2350 m, oberhalb eines Steilabfalls auf den Gletscher. Steinmann. Eine markante Geröllrinne zieht sich von hier 130 m nach SSW auf den Gletscher. Man benutzt aber nicht diese steinschlägige Rinne, sondern ihre linken (O) glattgeschliffenen Begrenzungsfelsen. Die Rinne mündet beim KS 659100 / 162780 auf den Gletscher. Er ist hier aper und praktisch spaltenfrei und kann in beliebiger Richtung begangen werden. In Gegenrichtung ist die markante Geröllrinne mit den rot-weißen Markierungen von weitem erkennbar.

★ 1805c Durch den Urnengraben auf den unteren Gauligletscher

Der Pfad ist gelb markiert, aber auf der LK nicht eingetragen. Gleicher Zeitaufwand wie R 1805b (gleicher Höhenverlust), leichter. Skiroute auf den unteren Gauligletscher. BW 1.

Von der Gaulihütte auf R 1805a um die erste markante Geländerippe herumqueren. Hier zweigt der Pfad nach links ab (mit gelbem Pfeil markiert). Nach O durch grasige Rinnen im Zickzack absteigen, dann über eine kurze Felsstufe (Steinmänner) in den Urnengraben, der sich am Fuß der senkrechten Chammliegg-Ostwand nach SW auf den Gauligletscher emporzieht (von der Hütte aus sichtbar). Diesen Graben aufsteigen (im Frühsommer Schnee, später Geröll) auf eine horizontale Schutterrasse am Nordufer des Gletschers, etwa 2210 m.

● 1806 Östl. Ankebällilücke, 3266 m

In der LK 50 ohne Kote. Zwischen Ankebälli und Ewigschneehorn gelegener Übergang vom Gauli- auf den Lauteraargletscher. Beidseits mit Ski begehbar (über die Lücke müssen die Ski ein Stück getragen werden). Eher als Zugang zum Hauptkamm für die Ersteigung des Ankebällis und Ewigschneehorns benutzt denn als eigentlicher Übergang.

Von Nordosten

★ 1807 Von der Gaulihütte

5 Std. G 2.

Auf R 1805a auf den oberen Gauligletscher. Dieser wird horizontal nach SW gequert. Dann nach W durch eine spaltenarme Mulde (rund 150 m S der KL 162) und nach SW in die Fallinie der Lücke. Nach Überschreitung des meist sehr großen Bergschrunds führt ein kurzer steiler Firnhang in die Lücke. Dies ist auch die **Skiroute.**

● 1807a Variante

Ist der Bergschrund im Spätsommer nicht überschreitbar, steigt man nach NW in die Lücke W des Turmes P. 3356 und überschreitet den Turm. Ein Gendarm vor der Lücke kann leicht S umgangen werden. Man gelangt auf die Firnfelder S unterhalb der Lücke, wo man auf R 1808 stößt.

Von Süden

★ 1808 Von der Lauteraarhütte
5 Std. von der Hütte. G 2. Siehe Abb. S. 497.

Auf R 1552 auf den Lauteraargletscher bis 2600 m. Nach rechts zur Mündung der Rinne, die sich von der obersten Schulter im Ewigschneehorn-NW-Grat schnurgerade nach SW auf den Lauteraargletscher herunterzieht. In der Rinne empor (Steinschlag) und nach links (W) auf ein Firnfeld, das sich nach NW bis unter die Östl. Ankebällilücke hinaufzieht. Das Firnfeld schräg links hochsteigen an den Fuß der Lücke. Zuletzt über einige plattige Felsen in die Lücke.
Dies ist auch die **Skiroute.**

● 1812 Gaulipaß, 3197 m

Ohne Kote in der LK 50. Zwischen Trifthorn und Ewigschneehorn gelegener Übergang vom Gauli- auf den Lauteraargletscher. Der Paß liegt etwa 150 m NW P. 3217. Häufig benutzter Übergang (meist mit Besteigung des Ewigschneehorns) von der Gauli- in die Lauteraarhütte. Von beiden Seiten mit Ski möglich (über die Lücke müssen die Ski getragen werden). Achtung: der tiefste Punkt zwischen Trifthorn und Ewigschneehorn (etwa 3120 m) wird Alter Gaulipaß genannt und als Übergang nicht mehr gebraucht.

Von Nordosten

★ 1813 Von der Gaulihütte
4½ Std. G 2.

Auf R 1805a auf den oberen Gauligletscher. Diesen nach SW traversieren, knapp oberhalb des großen Abbruchs, an den Fuß des Ewigschneehorn-NO-Grates, etwa 2600 m. O des Gratfußes über einen steilen Firnhang auf die Hänge des Grienbärgli, knapp W an P. 2686,3 vorbei. Auf Firnterrassen nach S queren und über verschrundete Firnhänge zur Lücke empor, zuletzt über einige Felsen.

Von Süden

★ 1814 Von der Lauteraarhütte
4½ Std. G 2. Siehe Abb. S. 497.

Auf R 1552 auf den Lauteraargletscher bis etwa 2500 m. Nach rechts an die Mündung des Couloirs, das sich vom Alten Gaulipaß (tiefster Punkt zwischen Trifthorn und Ewigschneehorn) nach SW auf den Lauteraargletscher herunterzieht, O P. 2561,7. Durch das Couloir empor (Steinschlag) und sofort nach links auf die westliche Begrenzung. Hier führen Pfadspuren über Gras, Geröll und Schrofen zum P. 2928 (= Fußpunkt der Rippe, die vom P. 3217 nach SW abfällt). Der Westwand von P. 3217 entlang (Geröll oder Schnee) bis etwa 3060 m. Nach rechts durch eine Felsrinne in den Gaulipaß am Beginn des verfirnten Ewigschneehorn-SO-Grates.
Dies ist auch die **Skiroute** (zuoberst Ski tragen).

● 1818 **Hubellücke,** etwa 3180 m

Ohne Namen und Kote in der LK. O des Hubelhorns gelegener Übergang von der Gauli- in die Lauteraarhütte. Der Einschnitt liegt ungefähr auf der KL 659. Guter Übergang, leichter als das Hiendertelltijoch. Nordseite sehr schön mit Ski, Südseite für Ski ungeeignet. Wird meist mit einer Besteigung des Hubelhorns kombiniert. Die etwa 250 m weiter O gelegene Hienderlicke (am Fuße des Hienderstock-Westgrates) kann ebenfalls zum Übergang benutzt werden. Der Verbindungsgrat zwischen den beiden Lücken ist problemlos begehbar.

Von Norden

★ 1819 Von der Gaulihütte

4½—5 Std. G 2, je nach Gletscherverhältnissen.

Auf R 1805b oder R 1805c auf den unteren Gauligletscher. Diesen nach SW aufsteigend traversieren zur Einmündung des Grienbärgligletschers. Über diesen Gletscher aufsteigen bis etwa 2450 m. Ihn nach links (O) verlassen, nach links aufsteigen, knapp S an P. 2546 vorbei auf den namenlosen Gletscher, der vom Hubelhorn nach N abfließt. Über die verschrundeten Hänge dieses Gletschers nach S in die Hubellücke. Dies ist auch die **Skiroute.**

Bärglistock und Ewigschneehorn von Südosten
Zwischen Bärglistock und Trifthorn führen zwei Übergänge vom Lauteraar- auf den Gauligletscher, die auch mit Ski begangen werden können: die östl. Ankebällilücke (R 1808) und der Gaulipaß (R 1814). Da das Ewigschneehorn einen großartigen Blick auf Lauteraarhorn und Schreckhorn bietet, wird es oft beim Überschreiten des Gaulipasses „mitgenommen". Der Südgrat aufs Kl. Ankebälli (R 1907) ist die schönste Klettertour der Gegend. Anmarsch und Abstieg sind außergewöhnlich lang und sorgen dafür, daß man hier allein ist.

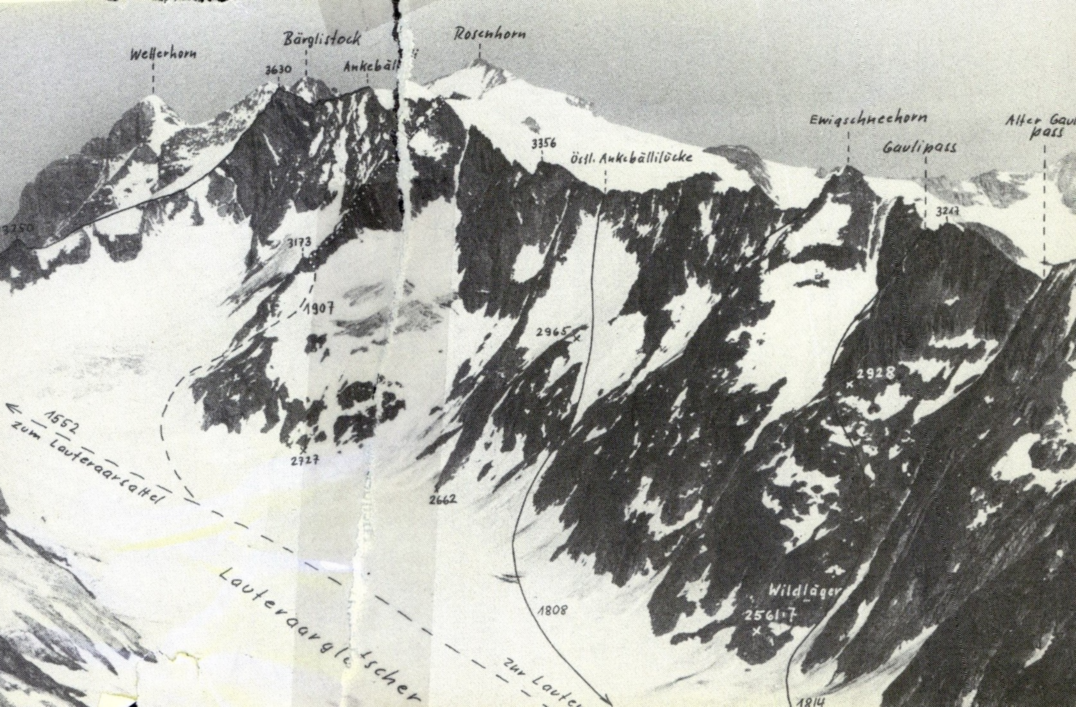
Wetterhorn
Bärglistock
3630
Ankebälli
Rosenhorn
3250
3173
1907
3356
Östl. Ankebällilücke
Ewigschneehorn
Gaulipass
Alter Gaulipass
3217
2965
2928
2727
2662
1552
zum Lauteraarsattel
Lauteraargletscher
zur Lauter
1808
Wildläger
2561.7
1814

Von Süden

● 1820 Von der Lauteraarhütte
2½ Std. G 1—2.

Nach N, der Wasserleitung folgend bis zur Wasserfassung. Ein guter, aber steiler Pfad führt weiter nach N auf die Terrassen SO des Rothoren. Der Südwand des Rothoren entlang nach W (Pfadspuren), mit leichten geländebedingten Auf- und Abstiegen, bis an den Rand eines riesigen Couloirs, das W des Rothoren mit einem scharfen Knick auf den Unteraargletscher abfällt. Am Südrand des Couloirs nach O aufsteigen bis etwa 2860 m, wo man das Couloir überschreitet (Steinschlag vom Verbindungsgrat Rothoren-Hienderstock). Weiter horizontal über Geröll und Schnee nach NW auf einen Moränenkamm (SW P. 3184). Hier betritt man den Hinteren Triftgletscher. Über dessen weite Firnfelder in die Hubellücke empor.

● 1821 Vom Hiendertellti in die Hienderlicken

Der vom Hienderstock P. 3307 nach N abfallende Grat ermöglicht auf der Firnschulter 3120 m (Schnittpunkt der KL 160 mit dem Nordgrat) einen relativ einfachen Übergang vom Hiendertelltigletscher in die Hienderlicken. Aus der Hienderlicken über den Verbindungsgrat nach W in die Hubellücke.

● 1825 Hiendertelltijoch (Hühnertälijoch), etwa 3100 m

Ohne Kote in der LK. Am Fuße des Hienderstock-Ostgrates gelegener Übergang aus dem Hiendertellti auf den Vorderen Triftgletscher. Guter und meist begangener Übergang von der Gauli- in die Lauteraarhütte. Auch mit Ski begehbar (über das Joch m[illegible]n müssen die Ski getragen werden). Der Hiendertelltigletscher ist im oberen Teil wohl stark verschrundet, aber meist problemlos begehbar. Einzig der Bergschrund und der steile Firnhang auf der Nordseite können Schwierigkeiten bereiten. Die Südseite ist einfach.
Achtung: Der eigentliche Übergang befindet sich nicht im tiefsten Punkt (3049 m) zwischen P. 3118 und Hienderstock, sondern ungefähr dort, wo die KL 660 den Kamm schneidet.

Von Norden

★ 1826 Von der Gaulihütte
4—4½ Std. G 2—3.

Auf R 1805b oder R 1805c auf den unteren Gauligletscher, den man

nach S traversiert. Nach SO über Moränen und Schuttfelder ins Hiendertellti auf den Gletscher. In der Mitte aufsteigen und zwischen zwei Eisbrüchen hindurch bis etwa 2800 m. Hier wendet man sich nach SW (Richtung Hienderstock) und ersteigt die stark verschrundeten Firnhänge an den Fuß des Hiendertelltijochs, etwa 3050 m, wo die Firnhänge bis auf den Grat hinaufreichen. Über den großen Bergschrund und einen steilen Firnhang, aus dem Felsblöcke herausragen, auf den Grat (bei starker Ausaperung kommen hier sehr brüchige Felsen zum Vorschein). Auf dem leichten Blockgrat Richtung Hienderstock aufsteigen, bis man problemlos auf den Vord. Triftgletscher absteigen kann.
Dies ist auch die **Skiroute.**

Von Süden

★ **1827 Von der Lauteraarhütte**
2½ Std. von der Hütte. G 1—2.

Auf dem Hüttenweg absteigen in das Tälchen, das W-O verläuft. Der Höhenkurve 2380 folgend, am Fuße einer plattigen Felswand entlang, nach NO in das Trifttälchen. Dieses Tälchen nach N ersteigen (Schutt und Schnee) bis an den Fuß der abschließenden Felswand. Hier führt ein Couloir nach links empor auf den westlichen Teil des Vord. Triftgletschers. Über den Gletscher nach NW ins Joch empor. Dies ist auch die **Skiroute.**

● **1827a Variante (nur Sommer)**
Bei Ortskenntnis etwas schneller als die Normalroute. Im Abstieg schwierig zu finden, vor allem bei schlechter Sicht. G 1—2.

Von der **Lauteraarhütte** nach N der Wasserleitung folgend bis zur Wasserfassung. Ein steiler Pfad führt (Steinmänner) weiter nach N auf Terrassen SO des Rothoren. Von den Terrassen an den Fuß der Rothoren-SO-Kante und ungefähr der KL 660 entlang über Moränen und Firnhänge ins Joch.

● **1832** **Obri Bächli-Licken,** 3074 m

Die Obere Bächlilücke ist der tiefste Punkt zwischen Bächlistock und Groß Diamantstock und ermöglicht den Übergang vom Hiendertellti- auf den Bächligletscher. Die Ostseite besteht aus einer 15—25 m hohen Plattenwand (je nach Schneelage), über die im Abstieg abgeseilt werden muß. Im Aufstieg III (H vorhanden). Im Winter bei Lawinengefahr sicherster Fluchtweg aus der Gaulihütte. Sehr schöner Skiübergang (über die Lücke Ski tragen).

Von Osten

★ **1833 Von der Bächlitalhütte**
2 1/2 Std. G 2. Siehe Abb. S. 517.

Auf gutem Pfad (Steinmänner) nach W auf den Bächligletscher. In der Mitte empor zum großen Abbruch zwischen 2500 und 2600 m, den man meist am nördlichen Rand überwindet. Oberhalb des Abbruchs gelangt man auf ein flaches Plateau, das man nach SW überquert. Nun über steile, verschrundete Hänge nach W zur **nördlichen** von zwei Lücken. Die Plattenwand wird mit Hilfe einer langen Metall-Leiter erklettert.

● **1834 Von der Untern Bächlilücke (Undri Bächli-Licken)**
1 1/4 Std. Siehe Abb. S. 517.

Von der Lücke über eine Blockterrasse N des Verbindungsgrates (siehe R 1848) nach W in die Lücke am Fuße des senkrechten Aufschwungs, mit dem der Groß-Diamantstock-Ostgrat beginnt. Kurzer Abstieg nach S, dann am Fuße der Diamantstock-SO-Wand entlang und mit Leiterhilfe über die Plattenwand in die Lücke.

Von Nordwesten

★ **1835 Von der Gaulihütte**
4—4 1/2 Std. G 2.

Auf R 1826 auf den Hiendertelltigletscher bis 2750 m. Hier schwenkt man nach SO ab und steigt über verschrundete Firnhänge an den Fuß der Lücke. Über einen Bergschrund und einen kurzen Firnhang, zuletzt über einige Felsen (fixe Eisenstangen zur Sicherung), in die Lücke. Dies ist auch die **Skiroute**.

● **1840** **Goleggjoch**, etwa 2990 m

Ohne Namen und Kote in der LK. Westlich des Golegghorns, P. 3063,2, gelegener Übergang von der Gauli- in die Gruebenhütte. KS 661870/162550. Auch mit Ski häufig begangen.
Die Skitour von Handegg aus via Gruebenhütte aufs Golegghorn ist in den 80er Jahren große Mode geworden!

Hiendertelltihorn von Nordwesten
Im Vordergrund die Zunge des Gauligletschers. Am linken Bildrand das Goleggjoch, das einen einfachen Übergang von der Grueben- in die Gaulihütte ermöglicht und am rechten Bildrand die Ob. Bächlilücke, die das Hiendertellti (Hühnertäli) mit dem Bächlital verbindet. Der NW-Grat des Hiendertelltihorns (R 1955) mit Ausgangspunkt Gaulihütte ist ein langer und lohnender Aufstieg. Der wohl kürzeste Weg zurück zur Hütte verläuft über die Aufstiegsroute.

Bolegghorn
3063.2
Golegjoch
1841
3033
2986
Hienderfellihorn
3179.4
1951
2812
Gr. Diamantstock
Ob. Bächlilücke
Bächlistock
1955
2489.1
Hienderfellti
2359
Seeli
Gauligletscher

Von Westen

★ 1841 Von der Gaulihütte
4 Std. G 2. Siehe Abb. S. 501.

Auf R 1805c auf den Gauligletscher und ihn nach S traversieren. Die Seeli werden S umgangen und darauf am Fuße der großen Seitenmoräne entlang nach NO leicht aufsteigend zum P. 2227 gequert (ohne Kote in der LK 50, KS 660680/163025), auf dem südlichen Ende einer langgezogenen Grasterrasse. Über eine Steilstufe nach SO auf Schutterrasse, etwa 2400 m. Nach O über eine zweite Steilstufe an den Fuß der langen Schuttrinne, die sich vom Goleggjoch herunterzieht. Am Nordrand dieser Rinne aufsteigen (Schutt oder Schnee) auf die Firnfelder unterhalb des Jochs, die man in einem nach links ausholenden Bogen ersteigt und horizontal nach rechts ins Joch quert. Dies ist auch die **Skiroute.**

Von Südosten

★ 1842 Von der Gruebenhütte
2 Std. G 1—2. Siehe Abb. S. 525.

Nach NW über Rasen und plattige Felsen zur roten Moräne, die den kleinen Goleggletscher S begrenzt. Der Moräne entlang nach W, über Firnfelder, Geröll und Granitrundbuckel an den Fuß des vom P. 3063,2 nach S abfallenden Sporns. Diesen Sporn links umgehen in die Mulde im S des Jochs. Diese Mulde ersteigen (Geröll oder Firn) und zuletzt über einige Felsen ins Joch. Dies ist auch die **Skiroute.**

★ 1843 Von der Unteren Bächlilücke (Undri Bächli-Licken)
1½ Std. G 2—3. Siehe Abb. S. 521.

Aus der Lücke über einen brüchigen Hang auf den Gruebengletscher absteigen und ungefähr der Höhenkurve 2700 entlang nach NW (große Spalten). Kurzer Aufstieg Richtung Hiendertelltihorn, dann wieder Querung nach N über ein langgestrecktes Firnband (ungefähr auf der Höhe 2760 m) bis in die Mulde im S des Jochs. Durch die Mulde ins Joch empor.

● 1848 Undri Bächli-Licken, 2746 m

Die Untere Bächlilücke ist der tiefste Punkt zwischen Groß und Chlyne Diamantstock und ermöglicht den Übergang vom Grueben- auf den Bächligletscher. Ohne Kote in der LK 50. Mit 2746 ist in der LK 25 die erste kleine Erhebung O des tiefsten Punktes kotiert (die Lücke selbst ist etwa 2740 m). Etwa 150 m W der Lücke befindet sich eine markante

Scharte am Fuß des ersten senkrechten Aufschwungs des Groß-Diamantstock-Ostgrates. Diese Scharte (etwa 2780 m) ist aus der Lücke leicht erreichbar über eine Blockterrasse, die sich N, knapp unterhalb der Gratlinie, befindet, siehe R 1834.

Von Norden

★ 1849 **Von der Gruebenhütte**
1½ Std. G 2—3.

Auf den Gruebengletscher absteigen und ihn nach SSW ersteigen, zuletzt über verschrundete Firnhänge an den Fuß der Lücke, etwa 2700 m. Über den Bergschrund und einen sehr brüchigen Felshang schräg links hoch in die Lücke. Dies ist auch die **Skiroute** (Vom Bergschrund weg müssen die Ski getragen werden).

Von Südosten

★ 1850 **Von der Bächlitalhütte**
Der Gletscherabbruch kann u. U. Schwierigkeiten bereiten.
1½ Std. G 2. Siehe Abb. S. 517.

Auf R 1833 auf das Gletscherplateau oberhalb des großen Abbruchs. Nach NW über einen Geröllhang (im Frühsommer Schnee) in die Lücke. Dies ist auch die **Skiroute.**

● 1855 **Fellenberglücke,** 2996 m

Zwischen Bächlistock und Brandlammhorn gelegener Übergang. Kürzeste und leichteste Verbindung zwischen Bächlital- und Lauteraarhütte, auch mit Ski möglich. Die Fellenberglücke ist auch ein selbständiges lohnendes Tourenziel von der Bächlitalhütte aus. In der LK 50 ohne Namen, aber mit 2996 kotiert. Die Kote 2996 bezeichnet die markante Scharte am Fuße des Bächlistock-SO-Grates. Der eigentliche Übergang befindet sich etwa 80 m O dieser Scharte auf gleicher Höhe (siehe Abb. S. 513 und 517.)

Von Nordosten

★ 1856 **Von der Bächlitalhütte**
3 Std. G 2. Siehe Abb. S. 517.

Auf R 1833 auf das Gletscherplateau oberhalb des großen Abbruchs. Nach SW über verschrundete Firnhänge an den Fuß der Lücke. Über einen Bergschrund und einen kurzen Firnhang in die Lücke. Dies ist auch die **Skiroute** (sehr lohnend).

★ 1857 Von der Lauteraarhütte
I. 3½ Std. G 2. Siehe Abb. S. 513.

Auf dem Hüttenweg zurück in das kleine W-O gerichtete Tälchen. Ungefähr der Höhenkurve 2380 entlang am Fuße von Plattenschüssen nach NO in das Trifttäli queren und den Triftbach überschreiten. Nach NO über einen schwach ausgeprägten, steilen Rücken empor auf ausgedehnte Schutterrassen in die Nähe von P. 2787. Nun ungefähr der Höhenkurve 2760 entlang die Südhänge des Bächlistocks nach O queren (dabei mehrere Mulden und Rücken überschreitend) in die Mulde in der Fallinie der Fellenberglücke (KS 662 / 159). Der direkte Zugang zur Lücke wird durch eine Felsstufe gesperrt.
Diese wird O umgangen und die Firnterrasse oberhalb der sperrenden Stufe von SO her über leichte Felsen erreicht. Über die Firnterrasse nach NW zurückqueren. Vom nordwestl. Ende der Terrasse eine Platte queren und schräg nach links aufwärts (in leichter Kletterei mehrere Rippen querend) in die Lücke empor. Dies ist auch die **Skiroute** (letztes Stück Ski tragen).

● 1857a Variante

Vom nordwestl. Ende der Terrasse aus durch eine Rinne ca. 1 SL gerade hoch und linkshaltend in die Lücke.

G. Gipfelbesteigungen

● 1865 Hangendgletscherhorn, 3291,9 m

Hausberg der Gaulihütte, der seinen Namen einem O vom P. 3019 nach NO hinaushängenden Gletscher verdankt (hangend = hängend). Lohnender **Skiberg.**

● 1866 Über Ostflanke und Südostgrat
II und I. Normal- bzw. Sommerroute. 3½—4 Std. von der Hütte. G 2—3.

Von der Gaulihütte nach N über einen Steilhang auf eine schwach ausgeprägte grasige Rippe. Auf ihr (Pfadspuren) nach SW auf ausgedehnte Terrassen mit einigen Seeli im O des Chipfestocks. Der Chipfestock wird S oder N umgangen. Man erreicht in beiden Fällen ein Firnplateau, etwa 2620 m, SW der Saage Zend (Sägezähne). Nun steiler über Firnhänge nach W bis etwa 3100 m. Über einen Bergschrund und einen steilen Firnhang in einen weiten Firnsattel, etwa 3180 m, im SO-

Grat. Über den Grat zum ersten Felsaufschwung, den man entweder im Firn rechts (O) oder im Fels links (S) umgeht. Nun alles über den stellenweise schmalen und brüchigen Felsgrat auf den Gipfel.

★ 1867 Skiroute durch das Chammlibachtäli
Diese Route kann auch im Frühsommer benutzt werden, solange der Chammlibach mit Schnee zugedeckt ist (im Abstieg lange Rutschpartien!).

Von der Gaulihütte nach SW zum Chammlibach und ihm entlang nach W durch eine kleine Schlucht bis etwa 2460 m. Hier biegt das Tälchen nach NW ab und erweitert sich. Man verfolgt es bis auf die Firnterrassen SW der Saaga Zend, wo man R 1866 erreicht.

★ 1867a Variante
Man kann aber auch auf etwa 2600 m das Tälchen verlassen und nach NW direkt über steile Firnhänge aufsteigen (mehrere Möglichkeiten, je nach Schneeverhältnissen).

● 1868 Über den Südostgrat (Chammligrat)
II. 4—5 Std. von der Hütte auf den Gipfel. G 2—3.

Zugang: Von der Gaulihütte auf R 1805a in den Sattel W P. 2426,6. Noch etwa 500 m dem Pfad nach W folgen, dann nach N über Rasen und Granitrundbuckel zum Fuß des Chammligrates, etwa 2600 m.
Führe: Nun alles über den Grat via P. 2981 in den weiten Firnsattel, etwa 3180 m, wo man R 1866 erreicht. Die Kletterstellen am Grat sind kurz (II), unterbrochen von längeren leichten Abschnitten.

● 1875 Ränfenhorn, 3259 m

Leicht erreichbarer Firngipfel mit schöner Aussicht. Wird vor allem mit Ski von der Gaulihütte aus bestiegen oder bei der Überschreitung von der Dossen- in die Gaulihütte. Das Ränfenjoch bietet für Steilwandfahrer eine extreme Abfahrt ins Urbachtal.

★ 1876 Südostflanke
Normal- und Skiroute. 3½—4 Std. von der Hütte. Vor allem mit Ski sehr lohnend! G 1—2.

Von der Gaulihütte auf R 1805a auf den oberen Gauligletscher und am linken Ufer aufsteigen bis 2700 m. Hier verläßt man den Gauligletscher und steigt nach N in die Firnmulde am Fuß der Hangendgletscherhorn-Westflanke auf. Auf etwa 2900 m schwenkt man nach NW ab und erreicht über spaltenarme Firnhänge den Gipfel.

● 1877 **Überschreitung Dossen — Ränfenhorn**

Die Überschreitung von der Dossen- in die Gaulihütte mit Besteigung des Dossen und des Ränfenhorns ist eine lohnende einfache Hochtour. 5—6 Std. G 3.

Entweder vom Dossen-Nordgipfel (3138,2 m) über den Verbindungsgrat auf den Südgipfel (3144 m) und ins Ränfenjoch absteigen (leichte Kletterei in brüchigen Felsen) **oder** von der Schulter in der NW-Flanke (siehe R 1886) ohne Schwierigkeiten einem Band nach S folgen (leicht absteigend) und den Felsen entlang annähernd horizontal ins Ränfenjoch. Vom Ränfenjoch führen sanfte spaltenarme Firnhänge aufs Ränfenhorn. Abstieg auf R 1876.

★ 1878 **Steilabfahrt vom Ränfenjoch ins Urbachtal**

Diese rassige Steilwandabfahrt darf nur von erfahrenen Skibergsteigern bei besten Schnee- und Lawinenverhältnissen gewagt werden!

Auf R 1876 aufs Ränfenhorn und nach NW abfahren ins Ränfenjoch (3052 m).

Vom Ränfenjoch nach O sehr steil (bis 40 Grad) abfahren, den Felsen des Dossen folgend bis 2840 m, dann nach NO der Dossen-Ostwand entlang an die Südflanke des Dossen-Ostgrates. Dem Grat entlang nach O abfahren und nach links auf eine Rippe, etwa 2150 m, O des Schwarzen Dossen. Über diese Rippe abfahren via P. 1957 auf einen schmalen Vorsprung, dann nach SO über Enzen und Ilmestein in den Talgrund. Dem Urbachwasser nach weiter durch die Schlucht nach N auf Rohrmatten.

● 1885 **Dossen,** 3138,2 m (Nordgipfel)

Früher Dossenhorn genannt. Sehr schöner Aussichtsberg, von der Dossenhütte oft als Halbtagestour bestiegen. Der 3144 m hohe Südgipfel wird nur selten bestiegen, er ist aber über den Verbindungsgrat ohne Schwierigkeiten erreichbar.

● 1886 **Nordwestflanke**

II und I. Normalroute. 2—2½ Std. von der Dossenhütte. G 2—3.

Von der Dossenhütte auf R 1665 in den Dossensattel und weiter über den Nordgrat auf das Geröllband, das man nach rechts verfolgt bis auf die kleine Schulter. Von hier über die NW-Flanke direkt auf den Nordgipfel (Pfadspuren) über kleinere Felsstufen, Platten und Verschneidungen.

• 1887 Nordgrat

III— und II (jeweils einige Stellen). 2½ Std. von der Dossenhütte. Interessanter als R 1886. G 3.

Von der Dossenhütte auf R 1665 in den Dossensattel unmittelbar S vom P. 3032. Weiter auf R 1665 bis auf das Band, das in die NW-Flanke führt. Von hier alles über den Nordgrat, über verschiedene kleinere Stufen und steile Verschneidungen hinweg auf den Nordgipfel.

• 1888 Über den Dossengrat in den Dossensattel

III (eine Stelle), II. G 3. Auch zum Abstieg geeignet.

Ist der steile Firnhang von der Dossenhütte in den Dossensattel vereist, benutzt man besser den Felsgrat, der von der Hütte via P. 2879 auf P. 3032 führt. Eine Steilstufe in halber Höhe kann direkt erklettert (III) oder leichter links umgangen werden.

• 1895 **Bärglistock,** 3655,6 m

Selten bestiegener Gneiskamm mit prächtiger Aussicht. Die üblichen Routen verlaufen längs des Hauptkammes und durch die Westflanke. Alle Routen sind mindestens mit G 5 einzustufen, was vor allem beim Abstieg eingeplant werden muß. Lange Anmarschwege über stark verschrundete Gletscher.

• 1896 Westflanke

III (Stellen). Lohnende Tour mit ausgeprägt hochalpinem Charakter, selten begangen. Die Felsflanke ist 350 m hoch und rund 50 Grad steil. 6—7 Std. von der Hütte auf den Gipfel. G 5. Siehe Abb. S. 469.

Übersicht: Die ganze Flanke wird von zahlreichen Rippen und Rinnen durchzogen. Die Normalroute von der Glecksteinhütte aus benutzt die vom Hauptgipfel abfallende Rippe oder das Couloir S davon.
Zugang: Von der Glecksteinhütte auf R 1663 bis 3200 m und nach S auf die Firnterrasse am Fuße der Westflanke. E KS 653480/162740.
Führe: Nun entweder über die Hauptrippe auf den Gipfel oder durch das Couloir, das etwa 50 m S der Rippe auf den Firn mündet.

• 1897 Nordgrat

III (Stellen). Klassische Hochtour, lohnend, zu Unrecht selten begangen. 2—3 Std. vom Bärglijoch im Aufstieg und auch im Abstieg. G 5—6. Siehe Abb. S. 469.

Zugänge: Dieser kombinierte Fels-(Firn-)grat kann von der Gleckstein-, Dossen- oder Gaulihütte aus angegangen werden. In allen drei Fällen ist das **Bärglijoch** (3436 m) das erste Ziel. Es wird wie folgt erreicht:

a) Von der Glecksteinhütte auf R 1663 bis 3300 m. Hier wendet man sich nach O und erreicht das Bärglijoch durch eine 80 m hohe enge Rinne. 4—5 Std. von der Hütte.
b) Von der Dossenhütte auf R 1665 in die Wätterlimi. Weiter Richtung Rosenegg, dabei eine Spaltenzone in einem Bogen nach rechts ausholend umgehen. Oberhalb der Spaltenzone quert man ungefähr auf der Höhenkurve 3360 nach SW, auf einer Firnterrasse, die sich parallel zum Gratausläufer erstreckt, und ersteigt nach rechts die Hänge zum Bärglijoch. 3—4 Std. von der Hütte.
c) Von der Gaulihütte auf R 1666 in die W Wätterlimi und wie oben (Dossenhütte) ins Bärglijoch. 4—5 Std. von der Hütte. Bei sehr guten Gletscherverhältnissen kann man auch versuchen, vom Gauligletscher aus direkter gegen das Bärglijoch aufzusteigen. Die Hänge sind jedoch außergewöhnlich stark verschrundet, so daß sich der Umweg über die Wätterlimi meistens auch zeitlich lohnt.

Führe: Vom Bärglijoch begeht man den Grat in seiner vollen Länge direkt über die Gratschneide, ohne Umgehungen. Felspartien (schöne Kletterei) wechseln mit exponiertem Firngrat. Der Grat ist nirgends steil, aber stellenweise sehr schmal.

● 1903 **Ankebälli,** 3605 m

Sehr schöner Aussichtspunkt, vor allem prächtiger Blick auf Schreckhorn — Lauteraarhorn. Der Name „Ankebälli" bezeichnet den kleinen Hängegletscher in der Nordflanke. Die Nord- und Ostseite des Berges ist völlig vergletschert. Im SW fällt der Gipfel mit 300 bis 400 m hohen Felswänden auf den Lauteraargletscher ab. Die Gauliseite vermittelt eine der schönsten Skitouren des Gaulikessels und der Südgrat des Klein Ankebälli ist der Prototyp der hochalpinen Genußkletterei mit allem „Drum und Dran". Verwechslungsmöglichkeit mit dem gleichnamigen Gipfel im Schreckhornkamm (R 1573).

★ 1904 Über die Ostflanke

Normal- und Skiroute. 6 Std. von der Hütte. G 2.

Von der Gaulihütte auf R 1805a auf den oberen Gauligletscher und diesen nach SW traversieren. Nach W (Richtung Östl. Ankebällilücke) über verschrundete Firnhänge bis 3000 m. Nach NW abschwenken auf den Firnrücken W und oberhalb P. 3213. Diesen Rücken empor bis 3400 m, dann auf einer Firnterrasse unterhalb des Klein Ankebälli nach W queren in die Firnmulde unterhalb des Gipfels. Aus der Mulde über den letzten Firnhang ohne Schwierigkeiten auf den Gipfel.

● 1907 Klein-Ankebälli (3543 m)-Südgrat

III. 7—8 Std. von der Lauteraarhütte auf das Klein Ankebälli, 3—4 Std. vom E. G 5. Der Grat bietet prächtige hochalpine Kletterei im klassischen Stil (ohne Haken und ohne Keile) inmitten einer grandiosen Hochgebirgslandschaft. Der lange Anmarsch und der lange Abstieg sorgen dafür, daß man hier allein ist. Guter Fels (Erstfeldergneis). 30-m-Seil für eine Zweierseilschaft genügt. Siehe Abb. S. 497.

Übersicht: Von einer Firnkuppe etwa 150 m S des Klein Ankebälli fällt ein Felsgrat nach SSW zum P. 3173 ab. Der Grat unterhalb P. 3173 wird O umgangen und der Grat in einem markanten Sattel N P. 3173 von O her erreicht.

Zugang: Von der Lauteraarhütte auf R 1552 auf dem Lauteraargletscher bis 2800 m. Hier verläßt man den Gletscher und ersteigt die Firnhänge nach NO, O an P. 3173 vorbei, und gewinnt den markanten Sattel durch eine kurze Felsrinne. 4 Std. von der Hütte.

Führe: Vom Sattel aus umgeht man die ersten kleinen Türme auf der Westseite über Geröll und durch eine plattige Rinne. Die Rinne (II) leitet unter einen roten Überhang, der den Weiterweg sperrt. Ein Band führt bequem nach rechts auf einen Absatz hinter den Türmen. Hier beginnt die eigentliche Kletterei. Nach links aufwärts einem verschneidungsartigen abschüssigen Band 20 m folgen auf einen kleinen Absatz oberhalb des roten Überhangs (III). Über eine kurze griffige Steilstufe auf ein exponiertes Grätchen, das an den Fuß des zweiten Steilaufschwungs leitet. Nach links etwa 25 m empor auf bequeme Schulter (III). Horizontal nach rechts und über einige Absätze gerade hoch an den Fuß des dritten Aufschwungs. Dieser wird auf der Westseite (links der Kante) durch eine steile griffige Verschneidung erklettert. Das oberste Stück des Aufschwungs kann bequem auf der Ostseite erstiegen werden. Weiter auf dem Grat über mehrere Absätze hinweg an den Fuß einer glatten Kante (rechts davon eine Schneefeld). Über die Kante direkt empor (20 m, III) auf eine Firnschulter. Über diese Firnschulter hinauf an den Fuß des letzten plattigen Steilaufschwungs. Auf einem Geröllband nach rechts in die Ostflanke. Durch einen plattigen Riß 20 m leicht rechtshaltend empor (III). Hier sind die Schwierigkeiten zu Ende. Über gebrochene Felsen und einige Absätze auf die Firnkuppe und über den Hauptkamm nach N auf den Gipfel des Klein Ankebälli.

● 1908 A Abstieg

III. Etwa 4 Std. vom Gipfel in die Lauteraarhütte.

Über den Hauptkamm (SO-Grat) zum markanten Turm P. 3356. Diesen überklettern (III) und über den Grat zu einem kleineren Turm kurz vor der östl. Ankebällilücke. Dieser kann S umgangen werden. Man gelangt auf das Firnfeld S unterhalb der östl. Ankebällilücke. Auf R 1808 zurück in die Hütte.

● 1913 **Ewigschneehorn,** 3329,4 m

Die Besteigung dieses schönen Aussichtspunktes wird häufig kombiniert mit einer Überschreitung des Gaulipasses von der Gauli- in die Lauteraarhütte und umgekehrt. Die Überschreitung des Hauptkammes von der östl. Ankebällilücke in den Gaulipaß ergibt eine schöne Rundtour von der Gaulihütte aus. Auf der Normalroute (vom Gaulipaß aus) lohnende Skitour. Als Abfahrt kann der Grienbärgligletscher gewählt werden (auf den unteren Gauligletscher) mit Wiederaufstieg zur Gaulihütte auf R 1805c.

★ 1914 **Südostgrat vom Gaulipaß**
30—40 Min. G 1.

Vom Gaulipaß (3197 m) ohne Schwierigkeiten über Firn und einige Felsen auf den Gipfel.

● 1915 **Nordwestgrat von der östl. Ankebällilücke**
III und II (jeweils einige Stellen). 2—3 Std. G 3—4.

Von der östl. Ankebällilücke (3266 m) in schöner Kletterei auf P. 3320 und weiter über mehrere Aufschwünge und Türme in die markante Einsenkung am Fuße des Gipfelaufschwungs, wo ein Couloir auf den Lauteraargletscher abfällt (diese Stelle kann vom Gauligletscher aus direkt über verschrundete Firnhänge erreicht werden). Über den brüchigen Gipfelgrat auf den Gipfel.

● 1920 **Hubelhorn,** 3244,1 m

Von der **Hubellücke** (R 1818) aus ohne Schwierigkeiten erreichbarer Aussichtspunkt. Vor allem lohnender Skiberg von der Gaulihütte aus. Eine Besteigung im Sommer wird häufig mit einem Hüttenwechsel von der Gauli- in die Lauteraarhütte verbunden.
NB: Die Berge zwischen Ewigschneehorn und Hubelhorn werden höchst selten bestiegen, am ehesten noch das Trifthorn mit Ski von der Gaulihütte aus. Das ganze Gebiet gehört zur Schieferzone, deren brüchige Felsen zum Klettern wenig geeignet sind. Die Sonnenterrassen auf der Lauteraarseite sind ein Paradies für Gemsen, die hier kaum je von Bergsteigern gestört werden.

● 1923 **Hienderstock,** 3307 m

Der Hienderstock (= Hühnerstock) besteht aus zwei Gipfeln, die durch einen 200 m langen, sehr schmalen Felsgrat miteinander verbunden sind. Der SW-Gipfel ist mit 3306 und der NO-Gipfel mit 3307 kotiert. Seiner zentralen Lage wegen der wohl schönste Aussichtspunkt des Lauteraargebiets. Er wird sehr oft bestiegen, meist von der nahe gelegenen Lauteraarhütte aus.

● 1924 Südostflanke und Südgrat

II. Normalroute auf den SW-Gipfel und bester Abstieg. Eine der schönsten Routen dieses Schwierigkeitsgrades im Lauteraargebiet! 3½ Std. von der Hütte. G 3.

Von der Lauteraarhütte auf R 1827 auf den Vord. Triftgletscher in die Nähe des Hiendertelltijochs. Über den Gletscher an den Fuß der O-Wand des SW-Gipfels und in die linke (S) Ecke des Bergschrunds. Ihn überschreiten (bei starker Ausaperung schwierig, im Abstieg evtl. abseilen) und durch eine steile Felsrinne heikel empor, bis man nach links auf Terrasse aussteigen kann. Im Frühsommer bei viel Schnee kann man oft ohne Schwierigkeiten direkt schräg auf die Terrasse emporsteigen. Auf der Terrasse nach S auf den Südgrat. Nun alles in sehr schöner Kletterei über die Gratkante oder rechts (O) über Platten, Stufen und Verschneidungen auf den Vorgipfel. Abklettern in Scharte. Aus der Scharte in leichter Kletterei auf den Gipfel.

● 1924a Variante

III und II.

Nach Überschreiten des Bergschrundes direkt durch die plattige Rinne (II und III) in die Scharte zwischen Vorgipfel und Gipfel.

● 1925 Traversierung O—W vom Hiendertelltijoch

IV— (♂), sonst III. Sehr lohnende Klettertour in meist gutem Fels. Abstieg auf R 1924. 3 Std. vom Hiendertelltijoch auf den SW-Gipfel. G 4.

Übersicht: Die Tour besteht aus zwei Abschnitten: dem Ostgrat des NO-Gipfels (3307 m) und dem Verbindungsgrat auf den SW-Gipfel.
Führe: Vom Hiendertelltijoch über den Grat nach W zum ersten Steilaufschwung, den man rechts (N) umgeht: man quert auf einem Schuttband 20 m nach rechts und klettert anschließend schräg rechts hoch an den Fuß einer Verschneidung. Die Verschneidung hoch auf einen Absatz (♂, IV—). Vom Absatz gerade empor auf die Gratkante. Weiter etwas leichter alles auf der Gratkante über mehrere Aufschwünge auf den NO-Gipfel (3307 m). Weiter auf dem stellenweise sehr schmalen **Verbindungsgrat** über zahlreiche Zacken und Türmchen hinweg (einige können auch auf schmalen Leistchen an der Basis gequert werden). Der markanteste viereckige Turm kurz vor dem SW-Gipfel wird rechts (N) auf einem schmalen Bändchen umgangen.

1930 **Bächlistock,** 3247 m

Wie alle Gipfel zwischen Hienderstock und Brünberg besteht auch der Bächlistock aus zwei Gipfeln. Beide sind etwa 380 m voneinander entfernt: der SO-Gipfel (Signalgipfel) ist mit 3240 und der NW-Gipfel (Hauptgipfel) mit 3247 kotiert. Die Normalroute benutzt die SW-Flanke des Verbindungsgrates und wird sehr häufig begangen (zugleich einfachster Abstieg). Die schönsten Überschreitungen sind: Aufstieg über NW-Grat mit Abstieg über die Normalroute von der Lauteraarhütte aus und Überschreitung aus der Fellenberglücke in die Obere Bächlilücke (SO-Grat und Nordgrat).

1931 **Südwestflanke**

II. 3—4 Std. von der Lauteraarhütte auf den SO-Gipfel. G 3. Normalroute. Am einfachsten ist eine Begehung im Frühsommer, solange guter Trittschnee die brüchigen Felsen zudeckt. Bei starker Ausaperung und Vereisung ist eine Begehung vor allem im Abstieg recht heikel. Siehe Abb. S. 513.

Übersicht: Die Normalroute benutzt die etwa 200 m hohe und rund 45 Grad geneigte SW-Flanke, die aus brüchigen Felsen und steilen Firnfeldern besteht.

Zugang: Von der Lauteraarhütte auf R 1857 auf die Schutterrassen zum KS 661/159 (W P. 2787). Von hier Richtung NW-Gipfel über die Firnfelder des Vord. Triftgletschers bis 3000 m. Auf dieser Höhe zieht sich ein schräg nach rechts (S) abfallender Firnzipfel in die Flanke hinaus. Auf diesem Firnzipfel nach O aufsteigen zum höchsten Punkt, wo sich der Einstieg in die Flanke bei einem kleinen Couloir befindet (KS 661360/159500, etwa 3040 m).

Führe: Durch das Couloir empor auf ein Firnfeld. Dieses schräg rechts hoch an den Fuß einer brüchigen Felsrippe. Die Felsrippe erklettern bis zum Firnfeld unterhalb des horizontalen Gratfirstes. Das Firnfeld schräg rechts hoch aufsteigen in die Lücke im Verbindungsgrat knapp

Bächlistock und Brandlammhorn von Südwesten

In der Bildmitte die Fellenberglücke, die einen einfachen Übergang von der Bächlital- in die Lauteraarhütte ermöglicht und auch mit Ski begangen werden kann. Die Normalroute auf den Bächlistock (R 1931) wird oft gemacht, obwohl der steile Schlußhang bei starker Ausaperung recht heikel sein kann und brüchige Felsen zum Vorschein kommen. In diesem Fall ist der schwierigere NW-Grat (R 1932) vorzuziehen, auch im Abstieg. Der Westgrat des Brandlammhorns (R 1979) mit Übergang vom West- auf den Ostgipfel ist lang und lohnend, wird aber selten begangen, er kann auf Variante R 1979b abgekürzt werden.

Brandlammhorn
W
E
Fellenberglücke
Bächlistock
NW
SE
Hint. Brandlamm
3051
1979
1857
1935
1934
2787
2650
1982
1983
Trifttäli
zur Lauteraarhütte

NW des SO-Gipfels (von dieser Lücke zieht sich ein enges Firncouloir nach SW zum P. 2787). Über den Gipfelgrat auf den SO-Gipfel.

● 1932 Westnordwestgrat

III (Stellen) und II. 3½—4 Std. von der Lauteraarhütte auf den NW-Gipfel. G 3—4. Der Grat ist gut gestuft und bietet schöne Kletterei. Etwas schwieriger als die Normalroute, aber bei schlechten Verhältnissen (auch im Abstieg) dieser vorzuziehen. Siehe Abb. S. 513.

Übersicht: Dieser Grat fällt vom NW-Gipfel ab und kann von S leicht erreicht werden, ungefähr dort, wo die KL 661 den Kamm schneidet. Je nach Verhältnissen kann der Grat auch an anderen Stellen betreten werden.

Zugang: Von der Lauteraarhütte auf R 1857 auf die Schutterrassen W P. 2787 zum KS 661 / 159.

Führe: nach N über den Vord. Triftgletscher und über einige plattige Felsen auf den Grat. Über allen Grat auf den NW-Gipfel (3247 m).

● 1933 W-O-Überschreitung des Kühtriftenhorns (3118 m)

III+ (Stellen). Im Abstieg wird zweckmäßigerweise an zwei Stellen abgeseilt. Sehr schöne Kletterei in bestem Aaregranit. Etwa 4 Std. von der Hütte zum Gipfel. G 4.

Übersicht: Dieser markante Granitdreikant ist ohne Namen auf der LK. Das Kühtriftenhorn bildet die westliche Fortsetzung des WNW-Grates und wird häufig mit diesem zusammen überschritten.

Zugang: Von der Lauteraarhütte auf R 1827 in das Trifttäli und nach N zur abschließenden Wandstufe.

Führe: Durch ein Couloir über die Stufe empor auf das Firnband S des Westgrates. Über dieses Band nach rechts hoch und durch eine Rinne in die markante viereckige Scharte am Fuße des Westgrates. Der erste überhängende Aufschwung wird links (N) umgangen: über ein waagrechtes Band nach O und zwischen zwei senkrecht gestellten Granitplatten zurück auf den Grat, den man auf der Schneide bis auf den Gipfel verfolgt.

Abstieg über den Nordostgrat: Vom Gipfel über einige Blöcke und über ein scharfes Gratstück zur oberen Steilstufe. Direkt über die Kante abseilen oder abklettern (III+). Weiter über den Grat abklettern zur unteren Steilstufe, über die ebenfalls abgeseilt oder abgeklettert wird (III+). Nun einige lose Blöcke rechts (S) umgehen und in den tiefsten Punkt zwischen Kühtriftenhorn und Bächlistock. 1 Std. vom Gipfel.

● 1934 A Nordgrat

II. 1 Std. im Abstieg. G 3. Dieser brüchige Grat fällt zur Oberen Bächlilücke ab. Er wird meist zum Abstieg benutzt. Des Steinschlags wegen für größere Gruppen wenig geeignet. Siehe Abb. S. 517.

Abstieg: Vom Gipfel folgt man der Gratkante, wenn nötig etwas in die NW-Flanke ausweichend.

● 1935 Südostgrat

III. Die schönste Route auf den Bächlistock führt aus der Fellenberglücke über den SO-Grat auf den SO-Gipfel. Etwa 4 Std. von der Fellenberglücke auf den SO-Gipfel. G 4. Siehe Abb. S. 513 und 517.

Übersicht: Der Grat gliedert sich in drei Abschnitte: er steigt aus der Fellenberglücke vorerst gleichmäßig steil zu einem waagrechten Abschnitt, der gespickt ist mit einer Reihe von nach NW überhängenden Gendarmen. Dieses Gratstück endet in einer tiefen Scharte vor dem Gipfel, wo zu beiden Seiten markante Firn-(Fels-)rinnen abfallen. Der Gipfelgrat steigt wieder gleichmäßig an.

Zugang: von der Bächlitalhütte auf R 1856 bis unter die Fellenberglücke und über den Bergschrund direkt in die viereckige Scharte, P. 2996, am Fuße des SO-Grates. Kommt man von der Lauteraarhütte auf R 1857 in die Fellenberglücke, so gewinnt man die Scharte über ein Firnband N und einige Meter unterhalb der Gratlinie des Verbindungsgrates.

Führe: Aus der Scharte P. 2996 über den ersten Steilaufschwung (30 m, III). Nun leichter vorerst S, dann O der Gratkante auf den ersten Gendarmen, mit dem das waagrechte Gratstück beginnt. Vom Gendarmen seilt man sich 15 m auf ein Band in der NO-Flanke ab. Die folgenden nach NW überhängenden Grattürme werden am besten alle auf der Südseite umgangen. Man gelangt in die tiefe Scharte vor dem Gipfelaufschwung. Über den Gipfelgrat über Platten und Blöcke auf den Gipfel.

● 1936 Über den Verbindungsgrat vom Südost- auf den Nordwestgipfel

III (Stellen) und II. Etwa 1 Std. in beiden Richtungen. G 3. Siehe Abb. S. 517.

Die erste Hälfte des Grates ist einfach, die zweite Hälfte besteht aus einem stark zerrissenen ungefähr horizontalen Gratstück mit zahlreichen kleineren Türmchen und Zacken, die am besten alle direkt überklettert werden.

● 1942 Groß Diamantstock, 3162 m

Sehr beliebter Kletterberg. Einfach aufgebauter, dreikantiger Gipfel aus gutem Granit, dessen Schichten nach SO einfallen. Begangen werden die drei Hauptgrate und die SO-Flanke. Die Nord- und Westflanke bestehen aus sehr brüchigen Felsen und werden vom Kletterer zu Recht gemieden.

● 1943 Südostflanke und Südwestgrat

II. 3—3½ Std. von der Bächlitalhütte auf den Gipfel. G 3. Normalroute. Leichteste Route, im Auf- und Abstieg sehr empfehlenswert. Bei Neuschnee oder Vereisung kann die Schrägrinne am E heikel sein. Siehe Abb. S. 517.

Von der Bächlitalhütte auf R 1850 bis auf den Schutthang unterhalb der Unteren Bächlilücke, etwa 2700 m. Hier verläßt man R 1850 und quert nach links aufsteigend über Geröll (Schnee) zur Südflanke des Ostgrates. Den Felsen entlang nach links aufwärts über Firn in die Gipfelfallinie, wo ein Firnlappen in die SO-Wand hinaufreicht. Über die südl. Hälfte dieses Firnlappens empor und nach links zur Mündung eines nach links geneigten Couloirs, das die unterste Steilstufe durchzieht. Es leitet auf eine Firn-, respektive Schutterrasse unterhalb des SW-Grates. Von dieser Terrasse auf den Grat (mehrere Möglichkeiten: stark nach links ausholend am einfachsten, gerade empor schwieriger) und über ihn auf den Gipfel.

PS: Im Abstieg kann man die Aufschwünge auf dem Gipfelgrat auf Bändern in der Westflanke umgehen (Steinmänner).

● 1943a Zugangsvariante

Von der Gruebenhütte wird der E auf R 1849 und R 1834 erreicht.

● 1944 Über den Südwestgrat von der Oberen Bächlilücke

III (Stellen) und II. Etwas schwieriger als die Normalroute, aber bei Neuschnee oder Vereisung dieser vorzuziehen. Etwa 1½ Std. G 3—4. Siehe Abb. S. 517.

Bächlistock und Groß Diamantstock von Osten

Auf dem Bild sind drei Übergänge erkennbar: die Fellenberglücke führt ins Lauteraar, die Ob. Bächlilücke ins Hiendertellti (Gauli) und die Unt. Bächlilücke auf den Gruebengletscher. Ausgangspunkt aller Routen ist die Bächlitalhütte. Die Aneinanderreihung von R 1935, R 1936 und R 1934 ergibt eine sehr schöne Überschreitung des Bächlistocks. Die Normalroute auf den Gr. Diamantstock (R 1943) führt durch die SO-Flanke. Bei Vereisung der Einstiegsrinne ist der Umweg über die Ob. Bächlilücke (R 1944) angezeigt. Der Ostgrat (R 1946) ist die Modetour des Gebiets und kann auch von der Gruebenhütte über die Unt. Bächlilücke erreicht werden.

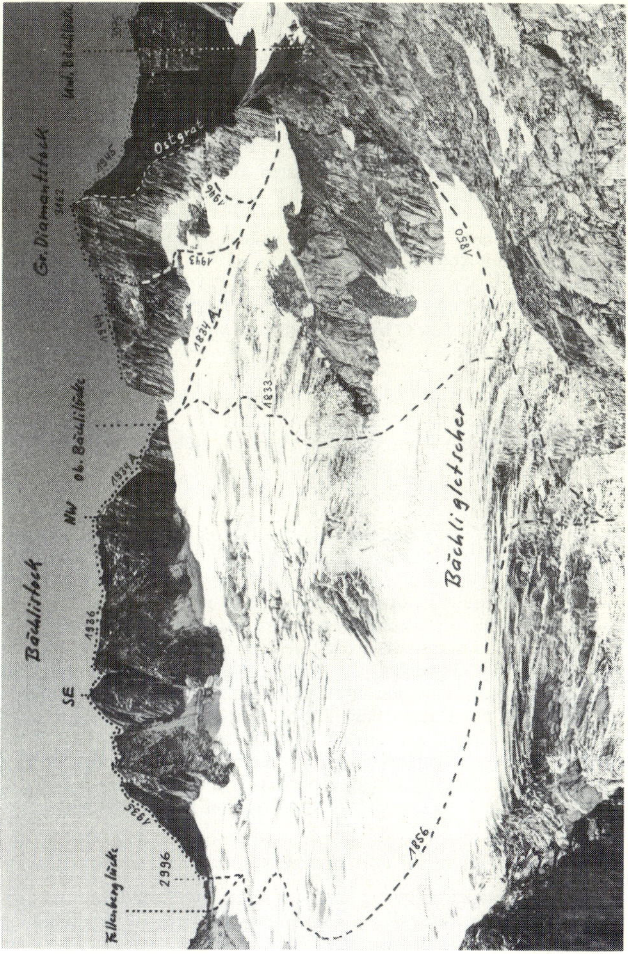
Gr. Diamantstock
3162
Ostgrat
1945
1946
1943
1834 A
1833
1850
ob. Bächlilücke
NW
1934 A
Bächlistock
1936
SE
1935
2996
Bächligletscher
1856

Von der Oberen Bächlilücke an den ersten Steilaufschwung, den man etwas links (W) der Kante an guten Griffen erklettert (III).
Den 2. Steilaufschwung in der Südwand erklettern (schmale Leiste, IV—) oder in der Westflanke umgehen. Dann alles über den Grat auf den Gipfel.

● 1945 Nordwestgrat

III. 2½—3 Std. vom tiefsten Gratpunkt auf den Gipfel. G 4. Dieser rund 900 m lange Grat wird selten begangen, ist aber lohnend. Er weist zahlreiche Aufschwünge und Scharten auf, die alle auf- und absteigend überklettert werden. Siehe Abb. S. 517 und 521.

Übersicht: Der NW-Grat verbindet den Groß Diamantstock mit dem Hiendertelltihorn. Der tiefste Punkt im Verbindungsgrat (etwa 300 m NW P. 3079) wird von O her auf R 1953 gewonnen.

● 1945a Variante

Etwa 8 Std. von der Gruebenhütte auf den Groß Diamantstock. G 4—5.

Die Überschreitung kann verlängert werden, indem man vorher das Hiendertelltihorn N—S traversiert.

● 1946 Ostgrat

IV (Stellen) und III. Etwa 5 Std. von der Bächlitalhütte auf den Gipfel. G 4—5. Dieser 400 m hohe Grat ist der schwierigste am Groß Diamantstock. Er wird sehr häufig begangen und bietet schöne und abwechslungsreiche Kletterei in gutem Granit. Klassische Klettertour. Siehe Abb. S. 517.

Übersicht: Der Ostgrat weist drei Steilaufschwünge auf: der unterste wird fast immer umgangen, der mittlere bildet die Schlüsselstelle und der Gipfelaufschwung kann direkt erklettert oder umgangen werden.
Zugang: Von der Untern Bächlilücke über die Blockterrassen N des Verbindungsgrates in die Scharte vor dem ersten Aufschwung. Diese Stelle wird vom Bächligletscher über die Geröllhänge S des Verbindungsgrates direkt erreicht (Pfadspuren).
Führe: Für den untersten Gratabschnitt gibt es zwei Varianten:

a) S des Grates über Firn aufsteigen und über ein Band nach rechts auf den Grat queren (ca. 2880 m). Übliche Route.

b) Der erste Steilaufschwung kann auf seiner SO-Seite durch Risse direkt erklettert werden (IV+). Dann über den Grat zur Einmündung von a).

Nun gemeinsam: Über zahlreiche Aufschwünge zu schlankem Gendarm, der exponiert überklettert wird (III+, 1 H). Über den nächsten Aufschwung 1 SL links haltend empor und absteigen in markante Scharte am Fuße des zweiten **Steilaufschwungs**. Knapp links der Kante auf den nächsten Aufschwung (IV, einige H) und links queren auf Plattform in der Südflanke. Gerade hoch in rötliche plattige Wand und nach links hinausqueren auf Kante (Spreizschritt). Auf ihr exponiert in leichteres Gelände (IV). Zuerst links der Kante, dann auf ihr selbst zum **dritten Steilaufschwung**. Entweder links um Kante herum in Rinne und durch sie auf den Gipfel (III+) oder die Gipfelwand auf der Nordseite umgehen und von Westen auf den Gipfel.
PS: Bis zum schlanken Gendarm ist auf a) gleichzeitiges Gehen möglich.

● **1952** **Hiendertelltihorn**, 3179,4 m

Das Hühnertälihorn ist der markanteste Gipfel des Gruebengebietes. Er weist Pyramidenform auf. Alle vier Grate sind lohnende Kletterziele. Am seltensten wird der NW-Grat bestiegen (langer Anmarsch von der Gaulihütte). Die Wände und Flanken werden brüchigen Felsen wegen kaum je begangen. Sehr lohnend ist die Überschreitung N—S (Rundtour von der Gruebenhütte aus).

● **1953** **Ostflanke und Südgrat**

II. 3 1/2 Std. von der Gruebenhütte auf den Gipfel. G 3. Normalroute. Leichteste Route. Am E große Spalten, die bei starker Ausaperung unangenehme Überraschungen bieten können. Der Grat weist ausgezeichnete Kletterstellen in bestem Granit auf, wenn er direkt über die Kante begangen wird, was sich im Aufstieg sehr empfiehlt. Im Abstieg kann eine Routenführung unterhalb der Gratlinie in der Westflanke gewählt werden: Abstiege durch steile Rinnen wechseln ab mit Querungen von Rippen. Siehe Abb. S. 521.

Von der Gruebenhütte auf den Gruebengletscher absteigen und über ihn nach SW bis 2600 m in die Nähe des KS 662 / 161. Nun durch eine Firnmulde und über stark verschrundene Firnhänge nach W (ungefähr der KL 161 entlang) zur Mündung eines Couloirs, das sich schräg rechts hoch in den tiefsten Punkt im Verbindungsgrat Groß Diamantstock — Hiendertelltihorn hinaufzieht. Dieses Couloir erweitert sich in der Mitte zu einem breiten Firnfeld. Im obersten Teil wird das Couloir enger und kann bei schlechtem Firn auch über die nördlichen Randfelsen erklettert werden. Aus der Lücke alles über die Gratkante nach N auf den Gipfel.

● **1954** **Ostflanke und Nordgrat**

III. 3 1/2—4 Std. von der Gruebenhütte auf den Gipfel. G 3—4. Der Nordgrat ist etwas schwieriger als der Südgrat, die Kletterei ist steiler und anstrengender. Sehr lohnende und abwechslungsreiche Überschreitung mit dem Südgrat als Abstieg. Am E große Firnspalten, die bei Ausaperung Schwierigkeiten verursachen können. Siehe Abb. S. 501 und 521.

Von der Gruebenhütte auf R 1953 bis 2750 m. Hier biegt man nach NW ab und ersteigt die verschrundeten Firnhänge, rechts (N) am Fußpunkt des Ostgrates vorbei und der NO-Wand entlang aufwärts zu einem Firnzipfel, der weit zum Nordgrat hinaufreicht. Vom oberen Ende dieses Firnzipfels zieht sich eine große Verschneidung schräg rechts hoch auf den Nordgrat. Der Übergang vom Firn zum Fels ist dem Steinschlag ausgesetzt! Über die nördlichen Begrenzungsfelsen der Verschneidung (die eine schwache Rippe bilden) ohne besondere Schwierigkeiten auf den Nordgrat. Nun alles über den Grat. Kleinere Umgehungen ergeben sich ohne weiteres von selbst, wobei die NW-Flanke brüchiger ist als die NO-Wand.

● **1955** **Nordwestgrat von der Gaulihütte**

III (Stellen) und II. 5—6 Std. von der Gaulihütte auf den Gipfel. G 4. Der NW-Grat ist der längste der vier Grate und derjenige mit dem längsten Anmarsch. Wer in die Gaulihütte zurück will, klettert am besten über den Grat zurück. Siehe Abb. S. 501.

Zugang: Von der Gaulihütte auf R 1826 ins Hiendertellti auf die Höhe des ersten Abbruchs, etwa 2600 m. Hier verläßt man den Gletscher und steigt auf Schutterrassen nach N (der Westwand entlang) in eine weite Mulde (etwa 2730 m) S des Grates, die meist mit Schnee bedeckt ist. Aus der Mulde nach links (NW) ausholend über sperrenden Felsgürtel auf den Grat, den man am nordwestl. Ende einer flachen Schulter (beim P. 2812 / LK 25 = KS 660530 / 161640) erreicht. Etwa 3 Std. von der Hütte.

Hiendertelltihorn von Osten

Das Hiendertelltihorn (Hühnertälihorn) ist ein beliebter Kletterberg mit vier Graten aus solidem Aaregranit. Die brüchigen Flanken werden eher gemieden. Ausgangspunkt ist die Gruebenhütte. Der Anmarsch über den spaltenreichen Gletscher verlangt Eisausrüstung. Sehr lohnend ist die Überschreitung in Nord-Süd-Richtung (R 1954 und R 1953) evtl. mit Verlängerung bis auf den Gr. Diamantstock (R 1945). Die Ostkante (R 1956) gilt als schönste der schwierigeren Klettereien im Gruebengebiet und wird entsprechend oft begangen. Der Südgrat (R 1953) ist die einfachste Auf- und Abstiegsroute.

3079
1945
1953
1954
1956
zum Galeggjoch
1843

Führe: Über den Grat zum ersten Steilaufschwung. Dieser wird knapp links der Kante erklettert (etwa 1 SL) und die Kante über eine 2—3 m hohe senkrechte Stufe wieder gewonnen. Darauf 20 m Quergang nach rechts in die Westflanke zu gutem Stand. Gerade empor auf den Grat zurück, oberhalb der Steilstufe. Nun alles über den zerrissenen Grat, in teilweise exponierter Kletterei über zahlreiche Zacken hinweg zum zweiten Steilaufschwung. Dieser wird direkt erklettert. Es folgt eine Reihe weiterer Zacken, die überklettert oder S umgangen werden können.

● 1956 Ostgrat

IV+ (Stellen), sonst III und IV. 4½—5 Std. von der Gruebenhütte auf den Gipfel. G 5.

Der 400 m hohe Ostgrat (eher Kante) ist der steilste und schwierigste Grat am Hiendertelltihorn. Er bietet sehr schöne Kletterei in gutem Granit und wird häufig begangen. Klassische Klettertour. Siehe Abb. S. 521.

Zugang: Von der Gruebenhütte auf R 1954 zum Fußpunkt des Grates.
Führe: Der Sockel wird rechts (N) umgangen. N des Grates über Firn nach W aufsteigen in eine Firnnische (etwa 2840 m). Über kurze Steilstufe (H) auf ein horizontales Band, das ohne Schwierigkeiten nach links auf die schwachausgeprägte Kante leitet, am Fuße einer Steilstufe. Durch einen steilen Riß 10 m schräg rechts hoch und nach links zurückqueren zu Stand (IV+, mehrere H). 40 m über die plattige Kante gerade hoch (IV+ u. IV). Der nächste Aufschwung wird auf der Nordseite umgangen und der Grat anschließend wieder erreicht. Nun alles über die gestufte Kante zu einem plattigen Turm. Nach links (S) in eine Rinne, die zurück auf den Grat führt (kleingriffig, III). Weiter auf der Nordseite durch eine Rinne empor in eine Scharte und über die letzten Aufschwünge auf den Gipfel.

● 1956a Variante

V—, Dülferstellen, schöne Kletterei.

Der Steilaufschwung vom horizontalen Band weg kann auch wie folgt erklettert werden: nach S um die Kante herum in eine Verschneidung, die sich schräg rechts hoch auf den Grat zieht. Diese Verschneidung erklettern.

● 1961 Golegghorn, 3077 m

Dieser alpinistisch unbedeutende Gipfel wird seiner schönen Aussicht wegen bei der Überschreitung des Goleggjochs oft „mitgenommen“ Beliebte Skitour, siehe R 1840.

• 1962 Vom Goleggjoch

I. ½ Std.G 1. Siehe Abb. S. 525.

Über den Westgrat auf P. 3063,2 und über den Verbindungsgrat auf den Hauptgipfel P. 3077.

• 1963 Steinlauihorn, 3162 m

Zwischen Hiendertelltihorn und Ritzlihorn gelegener Aussichtsgipfel von der Gruebenhütte aus. Die riesige, zum Mattenalpsee abfallende „Steinlauenen" hat dem Berg den Namen gegeben. Der schönste Aufstieg führt über den SO-Grat, mit Abstieg über den SW-Grat.

• 1964 Südostgrat

III— (Stellen) und II. 4—4½ Std. von der Gruebenhütte auf den Gipfel. G 3—4. Siehe Abb. S. 525.

Zugang: Von der Gruebenhütte nach NW über Rasen und glatte Granitplatten auf die südl. Randmoräne des Golegggletschers. Über den Moränenkamm zum P. 2665 (auf der LK 50 nicht kotiert). Hier wird die Moräne nach N überschritten und die Mulde unterhalb des Gletschers nach NO gequert auf die nördl. Seitenmoräne. Nach O auf einen schwachausgeprägten Rücken am Fuß des SO-Grates.
Führe: Um den Rücken herumqueren und auf der Ostseite aufsteigen in eine Einbuchtung zum Beginn einer markanten Verschneidung (etwa 2680 m). 20 m über deren rechte Kante empor und nach links auf den Grat queren. Rechts der Gratkante in gutgestuftem Fels aufsteigen auf Schuttband. Auf ihm nach links zu einem Kamin. Diesen hoch (brüchig) auf die Gratkante. Über den Grat in eine Scharte. Hier wird der Grat leichter und verbreitert sich allmählich zu einem breiten Schutt-(Schnee-)rücken. Er führt ohne Schwierigkeiten zum Gipfelgrat. Dieser ist wieder steiler und zerrissener, kann aber direkt erklettert werden.

• 1965 A Abstieg über den Südwestgrat ins Steinlauijoch

Etwas leichter als der SO-Grat. 2—2½ Std. vom Gipfel zur Hütte. G 3. Siehe Abb. S. 525.

Der tiefste Punkt im Verbindungsgrat Golegghorn — Steinlauihorn wird Steinlauijoch genannt (ohne Namen in der LK) und ist auf der LK mit 2971 kotiert.
Vom Gipfel über den brüchigen Grat abklettern auf die unterste Steilstufe. Diese kann direkt abgeklettert oder S umgangen werden. Vom Steinlauijoch leitet eine schräge Verschneidung auf den Golegggletscher. Über den Gletscher nach S absteigen auf die südliche Randmoräne, wo man die Aufstiegsroute erreicht.

● 1965 Aa Variante vom Gipfel ins Steinlauijoch

Leichter als der SW-Grat, aber etwas steinschlägig (für Gruppen nicht geeignet). G 2—3.

Vom Gipfel über den Nordgrat in die erste Scharte. Durch eine brüchige Schuttrinne nach SW absteigen (unterhalb und parallel zum SW-Grat). Man gelangt auf den untersten Absatz des SW-Grates, der direkt abgeklettert oder S umgangen werden kann.

● 1970 Ritzlihorn, 3282 m

Zu Unrecht sehr selten bestiegener, weil prächtiger und beeindruckender Aussichtsberg. Seine drei bis zu 1000 m hohen Wände sind von zahlreichen Lawinenrunsen durchzogen. Am besten hält man sich an die mächtigen Grate: NW-Grat von der Mattenlimmi aus, Aerlengrätli von der Handegg aus und Südgrat über die Aerlenlücke.

● 1971 Südgrat von der Gruebenhütte

III (Stellen). 6—7 Std. von der Gruebenhütte auf den Gipfel. G 5. Lang und exponiert. Trotz der teilweise brüchigen Felsen klettertechnisch interessante und landschaftlich lohnende Tour. Sehr empfehlenswert für Leute, die die große Einsamkeit schätzen! Siehe Abb. S. 525 und 527.

Übersicht: Dieser 1½ km lange Felsgrat zieht sich von der Aerlenlücke aus mit zahlreichen Zacken und Türmen auf den Gipfel.
Zugang: Von der Gruebenhütte auf R 1964 an den Fuß des Steinlauihorn-SO-Grates. Den Rücken überschreiten und jenseits nach NNW aufsteigen auf das Kleine Firnplateau W vom P. 2768. Vom Plateau nach NW über den steilen Firn des Aerlengletschers in die Aerlenlücke P. 3059, in der eine weiße Nadel steht. Etwa 2 Std.
Führe: Von der Lücke in den Sattel im N dieser Nadel auf den sog. Graugrat (der grauen Felsen wegen so benannt), den man bis zum P. 3137 verfolgt (z.T. brüchig, heikel und exponiert, zerrissener Grat mit zahlreichen Zacken und Türmen). Weiter auf P. 3193, wo das Aerlengrätli einmündet. Zwischen P. 3137 und P. 3193 auffälliger Gesteinswechsel. Vom P. 3193 etwas leichter alles über den Grat auf den Gipfel des Ritzlihorns.

Golegghorn und Steinlauihorn von Südosten
Im Vordergrund über dem Gruebengletscher die gleichnamige Hütte. Das Golegg-joch vermittelt einen einfachen Übergang in den Gaulikessel. Vom Joch aus wird oft P. 3063.2 der schönen Aussicht wegen „mitgenommen". Das Steinlauihorn wird selten bestiegen, bietet aber eine prächtige Aussicht. Die Kombination SO-Grat (R 1964) und SW-Grat (R 1965) ist die interessanteste Bergüberschreitung.

Goleggjoch
3063.2
Golegghorn
1962
3077
1965 A
2971
3137
1971
Ritzlihorn
2861
1964
Golegg - Gletscher
1842
2665
1964
Gruebengletscher
1775

● 1972 A Abstieg

Über die Südgratroute (R 1971). 5 Std. zur Gruebenhütte.

● 1973 A Abstieg über den Nordwestgrat zum Mattenalpsee.

II. Lang. Im Aufstieg selten begangen (mühsam). 3—3½ Std. zum Stausee. G 3. Siehe Abb. S. 527.

Vom Gipfel nach N zum Signalgipfel (3263,1) und über den 1 km langen Grat (II, brüchig) in die Mattenlimmi (2701 m), wobei notwendig scheinende Umgehungen in der SW-Flanke ausgeführt werden. Aus der Lücke nach SW durch eine Runse (je nach Verhältnissen mit Lawinenschnee gefüllt) absteigen bis etwa 2350 m, wo man sie nach links (S) verlassen kann. Man gelangt auf grasige Hänge, die man nach links abwärts quert auf einen Rücken (etwa 2200 m) zwischen zwei Lawinengräben (in der LK 25 „Chielauenen“ und „Mattengraben“ genannt), etwa KS 661580 / 165260. Auf dem Rücken absteigen (Schrofengelände, Runsen und Rippen) auf die Schafweiden „An der Matten“, über die man die Staumauer erreicht. Jenseits der Staumauer führt ein markierter Weg nach SW in die Gaulihütte empor und ein anderer talauswärts (mit einer Gegensteigung) zum P. 1850 unterhalb Hohwang, wo man den Hüttenweg erreicht.

● 1978 Brandlammhorn, 3108 m

Der Hauptgipfel (NW-Gipfel) ist mit 3108 und der SO-Gipfel mit 3089 kotiert. Beide liegen etwa 200 m voneinander entfernt. In der Mitte des Verbindungsgrates steht ein auffälliger Gendarm und bildet zwei Scharten im Grat. Aus beiden Scharten fallen kurze steile Firncouloirs nach NO auf den namenlosen Gletscher ab und ermöglichen einen günstigen Abstieg ins Bächlital. Aus der Scharte zwischen Gendarm und SO-Gipfel zieht sich zudem eine steile Firn-(Geröll-)rinne nach SW, die als Normalroute auf den SO-Gipfel dient und zum Abstieg auf die Lauteraarseite benutzt wird. Die rassigste Kletterei finden wir am Südgrat des SO-Gipfels, der zu den klassischen Klettertouren des Lauteraargebietes zählt. Die lohnende W-O-Überschreitung kann sowohl von der

Ritzlihorn und Steinlauihorn von Westen

Im Vordergrund der gestaute Mattenalpsee, der die Wasser des Gaulikessels sammelt. Am Fuße des Steinlauihorns die riesige Steinlauenen, die dem Berg den Namen gegeben hat. Die Überschreitung des Ritzlihorns von der Ärlenlücke in die Mattenlimmi (von der Gruebenhütte zum Mattenalpsee) ist eine lange und anspruchsvolle Tour. Trotz der schlechten Felsqualität lohnende Fahrt in einsamer Gegend. Die von steinschlägigen Rinnen und Lawinenzügen durchfurchte Westflanke kann an mehreren Stellen begangen werden, ist aber wenig einladend. Der Abstieg über den Grat ist vorzuziehen.

Mattenlimmi
2846
Ritzlihorn
3193
Ärlenlücke
Steinlauihorn
2971
3077
Bockweng
Steinlauenen
Mattengraben
Chielauenen
An der Matten
Mattenalpsee

Bächlital- wie von der Lauteraarhütte aus unternommen werden, bedingt allerdings genügend Seilmaterial (40-m-Abseilstelle).

● 1979 Hauptgipfel über den Westgrat

III— und II (jeweils einige Stellen). Stellenweise brüchig. 2½—3 Std. von der Lücke auf den Gipfel. G 3—4. Siehe Abb. S. 513.

Übersicht: Dieser 800 m lange Grat zieht sich von der Fellenberglücke über P. 3051 (auf der LK 50 nicht kotiert) auf den Hauptgipfel.
Führe: Eine genaue Beschreibung erübrigt sich. Man folgt der Kammlinie und umgeht wenn nötig einige plattige Türme S oder N.

● 1979a Abkürzung

Vom Bächligletscher braucht man nicht bis in die Fellenberglücke aufzusteigen. Man kann schon vorher nach links abbiegen und über einen Firnhang und einige Felsen (je nach Ausaperung) einen Sattel W P. 3051 gewinnen (ungefähr in der Mitte des Grates).

● 1979b Abkürzung

Siehe Abb. S. 513.

Auch auf der Südseite kann der Grat abgekürzt werden. Von der Lücke O P. 3051 zieht sich ein Felscouloir nach SW, es mündet auf etwa 2900 m auf den Schutthalden beim KS 662480 / 159200 (unmittelbar O davon befindet sich ein weiteres paralleles Couloir).

● 1980 Traversierung vom Haupt- auf den Südostgipfel

III und II (jeweils einige Stellen). 1½—2 Std. von Gipfel zu Gipfel. G 4. Siehe Abb. S. 529.

Vom Hauptgipfel (3108 m) steil nach O abklettern und etwa 35 m in die Scharte vor dem Gendarmen abseilen. Aus der Scharte den Gendarmen überklettern in die jenseitige Scharte (III, brüchig) und leicht auf den SO-Gipfel.

● 1981 A Abstieg ins Bächlital

2 Std. vom SO-Gipfel ins Bächlital. G 3.

Brandlammhorn von Südwesten
Die wohl schönste Klettertour in der Umgebung der Lauteraarhütte ist der Südgrat des Brandlammhorns. Der Anmarsch ist allerdings ziemlich lang, und der Abstieg erfolgt mit Vorteil auf die Bächlitalseite, weil die steilen und engen Couloirs der SW-Seite (R 1982) nur im Frühsommer bei guten Firnverhältnissen angenehm zu begehen sind.

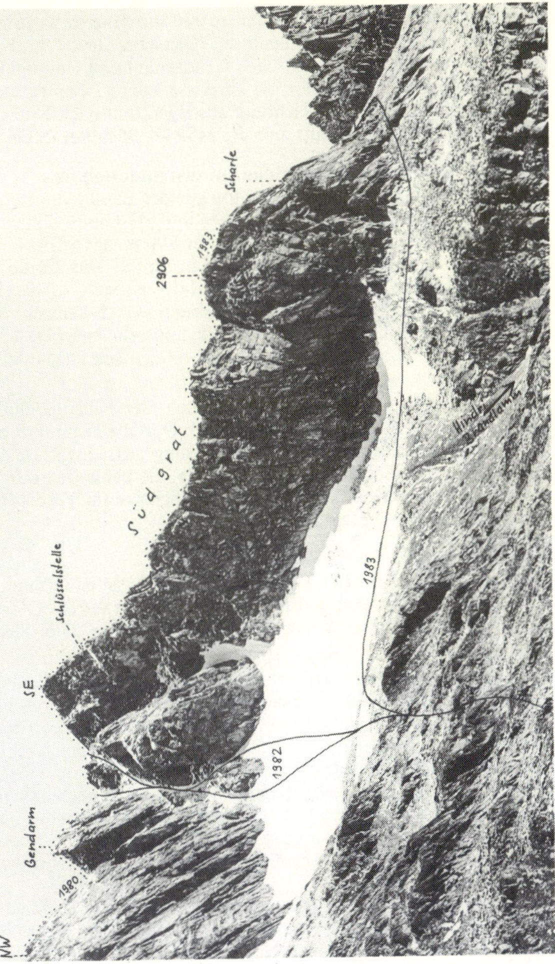
NW
1980
Gendarm
1982
SE
Schlüsselstelle
Südgrat
1983
2906
1983
Scharte

Vom SO-Gipfel zurück in die Scharte und durch steile Firnrinne nach NO absteigen auf den namenlosen Gletscher (evtl. großer Bergschrund). Auch die Rinne zwischen Gendarmen und Hauptgipfel kann zum Abstieg benutzt werden, sie ist etwas kürzer. Gemeinsam: Über den Gletscher in östlicher Richtung absteigen und nach N über geröllbedeckte Platten und Schutt zum P. 2485 im Bächlital (Steinschlag!).

● 1982 Durch die Südwestrinne auf den Südostgipfel

Normal- und Abstiegsroute auf der Lauteraarseite. Aus der Scharte zwischen Gendarmen und SO-Gipfel fällt ein 45—50 Grad steiles Couloir ungefähr 100 m nach SW ab auf die Firnmulde im SW der beiden Gipfel. Das Couloir ist bei Trittschnee (Frühsommer) relativ einfach zu begehen, bei Blankeis oder starker Ausaperung jedoch äußerst heikel und steinschlägig. Die Randfelsen sind sehr brüchig. 4 Std. von der Hütte auf den Gipfel. G 3—4, je nach Firnverhältnissen. Siehe Abb. S. 513 und 529.

Von der Lauteraarhütte auf R 1857 unter die Fellenberglücke zum KS 662 / 159. Nun leicht aufsteigend nach O in die Firnmulde am Fuße der Gipfel queren und zur Couloirmündung aufsteigen. Das Couloir hat im untern und obern Drittel zwei Äste, die beide (je nach Verhältnissen) benutzt werden können. Aus der Scharte im Verbindungsgrat leicht auf den SO-Gipfel.

● 1983 Südgrat des Südostgipfels

IV + / A 0 bzw. **V—** (↗), IV und III, selten leichter. Klassische Klettertour. Prächtige Kletterei in festem Granit. Sehr oft begangen. Etwa 6 Std. von der Hütte. G 6. Siehe Abb. S. 513 und 529.

Zugang: Von der Lauteraarhütte auf R 1857 unter die Fellenberglücke zum KS 662 / 159. Nach O in die Firnmulde SW des Gipfels und leicht absteigend nach S zum Fußpunkt des Grates. Um den Gratrücken herum auf die Ostseite und durch das erste Couloir empor in eine kleine Scharte im Südgrat (2½ Std. von der Hütte).

Führe: Über den Grat zum P. 2906. Weiter über die schmale und z.T. exponierte Gratschneide ohne besondere Schwierigkeiten (II), bis er sich aufsteilt. Nun etwas schwieriger (II u. III), z.T. in der Westflanke, auf eine nach W abfallende große Platte am Fuß der ↗. Nun zwei Möglichkeiten:

a) Über die Platte einige Meter nach links absteigen zu H. Mit Hilfe des H über die abdrängende Stufe (IV + / A0) und weiter über eine steile Rampe schräg links hoch zu gutem Stand (IV—). Auf den Grat zurück und über die Kante steil auf den Gipfel (III). 3—4 Std. vom Einstieg. **b)** Direkt einige Meter über die senkrechte Kante und nach rechts in Risse, die auf einen Absatz emporleiten (IV u. V—, sehr exponiert, aber relativ gutgriffig).

● 1983a Variante am Einstieg
IV und III, selten leichter. Schöne und interessante Kletterei.

Vom Fuß des Couloirs, das sich in die erste Gratscharte emporzieht, quert man schräg rechts hoch auf eine schwach ausgeprägte grasige Rippe zu Steinmann am Fuß einer Rinne, die sich weiter oben in der Wand verliert. In der Rinne einige Meter empor und nach rechts auf die nördl. Begrenzungskante. Über die Kante empor zu gutem Stand (III u. IV). Vom Stand gerade hoch (IV) und nach rechts in leichteres Gelände. Rechts der Kante bleibend über gebrochene Felsen auf den Grat (2 SL, II u. III).

● 1988 Brünberg, 2982,1 m

Auch dieser Berg besteht aus zwei Gipfeln: der Hauptgipfel (Westgipfel) ist mit 2982,1 m und der Ostgipfel mit 2967 m vermessen. Beide liegen etwa 300 m voneinander entfernt. Vom Ostgipfel fällt ein Grat nach N ins Bächlital ab, der von der Bächlitalhütte aus den interessantesten Aufstieg ergibt. Der Ostgrat des Ostgipfels wird des langen Anmarsches wegen nur selten begangen, obwohl er sehr schöne und schwierige Kletterei hoch über dem Grimselsee bietet. Der Übergang vom Ost- auf den Westgipfel ist relativ einfach. Die Normalroute über die Nordflanke auf den Westgipfel ist eine einfache und lohnende Hochtour, die aber bei Neuschnee oder Vereisung recht heikel sein kann. Sie dient zugleich als Abstiegsroute ins Bächlital. Die meistbegangene Überschreitung ist der Aufstieg über den Nordgrat auf den Ostgipfel, mit anschließendem Übergang auf den Hauptgipfel und Abstieg über die Normalroute (Rundtour von der Bächlitalhütte aus).

● 1989 Westgipfel über die Nordflanke
II (Stellen). Normalroute. 3—3½ Std. von der Bächlitalhütte auf den Gipfel. G 3. Günstigster Abstieg ins Bächlital. Siehe Abb. S. 533.

Übersicht: Die Normalroute führt über den vom Brünberg nach N abfließenden namenlosen Gletscher und über das charakteristische Firnfeld (40 Grad) unter dem Gipfel. Bei Neuschnee oder Vereisung kann das Felsbollwerk zwischen Gletscher und Firnfeld heikel sein.
Zugang: Von der Bächlitalhütte folgt man dem Pfad nach W etwa 500 m und quert den Talboden nach S. Aufstieg über das namenlose

Gletscherchen Richtung Ostgipfel und nach rechts an das Felsbollwerk. **Führe:** Eine schräge Rampe führt rechts empor auf einen schwachausgeprägten Rücken unterhalb des Firnfeldes. Über den Rücken in brüchigem Fels zum Firnfeld. Dieses wird in der Gipfelfallinie erstiegen und unter dem Gipfel nach links gequert zum westlichen (höheren) von zwei auffälligen viereckigen Türmen im Ostgrat. Durch ein Felsenfenster auf die Südseite und dem Grat entlang auf den Gipfel. Die Gipfelplatte kann nur mit einem Spreizschritt erreicht werden.

● 1990 A Abstieg

Zurück über den Ostgrat zum Felsenfenster oder von der Gipfelplatte direkt nach N abseilen.

● 1991 Ostgipfel-Nordgrat

IV und III (jeweils einige Stellen). 3—4 Std. von der Hütte auf den Ostgipfel. G 4—5. Siehe Abb. S. 533.

Übersicht: Der Nordgrat fällt vom Ostgipfel ins Bächlital ab zum Turm P. 2810. Zwischen P. 2810 und Gipfel steht ein weiterer Gendarm, der zwei Scharten bildet. Normalerweise erreicht man den Grat von W her in der Scharte zwischen Gendarmen und Gipfelaufschwung.
Zugang: Von der Bächlitalhütte auf R 1989 auf den namenlosen Gletscher Richtung Ostgipfel und nach links in die obere (S) Scharte am Fuße des Steilaufschwungs.
Führe: Aus der Scharte über die Kante, teilweise etwas in der Ostseite, bis zum Gipfelaufbau. Dieser wird links der Kante durch einen verschneidungsähnlichen Kamin erklettert.

● 1992 Traversierung Ostgipfel — Westgipfel

II. 1 Std. von Gipfel zu Gipfel. G 2—3.

Vom Ostgipfel nach SW durch eine Rinne 50 m absteigen in die Südflanke und auf Bändern und Stufen ungefähr horizontal nach W que-

Brünberg von Norden
Wie alle Berge dieser Gebirgskette besteht auch der Brünberg aus zwei Gipfeln. Der einfachste Aufstieg erfolgt über die Nordflanke (R 1989) auf den Westgipfel. Der Nordgrat des Ostgipfels (R 1991) mit anschließender Traversierung auf den Westgipfel ergibt eine interessante Rundtour von der Bächlitalhütte aus. Der lange Ostgrat (auf dem Bild nicht sichtbar) wird zu Unrecht selten bestiegen, wohl weil der Anmarsch vom Grimselhospiz vielen zu beschwerlich ist. Einstiege, die man nicht mit dem Auto erreichen kann, haben unbestreitbare Vorteile: man ist allein und genießt die Landschaft in ihrem ursprünglichen Zustand.

2967
2810
1989
1991
zur Bächlitalhütte

ren. Die drei eckigen Türme im Ostgrat des Hauptgipfels werden ebenfalls S umgangen. Zuoberst durch ein Felsfenster unter die Gipfelplatte und mit einem Spreizschritt von Süden auf den höchsten Punkt.

● 1993 Ostgipfel-Ostgrat

VI— (Stellen) und III. 6—7 Std. vom Grimselhospiz auf den Gipfel. G 5. Der Ostgrat ist eine lange und lohnende Klettertour, die zu Unrecht selten begangen wird. Am schönsten ist die Tour, wenn man auf den Grasterrassen in der Nähe des E zeltet!

Zugang: Vom Grimselhospiz auf dem Lautcraarhüttenweg (R 1780) bis zur Betonbrücke über den Juchlibach (großer Wasserfall). Jenseits der Brücke nach NW ins Juchlital bis in die Mulde, etwa 2260 m, dann nach links (W) durch Rinnen auf die grasigen Terrassen zum P. 2514. Weiter nach W zum kleinen Seeli P. 2527 (guter Zeltplatz). Nach NW über Rasen, Schutt und Blöcke auf den Grat, den man etwa 300 m W vom P. 2760 erreicht. 3—3$^1/_2$ Std.

Führe: In schöner Kletterei über zahlreiche Gendarmen. Drei auffällige graue Zacken werden besser S umgangen. Weiter über den Grat zum Gipfelaufbau und durch einen Riß auf der Südseite auf den Gipfel.

● 1994 A Abstieg nach Süden

Aus der Einsattelung zwischen Ost- und Westgipfel nach S in die trichterförmige Mulde an den Rand eines Steilabbruchs, über den man abseilt (zwei Seile empfehlenswert). Man erreicht einen Geröllkegel am Fuße der Wand. Über Terrassen und Schrofen zurück auf die Aufstiegsroute.

● 2001 Chly Diamantstock, 2839,1 m

Dieser eher unscheinbare Berg O der Untern Bächlilücke bietet mit seinem Nordgrat eine rassige Kletterei. Ost- und Westgrat eignen sich gut für Kletterübungen mit Anfängern (Klettergartenambiance). Der Westgrat ist von der Untern Bächlilücke aus leicht begehbar, alle Zacken und Türmchen können umgangen oder für Kletterübungen verwendet werden.

● 2002 Zugänge von der Bächlitalhütte

Beide Varianten G 1.

Das Klettergebiet des Chly Diamantstock ist von der Bächlitalhütte auf zwei Routen erreichbar:

a) Von der Bachlitalhütte auf dem Pfad nach W auf den Bachligletscher und am Nordufer aufsteigen bis 2440 m. Nach NO die Randmo-

räne ersteigen und Richtung Chlyne Diamantstock hinauf zu einer 50 m hohen Felsbarriere. E am Fuß einer Rinne, unmittelbar O einer auffälligen schwarzen Platte, etwa 2600 m, KS 663380/160500. Die Rinne kann in leichter Kletterei (I) durchstiegen werden (im Abstieg nicht leicht zu finden). Weiter über Geröllhalden an den Fuß des Chlyne Diamantstocks.
b) Von der Bächlitalhütte auf dem Pfad 150 m nach W, dann nach N über einen Rücken in die dahinterliegende Mulde. Durch eine auffällige Rinne in NW-Richtung über die Steilstufe empor (Pfadspuren und Steinmänner) auf die Geröllhalden S P. 2878. Im Abstieg schwierig zu finden.

● 2003 Traversierung Ost — West
II (Stellen) und I. Einfache, aber lohnende Klettertour für Anfänger. G 2.

Man beginnt die Traversierung in der Lücke P. 2803 (etwa 250 m O des Gipfels). Der Ostgrat bietet schöne Kletterstellen, wenn man alles der Gratkante folgt. Vom Gipfel absteigen über den Westgrat (leichter als der Ostgrat) in die Lücke P. 2737 (etwa 200 m W des Gipfels). Beide Lücken sind von den Geröllhalden S des Gipfels leicht erreichbar.

● 2004 Nordgrat
IV und III, selten leichter. 2½ Std. vom E auf den Gipfel. G 4. Er bietet sehr schöne Kletterei und gehört zu den klassischen Klettertouren des Gruebengebiets.

Übersicht: Der Nordgrat fällt ab zum P. 2590, dem untersten Gratturm.
Zugang: Von der Gruebenhütte über den Gruebengletscher in die **obere** von zwei Scharten, S P. 2590. Dieser Punkt kann auch von der Bächlitalhütte via Untere Bächlilücke erreicht werden (2½ Std.).
Führe: Aus der Scharte nach rechts (W) über Platte etwas absteigend auf Rampe queren, auf ihr steil nach links hoch auf Gratkante (1 SL, IV, 4 H). Durch Rinnen auf der Ostseite auf Terrasse empor. Auf den Grat zurück und steil und exponiert über die Kante empor (1 SL, IV, 2 H). Nun leichter über die Platten und Stufen mehrere Seillängen hoch, dann horizontal über gerundeten Rücken an den Fuß eines plattigen Steilaufschwungs. Gerade hoch auf ein Band und auf ihm nach links auf die Gratkante. Weiter vermittels Rissen, Verschneidungen und einer schwierigen Platte zu Stand. Nochmals nach links auf die Kante und schräg rechts hoch. Einen Turm auf halber Höhe W umgehen und in Scharte absteigen. Zuerst gerade hoch und vermittels Plattenrisses schräg nach rechts hoch queren. Über ein Band zurück auf

den Grat und über ihn steil auf den Vorgipfel. Über den Verbindungsgrat und ein kurzes Wändchen auf den Hauptgipfel.
NB: In den leichteren Stellen sind zahlreiche Varianten möglich.

● 2005 A Abstieg

Über den leichten Westgrat (mit Gegensteigung) in die Unt. Bächlilücke. Siehe auch R 2002.

● 2007 P. 2878

Dieser namenlose Gipfel zwischen Klein Diamantstock und Alplistock bietet am Ostgrat schöne Kletterei.

● 2008 Ostgrat

Der Grat ist stellenweise sehr schmal und exponiert. Vorwiegend III, Stellen IV—, Schlüsselstelle **IV / A 0** (2 H). G 3—4.

Zugang: Von der Bächlitalhütte auf R 2002b auf die Geröllhalden S P. 2878. Nach NO in die Mulde SW des Alplistocks und an den Fuß des zweigipfligen Gendarmen („Katzenohren“) im Alplistock-Westgrat (siehe Abb. S. 539. Vom Fuß nach links hoch auf Geröllterrasse und über kurze Plattenwand auf den Verbindungsgrat P. 2878 — Alplistock. Das folgende Gratstück wird N umgangen (Schutt und große Blöcke, z. T. Firn) in die tiefe Lücke im Ostgrat, wo ein markantes Couloir nach S abfällt (dieses steinschlägige Couloir kann als Zugang benützt werden, oberstes Stück IV+, nur empfehlenswert, wenn noch verfirnt).
Führe: Alles über den Grat auf den Gipfel.
Abstieg: Über den Westgrat (kurze Gegensteigung) bis dort, wo die Geröllhalden bis auf den Grat hinaufreichen. Nicht vorzeitig in die Couloirs nach S absteigen! Über diese Geröllhalden resp. Firnfelder zurück in die Gipfelfallinie von P. 2878 und auf R 2002b) zur Hütte zurück. Etwa 5 Std. hin und zurück.

● 2012 Alplistock, 2877,4 m

Der Alplistock verdient als Hüttenberg der Bächlitalhütte eine eingehende Beschreibung. Der Berg ist kompliziert aufgebaut (siehe Skizze Seite 537).

Auf der LK sind nur NW-Gipfel (2877,4) und Ostgipfel (2818 m) kotiert. Der Hauptgipfel ist etwa 2890 m hoch, der Mittelgipfel ein paar Meter niedriger.
Der Alplistock wird — obwohl in unmittelbarer Nähe der Hütte — auffällig wenig besucht. Schuld daran ist wohl die bisher übliche Route

über den sehr brüchigen Westgrat auf den NW-Gipfel, der für Gruppen völlig ungeeignet ist. Die Autoren entdeckten jedoch im Sommer 1985 in der SW-Flanke eine verhältnismäßig leichte und sichere Route, die auch mit Gruppen begangen werden darf.
Der SO-Grat des Ostgipfels (2818 m) eignet sich gut für Kletterübungen in Hüttennähe.

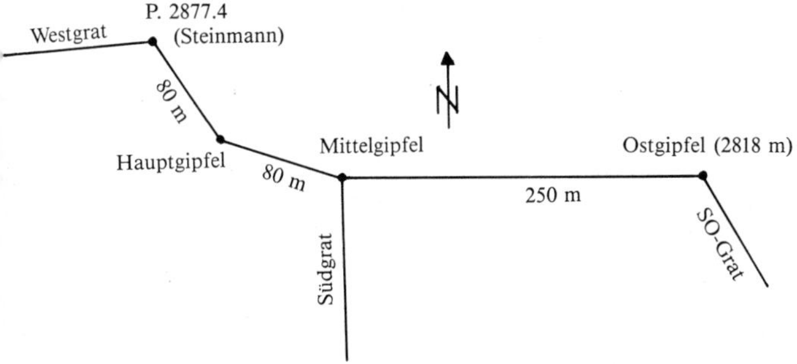

● **2013** **Südwestflanke**

Nur begehen, wenn die Einstiegsrinne noch mit Firn bedeckt ist. Bei Ausaperung unangenehm. **II**, G 2—3, 2½ Std. Hütte — Gipfel. Einfache Kletterei in gutem Fels.

Zugang: Auf R 2202 b) in die Firnmulde SW des Gipfels. In die Falllinie von P. 2877.4, wo vom Westgrat ein Schneecouloir abfällt (siehe Abb. S. 539).
Führe: Durch das Firncouloir empor und nach rechts in den engen tiefeingeschnittenen südlichen Nebenast. Darin 2 SL empor (bis 45°) auf Terrassen (gute Sicherungsmöglichkeiten). Von hier zwei Möglichkeiten:
a) Nach rechts in Schuttcouloir und darin ohne besondere Schwierigkeiten empor in den tiefsten Punkt zwischen NW- und Hauptgipfel. Eher für den Abstieg geeignet.
b) In der Fallinie von P. 2877.4 gerade empor über Bänder, Absätze und Platten, bis man nach links (W) auf den Begrenzungsgrat queren kann, der gut gestuft in Scharte unter das plattige Gipfelwändchen leitet: Hier auf Leiste ein paar Meter nach rechts queren und um Kante herum in gutgriffigen Riß, der auf den Gipfel leitet.
Der Verbindungsgrat vom NW- auf den Hauptgipfel bietet interessante und leichte Kletterei in gutem Fels.

Abstieg: Zurück in den tiefsten Punkt des Verbindungsgrates und durch Couloir nach S auf Terrassen zurück (Variante a). Im Firncouloir evtl. fixes Seil einhängen.

● 2014 Überschreitung West — Ost

IV und III. 6—7 Std. für die ganze Rundtour (inkl. Abstieg in die Hütte). G 4—5.

Übersicht: Der Verbindungsgrat zwischen Westgipfel (= Hauptgipfel etwa 2890 m) und Ostgipfel (2818 m) ist etwa 300 m lang und z.T. mit bizarren Gendarmen gespickt. Die Südseite besteht aus gutem Granit, die Nordseite hingegen ist sehr brüchig (große labile Blöcke).
Zugang: Auf R 2013 auf den Hauptgipfel.
Führe: Vom Gipfel an der Südkante unter einem Block in die erste Scharte. Aus der Scharte auf der Südseite über gutgriffige Platten. Von rechts her auf einen 10 m hohen Turm. 4 SL über den Grat (Gendarmen) zu einem Steilabfall. 15 m auf die Nordseite abseilen und zurück auf den Grat, den man in einer erdbedeckten Scharte erreicht. Dem Grat folgend zum letzten stark nach N überhängenden Turm. Er wird S umgangen, indem man vorerst über die Südkante ein Stück hochklettert und dann 15 m abseilt. Weiter über den flachen Grat zum Ostgipfel (2818 m).

● 2014 A Abstieg

Vom P. 2818 über den SO-Grat bis in Lücke vor überhängendem Turm. Aus der Lücke nach links (O) in ein Couloir. Über die linken (O) Begrenzungsfelsen abklettern auf die Firnfelder. Über Firn und Geröll nach SO (parallel zum SO-Grat) bis auf 2400 m, wo ein leichtes Grasband nach W zum Seeli P. 2319 führt.

★ 2015 Ski-Abfahrt Oberaarjoch — Grimsel — Handegg

Vom Oberaarjoch über die Mitte des gleichnamigen Gletschers abfahren bis ca. 2500 m, dann am linken (N) Ufer entlang zum Oberaarsee. Die **Eisdecke nicht betreten,** sondern am linken Seeufer entlang auf den Sommerweg zu Riesenblock (P. 2317/LK 25 = KS 663270/155520). Nach NO etwa 50 m aufsteigen und anschließend queren auf die Höhe der Staumauer. Hier Abstieg durch Couloir (Ski tragen, fixe Sicherungsstangen) auf die Staumauer und über sie zum **Berghaus Oberaar** (2338 m). Kurzer Aufstieg nach O in Sattel P. 2455 und Abfahrt zum

Alplistock von Südwesten

Katzen
ohren
2008
2877.4
Haupt-
gipfel
Südgipfel
2013

Triebtenseewli (2365 m).[Hier Abzweigung nach SO über die Triebtenseelicke (2639 m) nach Oberwald im Goms.] Wieder Anstieg nach NO — ungefähr dem Sommerweg entlang — zur Husegg-Hütte (2463 m). Durch Rinne nach O abfahren auf den **Grimselpaß** (2165 m). Abfahrt ungefähr der Straße folgend am Rätrichsbodensee entlang bis Chuenzentennlen (1596 m). Bei P. 1693.1 Abkürzung möglich. Vom P. 1596 entweder durch den Straßentunnel oder kurzer Aufstieg O am P. 1727.5 vorbei auf die Ebene Hind. Stock und **nach Westen** abfahren zum P. 1503, wo man die Straße wieder erreicht. Vom Nordportal des Tunnels über Steilhang auf die Ebene von Handegg. Der Straße entlang zur KWO-Zentrale Handegg (1310 m). Von hier bis Guttannen ist die Straße meist auch im Winter geöffnet.
NB: Die Grimselstraße ist praktisch auf der ganzen Länge lawinengefährdet. Im Notfall bei KWO-Seilbahn anfragen (Oberaar und Grimsel-Hospiz).

★ 2016 Ski-Abfahrt Eismeer — Grindelwald

Diese wegen Gletscherveränderungen in den 70er Jahren aufgegebene **großartige hochalpine Abfahrt** ist in den letzten Jahren wieder einige Male gewagt worden. Allerdings sind ausnehmend günstige Verhältnisse und detaillierte Routenkenntnis nötig. Am besten engagiert man sich einen ortskundigen Führer (Anfragen an das Bergführer-Büro Grindelwald 036/532021). Auf R 1499 auf den **Zäsenberg** und auf R 1498 auf den **Unteren Grindelwaldgletscher.** Auf ihm abfahren zur Gletscherzunge am Schluchteingang. Hier den Gletscher verlassen und nach links (W) über exponierte Bänder (eine schwierige Passage ist mit Drahtseil gesichert) schluchtauswärts zum „Schopf“ (P. 1226). Dem Sommerweg entlang nach WNW durch Wald in die „Schüssellouwina“ und in dieser Lawinenrunse auf den Talgrund abfahren.

Literaturverzeichnis

Hochgebirgsführer durch die Berner Alpen. Herausgegeben von der Sektion Bern, SAC-Verlag, Wallisellen.

Band I. Diablerets bis Gemmi, 5. Auflage 1991.
1. Diablerets-, 2. Wildhorn-, 3. Wildstrubel-, 4. Groß Lohner-Gruppe.

Band II. Gemmi bis Petersgrat, 7. Auflage 1982.
1. Balmhorn-, 2. Ferdenrothorn-, Torrenthorn-, 3. Hockenhorn-, 4. Doldenhorn-, 5. Blümlisalp-, 6. Gspaltenhorn-Gruppe. 8. Auflage 1993.

Band III. 6. Auflage 1994.
1. Bietschhorn-, 2. Lötschentaler Breithorn-, 3. Nesthorn-, 4. Aletschhorn-Gruppe.

Band IV. Petersgrat — Finsteraarjoch — Unteres Studerjoch — Galmilücke, 8. Auflage 1988.
1. Lauterbrunnen-, Breithorn- und Ebnefluh-Gruppe, 2. Jungfrau-Gruppe, 3. Gruppe der Grindelwald-Fiescherhörner und Grünhörner, 4. Finsteraarhorn-Gruppe, 5. Gruppe der Walliser Fiescherhörner, 6. Galmihörner.

Band V. Grindelwald — Meiringen — Grimsel — Münster, 5. Auflage 1982.
1. Schreckhorn-, 2. Wetterhorn-, 3. Ewigschneehorn-, Bächlistock-, 4. Scheuchzerhorn-, 5. Sidelhorn-, 6. Ritzlihorn-Gruppe.

Engelhornführer. Herausgegeben vom Akademischen Alpenclub Bern, Verlag Kümmerly und Frey, Bern, 4. Auflage 1974. 5. Auflage völlig neu bearbeitet.

Wer mehr erfahren möchte als geographische Angaben, Verkehrsverbindungen und technische Routenbeschreibungen, nimmt mit Gewinn die großen „Talbücher" zur Hand, die über Geschichte, Heimatkunde und Brauchtum der einheimischen Bevölkerung orientieren:

Anneler, Hedwig und Karl: Lötschen, das ist: Landes- und Volkskunde des Lötschentales. Bern 1917. Faksimile-Ausgabe 1980 in 2500 Exemplaren im Verlag Paul Haupt, Bern (361 Seiten, ca. 130 sFr.). Ein ideales Geschenk für Bibliomanen.

Ein anderes höchst lesenswertes Buch über das Lötschental ist das folgende:

Chappaz, Maurice: Lötschental. Die wilde Würde einer verlorenen Talschaft. Suhrkamp Verlag, Zürich und Frankfurt 1979.

Kurz, Gottlieb / Lerch, Christian: Geschichte der Talschaft Hasli. Verlag Brügger, Meiringen 1979 (694 Seiten, ca. 110 sFr.).

Michel, Hans: Buch der Talschaft Lauterbrunnen 1240—1949. 4. Auflage 1979 in 1500 Exemplaren (503 Seiten, ca. 63 sFr.).

Das sehr schöne Buch ist im Buchhandel nicht erhältlich, man wende sich direkt an die Gemeindeverwaltung von Lauterbrunnen.

Auch die **„Schweizer Heimatbücher“** aus dem Haupt-Verlag in Bern können zu Rate gezogen werden, obwohl sie die Probleme der Gegenwart gerne verschweigen und lieber in „Nostalgie“ machen. Für das im vorliegenden Führer berücksichtigte Gebiet kommen die folgenden Bände in Frage: „Grimsel“, „Lauterbrunnen, Wengen, Mürren“, „Eiger“, „Bietschhorn“, „Aletsch“, „Adelboden“ und „Saanenland“. „Die Jungfrau“, „Grindelwald“, „Interlaken“ und „Der Lötschberg“ sind z.Zt. vergriffen (Stand Sommer 1982).

Ähnlich in der Art, doch moderner und kritischer, ist das **Merian-Heft** 7/35: Bern und Berner Oberland.

Im Büchler-Verlag, CH-3084 Wabern-Bern, ist eine kleine empfehlenswerte Monographie über das engere Berner Oberland in der **Zeitschrift „Berge“** erschienen. Das Heft Nr. 5, März 1984, trägt den Titel „Das Dreigestirn der Berner Alpen. Eiger, Mönch und Jungfrau“, und Nr. 47 „Berner Oberland. Berge über Simme und Saane“.

Itten, Hans: Naturdenkmäler im Kanton Bern. Verlag Paul Haupt, Bern 1970.

Sommer, Hans: Volk und Dichtung des Berner Oberlandes. Francke Verlag, Bern 1976.

Zinsli, Paul: Grund und Grat — Die Bergwelt im Spiegel der schweizerdeutschen Alpenmundarten. Francke Verlag, Bern ohne J.

„Alpine Klassiker“ über das Berner Oberland:

Fellenberg, Edmund von: Der Ruf der Berge — Die Erschließung der Berner Hochalpen. Eugen-Rentsch-Verlag, Erlenbach-Zürich 1925.

Fischer, A.: Hochgebirgswanderungen. Huber, Frauenfeld 1913.

Stephen, Leslie: Der Spielplatz Europas — Aus der großen Zeit des Alpinismus. Verlag Amstutz Herdeg u. Co., Zürich 1942.

Studer, Gottlieb: Über Eis und Schnee — Die höchsten Gipfel der Schweiz und die Geschichte ihrer Besteigung. I. Abteilung: Nordalpen. 2. Auflage, umgearbeitet und ergänzt von A. Wäber und Dr. H. Dübi. Verlag Schmid, Francke u. Co., Bern 1896.

Wer sich kurz über Entdeckung und „Eroberung“ der Alpen informieren möchte, dem sei das folgende, reich illustrierte Buch empfohlen:

Oppenheim, Roy: Die Entdeckung der Alpen. Huber Verlag, Frauenfeld 1974.

Jürg von Känel: Schweiz extrem. Eigenverlag, Reichenbach 1989.

Jürg von Känel, Schweiz plaisir, 1992 (sehr empfehlenswert!).

Beat Ruppen, Kletterführer Oberwallis, Eigenverlag 1993.

Privatadressen der Hüttenwarte

Für die Fälle, wo eine Anmeldung nicht via Hüttentelefon möglich ist, helfen wahrscheinlich die Privatnummer des Hüttenwarts oder des Hüttenchefs weiter.

Bächlitalhütte Hans Schläppi, Sonnseite,
CH-3864 Guttannen, Tel. 036 / 73 11 08
Balmhornhütte Clemens Becker, Tellenfeldstr. 1,
CH-3714 Frutigen, Tel. 033 / 71 56 44
Baltschiederklause Franz Xaver Leiggener,
CH-3931 Ausserberg, Tel. 028 / 46 31 01
Berglihütte Heinz Inäbnit, Postfach 513,
CH-3801 Eigergletscher, Tel. 036 / 53 50 78
Bietschhornhütte Pius Bellwald,
CH-3903 Blatten, Tel. 028 / 49 14 60
Blümlisalphütte Bernhard Mani,
CH-3723 Kiental, Tel. 033 / 76 22 91
Doldenhornhütte Toni Schärer, Kreuz,
CH-3718 Kandersteg, Tel. 033 / 75 17 25
Dossenhütte Monika Fawer, Waldeggstr. 86,
CH-3800 Interlaken, Tel. 036 / 22 72 24
Finsteraarhornhütte Hans Egger, Undrem Gfell 9,
CH-3860 Meiringen, Tel. 036 / 71 31 70
Fründenhütte Fritz Loretan, Dorfstraße,
CH-3718 Kandersteg, Tel. 033 / 75 18 38 und 077 / 56 22 27
Gaulihütte Käthi und Daniel Fluhmann, Glarner Dorf,
CH-3857 Unterbach, Tel. 036 / 71 48 40
Geltenhütte August Oehrli, Enge,
CH-3782 Lauenen, Tel. 030 / 5 32 05
Glecksteinhütte Frau Kaufmann, Moosgaden,
CH-3818 Grindelwald, Tel. 036 / 53 25 00
Gruebenhütte Marianne von Bergen, Im Lehn, Boden,
CH-3864 Guttannen, Tel. 036 / 73 14 04
Gspaltenhornhütte Paul Tschanz, Klostergässli 20,
CH-3800 Matten, Tel. 036 / 22 67 97
Guggihütte Adresse Hüttenchef:
Werner Kellenberger, Am Schleif,
CH-3823 Wengen, Tel. 036 / 55 33 60
Konkordiahütte Werner Kaufmann, Rehhalten,
CH-3818 Grindelwald, Tel. 036 / 53 26 57

Lämmerenhütte Christian Wäfler, Fuhrenstr. 28,
CH-3715 Adelboden, Tel. 033 / 73 30 10
Lauteraarhütte Marcel Kübli, Willigen,
CH-3860 Meiringen, Tel. 036 / 71 12 33
Lohnerhütte Adresse Hüttenchef:
Peter Beer, Laudstr., Oey,
CH-3715 Adelboden, Tel. 033 / 73 34 70
Lötschenhütte Josef Ebener,
CH-3903 Blatten, Tel. 028 / 49 18 16
Mittellegihütte Kontaktadresse:
Bergführerverein Grindelwald
CH-3818 Grindelwald, Tel. 036 / 53 20 21
Mönchsjochhütte Hanspeter Kaufmann, Vor dem Holz
CH-3818 Grindelwald, Tel. 036 / 53 37 97
Mutthornhütte Heinz Brunner, Rütti,
CH-3801 Stechelberg, Tel. 036 / 55 25 31
Oberaarjochhütte Peter Winterberger, Postfach,
CH-3860 Meiringen, Tel. 036 / 71 19 08
Oberaletschhütte Richard Schmid, Sandstr. 31,
CH-3904 Naters-Brig, Tel. 028 / 23 56 70
Rottalhütte Adresse des Hüttenchefs:
Hans Möhl, Campingstr. 3,
CH-3806 Bönigen, Tel. 036 / 22 47 39
Schmadrihütte Jürg Abegglen,
CH-3824 Stechelberg, Tel. 036 / 55 23 65
Schreckhornhütte Hans Balmer, Chalet Bäniseggi,
CH-3818 Grindelwald, Tel. 036 / 53 33 74
Silberhornhütte Adresse Hüttenchef:
Beat Bossard, Ey,
CH-3822 Lauterbrunnen, Tel. 036 / 55 30 85
Violettes-Hütte Bernhard Bonvin,
CH-3962 Montana, Tel. 027 / 41 35 37
Wildhornhütte Ernst Gfeller, Boden,
CH-3775 Lenk, Tel. 030 / 3 31 20
Wildstrubelhütte Urs Greber, Kirchgasse,
CH-3723 Kiental, Tel. 033 / 76 19 66

Kontaktadressen der Biwaks

Aarbiwak Matthäus Brefin, Hapbach,
CH-3552 Bärau, Tel. 035 / 24107
Biwak Mittelaletsch Keine Kontaktadresse.
Rosenlauibiwak Jakob Jeker, Solothurnstr. 43,
CH-4710 Klus / Balsthal, Tel. 062 / 711267,
Schlüsseldepot Tel. 036 / 711908
Stockhornbiwak s. Baltschiederklause

Weitere Auskünfte erteilt die Geschäftsstelle des Schweizer Alpenclubs
Helvetiaplatz 4
CH-3005 Bern, Tel. 031 / 3526063

Sonnenauf- und -untergang bzw. Hellwerden und Einnachten

Mittlere Zeiten für Bern

Datum		**Hell-werden**	**Sonnen-aufgang**	**Sonnen-untergang**	**Ein-nachten**
Januar	1.	0735	0816	1651	1728
	11.	0733	0814	1702	1741
	21.	0728	0808	1715	1753
	31.	0719	0757	1730	1809
Februar	10.	0708	0744	1745	1820
	20.	0653	0728	1801	1834
März	2.	0638	0710	1815	1846
	12.	0622	0651	1830	1858
	22.	0606	0631	1845	1910
April	1.	0542	0611	1858	1926
	11.	0524	0551	1912	1938
	21.	0505	0533	1926	1951
Mai	1.	0448	0516	1939	2006
	11.	0434	0501	1952	2019
	21.	0422	0448	2005	2031
	31.	0410	0440	2015	2045

Juni	10.	0406	0435	2023	2052
	20.	0405	0438	2028	2057
	30.	0409	0438	2029	2057
Juli	10.	0416	0445	2025	2054
	20.	0426	0455	2017	2046
	30.	0441	0506	2006	2031
August	9.	0453	0519	1951	2018
	19.	0505	0532	1934	2002
	29.	0520	0545	1916	1940
September	8.	0531	0558	1857	1923
	18.	0545	0611	1837	1903
	28.	0558	0624	1817	1841
Oktober	8.	0609	0638	1757	1825
	18.	0622	0652	1738	1818
	28.	0638	0706	1721	1750
November	7.	0649	0721	1706	1739
	17.	0701	0736	1654	1730
	27.	0715	0750	1645	1723
Dezember	7.	0724	0802	1641	1722
	17.	0730	0811	1642	1724
	27.	0735	0816	1647	1728

Die Tabelle soll die Planung der Tour erleichtern. Bei der **Sommerzeit** muß zu obenstehenden Zahlen 0100 addiert werden:
Zahl + 0100 = Uhrzeit im Sommer. Am 10. Juni wird es um 0406 hell, doch unsere Uhr zeigt 0506.
Die Zeiten gelten für Bern. Im Gebirge wird es etwas früher hell und etwas später dunkel (Größenordnung 10 Min.).

Nachtrag zu S. 359 (Faulberg):
Der Ostgrat des Faulbergs (R 1181) wurde im Sommer 1984 durch Bergsturz verändert. Da die Felsbewegungen anhalten, ist eine Begehung zur Zeit nicht empfehlenswert. Der beste **Abstieg** erfolgt nun über den gutgestuften **Südgrat,** wenn nötig etwas in die Westflanke ausweichend (II). Zuletzt steil zum Gratfuß. Nun linkshaltend über Schutt in den Sattel hinter dem markanten Turm P. 2965/LK25 (= KS 647655/149790). Durch grasiges Couloir nach W auf die Bänder, die in W-Richtung zur Konkordiahütte zurückführen (siehe R 1181). 1½ Std. vom Gipfel zur Hütte.
Der Südgrat bildet auch eine sehr empfehlenswerte **Aufstiegsroute:** in schöner Kletterei alles direkt über die Gratkante (II, Stellen III).

Abkürzungen

A	=	Abstiegsroute
AACBa	=	Akademischer Alpenclub Basel
AACB	=	Akademischer Alpenclub Bern
a, b, c	=	Routenvarianten
bez.	=	bezeichnet
BW	=	Bergweg
E	=	Einstieg
G	=	Gesamtbewertung
Ghs.	=	Gasthaus
H	=	Haken
Hk	=	Holzkeil
He	=	Expansionshaken, Bohrhaken
Kk	=	Klemmkeil
KL	=	Koordinatenlinie, bezogen auf die LK
KS	=	Koordinatenschnittpunkt, bezogen auf die LK
KWO	=	Kraftwerke Oberhasli
LK	=	Landeskarte der Schweiz, herausgegeben vom Bundesamt für Landestopographie, 3084 Wabern
LK 25	=	Landeskarte der Schweiz, Maßstab 1:25 000
LK 50	=	Landeskarte der Schweiz, Maßstab 1:50 000
m	=	Meter
mark.	=	markiert
N, S, O, W	=	Norden, nördlich, Süden, südlich, Osten, östlich, Westen, westlich
orogr.	=	orographisch (in der Fließrichtung des Wassers gesehen, also bergabwärts)
P.	=	Vermessungspunkt auf der LK
Pkw	=	Privatwagen, Personenkraftwagen
R	=	Randzahl oder Routennummer
s.	=	siehe
S.	=	Seite
SAC	=	Schweizer Alpenclub
⚷	=	Schlüsselstelle
★	=	Skiroute
SL	=	Seillänge
Std.	=	Stunde(n)
Tel.	=	Telefon
topogr.	=	topographisch(e)
u. U.	=	unter Umständen
z. T.	=	zum Teil

Stichwortregister

(Die Ziffern geben die Randzahlen, nicht die Seiten an! Bezeichnungen wie Groß, Klein, Vorder, Hinter und dgl. sind nachgestellt)

S

NOTIZEN

NOTIZEN

NOTIZEN

NOTIZEN

NOTIZEN

NOTIZEN

Berner Alpen
— Östlicher Teil —

Zeichnung: Sebastian Schrank